패턴인식

개정판

오일석
isoh@jbnu.ac.kr

저자는 1992년부터 전북대학교 컴퓨터공학부 교수로 근무하고 있다. 1984년 서울대학교 컴퓨터공학과에서 학사를 취득하였고 1992년에 KAIST 전산학과에서 박사 학위를 받았다. 저서로 『컴퓨터 비전과 딥러닝』, 『파이썬으로 만드는 인공지능』(2021년 세종도서), 『세상을 여는 컴퓨터 이야기』, 『R로 배우는 데이터 과학』, 『기계학습』(대한민국학술원 2018년 우수학술도서), 『컴퓨터 비전』(대한민국학술원 2015년 우수학술도서), 『C 프로그래밍과 스타일링』이 있다.

- 홈페이지: http://cv.jbnu.ac.kr/~isoh

패턴인식 개정판

인쇄 2023년 2월 1일 개정판 1쇄
발행 2023년 2월 14일 개정판 1쇄

저자 오일석
발행인 성희령
발행처 INFINITYBOOKS | **주소** 경기도 고양시 일산동구 하늘마을로 158, 대방트리플라온 C동 209호
대표전화 02)302-8441 | **팩스** 02)6085-0777
기획팀 채희만, 임민정 | **영업팀** 최형진, 이호준 | **마케팅팀** 한석범 | **편집팀** 한혜인, 임유리 | **경영관리팀** 이승희

도서문의 및 A/S지원
홈페이지 www.infinitybooks.co.kr | **이메일** helloworld@infinitybooks.co.kr

ISBN 979-11-92373-14-0 | **등록번호** 제2021-000018호 | **판매정가** 33,000원

머리말

세상은 무수히 많은 패턴으로 구성되어 있다. 패턴인식은 인간이 패턴을 인식하는 과정을 컴퓨터로 흉내내는 학문 분야이다. 컴퓨터의 성능이 크게 향상되고 훌륭한 알고리즘이 많이 개발되어 우수한 성능의 패턴인식 프로그램의 구현이 가능해졌다.

패턴인식은 수학과 알고리즘이 많아 공부하다 자칫 흥미를 잃기 쉽다. 이 책은 패턴 인식을 '이야기' 방식으로 서술하여 독자가 흥미를 잃지 않고 끝까지 공부할 수 있게 이끌어준다. 먼저 '왜'를 말하고 상식으로 이해할 수 있는 수준의 배경과 개념을 제시한다. 아무리 복잡한 이론이라도 기본 아이디어는 인간의 상식을 벗어나지 않는 법이다. 이어서 개념 수준의 공식화를 하고, 그 결과를 바탕으로 본격적으로 수식 전개를 한다. 이렇게 정립된 수식은 알고리즘으로 이어진다. 마무리는 알고리즘의 성질과 구현을 위한 요령으로 짓는다. 이야기의 기승전결 구조에 비유할 수 있다.

패턴인식을 다룬 책이나 강의가 수학으로 시작하고 수학으로 끝나는 경우가 종종 있는데 이야기의 기승전결에서 승전만 있는 것으로 볼 수 있다. 초심자가 이해하기에는 어려운 방식이다. 이 책은 기초 수학으로 이해할 수 있는 선까지만 다룬다. 수학을 적절한 순간에 등장시킴으로써 이야기 흐름을 끊지 않으려 노력한다.

이 책은 독자의 호흡을 가쁘지 않게 하려는 노력도 기울였다. 단순하지도 복잡하지도 않은 적절한 규모의 예제를 적절한 순간에 제시한다. 서로 다른 방법론을 대비시킴으로써 각 방법의 고유한 특성이 자연스럽게 드러나도록 하였다. 본문 끝에서는 패턴 인식에 관련된 중요 인물을 소개함으로써 호흡을 가다듬는 시간을 가질 수 있게 하였다.

이 책은 12개 장으로 구성된다. 1장은 중요한 용어와 개념, 응용을 소개한다. 2장은 확률을 기반으로 하는 베이지안 결정 이론을 설명한다. 3장에서는 확률 분포 추정에 쓰이는 히스토그램 방법부터 EM 알고리즘을 사용하는 가우시안 혼합 기법까지 소개한다. 4장은 퍼셉트론과 다층 퍼셉트론 신경망 모델을 설명한다. 5장은 여백을 최대화하는 아이디어에 기반한 SVM을 다룬다. 6장은 결정 트리와 스트링 인식기를 설명한다. 7장은 시간 정보를 가진 순차 데이터를 인식하는 은닉 마르코프 모델을 설명한다. 8장은 다양한 특징 추출 방법을 소개하고 특징의 차원을 줄이는데 쓰는 주성분 분석을 설명한다. 9장은 분별력이 높은 특징을 선택하는 알고리즘을 제시한다. 10장은 군집화에 쓰는 다양한 알고리즘을 소개한다. 11장은 패턴 인식에서 발생하는 최적화 문제를 소개하고 최적화 문제를 푸는데 쓰는 여러 알고리즘을 설명한다. 12장은 여러 개의 인식 모델을 결합하여 성능을 높이는 앙상블 방법을 소개한다. 부록에서는 정보 이론을 간략히 소개한다.

2008년에 출판된 초판에서 용어와 표현을 다듬고 낡은 내용을 새 것으로 단장하여 개정판을 출판해준 인피니티북스 출판사에 감사드린다.

2023년 1월

오일석

표기

이 책의 전반에 걸쳐 나타나는 중요한 변수, 벡터, 확률, 그리고 연산 등의 표기에 일관성을 기하였다.

변수

특징, 부류, 그리고 훈련 집합에 관련된 변수들이다.

- M 부류 개수
- ω_i i번째 부류
- $\mathbf{t}$ 부류 벡터($\mathbf{t} = (t_1, t_2, \cdots, t_M)^{\mathrm{T}}$)
- d 특징 개수(특징 벡터 $\mathbf{x}$의 차원)
- $\mathbf{x}$ 특징 벡터($\mathbf{x} = (x_1, x_2, \cdots, x_d)^{\mathrm{T}}$)
- N 훈련 집합의 크기(훈련 샘플의 개수)
- X 훈련 집합($X = \{(\mathbf{x}_i, \mathbf{t}_i) | 1 \le i \le N\}$)

벡터와 행렬

벡터와 행렬은 각각 소문자와 대문자로 표기한다. 둘 다 굵은 글씨체로 표시한다. 벡터는 열 벡터column vector로 표현한다.

$$\mathbf{x} = \begin{pmatrix} x_1 \\ x_2 \\ \cdots \\ x_p \end{pmatrix} = (x_1, x_2, \cdots, x_p)^{\mathrm{T}} \qquad p\text{차원 벡터}$$

$$\mathbf{X} = \begin{pmatrix} x_{11} & x_{12} & \cdots & x_{1p} \\ x_{21} & x_{22} & & x_{2p} \\ \vdots & & \ddots & \\ x_{q1} & x_{q2} & \cdots & x_{qp} \end{pmatrix} \qquad q*p\text{ 크기 행렬}$$

- $\mathbf{X}^{\mathrm{T}}$ 전치 행렬transpose matrix
- $\mathbf{X}^{-1}$ 역 행렬inverse matrix
- $|\mathbf{X}|$ 행렬식determinant

확률

- $P(x)$ 랜덤 변수 x의 확률(x는 이산 값을 가짐)

차례

PATTERN RECOGNITION

$p(x)$ 랜덤 변수 x의 확률 밀도 함수(x는 연속 값을 가짐)

$P(x|y)$ 조건부 확률

$P(x, y)$ 결합 확률

연산

$|a|$ a의 절대값

$\|\mathbf{x}\|$ 벡터 $\mathbf{x}$의 놈norm(유클리디안 놈은 $\sqrt{x_1{}^2 + \cdots + x_p{}^2}$)

$\mathbf{x} \cdot \mathbf{y}$ 벡터 $\mathbf{x}$와 $\mathbf{y}$의 내적(즉 $x_1y_1 + x_2y_2 + \cdots + x_py_p$)

$\max_{i=1,n} a[i]$ $a[1], a[2], \cdots, a[n]$ 중 가장 큰 값

$\arg\max_{i=1,n} a[i]$ $a[1], a[2], \cdots, a[n]$ 중 가장 큰 값을 갖는 요소의 첨자
(예를 들어 $a[1] = 3$, $a[2] = 5$, $a[3] = -4$, $a[4] = 2$일 때
$\max_{i=1,4} a[i]$는 5이고 $\arg\max_{i=1,4} a[i]$는 2임)

$\log_a$ 밑이 a인 로그 함수

ln 밑이 e인 로그 함수($e = 2.71828 \ldots$)

$\exp(t) = e^t$

$[a, b]$ a보다 크거나 같고 b보다 작거나 같은 구간

(a, b) a보다 크고 b보다 작은 구간

$a \cong b$ a와 b는 거의 같음

$a \ll b$ b는 a보다 훨씬 큼

$\lceil a \rceil$ a보다 큰 가장 작은 정수

알고리즘의 시간 복잡도

$O(f(n))$ $f(n)$보다 크지 않음, 즉 기껏해야 $f(n)$(상한upper bound)

$\Omega(f(n))$ $f(n)$보다 작지 않음, 즉 최소한 $f(n)$(하한upper bound)

$\Theta(f(n))$ 어떤 경우라도 $f(n)$임(하한이면서 상한임)

CHAPTER 01

PATTERN RECOGNITION

소개

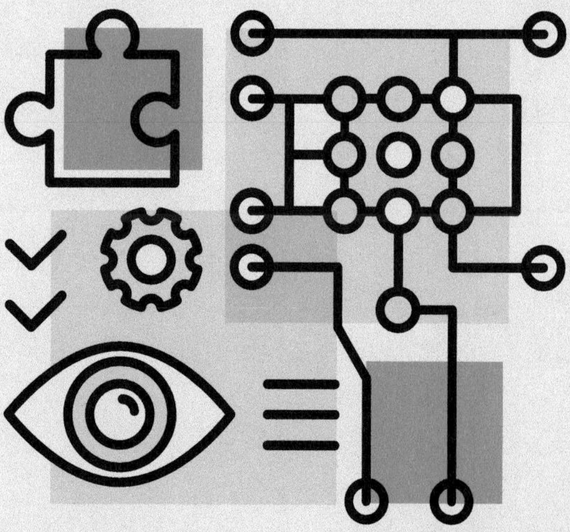

사람은 깨어 있는 동안 항상 인식을 한다. 눈과 귀가 동시에 인식하기도 한다. 사람뿐만 아니라 모든 생물은 생존을 위해 갖가지 인식을 한다. [그림 1.1(a)]의 얼굴 패턴은 어린 아이도 쉽게 인식한다. [그림 1.1(b)]의 글자 패턴은 다섯 살 정도 된 사람이면 심한 스타일의 변화에도 불구하고 쉽게 인식한다. 의료 지식을 갖추면 [그림 1.1(c)]의 환자 패턴으로부터 쉽게 건강에 대한 의사 결정을 할 수 있다. 생물의 인식 기능은 매우 다양하고 강건하다.[1]

기계도 인식을 할 수 있을까? 여기서 기계란 컴퓨터를 뜻한다. 이 책은 이 주제를 다룬다.

(a) 누구인가?

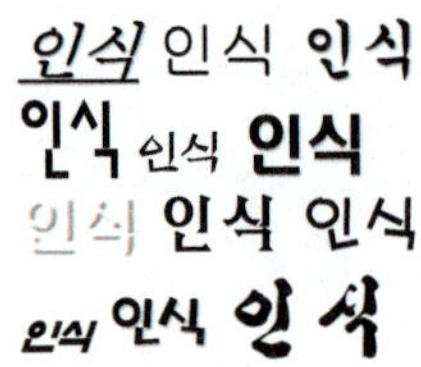

(b) 무슨 글자인가?

(키,몸무게,높은혈압,낮은혈압,
혈당,SGOT,SGPT)
=(169,71,130,80,94,18,26)

(c) 정상인가?

그림 1.1 인식해 보자.

1.1 왜 패턴인식인가?

사람에게 인식^recognition^이란 극도로 쉬운 작업이다. 반면 기계에게 인식은 극도로 어려운 작업이다. 이 극명한 차이가 사람들을 패턴인식이라는 연구 분야로 끌어들이는 매력으로 작용한다.

1.1.1 지적 호기심

어려운 문제일수록 사람들의 지적 호기심을 자극한다. 지적 호기심은 과학적 접근으로 이끌어 간다. 사람의 뇌가 어떻게 인식을 수행하는지를 알아내려는 연구는 컴퓨터라는 기계가 발명되기 이전부터 의학이나 뇌 과학 분야에서 많이 진행되어 왔다. 그 결과 어느 정도 뇌의 정보 처리 과정에 대한 비밀이 벗겨졌다. 아주 간단한 연산을 담당하는 뉴런^neuron^이 있고 엄청난 수의 뉴런이 엄청난 양으로 상호 연결되어 서로 신호를 주고 받으며(실제로 화학 물질의 반응을 통해 신호를 전달함) 정보 처리를

[1] 어떤 시스템 또는 기능이 강건하다 함은 입력에 잡음 또는 변화가 발생하여도 일정 범위의 성능을 유지함을 뜻한다. 즉 잡음과 변화에 둔감함을 말한다.

수행한다는 사실이 알려졌다. 시각 입력 장치인 눈과 두뇌와의 상호 작용에 대한 비밀도 어느 정도 알려졌다.

이렇게 알아낸 지식은 필연적으로 사람으로 하여금 자동 인식 기계를 만드는 작업에 뛰어들게 한다. 사람이 가지고 있는 수많은 종류의 기계 중에 그나마 이런 작업에 활용할 수 있는 것은 컴퓨터뿐이다. 하지만 컴퓨터의 정보 처리는 순차적이며 뇌의 정보 처리 방식과 근본적으로 차이가 있다. 이 차이를 어떻게 메울 것인가? 이에 대한 해답을 구하기 위해 두뇌의 정보 처리 과정을 모방하는 컴퓨터를 만들겠다는 야심찬 연구가 있어 왔다. 대표적인 성과는 이 책의 4장에서 공부할 신경망이다. 하지만 아직까지도 신경망은 컴퓨터 상에서 수행되는 알고리즘 수준을 벗어나지 못하고 있다. 미래에는 생체 기술로 만든, 사람에 보다 가까운 인식 기계를 만드는 것이 가능할까? 여전히 인간의 지적 호기심을 자극한다.

1.1.2 지능 기계

과학적인 접근만 있는 것은 아니다. 사람들은 당장 공장, 사무실, 가정에서 사용할 수 있는 똑똑한 기계를 원한다. 따라서 특정 상황으로 국한하고 문제를 푸는 공학적인 접근이 더 많이 시도되고 있다. 몇 가지 재미있는 상용화 사례를 살펴보자. [그림 1.2]는 두 가지 사례를 보여준다.

- **우편물 분류기**: 매일 쏟아지는 수많은 우편물의 주소를 인식하여 자동으로 분류한다. 고속 스캐너로 입력한 우편물 영상에서 바코드, 우편 번호, 또는 주소를 높은 정확률로 인식해야 한다. 우리나라는 우편 집중국에 설치하여 사용하고 있다.
- **PDA 필기 입력기**: 터치 스크린에 전자 펜으로 필기하여 문자를 입력한다. 2차원 상의 궤적을 인식해야 한다. 거의 모든 PDA가 이 인터페이스를 제공하고 있다.
- **동작 인식 핸드폰**: 핸드폰을 쥐고 공간에서 일정한 동작을 취하여 음악 선곡이나 통화 차단과 같은 명령을 내린다. 3차원 궤적을 인식해야 한다.
- **지문 인식 마우스**: 마우스에 지문 인식기를 탑재하여 보안 기능을 추가한다. 지문 인식은 이미 출입문의 보안 장치로 널리 활용되고 있다.
- **과속 단속기**: 달리는 차의 속도를 길 바닥에 설치한 속도 측정기로 알아내고 규정 속도 이상인 차를 카메라로 찍는다. 번호판을 인식하고 범칙금 고지서를 인쇄하는 작업이 자동으로 이루어진다. 현재 우리나라 도로 곳곳에 설치되어 성공적으로 운영되고 있다. 자동차 번호판 인식은 주차 요금 자동 징수를 위한 목적으로도 널리 활용되고 있다.
- **청소 로봇**: 장애물을 피해 다니며 방 안을 스스로 청소한다. 전원이 부족하면 지정된 장소로 이동하여 스스로 충전도 한다. 항상 자신의 위치를 알고 있어야 하며 장애물을 인식해야 한다.

(a) 주차 단속용 번호판 인식기

(b) 청소 로봇

그림 1.2 인식을 하는 지능 기계

1.1.3 팽창하는 응용

앞 절에서 최근 세상에 나온 지능 기계를 살펴보았다. 이들은 대부분 기존 제품에 인식 기능을 추가하여 부가 가치를 높인 사례로 볼 수 있다. 이와 같이 패턴인식을 필요로 하는 응용 분야가 빠르게 늘어나고 있다. 몇 가지 응용 분야를 간략히 소개한다.

공장 자동화는 가장 고전적인 응용이다. 여전히 부품 분류나 결함 검사와 같은 기능을 필요로 하고 있다. **문자 인식**optical character recognition(OCR)도 고전적인 연구 분야이다. 여러 가지 언어를 인식하는 패키지 소프트웨어가 나와 있지만 여전히 성능 향상에 대한 요구가 크다. 최근에는 비정형 문서 또는 자연 영상의 문자를 인식하는 연구로 다시 활기를 띠고 있다. **음성 인식**은 미래 인터페이스 기술로 가장 중요하다. 기계에 명령을 내리는 데 음성처럼 자연스러운 것은 없다. 컴퓨터뿐 아니라 자동차, 가전 제품, 기타 모든 기계 장치에 적용할 수 있다. **자연어 처리**는 구문 분석과 파싱이라는 고전적인 문법 처리 알고리즘에 주로 의존하였다. 하지만 지금은 대용량 자료에 대해 군집화나 분류 같은 분석 기법을 같이 활용하여 처리 대상을 확장하고 성능을 향상시키고 있다.

데이터 마이닝data mining은 고객 관리, 웹 관리, 데이터베이스 관리 등에 필수적인 기술이다. 손실 정보와 잡음을 포함하고 있는 대용량 불완전 자료에서 유용한 지식을 찾기 위해서는 효율적인 특징 추출, 분류, 군집화 알고리즘이 절실하다. 성공적인 **정보 검색** 시스템은 대용량 자료를 사용자 요구에 가장 잘 들어 맞도록 분류하는 엔진을 갖추어야 한다. 미래의 검색 엔진은 단순한 텍스트 검색을 뛰어 넘어 영상과 소리에 대한 검색 서비스도 제공해야 한다. "수줍게 웃고 있는 심은하 사진을 찾아라" 같은 질의query 처리는 인식 능력 없이는 불가능하다. **사람 컴퓨터 인터페이스**human computer interface(HCI)는 키보드와 마우스를 탈피하려 한다. 미래 인터페이스는 사람의 움직임이나 음성을 이용하여 작동할 것이다. 사람의 얼굴 표정, 동작, 음성 등을 인식해야만 실현 가능하다. **생체 인식**biometrics은 보안에 주로 쓰인다. 지문, 홍채, 목소리, 얼굴, 걸음걸이 등을 인식하여 접근 권한을 제어한다. **지능 교통 시스템**intelligent transportation system(ITS)은 빠르게 발전하고 있다. 번호판 인식에 의한 과속 단속 시스템은 이미 보편화되었다. 도로의 비정상 상태 검출, 사고 자동 검출, 끼어 들기 검출기 등이 개발되고 있다. 모두 도로와 자동차의 상태를 인식하는 기능을 갖추어야 한다. **지능 자동차**는 운전자 상태와 같은 차량 내부와 주위 차량과 같은 외부 환경을 인식하여 안전 운전을 돕는다. 운전자의 얼굴 표정 인식을 통한 졸음 운전 검출, 앞 차량과 뒤 차량까지의 거리 측정 등이 필요하다. **생물 정보학**bioinformatics은 생물학 분야에서 쏟아져 나오는 대용량 자료에서 생명 현상의 규명에 필요한 지식을 추출함을 목적으로 한다. 손실 정보나 비수치nonnumeric 자료 등을 적절히 다룰 수 있어야 한다.

미래의 **지능 로봇**은 풍부한 인식 기능을 갖추어야 한다. 사람처럼 길거리에서 글씨를 읽는다거나 사람 얼굴을 알아본다거나 소리를 인식하는 능력을 갖추어야만 진정한 '지능' 로봇이 될 것이다. '언제, 어디에서나'를 슬로건으로 내건 유비쿼터스 사회는 **상황 인식**이 핵심이다. 사람이 처한 상황을 자동으로 인식하는 기능 없이는 껍데기뿐인 언제, 어디에서나가 될 것이다. 현재 기술 수준으로 보면 지능 로봇과 상황 인식의 실현은 아주 먼 미래의 이야기로 보이지만 패턴인식 기술의 획기적인 발전이 미래를 앞당길 것이다.

1.2 어떻게 인식하나?

이 절은 패턴인식에서 사용하는 개념, 그리고 그에 관련된 용어와 표기를 간결하게 설명한다. 더불어 패턴인식 문제를 풀기 위해 사용하는 기초적인 아이디어를 소개한다. 2장부터는 패턴인식 문제를 풀기 위한 구체적인 기법과 알고리즘을 설명하는데, 여기에서 소개하는 기본 개념을 습득하지 못하면 매우 비효율적인 공부가 될 가능성이 높다.

패턴인식의 처리 과정을 가장 간결하게 제시한다면 [그림 1.3]이 된다. 패턴인식 공부의 핵심적인 내용은 특징과 분류라는 두 가지로 구성된다.

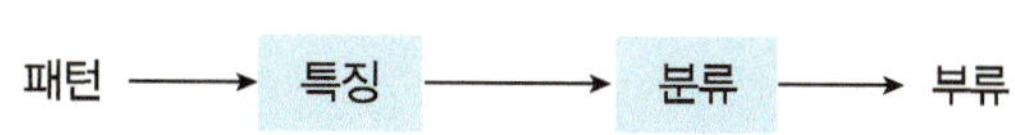

그림 1.3 패턴인식의 가장 간단한 관점

예를 들어 사람 얼굴을 인식할 때 '얼굴이 작고, 코가 뾰족하고, 눈썹이 짙고, 눈이 작은 걸 보니 아무개인 것 같다'라는 판단을 한다. 이때 얼굴의 크기, 코의 모양, 눈썹의

짙은 정도, 그리고 눈의 크기라는 **특징**feature을 사용한 것이다. 이 특징들은 작다, 뾰족하다, 짙다, 작다라는 값을 갖게 되고, 이러한 값을 갖는 패턴을 이미 알고 있는 지식에 비추어 볼 때 아무개일 가능성이 높다라는 의사 결정, 즉 **분류**classification를 하는 것이다.

패턴인식의 기본 개념을 직관적으로 이해할 수 있도록 시나리오를 통해 소개한다. 인간이 사용하는 각종 양식에는 숫자가 들어 있다. 따라서 필기 숫자 인식 문제를 생각해 보자. 숫자를 적는 칸에는 0부터 9까지 열 종류의 패턴이 발생한다. 열 종류 각각을 **부류**class라 한다. 앞으로는 부류의 개수를 M이란 변수로 표시하고, 부류는 $\omega_1, \omega_2, \cdots, \omega_M$으로 표기한다. 숫자 인식의 경우 $M = 10$이며 숫자 0은 ω_1, 숫자 1은 ω_2, 이런 식으로 숫자 9는 ω_{10}에 해당한다. 만일 은행의 전표를 인식하는 시스템을 만든다 하면, 그 은행에서는 매일 수많은 고객에 의해 전표가 작성될 것이고 필기 숫자 패턴이 수시로 발생할 것이다. 이렇게 패턴을 발생시키는 도메인을 **패턴 원천**pattern source이라 부른다. [그림 1.4]는 패턴 원천에서 수집한 샘플의 일부를 보여 준다.

1.2.1 데이터베이스 수집

필기 숫자를 인식하는 시스템을 만들기 위해서는 패턴 원천, 즉 고객이 작성한 실제 은행 전표로부터 패턴을 수집하여야 한다. 인식 시스템을 만들기 위해 이렇게 수집 한 패턴을 **샘플**sample이라 한다. 수집한 샘플의 집합은 실제 발생하는 전체 패턴의 양에 비해 훨씬 작다. 특히 패턴 원천이 큰 경우는 현실적으로 극히 적은 양만을 수집할 수 있기 때문이다. 샘플은 적절한 입력 장치를 통해 획득한다. 은행 전표의 경우 스캐너 또는 오버헤드 카메라를 사용할 수 있다. 우선 적절한 영상 처리 프로그램을 이용하여 숫자가 나타나는 위치를 알아내고 그 속의 숫자 **비트맵**bitmap을 추출해야 한다. [그림 1.4(a)]는 이렇게 추출한 패턴의 영상을 보여 준다. 이 영상을 영상 처리 프로그램을 이용하여 8*8 크기의 흑과 백만 갖는 **이진 영상**binary image으로 변환한다고 가정하자. 이렇게 얻은 샘플을 [그림 1.4(b)]에서 볼 수 있다.

보통 수집한 샘플은 두 개의 집합으로 나누어 놓는다. 이 중에서 인식기를 만드는 데 사용할 집합을 **훈련 집합**training set이라 부르고, 인식기를 만든 후에 성능을 평가하기 위해 사용하는 집합을 **테스트 집합**test set이라 부른다. 보통 이들 집합을 합쳐 데이터베이스라고 부르는데 데이터베이스가 양적으로나 질적으로 우수해야 좋은 인식 시스템을 만들 수 있다. 특정한 스타일에 치우친 패턴만 수집하였다면 그 스타일의 패턴은 잘 맞히겠지만 그렇지 않은 스타일은 틀릴 가능성이 높다. 따라서 데이터 베이스는 양적으로 충분히 커야 하며 질적으로 충분히 다양한 스타일의 패턴을 담고 있어야 한다.

(a) 필기 숫자 샘플

```
00011110 00001111 01100000 01111100 00011000 01111110 00001100 01111110 00111111 00111111
00110110 00111000 00110000 00001100 00111100 01000000 00010000 11100011 01110001 11000011
01100001 01100000 00010000 00011000 01101000 01000000 00100000 11000001 00110011 10001111
00100001 11100000 00010000 00111100 11101111 01110110 01100000 00000011 00011111 01110011
10100001 11000000 00010000 00000011 00001100 00000001 11000110 00000011 00111100 00000010
01000010 11000000 00111111 00000001 00001100 00000001 11000011 00000110 01100010 00000010
01000110 11000000 01100000 00000011 00000100 10000011 11000001 00000100 11000010 00000010
00111000 01000000 11000000 11111100 00000100 11111100 11111110 00001000 11111100 00000010

00001111 00000111 11110000 11111111 00111100 00111000 00000011 01100111 00011110 00010011
00011111 00000111 10001000 10000001 01101100 01101111 00000110 01111101 00000111 01000011
00110001 00000111 00000100 00011111 11011000 11011000 00011000 01110001 00001110 11000011
01100001 00001110 00000100 00011110 11011011 10000000 00110000 11100001 00110110 10000110
11000001 00011110 00000100 00000011 11111110 11111000 01111000 11000011 01100110 11111010
11000011 00111100 00001100 00000011 00100000 00001000 11100100 00000111 11000110 00000010
11000111 00111100 00001111 00000110 01100000 01011000 11001100 00000110 10001100 00000010
01111100 01111000 01111100 11111000 01100000 01110000 11111000 00001110 11111000 00000010

00111110 00000011 00001110 00001111 00010110 01111111 00000011 00111111 00011111 01111111
01110011 00000011 00000001 00000001 00110100 01100000 00000110 11100001 01100001 11000001
01000001 00000110 00000001 00000110 01100100 01000000 00001100 10000011 01111010 11000011
11000001 00001100 00000001 00011100 11001111 11000000 00011000 00000110 00001100 00101001
10000001 00011000 00000011 00000111 00001000 11001110 00100000 00001100 00110110 00000011
10000001 01110000 00000110 00000001 00001000 01100011 01110000 00011000 01000010 00000011
10000010 11100000 00111100 00000011 00001000 00000010 11001100 00110000 11000010 00000011
01111100 11000000 11110000 11111100 00001000 11111100 11011000 01100000 11101100 00000011

00011110 00000111 01110000 00111111 00011110 00001110 00000011 00111111 00111111 00011110
00011111 00000111 10001000 11000011 01100110 00111001 00000110 00111001 00110001 01100011
00110001 00000111 00001000 00011110 11000100 01111110 00001100 01100001 00010110 11000011
01100001 00001111 00001000 00011110 11001001 01000000 00011000 01000001 00011100 10000011
01100001 00011110 00001000 00000011 11111111 01111000 00110000 11000011 00111100 11111111
11000110 00111100 00011111 00000011 00110000 00001100 01111000 00000010 01101100 00100010
10011100 01111000 01111000 00000110 00100000 00001100 11001100 00000110 11001100 00000010
11111000 11110000 01100000 11111100 01100000 11111000 11111000 00000110 11111000 00000110
```

(b) 8×8로 크기 정규화한 비트맵

그림 1.4 필기 숫자

1.2.2 특징

이제 샘플을 분류하는 데 사용할 **특징**feature을 추출해야 한다. M개의 부류가 서로 다른 값을 보이는 특징일수록 분류하는 데 유리하기 때문에 좋은 특징이라 할 수 있다. [그림 1.4]와 같은 필기 숫자를 분류하기 위해서 어떤 특징을 사용해야 할까? [그림 1.3]에서 보는 바와 같이 패턴인식에서 가장 중요한 두 가지 문제 중의 하나에 직면했다.

개별적인 화소를 특징으로 하면 어떨까? 누구나 쉽게 떠올릴 수 있는 생각이다. 이 경우 특징은 64개가 된다. 이들을 벡터로 표현하면 64차원 벡터 $\mathbf{x} = (x_1, x_2, \cdots, x_{64})^T$가 된다.[2] 이때 $\mathbf{x}$를 **특징 벡터**feature vector라 부른다. 이 책에서는 특징의 개수를 d로 표기한다. 비트맵에 가로와 세로로 배열된 64개 화소를 벡터 형태로 만들기 위해서는 행 우선 또는 열 우선으로 재배치하면 된다. [그림 1.4]와 같은 경우 특징은 0과 1의 두 가지 값 중의 하나를 갖게 된다. 즉 이진 특징이다.

또 다른 특징을 생각해 볼 수 있다. [그림 1.5]에서 보는 바와 같이 비트맵을 가로로 이등분하여 상단과 하단의 검은 화소의 개수를 세고 이들의 비를 첫 번째 특징으로 한다. 이번에는 비트맵을 세로로 이등분하여 좌단과 우단의 비를 두 번째 특징으로 한다. 이렇게 하면 2차원 특징 벡터 $\mathbf{x} = (x_1, x_2)^T$를 얻게 된다. 이들을 **특징 공간**feature space에 그려보자. 이 경우는 특징 공간이 2차원이므로 [그림 1.6]과 같이 종이 위에 쉽게 그릴 수 있다. 이 그림의 가로 축은 x_1, 세로 축은 x_2를 나타낸다.

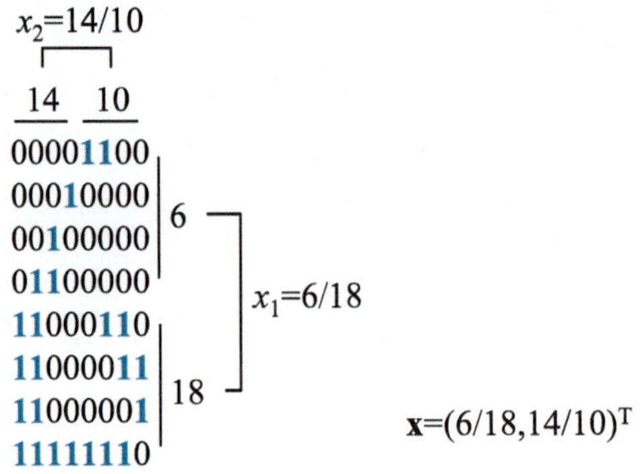

그림 1.5 필기 숫자에서 특징 추출 예

지금까지 두 종류의 특징 추출 방법을 생각해 보았다. 이 특징들은 서로 다른 부류를 얼마나 잘 구별해 줄까? 매우 중요한 질문이다. 우선 개별 화소를 특징으로 삼는 방법에 대해 생각해 보자. 첫 번째 특징 x_1(첫 행 첫 열에 있는 화소)을 살펴보자. 이 특징은 거의 모든 샘플이 0이란 값을 갖는다. 따라서 전혀 쓸모 없는 특징이다. 나머지

[2] 이 책에서는 벡터를 열 행렬로 표기한다. 즉 d 차원 벡터 $\mathbf{x}$는 $\mathbf{x} = \begin{pmatrix} x_1 \\ x_2 \\ \cdots \\ x_p \end{pmatrix} = (x_1, x_2, \cdots, x_p)^T$로 표기한다.

화소는 어떨지 생각해 보자. [그림 1.5]의 화소 개수의 비를 특징으로 삼는 방법은 어떨까? [그림 1.6]에서 보는 바와 같이 x_1과 x_2는 최소한 6과 7의 두 부류는 어느 정도 구별해 주는 능력이 있음을 확인할 수 있다. 이 두 개 특징은 열 개 부류를 분류하는 데 있어 완벽하지는 않지만 쓸모가 있음은 확실하다. 이와 같이 특징이 서로 다른 부류를 얼마나 잘 구별해 주느냐와 관련한 척도를 **특징의 분별력**discriminating power이라 한다. 8장과 9장에서는 분별력을 수량화하고 보다 분별력이 높은 특징을 설계하는 방법을 제시한다.

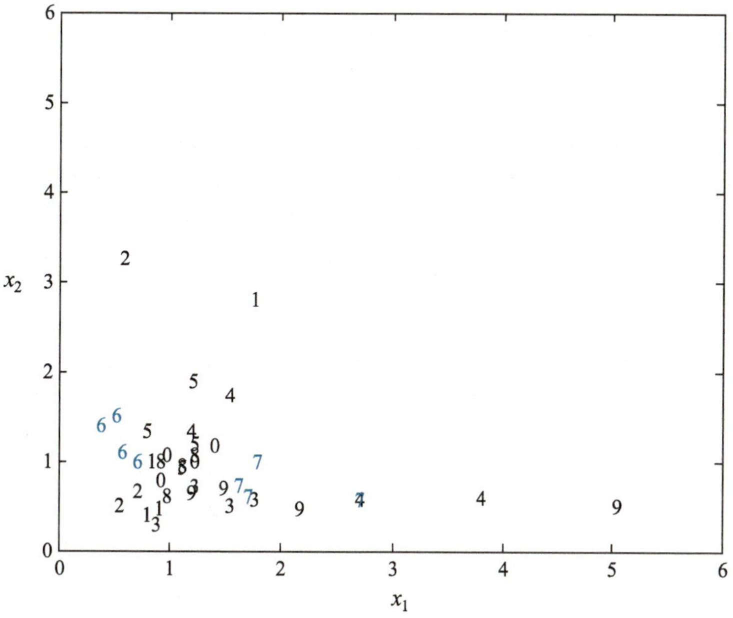

그림 1.6 특징 공간에서 샘플의 분포

특징은 몇 개를 사용해야 하나? 역시 매우 중요한 질문이다. 특징을 많이 사용한다고 반드시 좋은 것은 아니다. 쓸모 없는 특징이 포함될 수 있고 또한 두 개의 특징이 개별적으로는 쓸모가 있지만 상관 관계가 강하여 하나만 있어도 되는 경우가 있을 수도 있다. 또한 특징 벡터의 차원이 커질수록 계산량이 기하급수적으로 커지는 상황도 적지 않다. 예를 들어 3장에서 설명하는 확률 밀도 함수의 추정이 이에 해당한다. 특징 벡터의 차원에 따라 계산량 또는 메모리 요구량이 폭발적으로 증가하는 현상을 **차원의 저주**curse of dimensionality라 한다.

특징에 대해서는 이 책의 8장과 9장에서 구체적으로 다룬다. 8장은 여러 인식 분야에 대해 특징을 어떻게 추출할 것인지를 설명한다. 또한 추출한 특징 값을 다른 값으로 변환하는 방법을 공부한다. 특히 PCA란 기법으로 차원을 줄이는 방법을 공부한다. 9장은 원래 특징 집합에서 쓸모가 높은 일부만을 선택하는 특징 선택 문제를 다룬다.

1.2.3 분류

어떤 패턴이 들어왔을 때 이것을 M개의 부류 중 하나로 할당해 주는 작업을 **분류**classification라 하고 이 작업을 담당하는 프로그램을 **분류기**classifier라 한다. [그림 1.7]의 간단한 상황을 살펴보자. 두 개의 부류 ω_1과 ω_2가 있고 특징 공간은 2차원이다. ω_1과 ω_2는 각각 10개와 12개의 훈련 샘플을 가지고 있다. 이 분류 문제에서 두 부류를 어떻게 분류할 것인가? [그림 1.3]이 보여준 패턴인식의 중요한 두 가지 문제 중 또 다른 것에 직면했다.

가장 쉽게 생각할 수 있는 방법은 직선으로 두 부류를 구별하는 것이다. [그림 1.7(a)]는 이 작업을 담당할 직선을 보여주고 있다. 이 직선은 두 단계의 분류기 설계 과정을 거쳐 만들어진 것으로 보아야 한다. 첫 번째 단계는 **모델 선택**model selection이다. 모델 선택은 분류기를 표현하는 수학적 모델로 무엇을 쓸 것인지를 결정하는 작업이다. [그림 1.7]의 모델 선택은 직선을 쓸 것인지, 2차 곡선을 쓸 것인지, 아니면 그 이상 차수의 곡선을 쓸 것인지의 결정에 해당한다. [그림 1.7(b)]는 2차 곡선, [그림 1.7(c)]는 3차 이상의 곡선을 채택한 상황이다. 이들 중 어느 것을 사용하는 것이 가장 좋을까? 이에 대해서는 성능 평가를 다루는 1.2.4절에서 다시 언급할 것이다. 물론 다항식을 이용하는 분류 방법만 있는 것은 아니다. 더욱 복잡한 **결정 경계**decision boundary를 만들어 주는 신경망이나 SVM같은 분류 방법론이 있다. 신경망과 SVM은 각각 4장과 5장에서 다룬다. 신경망의 경우에는 신경망의 크기(은닉 층의 개수와 은닉 노드의 개수 등)를 어느 정도로 할 것인지가 모델 선택 문제이다. SVM의 경우에는 어떤 커널을 사용할 것인지의 모델 선택이 필요하다.

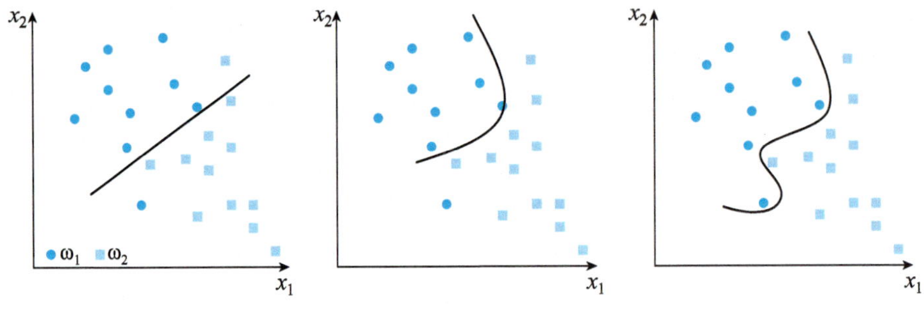

(a) 결정 직선(1차) (b) 결정 곡선(2차) (c) 결정 곡선(3차 이상)

그림 1.7 분류기 설계(모델 선택과 학습의 두 단계를 거침)

분류기의 모델 선택이 끝났다면 이제는 분류기를 **학습**learning시켜야 한다.[3] 학습과

[3] 분류기의 학습뿐 아니라 인공지능 전반에 걸친 학습을 공부하고자 하면 [Mitchell97]을 참고하라.

훈련training은 같은 의미로 사용한다. [그림 1.7(a)]의 경우 직선의 식이 분류기가 되고 직선의 매개변수인 기울기와 절편을 구하는 과정이 학습이다. 학습에 사용할 수 있는 정보는 무엇일까? 당연히 훈련 집합이다. 거의 모든 경우 분류기의 학습은 훈련 집합을 가지고 이루어 진다. 따라서 1.2.1절에서 말한 바와 같이 훈련 집합의 품질이 매우 중요하다.

[그림 1.7(a)]의 직선을 패턴인식에서는 **결정 직선**decision line이라 부른다. 이 직선은 특징 공간을 ω_1의 영역과 ω_2의 영역으로 분할하는 역할을 한다. 이 그림은 특징 공간이 2차원이기 때문에 직선이 되었다. 이때, 특징이 하나 늘어 3차원이 되었다 하자. 여전히 종이 위에 그릴 수 있지만 적절한 투영이 필요하다. 수학적 상상이 약한 학생은 현재 자신이 있는 강의실의 한 구석 점을 원점으로 여기고 그 점에서 뻗어나가는 가로축, 세로 축, 그리고 높이 축을 각각 x_1, x_2, x_3으로 생각하면 도움이 된다. 이제 **결정 평면**decision plane이 필요하다. 4차원 이상은 종이에 그리는 것이 불가능하다. 하지만 수학적으로는 얼마든지 높은 차원의 공간을 정의할 수 있고 그 공간에서 연산이 가능하다. 연산하는 방식은 모든 차원이 똑같다. 이처럼 어떤 차원의 공간을 둘로 분할하는 평면을 **결정 초평면**decision hyperplane이라 부르는데, 결정 직선과 결정 평면은 결정 초평면의 특수한 경우로 볼 수 있다. 결정 초평면을 수학식으로 표현하면 1차 다항식이 된다. 따라서 결정 초평면을 사용하는 분류기를 **선형 분류기**linear classifier라 부른다.

[그림 1.7(b)]와 [그림 1.7(c)]는 곡선을 보여주고 있다. 이들은 2차 이상의 다항식으로 표현되며 **비선형 분류기**nonlinear classifier라 부른다. 비선형 분류기에서는 특징 공간을 분할하는 경계를 2차원은 결정 곡선decision curve, 3차원은 결정 곡면decision surface이라 부른다. 결정 곡선과 결정 곡면은 **결정 초곡면**decision hypersurface의 특수한 경우로 볼 수 있다. 이제까지 두 개의 부류 ω_1과 ω_2를 분류하는 2 부류 분류 문제를 다루었다. 하지만 현실에서는 부류 개수가 2보다 큰 분류 문제가 많다. 따라서 이진 분류기를 M 부류 분류기로 확장할 필요가 있는데 이에 대해서는 분류기를 다루는 장에서 설명할 것이다.

마지막으로 지도 학습과 비지도 학습에 대해 알아보자. [그림 1.7]은 **지도 학습**supervised learning에 해당한다. 훈련 집합에 있는 모든 샘플은 자기가 속한 부류를 알고 있다. 이 부류 정보는 적절한 검증 과정에 따라 사람이 부여하는데 이것을 샘플의 **참 부류**true class라 부른다. 지도 학습의 목적은 분류기가 최소의 오류를 갖도록 하는 매개변수(결정 직선의 경우 기울기와 절편)를 알아내는 것이다. 반면 **비지도 학습**unsupervised learning에서는 샘플의 부류 정보가 주어지지 않는다. 이제 목적은 서로 다른 부류를 분류하는 것이 아니라, 비슷한 샘플들을 같은 집단으로 모으는 것이다. 이 작업을 다른 말로 **군집화**clustering라고도 한다. 군집화에 대해서는 10장에서 다룬다.

1.2.4 성능 평가

패턴인식 시스템의 성능은 크게 두 가지 기준으로 측정한다. 하나는 맞히는 샘플, 틀리는 샘플, 그리고 기각하는 샘플의 수를 세어 그것을 이용한다. 다른 하나는 틀리게 분류하였을 때 발생할 위험을 고려하여 위험 정도를 수치화한다. 첫 번째 방법은 (1.1)과 같이 정의되는 **정인식률**correct recognition rate, **기각률**rejection rate, 그리고 **오류율**error rate을 사용한다. 이 식에서 N은 테스트 집합의 크기, 즉 테스트 집합이 가진 샘플의 개수이다. 기각이란 시스템이 결과에 자신이 없어 분류를 포기한 경우를 말한다. 거의 모든 분류기는 매개변수를 설정하여 어느 정도 기각할지 조정할 수 있다.

$$\left.\begin{aligned} \text{정인식률} &= c/N \\ \text{기각률} &= r/N \\ \text{오류율} &= e/N \end{aligned}\right\} \tag{1.1}$$

이때, c = 맞힌 샘플 수

r = 기각한 샘플 수

e = 틀린 샘플 수

$N = c + r + e$

오류 경향을 더욱 세밀하게 분석할 때 **혼동 행렬**confusion matrix을 사용한다. [그림 1.8]은 이진 분류 경우의 혼동 행렬을 보여 준다. n_{ij}는 부류 ω_i에 속하는 샘플을 ω_j로 분류한 것의 개수이다. 예를 들어 n_{11}은 ω_1을 ω_1로 옳게 분류한 샘플의 개수이고 n_{12}은 ω_1을 ω_2로 틀리게 분류한 샘플의 개수이다. 혼동 행렬을 살펴 보면 분류기가 어느 부류를 어느 부류로 잘못 분류하는지의 경향을 일목요연하게 파악할 수 있다.

참 부류 \ 분류 결과	ω_1	ω_2
ω_1	n_{11}	n_{12}
ω_2	n_{21}	n_{22}

그림 1.8 부류가 두 개인 경우의 혼동 행렬

이제 위험 정도를 따지는 두 번째 기준을 살펴보자. 사과의 품질을 상(ω_1)과 하(ω_2)로 분류하는 문제를 생각해 보자. 상을 하로 잘못 분류하는 경우와 반대로 하를 상으로 잘못 분류하는 경우가 같을까? (1.1)의 성능 측정 방법은 단순히 틀린 샘플의 수를 세므로 두 경우를 같이 취급한다고 볼 수 있다. 하지만 두 경우의 오류는 질적으로 다르다. 이제 **위험**risk이라는 개념을 사용하여 두 경우를 다르게 취급할 수 있다. 위험은 항상 그에 따른 손실을 발생시키므로 **손실**loss이라고도 부른다. 손실을 고려한 성능 측정에 대해서는 2장에서 다시 설명한다(하를 상으로 오분류하는 경우에 더 큰 손실을 주는 사람은 신뢰를 중요하게 생각하는 정직한 상인이고, 그 반대의 경우는 눈 앞의 이익을 추구하는 사람이다).

분류기를 특정 패턴을 **검출**detection하는 데 쓰기도 한다. 예를 들어 자연 영상에서 얼굴을 검출하는 응용을 생각할 수 있다. 입력 영상을 분할하여 많은 영역을 얻었을 때 그 중 얼굴에 해당하는 영역만을 찾아내는 문제이다. 이 경우 하나의 영역이 샘플로 간주된다. 검출은 찾고자 하는 샘플(ω_1)과 그렇지 않은 샘플(ω_2)로 구별하는 이진 분류 문제로서 패턴인식의 특수한 경우로 볼 수 있다. 이진 분류의 결과는 네 가지 경우로 나눌 수 있다. ω_1을 ω_1로 옳게 분류한 샘플은 **참 긍정**true positive(TP), ω_2를 ω_2로 옳게 분류한 샘플은 **참 부정**true negative(TN), ω_1을 ω_2로 틀리게 분류한 샘플은 **거짓 부정**false negative(FN), ω_2를 ω_1로 틀리게 분류한 샘플은 **거짓 긍정**false positive(FP)이라 한다. 얼굴 검출의 경우 FP는 배경을 얼굴이라 잘못 말한 것이고 FN은 얼굴을 배경이라 잘못 판단한 것이다. FP는 **거짓 검출**false detection(FD) 또는 **거짓 경보**false alarm(FA)라고도 한다. [그림 1.8]의 혼동 행렬에서 n_{11}, n_{12}, n_{21}, n_{22}는 각각 TP, FN, FP, TN의 개수이다. 검출 시스템의 성능은 보통 (1.2)로 정의되는 **거짓 긍정률**false positive rate(FPR)과 **거짓 부정률**false negative rate(FNR)로 측정한다.

$$\left.\begin{aligned}\text{거짓 긍정률(FPR)} &= n_{21}/(n_{21}+n_{22})\\ \text{거짓 부정률(FNR)} &= n_{12}/(n_{12}+n_{11})\end{aligned}\right\} \tag{1.2}$$

분류기가 **검색**retrieval에 쓰이기도 한다. 이 응용에서는 문서 하나가 샘플에 해당한다. 수많은 문서 중에 사용자가 입력한 질의에 **적합한 문서**relevant document를 찾는 문제이다. 검색도 패턴인식의 특수한 경우이고 적합 문서(ω_1)와 부적합 문서(ω_2)로 구별하는 이진 분류기를 필요로 한다. 검색 시스템의 성능은 보통 (1.3)으로 정의되는 **정밀도**precision와 **재현률**recall로 측정한다. n_{11}은 검색된 적합 문서의 개수, $n_{11}+n_{21}$은 검색된 문서의 개수, 그리고 $n_{11}+n_{12}$는 적합 문서의 개수이다. 예제 1.1이 정밀도와 재현률을 이해하기 쉽게 설명하고 있다.

$$\left.\begin{aligned}\text{정밀도} &= n_{11}/(n_{11}+n_{21})\\ \text{재현률} &= n_{11}/(n_{11}+n_{12})\end{aligned}\right\} \tag{1.3}$$

예제 1.1 **검색에서 정밀도와 재현률**

[그림 1.9]는 총 8개의 문서가 저장되어 있는 데이터베이스에서 '패턴인식'이라는 질의에 따라 4개의 문서가 검색된 상황을 보여 준다. 검색된 문서 중에 d_1과 d_7은 적합

문서이고 d_5와 d_8은 부적합 문서이다. 또한 d_6은 적합 문서임에도 불구하고 검색되지 않았다. 이 상황에서 $n_{11} = 2$, $n_{12} = 1$, 그리고 $n_{21} = 2$이다. 따라서 정밀도는 1/2이고 재현률은 2/3이다.

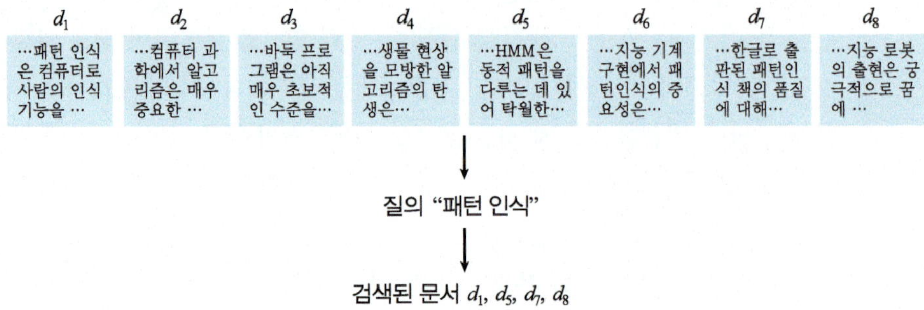

그림 1.9 문서 검색 응용 예

지금까지 성능 평가 기준에 대해 살펴 보았다. 이 절을 마치기 전에 공부해야 할 것이 더 있다. [그림 1.7(a)]의 결정 직선을 사용하는 분류기는 22개의 샘플 중에 2개를 틀렸으므로 오류율이 2/22 = 9.091%가 된다. 이렇게 성능을 선언하고 끝내면 될까? 그렇지 않다. 이 오류율은 분류기를 학습하는 데 사용한 훈련 집합으로 측정한 것이다. 다시 말해 분류기가 이미 한번 '본' 샘플을 가지고 측정한 값이다. 패턴인식 시스템을 만드는 목적은 시스템을 현장에 투입했을 때 거기에서 발생하는 새로운 샘플을 인식하는 것이다. 따라서 훈련 집합이 아닌 다른 샘플 집합, 즉 테스트 집합으로 측정해야 진정한 성능이 된다. 시스템이 테스트 집합에 대해 보여주는 성능을 **일반화** generalization 능력이라 한다. 다시 말하면 시스템이 일반적인 상황에 얼마나 잘 적응하느냐를 따지는 척도라 할 수 있다. [그림 1.7(c)]를 살펴보자. 이 결정 곡선은 훈련 집합을 완벽하게 분류한다. 하지만 일반화 측면에서 [그림 1.7(b)]의 2차 곡선보다 우수할까? 그렇다는 보장이 없다. 부류 ω_1에 속하는 샘플 중에 맨 밑에 있는 것은 잡음으로 인해 발생한 **외톨이**outlier로 볼 수도 있다. 따라서 [그림 1.7(c)]의 곡선은 훈련 집합에 과다하게 적응한 것으로 볼 수 있다. 이러한 현상을 **과잉적합**overfitting이라 한다. 너무 복잡한 모델을 사용하여 훈련 집합에 과잉적합시키는 일은 피하는 것이 좋다. **오컴의 칼날**Occam's razor이 이 원리를 간결하게 설명하고 있다.

Entities are not to be multiplied without necessity.
쓸데없이 복잡하게 만들지 말라.

All things being equal, the simplest solution tends to be the best one.
모든 것이 같다면 가장 단순한 해가 가장 좋다.

분류기는 학습하기 이전에 모델 선택이 필요하다고 했다. 이제 분류기 모델을 선택하는 문제를 다시 생각해 보자. 이 문제는 훈련 집합과 테스트 집합 이외에 또 다른 샘플 집합을 필요로 한다. 훈련 집합이 충분히 큰 상황에서는 이 집합을 두 개로 분할하여 하나는 분류기를 학습하는 데 사용하고 다른 하나는 모델의 성능을 측정하기 위해 사용한다. 후자의 샘플 집합을 **검증 집합**validation set이라 한다. 학습과 검증 과정을 여러 모델에 반복하고 그 중 가장 우수한 모델을 선택하면 된다. 현실적으로 훈련 집합이 둘로 분할할 정도의 양이 되지 않을 때가 많다. 이러한 상황에서는 같은 샘플을 여러 번 사용하는 **리샘플링**resampling 기법을 사용할 수 있다. 이러한 기법에는 **교차 검증**cross validation과 **부트스트랩**bootstrap 등이 있다. 이에 대해서는 12장에서 다룬다.

1.3 시스템 설계

앞 절에서 패턴인식 시스템의 중요한 구성 요소에 대해 설명하였다. 이제는 시스템을 설계할 때 중요하게 고려해야 하는 사항에 대해 이들 구성 요소를 중심으로 살펴보자. [그림 1.10]은 패턴인식 시스템의 개발 사이클을 보여 준다. 이 개발 사이클은 오프라인 모드로 진행된다. 따라서 사람의 개입이 어느 정도 허용되고 적절한 개발 시간이 주어진다.

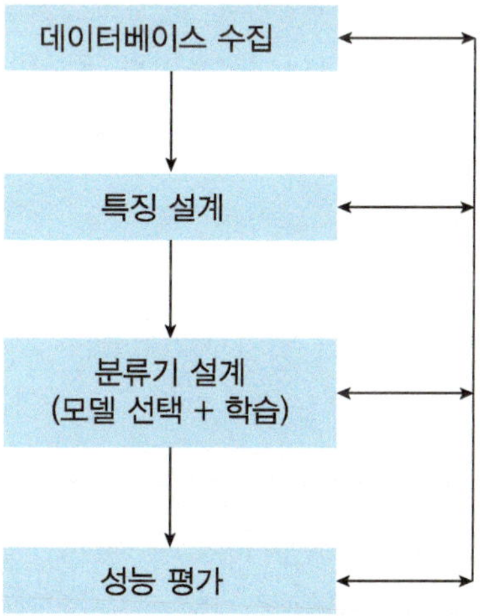

그림 1.10 패턴인식 시스템의 개발 사이클

패턴인식 시스템의 개발 초기에 고품질의 데이터베이스를 확보해야 한다. 이 작업의 중요성을 알아차리지 못하고 부실한 데이터베이스를 가지고 시스템을 설계하는 상황이 발생할 수 있다. 하지만 저급의 데이터베이스로는 저급의 시스템만을 만들 수 있다. 예를 들어 불법 주차 단속용 자동차 번호판 인식 시스템을 개발하는 경우 고급

승용차가 주로 다니는 도심의 길목에서 샘플을 수집했다고 하자. 그러면 훼손된 번호판이 비교적 적어 간단한 영상 처리 프로그램으로 번호판을 분할할 수 있고 단순한 문자 인식 알고리즘으로 높은 성능을 얻을 수 있다. 이렇게 개발한 시스템을 도로 여기저기에 설치한다면 트럭이나 버스, 그리고 낡은 번호판을 단 차량의 운전자를 기쁘게 해 줄 것이다. 따라서 데이터베이스는 충분한 양의 샘플을 가져야 하며 충분히 다양한 패턴을 담고 있어야 한다. 데이터베이스 수집은 비용이 많이 들어가며 패턴인식 개발자에게 큰 재산이 아닐 수 없다.

시스템 개발은 [그림 1.10]에서 보는 바와 같이 순차적으로 일어난다. 하지만 순서에 따라 네 단계를 한 번씩 거치고 끝나는 것이 아니라 성능이 만족될 때까지 여러 피드백을 가질 수 있다. 예를 들어 데이터베이스를 추가로 수집한 후 특징 추출 방법은 그대로 두고 분류기만 다시 학습한 후 성능을 측정할 수 있다. 또는 데이터베이스는 그대로 두고 특징 추출 모듈만 교체할 수도 있다.

특징과 분류기는 패턴인식 시스템의 핵심 구성 요소이다. 이 둘은 서로 밀접한 관련성을 갖는다. 예를 들어 서로 다른 부류가 특징 공간에서 겹침이 없이 분포하게 하는 특징을 개발하였다면 단순한 분류기를 사용하여 고성능 인식기를 쉽게 만들 수 있다. 하지만 현실에서 발생하는 대부분 문제는 주어진 도메인에 대해 적절한 특징과 분류 알고리즘을 사용해야만 한다. 그래도 어느 정도의 오류를 피할 수 없다. 그것이 우리가 사는 세상이다! 특징과 분류 알고리즘의 설계는 문제에 대한 지식 그리고 공학적인 경험을 필요로 한다. 또한 어느 정도의 시행 착오를 거쳐야 한다. 보통 특정 모델을 시도해 보고 만족스럽지 않으면 버리고 다른 모델을 시도하는 휴리스틱한 방식을 사용한다.

개발자가 결정해야 할 것이 또 하나 있다. 그건 시스템이 작동할 범위를 규정하는 일반성이다. 예를 들어 얼굴 인식기를 만든다 할 때 정면 얼굴만 대상으로 할지 아니면 일반적인 자연 영상을 대상으로 할지 결정해야 한다.

전자는 개발은 쉽지만 사용할 수 있는 응용이 제한되고 후자는 그 반대이다. 전자의 경우 출입문 보안 장치로는 사용할 수 있지만 일반적인 응용에 적용할 수는 없다. 개발자는 시스템이 사용될 응용 범주를 고려하여 제약 사항을 적절히 결정해야 한다. 사람은 이러한 제약 없이 아주 쉽게 인식을 수행한다. 경이로울 따름이다!

특징과 분류기의 개발이 완료되면 실제 현장에 시스템을 투입하여 활용할 수 있다. 이때 추가로 개발할 모듈이 있다. [그림 1.11]은 패턴인식 시스템의 전반적인 처리 과정을 보여준다. 특징 추출기와 분류기는 [그림 1.10]의 시스템 개발 단계에서 이미 만들어져 있다고 보면 된다.

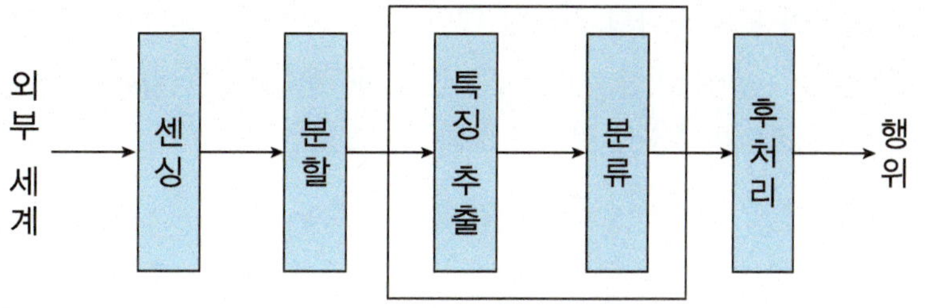

그림 1.11 패턴인식 시스템의 처리 과정

현장에 설치한 인식 시스템은 사람의 개입이 전혀 없이 온라인으로 작동해야 한다. 얼굴 인식에 의한 보안 시스템의 경우 카메라 안에 얼굴이 들어오면 센싱 모듈은 자동으로 카메라를 작동시켜 영상을 획득해야 한다. 그리고 전체 영상에서 얼굴 영역만을 떼어내야 한다. 이 과정을 **분할**segmentation이라 한다. [그림 1.10]의 개발 단계에서는 분할을 자동으로 할 수도 있고 또는 반자동 내지 수동으로 할 수도 있다. 하지만 인식 단계에서는 사람의 개입이 허용되지 않는다. 따라서 고품질의 분할기가 추가로 개발되어야 한다(물론 [그림 1.10]의 개발 단계에서 이미 분할기를 만들어 사용하였다면 더욱 효과적인 개발이라 할 수 있다. 이 경우 추가 개발은 필요 없다). 자동차 번호판 인식의 경우는 차량 영상에서 번호판을 분할해야 하고 또한 번호판 속의 글자들을 분할해야 한다. 음성 인식의 경우 긴 음성 신호에서 단어들의 간격을 찾아 단어를 떼어내야 한다. 때에 따라서는 특징 추출기와 분류기보다 분할기를 만드는 데 더 많은 비용이 드는 경우도 있다.

인식 성능을 높이기 위해 **다중 분류기 결합**multiple classifier combination 방법을 채택할 수도 있다. 여러 분류기의 결과를 투표 행위로 보고 가장 표를 많이 얻은 부류로 최종 분류하는 방법이다. 이와 같은 단순한 **투표**voting 결합 방법 이외에도 분류기의 오류 성향과 상호 보완 관계를 고려한 보다 진보된 결합 방법도 있다. 여러 개의 분류기는 서로 다른 특징을 사용하여 만들 수도 있고 서로 다른 분류 알고리즘을 사용하여 만들 수도 있다. 다중 분류기에 대해서는 12장에서 공부하기로 하자.

분류 단계가 최종 분류 결과를 출력하면 이것을 그대로 사용할 수도 있고 **후처리**post-processing를 수행하여 사용할 수도 있다. 예를 들어 음성 인식기가 /패(파)/?/인(임)/시(식)/을 출력했다 하자. 괄호 속은 2순위 인식 결과이고(즉 /패(파)/는 '패'의 가능성이 제일 높고 그 다음은 '파'일 것 같다는 뜻), ?은 기각이라 했을 때 적절한 후처리기는 이 인식 결과를 /패/턴/인/식/으로 바꾸어 줄 수 있다. 후처리는 주어진 문제의 중요한 지식 중 하나인 **문맥**context을 적절히 이용해야만 성능 향상을 꾀할 수 있다. 이 책은 후처리에 대해서는 다루지 않는다.

인식이 모두 끝나면 적절한 행위가 이루어진다. 보안 장치는 문을 열어주거나 거절되었다는 메시지를 준다. 과속 단속용 번호판 인식기는 차량 데이터베이스를 검색하여 소유자 주소로 범칙금 고지서를 발송한다.

최근에는 아주 다양한 플랫폼이 등장하였다. 특히 스마트폰과 같은 모바일 플랫폼이 보편화되었다. 따라서 이러한 플랫폼에 인식 모듈을 장착하는 기술이 중요해졌다. 모바일 플랫폼을 스탠드얼론 모드로 사용하는 경우에는 프로세서와 메모리의 자원이 한계를 가지므로 이 한계 안에서 동작하는 알고리즘의 선택이 중요하다. [그림 1.12]는 **스탠드얼론**standalone과 **클라이언트 서버**client-server(CS)의 두 가지 동작 모드를 보여 준다. 클라이언트 서버 모드의 경우는 모바일 단말이 센싱과 행위를 담당하고 계산은 서버에 맡긴다. 물론 이 경우 적절한 통신 기능이 뒷받침되어야 한다.

그림 1.12 모바일 플랫폼에서의 두 가지 동작 모드

1.4 수학

수학은 패턴인식 문제를 푸는 가장 중요한 도구이다. 패턴인식은 컴퓨터 과학에 속하는 학문 분야 중에서 수학을 가장 많이 활용하는 분야 중의 하나이다. 컴퓨터 과학과 컴퓨터 공학 전공자 중에는 수학을 부담스러워하는 사람이 적지 않다. 세상에서 발생하는 대부분 문제를 기호로 표시하고 이 기호들 간의 관계와 조건을 표현하는 자료구조, 그리고 순차적으로 계산을 수행하는 알고리즘과 프로그래밍에 익숙한 탓으로 보인다. 하지만 패턴인식을 공부하기 위해서는 확률, 벡터와 행렬, 미분, 그리고 함수 최적화와 같은 수학을 이해해야 한다. 그렇다고 크게 걱정할 필요는 없다. 패턴인식이 사용하는 수학은 대부분 경우 기초 수준이면 충분하다. 이 책은 수학을 가능

한 한 적게 사용한다. 또한 무턱대고 수학부터 튀어나오는 설명 방식을 피하고 있다. 어떤 알고리즘의 기초 원리와 동기를 충분히 이해시킨 후 적절한 곳에서 수학이 나타나기 시작한다. [그림 1.13(b)]는 이 책이 취하고 있는 방식을 재미있게 표현하고 있다.

(a) 수학에 매몰되어 패턴인식을 이해하지 못함 (b) 패턴인식을 이해하는 데 도움을 주는 수학

그림 1.13 패턴인식과 수학

패턴인식 책에 나타나 있는 수학 식은 두 가지로 나눌 수 있다. 첫 번째는 수식을 유도하는 과정에서 나타나는 것들이고, 두 번째는 유도의 결과로 얻어지는 수식이다. 후자는 알고리즘에 들어간다. 단순히 기존 알고리즘을 프로그래밍하여 시스템을 개발하는 것이 목적이라면 두 번째 것에 주목하면 된다. 패턴인식을 연구하는 사람은 모든 과정을 이해해야 한다. 그래야만 더 나은 알고리즘을 개발할 수 있기 때문이다.

확률과 **통계**는 패턴인식 이론의 초석이다. 다행히 베이즈 정리, 우도likelihood, 확률 분포, 확률 밀도 함수 추정 등의 기초 이론을 갖추면 된다. 2.1절에서 이러한 내용을 설명한다. 또한 **선형 대수**linear algebra가 필요하다. 벡터와 행렬 연산, 고유 벡터, 행렬의 분해 등을 이해하면 된다. 어떤 특징이 얼마만큼의 정보를 담고 있는지를 엔트로피로 측정할 수 있다. 이러한 기법은 **정보 이론**information theory이 담당한다. 정보 이론은 부록 A에서 설명한다.

패턴인식 문제는 많은 경우 **최적화**optimization 문제로 만들어 푼다. [그림 1.14]는 패턴인식 분야에서 주로 취하는 문제 풀이 방식을 개념적으로 설명한다. 우선 주어진 문제를 최적화 문제로 공식화한다. 이 단계의 가장 중요한 일은 **비용 함수**cost function의 정의이다. 비용 함수는 매개변수를 포함하고 있다. 이제 비용 함수를 최소화 또는 최대화하는 매개변수를 찾고 그것을 해로 취하면 된다. 이렇게 찾은 해는 경우에 따라 분류기가 되기도 하고 최적의 특징 집합이 되기도 한다. 이 중에는 조건 없이 최적화하는 경우도 있고 조건부 최적화 문제도 있다. 최적 해를 찾는 데는 미분에 많이 의존한다. 따라서 미분에 대한 이해가 필요하다. 일반적으로 미분뿐만 아니라 어떤 최적화 알고리즘이라도 적용이 가능하다. 예를 들어 유전 알고리즘이나 시뮬레이티드 어닐링을 사용할 수 있다. 최적화 방법에 대해서는 11장에서 자세히 설명한다.

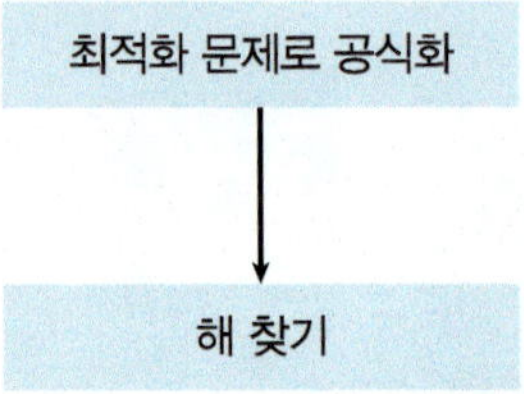

그림 1.14 패턴인식의 전형적인 문제 풀이 과정

고등학교 수학에서는 문제 풀이가 거의 분석적analytical 방법으로 이루어졌다. 방정식을 푸는 경우 식을 이리저리 바꾸어 가면 최종적으로 방정식을 만족하는 변수 값을 구하게 되고 이를 해로 취한다. 예를 들어 $ax^2 + bx + c = 0$의 이차 방정식의 근을 구하는 문제를 생각해 보자. 이 방정식은 식 유도를 통해 결국 $(-b \pm\sqrt{b^2 - 4ac})/2a$가 답이라는 것을 알 수 있다. 이건 단순한 수학이다. 패턴인식에서 발생하는 문제는 매개변수가 수십 개인 경우도 있고 수백 또는 수백만 개인 경우도 있다. 따라서 분석적인 풀이가 가능한 경우가 많지 않다. 그렇기 때문에 초기 해를 설정하고 어떤 과정을 반복하여 이것을 최적 해optimal solution에 조금씩 접근시키는 **수치적**numerical 방법을 많이 사용한다. 항상 최적 해에 도달하는 것은 아니고 최적 해에 가까운 부 최적 해suboptimal solution에서 끝내고 그것에 만족해야 하는 경우도 많다.

1.5 자원

패턴인식을 공부하는 데 활용할 수 있는 자원이 많이 있다. 국내에서는 한국정보과학회의 컴퓨터비전 및 패턴인식 연구회의 학술 활동에 주목할 필요가 있다.[4] 국제적으로는 IAPR(International Association for Pattern Recognition)의 활동을 눈여겨볼 필요가 있다.[5] 대표적인 활동으로는 짝수 해에 개최하는 국제 학술 대회 ICPR (International Conference on Pattern Recognition)을 들 수 있다. IEEE과 ACM 학회에서도 패턴인식 관련 학술 활동이 활발히 이루어지고 있다.[6]

[4] http://kiise.or.kr

[5] http://iapr.org

[6] http://ieee.org, http://www.acm.org

연구 논문이 발표되는 학술지 중에 대표적인 것을 나열하면 아래와 같다. 물론 이들 이외에도 패턴인식 전문 학술지가 여럿 있고, 인식을 포함하는 분야의 학술지(예를 들어 인식을 포함하여 인공 지능 전반을 다루는 저널 「*Artificial Intelligence*」) 또는 인식을 응용하는 분야의 전문 학술지들(예를 들어 문서 인식을 전문적으로 다루는 저널 「*International Journal on Document Analysis and Recognition*」)이 아주 많다.

- IEEE Transactions on Pattern Analysis and Machine Intelligence
- Pattern Recognition
- Pattern Recognition Letters
- Pattern Analysis and Applications
- International Journal on Artificial Intelligence and Pattern Recognition

새로운 패턴인식 알고리즘을 개발하면 기존 알고리즘과 성능 비교를 해야 한다. 이때 표준 데이터베이스를 활용하는 것이 효과적이다. 표준 데이터베이스는 국제적으로 통용되므로 대체적인 성능이 알려져 있다. 따라서 이러한 데이터베이스를 활용하여 자신의 알고리즘의 우수성을 주장하면 보다 객관적인 평가를 받을 수 있다. 가장 널리 활용되는 데이터베이스 아카이브는 UCI(University of California, Irvine)의 UCI 리퍼지토리이다.[7] 이곳에는 의료, 항공, 문자, 생물, 학생, 고객, 지질, 시장, 주식 등의 아주 다양한 곳에서 발생한 데이터를 기증받아 정리해 놓고 있다. 인터넷에서 무료로 다운받아 사용할 수 있다.

마지막으로 무엇보다 귀중한 자원은 인터넷이다. 인터넷에는 무수히 많은 패턴인식 관련 자료가 올라와 있다. 꼭 추천하고 싶은 자료는 **위키피디아**wikipedia 백과 사전이다.[8] 한국어판 위키피디아도 있다.[9] 위키피디아는 일반 사용자가 만들어가는 공개 소스 방식의 콘텐츠이다. 비교적 초보자를 겨냥하여 설명하고 있으므로 새로운 개념에 대한 이해나 어떤 알고리즘의 줄거리를 이해하는 데 크게 도움이 된다.

고전적인 교과서를 포함하여 패턴인식 분야의 책이 아주 많다. 여기에서는 유명한 책 세 종을 추천한다.

- Christopher M. Bishop, *Pattern Recognition and Machine Intelligence*, Springer, 2006.

---

[7] http://archive.ics.uci.edu/ml/index.php

[8] http://wikipedia.org/

[9] http://ko.wikipedia.org/

- Sergios Theodoridis and Konstantinos Koutroumbas, *Pattern Recognition*, 4th Ed., Academic Press, 2009.
- Richard O. Duda, Peter E. Hart, and David G. Stork, *Pattern Classification*, 2nd Ed., Wiley-Interscience, 2001.

01 UCI 리퍼지토리에 접근하여 아래 다섯 개의 데이터베이스의 특성을 조사하라. 특히 조사 항목에 부류 수, 특징 수, 그리고 샘플 수를 포함시켜라.

- Iris
- Wdbc
- Ionosphere
- Letter
- Segmentation

02 위키피디아에 접속하여 아래 용어에 대해 조사하고 각각을 200 단어 내외로 요약하라.

- Support vector machine
- Principal component analysis
- Hidden Markov model
- Machine learning
- Artificial intelligence

03 아래 저널의 가장 최근 호에 실린 논문의 제목과 초록을 조사하라.

- IEEE Transactions on Pattern Analysis and Machine Intelligence
- Pattern Recognition
- Pattern Recognition Letters
- Pattern Analysis and Applications
- International Journal on Artificial Intelligence and Pattern Recognition

04 기존 제품에 패턴인식 기능을 탑재하여 부가 가치를 높일 수 있는 아이디어를 두 가지 제시하라.

05 모바일 단말기가 탑재하고 있는 패턴인식 기능에 대해 설명하라. 미래에 새로운 기능을 추가한다면 어떤 것이 있을까?

06 아래 분류 문제를 풀기 위해 어떤 특징을 사용하는 것이 적당할까?

- 사과를 상, 중, 하의 세 가지 품질로 분류
- 컨베이어 벨트를 지나가는 볼트와 너트의 분류
- 지진 파에서 지진과 지진 아님의 분류
- 필기 숫자의 분류
- 인쇄 한글의 고딕, 명조, 이탤릭의 세 종류 폰트의 분류
- 얼굴 영상의 성별 분류

07 아래 샘플 집합을 특징 공간에 그려라. 선형 분류기로 모든 샘플을 옳게 분류할 수 있나? 즉 선형 분리가 가능한가?

ω_1에 속하는 샘플: $(1, 6)^T, (2, 3)^T, (2, 5)^T, (3, 6)^T, (3, 8)^T$

ω_2에 속하는 샘플: $(2, 1)^T, (4, 1)^T, (4, 4)^T, (5, 3)^T, (5, 6)^T, (7, 1)^T, (7, 5)^T$

08 필기 숫자 인식을 위해 [그림 1.5]의 특징 추출 알고리즘을 사용한다고 하자. 이 특징이 큰 분별력을 발휘하는 숫자 쌍과 전혀 그렇지 않은 숫자 쌍의 예를 제시하라.

09 예제 1.1의 상황에 대해 FPR과 FNR은 얼마인가?

CHAPTER 02

PATTERN RECOGNITION

베이지안 결정 이론

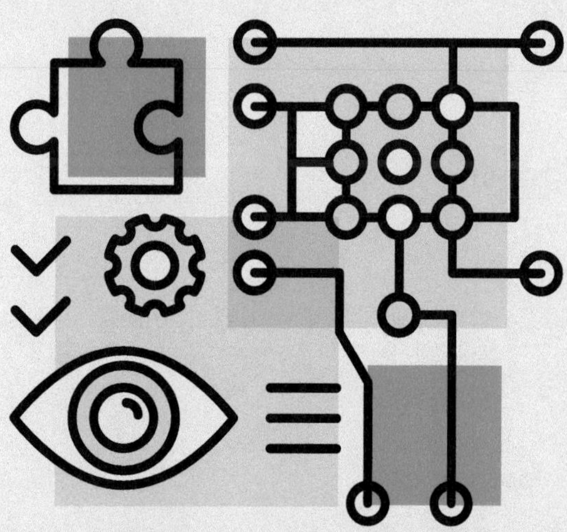

사람은 인식을 할 때 가능성을 따진다. 저기 걸어가는 사람은 확실히 내 동생이다. 라디오에 나오는 목소리가 배철수인지 배칠수인지 헷갈리는데 배칠수일 것 같다. 저 앞의 도로 표지판에 쓰인 도시 이름이 전주인지 진주인지 어두워 확실하지 않은데 전주인 것 같다. 이런 상황에서 사람은 '가장 그럴듯한' 쪽으로 인식을 한다. 이와 같은 의사 결정 방식은 보편적인 법칙이다. 따라서 패턴인식 시스템도 이 법칙을 따르지 않을 수 없다.

하지만 사람과 기계는 다르다. 사람은 의식 또는 무의식 세계에서 느낌을 동원하기도 하는데 컴퓨터는 그럴 수 없다. 컴퓨터에서는 그럴듯한이라는 개념을 수학 틀에 끼워 넣어야만 프로그래밍을 할 수 있다. [그림 2.1]은 1장의 10개 숫자를 분류하는 예제를 가지고 수학 틀을 설명한다(숫자 인식 예제는 [그림 1.4]를 참조하라). 입력 패턴으로부터 특징 벡터 **x**를 추출한다. 이제 **x**가 주어졌다. 따라서 **x**라는 조건 하에서 그것이 $\omega_i(1 \le i \le 10)$일 확률 $P(\omega_i|\mathbf{x})$를 구한다. 그리고 가장 큰 확률을 가진 부류로 분류한다. 이 틀에서도 사람과 마찬가지로 가장 그럴듯한 쪽으로 인식을 하였다. 단지 수학이라는 도구를 이용한 차이가 있을 뿐이다.

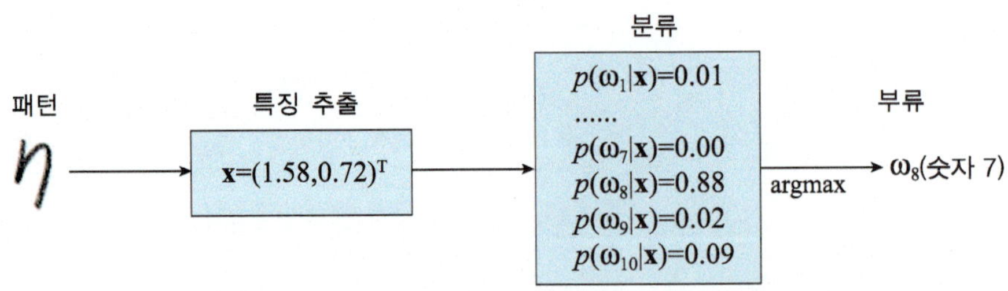

그림 2.1 '가장 그럴듯한'이라는 철학을 수학 틀에 넣음

[그림 2.1]은 중요한 개념을 담고 있다. 하지만 컴퓨터 프로그래밍이 가능할 정도의 알고리즘이 되기 위해서는 보다 구체적인 수식으로 발전해야 한다. 더 세부적으로 말한다면 사후 확률이라 부르는 $P(\omega_i|\mathbf{x})$를 구하는 방법을 고안해야 한다. 곧이어 이러한 내용이 펼쳐진다. 2.1절은 확률과 통계의 기초이므로 이미 알고 있다면 건너 뛰어도 좋다.

2.1 확률과 통계

그럴듯한이라는 개념을 표현하는 수학적인 도구는 확률과 통계이다. 따라서 확률과 통계는 패턴인식의 문제 풀이에서 중요한 도구로 활용된다.

2.1.1 확률 기초

주사위를 던졌을 때 3이 나올 **확률**probability은 1/6이다. 이것을 기호로 표시하면 $P(X = 3) = 1/6$이 된다. X는 **랜덤 변수**random variable라 한다. X는 1에서 6 사이의 정수 값을 갖는다. 주사위 두 개를 던졌을 때 합이 5일 확률은 1/9이고 이를 $P(X = 5) = 1/9$로 표시할 수 있다. 이제 X는 2에서 12 사이의 정수 값을 갖는 랜덤 변수이다. 두 경우 모두 랜덤 변수는 **이산**discrete 값을 갖는다.

사람 키를 생각해 보자. 키를 cm 단위로 표시하고 측정 장비의 정확도 한계로 소수점 이하 한 자리까지만 허용한다면 이때 랜덤 변수는 이산 값을 갖게 된다. 하지만 키는 본질적으로는 연속continuous 값을 갖는다. 이때 키의 확률 분포는 확률 밀도 함수probability density function(pdf)로 표현해야 한다. [그림 2.2]는 랜덤 변수가 이산인 경우와 연속인 경우의 확률 분포의 예를 보여 준다. 확률은 항상 0보다 크거나 같아야 하며 모두 더하면 1이 되어야 한다. 즉 [그림 2.2]의 그래프가 덮고 있는 영역의 면적은 1이어야 한다. 이 책은 이산 값의 확률과 연속 값의 확률 밀도 함수를 구분하기 위해 각각 대문자 $P(.)$와 소문자 $p(.)$로 구분하여 표기한다.

패턴인식에서는 개별 특징 x_i가 랜덤 변수이다. 특징 벡터 $\mathbf{x}$는 랜덤 벡터가 된다. 특징에 따라 이산 값을 갖기도 하고 연속 값을 갖기도 한다.

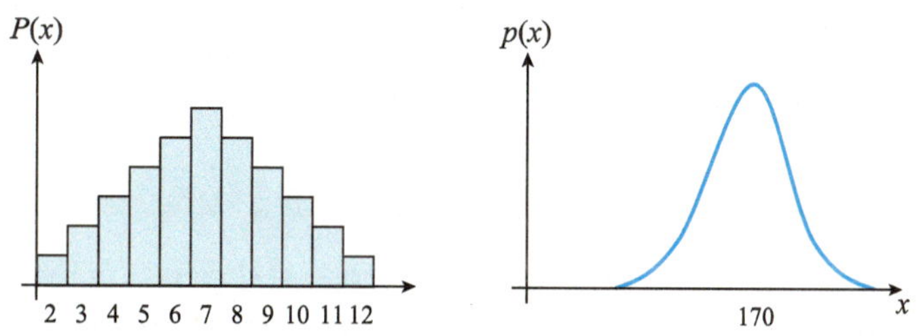

(a) 확률(두 개 주사위의 합, 이산 값) (b) 확률 밀도 함수(사람 키, 연속 값)

그림 2.2 확률 분포 함수

조금 복잡한 상황으로 생각을 옮겨 보자. [그림 2.3]에는 A라고 쓰인 용지 7장과 B라고 쓰인 용지 3장을 담고 있는 주머니가 있다. 또한 각각 A와 B라 쓰인 두 개의 상자가 있다. A 상자는 하얀 공 2개와 파란 공 8개, B 상자는 하얀 공 9개와 파란 공 6개를 담고 있다. 이제 관찰 실험을 해 보자. 주머니는 상자를 고르는 데 쓰인다. 주머니에서 A 용지가 뽑히면 A 상자를, B 용지가 뽑히면 B 상자를 선택한다. 선택된 상자에서 공을 하나 집어 색깔을 관찰한다. 뽑은 것은 모두 다시 집어 넣는다.

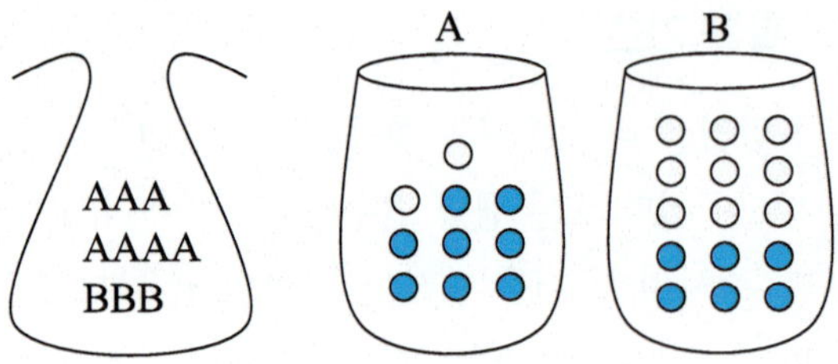

그림 2.3 확률 실험 장치

랜덤 변수 두 개를 정의하자. 주머니에서 뽑은 용지를 표현하기 위해서 X, 상자에서 뽑은 공은 Y라는 변수를 사용하자. X는 A 또는 B라는 값을 갖고 Y는 하양 또는 파랑이라는 값을 갖는다. 이 사실을 $X \in \{A, B\}$와 $Y \in \{\text{하양, 파랑}\}$으로 표현할 수 있다. 이제 확률에 관련된 몇 가지 중요한 개념과 표기를 공부하자. 확률 표기를 잘 살펴보고 그것에 익숙해지자.

1. 상자 A가 선택될 확률은? $P(X = \text{A})$로 쓸 수도 있고, 혼동할 가능성이 없으면 랜덤 변수를 빼고 $P(\text{A})$로 표기해도 된다.

$$P(X = \text{A}) = P(\text{A}) = 7/10$$

2. 상자 A에서 하얀 공이 뽑힐 확률은? 주머니에서 A라 쓰인 용지를 뽑았다는 조건 하에 확률을 따지고 있다. **조건부 확률**conditional probability이다.

$$P(Y = \text{하양} | X = \text{A}) = P(\text{하양} | \text{A}) = 2/10$$

3. 상자는 A이고 공은 하양이 뽑힐 확률 $P(\text{A}, \text{하양})$은? 두 가지 서로 다른 사건이 동시에 일어날 확률을 따지고 있으므로 **결합 확률**joint probability이다. 결합 확률은 두 확률의 곱으로 구한다. 따라서 이 계산 법을 **곱 규칙**product rule이라 한다.

$$P(\text{A}, \text{하양}) = P(\text{하양} | \text{A})P(\text{A}) = (2/10)(7/10) = 7/50$$

4. 하얀 공이 나올 확률은? A가 선택되고 하얀 공을 뽑는 경우와 B가 선택되고 하얀 공을 뽑는 두 가지 경우를 고려해야 한다. 두 경우의 확률을 더하면 답이 된다. 이런 계산 방법을 **합 규칙**sum rule이라 하고, 이렇게 구한 확률 $P(\text{하양})$을 **주변 확률**marginal probability이라 한다.

$$\begin{aligned} P(\text{하양}) &= P(\text{하양} | \text{A})P(\text{A}) + P(\text{하양} | \text{B})P(\text{B}) \\ &= (2/10)(7/10) + (9/15)(3/10) = 8/25 \end{aligned}$$

5. 두 랜덤 변수가 서로 영향을 미치지 못하면 둘은 **독립**independent이라 한다. 독립인

두 랜덤 변수는 $P(X, Y) = P(X)P(Y)$를 만족해야 한다. 지금 사용하고 있는 예제에서는 $P(X, Y) \neq P(X)P(Y)$이므로 독립이 아니다. 예를 들어 P(A, 하양) = 7/50이지만 P(A)P(하양) = 28/125이다. 주머니가 공의 색깔에 영향을 미치고 있는 것이다.

P(A)와 P(B)를 **사전 확률**prior probability이라 한다. [그림 2.3]의 확률 실험에서 상자 선택과 공 선택이라는 **사건**event이 연이어 일어나는데, 두 번째 사건이 발생하기 전에 작용하는 확률이기 때문에 그런 이름이 붙었다.

이제 새로운 문제를 생각해 보자. 하얀 공이 뽑혔는데 어떤 이유로 인해 어느 상자에서 나왔는지 모르게 되었다 하자. 이때 하얀 공이 어느 상자에서 나왔는지를 맞히는 문제에 대해 어떻게 답을 해야 현명할까? 기본적인 전략은 두 상자 각각의 가능성을 구한 다음 큰 가능성을 보인 상자를 답으로 취하면 될 것이다. 이렇게 해야 맞힐 가능성이 최대가 된다. 다시 말해 오류를 범할 가능성이 최소가 된다. 그럼 가능성은 어떻게 계산할까?

우선 이렇게 생각해 보자. 상자 A의 하얀 공 확률 P(하양|A) = 2/10보다 상자 B의 하얀 공 확률 P(하양|B) = 9/15가 더 크기 때문에 상자 B가 가능성이 더 크다. 언뜻 보면 타당한 생각으로 보인다. 가능성을 따지는 데 조건부 확률 $P(Y|X)$를 사용한 셈이다. 여기에서 Y는 이미 관찰되어 하양으로 고정되어 있고 X에 따라 확률을 계산한다. 이 조건부 확률을 **우도**likelihood 또는 우도 함수라 한다.[10] P(하양|A)와 P(하양|B)를 더하면 1이 되지 않는다. 따라서 우도 확률이라 하지 않고 우도 함수라 부른다.

다른 생각이 가능하다. 주머니 속을 보면 상자 A가 선택될 확률이 B보다 크다는 것을 알 수 있다. 따라서 상자 A가 가능성이 크다고 판단하는 것이다. 일견 타당해 보인다. 극단적으로 P(A)가 0.99999라 한다면 더욱 확신이 커질 수 있다.

위의 두 가지 생각은 반드시 고려해야 할 두 가지 중에 하나만 고려하고 나머지 하나는 무시한 걸로 볼 수 있다. 우도를 이용한 경우는 상자 B가 가능성이 크다고 판단했는데 사실 B는 선택될 가능성이 A보다 낮기 때문에 오판이 될 수도 있다. 극단적으로 P(A) = 0.99999라면 오판이 확실하다. 따라서 사전 확률 $P(X)$와 우도 $P(Y|X)$를 모두 고려해야만 합리적인 의사 결정이라 할 수 있다.

이 문제의 본질을 다른 각도에서 생각해 보자. 이 문제는 하얀 공이 관찰된 조건 하에 어떤 상자에서 나왔는지를 알아내는 것이다. 따라서 조건부 확률 P(A|하양)과 P(B|하양)을 계산하고 그 중 큰 값을 갖는 상자로 판단하는 것이 맞는 생각이다. 즉 $P(X|Y)$를 사용하는 것이다. 여기에서는 Y가 고정되고 X에 따라 확률을 계산한다. 이

[10] 한문으로는 尤度이다. 尤는 '더욱 우'이다.

조건부 확률을 **사후 확률**posterior probability이라 부른다. 사건 Y가 일어난 후에 따지는 확률이라 이런 이름이 붙었다.

앞에서 설명한 결합 확률과 곱 규칙에 따라 (2.1)의 **베이즈 정리**Bayes rule를 유도할 수 있다.

$$P(X, Y) = P(Y, X)$$

위 식을 곱 규칙을 이용하여 바꾸어 쓰면 아래와 같다.

$$P(X)P(Y|X) = P(Y)P(X|Y)$$

위 식을 정리하면 (2.1)을 얻는다. 이 식은 2.2절의 베이지안 분류기를 만드는 데 있어 토대가 되므로 꼭 기억하도록 하자.

$$P(X|Y) = \frac{P(Y|X)P(X)}{P(Y)} = \frac{\text{우도}*\text{사전확률}}{P(Y)} \tag{2.1}$$

분모의 $P(Y)$는 (2.2)로 구할 수 있다. 예를 들어 앞의 공을 뽑는 실험의 경우 $X \in \{\text{A}, \text{B}\}$이므로 $P(Y) = P(Y|\text{A})P(\text{A}) + P(Y|\text{B})P(\text{B})$가 된다.

$$P(Y) = \sum_X P(Y|X)P(X) \tag{2.2}$$

이제 베이즈 정리를 이용하여 사후 확률 $P(\text{A}|\text{하양})$과 $P(\text{B}|\text{하양})$을 아래와 같이 계산할 수 있다. 계산 결과 $P(\text{B}|\text{하양})$이 더 큼을 알 수 있다. 따라서 하얀 공은 상자 B에서 나왔을 가능성이 더 크다고 말하는 것이 옳은 답이다.

$$P(\text{A}|\text{하양}) = \frac{P(\text{하양}|\text{A})P(\text{A})}{P(\text{하양})} = \frac{(2/10)(7/10)}{(8/25)} = 0.4375$$

$$P(\text{B}|\text{하양}) = \frac{P(\text{하양}|\text{B})P(\text{B})}{P(\text{하양})} = \frac{(9/15)(3/10)}{(8/25)} = 0.5625$$

위의 결과에 따르면, 상황에 따라 'B에서 나왔다'라고 답할 수도 있고 '신뢰도 0.5625로 B에서 나왔다'라고 답할 수도 있다. 이와 같이 신뢰도confidence를 제공할 수 있다는 사실은 큰 장점이 아닐 수 없다.

2.1.2 평균과 분산

지금까지 확률과 그에 관련한 몇 가지 연산에 대해 공부하였다. 이제 랜덤 변수의 통계적 특성 중에 가장 많이 쓰이는 **평균**mean과 **분산**variance에 대해 알아보자. 이들 통계값의 계산에 관한 한두 가지 상황이 있다. 첫 번째는 [그림 2.2]와 같이 확률 분포가 명시적으로 주어진 상황이다. 두 번째 상황에서는 확률 분포 대신 샘플 집합이 주어진다. 후자에서는 샘플들이 어떤 확률 분포로부터 추출되었을 것이므로 샘플 집합이 확률 분포를 암시적으로 내포하고 있다고 보면 된다.

먼저 확률 분포가 주어진 상황에 대해 이산인 경우와 연속인 경우로 나누어 생각해 보자. 이산 확률 분포가 주어진 경우는 평균 μ와 분산 σ^2을 (2.3)과 (2.4)로 구할 수 있다. 분산의 제곱근인 σ를 표준 편차standard deviation라 부른다. (2.5)와 (2.6)은 연속 확률 분포, 즉 확률 밀도 함수가 주어진 경우이다. 이산인 경우의 확률은 $P(x)$로 표기하고 연속인 경우의 확률 밀도 함수는 $p(x)$로 구분하여 표기함을 기억하자.

$$\text{이산 확률 분포} \begin{cases} \mu = \sum_X xP(x) & (2.3) \\ \sigma^2 = \sum_X (x-\mu)^2\, P(x) & (2.4) \end{cases}$$

$$\text{연속 확률 분포} \begin{cases} \mu = \int_{-\infty}^{\infty} xp(x)dx & (2.5) \\ \sigma^2 = \int_{-\infty}^{\infty} (x-\mu)^2 p(x)dx & (2.6) \end{cases}$$

예제 2.1 평균과 분산 계산(이산 확률 분포가 주어진 경우)

[그림 2.2(a)]를 다시 들여다 보자. 두 개의 주사위를 던지고 나온 눈의 합을 랜덤 변수 x로 삼은 상황이다. (2.3)과 (2.4)로 평균과 분산을 구하면 각각 7.00과 5.83이 된다.

$$\mu = 2*\frac{1}{36}+3*\frac{2}{36}+4*\frac{3}{36}+5*\frac{4}{36}+6*\frac{5}{36}+7*\frac{6}{36}+8*\frac{5}{36}+9*\frac{4}{36}$$
$$+10*\frac{3}{36}+11*\frac{2}{36}+12*\frac{1}{36}=7.00$$

$$\sigma^2 = (2-7)^2*\frac{1}{36}+(3-7)^2*\frac{2}{36}+(4-7)^2*\frac{3}{36}+(5-7)^2*\frac{4}{36}$$
$$+(6-7)^2*\frac{5}{36}+(7-7)^2*\frac{6}{36}+(8-7)^2*\frac{5}{36}+(9-7)^2*\frac{4}{36}$$
$$+(10-7)^2*\frac{3}{36}+(11-7)^2*\frac{2}{36}+(12-7)^2*\frac{1}{36}=5.83$$

이제 확률 분포를 모르고 단지 샘플 집합만 주어진 상황을 생각해 보자. 샘플의 개수는 N이고 i번째 샘플을 x_i로 표기한다. 이때는 (2.7)과 (2.8)로 평균과 분산을 구할 수 있다.[11] 충분히 많은 샘플을 확보하면(즉 $N \rightarrow \infty$) 실제 확률 분포와 같아진다는 통계적 정리가 있다.

$$\text{샘플 집합} \begin{cases} \mu = \frac{1}{N}\sum_{i=1}^{N} x_i & (2.7) \\ \sigma^2 = \frac{1}{N-1}\sum_{i=1}^{N}(x_i - \mu)^2 & (2.8) \end{cases}$$

예제 2.2 **평균과 분산 계산(샘플 집합이 주어진 경우)**

두 개 주사위를 던지는 실험을 다시 생각하자. 사실 이 실험은 간단하므로 [그림 2.2(a)]의 확률 분포를 쉽게 구할 수 있다. 하지만 이 예제에서는 이 확률 분포를 모른다고 가정하자. 이제 관찰 실험을 하여 평균과 분산을 구하는 수밖에 없다. 실제 주사위를 10번 던지는 실험을 하여 아래 표를 얻었다고 가정하자.

실험	1	2	3	4	5	6	7	8	9	10
나온 눈	(3, 2)	(3, 5)	(6, 6)	(5, 1)	(1, 6)	(4, 5)	(6, 4)	(4, 2)	(6, 1)	(4, 1)
랜덤 변수 x	$x_1 = 5$	$x_2 = 8$	$x_3 = 12$	$x_4 = 6$	$x_5 = 7$	$x_6 = 9$	$x_7 = 10$	$x_8 = 6$	$x_9 = 7$	$x_{10} = 5$

(2.7)과 (2.8)로 평균과 분산을 구하면 각각 7.5와 5.16667이 된다. 실제 확률 분포로 구한 예제 2.1의 값과 비슷하다. N을 크게 하면 할수록 실제 값에 가까워진다.

$$\mu = (5+8+12+6+7+9+10+6+7+5)/10 = 7.5$$

$$\begin{aligned}\sigma^2 &= ((5-7.5)^2 + (8-7.5)^2 + (12-7.5)^2 + (6-7.5)^2 + (7-7.5)^2 \\ &\quad + (9-7.5)^2 + (10-7.5)^2 + (6-7.5)^2 + (7-7.5)^2 + (5-7.5)^2)/9 \\ &= 5.16667\end{aligned}$$

지금까지는 랜덤 변수 한 개의 통계적 특성을 분석하였다. 패턴인식으로 치면 특징 하나를 분석한 것이다. 하지만 현실에서는 여러 개의 랜덤 변수가 랜덤 벡터를 구성하는 경우가 많다. 패턴인식에서도 여러 개의 특징이 특징 벡터를 구성한다. 랜덤 벡터를

[11] 분산을 구하는 식 (2.8)에서 N이 아니라 $N-1$로 나누어 주는 것에 주목하자. N이 충분히 큰 경우는 어느 것으로 나누어 주던지 큰 문제가 없는데 그렇지 않은 경우에서는 바이어스의 영향으로 $N-1$로 나누어 주어야 한다.

d차원 벡터 $\mathbf{x} = (x_1, \cdots, x_d)^\mathrm{T}$로 표기하자. 랜덤 벡터의 평균은 **평균 벡터**mean vector $\boldsymbol{\mu} = (\mu_1, \cdots, \mu_d)^\mathrm{T}$로 표현한다. 평균 벡터를 구하는 식은 (2.9)~(2.11)이다. (2.10)에서 R^d는 d차원 실수 공간을 뜻한다. (2.11)의 $\mathbf{x}_i$는 i번째 샘플이다.

이산 확률 분포 $$\boldsymbol{\mu} = \sum_x \mathbf{x}P(\mathbf{x}) \tag{2.9}$$

연속 확률 분포 $$\boldsymbol{\mu} = \int_{R^d} \mathbf{x}p(\mathbf{x})d\mathbf{x} \tag{2.10}$$

샘플 집합 $$\boldsymbol{\mu} = \frac{1}{N}\sum_{i=1}^{N} \mathbf{x}_i \tag{2.11}$$

이제 분산에 대해 생각해 보자. 랜덤 벡터의 i번째 요소 x_i의 분산 σ_i^2도 필요하지만 x_i와 x_j 사이의 **공분산**covariance σ_{ij}도 중요한 통계적 특성이 된다.[12] (2.12)는 공분산 행렬 Σ를 보여 준다. $\sigma_{ij} = \sigma_{ji}$이므로 Σ는 대칭 행렬이다.

$$\boldsymbol{\Sigma} = \begin{pmatrix} \sigma_{11} & \sigma_{12} & \cdots & \sigma_{1d} \\ \sigma_{21} & \sigma_{22} & \cdots & \sigma_{2d} \\ \vdots & & \ddots & \\ \sigma_{d1} & \sigma_{d2} & & \sigma_{dd} \end{pmatrix} = \begin{pmatrix} {\sigma_1}^2 & \sigma_{12} & \cdots & \sigma_{1d} \\ \sigma_{21} & \sigma_2^2 & \cdots & \sigma_{2d} \\ \vdots & & \ddots & \\ \sigma_{d1} & \sigma_{d2} & & {\sigma_d}^2 \end{pmatrix} \tag{2.12}$$

(2.13)~(2.15)는 세 경우에 대해 공분산을 구하는 공식이다. 이 책에서는 샘플을 열 벡터로 표시하므로 $(\mathbf{x} - \boldsymbol{\mu})$는 $d*1$이고 $(\mathbf{x} - \boldsymbol{\mu})^\mathrm{T}$는 $1*d$이다. 따라서 $(\mathbf{x} - \boldsymbol{\mu})(\mathbf{x} - \boldsymbol{\mu})^\mathrm{T}$는 $d*d$ 행렬이 된다.

이산 확률 분포 $$\boldsymbol{\Sigma} = \sum_x (\mathbf{x} - \boldsymbol{\mu})(\mathbf{x} - \boldsymbol{\mu})^\mathrm{T} P(\mathbf{x}) \tag{2.13}$$

연속 확률 분포 $$\boldsymbol{\Sigma} = \int_{R^d} (\mathbf{x} - \boldsymbol{\mu})(\mathbf{x} - \boldsymbol{\mu})^\mathrm{T} p(\mathbf{x})d\mathbf{x} \tag{2.14}$$

샘플 집합 $$\boldsymbol{\Sigma} = \frac{1}{N-1}\sum_{i=1}^{N} (\mathbf{x}_i - \boldsymbol{\mu})(\mathbf{x}_i - \boldsymbol{\mu})^\mathrm{T} \tag{2.15}$$

공분산은 랜덤 벡터를 구성하는 랜덤 변수 간의 관계를 표현한다. 두 랜덤 변수 x_i와 x_j가 x_i가 크면 x_j도 커지고 x_i가 작아지면 x_j도 작아지는 경향을 가졌다면 둘의 공분산 σ_{ij}는 양수를 갖는다. 그런 경향이 강할수록 값은 더 커진다. 반대의 경우는 음수를 갖게 된다. 공분산이 0에 가까우면 상관 관계가 적다는 것을 의미한다. $\sigma_{ij} = 0$이면 x_i와 x_j는 독립이다.

12 여기서 x_i는 랜덤 벡터의 i번째 요소를 뜻한다. (2.11)에서 $\mathbf{x}_i$는 i번째 샘플을 지칭하였다. 문맥에 따라 적절히 구분하여 혼란이 없길 바란다.

예제 2.3 평균 벡터와 공분산 행렬 계산

샘플 집합이 주어진 상황을 가정하자. 여덟 명의 학생에 대해 키, 몸무게, 학점을 조사한 자료가 있다. 아래 표를 보자.

평균 벡터를 구하면 $\boldsymbol{\mu} = (167.375, 61.0, 3.4)^{\mathrm{T}}$가 된다. 이제 공분산 행렬을 구해보 자. 첫 번째 샘플 $\mathbf{x}_1 = (170, 60, 4.1)^{\mathrm{T}}$에 대해 $(\mathbf{x}_1 - \boldsymbol{\mu})(\mathbf{x}_1 - \boldsymbol{\mu})^{\mathrm{T}}$를 계산해 보도록 한다.

학생	$x = (x_1, x_2, x_3)^{\mathrm{T}}$ (x_1: 키, x_2: 몸무게, x_3: 학점)
1	$\mathbf{x}_1 = (170, 60, 4.1)^{\mathrm{T}}$
2	$\mathbf{x}_2 = (165, 55, 3.0)^{\mathrm{T}}$
3	$\mathbf{x}_3 = (174, 75, 2.8)^{\mathrm{T}}$
4	$\mathbf{x}_4 = (169, 67, 2.9)^{\mathrm{T}}$
5	$\mathbf{x}_5 = (155, 49, 3.1)^{\mathrm{T}}$
6	$\mathbf{x}_6 = (172, 63, 3.6)^{\mathrm{T}}$
7	$\mathbf{x}_7 = (166, 58, 3.7)^{\mathrm{T}}$
8	$\mathbf{x}_8 = (168, 61, 4.0)^{\mathrm{T}}$

$$(\mathbf{x}_1 - \boldsymbol{\mu})(\mathbf{x}_1 - \boldsymbol{\mu})^{\mathrm{T}} = \begin{pmatrix} 170 - 167.375 \\ 60 - 61.0 \\ 4.1 - 3.4 \end{pmatrix} (170 - 167.375 \quad 60 - 61.0 \quad 4.1 - 3.4)$$

$$= \begin{pmatrix} 6.891 & -2.625 & 1.838 \\ -2.625 & 1.0 & -0.7 \\ 1.838 & -0.7 & 0.49 \end{pmatrix}$$

나머지 일곱 개 샘플에 대해서 비슷한 계산을 하고, 이들을 모두 더한 후 7로 나누어 주면 아래와 같은 공분산 행렬을 얻는다. 키와 몸무게 사이의 공분산 σ_{12}는 양수를 갖는다. 키가 크면 몸무게도 큰 경향을 나타내고 있으며 그러한 경향의 정도를 39.429라는 값이 표현하고 있다. 키와 학점 간의 공분산 σ_{13}은 0.371로 작은 양수를 갖는다. 몸무게와 학점 간의 공분산 σ_{23}은 −0.943으로 작은 음수를 갖는다. 성적은 키나 몸무게와 상호 관련이 적음을 알 수 있다.

$$\boldsymbol{\Sigma} = \begin{pmatrix} 33.696 & 39.429 & 0.371 \\ 39.429 & 60.857 & -0.943 \\ 0.371 & -0.943 & 0.263 \end{pmatrix}$$

2.1.3 확률 분포의 표현과 추정

2.1절의 마지막 주제로 확률 분포를 표현하는 문제를 생각해 보자. [그림 2.2(a)]는 이산 변수 하나뿐이고 이 변수는 11개의 구간을 가지므로 11개의 요소를 갖는 1차원 배열을 사용하면 된다. 하지만 변수의 수가 d개로 늘어나고 각 변수의 구간이 q개라면, d차원 배열을 사용해야 하고 q^d에 비례하는 메모리가 필요하다. 1장에서 소개한 차원의 저주를 만났다. 따라서 수십 차원이 되면 현실적으로 구현이 불가능하다. 실제로 패턴인식에서는 수십 내지 수백 개의 특징을 사용하는 경우가 적지 않으므로 실제로 큰 고민거리가 생긴 셈이다.

연속 값을 갖는 확률 밀도 함수는 어떨까? [그림 2.2(b)]의 확률 밀도 함수를 어떻게 표현할 수 있을까? 이 함수는 대략적으로 좌우 대칭이며 종 모양을 가지고 있다. 이런 경우에는 정규 분포normal distribution로 근사화해도 큰 오차가 발생하지 않는다. 현실적으로 이런 정도의 오차를 참을 만한 상황이 있다. [그림 2.4(a)]는 1차원 정규 분포를 보여준다. 정규 분포는 평균 μ와 분산 σ_2만 설정하면 표현이 된다. 데이터가 단일 변수가 아니라 벡터로 표현되는 경우에는 평균 벡터 $\boldsymbol{\mu}$와 공분산 행렬 $\boldsymbol{\Sigma}$를 설정하면 된다. 따라서 어떤 확률 분포를 정규 분포로 근사화할 수 있다면 차원의 저주를 피할 수 있다. 하지만 [그림 2.4(b)]와 같은 확률 분포를 갖는다면 이야기는 달라진다. 이제 간단히 표현할 수 없게 되었다. 3장에서 이러한 문제를 포함하여 확률 분포의 표현과 추정을 전반적으로 다룬다.

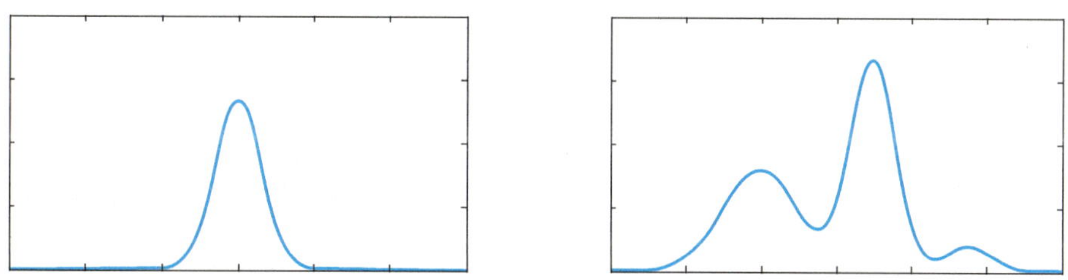

(a) 정규 분포 (b) 세 개의 모드를 가진 분포

그림 2.4 다양한 확률 분포

2.2 베이지안 분류기

2.1절에서는 확률과 통계의 기초에 대해 공부하였다. 이제는 이들을 이용하여 분류기를 설계해 보자. 2.2.1절과 2.2.2절은 부류가 두 개인 상황으로 국한하여 이진 분류기를 설계하며 2.2.3절에서 M 부류로 확장한다.

훈련 집합은 $X = \{(\mathbf{x}_1, t_1), (\mathbf{x}_2, t_2), \cdots, (\mathbf{x}_N, t_N)\}$으로 표시할 수 있다. $\mathbf{x}_i$는 i번째 샘플

의 특징 벡터이고 t_i는 $\mathbf{x}_i$가 속하는 부류 표지[class label]이다. 이진 분류에서는 $t_i \in \{\omega_1, \omega_2\}$이며 M 부류인 경우에는 $t_i \in \{\omega_1, \omega_2, \cdots, \omega_M\}$이다. 이진 분류에서 ω_1과 ω_2는 보통 +1과 −1 또는 +1과 0을 사용하여 표현한다.

2.2.1 최소 오류 베이지안 분류기

2장의 도입 부분에서 설명했듯이 분류 문제의 해결은 주어진 특징 벡터 $\mathbf{x}$에 대해 가장 그럴듯한 부류를 찾아내면 된다. 다시 말해 $\mathbf{x}$를 발생시켰을 가능성이 가장 큰 부류를 찾는 문제이다. 이 보편적인 철학을 수학으로 표현한 것이 (2.16)이다. 이 식이 바로 분류기가 된다. 이 분류기는 이진 분류 문제를 해결한다. 두 값이 같은 경우는 기각 처리하던지 적절한 방법으로 두 부류 중 하나를 선택하면 된다. 기각에 대해서는 2.6절에서 보다 자세하게 설명할 것이다.

$$\left.\begin{array}{l} P(\omega_1|\mathbf{x}) > P(\omega_2|\mathbf{x})\text{이면, } \mathbf{x}\text{를 } \omega_1\text{로 분류하고} \\ P(\omega_1|\mathbf{x}) < P(\omega_2|\mathbf{x})\text{이면, } \mathbf{x}\text{를 } \omega_2\text{로 분류하라.} \end{array}\right\} \tag{2.16}$$

이 분류기의 의미를 다시 새겨 보자. (2.16)을 구현하기 위해 필요한 것은 사후 확률 $P(\omega_1|\mathbf{x})$와 $P(\omega_2|\mathbf{x})$이다. 하지만 현실적으로 이 확률은 직접 구할 수가 없다. 왜냐하면 $\mathbf{x}$가 만드는 공간, 즉 특징 공간이 무수히 많은 점을 가지므로 이들 모든 점에 대해 확률을 표현할 수 없기 때문이다. 다행히 베이즈 정리를 이용하면 사후 확률을 다른 것으로 대치하여 계산할 수 있다. (2.17)은 분류 문제를 위한 베이즈 정리이다.

$$P(\omega_i|\ \mathbf{x}) = \frac{p(\mathbf{x}|\omega_i)P(\omega_i)}{p(\mathbf{x})} = \frac{\text{우도} * \text{사전 확률}}{p(\mathbf{x})} \tag{2.17}$$

(2.17)에 나타난 사후 확률 $P(\omega_i|\mathbf{x})$와 사전 확률 $P(\omega_i)$는 매개변수가 부류를 나타내는 ω_i이다. 즉 이산 값을 갖는다. 따라서 확률을 나타내는 대문자 $P(.)$로 표기하였다. 반면 우도 $p(\mathbf{x}|\omega_i)$는 부류가 주어진 조건부 확률이고 매개변수가 특징 벡터 $\mathbf{x}$이다. 따라서 특징 벡터가 연속 값을 가지면 확률 밀도 함수로 표기해야 하고 이산 값을 가지면 확률로 표기해야 한다. (2.17)은 연속 값이라고 가정하고 소문자 $p(.)$로 쓴 것이다.

이제 사후 확률 계산이 우도, 사전 확률, 그리고 $p(\mathbf{x})$의 계산으로 바뀌었다. 그럼 분모에 있는 $p(\mathbf{x})$는 어떻게 해야 하나? 분류 문제에 관한 한 $p(\mathbf{x})$를 무시해도 됨을 곧 알게 된다. 또한 다행히 사전 행렬과 우도는 훈련 집합을 이용하여 계산이 가능하다.

사전 확률 $P(\omega_1)$과 $P(\omega_2)$는 어떻게 구할 수 있을까? 훈련 집합에 있는 샘플 중에 ω_i에 속하는 샘플의 개수를 n_i라 하면 $P(\omega_1) = n_1/N$과 $P(\omega_2) = n_2/N$으로 추정할 수 있다. 앞에서 이미 말했듯이 N이 충분히 크면 이 값은 실제 확률 값에 아주 가깝게 된다. 우

도는 어떻게 구할 수 있을까? $p(\mathbf{x}|\omega_i)$는 훈련 집합에서 ω_i에 속하는 샘플들을 이용하여 추정하면 된다. 우도는 부류가 주어진 조건 하의 조건부 확률이므로 **부류 조건부 확률** class-conditional probability이라고도 부른다. 부류 조건부 확률 분포의 추정은 베이지안 분류기를 만드는 데 있어 가장 중요하고 또한 가장 어려운 문제이다. 이것은 3장에서 다루겠다. 여기서는 적절한 방법을 사용하여 이미 구해 놓았다 가정하자.

(2.16)은 사후 확률값 자체가 필요한 것이 아니라 두 사후 확률 중 어느 것이 더 큰지를 판단하면 된다. 따라서 (2.17)의 분모는 ω_1과 ω_2의 사후 확률이 공통으로 가지므로 생략해도 된다. 이렇게 하여 (2.16)의 분류기를 다시 쓰면 (2.18)이 된다. 이와 같이 특징 벡터를 여러 개 부류 중의 하나로 분류하는 규칙을 **결정 규칙** decision rule이라 부른다. 결정 규칙 (2.18)을 사용하는 분류기를 **최소 오류 베이지안 분류기** minimum error Bayesian classifier라 부른다.

$$\left.\begin{array}{l} p(\mathbf{x}|\omega_1)P(\omega_1) > p(\mathbf{x}|\omega_2)P(\omega_2)\text{이면, }\mathbf{x}\text{를 }\omega_1\text{로 분류하고} \\ p(\mathbf{x}|\omega_1)P(\omega_1) < p(\mathbf{x}|\omega_2)P(\omega_2)\text{이면, }\mathbf{x}\text{를 }\omega_2\text{로 분류하라.} \end{array}\right\} \tag{2.18}$$

몇 가지 특수한 경우를 가지고 베이지안 분류기의 의미를 생각해 보자. 사전 확률이 0.5인 경우는 (2.18)에서 사전 확률을 제거해도 된다. 분류 알고리즘은 "$p(\mathbf{x}|\omega_1) > p(\mathbf{x}|\omega_2)$이면 ω_1, $p(\mathbf{x}|\omega_1) < p(\mathbf{x}|\omega_2)$이면 ω_2로 분류하라"가 된다. $P(\omega_1) >> P(\omega_2)$인 경우, 즉 ω_1의 샘플이 ω_2보다 월등히 많이 발생한다면 어떨까? 이때는 우도보다 사전 확률이 의사 결정을 주도하게 된다. 예를 들어 ω_1이 하나 나타날 때 ω_2가 10,000개 정도 나타난다면 무턱대고 ω_2라고 말하여도 10,001개 중에 하나만 틀리게 되어 오류율이 0.01% 정도로 매우 낮다.

베이지안 분류기는 어느 정도 오류를 범할까? 베이지안 분류기의 **오류 확률** error probability은 정확하게 예측할 수 있다. 문제를 쉽게 하기 위해 두 부류의 사전 확률이 같다고 가정하자. [그림 2.5]는 사전 확률이 같다는 가정 하에 부류 조건부 확률(우도)을 보여준다. 이 그림에서 두 확률 분포 함수의 값이 같아지는 점을 t라고 하였다. (2.18)의 결정 규칙은 $x > t$이면 ω_2로 분류하고 $x < t$이면 ω_1로 분류한다. 즉 R_2 영역에 속하는 샘플은 ω_2로 분류하고 R_1 영역의 샘플은 ω_1로 분류한다. 이제 $x = a$인 점에 주목해 보자. 이 점은 $p(x|\omega_1) < p(x|\omega_2)$이므로 베이지안 분류기는 ω_2로 분류한다. 하지만 $x=a$인 샘플 중에 ω_1에 속하는 것이 확률 e만큼 발생한다. 이들은 ω_2로 분류될 것이므로 모두 오류를 발생시킨다. ω_1의 사전 확률이 1/2이므로 실제 오류 확률은 $e/2$이다. 이러한 생각을 x의 전체 구간으로 확대하면 베이지안 분류기의 오류 확률은 [그림 2.5]의 파란색 영역이 갖는 면적의 1/2과 같다는 사실을 알 수 있다. 이것을 식으로 정리하면 (2.19)가 된다.

$$E=\frac{1}{2}\left(\int_{-\infty}^{t}p(x|\omega_2)dx+\int_{t}^{\infty}p(x|\omega_1)dx\right) \tag{2.19}$$

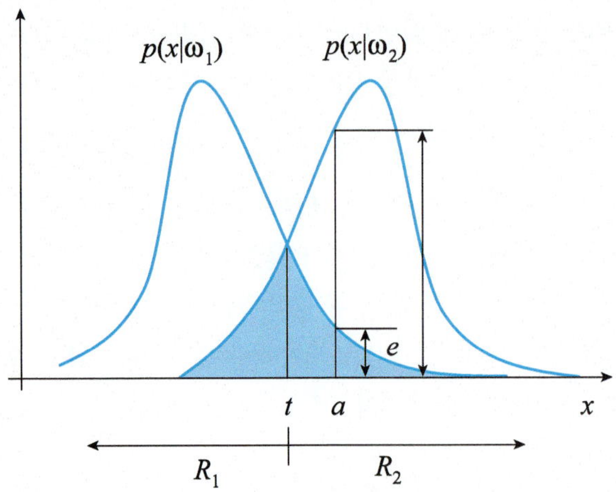

그림 2.5 베이지안 분류기의 오류 확률(사전 확률은 같다고 가정)

(2.18)은 우도와 사전 확률을 모두 고려한 완벽한 알고리즘이다. 이 완벽성을 수학적으로 표현하면 (2.18)의 베이지안 분류기는 '오류율 기준으로 최적'이라고 말할 수 있다. 다시 말해 베이지안 분류기보다 더 좋은 분류기는 만들 수 없음을 말한다. 정말 그럴까? 직관적으로 설명해 보자. [그림 2.5]에서 임계 값 t를 왼쪽 또는 오른쪽으로 옮기면 파란색 영역이 커질 수밖에 없다. (2.19)의 E가 증가하는 것이다. 예를 들어 [그림 2.6]에서는 t를 왼쪽으로 이동시켰다. 이때 오류 확률은 연한 파란색으로 표시된 면적의 1/2만큼 증가한다. 베이지안 분류기의 최적성에 대한 보다 수학적인 증명은 연습 문제로 남겨 둔다.

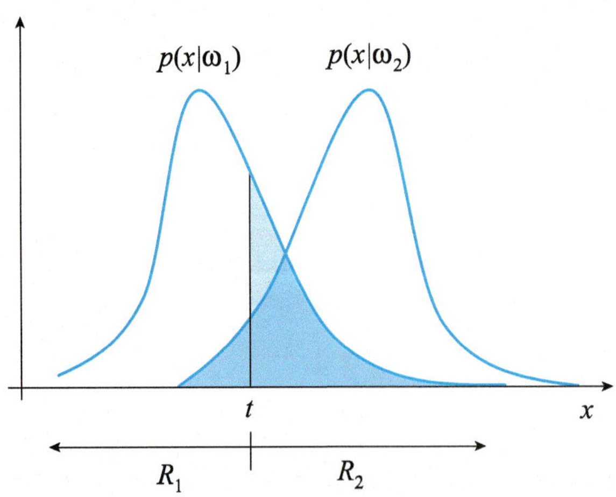

그림 2.6 베이지안 분류기를 사용하지 않을 때 증가하는 오류

물론 베이지안 분류기의 최적성은 우도와 사전 확률을 정확하게 알고 있다는 가정하에 주장할 수 있다. 현실 세계에서는 이 조건을 만족하는 경우가 거의 없다. 따라서 베이지안 분류기는 이론적인 최적성을 제시하는 것으로 보아야 한다. 2.5절에서는 베이지안 분류기를 신경망이나 SVM과 같은 다른 분류 알고리즘과 정성적으로 비교한다.

2.2.2 최소 위험 베이지안 분류기

2.2.1절의 베이지안 분류기는 오류 확률을 최소화하였다. 하지만 오류 확률이라는 기준이 적절하지 않은 상황도 있다. 예를 들어 암 환자(ω_1)와 정상인(ω_2)을 구별하는 경우 암 환자를 정상인으로 오분류[misclassification]하면 치료 시기를 놓쳐 죽음에 이르는 커다란 손실[loss]이 발생하지만 반대로 정상인을 암 환자로 오분류하면 쓸데없는 정밀 검사라는 상대적으로 적은 손실이 발생한다. 앞의 손실을 c_{12}라고 표기하고 뒤의 손실을 c_{21}이라 하자. 즉 c_{ij}는 ω_i를 ω_j로 분류했을 때 그로 인해 발생하는 손실이다. 상식적으로 $c_{ii} = 0$이어야 하지만 일반성을 위해 0으로 가정하지 않고 식을 전개해 보자. (2.20)은 **손실 행렬**[loss matrix]을 보여 준다.

$$\mathbf{C} = \begin{pmatrix} c_{11} & c_{12} \\ c_{21} & c_{22} \end{pmatrix} \tag{2.20}$$

ω_1에 속한 샘플 $\mathbf{x}$에 의해 발생할 손실 d_1은 어떻게 추정할 수 있을까? [그림 2.5]를 보고 생각해 보자. 영역 R_1에 속하는 $\mathbf{x}$가 있다고 하자. $\mathbf{x}$가 발생할 확률은 $p(\mathbf{x}|\omega_1)$이고 이때의 손실은 c_{11}이다. 따라서 $\mathbf{x}$에 의한 손실의 기대치는 $c_{11}p(\mathbf{x}|\omega_1)$로 쓸 수 있다. 이것을 R_1의 모든 $\mathbf{x}$에 대해 더하면

$$c_{11}\int_{R_1} p(\mathbf{x}|\omega_1)d\mathbf{x}$$

가 된다. 같은 방식으로 R_2에 대한 식을 만들어 둘을 더하면 (2.21)의 d_1이 된다. ω_2에 속한 샘플 $\mathbf{x}$에 의해 발생할 손실의 추정치 d_2도 같은 방식으로 유도할 수 있다. [그림 2.5]에서는 특징 벡터가 1차원이라 x로 표기했는데 이제부터는 일반적인 d차원 벡터를 위해 $\mathbf{x}$로 표기하겠다.

$$\left.\begin{aligned} d_1 &= c_{11}\int_{R_1} p(\mathbf{x}|\omega_1)d\mathbf{x} + c_{12}\int_{R_2} p(\mathbf{x}|\omega_1)d\mathbf{x} \\ d_2 &= c_{21}\int_{R_1} p(\mathbf{x}|\omega_2)d\mathbf{x} + c_{22}\int_{R_2} p(\mathbf{x}|\omega_2)d\mathbf{x} \end{aligned}\right\} \tag{2.21}$$

두 부류를 모두 고려한 평균 손실 D는 d_i에 ω_i의 사전 확률을 곱한 값을 더하면 된다. 식을 전개해 보자.

$$
\begin{aligned}
D &= d_1P(\omega_1) + d_2P(\omega_2) = \sum_{i=1}^{2} d_iP(\omega_i) \\
&= \left(c_{11}\int_{R_1} p(\mathbf{x}|\omega_1)P(\omega_1)d\mathbf{x} + c_{12}\int_{R_2} p(\mathbf{x}|\omega_1)P(\omega_1)d\mathbf{x}\right) \\
&\qquad + \left(c_{21}\int_{R_1} p(\mathbf{x}|\omega_2)P(\omega_2)d\mathbf{x} + c_{22}\int_{R_2} p(\mathbf{x}|\omega_2)P(\omega_2)d\mathbf{x}\right) \\
&= \int_{R_1} \underbrace{(c_{11}p(\mathbf{x}|\omega_1)P(\omega_1) + c_{21}p(\mathbf{x}|\omega_2)P(\omega_2))}_{q_1}d\mathbf{x} \\
&\qquad + \int_{R_2} \underbrace{(c_{12}p(\mathbf{x}|\omega_1)P(\omega_1) + c_{22}p(\mathbf{x}|\omega_2)P(\omega_2))}_{q_2}d\mathbf{x}
\end{aligned}
$$

부류가 두 개뿐이므로 위와 같이 풀어서 써도 되는데 나중에 M 부류로 확장하는 것을 염두에 두고 Σ 기호로 다시 쓰면 (2.22)가 된다.

$$
D = \sum_{i=1}^{2} \int_{R_i} \left(\sum_{j=1}^{2} c_{ji}p(\mathbf{x}|\omega_j)P(\omega_j) \right) d\mathbf{x} \tag{2.22}
$$

이제 당면한 문제는 평균 손실 D를 최소화하기 위해 특징 공간을 어떻게 R_1(ω_1을 위한 영역)과 R_2(ω_2를 위한 영역)로 나눌 것인가이다. 이 문제에서 특징 공간을 두 영역으로 나눈다는 말은 어떤 $\mathbf{x}$를 R_1과 R_2 중 어디에 소속시킬 것인지와 같은 말이다. $\mathbf{x}$를 R_1에 소속시키면 q_1만큼의 손실이 발생하고 R_2에 소속시키면 q_2만큼의 손실이 발생한다. 따라서 D를 최소화시키는 결정 규칙은 (2.23)과 같아야 한다. 이 결정 규칙을 사용하는 분류기를 **최소 위험 베이지안 분류기**minimum risk Bayesian classifier라 한다.

$$
\left.
\begin{aligned}
&\mathbf{x}\text{를 } q_2 > q_1\text{이면 } \omega_1\text{로 분류하고, } q_1 > q_2\text{이면 } \omega_2\text{로 분류하라.} \\
&\text{이때} \quad q_1 = c_{11}p(\mathbf{x}|\omega_1)P(\omega_1) + c_{21}p(\mathbf{x}|\omega_2)P(\omega_2) \\
&\qquad\quad\ q_2 = c_{12}p(\mathbf{x}|\omega_1)P(\omega_1) + c_{22}p(\mathbf{x}|\omega_2)P(\omega_2)
\end{aligned}
\right\} \tag{2.23}
$$

(2.23)을 보면 $\mathbf{x}$와 무관하여 미리 계산이 가능한 항들이 있다. 이들을 하나로 모아 보자. 아래에 있는 수식 전개는 $q_2 > q_1$이라는 부등식에 대해 $\mathbf{x}$와 무관한 항을 오른쪽 변으로 모으는 작업을 한다. 이 과정에서 $c_{ij} > c_{ii}$, $i \neq j$라는 가정을 한다. 옳은 분류가 틀린 분류에 비해 더 적은 손실을 가져오는 것은 상식적이므로 이 가정은 합리적이다. 아래 식에서 $p(\mathbf{x}|\omega_1)/p(\mathbf{x}|\omega_2)$는 두 우도의 비율이므로 **우도비**likelihood ratio라 부른다.

$$
\begin{aligned}
&q_2 > q_1 \\
&c_{12}p(\mathbf{x}|\omega_1)P(\omega_1) + c_{22}\, p(\mathbf{x}|\omega_2)P(\omega_2) > c_{11}\, p(\mathbf{x}|\omega_1)P(\omega_1) + c_{21}\, p(\mathbf{x}|\omega_2)P(\omega_2)
\end{aligned}
$$

$$(c_{12} - c_{11})\, p(\mathbf{x}|\omega_1)P(\omega_1) > (c_{21} - c_{22})\, p(\mathbf{x}|\omega_2)P(\omega_2)$$

$$\text{따라서}\quad \underbrace{\frac{p(\mathbf{x}|\omega_1)}{p(\mathbf{x}|\omega_2)}}_{\text{우도비}} > \underbrace{\frac{(c_{21} - c_{22})P(\omega_2)}{(c_{12} - c_{11})P(\omega_1)}}_{\mathbf{x}\text{와 무관함}}$$

이제 최소 위험 베이지안 분류기를 (2.24)와 같이 다시 쓸 수 있다. 이 규칙은 우도비를 임계 값과 비교하여 의사 결정을 하므로 **우도비 결정 규칙**likelihood ratio decision rule이라 부른다. 물론 임계 값 T는 미리 계산해 둘 수 있다.

$$\left.\begin{aligned} &\mathbf{x}\text{를 } \frac{p(\mathbf{x}|\omega_1)}{p(\mathbf{x}|\omega_2)} > T\text{이면 } \omega_1\text{로 분류하고, } \frac{p(\mathbf{x}|\omega_1)}{p(\mathbf{x}|\omega_2)} < T\text{이면 } \omega_2\text{로 분류하라.} \\ &\text{이때 } T = \frac{(c_{21} - c_{22})P(\omega_2)}{(c_{12} - c_{11})P(\omega_1)} \end{aligned}\right\} \qquad (2.24)$$

(2.24)의 특수한 경우를 생각해 보자. $c_{ii} = 0$으로 놓고 사전 확률도 같다고 하면 (2.25)가 된다. 이 분류 규칙을 잘 살펴보면 재미있는 해석이 가능하다. 예를 들어 암 환자(ω_1)와 정상인(ω_2)을 구별하는 경우라면 $c_{12} > c_{21}$일테고 결국 [그림 2.7]에서 결정 경계 t를 오른쪽으로 이동시키라는 것이다. 즉 정상이라는 확신이 크지 않으면 (예를 들어 $c_{12} = 1$이고 $c_{21} = 0.5$라면, 정상 확률이 암 확률의 두 배 이상이 안되면) 암 환자로 분류하라는 것이다. 이러한 규칙은 사람의 직관적인 의사 결정 방식과 일치한다. 최소 위험 분류기는 $c_{12} = c_{21}$이면 최소 오류 분류기와 같게 된다.

$$\left.\begin{aligned} &\mathbf{x}\text{를 } p(\mathbf{x}|\omega_1) > p(\mathbf{x}|\omega_2)\frac{c_{21}}{c_{12}}\text{이면 } \omega_1\text{로 분류하고,} \\ &p(\mathbf{x}|\omega_1) < p(\mathbf{x}|\omega_2)\frac{c_{21}}{c_{12}}\text{이면 } \omega_2\text{로 분류하라.} \end{aligned}\right\} \qquad (2.25)$$

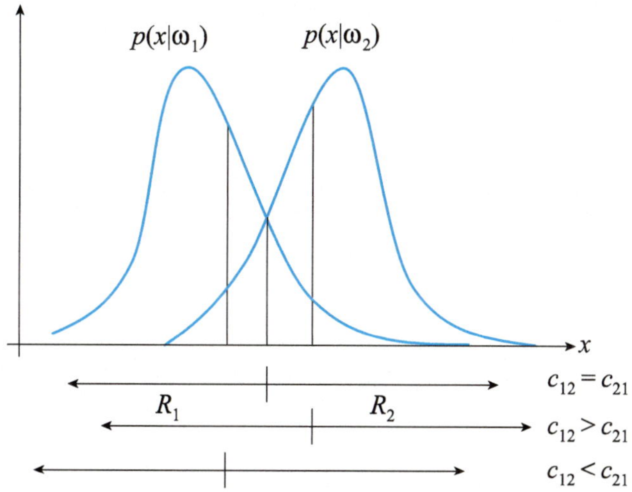

그림 2.7 최소 위험 베이지안 분류기(사전 확률은 같다고 가정)

2.2.3 *M* 부류로 확장

앞 절에서는 설명의 편의를 위해 부류가 두 개라고 가정하고 베이지안 분류기를 만들었다. 이 분류기를 M 부류로 확장하는 것은 그리 어렵지 않다. (2.16)의 최소 오류 베이지안 분류기의 결정 규칙을 다시 살펴보자. (2.26)은 이 규칙을 M 부류로 확장한 것이다. 이 규칙을 풀어서 설명하면 M개의 사후 확률을 구하고 그 중 가장 큰 사후 확률을 갖는 부류로 분류하라는 것이다.

$$\mathbf{x}\text{를 } k = \arg\max_i P(\omega_i|\mathbf{x})\text{일때 } \omega_k\text{로 분류하라.} \tag{2.26}$$

(2.16)을 (2.18)로 고쳐 쓴 것과 마찬가지로 (2.26)은 (2.27)로 다시 쓸 수 있다. (2.27)은 ***M* 부류 최소 오류 베이지안 분류기**이다.

$$\mathbf{x}\text{를 } k = \arg\max_i p(\mathbf{x}|\omega_i)P(\omega_i) \text{ 일때 } \omega_k\text{로 분류하라.} \tag{2.27}$$

이제 최소 위험을 고려한 M 부류 분류기를 유도해 보자. (2.22)를 M 부류로 확장하면 (2.28)이 된다.

$$\left.\begin{aligned} D &= \sum_{i=1}^{M}\int_{R_i}\left(\sum_{j=1}^{M}c_{ji}p(\mathbf{x}|\omega_j)P(\omega_j)\right)d\mathbf{x} \\ &= \underbrace{\int_{R_i}\left(\sum_{j=1}^{M}c_{j1}p(\mathbf{x}|\omega_j)P(\omega_j)\right)d\mathbf{x}}_{q_1} + \dots + \underbrace{\int_{R_M}\left(\sum_{j=1}^{M}c_{jM}p(\mathbf{x}|\omega_j)P(\omega_j)\right)d\mathbf{x}}_{q_M} \end{aligned}\right\} \tag{2.28}$$

이제 문제는 평균 손실 D를 최소화하기 위해 $\mathbf{x}$를 $R_1, R_2, \cdots, R_M$ 중 어디에 소속시킬 것인지를 결정하는 것이다. $\mathbf{x}$를 R_i에 소속시키면 q_i만큼의 손실이 발생하므로 D를 최소화시키는 결정 규칙은 (2.29)가 되어야 한다. 이 결정 규칙을 사용하는 분류기는 ***M* 부류 최소 위험 베이지안 분류기**이다.

$$\left.\begin{aligned} &\mathbf{x}\text{를 } k = \arg\min_i q_i\text{일때 } \omega_k\text{로 분류하라.} \\ &\text{이때 } q_i = \sum_{i=1}^{M}c_{ji}p(\mathbf{x}|\omega_j)P(\omega_j) \end{aligned}\right\} \tag{2.29}$$

2.3 분별 함수

(2.27)과 (2.29)의 베이지안 분류기는 서로 다른 수식 표현으로 되어 있다. 하지만

이 둘을 하나의 틀에 넣어 표현할 수 있다. (2.30)은 보다 일반적인 표현 방법으로서 $g_i(\mathbf{x})$에 따라 최소 오류 분류기도 되고 최소 위험 분류기도 된다. 최소 위험 분류기에서는 (2.29)의 argmin을 argmax로 통일하기 위해 역수를 취하였다. 이 결정 규칙을 풀어서 설명하면 인식하고자 하는 패턴의 특징 벡터 $\mathbf{x}$를 받아 M개의 함수 값 $g_i(\mathbf{x})$, $1 \le i \le M$을 구하고 그중 최고 값을 갖는 부류로 분류하라는 것이다. $g_i(\mathbf{x})$는 $\mathbf{x}$를 서로 다른 부류로 분별하는 데 필요한 정보를 제공해 준다. 따라서 **분별 함수**discriminant function라 부른다.

$$\left.\begin{array}{l} \mathbf{x}\text{를 } k = \underset{i}{\arg\max}\, g_i(\mathbf{x})\text{일때 } \omega_k\text{로 분류하라.} \\ \text{이때 } g_i(\mathbf{x}) = \begin{cases} p(\mathbf{x}|\omega_i)P(\omega_i) & \text{(최소 오류 베이지안 분류기)} \\ \dfrac{1}{\sum_{j=1}^{M} c_{ji}\, p(\mathbf{x}|\omega_j)P(\omega_j)} & \text{(최소 위험 베이지안 분류기)} \end{cases} \end{array}\right\} \quad (2.30)$$

내용적으로는 같은 것이지만 분별 함수를 도입하여 이렇게 표현하면 좋은 점이 있다. 첫째는 서로 다른 여러 분류기를 일반적인 틀에 넣어 해석할 수 있다. [그림 2.8]은 베이지안 분류기를 네트워크 형태로 표현한 것이다. 이 네트워크는 특징 벡터 $\mathbf{x}$가 들어오면 이것을 M개의 분별 함수에 입력한다. 그리고 분별 함수 중에 가장 큰 값을 갖는 것을 찾아내어 해당 부류로 분류해 주는 기능을 한다. 이 장에서 공부하는 베이지안 분류기뿐 아니라 4장의 신경망과 5장의 SVM도 이 틀에 맞추어 해석할 수 있다.

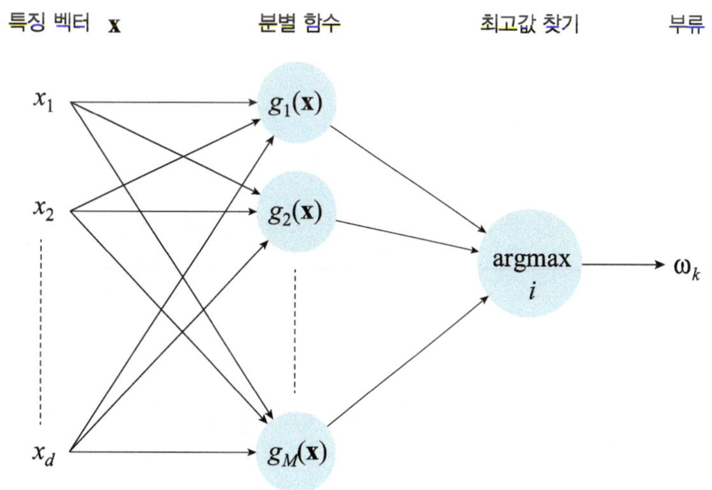

그림 2.8 분류기의 일반적인 틀

(2.30)의 분류 알고리즘을 컴퓨터 프로그래밍에 익숙한 사람을 위해 아래와 같이 가상 코드[pseudo code] 형태로 제시할 수 있다.

알고리즘 2.1 M 부류 베이지안 분류기

입력: 특징 벡터 $\mathbf{x}$

출력: 부류

1. **for** (i =1 **to** M)
2. **if** (최소 오류) $g_i(\mathbf{x}) = p(\mathbf{x}|\omega_i)P(\omega_i)$;
3. **else if** (최소 위험) $g_i(\mathbf{x}) = 1 \Big/ \sum_{j=1}^{M} c_{ji} p(\mathbf{x}|\omega_j)P(\omega_j)$;
4. $g_i(\mathbf{x})$, $1 \le i \le M$ 중 가장 큰 것을 찾아 그것의 첨자를 k라 하자.
5. **return** ω_k;

분별 함수 표현은 또 다른 장점을 제공한다. 이 장점은 분류 규칙이 확률 값이나 손실 값 그 자체가 아니라 그들 사이의 상대적인 크기를 비교하여 의사 결정을 한다는 점에 따른 것이다. 어떤 함수 $f(.)$가 단조 증가[monotonically increasing]라면 $p(\mathbf{x}|\omega_i)p(\omega_i)$ 대신 $g_i(\mathbf{x}) = f(p(\mathbf{x}|\omega_i)p(\omega_i))$를 사용하여도 같은 결과를 얻는다.

패턴인식에서 가장 많이 사용하는 $f(.)$ 함수는 log이다. log 함수는 곱하기 연산을 더하기로 바꾸어주고 나누기는 빼기로 바꾸어주므로 수식을 간단히 정리하는 데 큰 도움이 된다. 또한 원래 확률 값이 아주 작은 경우 소수점 이하 정확도에 관련한 수치 오류가 발생할 수 있다. 하지만 원래 값 대신 log를 취한 값을 사용하면 값의 규모가 커져서 이런 종류의 수치 오류를 방지할 수 있다.

$M = 2$인 이진 분류 경우에는 분별 함수 하나만 사용하여 분류기를 표현할 수 있다. $g_1(\mathbf{x})$와 $g_2(\mathbf{x})$를 뺀 값을 $g_{12}(\mathbf{x})$로 놓으면 이 분별 함수의 부호를 보고 의사 결정을 할 수 있다. (2.31)이 이진 분류를 위한 결정 규칙을 보여준다.

$$\left.\begin{array}{l} \mathbf{x}\text{를 } g_{12}(\mathbf{x}) > 0\text{이면 } \omega_1\text{로 분류하고, } g_{12}(\mathbf{x}) < 0\text{이면 } \omega_2\text{로 분류하라.} \\ \text{이때 } g_{12}(\mathbf{x}) = g_1(x) - g_2(x) \end{array}\right\} \quad (2.31)$$

2.4 정규 분포에서 베이지안 분류기

지금까지 한 일을 정리해 보자. 패턴 $\mathbf{x}$가 입력되면 M개 부류에 대해 사후 확률 $P(\omega_i|\mathbf{x})$를 계산하고 그들 중 가장 큰 값을 갖는 부류로 분류하면 된다. 하지만 사후 확률을 직접 계산하는 것은 현실적으로 매우 어렵다. 따라서 베이즈 정리에 따라 상대적으로 계산이 쉬운 사전 확률 $P(\omega_i)$와 우도 $p(\mathbf{x}|\omega_i)$의 곱으로 대치하여 계산한다. 이제 훈련 집합을 이용하여 사전 확률과 우도를 알아내야 한다. 사전 확률은 표현과 계산이 비교적 쉽다. 하지만 우도의 추정은 [그림 2.4]에서 보는 바와 같이 경우에 따라 쉬울 수도 있고 어려울 수도 있다.

이 절에서는 훈련 집합이 [그림 2.4(a)]와 유사한 분포에서 나왔다고 가정하고, 이를 **정규 분포**normal distribution로 모델링하고 이 가정 하에 베이지안 분류기를 만들어 본다. 정규 분포는 **가우시안 분포**Gaussian distribution라고도 부른다. 정규 분포이기 때문에 새로운 분류기를 만들자는 이야기가 아니다. 여기에서도 (2.30)의 베이지안 분류기를 그대로 이용한다. 단지 우도 $p(\mathbf{x}|\omega_i)$가 정규 분포를 따르는 특수한 경우에 대해 분류기가 가지는 성질을 분석하는 것이 목적이다. 특히 두 부류의 영역을 나누는 결정 경계가 어떤 모양을 갖는지에 대한 분석이 주를 이룬다.

정규 분포는 몇 가지 특성을 가진다. 첫째, 현실 세계에 맞는 경우가 적지 않게 있다. 예를 들어 키와 몸무게 등은 정규 분포에 아주 가깝다. 성적도 양극화가 발생한 비정상적인 집단이 아니라면 정규 분포에 가깝다. 둘째, 평균과 분산이라는 두 개의 매개변수만으로 확률 분포가 표현된다. 따라서 훈련 집합으로 정규 분포를 추정할 때는 이 두 매개변수만 찾아내면 된다. 셋째, 수학적으로 매력적인 특성이 많다. 예를 들어 두 개 부류의 공분산 행렬이 모두 단위 행렬identity matrix이라면 두 부류의 결정 경계는 직선이라는 사실을 쉽게 증명할 수 있다.

2.4.1 정규 분포와 분별 함수

정규 분포는 (2.32)와 같이 정의된다. 특징 벡터가 1차원인 경우와 d차원인 경우로 구분하여 제시하고 있다. 정규 분포는 평균과 분산이라는 두 개의 매개변수로 정의되므로 $N(\mu, \sigma^2)$ 또는 $N(\boldsymbol{\mu}, \boldsymbol{\Sigma})$로 표기한다. 1차원에서의 μ와 σ^2은 각각 평균과 분산이고 d차원에서의 $\boldsymbol{\mu}$는 평균 벡터이고 $\boldsymbol{\Sigma}$는 $d*d$ 크기의 공분산 행렬이다. $|\boldsymbol{\Sigma}|$과 $\boldsymbol{\Sigma}^{-1}$은 각각 행렬 $\boldsymbol{\Sigma}$의 행렬식determinant과 역행렬inverse matrix이다. $\exp(a) = e^a$이다.[13] [그림 2.9]는 1차원과 2차원의 정규 분포의 예를 보여준다.

[13] e는 자연 로그natural logarithm의 밑base으로서 약 2.71828이다.

$$
\left.\begin{aligned}
N(\mu, \sigma^2) &= \frac{1}{(2\pi)^{1/2}\sigma}\exp\left(-\frac{(x-\mu)^2}{2\sigma^2}\right) \\
N(\boldsymbol{\mu}, \Sigma) &= \frac{1}{(2\pi)^{d/2}|\boldsymbol{\Sigma}|^{1/2}}\exp\left(-\frac{1}{2}(\mathbf{x}-\boldsymbol{\mu})^{\mathrm{T}}\boldsymbol{\Sigma}^{-1}(\mathbf{x}-\boldsymbol{\mu})\right)
\end{aligned}\right\} \quad (2.32)
$$

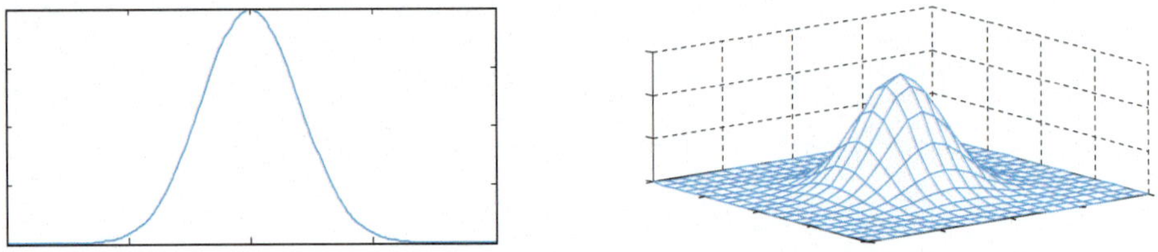

(a) 1차원 정규 분포 (b) 2차원 정규 분포

그림 2.9 정규 분포의 예

부류 ω_i가 평균 벡터 $\boldsymbol{\mu}_i$와 공분산 행렬 $\boldsymbol{\Sigma}_i$를 갖는 정규 분포를 한다고 가정하자. 그러면 ω_i의 우도를 (2.33)과 같이 쓸 수 있다.

$$
p(\mathbf{x}|\omega_i) = N(\boldsymbol{\mu}_i, \boldsymbol{\Sigma}_i) = \frac{1}{(2\pi)^{d/2}|\boldsymbol{\Sigma}_i|^{1/2}}\exp\left(-\frac{1}{2}(\mathbf{x}-\boldsymbol{\mu}_i)^{\mathrm{T}}\boldsymbol{\Sigma}_i^{-1}(\mathbf{x}-\boldsymbol{\mu}_i)\right) \quad (2.33)
$$

2.3절의 분별 함수를 생각해 보자. 단조 증가 함수 $f(.)$로 자연 로그 함수 ln을 사용하면 (2.33)의 지수를 없앨 수 있을 뿐만 아니라 곱하기와 나누기를 덧셈으로 바꿀 수 있다.[14] 이제 확률 $p(\mathbf{x}|\omega_i)P(\omega_i)$에 ln을 취한 식을 분별 함수로 삼고 이를 정리하면 (2.34)를 얻을 수 있다. 네 번째 줄의 수식이 다섯 번째 줄로 변신하는 것은 $\boldsymbol{\Sigma}^{-1}$이 대칭 행렬이므로 가능하다.

$$
\left.\begin{aligned}
g_i(\mathbf{x}) &= \ln(p(\mathbf{x}|\omega_i)P(\omega_i)) \\
&= \ln N(\boldsymbol{\mu}_i, \boldsymbol{\Sigma}_i) + \ln P(\omega_i) \\
&= -\frac{1}{2}(\mathbf{x}-\boldsymbol{\mu}_i)^{\mathrm{T}}\,\boldsymbol{\Sigma}_i^{-1}(\mathbf{x}-\boldsymbol{\mu}_i) - \frac{d}{2}\ln 2\pi - \frac{1}{2}\ln|\boldsymbol{\Sigma}_i| + \ln P(\omega_i) \\
&= -\frac{1}{2}(\mathbf{x}^{\mathrm{T}}\boldsymbol{\Sigma}_i^{-1}\mathbf{x} - \mathbf{x}^{\mathrm{T}}\boldsymbol{\Sigma}_i^{-1}\boldsymbol{\mu}_i - \boldsymbol{\mu}_i^{\mathrm{T}}\boldsymbol{\Sigma}_i^{-1}\mathbf{x} + \boldsymbol{\mu}_i^{\mathrm{T}}\boldsymbol{\Sigma}_i^{-1}\boldsymbol{\mu}_i) - \frac{d}{2}\ln 2\pi - \frac{1}{2}\ln|\boldsymbol{\Sigma}_i| + \ln P(\omega_i) \\
&= -\frac{1}{2}(\mathbf{x}^{\mathrm{T}}\boldsymbol{\Sigma}_i^{-1}\mathbf{x} - 2\boldsymbol{\mu}_i^{\mathrm{T}}\boldsymbol{\Sigma}_i^{-1}\mathbf{x} + \boldsymbol{\mu}_i^{\mathrm{T}}\boldsymbol{\Sigma}_i^{-1}\boldsymbol{\mu}_i) - \frac{d}{2}\ln 2\pi - \frac{1}{2}\ln|\boldsymbol{\Sigma}_i| + \ln P(\omega_i)
\end{aligned}\right\} \quad (2.34)
$$

부류 ω_i의 분별 함수 $g_i(\mathbf{x})$는 변수 $\mathbf{x}$에 대한 2차 식이라는 사실에 주목하자. (2.34)는 행렬 연산으로 표현되어 있어 아주 복잡해 보이고 한 눈에 알아보기 힘들 수도 있는

[14] ln은 밑이 e인 log이다. 즉 $\ln(x) = \log_e(x)$이다.

데 다음 예제를 보면 명확히 이해할 수 있다.[15]

예제 2.4 **분별 함수 $g_i(\mathbf{x})$**

특징 벡터 $\mathbf{x}$는 2차원 실수 공간에 정의된다고 가정하고 $\mathbf{x} = (x_1, x_2)^{\mathrm{T}}$로 표기하자. 그리고 부류 ω_i의 정규 분포가 $\boldsymbol{\mu}_i = \begin{pmatrix} 3 \\ 1 \end{pmatrix}$와 $\boldsymbol{\Sigma}_i = \begin{pmatrix} 2 & 0 \\ 0 & 2 \end{pmatrix}$를 갖는다 하자. 이들 값을 (2.34)에 대입하고 정리하면 아래와 같은 식을 얻는다. $g_i(\mathbf{x})$는 2차 식임이 분명하다.

$$
\begin{aligned}
g_i(\mathbf{x}) &= -\frac{1}{2}\left(\begin{pmatrix} x_1 \\ x_2 \end{pmatrix} - \begin{pmatrix} 3 \\ 1 \end{pmatrix}\right)^{\mathrm{T}} \begin{pmatrix} 2 & 0 \\ 0 & 2 \end{pmatrix}^{-1} \left(\begin{pmatrix} x_1 \\ x_2 \end{pmatrix} - \begin{pmatrix} 3 \\ 1 \end{pmatrix}\right) - \frac{2}{2}\ln 2\pi - \frac{1}{2}\ln\left|\begin{pmatrix} 2 & 0 \\ 0 & 2 \end{pmatrix}\right| + \ln P(\omega_i) \\
&= -\frac{1}{2}(x_1 - 3 \quad x_2 - 1)\begin{pmatrix} 1/2 & 0 \\ 0 & 1/2 \end{pmatrix}\begin{pmatrix} x_1 - 3 \\ x_2 - 1 \end{pmatrix} - \ln 2\pi - \frac{1}{2}\ln 4 + \ln P(\omega_i) \\
&= -\frac{1}{4}\underbrace{(x_1^2 + x_2^2)}_{\text{2차 식}} + \frac{1}{2}\underbrace{(3x_1 + x_2)}_{\text{1차 식}} - \frac{1}{2}\underbrace{(5 + 2\ln 2\pi + \ln 4 - 2\ln P(\omega_i))}_{\text{상수}}
\end{aligned}
$$

두 부류 ω_i와 ω_j의 **결정 경계**decision boundary에 대해 알아보자. 어떤 점 $\mathbf{x}$가 이 경계 상에 있다면 $g_i(\mathbf{x}) = g_j(\mathbf{x})$를 만족해야 한다. 이때 $g_{ij}(\mathbf{x})$를 (2.35)와 같이 정의한다면 이 점은 $g_{ij}(\mathbf{x}) = 0$이 된다. [그림 2.10]은 이러한 관계를 보여 준다. $g_{ij}(\mathbf{x})$를 결정 경계 함수라 부른다.

$$
g_{ij}(\mathbf{x}) = g_i(\mathbf{x}) - g_j(\mathbf{x}) \tag{2.35}
$$

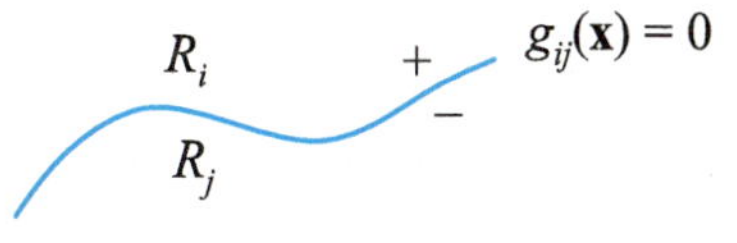

그림 2.10 두 부류 ω_i와 ω_j의 결정 경계

바로 다음에 펼쳐질 두 개의 절은 모든 부류가 같은 공분산 행렬을 가지는 경우(2.4.2절)와 그렇지 않은 경우로 (2.4.3절) 나누고 이들 각각에 대해 결정 경계가 어떤 모양을 갖는지 설명할 것이다.

[15] 패턴인식 이론은 자주 행렬을 이용하여 수식을 표현한다. 행렬을 이용하면 훨씬 간단하게 수식을 표현할 수 있기 때문이다. 하지만 익숙하지 않은 사람에게는 매우 어려워 보인다. 예제 2.4와 같은 사례를 몇 개 가지고 수식을 풀어헤쳐 보고 이를 다시 행렬로 조립해 보면 어렵지 않게 이해할 수 있다.

2.4.2 선형 분별

이 절은 모든 부류의 공분산 행렬이 같은 경우를 다룬다. 이 상황에서는 $\boldsymbol{\Sigma}_i$가 모두 같으므로 $\boldsymbol{\Sigma}_i = \boldsymbol{\Sigma}$로 표기할 수 있다. (2.34)에서 부류를 나타내는 첨자 i에 따라 달라지는 항과 i에 무관한 항을 구별하여 다시 쓰면 (2.36)이 된다. 이 식에서 i에 무관한 항은 모든 부류가 같은 값을 갖게 되므로 제거하여도 된다. 왜냐하면 분류는 분별 함수의 값 자체가 아니라 그들의 비교를 통해 이루어지기 때문이다.

$$g_i(\mathbf{x}) = \underbrace{\frac{1}{2}\left(2\boldsymbol{\mu}_i^{\mathrm{T}}\boldsymbol{\Sigma}^{-1}\mathbf{x} - \boldsymbol{\mu}_i^{\mathrm{T}}\Sigma^{-1}\boldsymbol{\mu}_i + 2\ln P(\omega_i)\right)}_{i\text{에 따라 다름}} - \underbrace{\frac{1}{2}\left(\mathbf{x}^{\mathrm{T}}\boldsymbol{\Sigma}^{-1}\mathbf{x} + d\ln 2\pi + \ln|\boldsymbol{\Sigma}_i|\right)}_{i\text{에 무관함}} \quad (2.36)$$

이 식에서 재미있는 것은, 2차 항은 $\mathbf{x}^{\mathrm{T}}\boldsymbol{\Sigma}^{-1}\mathbf{x}$뿐인데 이것이 없어진다는 사실이다. 결국 분별 함수 $g_i(\mathbf{x})$는 1차 식이 된다. 이 식을 선형 방정식 형태로 다시 정리하여 (2.37)을 만들 수 있다.

$$\left.\begin{aligned} g_i(\mathbf{x}) &= (\boldsymbol{\Sigma}^{-1}\boldsymbol{\mu}_i)^{\mathrm{T}}\mathbf{x} + \left(\ln P(\omega_i) - \frac{1}{2}\boldsymbol{\mu}_i^{\mathrm{T}}\boldsymbol{\Sigma}^{-1}\boldsymbol{\mu}_i\right) \\ &= \mathbf{w}_i^{\mathrm{T}}\mathbf{x} + b_i \end{aligned}\right\} \quad (2.37)$$

이제 관심을 [그림 2.10]의 결정 경계로 돌려보자. 주된 관심은 이 결정 경계가 어떤 모양을 갖는지에 있다. (2.35)에 (2.37)을 대입하면 (2.38)을 얻게 된다.

$$\left.\begin{aligned} g_{ij}(\mathbf{x}) &= g_i(\mathbf{x}) - g_j(\mathbf{x}) \\ &= (\boldsymbol{\Sigma}^{-1}(\boldsymbol{\mu}_i - \boldsymbol{\mu}_j))^{\mathrm{T}}\mathbf{x} + \left(\ln P(\omega_i) - \ln P(\omega_j) - \frac{1}{2}\boldsymbol{\mu}_i^{\mathrm{T}}\boldsymbol{\Sigma}^{-1}\boldsymbol{\mu}_i + \frac{1}{2}\boldsymbol{\mu}_j^{\mathrm{T}}\boldsymbol{\Sigma}^{-1}\boldsymbol{\mu}_j\right) \\ &= \underbrace{(\boldsymbol{\Sigma}^{-1}(\boldsymbol{\mu}_i - \boldsymbol{\mu}_j))^{\mathrm{T}}}_{\mathbf{w}}\left(\mathbf{x} - \underbrace{\left(\frac{1}{2}(\boldsymbol{\mu}_i + \boldsymbol{\mu}_j) - \frac{\boldsymbol{\mu}_i - \boldsymbol{\mu}_j}{(\boldsymbol{\mu}_i - \boldsymbol{\mu}_j)^{\mathrm{T}}\boldsymbol{\Sigma}^{-1}(\boldsymbol{\mu}_i - \boldsymbol{\mu}_j)}\ln\frac{P(\omega_i)}{P(\omega_j)}\right)}_{\mathbf{x}_0}\right) \\ &= \mathbf{w}^{\mathrm{T}}(\mathbf{x} - \mathbf{x}_0) \end{aligned}\right\} \quad (2.38)$$

이 식을 기하학적 관점에서 해석해 보자. 결정 경계 상의 점 $\mathbf{x}$는 $g_{ij}(\mathbf{x}) = 0$이어야 하는데 $g_{ij}(\mathbf{x})$가 1차 식이므로 결정 경계가 초평면이라는 사실을 알 수 있다. [그림 2.11]은 2차원 경우를 보여 주는데 이때는 결정 경계가 직선이 된다. [그림 2.11]에서 두 부류 ω_i와 ω_j의 정규 분포를 등고선 형태로 표시하였는데 두 부류의 공분산이 같기 때문에 그들은 모양과 방향이 같은 타원을 만들었다. (2.38)에 따르면 결정 직선은 $\mathbf{x}_0$을 지나며 $\boldsymbol{\Sigma}^{-1}(\boldsymbol{\mu}_i - \boldsymbol{\mu}_j)$에 수직orthogonal이어야 한다. 두 부류의 사전 확률이 같다면 $\ln(P(\omega_i)/P(\omega_j)) = 0$이 되어 $\mathbf{x}_0 = 1/2(\boldsymbol{\mu}_i + \boldsymbol{\mu}_j)$가 된다. 즉 결정 직선은 두 평균 벡터 $\boldsymbol{\mu}_i$와 $\boldsymbol{\mu}_j$의 중점을 지나야 한다. 만일 $P(\omega_i) > P(\omega_j)$이면 결정 직선은 $\boldsymbol{\mu}_j$에 가까워 진다. 이러한 관계를 [그림 2.11(a)]에서 확인하기 바란다.

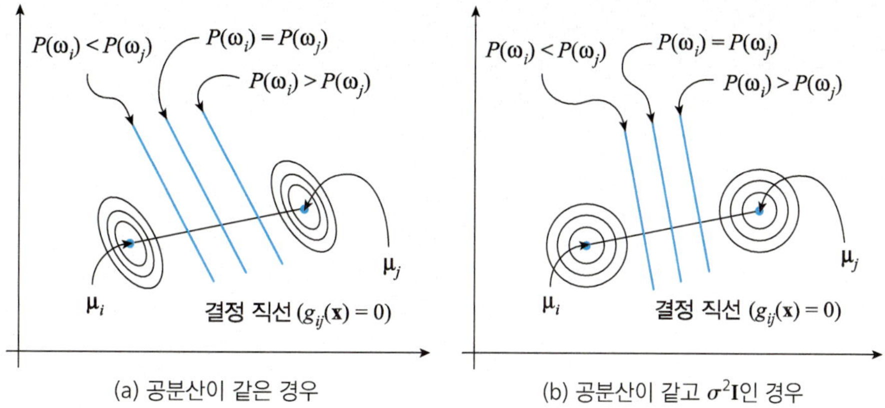

그림 2.11 선형 분류기

[그림 2.11(a)]의 결정 직선은 특징 공간을 부류 ω_i를 위한 영역과 ω_j를 위한 영역으로 나누어 준다. 따라서 그 자체가 분류기이다. 지금까지 모든 부류가 같은 공분산을 갖는다는 가정 하에 결정 경계를 위한 수식을 유도하였으며 결국 선형 분류기를 얻었다. 이러한 과정을 거쳐 선형 분류기를 만드는 방법을 **선형 분별 분석**linear discriminant analysis(LDA)이라 부른다.

이제 보다 특수한 경우를 살펴보자. 공분산 행렬이 $\mathbf{\Sigma} = \sigma^2\mathbf{I}$라 하자. 즉 대각선 요소는 σ^2을 갖고 나머지 요소는 0을 갖는 행렬이다. 이 가정은 모든 특징이 서로 독립일 때 성립한다. 이제 $\mathbf{\Sigma}^{-1} = (1/\sigma^2)\mathbf{I}$가 된다. 이것을 (2.38)에 대입하면 (2.39)를 얻는다. [그림 2.11(b)]가 이 경우를 보여 준다. 이 상황에서는 정규 분포의 등고선이 타원이 아니라 원을 만든다. 이제 결정 직선은 $\boldsymbol{\mu}_i - \boldsymbol{\mu}_j$에 수직이다.

$$\left.\begin{aligned} g_{ij}(\mathbf{x}) &= \underbrace{\frac{1}{\sigma^2}(\boldsymbol{\mu}_i - \boldsymbol{\mu}_j)^{\mathrm{T}}}_{\mathbf{w}}\left(\mathbf{x} - \underbrace{\left(\frac{1}{2}(\boldsymbol{\mu}_i + \boldsymbol{\mu}_j) - \frac{\sigma^2(\boldsymbol{\mu}_i - \boldsymbol{\mu}_j)}{\|\boldsymbol{\mu}_i - \boldsymbol{\mu}_j\|^2}\ln\frac{P(\omega_i)}{P(\omega_j)}\right)}_{\mathbf{x}_0}\right) \\ &= \mathbf{w}^{\mathrm{T}}(\mathbf{x} - \mathbf{x}_0) \end{aligned}\right\} \tag{2.39}$$

예제 2.5 선형 분별 분석(LDA)

[그림 2.12]와 같이 ω_1과 ω_2가 네 개씩의 샘플을 가졌다 하자. 이들을 특징 벡터로 표시하면 아래와 같다.

$$\omega_1:\ (1, 2)^{\mathrm{T}}, (3, 1)^{\mathrm{T}}, (5, 2)^{\mathrm{T}}, (3, 3)^{\mathrm{T}}$$

$$\omega_2:\ (6, 6)^{\mathrm{T}}, (8, 5)^{\mathrm{T}}, (10, 6)^{\mathrm{T}}, (8, 7)^{\mathrm{T}}$$

각각의 부류에 대해 (2.11)과 (2.15)를 이용하여 평균 벡터와 공분산 행렬을 계산하자. [그림 2.12]의 점의 분포를 보면 두 부류의 공분산이 같다는 것을 유추할 수 있다.

실제 계산 결과도 $\mathbf{\Sigma}_1 = \mathbf{\Sigma}_2$가 되었다.

$$\boldsymbol{\mu}_1 = \frac{1}{4}\left(\begin{pmatrix}1\\2\end{pmatrix}+\begin{pmatrix}3\\1\end{pmatrix}+\begin{pmatrix}5\\2\end{pmatrix}+\begin{pmatrix}3\\3\end{pmatrix}\right)=\begin{pmatrix}3\\2\end{pmatrix}, \mathbf{\Sigma}_1 = \begin{pmatrix}8/3 & 0\\0 & 2/3\end{pmatrix}$$

$$\boldsymbol{\mu}_2 = \frac{1}{4}\left(\begin{pmatrix}6\\6\end{pmatrix}+\begin{pmatrix}8\\5\end{pmatrix}+\begin{pmatrix}10\\6\end{pmatrix}+\begin{pmatrix}8\\7\end{pmatrix}\right)=\begin{pmatrix}8\\6\end{pmatrix}, \mathbf{\Sigma}_2 = \begin{pmatrix}8/3 & 0\\0 & 2/3\end{pmatrix}$$

위에서 구한 공분산이 $\sigma^2\mathbf{I}$가 아니므로 [그림 2.11(a)]에 해당하고 수식은 (2.38)을 이용해야 한다. (2.38)에 따라 $g_{12}(\mathbf{x})$를 구해보면 아래와 같다.

$$\begin{aligned} g_{12}(\mathbf{x}) &= \left(\begin{pmatrix}3/8 & 0\\0 & 3/2\end{pmatrix}\begin{pmatrix}3-8\\2-6\end{pmatrix}\right)^{\mathrm{T}}\mathbf{x} \\ &\quad + \left(\ln P(\omega_1) - \ln P(\omega_2) - \frac{1}{2}(3 \quad 2)\begin{pmatrix}3/8 & 0\\0 & 3/2\end{pmatrix}\begin{pmatrix}3\\2\end{pmatrix} + \frac{1}{2}(8 \quad 6)\begin{pmatrix}3/8 & 0\\0 & 3/2\end{pmatrix}\begin{pmatrix}8\\6\end{pmatrix}\right) \\ &= (-15/8 \quad -6)\begin{pmatrix}x_1\\x_2\end{pmatrix} + (\ln P(\omega_1) - \ln P(\omega_2) + 34.3125) \\ &= -15/8x_1 - 6x_2 + (\ln P(\omega_1) - \ln P(\omega_2) + 34.3125) \end{aligned}$$

결정 경계 함수 $g_{12}(\mathbf{x})= 0$으로 두고 사전 확률을 바꾸어 가며 결정 직선을 구해 보면 아래와 같다.

$P(\omega_1) = 0.5,\ P(\omega_2) = 0.5$인 경우 : $5x_1 + 16x_2 - 91.5 = 0$

$P(\omega_1) = 0.8,\ P(\omega_2) = 0.2$인 경우 : $5x_1 + 16x_2 - 95.197 = 0$

$P(\omega_1) = 0.2,\ P(\omega_2) = 0.8$인 경우 : $5x_1 + 16x_2 - 87.803 = 0$

이들 결정 직선을 [그림 2.12]가 보여준다. 두 평균 벡터를 이은 벡터는 $\boldsymbol{\mu}_1 - \boldsymbol{\mu}_2$로 표시하였다. 결정 직선은 벡터 $\boldsymbol{\mu}_1 - \boldsymbol{\mu}_2$에 수직이지 않고 비스듬히 교차한다. 이들은 벡터 $\boldsymbol{\mu}_1 - \boldsymbol{\mu}_2$를 행렬 $\mathbf{\Sigma}^{-1}$로 변환하여 얻은 벡터 $\mathbf{\Sigma}^{-1}(\boldsymbol{\mu}_1 - \boldsymbol{\mu}_2)$에 수직이다.

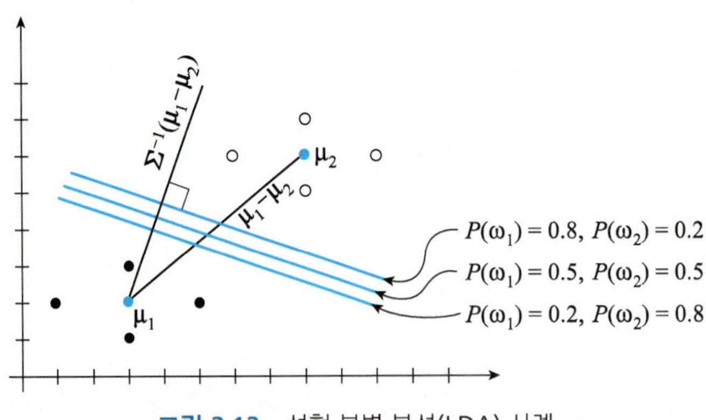

그림 2.12 선형 분별 분석(LDA) 사례

2.4.3 2차 분별

이제는 공분산 행렬에 아무런 제약이 없다고 하자. 즉 모든 부류가 서로 다른 공분산 행렬을 가질 수 있다. [그림 2.13]에서 이러한 상황을 볼 수 있다. 공분산 행렬이 같지 않기 때문에 등고선의 모양과 방향이 서로 다르다. 이 상황에서는 (2.34)에서 무시할 수 있는 항은 $(d/2)\ln 2\pi$뿐이다. 이 항을 버리고 다시 쓰면 (2.40)이 된다. $g_{ij}(\mathbf{x}) = g_i(\mathbf{x}) - g_j(\mathbf{x})$이므로 $g_{ij}(\mathbf{x})$는 2차 식에서 2차 식을 뺀 것이다. 따라서 $g_{ij}(\mathbf{x})$는 2차 식이고 $g_{ij}(\mathbf{x}) = 0$을 만족하는 점이 이루는 결정 곡선은 2차 곡선이 된다. 경우에 따라 쌍곡선도 되고 타원도 된다.

여기에서도 2.4.2절의 선형 분별 분석과 비슷한 과정을 거쳐 분류기를 만들었다. 다른 점은 공분산 행렬에 대한 가정이고 이에 따라 이번에는 2차 분류기를 얻었다. 따라서 이번에는 이러한 방법을 **2차 분별 분석**quadratic discriminant analysis(QDA)이라 부른다.

$$g_i(\mathbf{x}) = \underbrace{-\frac{1}{2}\mathbf{x}^{\mathrm{T}}\boldsymbol{\Sigma}_i^{-1}\mathbf{x}}_{\text{2차 항}} + \underbrace{\boldsymbol{\mu}_i^{\mathrm{T}}\boldsymbol{\Sigma}_i^{-1}\mathbf{x}}_{\text{1차 항}} + \underbrace{\left(-\frac{1}{2}\boldsymbol{\mu}_i^{\mathrm{T}}\boldsymbol{\Sigma}_i^{-1}\boldsymbol{\mu}_i - \frac{1}{2}\ln|\boldsymbol{\Sigma}_i| + \ln P(\omega_1)\right)}_{\text{상수 항}} \tag{2.40}$$

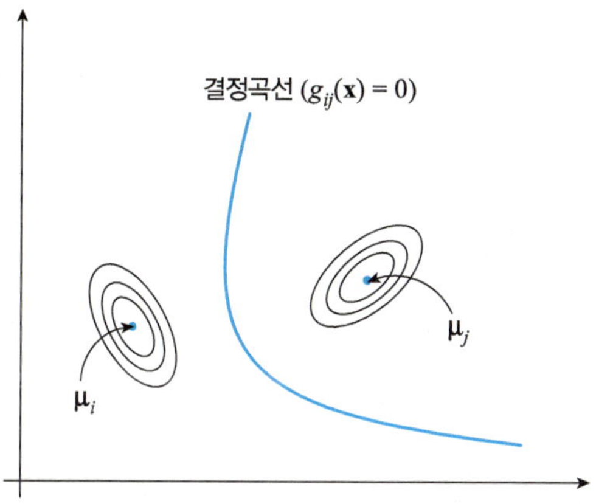

그림 2.13 2차 분별 분석으로 만든 2차 분류기

예제 2.6 2차 분별 분석(QDA)

예제 2.5를 약간만 고쳐 재활용하기로 하자. ω_1의 분포는 그대로 두고 ω_2의 분포를 [그림 2.14]와 같이 바꾸었다. 이제는 공분산 행렬이 같지 않으므로 결정 경계가 2차 곡선이 되리라는 것을 쉽게 예측할 수 있다.

$$\omega_1: (1, 2)^{\mathrm{T}}, (3, 1)^{\mathrm{T}}, (5, 2)^{\mathrm{T}}, (3, 3)^{\mathrm{T}}$$

$$\omega_2: (7, 6)^{\mathrm{T}}, (8, 4)^{\mathrm{T}}, (9, 6)^{\mathrm{T}}, (8, 8)^{\mathrm{T}}$$

$$\boldsymbol{\mu}_1 = \begin{pmatrix} 3 \\ 2 \end{pmatrix}, \boldsymbol{\Sigma}_1 = \begin{pmatrix} 8/3 & 0 \\ 0 & 2/3 \end{pmatrix}$$

$$\boldsymbol{\mu}_2 = \begin{pmatrix} 8 \\ 6 \end{pmatrix}, \boldsymbol{\Sigma}_2 = \begin{pmatrix} 2/3 & 0 \\ 0 & 8/3 \end{pmatrix}$$

(2.40)에 따라 $g_1(\mathbf{x})$와 $g_2(\mathbf{x})$를 구해보자. 또한 (2.35)의 $g_{12}(\mathbf{x})$를 유도해 보자.

$$\begin{aligned} g_1(\mathbf{x}) &= -\frac{1}{2}(x_1 \quad x_2)\begin{pmatrix} 3/8 & 0 \\ 0 & 3/2 \end{pmatrix}\begin{pmatrix} x_1 \\ x_2 \end{pmatrix} + (3 \quad 2)\begin{pmatrix} 3/8 & 0 \\ 0 & 3/2 \end{pmatrix}\begin{pmatrix} x_1 \\ x_2 \end{pmatrix} \\ &\quad - \frac{1}{2}(3 \quad 2)\begin{pmatrix} 3/8 & 0 \\ 0 & 3/2 \end{pmatrix}\begin{pmatrix} 3 \\ 2 \end{pmatrix} - \frac{1}{2}\ln\left|\begin{pmatrix} 8/3 & 0 \\ 0 & 2/3 \end{pmatrix}\right| + \ln P(\omega_1) \\ &= -\frac{3}{16}x_1^2 - \frac{3}{4}x_2^2 + \frac{9}{8}x_1 + 3x_2 - \frac{75}{16} - \frac{1}{2}\ln\frac{16}{9} + \ln P(\omega_1) \end{aligned}$$

$$\begin{aligned} g_2(\mathbf{x}) &= -\frac{1}{2}(x_1 \quad x_2)\begin{pmatrix} 3/2 & 0 \\ 0 & 3/8 \end{pmatrix}\begin{pmatrix} x_1 \\ x_2 \end{pmatrix} + (8 \quad 6)\begin{pmatrix} 3/2 & 0 \\ 0 & 3/8 \end{pmatrix}\begin{pmatrix} x_1 \\ x_2 \end{pmatrix} \\ &\quad - \frac{1}{2}(8 \quad 6)\begin{pmatrix} 3/2 & 0 \\ 0 & 3/8 \end{pmatrix}\begin{pmatrix} 8 \\ 6 \end{pmatrix} - \frac{1}{2}\ln\left|\begin{pmatrix} 2/3 & 0 \\ 0 & 8/3 \end{pmatrix}\right| + \ln P(\omega_2) \\ &= -\frac{3}{4}x_1^2 - \frac{3}{16}x_2^2 + 12x_1 + \frac{18}{8}x_2 - \frac{219}{4} - \frac{1}{2}\ln\frac{16}{9} + \ln P(\omega_2) \end{aligned}$$

$$g_{12}(\mathbf{x}) = g_1(\mathbf{x}) - g_2(\mathbf{x}) = \frac{9}{16}x_1^2 - \frac{9}{16}x_2^2 - \frac{87}{8}x_1 + \frac{3}{4}x_2 + \frac{801}{16} + \ln P(\omega_1) - \ln P(\omega_2)$$

결정 경계 함수 $g_{12}(\mathbf{x})= 0$으로 두고 사전 확률을 바꾸어 가며 결정 곡선의 방정식을 구해 보면 아래와 같게 된다. 이들 결정 곡선을 [그림 2.14]가 보여준다.

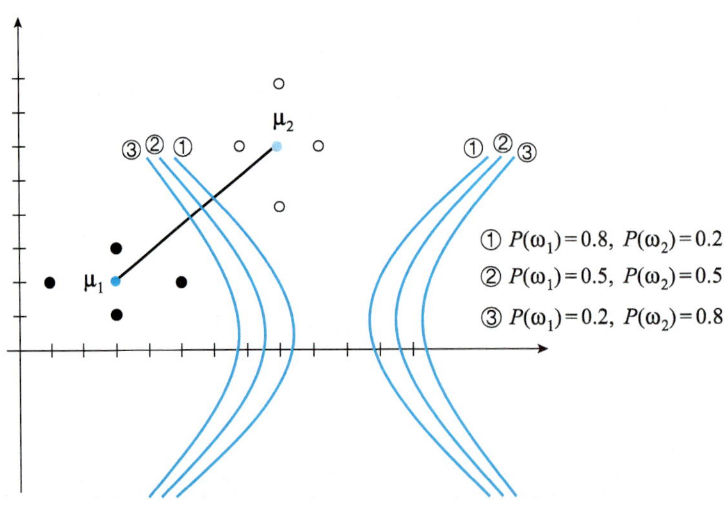

그림 2.14 2차 분별 분석(QDA) 사례

$$P(\omega_1) = 0.8,\ P(\omega_2) = 0.2\text{인 경우:}\quad 3x_1^2 - 3x_2^2 - 58x_1 + 4x_2 + 274.3936 = 0$$

$$P(\omega_1) = 0.5,\ P(\omega_2) = 0.5\text{인 경우:}\quad 3x_1^2 - 3x_2^2 - 58x_1 + 4x_2 - 267 = 0$$

$$P(\omega_1) = 0.2,\ P(\omega_2) = 0.8\text{인 경우:}\quad 3x_1^2 - 3x_2^2 - 58x_1 + 4x_2 + 259.6064 = 0$$

2.4.4 최소 거리 분류기

앞에서 LDA를 이용한 선형 분류기와 QDA를 이용한 2차 분류기를 만드는 방법을 자세히 살펴보았다. 이들 분류기를 다른 관점에서 바라보자. 이때 목적은 새로운 분류기를 만들자는 것이 아니고 단지 같은 것을 다른 시각으로 해석하자는 것이다. 여기서는 수식 유도의 편의를 위해 두 부류의 사전 확률과 공분산 행렬이 같다고 가정한다. (2.34)의 셋째 줄을 상수가 되는 것을 제외하고 다시 쓰면 (2.41)을 얻을 수 있다.

$$g_i(\mathbf{x}) = -\frac{1}{2}(\mathbf{x} - \boldsymbol{\mu}_i)^{\mathrm{T}}\boldsymbol{\Sigma}^{-1}(\mathbf{x} - \boldsymbol{\mu}_i) \tag{2.41}$$

(2.30)에 따르면 베이지안 분류기는 (2.41)의 $g_i(\mathbf{x})$ 값이 가장 큰 부류로 분류한다. (2.41)을 최대로 한다는 것은 (2.42)를 최소로 한다는 것과 같은 말이다. (2.42)는 $\mathbf{x}$에서 $\boldsymbol{\mu}_i$까지의 **마할라노비스 거리**Mahalanobis distance이다.[16] 2.4.2절에서 공분산 행렬이 $\boldsymbol{\Sigma} = \sigma^2\mathbf{I}$인 특수한 경우를 다루었는데 여기에서도 이 경우를 살펴보자. 이제 $\boldsymbol{\Sigma}^{-1} = (1/\sigma^2)\mathbf{I}$이고 $1/\sigma^2$은 상수로 볼 수 있으므로 무시하면 (2.43)이 된다. 이것은 **유클리디안 거리**Euclidean distance, 다시 말해 유클리디안 놈Euclidean norm과 같다.

$$\text{마할라노비스 거리:}\quad \left((\mathbf{x} - \boldsymbol{\mu}_i)^{\mathrm{T}}\boldsymbol{\Sigma}^{-1}(\mathbf{x} - \boldsymbol{\mu}_i)\right)^{1/2} \tag{2.42}$$

$$\text{유클리디안 거리:}\quad \left((\mathbf{x} - \boldsymbol{\mu}_i)^{\mathrm{T}}(\mathbf{x} - \boldsymbol{\mu}_i)\right)^{1/2} = \|\mathbf{x} - \boldsymbol{\mu}_i\| \tag{2.43}$$

(2.42)와 (2.43)은 확률 분포를 고려한 거리들이다. 특히 마할라노비스 거리를 계산하는 과정에서는 공분산이 중요한 작용을 한다. 다음 예제를 보자.

예제 2.7 마할라노비스 거리

예제 2.5를 또 다시 활용해 보자. [그림 2.15]에서 $\mathbf{x} = (8, 2)^{\mathrm{T}}$라 하자. 확률 분포를 모두 무시하고(또는 두 확률 분포에서 $\boldsymbol{\mu}_1$과 $\boldsymbol{\mu}_2$의 좌우에 있는 두 점을 1만큼 가까이 당겨 다시 배치함으로써 $\boldsymbol{\Sigma} = \sigma^2\mathbf{I}$인 상황을 만들어) $\mathbf{x}$에서 $\boldsymbol{\mu}_1$과 $\boldsymbol{\mu}_2$까지의 유클리디안

[16] 엄밀히 말하면 마할라노비스 거리는 점 $\mathbf{x}$에서 점 $\boldsymbol{\mu}_i$까지가 아니라 $\mathbf{x}$에서 정규 분포 $N(\boldsymbol{\mu}_i, \boldsymbol{\Sigma})$까지라고 표현해야 한다.

거리를 계산하면 각각 5.0과 4.0이 되어 $\mathbf{x}$는 $\boldsymbol{\mu}_2$에 더 가깝다.

이제 [그림 2.15]의 확률 분포에 따라 마할라노비스 거리를 계산해 보자. $\mathbf{x}$에서 $\boldsymbol{\mu}_1$과 $\boldsymbol{\mu}_2$까지의 마할라노비스 거리는 각각 3.062와 4.899가 된다. $\mathbf{x}$는 $\boldsymbol{\mu}_1$에 더 가까운 것이다.

$$\boldsymbol{\mu}_1\text{까지의 마할라노비스 거리} = \left((8-3 \quad 2-2) \begin{pmatrix} 3/8 & 0 \\ 0 & 3/2 \end{pmatrix} \begin{pmatrix} 8-3 \\ 2-2 \end{pmatrix} \right)^{1/2} = 3.062$$

$$\boldsymbol{\mu}_2\text{까지의 마할라노비스 거리} = \left((8-8 \quad 2-6) \begin{pmatrix} 3/8 & 0 \\ 0 & 3/2 \end{pmatrix} \begin{pmatrix} 8-8 \\ 2-6 \end{pmatrix} \right)^{1/2} = 4.899$$

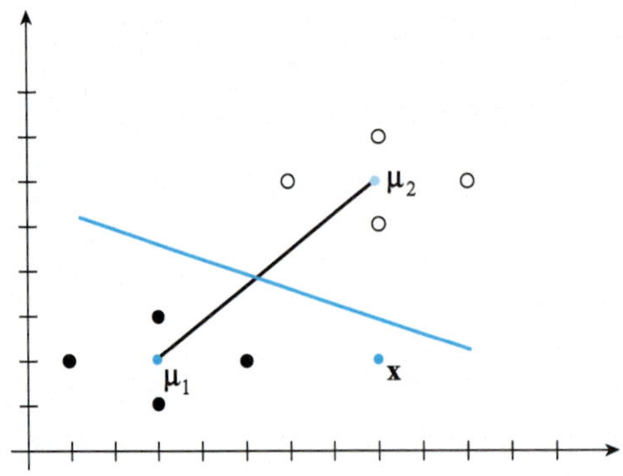

그림 2.15 두 통계 분포까지의 마할라노비스 거리

[그림 2.15]에서 마할라노비스 거리에 대한 직관적인 해석이 가능하다. 정규 분포 $N(\boldsymbol{\mu}_1, \boldsymbol{\Sigma})$와 $N(\boldsymbol{\mu}_2, \boldsymbol{\Sigma})$는 가로 방향으로 넓게 퍼져 있는 반면 세로 방향으로는 조밀하다. 따라서 가로 방향으로 놓인 점까지는 실제보다 가깝고 세로 방향은 실제보다 멀게 해석하는 것이 합리적이다. 결국 $N(\boldsymbol{\mu}_1, \boldsymbol{\Sigma})$에게 가로 방향에 놓여 있는 $\mathbf{x}$는 그리 멀지 않은 반면 $N(\boldsymbol{\mu}_2, \boldsymbol{\Sigma})$에게 세로 방향으로 놓여 있는 $\mathbf{x}$는 더욱 멀게 된다.

(2.30)의 베이지안 분류기를 **최소 거리 분류기**minimum distance classifier 형태로 제시하면 (2.44)와 같다. 물론 이 분류기는 모든 부류가 정규 분포를 따르고 같은 사전 확률과 같은 공분산 행렬을 갖는다는 가정 하에 적용이 가능하다. (2.30)은 확률을 최대로 해야 하므로 argmax를 사용한 반면 (2.44)는 거리를 최소로 해야 하므로 argmin을 사용했음에 주목하자.

$$\mathbf{x}\text{를 } k = \arg\min_i \left((\mathbf{x} - \boldsymbol{\mu}_i)^{\mathrm{T}} \boldsymbol{\Sigma}^{-1} (\mathbf{x} - \boldsymbol{\mu}_i) \right)^{1/2} \text{일 때 } \omega_k \text{로 분류하라.} \qquad (2.44)$$

2.5 베이지안 분류의 특성

지금까지 공부한 베이지안 분류기는 4장의 신경망이나 5장의 SVM과 다른 몇 가지 특성을 지니고 있다.

1. 비현실성을 내포하고 있다. 이미 언급한 바와 같이 일반적인 확률 분포를 사용하려 하면 차원의 저주가 발생한다. 정규 분포를 가정하면 실제 확률 분포와 차이가 발생한다.
2. 1의 비현실성을 무시하고 실제 확률 분포를 안다고 가정하면 베이지안 분류기는 오류율 측면에서 최적이다. 이 최적성을 수학적으로 완벽하게 증명할 수 있다.
3. 베이지안 분류기는 M개 부류 각각에 대해 그에 속할 확률을 출력한다. 즉 (2.30)의 베이지안 분류기에서 $g_j(\mathbf{x})$를 확률로 해석할 수 있다. 따라서 이 확률을 신뢰도 값으로 삼아 후처리 등에 유용하게 활용할 수 있다.

베이지안 분류기를 만들기 위해서는 사전 확률과 우도를 추정해야 한다. 이 과정에서 차원의 저주가 발생함은 앞에서 이미 설명하였다. 여기에서는 특징들이 모두 독립이라는 가정을 하고 차원의 저주를 피하는 방법을 제시한다. 이 가정 하에서는 우도를 (2.45)와 같이 쓸 수 있다. 이 식에서 $\mathbf{x} = (x_1, \cdots, x_d)^T$이다. 이제 각각의 특징이 다른 특징과 무관하게 우도를 추정하여 1차원 배열에 저장할 수 있게 되었다. 그들을 모두 곱하면 구하고자 하는 우도가 된다. 이 분류기를 **나이브 베이지안 분류기**naïve Bayesian classifier라 부른다.

$$p(\mathbf{x}|\omega_i) = \prod_{j=1}^{d} p(x_j|\omega_i) \tag{2.45}$$

나이브 베이지안 분류기를 사용함으로써 얻은 것은 차원의 저주가 사라졌다는 것이다. 하지만 잃은 것이 적지 않다. 특징이 독립이라는 가정은 매우 강한 가정이다. 실제 세계는 그렇지 않다. 그 차이가 적지 않게 성능을 저하시키는 요인이 된다.

2.6 기각 처리

지금까지는 $\mathbf{x}$를 가장 큰 사후 확률을 갖는 부류로 분류하는 전략을 사용하였다. 하지만 이러한 방식이 적절하지 않은 상황이 있다. 예를 들어 은행 전표의 필기 숫자 인식에서 애매한 경우는 분류를 보류하고 사람이 의사 결정하도록 미루는 것이 좋다. 꼭지가 작은 6을 0으로 오분류하는 경우 발생할 문제의 파장은 상상 외로 클 수 있다. 의료 분야의 분류에서도 확실하지 않은 경우는 의사 결정을 의사에게 미루는 것이 필요하다.

[그림 2.16]은 (2.30)의 최소 오류 베이지안 분류기에 기각 처리를 추가한 예를 보여주고 있다. 이 그림에서는 두 부류의 확률 값 차이가 Δ 이내인 영역은 **기각**rejection으로 처리하고 있다. 즉 확률 값 차이가 충분히 크지 않아 결과를 신뢰할 수 없다고 판단하는 것이다. 이제 오류 확률이 크게 줄었다. 그림에서 짙은 파란색 영역의 면적이 오류율이 된다. 그리고 연한 파란색 영역의 면적이 기각률이다.

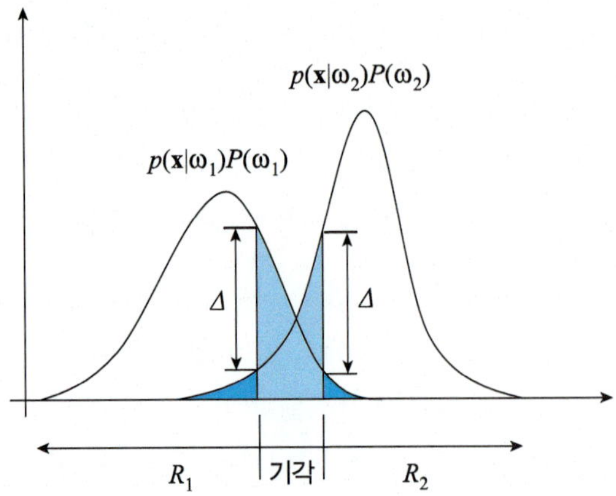

그림 2.16 기각 처리

이 기각 방법은 (2.30)의 최소 위험 베이지안 분류기에도 쉽게 적용할 수 있다. [그림 2.16]에서 $p(\mathbf{x}|\omega_i)P(\omega_i)$를 단지 $\sum_{j=1}^{M} c_{ji}p(\mathbf{x}|\omega_j)P(\omega_j)$로 교체하면 된다.

토머스 베이즈Thomas Bayes

(1702~1761) 영국

베이즈는 목사의 아들로 영국 런던에서 태어났다. 그는 에딘버러 대학에서 논리학과 신학을 전공하였다. 그 이후 목사로 부임하여 평생 신학의 길을 걷지만 그에 못지 않게 과학과 수학에 흥미와 뛰어난 재능을 보였다. 베이즈를 유명하게 만든 논문은 사후에 그의 친구 리차드 프라이스Richard Price에 의해 출판되었다. 이 논문의 원고는 웹을 통해 쉽게 구할 수 있다 [Bayes 1764]. 이 논문은 역확률inverse probability을 다루고 있고 이것이 베이즈 정리의 기초를 제공한다. 1950년경에 그의 이론적인 공헌을 기리는 뜻에서 그의 이름을 형용사화한 Bayesian이라는 단어가 만들어 졌고 이제는 확률에 관련된 모든 분야에서 가장 널리 쓰이는 단어 중의 하나가 되었다. 물론 패턴인식에서도 마찬가지이다. 패턴인식을 다루는 거의 모든 교과서가 앞 부분에서 베이지안 분류를 소개하고 있다. 베이즈에 대한 보다 상세한 내용을 원하면 그의 탄생 300주년을 기리는 뜻에서 발표된 논문 [Bellhouse04]를 참고하기 바란다.

[Bayes1764] Thomas Bayes, "An essay towards solving a problem in the doctrine of chances," *Philosophical Transactions of the Royal Society of London*, 1764. (http://www.stat.ucla.edu/history/essay.pdf).

[Bellhouse04] D.R. Bellhouse, "The reverend Thomas Bayes, FRS: a biography to celebrate the tercentenary of his birth," *Statistical Science*, Vol.19, No.1, pp.3-43, 2004. (http://www.york.ac.uk/depts/maths/histstatybayesbiog.pdf)

프라산타 찬드라 마할라노비스Prasanta Chandra Mahalanobis

(1893년 6월 29일~1972년 6월 28일) 인도

인도에 고등 교육과 연구를 수행하는 우리나라 KAIST와 비슷한 연구원이 있다. 인도 통계 연구원Indian Statistical Institute(ISI)이 바로 그것인데 통계학과 그것의 응용에 관련된 분야를 다룬다. ISI는 마할라노비스가 1931년에 설립하였고 현재는 세계적인 명성을 누리고 있다. 마할라노비스는 영국 케임브리지 대학에서 수학과 물리를 공부하였으며 인도로 돌아와 본격적으로 통계학을 공부하였다. 그는 통계학 전반에 걸쳐 탁월한 업적을 남겼다. 특히 대규모 모집단 조사를 위한 샘플링 기법에 큰 공헌을 하였으며 인도 정부가 안고 있는 많은 문제를 통계를 이용하여 해결하여 실용적인 공헌에서도 독보적이다. 무엇보다 그를 세계적으로 유명하게 만든 것은 마할라노비스 거리이다. 그에 대한 보다 상세한 내용은 [Rao73]을 참고하라.

마할라노비스 거리의 발상은 간단하다. 오른쪽 그림에서 **b**와 **c** 중에 어느 것이 **a**에 더 가까운가? 확률 분포 **b**를 고려하지 않으면 당연히 **b**가 가깝다. 하지만 확률 분포를 고려하면?

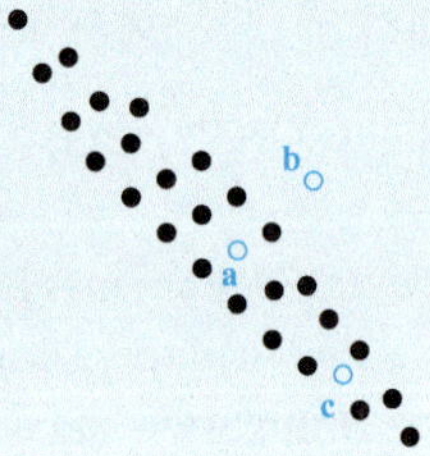

[Rao73] C.R. Rao, "Prasanta Chandra Mahalanobis, " *Biographical Memoirs of Fellows of the Royal Society of London*, Vol.19, pp.455-492, 1973.

01 특이하게 생긴 주사위 두 개가 있다. 첫 번째 주사위의 여섯 면에는 1이 두 번, 2가 세 번, 그리고 5가 한 번 나타난다. 두 번째 주사위는 1이 한 번, 3이 두 번, 4가 한 번, 그리고 6이 두 번 나타난다.

❶ 두 주사위 각각에 대해 확률 분포를 구하라.

❷ 두 개의 주사위를 같이 던졌을 때 나타나는 수의 합에 대한 확률 분포를 구하라.

02 [그림 2.3]의 실험 장치가 약간 달라졌다. 주머니 속에는 A와 B가 각각 12장과 4장이 담겨 있다. 또한 A 상자는 하얀 공과 파란 공을 각각 10개와 4개를 가지고 있으며 B 상자는 하얀 공과 파란 공을 각각 3개와 12개를 가지고 있다. 아래 물음에 답하여라.

❶ 상자 B가 선택될 확률은?

❷ 상자 B에서 파란 공이 뽑힐 확률은?

❸ 상자는 A, 공은 파랑이 뽑힐 확률은?

❹ 파란 공이 뽑힐 확률은?

❺ 파란 공이 관찰되었을 때 그것이 상자 B에서 나왔을 확률은?

03 패턴이 10차원 특징 벡터로 표현된다. 개별 특징은 [0, 1] 사이의 값을 갖는데 이 범위를 20개 구간으로 나누어 표현하고자 한다. 확률 분포를 히스토그램으로 표현할 때 필요한 메모리 량을 산출하여라.

04 부류 ω_i의 정규 분포가 $\boldsymbol{\mu}_i = \begin{pmatrix} 3 \\ 2 \end{pmatrix}$와 $\boldsymbol{\Sigma}_i = \begin{pmatrix} 3 & 1 \\ 1 & 2 \end{pmatrix}$를 갖는다 하고, 사전 확률은 $P(\omega_i) = 0.2$라 하자. 이때 (2.34)의 분별 함수 $g_i(\mathbf{x})$를 유도하라.

05 부류 ω_1과 ω_2가 각각 $\boldsymbol{\mu}_1 = \begin{pmatrix} 3 \\ 2 \end{pmatrix}$와 $\boldsymbol{\Sigma}_1 = \begin{pmatrix} 3 & 1 \\ 1 & 2 \end{pmatrix}$과 $\boldsymbol{\mu}_2 = \begin{pmatrix} -3 \\ 4 \end{pmatrix}$와 $\boldsymbol{\Sigma}_2 = \begin{pmatrix} 3 & 1 \\ 1 & 2 \end{pmatrix}$를 갖는다. ω_1과 ω_2의 결정 경계를 구하라.

06 부류 ω_1과 ω_2가 각각 $\boldsymbol{\mu}_1 = \begin{pmatrix} 3 \\ 2 \end{pmatrix}$와 $\boldsymbol{\Sigma}_1 = \begin{pmatrix} 3 & 1 \\ 1 & 2 \end{pmatrix}$과 $\boldsymbol{\mu}_2 = \begin{pmatrix} -3 \\ 4 \end{pmatrix}$와 $\boldsymbol{\Sigma}_2 = \begin{pmatrix} 1/2 & 0 \\ 0 & 2 \end{pmatrix}$를 갖는다. ω_1과 ω_2의 결정 경계를 구하라.

07 $\boldsymbol{\mu} = \begin{pmatrix} 3 \\ 2 \end{pmatrix}$와 $\boldsymbol{\Sigma} = \begin{pmatrix} 3 & 1 \\ 1 & 2 \end{pmatrix}$인 경우에 대해 $\mathbf{x} = (-3, 4)^{\mathrm{T}}$에서 $\boldsymbol{\mu}$까지의 마할라노비스 거리와 유클리디안 거리를 구하여라.

08 베이지안 분류기는 오류 확률에 대해 최적이다. 이 사실을 증명하라.

09 기각율과 오류율은 어떤 관계를 갖는가? 그 경향을 나타내는 그래프를 그려라.

10 부류가 두 개이고 특징 공간이 1차원인 상황을 생각해 보자. ω_1과 ω_2가 각각 $N(a, \sigma^2)$과 $N(b, \sigma^2)$을 갖는다고 가정하자. 이때 평균 오류를 최소로 하는 결정 경계는 아래와 같음을 보여라.

$$t = \frac{a+b}{2} - \frac{\sigma^2}{a-b} \ln \frac{P(\omega_1)}{P(\omega_2)}$$

11 문제 10에서 평균 위험을 최소로 하는 결정 경계를 구하여라. 이때 $\lambda_{11} = \lambda_{22} = 0$이라 가정하자.

12 Iris 데이터를 인터넷에서 구하고, 컴퓨터 프로그램을 사용하여 평균 벡터와 공분산 행렬을 구하라. 컴퓨터 프로그램은 매트랩[MatLab] 같은 소프트웨어를 사용하거나 C나 파이썬 같은 언어로 자신이 직접 작성한 프로그램을 사용하라.

CHAPTER 03 PATTERN RECOGNITION

확률 분포 추정

여기에서 공부할 내용은 2장과 밀접한 관련이 있다. 따라서 2장 내용을 상기해 보기로 하자. 관찰된 샘플은 특징 벡터 **x**로 표현된다. **x**는 가장 그럴듯한 부류로 분류되어야 한다. 가장 그럴듯한이라는 정성적인 기준은 사후 확률posterior probability $P(\omega_i|\mathbf{x})$라는 정량적 기준으로 정의된다. 즉 사후 확률이 가장 큰 부류를 찾아 그 부류로 분류하면 인식 작업이 성공적으로 끝나는 것이다. 하지만 $P(\omega_i|\mathbf{x})$는 추정이 거의 불가능하다. 따라서 베이즈 정리를 이용하여 사후 확률을 사전 확률prior probability $P(\omega_i)$와 우도likelihood(부류 조건부 확률class-conditional probability) $p(\mathbf{x}|\omega_i)$의 곱으로 대치하여 계산한다. 2장에서는 이 두 가지 확률, 즉 사전 확률과 우도를 알고 있다고 가정하고 베이지안 분류기를 만들어 보았다. 3장에서는 이들 확률을 어떻게 추정할지에 초점을 맞춘다.

[그림 3.1]은 확률 분포의 추정 과정을 개념적으로 보여준다. [그림 3.1(a)]는 일반적인 분류기 학습 과정을 그림으로 보여 준다. 주어진 훈련 집합 X로부터 분류기가 지니고 있는 매개변수 집합 Θ를 추정하는 것이 학습learning 또는 훈련training이다. 이 틀을 베이지안 분류에 적용하면 추정해야 할 것은 사전 확률과 우도이고 이들을 알아내기 위한 학습 과정은 최대 우도법, 비모수 추정법, 그리고 EM 알고리즘 등이 된다.

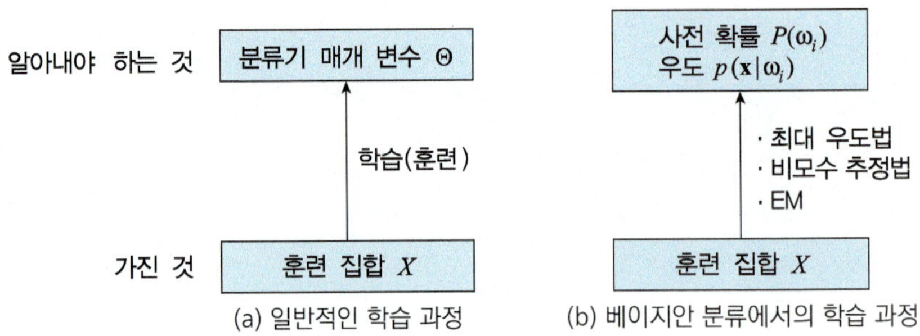

그림 3.1 일반적인 학습 과정과 베이지안 분류에서의 학습

두 가지 확률 중에서 사전 확률은 비교적 쉽다. X의 크기(즉 샘플 수)가 N이라 하고 ω_i에 속하는 샘플 수를 N_i라 하면 (3.1)로 추정하면 된다. 앞에서 여러 번 말했듯이 X가 충분히 크면 이 확률은 실제 값에 매우 근접하게 된다.

$$P(\omega_i) = N_i \ / \ N \tag{3.1}$$

하지만 우도는 그렇게 쉽지 않다. [그림 2.4]를 다시 살펴보자. 사전 지식에 의해 우도가 [그림 2.4(a)]와 비슷한 분포를 한다고 알고 있다든지 아니면 어떤 다른 이유로 인해 그러한 분포를 가정할수 있다면 문제는 크게 쉬워진다. 이제 확률 분포를 위한 함수 추정 문제가 정규 분포의 매개변수(즉 평균 벡터와 공분산 행렬) 추정 문제로 줄어든 것이다. 이런 경우는 3.2절의 최대 우도법을 사용하는 것이 적절하다. 하지만

[그림 2.4(b)]와 같이 임의의 모양을 가진 확률 분포를 하는 경우에는 이를 표현하는 간단한 수학 함수가 존재하지 않기 때문에 이것을 어떻게 표현할지도 고민해야 한다. 가장 쉽게 생각할 수 있는 방법은 3.1절의 히스토그램 추정법이다. 이 방법은 직관적으로 이해가 쉬우므로 3장의 앞 부분에 배치하였다. 하지만 이 방법은 차원의 저주에서 자유롭지 못하다.

다른 부류에 속한 샘플은 서로 영향을 미치지 않는다고 가정할 수 있다.[17] 따라서 우도는 부류 별로 독립적으로 수행할 수 있다. 이제 문제를 이렇게 표현할 수 있다. "X 중에 ω_i에 속하는 샘플 집합 X_i를 가지고 $p(\mathbf{x}|\omega_i)$를 추정하라. 이 과정을 모든 부류에 대해 수행하라." 앞으로는 표기의 편리성을 위해 X_i로 $p(\mathbf{x}|\omega_i)$를 추정하라는 문제를 X로 $p(\mathbf{x})$를 추정하라는 문제로 표기하겠다. 부류별로 독립적으로 추정하므로 부류를 나타내는 첨자를 모두 제거하여 표기한 것이다.

3장에서는 여러 가지 방법이 소개된다. [그림 3.2]는 이들이 어떻게 다른지 구분하는 데 도움이 된다. 어떤 방법이 어떤 상황에서 동작하는지를 아는 것은 그 방법의 원리를 이해하는 데에 큰 도움이 될 것이다.

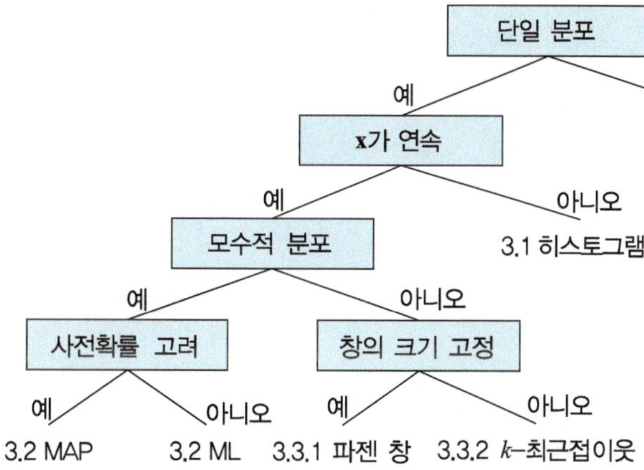

그림 3.2 여러 방법을 구별하는 트리

3.1 히스토그램 추정

이 방법은 [그림 3.3]을 가지고 설명할 수 있다. 두 개의 막대 그래프는 특징의 동적 범위가[18] [0, 1]이라 하고 이 범위를 각각 10개와 20개 구간으로 나눈 뒤 구간 별로 그 안의 샘플의 수를 세어 만든 것이다. 이것을 **히스토그램**histogram이라 한다. 하나의

[17] 의사가 암과 암이 아닌 경우를 분류한다 하자. 여러 환자에 대해 계속 아님 결정을 내린 상태에서 애매한 경우가 들어왔을 때 의사 결정에 관성이 작용하여 아님 쪽으로 쏠린다면 엄밀히 말해 독립이 아닐 수도 있다. 하지만 이런 가능성은 무시하고 독립이라고 가정하는 것은 합리적이다.

[18] 동적 범위dynamic range란 변수가 갖는 값의 범위를 말한다.

구간은 칸이라 부른다. 히스토그램을 확률 분포로 사용하기 위해서는 각 칸의 값을 N으로 나누어 정규화해 주면 된다. 히스토그램은 표현과 연산이 단순하면서 어떤 분포의 특성을 잘 표현하므로 유용한 경우가 있다. 하지만 상황에 따라 그 쓰임새가 크게 제한되는 단점을 안고 있다.

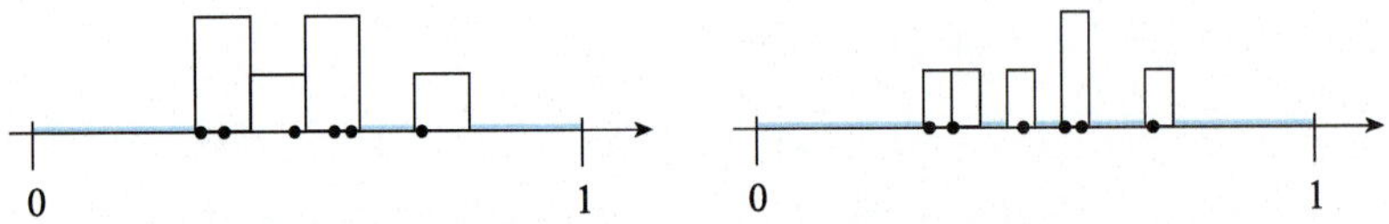

(a) 동적 구간을 10개 구간으로 나눔 (b) 동적 구간을 20개 구간으로 나눔

그림 3.3 1차원에서 히스토그램 추정 사례

현실적으로 적용 가능하기 위해서는 확률 분포가 정의되는 공간의 차원이 낮고 X의 크기가 충분히 커야 한다. 예를 들어 [그림 3.3]의 사례는 X의 크기가 6으로 매우 작은 상황이다. 이 상황에서 동적 범위가 늘어난다든지 또는 보다 세밀한 분포가 필요하여 구간을 1,000개로 했다고 하면 6개 구간만 1/6의 확률 값을 갖고 나머지 9,994개 구간은 모두 0을 갖게 된다. 매우 희소한 히스토그램이 되어 의미가 별로 없게 된다. 또 다른 문제는 차원이 늘어나는 경우에 발생한다. 특징 벡터가 d차원이라 하고 각 차원을 s개 구간으로 나눈다면 총 s^d개의 칸이 생긴다. 따라서 칸의 개수는 d에 따라 지수적으로 증가한다. 전형적인 차원의 저주이다.

이 방법은 유한한 개수의 구간에 대해 확률을 구하기 때문에 이산 확률 분포를 만들어 준다. 3.2절부터는 연속 확률 분포, 즉 확률 밀도 함수(pdf)를 추정하는 방법을 소개한다.

3.2 최대 우도[19]

이 방법은 개념적으로는 어떠한 형태의 분포에도 적용이 가능하다. 하지만 현실적으로 정규 분포와 같이 매개변수로 표현되는 경우만 적용이 가능하다. 왜냐하면 그런 경우에만 실제 계산이 가능하기 때문이다. 이 매개변수 집합을 Θ로 표기하자. 이제 풀어야 하는 문제를 이렇게 정의할 수 있다. "주어진 X를 발생시켰을 가능성이 가장 높은 Θ를 찾아라." 이것을 수학적으로 표현하자면 주어진 X에 대하여 가장 큰 우

[19] 통계학 분야에서 최대 우도maximum likelihood는 20세기의 가장 중요한 발상 중의 하나로 간주되고 있다. 최대 우도란 용어는 피셔R.A. Fisher 경의 1922년의 논문에서 유래하였다 [Fisher22]. 그가 1912~1922년 사이에 최대 우도 이론을 완성해가는 과정을 추적 기록한 재미있는 논문도 있다 [Aldrich97].

도를 갖는 Θ를 찾는 문제라고 말할 수 있다. 예를 들어 [그림 3.4]에서 X는 여섯 개의 샘플을 갖는다. 이 X를 발생시킬 가능성은 Θ_1이 Θ_2보다 높다. 이 사실은 우도를 이용하여 다시 표현할 수 있다. 즉 Θ_1의 우도 $p(X|\Theta_1)$이 Θ_2의 우도 $p(X|\Theta_2)$보다 높다고 말할 수 있다. 어떤 Θ가 최대 우도를 가질까? 이것이 우리가 풀어야 하는 문제이다.

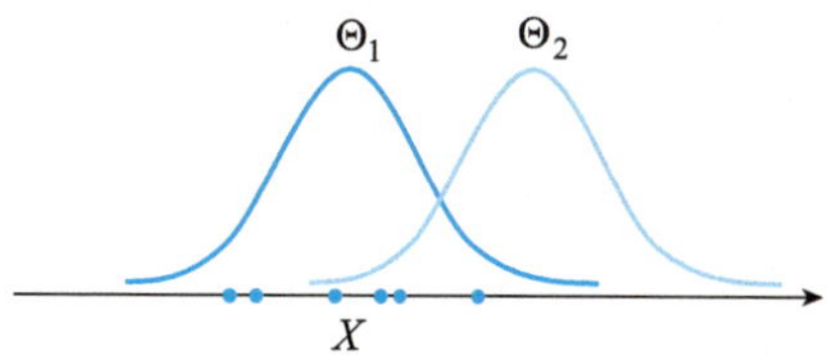

그림 3.4 최대 우도를 갖는 Θ를 찾는 문제

이제 문제를 보다 형식적으로 (3.2)와 같이 기술할 수 있다. 확률 분포 추정 문제를 이와 같이 최대 우도를 갖는 매개변수를 찾는 것으로 규정하고 해를 구하는 방법을 **최대 우도 방법**maximum likelihood(ML) method이라 한다.[20]

$$\hat{\Theta} = \arg\max_{\Theta} p(X|\Theta) \tag{3.2}$$

모든 샘플은 독립적으로 추출되었다고 가정할 수 있으므로 우도는 (3.3)과 같이 쓸 수 있다. X는 훈련 집합으로 $X = \{\mathbf{x}_1, \mathbf{x}_2, \cdots, \mathbf{x}_N\}$이다.

$$p(X|\Theta) = p(\mathbf{x}_1|\Theta)\, p(\mathbf{x}_2|\Theta) \mathrm{L} \cdots p(\mathbf{x}_N|\Theta) = \prod_{i=1}^{N} p(\mathbf{x}_i|\Theta) \tag{3.3}$$

문제 (3.2)를 풀기 쉬운 형태로 바꾸어 보자. $f(.)$가 단조 증가 함수라면 (3.2)에서 $p(X|\Theta)$를 최대화하는 것과 $f(p(X|\Theta))$를 최대화하는 것은 같은 답을 만들어 준다. 우

[20] 3.2절에서는 ML 방법을 확률 분포 추정에 활용하고 있다. 하지만 ML 방법은 여러 응용에서 발생하는 문제를 해결할 수 있는 메타 휴리스틱meta heuristic이다. 메타 휴리스틱은 자신이 사용하는 연산 중의 일부가 응용에 따라 그에 적합한 알고리즘으로 대치되도록 되어있는 알고리즘이다. 예를 들어 3.4.2절의 EM 알고리즘과 7.4.3절의 HMM 학습을 위한 바움-웰치Baum-Welch 알고리즘도 ML 방법이다.

여기서는 최대 우도를 보다 직관적으로 이해하는 데 도움이 되는 아주 간단한 응용 문제를 제시한다. 왜 메타 휴리스틱인지를 이해하는 데에도 도움이 될 것이다. 앞과 뒤가 나오는 확률이 0.5가 아닌 찌그러진 동전이 있다 하고, 앞과 뒤가 나오는 확률을 각각 p와 $1-p$라 표기하자. 주머니 속에 p가 1/4, 1/3, 그리고 1/2인 동전이 세 개 들어 있다. 그들은 겉보기에 어느 것인지 표시가 나지 않는다. 주머니 속에서 동전 하나를 임의로 꺼내고 그것을 50번 던지는 실험을 하였다. 실험 결과 앞면이 22번 나오는 관찰observation을 하였다. 이제 문제는 실험에 사용된 동전이 세 가지 중의 어느 것인지를 추측하는 것이다. 이 문제에 대한 접근 방법은 세 가지 동전 각각의 우도를 구하고 그것이 최대가 되는 것을 취하는 것이다. 이 문제도 식 (3.2)의 틀에 그대로 들어 맞는다. 이때 매개변수 Θ는 p가 된다.

$$P(\text{앞면} = 22|p = 1/4) = {}_{50}C_{22}(1/4)^{22}(1-1/4)^{28} = 0.0016$$
$$P(\text{앞면} = 22|p = 1/3) = {}_{50}C_{22}(1/3)^{22}(1-1/3)^{28} = 0.0332$$
$$P(\text{앞면} = 22|p = 1/2) = {}_{50}C_{22}(1/2)^{22}(1-1/2)^{28} = 0.0788$$

$p = 1/2$일 때 우도가 가장 크므로 $p = 1/2$인 동전이라고 답하면 된다.

도에 단조 증가 함수인 ln을 취한 것을 **로그 우도**log likelihood라 한다. (3.2)에 (3.3)을 대입하고 그 결과에 ln 함수를 취하여 로그 우도 형태로 다시 쓰면 (3.4)가 된다.

$$\hat{\Theta} = \arg\max_{\Theta} \sum_{i=1}^{N} \ln p(\mathbf{x}_i | \Theta) \tag{3.4}$$

(3.4)는 **최적화 문제**optimization problem이다. 이 문제를 어떻게 풀 것인가? 물론 어떤 최적화 알고리즘도 도입이 가능하다. 여기서는 미분을 이용한 풀이를 제시한다. 미분에 의한 최적화에 대해서는 11.2절을 참고하라. 미분의 성질에 따르면 $\hat{\Theta}$는 (3.5)를 만족해야만 한다. 이 식을 만족하는 해가 여러 개이면 그 중 $L(\Theta)$를 가장 크게 하는 해를 취하면 된다.

$$\left.\begin{aligned} &\frac{\partial L(\Theta)}{\partial \Theta} = \mathbf{0} \\ &\text{이때 } L(\Theta) = \sum_{i=1}^{N} \ln p(\mathbf{x}_i | \Theta) \end{aligned}\right\} \tag{3.5}$$

추정하고자 하는 확률 분포가 정규 분포를 따른다고 가정하면 풀이는 쉬워진다. 이 가정에 따르면 $\Theta = \{$평균 벡터 $\boldsymbol{\mu}$, 공분산 행렬 $\boldsymbol{\Sigma}\}$이다. 즉 $p(\mathbf{x}) = N(\boldsymbol{\mu}, \boldsymbol{\Sigma})$이다. 다음 예제는 이 경우의 풀이 과정을 보여 준다.

예제 3.1 정규 분포를 위한 ML 추정

X가 정규 분포에서 추출되었다고 가정하자. 수식 유도를 쉽게 하기 위해 공분산 행렬은 이미 알고 있고 모르는 것은(즉 추정해야 하는 것은) 평균 벡터 $\boldsymbol{\mu}$뿐이라 하자. d는 특징 벡터 $\mathbf{x}_i$의 차원이다. (3.5)에 정규 분포 공식을 대입하고 정리해 보자.

$$p(\boldsymbol{x}_i|\Theta) = p(\mathbf{x}_i|\boldsymbol{\mu}) = \frac{1}{(2\pi)^{d/2}|\boldsymbol{\Sigma}|^{1/2}} \exp\left(-\frac{1}{2}(\mathbf{x}_i - \boldsymbol{\mu})^{\mathrm{T}} \boldsymbol{\Sigma}^{-1} (\mathbf{x}_i - \boldsymbol{\mu})\right)$$

$$\ln p(\mathbf{x}_i|\boldsymbol{\mu}) = -\frac{1}{2}(\mathbf{x}_i - \boldsymbol{\mu})^{\mathrm{T}} \boldsymbol{\Sigma}^{-1} (\mathbf{x}_i - \boldsymbol{\mu}) - \frac{d}{2}\ln 2\pi - \frac{1}{2}\ln|\boldsymbol{\Sigma}|$$

$$L(\boldsymbol{\mu}) = -\frac{1}{2}\sum_{i=1}^{N}(\mathbf{x}_i - \boldsymbol{\mu})^{\mathrm{T}} \boldsymbol{\Sigma}^{-1} (\mathbf{x}_i - \boldsymbol{\mu}) - N\left(\frac{d}{2}\ln 2\pi + \frac{1}{2}\ln|\boldsymbol{\Sigma}|\right)$$

$$\frac{\partial L(\boldsymbol{\mu})}{\partial \boldsymbol{\mu}} = \sum_{i=1}^{N} \boldsymbol{\Sigma}^{-1}(\mathbf{x}_i - \boldsymbol{\mu})$$

이제 $\frac{\partial L(\boldsymbol{\mu})}{\partial \boldsymbol{\mu}}$를 0으로 두고 식을 정리해 보자.

$$\sum_{i=1}^{N} \boldsymbol{\Sigma}^{-1}(\mathbf{x}_i - \boldsymbol{\mu}) = \mathbf{0}$$

$$\sum_{i=1}^{N} \mathbf{x}_i - N\boldsymbol{\mu} = \mathbf{0}$$

결국 (3.6)을 얻게 된다. 이 식으로 구한 평균 벡터는 최적 매개변수 값이기 때문에 모자를 씌워 $\hat{\boldsymbol{\mu}}$으로 표기하였다. 이 식의 의미를 생각해 보자. 이 식은 두 가지 정보, 즉 훈련 집합 X라는 정보와 확률 분포가 정규 분포를 따를 것이라는 정보가 주어진 상황에서 유도되었다. 이 상황에서는 샘플의 특징 벡터를 모두 더하고 그것을 N으로 나누어 준 값, 즉 샘플의 평균 벡터가 바로 찾고자 하는 최적의 매개변수가 된다는 것이다. 우리의 직관과 일치한다.

$$\hat{\boldsymbol{\mu}} = \frac{1}{N} \sum_{i=1}^{N} \mathbf{x}_i \tag{3.6}$$

이제까지 X를 가지고 확률 분포를 추정하는 과정을 공부하였다. 이 과정에서 무심코 지나갔지만 암시적으로 $p(\Theta)$가 균일하다는 가정이 깔려 있었다. 하지만 경우에 따라서는 $p(\Theta)$에 관한 정보가 사용 가능하고 이것이 균일하지 않을 수 있다. 이때는 $p(\Theta)$를 고려하여 최적화 문제를 (3.7)과 같이 고쳐 써야 한다. 이 식에서 $p(\mathbf{x}_i|\Theta)$와 $p(\Theta)$를 각각 우도와 사전 확률로 본다면 $p(\mathbf{x}_i|\Theta)p(\Theta)$는 사후 확률로 간주할 수 있다. 따라서 이 수식을 풀어 최적의 매개변수를 찾는 방법을 MAP(maximum a posterior) **방법**이라 한다.

$$\hat{\Theta} = \arg\max_{\Theta} p(\Theta) \sum_{i=1}^{N} \ln p(\mathbf{x}_i|\Theta) \tag{3.7}$$

[그림 3.5]는 ML 방법과 MAP 방법을 비교한다. ML에서는 사전 확률이 균일하다. 따라서 우도가 최고인 점을 찾으면 그것이 바로 최적 해 $\hat{\Theta}$가 된다. 하지만 MAP에서는 사전 확률이 균일하지 않다. 따라서 사전 확률이 최적 해에 영향을 미치며 [그림 3.5(b)]와 같은 상황에서는 최적 해가 오른쪽으로 이동하였다.

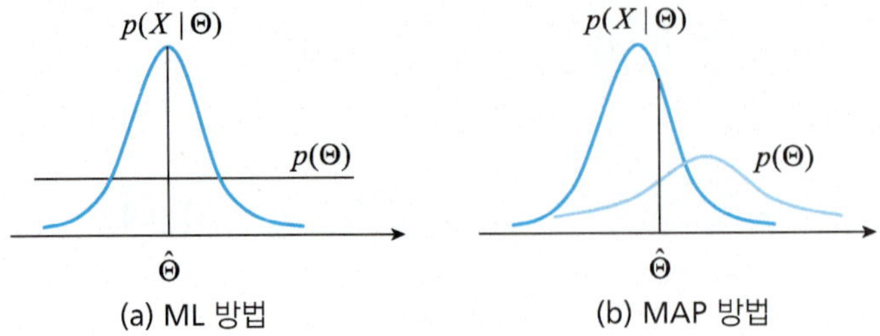

그림 3.5 ML과 MAP의 비교

3.3 비모수적 방법

3.2절의 ML과 MAP 추정법은 **모수적**parametric 방법이다. 모수적 방법은 매개변수(모수라고도 부름)로 표현할 수 있는 특정한 종류의 확률 분포에서만 적용이 가능하다는 한계를 안고 있다. 현실에서는 특정한 확률 분포를 따르지 않는 경우가 매우 많다. 이 절에서는 확률 분포 추정을 위한 **비모수적**nonparametric 방법으로 파젠 창(3.3.1절)과 최근접 이웃(3.3.2절)을 소개한다.

3.3.3절의 k-NN 분류기는 확률 분포 추정을 위한 방법이 아니라 분류를 위한 방법이다. 따라서 하는 일을 보면 여기에 소개하는 것이 어울리지 않는다. 하지만 동작 원리라는 측면에서 보면 3.3.2절과 아주 비슷하다. 따라서 여기에 있는 것이 제격이다.

3.3.1 파젠 창[21]

파젠 창Parzen window 방법은 임의의 확률 분포에 적용이 가능하다. [그림 3.3]의 히스토그램 추정 방법을 다시 생각해 보자. 그 방법에서는 동적 범위를 일정한 크기의 구간으로 나누고 구간 별로 샘플의 개수를 세는 간단한 연산으로 확률을 추정하였다. 이제 같은 구간에 속하는 모든 점 $\mathbf{x}$는 같은 확률 값을 갖게 된다. 하지만 확률 밀도probability density를 구하려면 어떻게 해야 할까? 히스토그램 개념을 확장하여 확률 밀도를 구하는 방법을 고안할 수 있을까?

[그림 3.6(a)]에서 임의의 점 x에서 확률 값을 추정하고 싶다고 하자. 점 x를 중점으로 하는 크기 h인 창을 씌우고 이 창 안에 있는 샘플의 개수를 세어 k라 한다. 그러면 확률은 $p(x)=\frac{1}{h}\frac{k}{N}$와 같이 추정할 수 있다. N은 전체 샘플의 개수이다. [그림 3.6(b)]의 2차원에서는 가로와 세로가 h인 창을 씌우고 그 안의 샘플 개수를 센다. 그러면 확률

[21] 1962년에 엠마뉴엘 파젠Emanuel Parzen이 제안한 방법이다 [Parzen62].

은 $p(x) = \frac{1}{h^2}\frac{k}{N}$와 같이 추정할 수 있다. 이 계산법을 정리하면, 창 안의 샘플 개수 k를 전체 샘플 개수 N으로 나누고 그 결과를 창의 크기(1차원에서는 너비 h, 2차원에서는 면적 h^2, d차원에서는 부피 h^d)로 나누어 주는 것이다. 이 방법을 식으로 정리하면 (3.8)이 된다. $\mathbf{x}$는 d차원의 특징 공간 상의 점이다. (3.8)에서 h와 N은 $\mathbf{x}$에 무관하고 k는 $\mathbf{x}$에 따라 변하므로 k를 $k_\mathbf{x}$로 표기하였다.

$$p(\mathbf{x}) = \frac{1}{h^d}\frac{k_\mathbf{x}}{N} \tag{3.8}$$

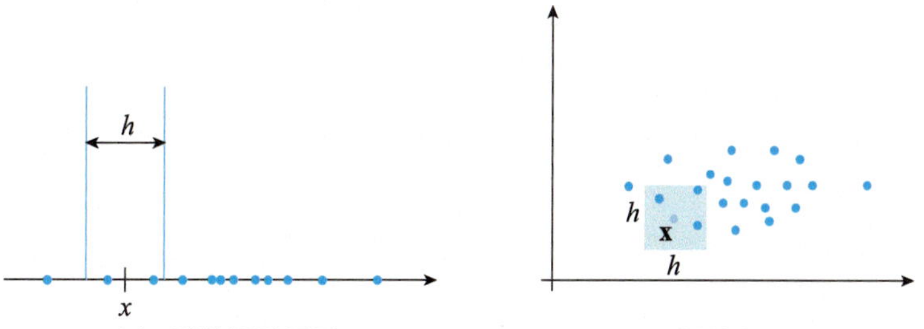

(a) 1차원 특징 공간 (b) 2차원 특징 공간

그림 3.6 파젠 창에 의한 확률 밀도 추정

(3.8)은 3.1절의 히스토그램 방법에 비하면 크게 발전한 것이 사실이다. 이제 연속된 공간에서 임의의 점 $\mathbf{x}$에 대해 확률 밀도 값을 구할 수 있게 되었다. 하지만 이렇게 얻은 확률 밀도 함수는 매끄러울 수 없다. 예를 들어 [그림 3.6(a)]에서 점 x를 오른쪽으로 약간 이동시켜도 여전히 $k = 2$이다. 오른쪽으로 계속 이동시키면 일정 시간 동안 같은 확률 값을 갖다가 어느 순간에 세 개의 점이 창 안으로 들어와 $k = 3$이 된다. 이 순간에 다른 확률 값을 갖게 되어 불연속 점이 발생한다. 결국 계단 모양의 확률 밀도 함수가 만들어진다.

그러면 매끄러운 모양의 확률 밀도 함수를 만들려면 어떻게 해야 할까? [그림 3.6(a)]를 다시 살펴보자. 확률을 구하는 (3.8)은 창 안에 있는 샘플 개수만을 따진다. 따라서 창 안에 두 개의 샘플이 있는데 그들은 같은 비중으로 취급되고 있다. 하지만 왼쪽 점은 오른쪽 점에 비해 x에 더 가깝다. 따라서 왼쪽 점에 더 큰 비중을 두는 방식을 사용하면 보다 합리적인 확률 밀도를 얻을 수 있다. 이러한 방식을 사용하려면 (3.8)을 **커널 함수**kernel function를 도입하여 다시 써야 한다.

(3.9)는 파젠 창 방법이 사용하는 대표적인 커널 함수를 보여 준다. [그림 3.7(a)]는 너비와 높이가 모두 1인 창을 원점에 씌운 **계단 함수**step function를 보여 준다. (3.9)는 이 커널을 수식으로 표현한 것인데 창의 내부 구간은 1을 갖고 그 이외의 구간은 0을

갖는 함수이다.

$$\kappa(\mathbf{x}) = \begin{cases} 1, \ |x_i| \le 0.5, \ 1 \le i \le d \\ 0, \ \text{그 외} \end{cases} \tag{3.9}$$

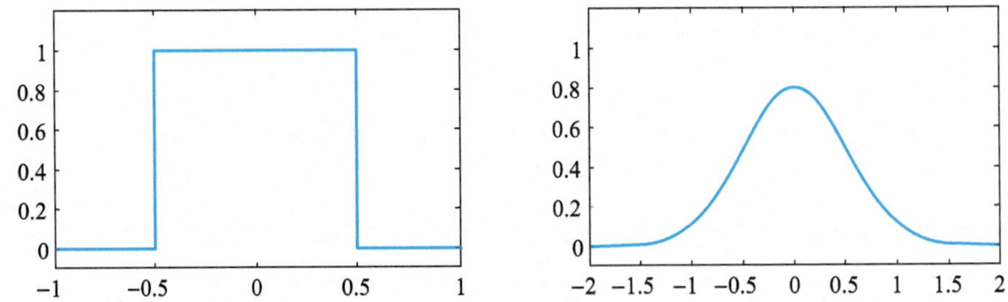

(a) 계단 함수 (b) 가우시안 함수

그림 3.7 파젠 창이 사용하는 대표적인 커널 함수

이제 커널 함수를 이용하여 (3.8)에 있는 $k_\mathbf{x}$를 (3.10)처럼 고쳐 쓸 수 있다. 샘플 $\mathbf{x}_i$는 $\mathbf{x}$를 중심으로 하는 크기가 h인 창 안에 존재하면 $\kappa\left(\frac{\mathbf{x} - \mathbf{x}_i}{h}\right)$는 1이 되고 그렇지 않으면 0이 된다. 따라서 (3.10)은 창 안에 존재하는 샘플의 개수 $k_\mathbf{x}$가 된다. (3.10)을 (3.8)에 대입하면 (3.11)을 얻는다.

$$k_\mathbf{x} = \sum_{i=1}^{N} \kappa\left(\frac{\mathbf{x} - \mathbf{x}_i}{h}\right) \tag{3.10}$$

$$p(\mathbf{x}) = \frac{1}{h^d}\frac{1}{N}\sum_{i=1}^{N} \kappa\left(\frac{\mathbf{x} - \mathbf{x}_i}{h}\right) \tag{3.11}$$

커널 함수로 계단 함수를 사용하는 한 (3.11)은 (3.8)과 같은 식이다. 그렇다면 커널 함수 도입으로 얻은 것이 무엇일까? 수학적인 멋? 그렇지 않다. 이제 커널 함수를 바꾸어 보다 개선된 확률 밀도 함수를 추정할 수 있는 발판을 마련하였다. [그림 3.7(a)]와 같은 계단 모양의 커널 함수를 [그림 3.7(b)]와 같은 매끄러운smooth 함수로 대치해 보자. 그러면 (3.11)의 $p(\mathbf{x})$도 그에 따라 매끄러운 함수가 되는 매우 바람직한 효과를 얻게 된다. 이때 사용하는 커널 함수는 $\kappa(\mathbf{x}) \ge 0$과 $\int_\mathbf{x} \kappa(\mathbf{x})d\mathbf{x} = 1$을 만족해야 한다. 이걸 만족하지 못하면 $p(\mathbf{x})$가 확률이 되지 못한다. 이런 조건을 만족하는 매끄러운 함수 중의 대표적인 것은 정규 분포(가우시안 분포 또는 가우시안 함수라고도 부름)이다. 따라서 원점 $\mathbf{0}$을 평균 벡터로 하고 단위 행렬 $\mathbf{I}$를 공분산 행렬로 갖는 가우시안 함수를 사용하면 된다. 즉 $\kappa(\mathbf{x}) = N(\mathbf{0}, \mathbf{I})$로 두고 (3.11)을 계산하는 것이다. 가우시안 함수의 수식은 2장의 (2.32)를 참조하라.

N이 충분히 크고 h가 충분히 작으면 파젠 창 방법으로 추정한 (3.11)의 $p(\mathbf{x})$는 실제 확률 분포에 매우 가까워진다. 하지만 현실적으로 N은 주어진 훈련 집합에 따라 고정된 유한한 값이다. 따라서 조정할 수 있는 것은 h이다. 최적의 h 값을 자동으로 찾아내는 마땅한 방법은 없다. 따라서 실험적으로 정하는 것이 현실적인 방안이다.

파젠 창 방법은 차원의 저주에서 자유롭지 못하다. 특징 공간의 크기가 훈련 샘플의 개수 N에 비해 작은 상황에서는 거의 모든 점 $\mathbf{x}$에 대해 $p(\mathbf{x})$가 0이 된다. 대략 1차원에서 N_1개의 샘플이 필요하다면 d차원에서는 N_1^d개 정도가 있어야 믿을 만한 확률 분포를 얻을 수 있다. 필요한 샘플 수가 차원이 커짐에 따라 지수적으로 증가하는 것이다. 따라서 파젠 창 방법은 낮은 차원에서만 활용할 수 있다.

3.3.2 *k*-최근접 이웃 추정

3.3.1절의 파젠 창을 다시 생각해 보자. 이 방법은 고정된 크기의 창을 이용하고 창의 중심 $\mathbf{x}$를 어디에 두느냐에 따라 창 안의 샘플의 개수가 달라진다. 하지만 이와 반대로 작동하는 방법을 고안할 수 있다. 이 새로운 방법에서는 $\mathbf{x}$를 중심으로 창을 씌우고 k개의 샘플이 창 안에 들어올 때까지 창의 크기를 확장해 나간다. k개가 들어온 순간의 창의 크기를 h라 한다. k는 고정되어 있고 h가 $\mathbf{x}$에 따라 변하는 것이다. (파젠 창에서는 h가 고정되고 k가 $\mathbf{x}$에 따라 변하였다.) 직관적으로 생각해 보면 큰 h 값을 가진 $\mathbf{x}$ 주위에는 샘플이 희소하게 분포함을 뜻하므로 그곳에서는 확률이 낮아야 하며 반대로 h가 작은 $\mathbf{x}$는 높은 확률을 가져야 한다. [그림 3.8]은 이러한 원리를 알기 쉽게 설명하고 있다. 이 원리를 바탕으로 (3.12)를 이용하여 확률 분포를 추정할 수 있다. 이 방법을 ***k*-최근접 이웃 추정**k-nearest neighbors estimation이라 한다. 이 식에서는 k와 N은 $\mathbf{x}$에 무관하고 h는 $\mathbf{x}$에 따라 변하므로 h를 $h_{\mathbf{x}}$로 표기하였다.

$$p(\mathbf{x}) = \frac{1}{h_{\mathbf{x}}^d}\frac{k}{N} \tag{3.12}$$

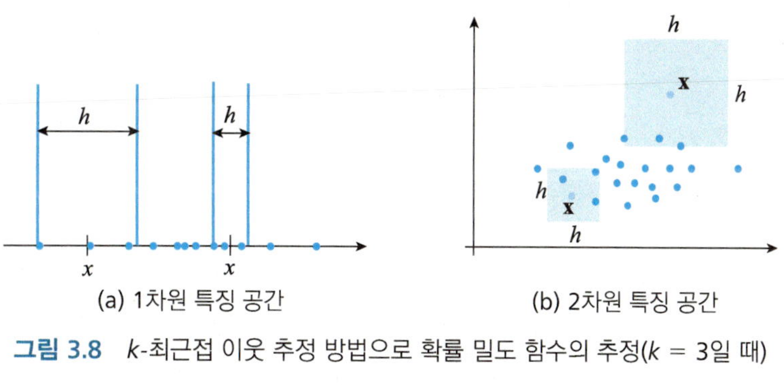

그림 3.8 *k*-최근접 이웃 추정 방법으로 확률 밀도 함수의 추정(k = 3일 때)

이 방법을 구현하기 위해서는 주어진 $\mathbf{x}$에 가장 가까운 k개의 샘플을 찾아야 한다. 이 작업의 **시간 복잡도**time complexity는 $\Theta(kdN)$이다.[22] 따라서 훈련 집합의 크기가 크고 특징 공간의 차원이 높을 때 계산량이 무척 많다. 계산 속도를 빠르게 하기 위해 훈련 집합에 따라 특징 공간을 미리 여러 구간으로 나누어 놓는 보르노이 도형Vornoi diagram 방법을 활용할 수 있다.

3.3.3 *k*-최근접 이웃 분류기

k*-최근접 이웃 분류기k*-nearest neighbor(*k*-NN) classifier는 3.3.2절의 최근접 이웃 추정과 아주 흡사하게 동작하는 분류기이다. 훈련 집합 $X = \{(\mathbf{x}_1, t_1), \cdots, (\mathbf{x}_N, t_N)\}$이 주어져 있다. 이들 훈련 샘플 중에 ω_i에 속하는 것의 개수를 N_i라 하고, 미지의 샘플 $\mathbf{x}$를 분류하는 문제가 주어졌다고 하자. $\mathbf{x}$를 중심으로 창을 씌우고 훈련 샘플 중에 k개가 창 안에 들어올 때까지 창의 크기를 확장해 나간다. k개가 들어온 순간의 창의 크기를 $h_\mathbf{x}$라 하면 창의 부피는 $h_\mathbf{x}^d$가 된다. 창 안에 들어온 샘플 중에 ω_i에 속하는 것의 개수를 k_i라 하자.

이제 베이즈 공식을 구성하는 확률을 (3.13)~(3.15)로 쓸 수 있다. (3.13)은 부류 조건부 확률(우도)이고 (3.14)는 사전 확률이다.

$$p(\mathbf{x}|\omega_i) = \frac{k_i}{h_\mathbf{x}^d N_i} \tag{3.13}$$

$$p(\omega_i) = \frac{N_i}{N} \tag{3.14}$$

$$p(\mathbf{x}) = \frac{k}{h_\mathbf{x}^d N} \tag{3.15}$$

앞의 세 가지 확률을 베이즈 공식에 대입하고 정리하면 (3.16)을 얻게 된다. (3.16)을 이용하여 만든 분류기 (3.17)을 k-NN 분류기라 한다.

$$P(\omega_i|\mathbf{x}) = \frac{P(\omega_i)\,p(\mathbf{x}|\omega_i)}{p(\mathbf{x})} = \frac{k_i}{k} \tag{3.16}$$

$$\left.\begin{array}{l}k\text{-NN 분류기:}\quad \mathbf{x}\text{를 } \omega_q\text{로 분류하라.}\\[2ex] \qquad\qquad\qquad\text{이때 } q = \underset{i}{\arg\max}\, k_i\end{array}\right\} \tag{3.17}$$

[22] $\Theta(x)$는 어느 경우든지 x만큼 수행한다는 뜻이다. 반면 $O(x)$는 기껏해야 x만큼 한다는 뜻이고(즉 상한을 뜻함), $\Omega(x)$는 적어도 x만큼 한다는 뜻이다(즉 하한을 뜻함). [문병로18]을 참고하라.

(3.17)을 말로 풀어 쓰면 아주 간단하다. 훈련 샘플 중에 주어진 $\mathbf{x}$에 가장 가까운 k개를 구하고 그들이 가장 많은 빈도를 보인 부류로 분류하라는 것이다. [그림 3.9]는 3-NN 분류기의 작동을 보여준다. $\mathbf{x}$에 가장 가까운 샘플 중에 빈도가 가장 높은 부류는 진한 파랑 부류이므로 $\mathbf{x}$를 진한 파랑 부류로 분류하면 된다. 이러한 규칙을 가상 코드로 쓰면 알고리즘 3.1이 된다.

알고리즘 3.1 k-NN 분류기

입력: 훈련 집합 $X = \{(\mathbf{x}_1, t_1), \cdots, (\mathbf{x}_N, t_N)\}$, 미지의 샘플 $\mathbf{x}$

출력: 부류 ω_q

1. 훈련 샘플 중에 $\mathbf{x}$에 가장 가까운 k개를 찾는다.
2. k개가 속한 부류를 조사하여 가장 빈도가 높은 부류를 ω_q라 한다.

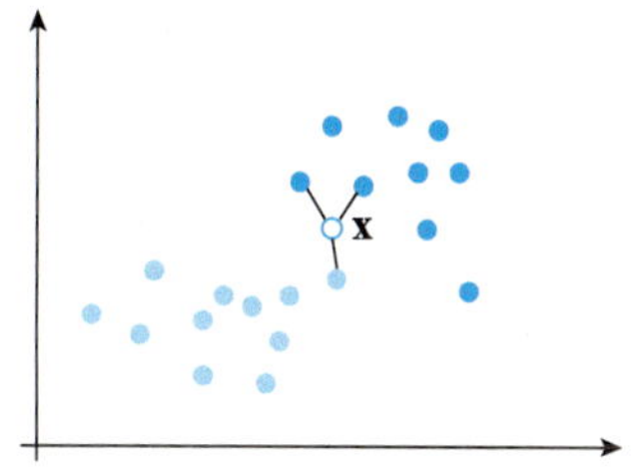

그림 3.9 3-NN 분류기

라인 1에서 가까운 샘플을 찾기 위해서는 적절한 거리 척도가 있어야 한다. 2.4.4절에서 소개한 유클리디안 거리나 마할라노비스 거리 중에 선택하여 사용하면 된다. 라인 1의 구현은 신중해야 한다. 왜냐하면 시간 복잡도가 $\Theta(kdN)$이기 때문이다. 이에 대처하기 위해서는 N을 줄이는 방법과 특징 공간을 미리 분할해 놓는 방법이 있다. 전자는 원래 샘플 집합에서 부분 집합을 선택하는 문제를 풀어야 한다. 9장의 특징 선택이나 12장의 분류기 앙상블 선택과 비슷한 문제이다. 후자를 구현하는 대표적인 알고리즘은 3.3.2절과 마찬가지로 보로노이 도형을 이용한다. 이러한 효율적인 계산 방법에 대해서는 [McNames01]을 참고하라. 이 논문은 16개의 기존 알고리즘과의 성능 비교도 제시하고 있어 다양한 알고리즘의 특성을 파악하는 데 큰 도움이 된다.

$N \rightarrow \infty$인 경우의 1-NN 분류기의 오류 확률 $E_{1\text{-NN}}$은 베이지안 분류기의 오류 확률 E_B에 대하여 (3.18)과 같은 범위에 있다.[23] 다시 말해 1-NN 분류기의 오류 확률은 베

[23] E_B에 대해서는 2장에서 (2.19)를 참조하라.

이지안 분류기의 오류 확률의 두 배를 넘지 않는다. 베이지안 분류기가 최적인 점을 감안하면 아주 바람직한 성능이라 할 수 있다. 물론 이론적으로 $N \rightarrow \infty$이어야 하며 실제적으로는 충분히 큰 N인 경우에 기대할 수 있는 오류 확률이다. $N \rightarrow \infty$라는 말은 (3.13)~(3.16)으로 추정한 확률이 실제 확률과 같아진다는 뜻이다. (3.19) 는 $k > 1$ 인 경우의 오류 확률이다.

$$E_B \leq E_{1-\mathrm{NN}} \leq 2E_\mathrm{B} \tag{3.18}$$

$$E_B \leq E_{k-\mathrm{NN}} \leq E_\mathrm{B} + \sqrt{\frac{2E_{1-\mathrm{NN}}}{k}} \tag{3.19}$$

3.4 혼합 모델

지금까지 훈련 집합 X로부터 확률 분포를 추정하는 여러 가지 방법을 공부하였다. 이 절에서는 앞에서 공부한 방법에 비해 색다르게 이 문제에 접근한다. [그림 3.2]를 다시 살펴보자. 그림이 명확하게 구분하고 있듯이 **혼합 모델**mixture model에서는 하나의 확률 분포가 아니라 두 개 이상의 서로 다른 확률 분포의 혼합으로 X를 모델링한다.

3.4.1 가우시안 혼합

실세계에 존재하는 패턴들은 다양한 형태로 분포한다. [그림 3.10(a)]는 단순한 형태의 분포이다. 이 상황은 하나의 가우시안 분포로 무리 없이 표현할 수 있을 것이다. 하지만 [그림 3.10(b)]나 [그림 3.10(c)]와 같은 경우에는 하나의 가우시안으로 모델링 하는 경우 오류가 클 수밖에 없다. 이렇게 여러 모드를 가진 경우에는 다른 방법을 강구해야만 한다.

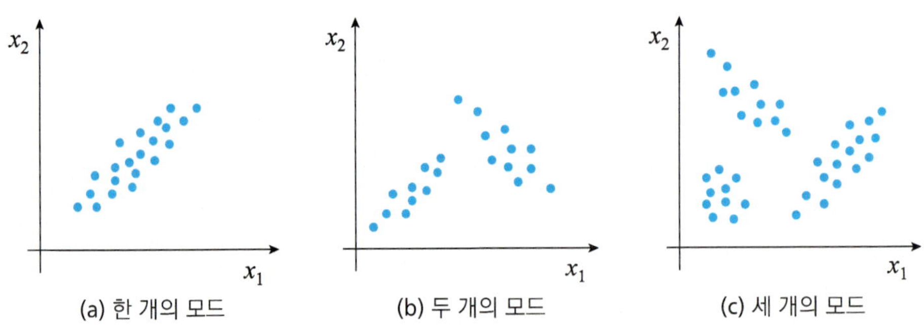

그림 3.10 다양한 분포들

어떻게 하면 두 개 이상의 모드를 가진 분포를 최소의 오류로 모델링할 수 있을까?

어렵지 않게 떠올릴 수 있는 발상은 여러 개의 가우시안 분포를 사용하는 것이다. [그림 3.11(b)]와 [그림 3.11(c)]는 같은 X에 대해 각각 가우시안을 하나와 둘을 사용한 상황을 보여준다. 하나를 사용한 경우에는 주어진 데이터를 표현하는 데 상당한 오류를 안고 있음을 알 수 있다. 하지만 두 개를 사용하는 경우에는 주어진 분포를 상당히 근접하게 모델링할 수 있음을 알 수 있다. 이제 여러 개의 가우시안을 사용하는 아이디어를 찾은 셈이다. 이 아이디어를 **가우시안 혼합**Gaussian mixture이라 부른다. 이처럼 어떤 문제를 해결하는 아이디어의 근본은 누구나 생각할 수 있을 정도로 매우 단순하다! 하지만 이 아이디어를 실현하기 위해서는 끈기가 필요하고 또한 수학적인 지식이 필요하다. 지금부터 실현 작업을 시작해 보자.

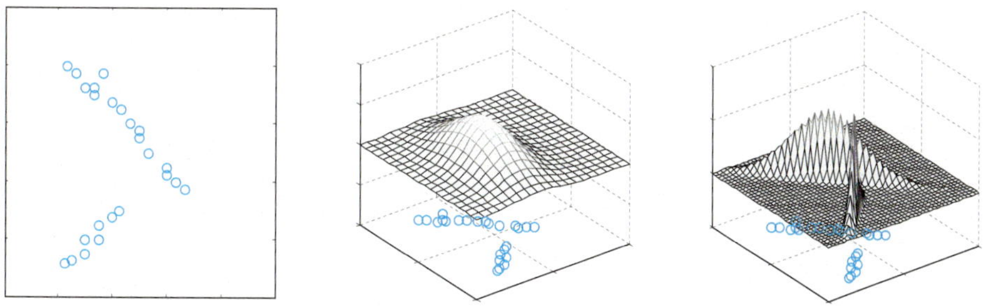

(a) 샘플 분포 (b) 한 개의 가우시안 사용 (c) 가우시안 혼합 (두 개의 가우시안) 사용

그림 3.11 가우시안 모델링

이제부터 우리가 풀어야 할 문제를 수학적인 틀에 넣어 보자. 주어진 것, 최적화해야 하는 함수, 그리고 추정해야 할 매개변수가 무엇인지 생각해 보자. 우리에게 주어진 것은 무엇일가? 여기에서도 주어지는 것은 샘플의 집합 $X = \{\mathbf{x}_1, \mathbf{x}_2, \cdots, \mathbf{x}_N\}$이다. [그림 3.11]에서는 24개의 샘플이 주어져 있으므로 $N = 24$이다. 주어진 X를 가지고 추정해야 하는 매개변수들은 다음과 같다.

가우시안의 개수 K

k번째 가우시안의 매개변수$(\boldsymbol{\mu}_k, \boldsymbol{\Sigma}_k)$, $k = 1, \cdots, K$

k번째 가우시안의 가중치 π_k, $k = 1, \cdots, K$

세 가지 매개변수에 대해 차례로 살펴보자. 몇 개의 가우시안을 사용할지는 자동으로 결정할 수도 있지만 여기에서는 미리 고정되어 있다고 가정하자. 따라서 구현 단계에서 사용자가 미리 정해 주어야 한다. [그림 3.11(c)]는 $K = 2$인 경우를 보여주고 있다. 두 번째 매개변수는 K개 가우시안 각각의 평균 벡터 $\boldsymbol{\mu}_k$와 공분산 행렬 $\boldsymbol{\Sigma}_k$이다. 마지막으로 고려해야 할 매개변수는 가우시안 각각의 영향력을 나타내는 가중치이다. [그림 3.11(c)]의 경우 아래에 있는 가우시안 $N(\boldsymbol{\mu}_1, \boldsymbol{\Sigma}_1)$과 위 쪽의 가우시안 $N(\boldsymbol{\mu}_2, \boldsymbol{\Sigma}_2)$에서 생성된 걸로 보이는 샘플은 각각 8개와 16개이다. 따라서 대략 위 쪽 가우시안에서 발생할 확률이 아래 쪽 것보다 두 배 정도 크다고 할 수 있다. 따라서 첫 번째와 두 번째 가우시안의 가중치를 각각 1/3과 2/3로 볼 수 있다. 만일 이런 해석이 무리가 없다면 주어진 샘플 집합 X를 아래 식처럼 두 개의 가우시안으로 모델링 할 수 있다. 물론 이런 방식의 가중치 부여는 매우 인위적이다. 실제로는 어떤 샘플이 어느 가우시안에 속할 것인지가 불분명한 상황이 많기 때문이다. 여기서는 단지 가중치의 개념을 설명하기 위해 간단한 방식을 소개하였다.

$$p(\mathbf{x}) = \frac{1}{3}N(\boldsymbol{\mu}_1, \boldsymbol{\Sigma}_1) + \frac{2}{3}N(\boldsymbol{\mu}_2, \boldsymbol{\Sigma}_2)$$

최적화 대상이 되는 함수는 어떻게 정의할 수 있을까? 매우 중요한 질문이다. 이제 특수한 상황을 벗어나 일반적인 상황을 향해 수식을 전개해 보자. 위의 수식을 일반적인 경우로 확장하면 (3.20)과 같이 쓸 수 있다. 이 식에서는 가우시안 $N(\boldsymbol{\mu}_k, \boldsymbol{\Sigma}_k)$가 $\mathbf{x}$의 함수임을 명확히 하기 위해 $N(\mathbf{x}|\boldsymbol{\mu}_k, \boldsymbol{\Sigma}_k)$로 표기하였다. 가우시안 $N(\mathbf{x}|\boldsymbol{\mu}_k, \boldsymbol{\Sigma}_k)$를 기본 요소로 하여 혼합 분포가 만들어지므로 각각의 가우시안을 **요소 분포**component distribution 라 부른다. 요소 분포로는 가우시안뿐만 아니라 어떤 분포라도(예를 들어 베르누이 분포) 사용할 수 있으나 이 책에서는 가우시안으로 국한하여 설명한다(실제로 가우시안을 가장 많이 사용한다). (3.20)의 π_k는 가중치로서 혼합 계수 mixing coefficient라 부른다. 혼합 계수도 일종의 확률 값이므로 $0 \le \pi_k \le 1$과 $\sum_{k=1}^{K}\pi_k = 1$의 두 가지 조건을 만족해야 한다.

$$p(\mathbf{x}) = \sum_{k=1}^{K}\pi_k N(\mathbf{x}|\boldsymbol{\mu}_k, \boldsymbol{\Sigma}_k) \tag{3.20}$$

이제 주어진 값과 추정해야 할 값을 다시 정리하여 풀어야 할 문제를 명확히 해보자. 아래에서 보는 바와 같이 주어진 값은 샘플 집합 X이고 추정해야 할 매개변수 집합 Θ에는 혼합 계수 벡터 $\boldsymbol{\pi}$와 K개 가우시안의 평균 벡터와 공분산들이 있다.

주어진 값 $X = \{\mathbf{x}_1, \mathbf{x}_2, \cdots, \mathbf{x}_N\}$

추정할 값 $\Theta = \{\boldsymbol{\pi} = (\pi_1, \cdots, \pi_K), (\boldsymbol{\mu}_1, \boldsymbol{\Sigma}_1), \cdots, (\boldsymbol{\mu}_K, \boldsymbol{\Sigma}_K)\}$

이제 최적화 문제를 정의하는 데 필요한 재료를 모두 마련한 셈이다. 이들을 이용하여 최대 우도(ML) 추정 문제로 발전시켜 보자. 여기에서도 3.2절과 비슷한 과정을 거친다. 우선 매개변수 집합 Θ에 대한 X의 우도를 (3.21)과 같이 쓸 수 있다. 곱 연산을 합 연산으로 바꾸기 위해 로그 우도 형태로 다시 쓰면 (3.22)가 된다.

$$p(X|\Theta) = \prod_{i=1}^{N} p(\mathbf{x}_i|\Theta) = \prod_{i=1}^{N} \left(\sum_{k=1}^{K} \pi_k N(\mathbf{x}_i|\boldsymbol{\mu}_k, \boldsymbol{\Sigma}_k) \right) \tag{3.21}$$

$$\ln p(X|\Theta) = \sum_{i=1}^{N} \ln \left(\sum_{k=1}^{K} \pi_k N(\mathbf{x}_i|\boldsymbol{\mu}_k, \boldsymbol{\Sigma}_k) \right) \tag{3.22}$$

이제 문제를 'X에 대해 최대 우도를 갖는 Θ를 찾는' 것으로 정의할 수 있게 되었다. (3.23)은 이것을 수학적으로 표현하고 있다. 이 식에 포함된 $\ln p(X|\Theta)$는 (3.22)에 정의되어 있다. 이 문제를 말로 다시 풀어 보면 관찰된 X가 있는데 이것을 발생시켰을 가능성이 가장 큰 매개변수 집합 Θ를 찾아 그것을 해 $\hat{\Theta}$로 취하라는 의미이다.

$$\hat{\Theta} = \underset{\Theta}{\arg\max} \ln p(X|\Theta) \tag{3.23}$$

지금까지 최적화 문제를 유도하였고 그와 관련된 모든 수식을 제시하였다. 이 최적화 문제를 어떻게 풀 것인가? 다음 절의 EM 알고리즘이 해답을 가지고 있다.

3.4.2 EM 알고리즘

3.2절의 최대 우도 추정으로 돌아가 최적화 문제 (3.4)를 어떻게 해결했는지 다시 생각해 보자. 그때는 미분을 이용하였다. (3.4)는 가우시안을 하나만 가졌으므로 한 쌍의 $\boldsymbol{\mu}$와 $\boldsymbol{\Sigma}$를 추정하면 되었다. $\boldsymbol{\pi}$는 존재하지 않았다. 하지만 지금은 K개의 가우시안과 이들을 어떻게 섞을 것인지를 나타내는 혼합 계수 $\boldsymbol{\pi}$를 추정해야 한다. 훨씬 어려운 문제에 봉착해 있는 것이다. 이제 미분을 이용한 분석적 방법을 단순히 한 번 적용하는 것으로는 문제를 해결할 수 없게 되었다.

문제를 가만 살펴보면 두 가지 단계가 필요함을 알 수 있다. 첫 번째는 샘플이 어느 가우시안에 속하는지를 추정하는 단계이다. 이것을 E(Expectation) 단계라 한다. 물론 소속과 비소속을 1과 0으로 나타내는 경성 소속hard membership을 사용하는 것이 아니라 소속 정도를 확률로 표현하는 연성 소속soft membership을 이용한다. E단계의 소속 값 추정을 마친 후에 매개변수 집합 Θ의 추정을 시작한다. 이 단계를 M(Maximization)이라 한다. Θ에는 성격이 다른 두 가지 매개변수가 있다. 하나는 K개의 $\boldsymbol{\mu}$와 $\boldsymbol{\Sigma}$이고 다른 하나는 혼합 계수 벡터 $\boldsymbol{\pi}$이다. 따라서 $\boldsymbol{\mu}$와 $\boldsymbol{\Sigma}$를 계산한 후 $\boldsymbol{\pi}$를 계산한다. 이들 E와 M 단계를 번갈아 가며 반복하다가 수렴 조건이 만족되면 멈춘다. 이것이 EM 알고리즘의 기본 골격이다. 이 알고리즘을 가상 코드로 정리하면 알고리즘 3.2가 된다.

알고리즘 3.2 가우시안 혼합 추정을 위한 EM 알고리즘의 골격

1. 매개변수 집합 Θ를 초기화한다.
2. **repeat** {
3. E단계: Θ를 이용하여, 샘플 별로 K개의 가우시안에 속할 확률을 추정한다.
4. M단계: E 단계에서 구한 소속 확률을 이용하여 Θ를 추정한다.
5. } **until** (멈춤 조건이 만족);

EM 알고리즘을 구체화하기 위해서는 샘플 $\mathbf{x}_i$가 어느 가우시안에 소속되는지를 나타내는 새로운 개념이 도입되어야 한다. 이 개념을 벡터 $\mathbf{z} = (z_1, \cdots, z_K)^T$로 표현하자. 샘플 $\mathbf{x}_i$가 j번째 가우시안에서 발생했다면 $z_j = 1$이고 $z_k = 0,\ k \neq j$이다. 즉 벡터 $\mathbf{z}$는 K개의 요소 중에 하나만 1을 가지며 $\mathbf{z} = (0, \cdots, 0, 1, 0, \cdots, 0)^T$ 형태를 띤다. 이제 샘플 $\mathbf{x}_i$가 j번째 가우시안에서 발생했다고 가정하면 그때의 $\mathbf{x}_i$의 조건부 확률을 (3.24)와 같이 쓸 수 있다. 이 확률은 '우도'로 볼 수 있다.

$$p(\mathbf{x}_i | z_j = 1) = N(\mathbf{x}_i | \boldsymbol{\mu}_j, \boldsymbol{\Sigma}_j) \tag{3.24}$$

벡터 $\mathbf{z}$의 역할을 다른 변수들과 비교하여 생각해 보자. 다른 변수들이란 다름 아닌 주어진 X, 그리고 추정해야 할 Θ이다. X와 Θ는 각각 알고리즘의 입력이 되고 알고리즘의 출력이 된다. 이들은 감추어져 있지 않다. 이들과는 대조적으로 $\mathbf{z}$는 알고리즘이 동작하는 중간 과정에서 발생하고 그 값 자체가 입력이나 출력이 되는 것은 아니다. 답을 구하는데 '뒤에 숨어서' 보조 역할을 하는 것이다. 이러한 종류의 변수를 **은닉 변수**latent variable라 부른다.[24]

또 다른 중요한 확률을 공식화해 보자. 그것은 샘플 $\mathbf{x}_i$가 관찰되었을 때 그것이 j번째 가우시안에서 발생했을 조건부 확률 $P(z_j = 1 | \mathbf{x}_i)$이다. 이 확률은 (3.25)로 쓸 수 있고, '사후 확률'로 간주할 수 있다.

우리가 풀어야 하는 문제 (3.23)을 되돌아 보자. 함수 $\ln p(X|\Theta)$를 최대로 하는 매개변수 Θ의 값을 찾는 것이 문제이다. 앞에서 살펴본 바와 같이 Θ는 가우시안의 $\boldsymbol{\mu}$와 $\boldsymbol{\Sigma}$, 그리고 혼합 계수 벡터 $\boldsymbol{\pi}$로 구성되어 있는데 우선 $\boldsymbol{\mu}$와 $\boldsymbol{\Sigma}$를 구하는 식을 유도해 보자.

[24] 7장의 은닉 마르코프 모델hidden Markov model(HMM)에서도 이런 변수가 등장한다.

$$
\left.\begin{aligned}
P(z_j = 1|\mathbf{x}_i) &= \frac{P(z_j = 1)\; p(\mathbf{x}_i|z_j = 1)}{p(\mathbf{x}_i)} \\
&= \frac{P(z_j = 1)\; p(\mathbf{x}_i|z_j = 1)}{\sum_{k=1}^{K} P(z_k = 1)\; p(\mathbf{x}_i|z_k = 1)} \\
&= \frac{\pi_j N(\mathbf{x}_i|\boldsymbol{\mu}_j, \boldsymbol{\Sigma}_j)}{\sum_{k=1}^{K} \pi_k N(\mathbf{x}_i|\boldsymbol{\mu}_k, \boldsymbol{\Sigma}_k)}
\end{aligned}\right\} \tag{3.25}
$$

먼저 j번째 가우시안의 평균 벡터 $\boldsymbol{\mu}_j$부터 구해보자. 미분의 성질에 따라 함수 $\ln p(X|\Theta)$는 최대 점에서 $\boldsymbol{\mu}_j$로 미분한 값이 0이 되어야 한다. 이 사실에 따라 아래와 같이 수식 전개를 할 수 있다. 첫 번째 줄은 단순히 (3.22)를 대입한 것이다. 두 번째 줄은 ln 함수를 미분하고 연쇄 법칙chain rule을 적용하면 얻을 수 있다. 세 번째 줄은 단지 $\boldsymbol{\mu}_j$와 관련 있는 항을 파악하기 위해 풀어 쓴 것이다. $\boldsymbol{\mu}_j$와 관련 있는 것은 j번째 항 $\pi_j N(\mathbf{x}_i|\boldsymbol{\mu}_j, \boldsymbol{\Sigma}_j)$뿐임을 알 수 있다. 따라서 네 번째 줄을 얻는다. 이제 가우시안 함수를 미분하면 다섯 번째 줄을 얻게 되고 이것을 간단히 정리하면 여섯 번째 줄이 된다. 여섯 번째 줄의 식을 가만 뜯어 보면 (3.25)의 마지막 줄에 있는 식을 포함하고 있음을 알게 된다. 이 식을 대치하면 마지막 줄을 얻게 된다.

$$
\begin{aligned}
&\frac{\partial \ln p(X|\Theta)}{\partial \boldsymbol{\mu}_j} = \frac{\partial\left(\sum_{i=1}^{N} \ln \sum_{k=1}^{K} \pi_k N(\mathbf{x}_i|\boldsymbol{\mu}_k, \boldsymbol{\Sigma}_k)\right)}{\partial \boldsymbol{\mu}_j} \\
&= \sum_{i=1}^{N}\left(\sum_{k=1}^{K} \pi_k N(\mathbf{x}_i|\boldsymbol{\mu}_k, \boldsymbol{\Sigma}_k)\right)^{-1} \frac{\partial\left(\sum_{k=1}^{K} \pi_k N(\mathbf{x}_i|\boldsymbol{\mu}_k, \boldsymbol{\Sigma}_k)\right)}{\partial \boldsymbol{\mu}_j} \\
&= \sum_{i=1}^{N}\left(\sum_{k=1}^{K} \pi_k N(\mathbf{x}_i|\boldsymbol{\mu}_k, \boldsymbol{\Sigma}_k)\right)^{-1} \frac{\partial\left(\pi_1 N(\mathbf{x}_i|\boldsymbol{\mu}_1, \boldsymbol{\Sigma}_1) + \dots + \pi_j N(\mathbf{x}_i|\boldsymbol{\mu}_j, \boldsymbol{\Sigma}_j) + \dots\right)}{\partial \boldsymbol{\mu}_j} \\
&= \sum_{i=1}^{N}\left(\sum_{k=1}^{K} \pi_k N(\mathbf{x}_i|\boldsymbol{\mu}_k, \boldsymbol{\Sigma}_k)\right)^{-1} \frac{\partial\left(\pi_j N(\mathbf{x}_i|\boldsymbol{\mu}_j, \boldsymbol{\Sigma}_j)\right)}{\partial \boldsymbol{\mu}_j} \\
&= \sum_{i=1}^{N}\left(\sum_{k=1}^{K} \pi_k N(\mathbf{x}_i|\boldsymbol{\mu}_k, \boldsymbol{\Sigma}_k)\right)^{-1} \left(\pi_j N(\mathbf{x}_i|\boldsymbol{\mu}_j, \boldsymbol{\Sigma}_j)\right)\left(\boldsymbol{\Sigma}_j^{-1}(\mathbf{x}_i - \boldsymbol{\mu}_j)\right) \\
&= \sum_{i=1}^{N} \underbrace{\left(\frac{\left(\pi_j N(\mathbf{x}_i|\boldsymbol{\mu}_j, \boldsymbol{\Sigma}_j)\right)}{\sum_{k=1}^{K} \pi_k N(\mathbf{x}_i|\boldsymbol{\mu}_k, \boldsymbol{\Sigma}_k)}\right)}_{\text{(3.25)와 같음}} \left(\boldsymbol{\Sigma}_j^{-1}(\mathbf{x}_i - \boldsymbol{\mu}_j)\right) \\
&= \sum_{i=1}^{N} P(z_j = 1|\mathbf{x}_i)\left(\boldsymbol{\Sigma}_j^{-1}(\mathbf{x}_i - \boldsymbol{\mu}_j)\right)
\end{aligned}
$$

위 유도 식의 마지막 줄에 있는 식을 0으로 두고 수식을 정리하면 아래와 같다. 아래에서 두 번째 줄로 바꿀 때에는 공분산 행렬 $\boldsymbol{\Sigma}_j^{-1}$이 i와 무관하므로 양변을 $\boldsymbol{\Sigma}_j$로 나누어 제거하였다.

$$\sum_{i=1}^{N} P(z_j = 1|\mathbf{x}_i)\big(\boldsymbol{\Sigma}_j^{-1}(\mathbf{x}_i - \boldsymbol{\mu}_j)\big) = 0$$

$$\sum_{i=1}^{N} P(z_j = 1|\mathbf{x}_i)(\mathbf{x}_i - \boldsymbol{\mu}_j) = 0$$

$$\sum_{i=1}^{N} P(z_j = 1|\mathbf{x}_i)\,\mathbf{x}_i - \sum_{i=1}^{N} P(z_j = 1|\mathbf{x}_i)\,\boldsymbol{\mu}_j = 0$$

위의 식을 정리하면 평균 벡터를 구하기 위한 (3.26)과 (3.27)을 얻는다.

$$\boldsymbol{\mu}_j = \frac{1}{N_j}\sum_{i=1}^{N} P(z_j = 1|\mathbf{x}_i)\,\mathbf{x}_i \tag{3.26}$$

$$N_j = \sum_{i=1}^{N} P(z_j = 1|\mathbf{x}_i) \tag{3.27}$$

(3.26)과 (3.27)의 의미를 새겨보기로 하자. (3.27)의 N_j는 훈련 집합에 있는 N개 샘플 각각에 대해 j번째 가우시안에 속할 확률 $P(z_j = 1|\mathbf{x}_i)$를 구하고 이들을 모두 더한 값이므로 'j번째 가우시안에 소속된' 샘플의 개수로 해석할 수 있다. (3.26)의 $\boldsymbol{\mu}_j$는 모든 샘플의 평균 벡터로 보면 된다. 하지만 그냥 평균이 아니고 j번째 가우시안에 속할 확률 $P(z_j = 1|\mathbf{x}_i)$를 가중치로 보고 이들을 곱하여 구한 가중치 평균이다. 따라서 $\boldsymbol{\mu}_j$는 j번째 가우시안에 소속된 샘플의 평균 벡터로 해석할 수 있다. 우리의 직관과 일치한다고 말할 수 있다.

이제는 j번째 가우시안의 공분산 행렬 $\boldsymbol{\Sigma}_j$를 위한 식을 구해 보자. 평균 벡터와 비슷한 과정을 거치면 (3.28)을 얻는다. 평균 벡터를 구하는 유도 식의 $\partial\boldsymbol{\mu}_j$가 단지 $\partial\boldsymbol{\Sigma}_j$로 바뀐 것만 차이가 있고 유도 과정은 매우 비슷하다. 따라서 여기서는 수식 유도 과정을 생략한다. (3.28)도 평균 벡터와 마찬가지로 'j번째 가우시안에 소속된' 샘플의 공분산 행렬로 해석할 수 있다.

$$\boldsymbol{\Sigma}_j = \frac{1}{N_j}\sum_{i=1}^{N} P(z_j = 1|\mathbf{x}_i)(\mathbf{x}_i - \boldsymbol{\mu}_j)(\mathbf{x}_i - \boldsymbol{\mu}_j)^{\mathrm{T}} \tag{3.28}$$

이제까지 가우시안의 평균 벡터와 공분산 행렬을 구했는데, 이제부터는 혼합 계수 벡터 $\boldsymbol{\pi}$를 구해 보자. j번째 가우시안의 혼합 계수 π_j를 위한 식을 유도해 보자. 여기에서 주의를 기울여야 하는 점은 π_j는 단순히 미분하여 0으로 두고 구한 해를 답으로 취하면 안된다는 것이다. 왜냐하면 $0 \le \pi_k \le 1$과 $\sum_{k=1}^{K} \pi_k = 1$의 두 가지 조건을 만족해야 하기 때문이다. 즉 **조건부 최적화**constrained optimization 문제이다. 라그랑주 승수Lagrange multiplier를 도입하면 아래 식을 얻을 수 있다.[25] 이제는 문제의 꼴이 바뀌어 아래 식을 최대화하는 π_j를 구하는 문제가 되었다. α는 라그랑주 승수이다.

$$\ln p(X|\Theta) + \alpha\left(\sum_{k=1}^{K}\pi_k - 1\right)$$

위 식을 π_j로 미분하고 수식을 정리해 보자. 여기도 평균 벡터를 구하는 식의 유도와 비슷하다. 첫 번째 줄은 단순히 (3.22)를 대입한 것이다. 두 번째 줄은 ln 함수를 미분하고 연쇄 법칙을 적용하여 얻었다. 마지막 항은 π_j와 관련성을 보이기 위해 풀어 쓴 것이다. 세 번째 줄은 단지 π_j와 관련 있는 항을 파악하기 위해 풀어쓴 것이다. 미분을 수행하면 네 번째 줄과 다섯 번째 줄을 얻게 된다.

$$\frac{\partial\left(\ln p(X|\Theta) + \alpha\left(\sum_{k=1}^{K}\pi_k - 1\right)\right)}{\partial \pi_j} = \frac{\partial\left(\sum_{i=1}^{N}\left(\ln\sum_{k=1}^{K}\pi_k N(\mathbf{x}_i|\boldsymbol{\mu}_k, \boldsymbol{\Sigma}_k)\right) + \alpha\left(\sum_{k=1}^{K}\pi_k - 1\right)\right)}{\partial \pi_j}$$

$$= \sum_{i=1}^{N}\left(\sum_{k=1}^{K}\pi_k N(\mathbf{x}_i|\boldsymbol{\mu}_k, \boldsymbol{\Sigma}_k)\right)^{-1}\frac{\partial\left(\sum_{k=1}^{K}\pi_k N(\mathbf{x}_i|\boldsymbol{\mu}_k, \boldsymbol{\Sigma}_k)\right)}{\partial \pi_j} + \frac{\partial\left(\alpha\left(\pi_1 + \dots + \pi_j + \dots + \pi_k - 1\right)\right)}{\partial \pi_j}$$

$$= \sum_{i=1}^{N}\left(\sum_{k=1}^{K}\pi_k N(\mathbf{x}_i|\boldsymbol{\mu}_k, \boldsymbol{\Sigma}_k)\right)^{-1}\frac{\partial\left(\pi_1 N(\mathbf{x}_i|\boldsymbol{\mu}_1, \boldsymbol{\Sigma}_1) + \dots + \pi_j N(\mathbf{x}_i|\boldsymbol{\mu}_j, \boldsymbol{\Sigma}_j) + \dots\right)}{\partial \pi_j} + \alpha$$

$$= \sum_{i=1}^{N}\left(\sum_{k=1}^{K}\pi_k N(\mathbf{x}_i|\boldsymbol{\mu}_k, \boldsymbol{\Sigma}_k)\right)^{-1}\frac{\partial\left(\pi_j N(\mathbf{x}_i|\boldsymbol{\mu}_j, \boldsymbol{\Sigma}_j)\right)}{\partial \pi_j} + \alpha$$

$$= \sum_{i=1}^{N}\frac{N(\mathbf{x}_i|\boldsymbol{\mu}_j, \boldsymbol{\Sigma}_j)}{\sum_{k=1}^{K}\pi_k N(\mathbf{x}_i|\boldsymbol{\mu}_k, \boldsymbol{\Sigma}_k)} + \alpha$$

마지막 식을 0으로 두고 정리해 보자. 아래에서 두 번째 줄로 바꿀 때에는 (3.25)를 대입할 수 있도록 만들기 위해 일부러 양변에 π_j를 곱하였다. 그리고 (3.25)를 대입하면 세 번째 줄을 얻는다. 세 번째 줄에 (3.27)을 대입하여 네 번째 줄을 얻고 간단한 수식 정리를 통해 마지막 줄을 얻게 된다.

[25] 조건부 최적화 문제를 풀기 위한 라그랑주 승수 기법에 대해서는 11.2.3절을 참조하라.

$$\sum_{i=1}^{N} \frac{N(\mathbf{x}_i | \boldsymbol{\mu}_j, \boldsymbol{\Sigma}_j)}{\sum_{k=1}^{K} \pi_k N(\mathbf{x}_i | \boldsymbol{\mu}_k, \boldsymbol{\Sigma}_k)} + \alpha = 0$$

$$\sum_{i=1}^{N} \underbrace{\left(\frac{\pi_j N(\mathbf{x}_i | \boldsymbol{\mu}_j, \boldsymbol{\Sigma}_j)}{\sum_{k=1}^{K} \pi_k N(\mathbf{x}_i | \boldsymbol{\mu}_k, \boldsymbol{\Sigma}_k)} \right)}_{\text{(3.25)와 같음}} + \pi_j \alpha = 0$$

$$\sum_{i=1}^{N} P(z_j = 1 | \mathbf{x}_i) + \pi_j \alpha = 0$$

$$N_j + \pi_j \alpha = 0$$

$$\pi_j = -\frac{N_j}{\alpha}$$

위의 마지막 식에 조건 $\sum_{k=1}^{K} \pi_k = 1$을 적용하면 $\alpha = -N$이 된다. 이것을 위의 네 번째 식에 다시 대입하고 간단히 수식을 정리하면 결국 (3.29)를 얻게 된다. 이 식은 직관적으로 쉽게 이해할 수 있다. j번째 가우시안의 영향력을 나타내는 가중치 π_j는 그 가우시안에 소속된 샘플의 개수를 전체 샘플의 개수로 나누어 구하라는 것이다.

$$\pi_j = -\frac{N_j}{N} \tag{3.29}$$

이제 알고리즘 3.2를 구체화하기 위한 재료를 모두 준비한 셈이다. 그것들은 바로 E단계가 사용할 샘플의 소속 확률 추정을 위한 (3.25), 그리고 M단계가 사용할 $\boldsymbol{\mu}_j$를 위한 (3.26), $\boldsymbol{\Sigma}$를 위한 (3.28), 그리고 $\boldsymbol{\pi}$를 위한 (3.29)이다. 이들 수식을 알고리즘 3.2에 대입하여 EM 알고리즘을 완성하면 알고리즘 3.3이 된다.

알고리즘 3.3에 대한 몇 가지 부연 설명이 필요하다.

1. 군집화clustering를 위한 k-평균k-means 알고리즘은 EM 알고리즘과 비슷하게 동작한다. 첫 단계는 샘플 각각을 가장 가까운 프로토타입에 할당한다. E단계에 해당한다. 다음 단계에서는 각 프로토타입을 자신에게 배정된 샘플의 평균으로 대치한다. M단계이다. 두 단계를 수렴할 때까지 반복한다. 구체적인 k-평균 알고리즘 설명에 대해서는 10.5.2절을 참조하라.
2. EM 알고리즘은 속도가 느리다. 따라서 수렴 속도를 빠르게 하는 방법이 필요하다. 한 가지 방법은 k-평균 알고리즘을 먼저 수행시키고, 그것으로 찾은 해를 초

기값으로 삼는 것이다. k-평균으로 찾은 프로토타입을 $\boldsymbol{\mu}_j$로 취하고 그 프로토타입에 속하는 샘플들의 공분산 행렬을 $\boldsymbol{\Sigma}_j$로 삼는다. 또한 그 프로토타입에 속하는 샘플의 개수를 N으로 나누어 π_j로 한다.

3. 언제 멈출 것인가? 물론 수렴했을 때 멈추면 된다. 하지만 수렴 여부를 어떻게 판단할 것인가가 문제이다. 한 가지 좋은 방법은 M단계를 마친 후에 (3.22)의 로그 우도를 계산하고 그것을 이전 것과 비교하여 더 이상 좋아지지 않으면 수렴했다고 결정한다. 실제로는 아주 작은 임계 값을 설정해 놓고 차이가 그 임계 값보다 작으면 멈춘다.

알고리즘 3.3 가우시안 혼합 추정을 위한 EM 알고리즘

입력: 훈련 집합 X, 가우시안 개수 K

출력: $(\boldsymbol{\mu}_j, \boldsymbol{\Sigma}_j)$, $1 \le j \le K$, 그리고 $\boldsymbol{\pi}$

```
μ_j와 Σ_j, 1 ≤ j ≤ K, 그리고 π를 초기화한다.
repeat {
        // E단계(샘플의 가우시안 소속 확률 추정)
    for (i = 1 to N)
    for (j = 1 to K)
        P(z_j = 1|x_i) = π_j N(x_i|μ_j, Σ_j) / Σ_{k=1}^{K} π_k N(x_i|μ_k, Σ_k)        // (3.25)
        // M단계(Θ 추정)
    for (j = 1 to K) {
        N_j = Σ_{i=1}^{N} P(z_j = 1|x_i) ;                                        // (3.27)
        μ_j = (1/N_j) Σ_{i=1}^{N} P(z_j = 1|x_i) x_i ;                           // (3.26)
        Σ_j = (1/N_j) Σ_{i=1}^{N} P(z_j = 1|x_i)(x_i − μ_j)(x_i − μ_j)^T ;       // (3.28)
        π_j = N_j / N ;                                                           // (3.29)
    }
} until (멈춤 조건 만족);
```

4. EM 알고리즘은 최적 해로 수렴한다는 것이 증명되어 있다. 루프를 돌 때마다 우도가 결코 줄어들지 않기 때문이다. 하지만 EM은 욕심 알고리즘이므로 초기 해에 따라 최종 해가 달라지며 전역 최적 해global optimal solution가 아닌 지역 최적 해local optimal solution로 수렴할 수도 있다.[26]

5. EM은 불완전한incomplete 데이터가 주어진 경우를 위한 최대 우도 ML 추정법의 일종이다. 가우시안 혼합 추정을 위한 EM에서는 샘플의 가우시안 소속 정보가 주어지지 않는다. 따라서 불완전 데이터로 볼 수 있다.

EM 알고리즘은 1977년에 발표된 뎀스터Dempster 논문에 의해 탄생하였다 [Dempster77]. 그 논문에서도 지적하였듯이 사실 기본 원리는 여러 문헌에 나타나 있었으나 모두 특수한 상황에 맞추어진 알고리즘이었다. 뎀스터의 논문은 일반적인 틀을 제시하였으며 수렴한다는 사실도 증명하였다. 또한 EM 알고리즘이라는 용어를 새로 주조coining하였다. 이후 패턴인식, 영상 처리, 컴퓨터 비전 등에서 발생하는 여러 문제를 해결하는 도구로 널리 활용되고 있다. 튜토리얼 논문으로는 [Bilmes98, Moon96]을 추천한다.

[26] 욕심 알고리즘greedy algorithm이란 탐색 공간 전체를 보고 해를 결정하는 것이 아니라 현재 해의 이웃을 조사하고 이웃들 중에 가장 좋은 것을 골라 그것으로 이동해 나가는 과정을 반복하는 방법론을 일컫는다. 달리 말해 과거나 미래를 무시하고 현재 상태만 보고 의사 결정을 하는 방식이다. 따라서 문제에 따라(예를 들어 최단 거리 문제) 광역 최적 해를 보장하기도 하지만 그렇지 않은 경우도 많다. EM의 경우는 전역 최적 해를 보장하지 못한다.

요한 카를 프리드리히 가우스Johann Carl Friedrich Gauss

(1777년 4월 30일~1855년 2월 23일) 독일

가우스는 독일의 수학자이다. 그의 모토는 '*pauca sed matura(few, but ripe)*'였다고 전해진다. 이를 증명하듯 그는 지독할 정도의 완벽주의자였고 발표한 논문과 책이 많은 편은 아니지만 하나하나 수학과 과학에 커다란 영향을 미치는 것들이다. 가우스는 여섯 자녀를 두었는데 '가문의 이름을 더럽힐까봐' 그들이 과학이나 수학을 전공하는 것을 극구 반대했다고 한다. 그의 이름이 형용사화되어 있는 가우시안 분포(정규 분포라고도 부름)는 Hanover 지역의 측량 작업에서 발생하는 오차를 표현하기 위해 개발하였다. 가우시안 분포는 특징 벡터의 확률 분포를 표현하는 데 많이 사용한다. 그는 수학뿐 아니라 지리학, 천문학, 그리고 전자기학에도 큰 족적을 남겼다. 전자기학에서는 그의 공헌을 기리기 위해 그의 이름을 딴 가우스라는 단위를 사용하고 있다. 가우스는 신동이었다고 한다. 초등학교에서 선생님이 학생들을 집중시키기 위해 1 + 2 + … + 100을 시켰는데 가우스가 선생님을 깜짝 놀라게 했다. 모든 학생이 선생님의 바람대로 끙끙거리고 있는데 그는 5050이라는 정답을 순식간에 내놓았기 때문이다. 1 + 100 = 101, 2 + 99 = 101, 3 + 98 = 101, … 이런 식으로 101이 50개 있으니 101 × 50 = 5050이라는 규칙을 발견한 것이다. 가우스에 대한 보다 상세한 내용은 그의 탄생 150년을 기리는 뜻에서 쓴 논문을 참고하기 바란다 [Dunnington27].

[Dunnington27] G. Waldo Dunnington, "The sesquicentennial of the birth of Gauss," *Scientific Monthly*, Vol.XXIV, pp.402-414, May 1927. (http://www.mathsong.com/cfgauss/ Dunnington/1927/)

연습문제

01 일반적으로 사후 확률 $P(\omega_i|\mathbf{x})$의 추정이 어려운 이유는? 사후 확률 추정이 가능한 특수한 상황을 제시하라.

02 식 (3.1)에서 N이 커지면 실제 값에 근접하게 된다. 왜 그런지 통계적인 근거를 제시하라.

03 다섯 개의 공이 항아리 속에 담겨 있다. 공의 색은 빨강 또는 파랑이다. 하지만 빨간 공과 파란 공이 몇 개씩 들어 있는지 모른다. 이 항아리 속에서 동시에 세 개의 공을 뽑았는데 빨간 공 두 개와 파란 공 한 개가 나왔다. 이때 ML 기법으로 항아리 속에 담긴 빨간 공의 개수를 추정하라.

04 큰 통에 100개의 빨간 공과 400개의 파란 공이 들어 있다. 여기에서 세 개의 공을 임의로 뽑아 작은 항아리에 담았다. 하지만 뽑은 공의 색깔은 보지 못하였다. 작은 항아리 속에서 동시에 세 개의 공을 뽑았는데 빨간 공 두 개와 파란 공 한 개가 나왔다. 이때 MAP 기법으로 작은 항아리 속에 담긴 빨간 공의 개수를 추정하라.

05 예제 3.1을 다시 살펴보자. 이제 평균은 알고 있는데 공분산 행렬을 모른다고 하자. 공분산 행렬을 ML로 추정하라.

06 "파젠 창 방법은 필요한 메모리 양 측면에서는 차원의 저주에서 자유롭다." 이 주장에 대해 옳고 그름을 판정하라. 그리고 그 이유를 제시하라.

07 k-NN 기법에서는 가장 가까운 k개 샘플을 찾는 연산이 전체 계산 시간을 주도한다. 따라서 k-NN을 구현할 때 이 시간을 적게 만드는 것이 무엇보다 중요하다.

❶ 훈련 집합의 모든 샘플과 거리를 계산한 후 정렬하는 방식의 계산 복잡도는?

❷ 본문에서 제시한 시간 복잡도 $\Theta(kdN)$을 갖는 방법을 제시하라.

❸ 보로노이 도형을 이용하면 계산 시간을 줄일 수 있다. 어떻게 하는지 설명하라.

08 EM 알고리즘(알고리즘 3.3)의 시간 복잡도를 분석해 보자.

❶ E단계의 시간 복잡도는?

❷ M단계의 시간 복잡도는?

❸ 알고리즘 전체의 시간 복잡도는?

❹ EM 알고리즘은 어느 단계의 어느 연산이 시간 복잡도를 주도하는지 설명하라.

09 EM 알고리즘은 왜 욕심 알고리즘인가?

10 알고리즘 3.3을 멈춤 조건을 포함시켜 다시 작성하라. 멈춤 조건은 부연 설명의 항목 3을 참고하라.

PATTERN RECOGNITION

CHAPTER 04

PATTERN RECOGNITION

신경망

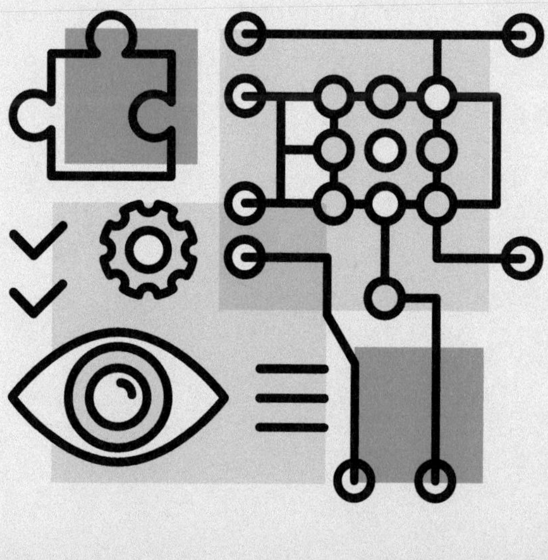

신경망neural network은 1940년대 고안되었으므로 디지털 컴퓨터와 탄생 시기가 비슷하다고 할 수 있다. 신경망은 반세기 동안 빠르게 발전하여 지금은 과학과 공학에서 발생하는 복잡한 문제를 해결하는 도구로 널리 사용되고 있다. 신경망은 학습 능력을 갖추고 일반화 능력이 뛰어나며 구현이 쉽다는 장점이 있어 패턴인식에서는 분류 알고리즘으로 인기가 매우 높다. 이 장에서는 신경망을 분류 알고리즘으로 바라보고 구조와 동작 원리, 학습 알고리즘, 그리고 구현을 위한 요령을 구체적으로 설명한다.

신경망은 분류 문제뿐 아니라 예측, 평가, 합성, 제어 등의 다양한 분야에 적용할 수 있는 일반적인 문제 해결 도구이다. 따라서 4.1절은 일반적인 관점에서 신경망의 개발 동기와 역사, 그리고 고유한 특성 등을 간단하게 소개할 것이다. 이 책은 패턴인식을 다루고 있으므로 4.2절부터는 신경망을 분류기로 활용하는 데 초점을 맞추어 설명한다. 4.2절에서는 선형 분류기인 퍼셉트론을 소개하고, 4.3절에서는 비선형 분류기인 다층 퍼셉트론을 설명한다.

신경망은 화려한 역사를 가졌을 뿐 아니라 현재 실용적인 시스템 구축에 가장 널리 활용되고 있다고 하여도 과언이 아니다. 이러한 이유로 신경망을 다룬 책과 논문이 매우 풍부하다. 신경망을 전문적으로 다룬 서적으로 [Haykin99, Fausett94]를 추천한다. 신경망을 패턴인식에 활용하는 관점을 다룬 책으로는 [Looney97, Ripley96, Bishop95]를 참고하기 바란다. 위드로우Widrow는 퍼셉트론이 Adaline을 거쳐 다층 퍼셉트론으로 발전하는 과정을 그들의 원리를 비교함으로써 설명하고 있다 [Widrow90]. 신경망을 위한 튜토리얼 논문으로는 [Zhang00, Jain96]을 추천한다.

4.1 소개

신경망의 원래 발상은 기존의 폰 노이만 컴퓨터 구조를 뛰어 넘기 위해 뇌의 정보 처리를 모방하는 새로운 계산 모형을 개발하자는 데에 있었다. 매우 독창적인 발상이 아닐 수 없다. 하지만 1940~1980년대의 홍망을 거쳐 결국 문제 해결을 위한 수학적 도구로 자리매김하게 되었다. 원래 발상이 그대로 실현되었다고 볼 수는 없지만 이렇게 성장한 신경망은 패턴인식뿐 아니라 많은 학문 분야의 발전에 지대한 영향을 끼쳤다.

4.1.1 발상과 전개

컴퓨터 과학 분야에서는 디지털 컴퓨터의 계산 능력이 획기적으로 발전하기 시작하면서 컴퓨터를 이용한 지능 처리에 대한 욕구가 높아져 갔다. 의학 분야에서는 사람 뇌에 대한 연구가 활발해지면서 뇌의 정보 처리 과정의 비밀이 벗겨지기 시작하였다. 이러한 두 줄기의 연구를 접목시키려는 발상이 나타나게 되는데 이 발상의 핵심은 뇌의 정보 처리를 모방하는 컴퓨터의 개발이다.

[그림 4.1(a)]는 **폰 노이만 컴퓨터**von Neumann computer의 구조이다. 현재 우리가 사용하고 있는 모든 컴퓨터는 이 구조를 가지고 있다. 메모리는 프로그램(명령어 집합)과 데이터를 저장하고 있고, CPU는 메모리에서 명령어를 한 번에 하나씩 가져다가 수행하며 그 결과를 메모리에 저장한다. 컴퓨터는 아주 빠른 순차적인sequential 명령어 처리기인 것이다.

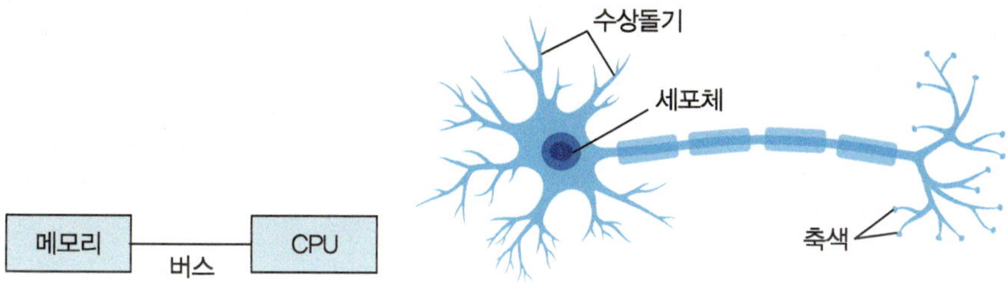

(a) 폰 노이만 컴퓨터의 구조

(b) 사람 뇌의 정보 처리 단위인 뉴런

그림 4.1 컴퓨터와 사람

[그림 4.1(b)]는 사람 뇌를 구성하는 **뉴런**neuron을 보여주고 있다. 뉴런은 뇌의 정보처리의 단위로서, 세포체soma 또는 cell body, 수상돌기dendrite, 그리고 축색axon으로 구성된다. 세포체는 간단한 연산을 수행한다. 수상돌기는 다른 뉴런으로부터 신호를 받고 축색은 다른 뉴런에 신호를 전달한다. 사람 뇌 속에는 약 10^{11}개의 뉴런이 있으며, 하나의 뉴런은 평균 10^{3}개 정도의 다른 뉴런과 연결되어 있어 총 10^{14} 정도의 연결(시냅스synapse라고도 함)이 있다. 사람 뇌는 아주 많은 수의 단순한 연산기가 엄청난 양으로 서로 연결된 구조를 가진 고도의 병렬parallel 명령어 처리기이다. 한 마디로 뇌는 컴퓨터의 순차 처리에 비해 근본적으로 다른 정보처리 방식을 사용한다. 컴퓨터는 단순 계산에서는 사람을 훨씬 능가하지만 얼굴 인식이나 음성 인식과 같이 사람이 일상에서 아주 쉽게 수행하는 일에서는 아직 낮은 성능을 벗어나지 못하고 있다. 신경망을 개발한 동기는 사람의 뇌를 모방한 새로운 컴퓨터 구조를 설계하여 이러한 지능적인 일을 수행하려는 욕구에서 찾을 수 있다. 이렇게 인공적으로 개발된 신경망을 생물학적 신경망biological neural network(BNN)과 구분하여 **인공 신경망**artificial neural network(ANN)이라 부른다. 이 책에서는 인공 신경망을 간단히 **신경망**이라 부른다.

신경망의 시초는 매컬러McCulloch과 피츠Pitts가 1943년에 발표한 계산 모형이라고 알려져 있다. 그 후 1949년에 헤브Hebb가 학습 알고리즘을 발표했는데 최초의 학습 알고리즘이 되었다. 1958년에는 로젠블랫Rosenblatt이 퍼셉트론perceptron을 제안하였다 [Rosenblatt58].

퍼셉트론의 원리와 학습 알고리즘은 4.2절에서 자세히 설명할 것이다. 뒤이어 위드로우Widrow와 호프Hoff는 퍼셉트론의 학습 알고리즘을 개선한 Adaline과 그들을 이어붙인 Madaline을 발표하였다. 1960년대에는 신경망이 과장될 정도로 학계와 매스컴의 주목을 받았으며, 그 당시에는 신경망으로 모든 문제를 해결할 수 있을 것으로 여기기까지 했다. 하지만 1969년에 민스키Minsky와 페퍼트Papert는 그들의 저서 『*Perceptrons*』에서 퍼셉트론의 한계를 수학적으로 입증하였다 [Minsky69]. 퍼셉트론은 선형 분류기에 불과하며 따라서 XOR 분류도 못한다고 단정한 것이다. 이후 신경망에 대한 연구가 크게 퇴조하였다. 그럼에도 불구하고 소강 상태에서 연구가 지속되었다. 1986년에는 루멜하트Rumelhart와 그의 동료들이 저서 『*Paralell Distributed Processing: Explorations in the Microstructure of Cognition*』을 통해 은닉 층을 가진 다층 퍼셉트론과 오류 역전파 학습 알고리즘을 제시하였다 [Rumelhart86]. 이 신경망은 필기 숫자 인식과 같은 복잡한 분류 문제를 훌륭하게 해결할 수 있음이 입증되었다. 이후 신경망 연구는 다시 활기를 찾았으며 이제 분류를 포함하여 복잡한 문제 해결을 위해 가장 널리 사용되는 도구가 되었다. 신경망에 대한 보다 자세한 역사를 살펴보고 싶다면 헤이킨Haykin의 저서를 참고하기 바란다 [Haykin99, pp.38-44].

4.1.2 수학적 모델로서의 신경망

신경망의 개발은 사람 뇌의 정보 처리 방식을 컴퓨터로 모방하여 사람 정도의 성능을 갖는 지능 기계를 만들 목적으로 시작되었다. 기본적인 원리는 **연결주의**connectionism라고 요약할 수 있다. 단순한 연산을 수행하는 아주 많은 연산기와 그들 간의 아주 많은 연결을 통해 지능적인 일을 달성하려는 의도의 계산 모형이다. 이러한 방식을 추구하는 사람들을 연결주의자connectionist라고 부른다. 이러한 발상은 100년 이상의 역사를 가지지만 본격적인 실용화는 1950년대 이후 퍼셉트론과 그것을 이어받은 다층 퍼셉트론에서 찾아볼 수 있다. 물론 꽃을 피운 것은 앞에서 소개한 루멜하트의 1986년 저서 『*Paralell Distributed Processing: Explorations in the Microstructure of Cognition*』이라 볼 수 있다 [Rumelhart86].

하지만 연결주의자의 꿈은 달성되지 않았다. 현재 기술은 사람이 일상에서 아주 쉽게 하는 인식 기능을 구현하지 못하고 있다. 하지만 다른 측면에서 바라보면 특수한 분야에서 성공적인 응용이 많다. 과속 단속을 위한 자동차 번호판 인식이나 건물 보안을 위한 지문 인식 등은 이미 상용화되어 필드에서 성공적으로 사용되고 있고 이들 시스템 중에 신경망을 분류기로 활용한 경우가 많다. 실용적인 측면에서 아주 훌륭한 수학적 모델로 자리매김한 것이다. 현재 상태에서 평가한다면 절반의 성공을 거두었다고 보는 것이 적절할 것이다.

신경망은 정보 처리를 위한 수학적 모델로 간주할 수 있다. 이 모델은 다음과 같은 몇 가지 바람직한 특성을 갖는다.

1. 학습이 가능하다. 훈련 집합을 주면 연결 강도를 자동으로 추정하여 신경망이 자동으로 만들어진다. 따라서 신경망을 블랙 박스로 간주할 수 있다.
2. 일반화 능력이 뛰어나다. 학습이 끝난 후 새로운 패턴이 주어지면 학습에 사용한 패턴에 비해 큰 차이 없는 인식 성능을 보인다.
3. 병렬 처리가 가능하다. 신경망이 수행하는 연산의 대부분은 노드의 출력을 노드의 연결 강도와 곱하는 것으로서 이들은 독립적으로 계산이 가능하므로 병렬 처리할 수 있다. 실제 병렬 계산을 수행하는 신경망 칩이 개발되어 있다.
4. 현실적인 문제에서 우수한 인식 성능을 보장한다. 현재 실용화되어 있는 자동차 번호판 인식, 지문 인식, 자동 검사, 우편 주소 인식, 음성 인식, 온라인 필기 인식 등의 많은 시스템이 신경망 분류기를 장착하고 있다.
5. 다양한 문제의 해결 도구로 사용된다. 이 책에서 다루는 분류 문제뿐만 아니라, 예측, 합성, 평가, 제어, 신호 처리 등의 다양한 분야의 문제 해결에도 성공적으로 응용되고 있다.

신경망의 정보 처리 과정은 (4.1)과 같이 표현할 수 있다. 입력 $\mathbf{x}$를 받아 f라는 정보 처리 과정을 통해 $\mathbf{y}$를 출력한다. 패턴인식에서는 $\mathbf{x}$는 샘플의 특징 벡터이고 $\mathbf{y}$는 부류 표지class label이다. 그렇다면 f는 어떻게 생겼고 또한 그것을 어떻게 만들 것인가? 4.2절과 4.3절은 이에 대한 답을 제시해 줄 것이다.

$$\mathbf{y} = f(\mathbf{x}) \tag{4.1}$$

4.2 퍼셉트론

로젠블랫Rosenblatt이 제안한 퍼셉트론은 선형 분류기이다. 따라서 선형 분리 가능한 경우에 대해서만 완벽한 분류가 가능하다. 이러한 한계를 XOR 문제로 간단히 증명하고 로젠블랫의 주장은 과장되었다고 지적한 사람은 그의 고등학교 교우인 민스키였다.

그로 인해 신경망의 연구가 10여 년 침체기를 맞았다. 그럼에도 불구하고 퍼셉트론이 4.3절에서 공부할 다층 퍼셉트론의 토대가 되었다는 것은 부인할 수 없다. 따라서 그 역사적 의의는 매우 크다고 인정하지 않을 수 없다.

4.2.1 구조와 원리

[그림 4.2]는 **퍼셉트론**perceptron의 구조를 보여주고 있다. 우선 퍼셉트론이 사용하는 용어를 살펴보자. 퍼셉트론은 두 개의 층을 가지고 있다. 왼쪽에는 입력을 받는 **입력 층**input layer이 있고 오른쪽에는 출력을 내보내는 **출력 층**output layer이 있다. 입력 층은 $d+1$개의 노드node를 갖는다.[27] d는 $\mathbf{x}=(x_1, x_2, \cdots, x_d)^T$로 표현되는 특징 벡터의 차원과 같다. 나머지 한 개의 노드는 바이어스bias에 해당하는데 **바이어스 노드**는 항상 1의 값을 갖는다고 간주하면 된다. 즉 $x_0=1$이다.

출력 층은 하나의 노드를 갖는다. 따라서 퍼셉트론은 두 개의 부류 ω_1과 ω_2로 분류하는 이진 분류기binary classifier이다. 실제 구현에서는 부류 표지 ω_1과 ω_2는 1과 -1로 표현하면 된다. 경우에 따라서는 1과 0으로 표현하기도 한다. 입력 노드와 출력 노드는 에지로 연결되어 있고 이 에지는 **가중치**weight를 가진다. 가중치는 연결 강도connection strength라고도 한다.

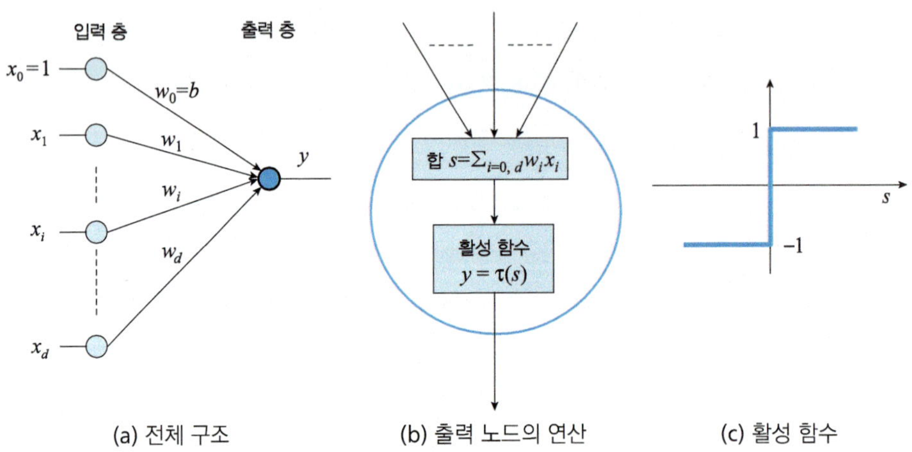

그림 4.2 퍼셉트론의 구조

[그림 4.2(a)]를 보면 연한 파란색 노드와 진한 파란색 노드가 있다. 이 둘은 연산이 다르다.[28] 입력 층에 있는 연한 파란 노드는 왼쪽에서 받은 값을 단순히 오른쪽으로

[27] 노드는 뉴런의 세포체에 해당하며 단순한 연산을 담당한다.

[28] 이러한 노드의 구분은 4.3절의 다층 퍼셉트론에서도 그대로 적용된다.

전달 하는 역할만 한다. 반면에 출력 층에 있는 진한 파란 노드는 [그림 4.2(b)]에서 보는 바와 같이 합 계산과 활성 함수 계산이라는 두 가지 연산을 순차적으로 수행한다. 이들 연산을 수식으로 표현하면 (4.2)가 된다. 특징 벡터는 $\mathbf{x} = (x_1, x_2, \cdots, x_d)^{\mathrm{T}}$, 가중치 벡터는 $\mathbf{w} = (w_1, w_2, \cdots, w_d)^{\mathrm{T}}$로 표기한다. $\tau(.)$는 **활성 함수**activation function로서 퍼셉트론은 [그림 4.2(c)]의 계단 함수step function를 사용한다.

$$\left.\begin{aligned} &y = \tau(s) = \tau\left(\sum_{i=1}^{d} w_i x_i + b\right) = \tau(\mathbf{w}^{\mathrm{T}}\mathbf{x} + b) \\ &\text{이때 } \tau(s) = \begin{cases} +1, & s \geq 0 \\ -1, & s < 0 \end{cases} \end{aligned}\right\} \tag{4.2}$$

(4.2)의 연산은 앞으로 계속 사용하므로 잘 기억해 두자. 마지막으로 알아 두어야 할 것은 (4.2)로 정의되는 퍼셉트론은 (4.3)의 선형 분류기linear classifier에 해당한다는 것이다. $d(.)$는 선형 분류기가 사용하는 결정 직선이다.

$$\left.\begin{aligned} &d(\mathbf{x}) = \mathbf{w}^{\mathrm{T}}\mathbf{x} + b > 0 \text{이면 } \mathbf{x} \in \omega_1 \\ &d(\mathbf{x}) = \mathbf{w}^{\mathrm{T}}\mathbf{x} + b < 0 \text{이면 } \mathbf{x} \in \omega_2 \end{aligned}\right\} \tag{4.3}$$

예제 4.1 퍼셉트론의 동작

2차원 공간 상에 네 개의 샘플이 존재한다고 하자. 편의상 이들을 **a**, **b**, **c**, **d**로 표기하고, **b**, **c**, **d**는 ω_1에 속하며 **a**는 ω_2에 속한다고 하자. [그림 4.3]을 참조하라.

$$\mathbf{a} = (0, 0)^{\mathrm{T}}, \ t_{\mathbf{a}} = -1$$
$$\mathbf{b} = (1, 0)^{\mathrm{T}}, \ t_{\mathbf{b}} = 1$$
$$\mathbf{c} = (0, 1)^{\mathrm{T}}, \ t_{\mathbf{c}} = 1$$
$$\mathbf{d} = (1, 1)^{\mathrm{T}}, \ t_{\mathbf{d}} = 1$$

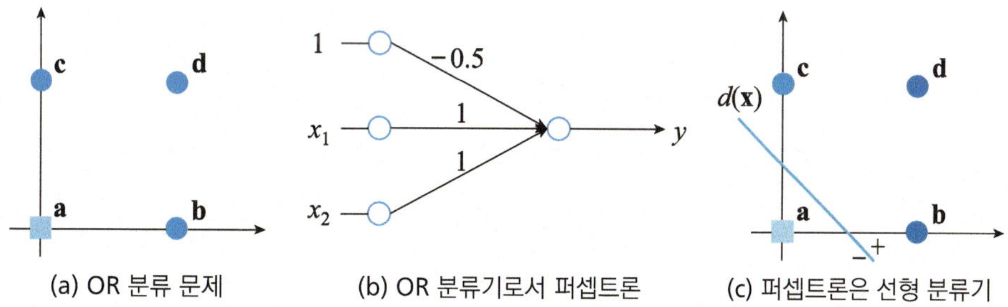

그림 4.3 퍼셉트론의 예

이 예제는 OR 논리 게이트의 동작을 분류 문제로 간주하고 있다. [그림 4.3(b)]는 이 분류 문제를 해결하는 퍼셉트론을 보여 준다. 이 퍼셉트론은 $\mathbf{w} = (1, 1)^{\mathrm{T}}$, $b = -0.5$를 가진다고 보면 된다. 네 개 샘플 중에 $\mathbf{c} = (0, 1)^{\mathrm{T}}$을 입력해 보자.

$$y = \tau(\mathbf{w}^{\mathrm{T}}\mathbf{c} + b) = \tau\left((1, 1)\begin{pmatrix}0\\1\end{pmatrix} - 0.5\right) = \tau(0.5) = 1$$

출력으로 1을 얻었으므로 원하는 값 $t_{\mathbf{c}}$와 같다. 따라서 샘플 $\mathbf{c}$를 옳게 인식했다고 말할 수 있다. 나머지 샘플 세 개도 연필을 들고 계산하여 제대로 인식하는지 확인해 보자. 이 퍼셉트론은 [그림 4.3(c)]의 결정 직선에 해당하며 수식으로 표현하면 아래와 같다.

$$\begin{aligned} d(\mathbf{x}) &= w_1x_1 + w_2x_2 + b \\ &= x_1 + x_2 - 0.5 \end{aligned}$$

4.2.2 학습과 인식

이제까지 퍼셉트론의 구조와 동작에 대해 알아보았다. 예제 4.1은 아주 간단한 분류 문제이지만 퍼셉트론의 동작 원리를 설명하는 데 손색이 없다. 이제는 퍼셉트론을 어떻게 **학습**learning시킬 것인가라는 문제로 관심을 옮겨야 한다. 예제 4.1에서는 퍼셉트론이(즉 가중치 $\mathbf{w}$와 b) 주어진 상황에서 샘플을 제대로 인식하는지 확인했는데 이제는 훈련 집합이 주어졌을 때 이들을 모두 옳게 분류하는 퍼셉트론을 찾는 문제를 다루어야 한다.

- **퍼셉트론 학습이란?** 훈련 집합 $X = \{(\mathbf{x}_1, t_1), (\mathbf{x}_2, t_2), \cdots, (\mathbf{x}_N, t_N)\}$이 주어졌을 때 이들을 모두 옳게 분류하는 퍼셉트론(즉 $\mathbf{w}$와 b)을 찾아라. 샘플 $(\mathbf{x}_i, t_i)$에서 $\mathbf{x}_i$는 특징 벡터이고 t_i는 부류 표지이며, $\mathbf{x}_i \in \omega_1$이면 $t_i = 1$이고 $\mathbf{x}_i \in \omega_2$이면 $t_i = -1$이다. X는 선형 분리 가능하다고 가정한다.[29]

예제 4.1의 OR 분류 문제를 AND 분류 문제로 바꾸려면 $\mathbf{d}$는 ω_1에 속하고 $\mathbf{a}$, $\mathbf{b}$, $\mathbf{c}$는 ω_2에 속한다고 하면 된다. 이 AND 분류 문제를 해결하는 퍼셉트론은 어떤 $\mathbf{w}$와 b를 가져야 하는가? 이에 대한 해답을 찾는 과정이 학습이다. 사실 AND 분류 문제는 아주 간단하므로 학습 알고리즘 없이도 찾을 수 있다. 책 읽기를 잠시 멈추고 답을 찾아보기 바란다.

[29] 선형 분리 가능하다linearly separable는 것은 훈련 집합의 샘플 모두를 1차 식으로 표현되는 결정 초평면으로 완벽하게 분류할 수 있음을 뜻한다. [그림 4.5(a)]와 같은 상황을 뜻한다.

이제 학습 알고리즘을 유도해 보자. 일반적으로 패턴인식의 학습 알고리즘은 아래 세 단계를 거쳐 설계한다. [그림 1.14]의 일반적인 문제 풀이 과정에 대입하면 단계 1과 단계 2는 최적화 문제 공식화에 해당하고 단계 3은 해 찾기에 해당한다.

1. 분류기 구조를 정의하고 분류 과정을 수학식으로 표현한다. 이 식은 매개변수 집합 Θ로 정의된다.
2. 분류기의 품질을 측정할 수 있는 **비용 함수**cost function $J(\Theta)$를 정의한다.
3. $J(\Theta)$를 최대 또는 최소로 하는 Θ를 찾기 위한 알고리즘을 설계한다. 이 알고리즘을 학습 알고리즘 또는 훈련 알고리즘이라 한다.

세 단계 중에 첫 번째는 이미 4.2.1절에서 수행하였다. 분류 과정은 (4.2)로 표현하였다. 퍼셉트론의 매개변수 집합은 $\Theta = \{\mathbf{w}, b\}$이다. 이제 두 번째 단계를 해결해 보자. 여기에서는 퍼셉트론이 범하는 오류율을 비용 함수로 취할 수 있다. 직관적으로 생각해 보면, 어떤 Θ가 X의 샘플을 모두 옳게 분류한다면 $J(\Theta)$는 0이 되어야 한다. 또한 Θ_1이 Θ_2보다 품질이 좋다면(즉 틀리는 샘플 수가 더 적다면) $J(\Theta_1) < J(\Theta_2)$이어야 한다. 이러한 조건을 만족하는 비용 함수는 여러 가지가 있을 수 있다.

여기에서는 직관적으로 이해하기 쉽고 가장 널리 사용되는 (4.4)를 비용 함수로 채택하자. Y는 Θ가 틀리게 분류하는 샘플의 집합이다. 오분류된 샘플 $\mathbf{x}_k$가 ω_1에 속한다면 $t_k = 1$이고 오분류되었으므로 $\mathbf{w}^\mathrm{T}\mathbf{x}_k + b < 0$이다. 따라서 (4.4)의 $(-t_k)(\mathbf{w}^\mathrm{T}\mathbf{x}_k + b)$는 양수가 된다. 오분류된 샘플이 w_2에 속하는 경우에도 $(-t_k)(\mathbf{w}^\mathrm{T}\mathbf{x}_k + b)$가 양수가 됨을 쉽게 알 수 있다. 따라서 (4.4)의 비용 함수는 항상 양수이며 Y가 클수록(즉 틀리는 샘플의 수가 많을수록) 값이 크고 Y가 공집합일 때는(틀리는 샘플이 없을 때) 0이 됨을 알 수 있다.

$$J(\Theta) = \sum_{\mathbf{x}_k \in Y} (-t_k)(\mathbf{w}^\mathrm{T}\mathbf{x}_k + b) \tag{4.4}$$

이제 적절한 비용 함수를 정의하였으므로 세 번째 단계로 넘어가자. 훈련 집합 X가 선형 분리 가능하다고 가정하였으므로 최적화 알고리즘은 $J(\Theta) = 0$인 Θ를 찾아야 한다. 여기서는 최적화 알고리즘으로 경사하강법gradient descent method을 채택한다.[30] 이 방법에서는 미분 벡터 $\partial/\partial\Theta$의 반대 방향에 최적 점이 있으므로 현재 해를 $-\partial/\partial\Theta$ 방향으로 이동시킨다. 정확한 이동 양은 알 수 없으므로 작은 값을 갖는 **학습률**learning rate을 곱하여 조금씩 이동시킨다. $J(\Theta) = 0$이 될 때까지 이 과정을 반복하면 원하는 해를 구할 수 있다.

[30] 경사하강법은 11.2.2절을 참조하라. 11장은 최적화 문제를 푸는데 활용할 수 있는 여러 방법을 제시한다.

현재 해를 다음 순간의 해로 이동시키기 위한 수식은 (4.5)와 같다. $\rho(h)$는 학습률로서 시간 h에 따라 변할 수도 있고 h에 무관하게 일정할 수도 있다. 일정한 경우에는 단순히 ρ로 표기하면 된다.

$$\Theta(h+1) = \Theta(h) - \rho(h)\frac{\partial J(\Theta)}{\partial \Theta} \tag{4.5}$$

$\Theta = \{\mathbf{w}, b\}$이므로 (4.5)의 $\partial J(\Theta)/\partial\Theta$를 얻기 위해 (4.4)를 $\mathbf{w}$와 b로 미분해 보자. 그러면 (4.6)을 얻게 된다.

$$\left.\begin{aligned} \frac{\partial J(\Theta)}{\partial \mathbf{w}} &= \sum_{\mathbf{x}_k \in Y}(-t_k)\mathbf{x}_k \\ \frac{\partial J(\Theta)}{\partial b} &= \sum_{\mathbf{x}_k \in Y}(-t_k) \end{aligned}\right\} \tag{4.6}$$

(4.6)을 (4.5)에 대입하면 (4.7)로 표현되는 **퍼셉트론 학습** 규칙을 얻는다. 이를 **델타 규칙**delta rule이라고 부른다. [그림 4.2]에서 보는 바와 같이 b를 w_0로 표기하고 $\mathbf{w}$와 $\mathbf{x}$에 차원 하나를 추가하여 $\hat{\mathbf{w}} = (w_0, w_1, \cdots, w_d)^{\mathrm{T}}$, $\hat{\mathbf{x}} = (x_0, x_1, \cdots, x_d)^{\mathrm{T}} = (1, x_1, \cdots, x_d)^{\mathrm{T}}$로 확장하면 두 개의 식을 하나로 고쳐 쓸 수도 있다.

$$\left.\begin{aligned} &\left.\begin{aligned} \mathbf{w}(h+1) &= \mathbf{w}(h) + \rho(h)\sum_{\mathbf{x}_k \in Y} t_k \mathbf{x}_k \\ b(h+1) &= b(h) + \rho(h)\sum_{\mathbf{x}_k \in Y} t_k \end{aligned}\right\} \\ &\qquad\qquad\text{또는} \\ &\hat{\mathbf{w}}(h+1) = \hat{\mathbf{w}}(h) + \rho(h)\sum_{\mathbf{x}_k \in Y} t_k \hat{\mathbf{x}}_k \end{aligned}\right\} \tag{4.7}$$

델타 규칙은 퍼셉트론 학습 알고리즘을 설계하는 데 핵심적인 역할을 한다. 알고리즘 4.1은 퍼셉트론 학습 알고리즘을 가상 코드 형태로 기술한 것이다. 라인 2~10의 repeat 루프를 한 번 돌면 모든 샘플을 한 번씩 살펴보는 셈인데 이를 한 **세대**epoch라 부른다.

퍼셉트론 학습 알고리즘은 반드시 수렴한다는 바람직한 특성을 가지고 있다. X가 선형 분리 가능한 경우에는 라인 1에서 초기값으로 무엇을 가지고 출발하든지 반드시 X 전체를 옳게 분류하는 퍼셉트론으로 수렴한다는 것이 증명되어 있다.[31]

---

[31] 함수가 전 구간에서 미분 가능한 경우에는 경사하강법 자체가 최적 점으로 수렴함을 보장하므로 따로 증명할 필요가 없다. 하지만 퍼셉트론이 사용하는 (4.4)의 비용 함수는 구간별 연속이지만 구간 사이에서는 미분 값이 존재하지 않는 불연속 점이 존재한다. 따라서 수렴함을 따로 증명해야 한다. 수렴 정리의 증명은 [Haykin99]를 참고하라.

알고리즘 4.1 퍼셉트론 학습(배치 모드batch mode)

입력: 훈련 집합 $X = \{(\mathbf{x}_1, t_1), (\mathbf{x}_2, t_2), \cdots, (\mathbf{x}_N, t_N)\}$, 학습률 ρ

출력: 퍼셉트론 가중치 $\mathbf{w}, b$

1. $\mathbf{w}$와 b를 초기화한다.
2. **repeat** {
3. $\quad Y = \phi;$
4. $\quad$ **for** (i =1 **to** N) {
5. $\quad\quad y = \tau(\mathbf{w}^{\mathrm{T}}\mathbf{x}_i + b);$ // (4.2)로 분류를 수행함
6. $\quad\quad$ **if** $(y \neq t_i)$ $Y = Y \cup \mathbf{x}_i$; // 오분류된 샘플 수집
7. $\quad$ }
8. $\quad \mathbf{w} = \mathbf{w} + \rho \sum_{\mathbf{x}_k \in Y} t_k \mathbf{x}_k$; // (4.7)로 가중치 갱신
9. $\quad b = b + \rho \sum_{\mathbf{x}_k \in Y} t_k$;
10. } **until** $(Y = \phi)$;
11. $\mathbf{w}$와 b를 저장한다.

예제 4.2 퍼셉트론의 학습

예제 4.1의 OR 분류 문제를 다시 활용해 보자. 알고리즘 4.1의 라인 1에서 초기값 으로 아래에 있는 $\mathbf{w}(0)$을 갖게 되었다고 가정하자. 편의상 괄호 속에 세대 수를 표기한다. 학습률 ρ는 세대 수와 무관하고 $\rho = 0.4$라 하자.

$$\mathbf{w}(0) = (-0.5, 0.75)^{\mathrm{T}}, \quad b(0) = 0.375$$

이 값은 아래에 있는 결정 직선 $d(\mathbf{x})$을 만들고 [그림 4.4]의 선분 ①에 해당한다. 알고리즘 4.1의 라인 4~7의 for 루프를 수행하여 오분류된 샘플을 모으면 Y는 아래와 같다.

$$d(\mathbf{x}) = -0.5x_1 + 0.75x_2 + 0.375$$

$$Y = \{\mathbf{a}, \mathbf{b}\}$$

이제 알고리즘 4.1의 라인 8~9를 수행하여 가중치를 갱신하자. 이 새로운 가중치 $\mathbf{w}(1)$과 $b(1)$은 아래에 있는 $d(\mathbf{x})$에 해당하고 [그림 4.4]에서 ②로 표시되어 있다.

$$\mathbf{w}(1) = \mathbf{w}(0) + 0.4(t_a\mathbf{a} + t_b\mathbf{b}) = \begin{pmatrix} -0.5 \\ 0.75 \end{pmatrix} + 0.4\left[-\begin{pmatrix} 0 \\ 0 \end{pmatrix} + \begin{pmatrix} 1 \\ 0 \end{pmatrix}\right] = \begin{pmatrix} -0.1 \\ 0.75 \end{pmatrix}$$

$$b(1) = b(0) + 0.4(t_a + t_b) = 0.375 + 0.4 \times 0 = 0.375$$

$$d(\mathbf{x}) = -0.1x_1 + 0.75x_2 + 0.375$$

두 번째 세대를 시작해 보자. 이 결정 직선은 **a**를 오분류한다.

$$Y = \{\mathbf{a}\}$$

라인 8~9의 가중치 갱신 과정을 거치면 아래에 있는 **w**(2)와 $b(2)$를 얻게 된다. 결정 직선은 ③으로 표시한다. 두 번째 세대를 완료한 셈이다.

$$\mathbf{w}(2) = \mathbf{w}(1) + 0.4(t_a\mathbf{a}) = \begin{pmatrix} -0.1 \\ 0.75 \end{pmatrix} + 0.4\left[-\begin{pmatrix} 0 \\ 0 \end{pmatrix}\right] = \begin{pmatrix} -0.1 \\ 0.75 \end{pmatrix}$$

$$b(2) = b(1) + 0.4(t_a) = 0.375 - 0.4 = -0.025$$

$$d(\mathbf{x}) = -0.1x_1 + 0.75x_2 - 0.025$$

세 번째 세대를 수행하면 아래와 같은 결과를 얻는다. 결정 직선은 ④로 표시한다.

$$Y = \{\mathbf{b}\}$$

$$\mathbf{w}(3) = \mathbf{w}(2) + 0.4(t_b\mathbf{b}) = \begin{pmatrix} -0.1 \\ 0.75 \end{pmatrix} + 0.4\left[\begin{pmatrix} 1 \\ 0 \end{pmatrix}\right] = \begin{pmatrix} 0.3 \\ 0.75 \end{pmatrix}$$

$$b(3) = b(2) + 0.4(t_b) = -0.025 + 0.4 = 0.375$$

$$d(\mathbf{x}) = 0.3x_1 + 0.75x_2 + 0.375$$

네 번째 세대는 아래와 같은 결과를 만들어 준다.

$$Y = \{\mathbf{a}\}$$

$$\mathbf{w}(4) = \mathbf{w}(3) + 0.4(t_a\mathbf{a}) = \begin{pmatrix} 0.3 \\ 0.75 \end{pmatrix} + 0.4\left[-\begin{pmatrix} 0 \\ 0 \end{pmatrix}\right] = \begin{pmatrix} 0.3 \\ 0.75 \end{pmatrix}$$

$$b(4) = b(3) + 0.4(t_a) = 0.375 - 0.4 = -0.025$$

$$d(\mathbf{x}) = 0.3x_1 + 0.75x_2 - 0.025$$

네 번째 세대의 결정 직선은 ⑤에 해당하는데 이 결정 직선은 모든 샘플을 옳게 분류하여 $Y = \phi$이 된다. 따라서 라인 2~10의 repeat 루프를 빠져 나와 $\mathbf{w} = (0.3, 0.75)^T$와

$b = -0.025$를 저장하고 마친다.

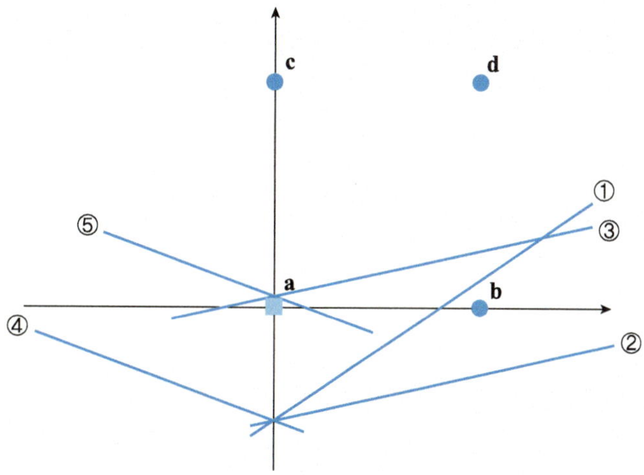

그림 4.4 예제 4.2의 퍼셉트론 학습 과정의 시각화

학습이 끝났으므로 미지의 샘플 $\mathbf{x}$가 입력되면 학습된 퍼셉트론으로 $\mathbf{x}$를 인식할 수 있다. 인식 알고리즘은 (4.8)로 정의할 수 있다. 퍼셉트론의 인식 알고리즘은 매우 간단하다는 걸 알 수 있다.

$$\left.\begin{aligned} \mathbf{w}^{\mathrm{T}}\mathbf{x} + b > 0\text{이면 } \mathbf{x} \in \omega_1 \\ \mathbf{w}^{\mathrm{T}}\mathbf{x} + b < 0\text{이면 } \mathbf{x} \in \omega_2 \end{aligned}\right\} \tag{4.8}$$

4.2.3 구현

알고리즘 4.1은 C/C++같은 프로그래밍 언어에 가까운 가상 코드로 기술되어 있다. 따라서 컴퓨터를 전공한 사람은 어렵지 않게 구현할 수 있다. 하지만 이 코드에 명시되어 있지 않은 사항이 몇 가지 있다. 다음은 이 알고리즘에 대한 부연 설명이다.

1. **w와 *b*의 초기화(라인 1)**: 보통 −0.5~0.5 사이의 작은 난수를 생성하여 설정한다.
2. **학습률**: 알고리즘 4.1에서는 고정된 학습률을 사용하였다. 또 다른 방법으로 세대 수에 따라 적응적으로 설정할 수도 있다. 예를 들어 세대 수 h에 따라 선형적으로 줄이는 방법이 있다. 이때는 ρ대신 $\rho(h) = \rho_s - (\rho_s - \rho_e)h/H$로 하면 된다. h는 현재 세대 수, H는 최대 세대 수, 그리고 ρ_s와 ρ_e는 각각 시작 학습률과 끝날 때 학습률이다.

3. **패턴 모드와 배치 모드**: 알고리즘 4.1은 오분류된 모든 샘플을 모은 다음 이들을 가지고 한꺼번에 가중치를 갱신한다. 반면에 샘플을 하나 입력하고 틀리게 인식하면 곧바로 가중치를 갱신하는 패턴 모드로 작동시킬 수도 있다. 알고리즘 4.2는 패턴 모드로 작동하는 퍼셉트론 학습 알고리즘이다.

알고리즘 4.2 퍼셉트론 학습(패턴 모드)

입력: 훈련 집합 $X = \{(\mathbf{x}_1, t_1), (\mathbf{x}_2, t_2), \cdots, (\mathbf{x}_N, t_N)\}$, 학습률 ρ

출력: 퍼셉트론 가중치 $\mathbf{w}$, b

$\mathbf{w}$와 b를 초기화한다.
repeat {
    QUIT = true;
    for (i =1 **to** N) {
        $y = \tau(\mathbf{w}^{\mathrm{T}}\mathbf{x}_i + b)$; // (4.2)로 분류를 수행함
        if ($y \neq t_i$) { QUIT = false; $\mathbf{w} = \mathbf{w} + \rho t_i \mathbf{x}_i$; $b = b + \rho t_i$;}
    }
} **until** (QUIT);
$\mathbf{w}$와 b를 저장한다.

[그림 4.5]는 2차원 특징 공간에서 **선형 분리 가능**linearly separable한 경우와 선형 분리 불가능한 경우를 보여 준다. 이제까지는 선형 분리 가능한 경우를 가정하고 알고리즘을 설계하였다. 그렇다면 [그림 4.5(b)]와 같이 훈련 집합 X가 선형 분리 불가능하면 어떻게 해야 할까? 사실 현실 세계에서 발생하는 대부분 분류 문제는 선형 분리 불가능하다. 선형 분리 불가능하면 모든 샘플을 옳게 분류한다는 목표를 버리고 오분류하는 샘플 수를 최소화하겠다는 새로운 목표를 세워야 한다. **포켓 알고리즘**pocket algorithm은 이러한 목표에 따라 만들어진 알고리즘이다 [Gallant90]. 이 알고리즘에서는 새로운 $\mathbf{w}$를 계산한 후 이것이 이전 것보다 좋은지 검사하고, 더 좋다면 이전 것을 버리고 새 것을 취한다. 더 좋은 것을 포켓에 넣는 것에 비유하여 포켓 알고리즘이라 이름을 붙인 것이다. 알고리즘 4.3에 포켓 알고리즘의 가상 코드를 제시한다. 패턴 모드로 작성되어 있는데 배치 모드로 바꾸어 쓸 수도 있다.

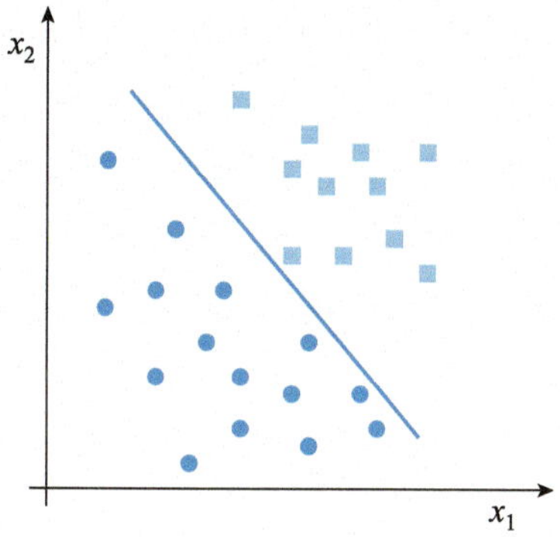

(a) 선형 분리 가능

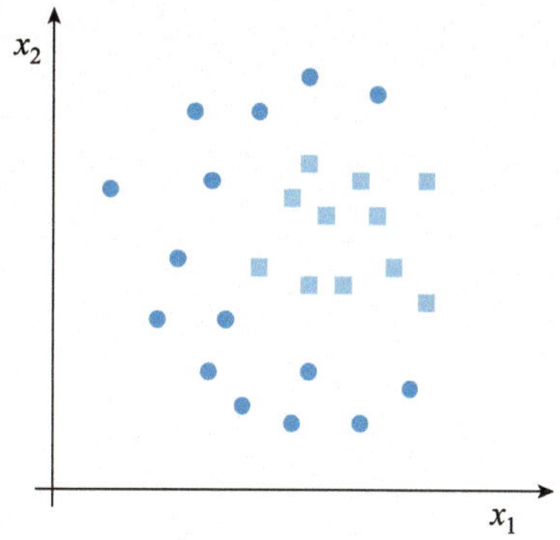

(b) 선형 분리 불가능

그림 4.5 선형 분리 가능과 불가능

알고리즘 4.3 포켓 알고리즘(패턴 모드)

입력: 훈련 집합 집합 $X = \{(\mathbf{x}_1, t_1), (\mathbf{x}_2, t_2), \cdots, (\mathbf{x}_N, t_N)\}$, 학습률 ρ

출력: 퍼셉트론 가중치 $\mathbf{w}$, b

1. $\mathbf{w}$와 b를 초기화하고, 이들을 $\mathbf{w}_{\text{best}}$와 b_{best}에 저장한다.
2. $q_{\text{best}} = 0$; // 품질을 0으로 초기화
3. $h = 0$; // 세대 수
4. **repeat** {
5.   **for** ($i = 1$ **to** N) {
6. $y = \tau(\mathbf{w}^{\text{T}}\mathbf{x}_i + b)$; // 식 (4.2)
7.   **if** ($y \neq t_i$) { $\mathbf{w} = \mathbf{w} + \rho t_i \mathbf{x}_i$; $b = b + \rho t_i$;} // $\mathbf{w}$와 b 갱신
8.   }
9. $\mathbf{w}$와 b로 N개의 샘플을 인식하여 정인식률 q를 구한다.
10.   **if** ($q > q_{\text{best}}$) {$\mathbf{w}_{\text{best}} = \mathbf{w}$; $b_{\text{best}} = b$; $q_{\text{best}} = q$;} // 더 좋은 가중치 발견함
11. $h = h + 1$;
12. } **until** (stop-condition);
13. $\mathbf{w} = \mathbf{w}_{\text{best}}$; $b = b_{\text{best}}$;
14. $\mathbf{w}$와 b를 저장한다.

알고리즘 4.1에 대한 부연 설명 1~3은 포켓 알고리즘에도 그대로 적용된다. 단지 추가할 것은 라인 12의 stop-condition이다. 알고리즘의 멈춤을 판단하는 가장 간단한 방법은 h가 최대 세대 수 H에 도달하면 끝내는 것이다. 이 경우 stop-condition은 $h \geq H$가 되며 H를 사용자가 미리 지정해 주어야 한다. 또 다른 방법에서는 여러 세대에 걸쳐 품질(예를 들어 정인식률)이 더 이상 좋아지지 않으면 수렴했다고 간주하고 끝낸다.

4.3 다층 퍼셉트론

[그림 4.5(b)]는 선형 분리 불가능한 상황을 보여 주고 있다. 퍼셉트론은 수학적으로 $d(\mathbf{x}) = \mathbf{w}^T\mathbf{x}+b$로 표현할 수 있으며 이 식은 초평면으로 특징 공간을 두 개의 영역으로 분할하는 역할을 하는 것에 불과하다. 따라서 [그림 4.5(b)]와 같은 상황에서는 한계를 드러낼 수밖에 없다. 포켓 알고리즘을 사용하여 가장 좋은 퍼셉트론을 찾았다 하더라도 26개 샘플 중에 6개 정도는 틀리게 분류할 수밖에 없다.

하지만 이러한 한계가 퍼셉트론의 의미를 퇴색시키지는 못한다. 퍼셉트론은 훈련집합을 주면 자동으로 학습하는 기능을 갖춘 새로운 계산 모형으로 탄생하였다. 따라서 이러한 새로운 개념을 존중하기로 하고 선형 분리 불가능한 경우에도 높은 성능을 보여 주는 한 단계 진보한 신경망으로 생각을 옮겨 보자. 이 새로운 신경망은 다름 아닌 퍼셉트론을 여러 층으로 이어 붙인 다층 퍼셉트론이다.

4.3.1 구조와 원리

다층 퍼셉트론이 어떻게 퍼셉트론의 한계를 극복하는지는 아주 간단한 예제로 설명이 가능하다. [그림 4.6(a)]는 XOR 게이트의 동작을 분류 문제로 간주하고 있다. 퍼셉트론은 네 개의 샘플 중에서 세 개만 맞출 수 있고, 따라서 75%의 정인식률이 퍼셉트론의 한계이다. 어떻게 하면 네 개 샘플을 모두 옳게 분류할 수 있을까?

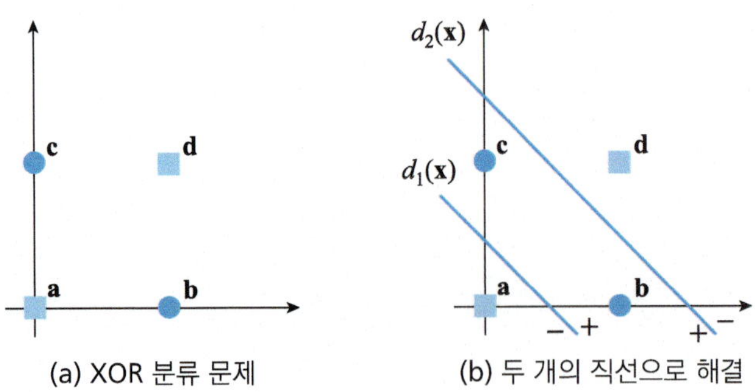

그림 4.6 XOR 분류 문제의 해결

표 4.1 두 단계로 XOR 문제 해결

샘플	특징 벡터 (x)		첫 번째 단계		두 번째 단계
	x_1	x_2	퍼셉트론1	퍼셉트론2	퍼셉트론3
a	0	0	−1	+1	−1
b	1	0	+1	+1	+1
c	0	1	+1	+1	+1
d	1	1	+1	−1	−1

두 개의 결정 직선을 사용하면 어떨까? [그림 4.6(b)]는 두 개의 직선으로 100% 옳게 분류하는 방법을 보여주고 있다. 결정 직선 d_1의 +영역과 d_2의 +영역이 겹친 영역은 부류 ω_1에 속하고 나머지 영역은 ω_2에 속한다. $d_1(\mathbf{x})$와 $d_2(\mathbf{x})$를 각각 퍼셉트론으로 간주할 수 있다. 이들의 가중치를 각각 $\mathbf{w}_1$과 $\mathbf{w}_2$라 하면 분류 알고리즘은 (4.9)와 같이 쓸 수 있다.

$$\left.\begin{array}{l} \mathbf{w}_1{}^{\mathrm{T}}\mathbf{x} + b_1 > 0\text{이고 } \mathbf{w}_2{}^{\mathrm{T}}\mathbf{x} + b_2 > 0\text{이면, } \mathbf{x} \in \omega_1 \\ \mathbf{w}_1{}^{\mathrm{T}}\mathbf{x} + b_1 < 0\text{이거나 } \mathbf{w}_2{}^{\mathrm{T}}\mathbf{x} + b_2 < 0\text{이면, } \mathbf{x} \in \omega_2 \end{array}\right\} \tag{4.9}$$

지금까지의 과정을 첫 번째 단계라 하자. [표 4.1]에 첫 번째 단계의 입출력을 정리하였다. 이 단계에서 두 개의 퍼셉트론이(퍼셉트론1과 퍼셉트론2) 사용되었는데, 이들의 역할은 특징 벡터 **x**를 새로운 공간으로 매핑하는 걸로 간주할 수 있다. 새로운 공간에서의 샘플을 [그림 4.7(a)]와 같이 그릴 수 있다. 샘플 **b**와 **c**는 (1, 1)로 변환되었고, 샘플 **a**와 **d**는 각각 (−1, 1)과 (1, −1)로 변환되었다.

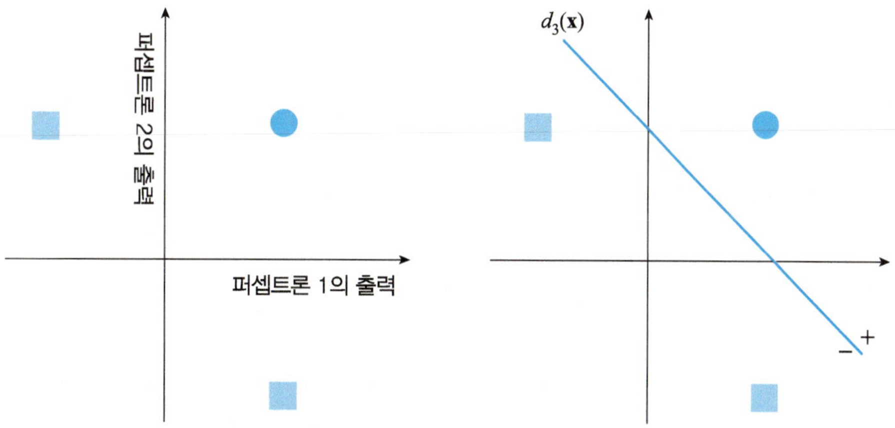

(a) 매핑 공간에서의 샘플 분포

(b) 퍼셉트론3에 의한 영역 분할

그림 4.7 새로운 공간에서의 샘플 분포와 영역 분할

여기서 우리가 깨달아야 하는 중요한 사실이 있다. 그건 다름 아닌 두 개의 퍼셉트론이 선형 분리 불가능한 상황을 선형 분리 가능한 상황으로 만들어 주었다는 것이다. 이제 새로운 공간을 분할하는 퍼셉트론을 하나 더 투입해 보자. 이 퍼셉트론은 [그림 4.7(b)]에 있는 $d_3(\mathbf{x})$와 같으면 된다.

첫 번째 단계에서 두 개의 퍼셉트론(퍼셉트론1과 퍼셉트론2)을 이용하여 원래 특징 벡터를 새로운 공간으로 매핑하였으며, 두 번째 단계는 새로운 공간에서 하나의 퍼셉트론(퍼셉트론3)을 이용하여 최종 분류하였다. 이 세 개의 퍼셉트론은 [그림 4.8(a)~(c)]로 표현할 수 있다. 이들 퍼셉트론의 처리 순서를 살펴보면 퍼셉트론1과 퍼셉트론2는 동시에 수행하여도 되고 퍼셉트론3은 이 두 개가 수행을 마친 후에 그들의 출력 값을 받아 수행하여야 한다. 이러한 정보 처리의 선후 관계에 따라 [그림 4.8(d)]와 같이 세 개의 퍼셉트론을 하나로 연결할 수 있다.

방금 전 매우 중요한 개념을 공부하였다. [그림 4.8(d)]는 **다층 퍼셉트론**multi-layer perceptron(MLP)이다. [그림 4.8(a)~(c)]의 퍼셉트론은 하나의 층만을 가지므로 굳이 구별하여 부른다면 단층 퍼셉트론single-layer perceptron이라 할 수 있다. 연필을 들고 이 다층 퍼셉트론에 네 개의 샘플을 입력하여 출력을 확인해 보자. 귀찮더라도 '실제 해보면' 더 깊이 이해할 수 있고 기억이 더 오래 간다.

이제 다층 퍼셉트론의 일반적인 구조와 그에 관련한 표기를 정의해야 한다.

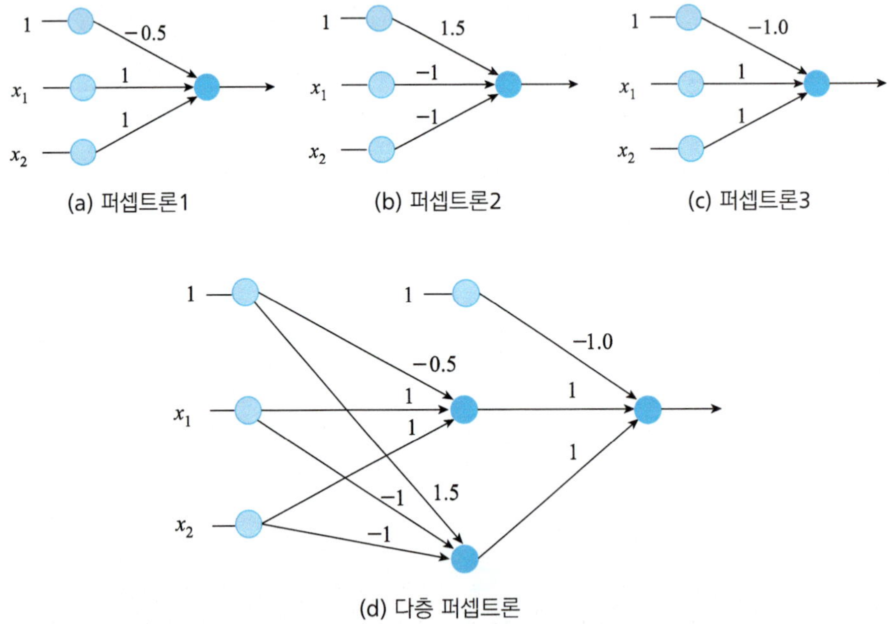

그림 4.8 세 개의 퍼셉트론과 이들을 연결하여 만든 다층 퍼셉트론

[그림 4.9]를 살펴보자. 다층 퍼셉트론은 입력 층, 은닉 층, 그리고 출력 층의 세 개의 층을 갖는다. 이 세 개의 층은 각자 고유한 기능을 가지며 수행하는 연산이 서로 다르다. 특히 입력 층은 퍼셉트론에서와 마찬가지로 특별한 연산이 없고 단지 받은 값을 은닉 층으로 전달하는 기능만 한다. 이런 이유에서 [그림 4.9]의 신경망을 3층 퍼셉트론이라 부르지 않고 2층 퍼셉트론이라 한다. 따라서 [그림 4.2]는 1층 퍼셉트론이라 불린다. 입력 층은 특징 벡터 $\mathbf{x} = (x_1, x_2, \cdots, x_d)^T$를 받아야 하므로 d개의 노드가 있고 바이어스를 위해 한 개의 노드가 추가로 있어 총 $d + 1$개의 노드를 갖는다. 출력 층은 부류의 개수를 m이라 할 때 부류마다 하나의 노드를 할당하여 총 m개의 노드를 갖는다.[32] **은닉 층**hidden layer의 노드 개수 p는 사용자가 지정해야 한다. 은닉 층에도 하나의 바이어스 노드가 있어 총 $p + 1$개의 노드가 있다. 바이어스 노드는 항상 1의 값을 갖는다.

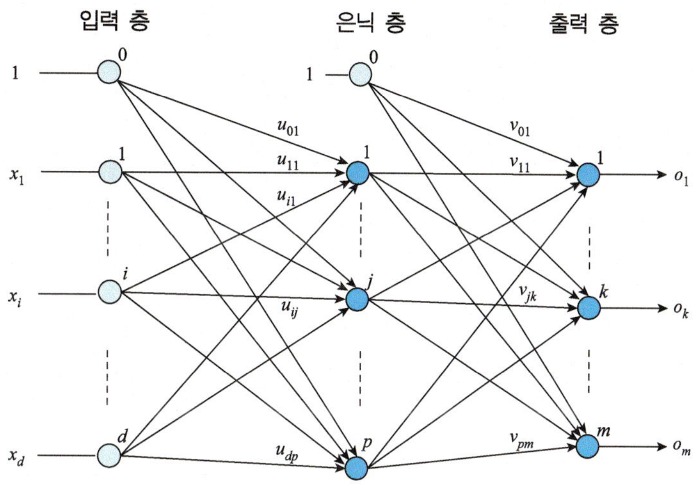

그림 4.9 다층 퍼셉트론의 구조와 표기

입력 층과 은닉 층 사이에는 총 $(d + 1)*p$개의 가중치가 있다. 이들을 편의상 $\mathbf{u}$로 표기하고 i번째 입력 노드에서 j번째 은닉 노드로 가는 에지의 가중치를 u_{ij}라 한다. 은닉 층과 출력 층 사이에는 총 $(p + 1)* m$개의 가중치가 있고 이들은 $\mathbf{v}$로 표기한다. j번째 은닉 노드와 k번째 출력 노드의 가중치를 v_{jk}로 표기한다. 신경망의 출력은 출력 벡터 $\mathbf{o} = (o_1, o_2, \cdots, o_m)^T$으로 표기하기로 하자. 결국 다층 퍼셉트론은 $\mathbf{x}$를 입력으로 받아 $\mathbf{o}$를 출력하는 함수로 간주할 수 있다. 이것을 (4.10)과 같이 쓸 수 있다.

$$\mathbf{o} = f(\mathbf{x}) \tag{4.10}$$

[32] 이 책 전체에 걸쳐 부류의 개수를 M으로 표기하였으나 여기에서는 다른 층의 표기와 일관성을 위해 소문자 m으로 표기한다.

이 함수를 (4.11)과 같이 두 단계로 나누어 쓰면 보다 명확해진다. 함수 $p(.)$는 입력 층에서 은닉 층으로 매핑을 담당하고 은닉 층에서 출력 층으로의 매핑은 함수 $q(.)$가 담당한다. 이 식에서 은닉 층의 출력을 $\mathbf{z}$로 표기하였다.

$$\left.\begin{aligned} &\mathbf{z} = p(\mathbf{x}) \\ &\mathbf{o} = q(\mathbf{z}) \\ &\text{또는} \\ &\mathbf{o} = q(p(\mathbf{x})) \end{aligned}\right\} \tag{4.11}$$

[그림 4.9]는 노드를 두 가지로 구분하여 그렸다. 입력 층에 있는 노드와 은닉 층의 바이어스 노드는 연한 파랑으로 칠해져 있는데 이들은 받은 값을 그대로 전송하는 기능을 하고, 은닉 층과 출력 층에 있는 진한 파란색 노드는 [그림 4.2(b)]와 마찬가지로 가중치 합과 활성 함수 계산이라는 두 가지 연산을 수행한다. 이 연산을 수식으로 표현하면 (4.12)와 (4.13)이 된다. 이 연산은 왼쪽에서 출발하여 앞으로만 전진하므로 **전방 계산**forward computation이라 부른다. 여기에서 $\tau(.)$는 활성 함수이다.

은닉층의 j번째 노드, $1 \le j \le p$:

$$\left.\begin{aligned} z\_sum_j &= \sum_{i=1}^{d} x_i u_{ij} + u_{0j} \\ z_j &= \tau(z\_sum_j) \end{aligned}\right\} \tag{4.12}$$

출력층의 k번째 노드, $1 \le k \le m$:

$$\left.\begin{aligned} o\_sum_k &= \sum_{j=1}^{p} z_j v_{jk} + v_{0k} \\ o_k &= \tau(o\_sum_k) \end{aligned}\right\} \tag{4.13}$$

이제 다층 퍼셉트론이 사용하는 활성 함수 $\tau(.)$를 살펴보자. 다층 퍼셉트론은 퍼셉트론이 사용했던 계단 함수([그림 4.2(c)])를 사용하지 않는다. 대신 **시그모이드**sigmoid라는 비선형nonlinear 함수를 사용한다. 가장 널리 사용하는 두 가지 시그모이드 함수를 살펴보자. 이들은 $\tau_1(.)$과 $\tau_2(.)$로 표기하고, 각각 [그림 4.10(a)]와 [그림 4.10(b)]와 같다. 그림에서 보는 바와 같이 $\tau_1(.)$은 0~1 사이의 값을 갖고 $\tau_2(.)$는 −1~1사이의 값을 갖는다. 따라서 이들 각각을 **이진 모드**binary mode와 **양극 모드**bipolar mode라 부른다. (4.14)와 (4.15)는 이 두 함수와 이들을 한 번 미분한 1차 도함수를 보여 준다. 이들은 몇 가지 바람직한 특성을 갖는다. 우선 전 구간에서 미분 가능하다. 또한 계산이 간단하다는 점과 한 번 미분한 값이 자신을 포함하며 이것 또한 계산이 간단하다는 점을 들 수 있다. 그리고 이들은 퍼셉트론이 사용하는 계단 함수를 근사화한다. 즉 계단 함수와 모양이 비슷하다. α는 경사도를 결정하는데 α가 클수록 경사가 급하다.

이진 시그모이드 함수:

$$\left.\begin{aligned} \tau_1(x) &= \frac{1}{1+e^{-\alpha x}} \\ \tau_1'(x) &= \alpha\tau_1(x)(1-\tau_1(x)) \end{aligned}\right\} \tag{4.14}$$

양극 시그모이드 함수:

$$\left.\begin{aligned} \tau_2(x) &= \frac{2}{1+e^{-\alpha x}} - 1 \\ \tau_2'(x) &= \frac{\alpha}{2}(1+\tau_2(x))(1-\tau_2(x)) \end{aligned}\right\} \tag{4.15}$$

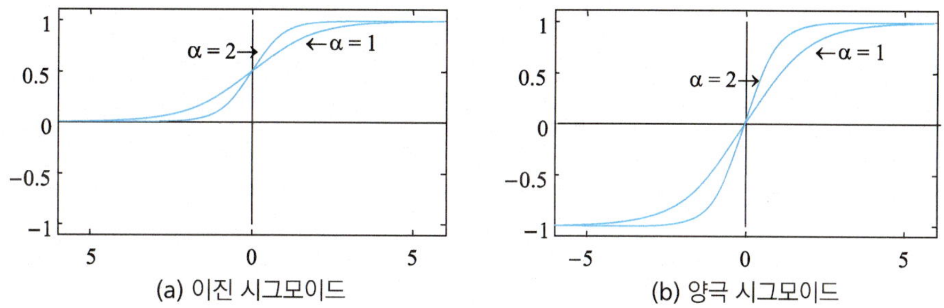

그림 4.10 활성 함수로 널리 사용되는 두 가지 시그모이드 함수

예제 4.3 **다층 퍼셉트론의 공간 분할**

[그림 4.8(d)]의 2층 다층 퍼셉트론이 활성 함수에 따라 특징 공간을 어떻게 분할하는지 살펴보자. 그리고 계단 함수와 양극 시그모이드의 두 가지 함수에 대해 실험해 보자. [그림 4.11(a)]는 계단 함수를 사용한 것이다. 또한 $\alpha = \infty$인 양극 시그모이드도 같은 결과를 만들어 준다. [그림 4.11(b)]는 $\alpha = 5$인 양극 시그모이드의 공간 분할 결과이다. 기호 +로 표시된 ω_1에 해당하는 영역이 줄어들었다. [그림 4.11(c)]와 [그림 4.11(d)]는 α를 더 줄여 각각 3과 2.5를 사용한 결과이다. α 값이 작을수록 ω_1에 해당하는 영역이 줄어드는 현상을 관찰할 수 있다.

이러한 현상이 일어나는 이유와 α를 계속 줄여 나가면 결국 어떻게 될지에 대해서는 연습 문제로 남겨 둔다.

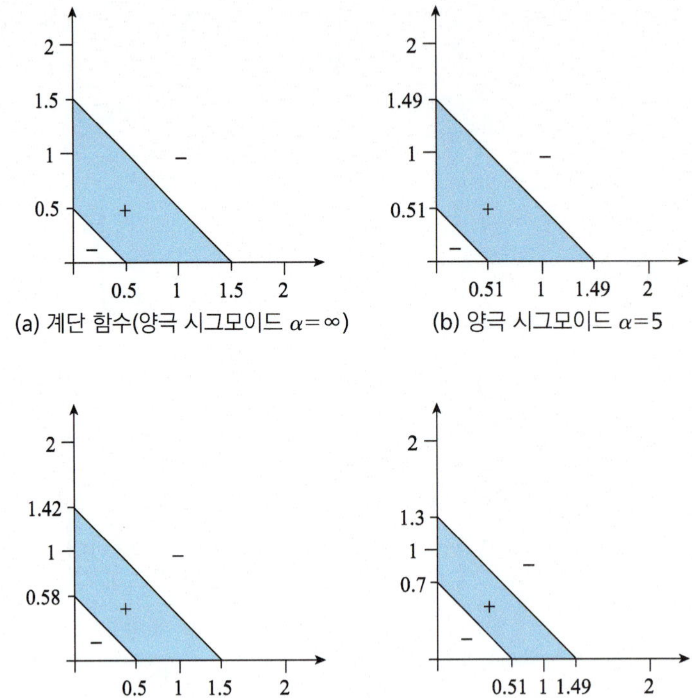

(a) 계단 함수(양극 시그모이드 $\alpha=\infty$) (b) 양극 시그모이드 $\alpha=5$

(c) 양극 시그모이드 $\alpha=3$ (d) 양극 시그모이드 $\alpha=2.5$

그림 4.11 활성 함수에 따른 다층 퍼셉트론의 공간 분할 능력

이제까지 다층 퍼셉트론의 구조에 대해 설명하였다. 이러한 신경망의 구조를 **아키텍처**architecture라 부르기도 한다. 아키텍처를 설계할 때 다음 사항을 고려해야 한다.

1. 몇 개의 층을 둘 것인가? [그림 4.9]의 다층 퍼셉트론은 한 개의 은닉 층을 가지고 있다. 일반적으로는 은닉 층을 원하는 개수만큼 둘 수 있다. 이 책에서는 한 개의 은닉 층을 가진 경우로 한정하여 설명하고 한 개 이상으로 확장하는 방법도 설명한다.

2. 층간의 연결은 어떻게 할 것인가? [그림 4.9]는 이웃한 층 사이에만 연결을 허용하고 있다. 또한 이웃한 층 사이에서는 모든 노드 간에 에지가 있는 완전 연결 상태이다. 일반적으로는 이웃하지 않은 층간에도 에지를 가질 수 있으며 오른쪽에서 왼쪽으로 가는 피드백 에지를 가질 수도 있다. 또한 일부 노드 간에만 에지가 있는 부분 연결 구조를 가질 수도 있다. 이 책에서는 이웃한 층 간에만 에지를 허용하도록 한다. 또한 피드백 에지는 허용하지 않는다. 즉 신호가 앞으로만 전달되는 구조이다. 이러한 구조의 다층 퍼셉트론을 **전방 다층 퍼셉트론**feed-forward MLP (FFMLP)이라 한다. 보통 다층 퍼셉트론이라 하면 전방 다층 퍼셉트론을 말한다.

3. 각 층에 있는 노드를 몇 개로 할 것인가? 특정한 분류 문제가 주어지면 특징의 개수에 따라 입력 노드의 개수 d가 결정되고 부류의 개수에 따라 출력 노드의 개수 m이 자동으로 결정되므로 m과 d는 고려 대상에서 제외된다. 은닉 노드 개수 p는 사용자가 정해주어야 한다. p에 따라 훈련 알고리즘이 추정해야 할 매개변수의 개수가 결정되므로 적절한 값을 찾아 설정해야 한다. 이 점에 대해서는 4.3.4절의 구현에서 다시 설명한다.

4. 어떤 활성 함수를 사용할 것인가? 일반적으로 노드마다 서로 다른 활성 함수를 사용할 수 있으나 보통은 모든 노드가 같은 활성 함수를 사용한다. 보통 그림 4.10의 시그모이드 함수 중의 하나를 사용한다.

4.3.2 학습

이제까지 다층 퍼셉트론의 구조와 동작에 대해 알아보았다. 이제 이것의 학습을 공부해 보자.

- **MLP 학습이란?** 훈련 집합 $X = \{(\mathbf{x}_1, \mathbf{t}_1), (\mathbf{x}_2, \mathbf{t}_2), \cdots, (\mathbf{x}_N, \mathbf{t}_N)\}$이 주어졌을 때 이들을 분류하는 다층 퍼셉트론(즉 **u**와 **v**)을 찾아라. $(\mathbf{x}_i, \mathbf{t}_i)$에서 $\mathbf{x}_i$는 특징 벡터이고 $\mathbf{t}_i$는 부류 표지 벡터class label vector로서(또는 목적 벡터target vector라고도 함) $\mathbf{x}_i \in \omega_j$이면 $\mathbf{t}_i = (0, \cdots, 1, \cdots, 0)^\mathrm{T}$이다. 즉 j번째 요소만 1이고 나머지 요소는 모두 0을 갖는다. 이것은 이진 모드를 사용할 때의 값이고 만일 양극 모드를 사용한다면 $\mathbf{t}_i = (-1, \cdots, 1, \cdots, -1)^\mathrm{T}$로 하면 된다.

이제 학습 알고리즘을 유도해 보자. 4.2.2절의 퍼셉트론과 마찬가지로 세 단계에 따라 설계할 수 있다. 다층 퍼셉트론의 매개변수 집합은 $\Theta = \{\mathbf{u}, \mathbf{v}\}$이다. [그림 4.9]에서 보는 바와 같이 **u**는 입력 층과 은닉 층 사이에 있는 가중치이며 **v**는 은닉 층과 출력 층 사이의 가중치이다. (4.12)와 (4.13)의 전방 계산이 분류 과정을 위한 식이다.

이제 비용 함수를 정의하는 두 번째 단계를 생각해 보자. 다층 퍼셉트론의 품질을 측정할 수 있는 비용 함수 $J(\Theta)$를 어떻게 정의할 것인가? [그림 4.12]는 다층 퍼셉트론을 블랙 박스로 표시하고 있다. 훈련 샘플 $\mathbf{x} = (x_1, x_2, \cdots, x_d)^\mathrm{T}$가 입력되었을 때 우리가 원하는 출력은 $\mathbf{t} = (t_1, t_2, \cdots, t_m)^\mathrm{T}$이다. Θ로 정의되는 다층 퍼셉트론이 $\mathbf{o} = (o_1, o_2, \cdots, o_m)^\mathrm{T}$을 출력했다면 이때의 오류를 (4.16)과 같이 정의할 수 있다.

$$E = \frac{1}{2}\sum_{k=1}^{m}(t_k - o_k)^2 \tag{4.16}$$

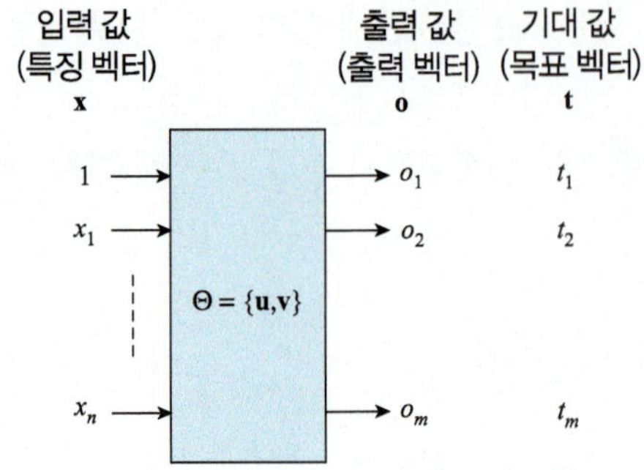

그림 4.12 다층 퍼셉트론의 입력, 출력, 그리고 기대값

이제 학습 알고리즘이 무슨 일을 해야 하는지 설명할 수 있다. 학습 알고리즘은 (4.16)의 오류 E를 줄이는 쪽으로 매개변수 **u**와 **v**를 수정해 나가야 한다. 이 작업을 식으로 쓰면 (4.17)과 같다. 이 식은 퍼셉트론의 (4.5)와 마찬가지로 경사하강법을 이용하고 있다. $\partial E/\partial \mathbf{v}$와 $\partial E/\partial \mathbf{u}$는 E의 값이 커지는 방향이므로 이들을 빼주면 E가 작아진다. 작아지는 방향은 알지만 얼마만큼 이동해야 최저 점에 도달하는지 알 수 없으므로 적당한 값 ρ를 곱하여 준다. 퍼셉트론에서와 마찬가지로 ρ는 학습률이다. 괄호 속의 h는 세대 수로서 편의상 h번째 세대의 **v** 값을 $\mathbf{v}(h)$로 표기한다.

$$\left.\begin{aligned} \mathbf{v}(h+1) &= \mathbf{v}(h) + \Delta\mathbf{v} = \mathbf{v}(h) - \rho\frac{\partial E}{\partial \mathbf{v}} \\ \mathbf{u}(h+1) &= \mathbf{u}(h) + \Delta\mathbf{u} = \mathbf{u}(h) - \rho\frac{\partial E}{\partial \mathbf{u}} \end{aligned}\right\} \tag{4.17}$$

(4.17)은 샘플 하나에 대한 학습을 수행한다. 따라서 이 식은 패턴 모드를 위한 것이다. 이제 학습 알고리즘의 개략적인 구조를 설계할 수 있다.

알고리즘 4.4는 다층 퍼셉트론을 위한 학습 알고리즘의 원리를 잘 설명하고 있다. 이 알고리즘에서 아직 구체적으로 알려지지 않은 것은 라인 5뿐이다. 따라서 라인 5에 집중해 보자. 오류 함수 E의 가장 급한 경사 방향인 $\partial E/\partial \mathbf{v}$와 $\partial E/\partial \mathbf{u}$를 어떻게 계산할 것인가? 우선 j번째 은닉 노드와 k번째 출력 노드 간의 가중치 v_{jk}를 위한 갱신값 Δv_{jk}를 유도해 보자.

알고리즘 4.4　다층 퍼셉트론(MLP) 학습

입력: 훈련 집합 $X = \{(\mathbf{x}_1, \mathbf{t}_1), (\mathbf{x}_2, \mathbf{t}_2), \cdots, (\mathbf{x}_N, \mathbf{t}_N)\}$, 학습률 ρ

출력: 가중치 $\mathbf{u}$와 $\mathbf{v}$

1. $\mathbf{u}$와 $\mathbf{v}$를 초기화한다.
2. **repeat** {
3. 　**for** (X의 샘플 각각에 대해) {
4. 　　(4.12)와 (4.13)으로 전방 계산을 한다.
5. 　　$\frac{\partial E}{\partial \mathbf{v}}$와 $\frac{\partial E}{\partial \mathbf{u}}$를 계산한다.
6. 　　(4.17)로 새로운 $\mathbf{u}$와 $\mathbf{v}$를 계산한다.
7. 　}
8. } **until** (stop-condition);

$$
\begin{aligned}
\frac{\partial E}{\partial v_{jk}} &= \frac{\partial\left(0.5\sum_{r=1}^{m}(t_r - o_r)^2\right)}{\partial v_{jk}} \\
&= \frac{\partial(0.5(t_k - o_k)^2)}{\partial v_{jk}} \\
&= -(t_k - o_k)\frac{\partial o_k}{\partial v_{jk}} \\
&= -(t_k - o_k)\frac{\partial \tau(o\_sum_k)}{\partial v_{jk}} \\
&= -(t_k - o_k)\tau'(o\_sum_k)\frac{\partial o\_sum_k}{\partial v_{jk}} \\
&= -(t_k - o_k)\tau'(o\_sum_k)\, z_j
\end{aligned}
$$

위의 유도에서 나타난 마지막 줄에서 맨 앞 두 개 항의 곱을 δ_k로 대치하면 (4.18)과 (4.19)와 같이 쓸 수 있다. 이 식에서 o_sum_k, o_k, 그리고 z_j는 전방 계산에서 얻은 값들이다. 이들에 대해서는 (4.12)와 (4.13)을 참조하라. (4.19)에서 $0 \le j \le p$임에 주목하자. $j = 0$은 바이어스에 해당하고 $z_0 = 1$이다. 이 두 개의 식은 학습 알고리즘을 구성하는 아주 중요한 식이다. 꼭 기억해 두자.

$$\delta_k = (t_k - o_k)\tau'(o\_sum_k),\ 1 \le k \le m \tag{4.18}$$

$$\Delta v_{jk} = -\rho\frac{\partial E}{\partial v_{jk}} = \rho\delta_k z_j,\ 0 \le j \le p,\ 1 \le k \le m \tag{4.19}$$

이제 i번째 입력 노드와 j번째 은닉 노드 간의 가중치 갱신값 Δu_{ij}를 유도해 보자. Δv_{jk}보다 약간 더 까다롭다.

$$\begin{aligned}
\frac{\partial E}{\partial u_{ij}} &= \frac{\partial\left(0.5\sum_{k=1}^{m}(t_k - o_k)^2\right)}{\partial u_{ij}} \\
&= -\sum_{k=1}^{m}(t_k - o_k)\frac{\partial o_k}{\partial u_{ij}} \\
&= -\sum_{k=1}^{m}(t_k - o_k)\tau'(o_sum_k)\frac{\partial o_sum_k}{\partial u_{ij}} \\
&= -\sum_{k=1}^{m}(t_k - o_k)\tau'(o_sum_k)\frac{\partial o_sum_k}{\partial z_j}\frac{\partial z_j}{\partial u_{ij}} \\
&= -\sum_{k=1}^{m}(t_k - o_k)\tau'(o_sum_k)v_{jk}\frac{\partial z_j}{\partial u_{ij}} \\
&= -\sum_{k=1}^{m}(t_k - o_k)\tau'(o_sum_k)v_{jk}\tau'(z_sum_j)x_i \\
&= -\sum_{k=1}^{m}\delta_k v_{jk}\tau'(z_sum_j)x_i
\end{aligned}$$

이 유도에서 나타난 마지막 줄에서 맨 뒤의 항 x_i는 Σ와 무관하므로 이 항을 제외하고 앞에 있는 나머지 항의 곱을 η_j로 대치하면 위의 식은 (4.20)과 (4.21)처럼 쓸 수 있다. δ_k는 (4.18), z_sum_j는 (4.12)에 정의되어 있다. (4.21)에서 $0 \le i \le d$임에 주목하자. $i = 0$은 바이어스에 해당하고 $x_0 = 1$이다. 이 두 개의 식도 학습 알고리즘을 구성하는 아주 중요한 식이므로 꼭 기억하자.

$$\eta_j = \tau'(z\_sum_j)\sum_{k=1}^{m}\delta_k v_{jk},\ 1 \le j \le p \tag{4.20}$$

$$\Delta u_{ij} = -\rho\frac{\partial E}{\partial u_{ij}} = \rho\eta_j x_i,\ 0 \le i \le d,\ 1 \le j \le p \tag{4.21}$$

이제 학습 알고리즘을 완성하는 데 필요한 모든 수식을 유도하였다. 재료를 모두 준비한 셈이다. 이들 수식 (4.18)~(4.21)을 **일반 델타 규칙**generalized delta rule이라 부른다. 이 규칙을 알고리즘 4.4에 대입하여 완성된 학습 알고리즘 4.5를 만들 수 있다. 이 알고리즘이 오류 E를 줄여나가는 원리는 아주 간단하다. 주어진 샘플에 대해 전방 계산으로 오류를 추정한 후 출력 층에서 시작하여 반대 방향으로 전진하며 미분을 수행한다. 이와 같이 역방향으로 진행하면서 미분을 수행하는 알고리즘을 **오류 역전파 알고리즘** error back-propagation algorithm이라 부른다.

알고리즘 4.5 다층 퍼셉트론(MLP) 학습을 위한 오류 역전파 알고리즘(패턴 모드)

입력: 훈련 집합 $X = \{(\mathbf{x}_1, \mathbf{t}_1), (\mathbf{x}_2, \mathbf{t}_2), \cdots, (\mathbf{x}_N, \mathbf{t}_N)\}$, 학습률 ρ

출력: 가중치 **u**와 **v**

// 초기화

1. **u**와 **v**를 초기화한다.
2. $x_0 = z_0 = 1$; // 바이어스
3. **repeat** {
4. **for** (X의 샘플 각각에 대해) {
5. 현재 샘플을 $\mathbf{x} = (x_1, x_2, \cdots, x_d)^T$와 $\mathbf{t} = (t_1, t_2, \cdots, t_m)^T$으로 표기한다.

// 전방 계산

6. **for** ($j = 1$ **to** p) { $z\_sum_j = \sum_{i=0}^{d} x_i u_{ij}$; $z_j = \tau(z\_sum_j)$; } // (4.12)
7. **for** ($k = 1$ **to** m) { $o\_sum_k = \sum_{j=0}^{p} z_j v_{jk}$; $o_k = \tau(o\_sum_k)$; } // (4.13)

// 오류 역전파

8. **for** ($k = 1$ **to** m) $\delta_k = (t_k - o_k)\tau'(o\_sum_k)$; // (4.18)
9. **for** (모든 v_{jk}, $0 \le j \le p$, $1 \le k \le m$에 대해) $\Delta v_{jk} = \rho \delta_k z_j$; // (4.19)
10. **for** ($j = 1$ **to** p) $\eta_j = \tau'(z\_sum_j)\sum_{k=1}^{m} \delta_k v_{jk}$; // (4.20)
11. **for** (모든 u_{ij}, $0 \le i \le d$, $1 \le j \le p$에 대해) $\Delta u_{ij} = \rho \eta_j x_i$; // (4.21)

// 가중치 갱신

12. **for** (모든 v_{jk}, $0 \le j \le p$, $1 \le k \le m$에 대해) $v_{jk} = v_{jk} + \Delta v_{jk}$; // (4.17)
13. **for** (모든 u_{ij}, $0 \le i \le d$, $1 \le j \le p$에 대해) $u_{ij} = u_{ij} + \Delta u_{ij}$; // (4.17)
14. }
15. } **until** (stop-condition);
16. **u**와 **v**를 저장한다.

라인 1~2는 초기화 단계이다. 라인 3~15는 한 세대에 해당한다. 종료 조건이 만족될 때까지 세대를 반복한다. 라인 4~14는 한 샘플에 대해 오류를 계산하고 곧바로 가중치를 갱신하므로 패턴 모드이다. 배치 모드로의 수정은 연습 문제로 남겨 둔다. 라인 4~14는 크게 라인 6~7의 전방 계산, 라인 8~11의 오류 역전파, 그리고 라인 12~13의 가중치 갱신으로 구성된다. 이들 각각은 앞에서 유도한 수식을 사용한다. 활성 함수 $\tau(.)$는 [그림 4.10]에 있는 시그모이드 중의 하나를 선택하여 사용하면 된다. 가중치 초기화, 종료 조건, 그리고 활성 함수에 대해서는 4.3.4절에서 부연 설명한다.

알고리즘 4.5는 조금 복잡해 보인다. 하지만 [그림 4.9]의 구조 속에서 일정한 순서에 따라 계산이 이루어지므로 정신을 바짝 차리면 크게 어렵지 않다. 아래에 있는 예제 4.4는 이 알고리즘을 이해하는 데 크게 도움이 될 것이다.

예제 4.4 다층 퍼셉트론의 학습

[그림 4.13]은 $d = 2$, $p = 2$, 그리고 $m = 2$인 아키텍처를 가진 다층 퍼셉트론이다. 가중치는 그림에서처럼 초기화되어 있다고 하자. 활성 함수로 a = 1인 양극 시그모이드를 사용하고 학습률은 $\rho = 0.2$라 한다. 아래 샘플을 가지고 알고리즘 4.5의 학습 과정을 살펴보자.

$$\mathbf{x} = (0.7, 0.2)^{\mathrm{T}}, \mathbf{t} = (-1, 1)^{\mathrm{T}}$$

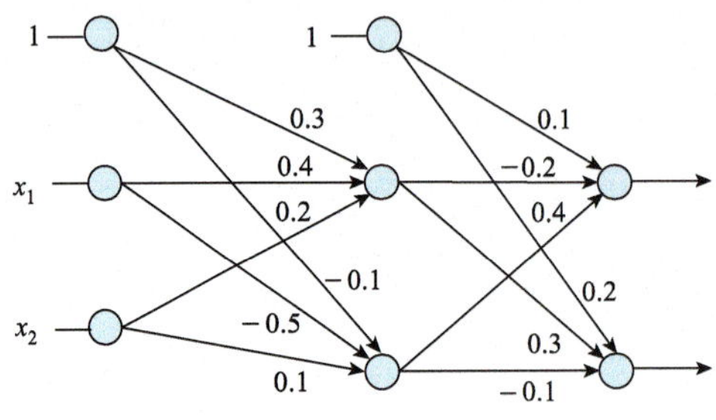

그림 4.13 다층 퍼셉트론 학습 과정의 예시

전방 계산을 해 보자.

라인 6:

$$z\_sum_1 = 1*0.3 + 0.7 * 0.4 + 0.2*0.2 = 0.62000$$

$$z\_sum_2 = 1*(-0.1) + 0.7*(-0.5) + 0.2*0.1 = -0.43000$$

$$z_1 = \tau_2(0.62000) = 2/(1 + \mathrm{e}^{-0.62000}) - 1 = 0.30044$$

$$z_2 = \tau_2(-0.43000) = 2/(1 + \mathrm{e}^{0.43000}) - 1 = -0.21175$$

라인 7:

$$o\_sum_1 = 1*0.1 + 0.30044*(-0.2) + (-0.21175)*0.4 = -0.04479$$

$$o\_sum_2 = 1*0.2 + 0.30044*0.3 + (-0.21175)*(-0.1) = 0.31131$$

$$o_1 = \tau_2(-0.04479) = -0.02239$$

$$o_2 = \tau_2(0.31131) = 0.15441$$

이 다층 퍼셉트론은 입력 $\mathbf{x} = (0.7, 0.2)^T$에 대해 $\mathbf{o} = (-0.02239, 0.15441)^T$을 출력하였다. 기대하는 값 $\mathbf{t} = (-1, 1)^T$과의 오류는 아래와 같이 계산할 수 있다.

$$E = 0.5*((-1.0 - (-0.02239))^2 + (1.0 - 0.15441)^2) = 0.83537$$

이제 오류 역전파 단계를 계산해 보자.

라인 8:

$$\begin{aligned}\delta_1 &= (-1.0 + 0.02239)\tau_2'(-0.04479)\\ &= -0.97761*0.5*(1 + \tau_2(-0.04479))(1 - \tau_2(-0.04479))\\ &= -0.48856\end{aligned}$$

$$\begin{aligned}\delta_2 &= (1.0 - 0.15441)\tau_2'(0.31131)\\ &= 0.84559*0.5*(1 + \tau_2(0.31131))(1 - \tau_2(0.31131))\\ &= 0.41271\end{aligned}$$

라인 9:

$$\Delta v_{01} = 0.2*(-0.48856)*1.0 = -0.09771$$

$$\Delta v_{02} = 0.2*0.41271*1.0 = 0.08254$$

$$\Delta v_{11} = 0.2*(-0.48856)*0.30044 = -0.02936$$

$$\Delta v_{12} = 0.2*0.41271*0.30044 = 0.02480$$

$$\Delta v_{21} = 0.2*(-0.48856)*(-0.21175) = 0.02069$$

$$\Delta v_{22} = 0.2*0.41271*(-0.21175) = -0.01748$$

라인 10:

$$\eta_1 = \tau_2'(0.62000)*((-0.48856)*(-0.2) + 0.41271*0.3) = 0.10076$$

$$\eta_2 = \tau_2'(-0.43000)*((-0.48856)*(0.4) + 0.41271*(-0.1)) = -0.11304$$

라인 11:

$$\Delta u_{01} = 0.2*0.10076*1.0 = 0.02015$$

$$\Delta u_{02} = 0.2*(-0.11304)*1.0 = -0.02261$$

$$\Delta u_{11} = 0.2*0.10076*0.7 = 0.01411$$

$$\Delta u_{12} = 0.2*(-0.11304)*0.7 = -0.01583$$

$$\Delta u_{21} = 0.2*0.10076*0.2 = 0.00403$$

$$\Delta u_{22} = 0.2*(-0.11304)*0.2 = -0.00452$$

이제 가중치 갱신 단계를 수행해 보자.

라인 12:

$$v_{01} = 0.1 - 0.09771 = 0.00229$$

$$v_{02} = 0.2 + 0.08254 = 0.28254$$

$$v_{11} = -0.2 - 0.02936 = -0.22936$$

$$v_{12} = 0.3 + 0.02480 = 0.32480$$

$$v_{21} = 0.4 + 0.02069 = 0.42069$$

$$v_{22} = -0.1 - 0.01748 = -0.11748$$

라인 13:

$$u_{01} = 0.3 + 0.02015 = 0.32015$$

$$u_{02} = -0.1 - 0.02261 = -0.12261$$

$$u_{11} = 0.4 + 0.01411 = 0.41411$$

$$u_{12} = -0.5 - 0.01583 = -0.51583$$

$$u_{21} = 0.2 + 0.00403 = 0.20403$$

$$u_{22} = 0.1 - 0.00452 = 0.09548$$

지금까지 **x**라는 샘플을 가지고 라인 5~13의 과정을 거쳤다. 이제 라인 4로 돌아가 X에 있는 다른 샘플을 가지고 같은 과정을 반복하면 된다.

이 예제를 마치기 전에 학습한 효과를 확인해 보자. 이 작업은 새로 얻은 **u**와 **v**가 좋아졌는지를 확인하는 것이다. 라인 6과 라인 7로 전방 계산을 해보자.

라인 6과 7:

$$z\_sum_1 = 1.0*0.32015 + 0.7*0.41411 + 0.2*0.20403 = 0.65083$$

$$z\_sum_2 = 1.0*(-0.12261) + 0.7*(-0.51583) + 0.2*0.09548 = -0.46460$$

$$z_1 = 0.31440$$

$$z_2 = -0.22821$$

$$o\_sum_1 = 1.0*0.00229 + 0.31440*(-0.22936) + (-0.22821)*0.42069$$
$$= -0.16582$$

$$o\_sum_2 = 1.0*0.28254 + 0.31440*(0.32480) + (-0.22821)*(-0.11748)$$
$$= 0.41147$$

$$o_1 = -0.08272$$

$$o_2 = 0.20288$$

$\mathbf{o} = (-0.08272, 0.20288)^T$을 얻어 우리가 원하는 $\mathbf{t} = (-1, 1)^T$에 가까워졌음을 알 수 있다. 오류도 $E = 0.73840$이 되어 이전보다 줄어들었음을 확인할 수 있다.

일반 델타 규칙을 유도하는 데는 미분을 주로 사용하였다. 유도 과정이 복잡해 보일 수 있으나 사실 미분의 가장 기본적인 정리들만 사용하고 있으므로 잘 살펴보면 그리 어렵지 않다. 두 가지만 알면 되는데 하나는 상수와 변수를 가려 내는 것이고 또 하나는 연쇄 법칙을 적용하는 것이다. 우선 $\partial E/\partial v_{jk}$를 살펴보자. E를 v_{jk}로 미분하고 있다. (4.16)에서 E를 구성하는 항은 $t_1, t_2, \cdots, t_m$과 $o_1, o_2, \cdots, o_m$인데 이들 중에 $t_1, t_2, \cdots, t_m$은 v_{jk}에 대해 모두 상수이다. 그리고 $o_1, o_2, \cdots, o_m$ 중에 v_{jk}에 영향을 받는(즉 v_{jk}에게 변수가 되는) 것은 o_k뿐이다. 이 사실은 [그림 4.9]에서 확인할 수 있으며 이 관계를 보여 주는 부분만 떼어 내어 그려 보면 [그림 4.14(a)]와 같다. $\partial E/\partial u_{ij}$는 약간 더 까다롭다. 역시 $t_1, t_2, \cdots, t_m$은 u_{ij}에 대해 모두 상수이다. $o_1, o_2, \cdots, o_m$은 모두 u_{ij}에 영향을 받는다. 이 사실도 [그림 4.9]에서 확인할 수 있으며 이 관계를 따로 떼어 내어 그려 보면 [그림 4.14(b)]와 같다. u_{ij}는 노드 j의 출력값 z_j의 계산에 관여하며, z_j는 $o_1, o_2, \cdots, o_m$의 계산에 관여한다. 이러한 관계를 알면 일반 델타 규칙의 유도 과정을 어렵지 않게 이해할 수 있다.

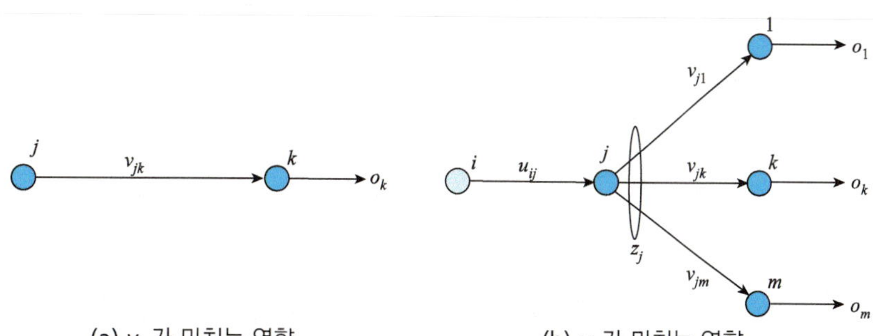

(a) v_{jk}가 미치는 영향 (b) u_{ij}가 미치는 영향

그림 4.14 일반 델타 규칙의 유도 과정

오류 역전파 알고리즘의 시간 복잡도를 따져 보자. 우선 두 개의 루프를 확인할 수 있다. 바깥쪽 repeat 루프를 한 번 돌면 세대 하나가 끝난다. 따라서 이 루프의 반복 횟수는 세대 수에 해당한다. 이 반복 횟수를 H라 하자. 안쪽 for 루프는 X의 크기, 즉 샘플의 수 N번만큼 돈다. 이들 이중 루프 속에서는 가중치의 개수에 비례하는 양의 계산이 이루어진다. 가중치의 개수는 $(d + 1)p + (p + 1)m$이다. 따라서 알고리즘의 시간 복잡도는 $\Theta((d + m)pHN)$이다.

H는 경우에 따라 다른데 보통 수십~수백이 된다. N은 작은 훈련 집합의 경우 수백이 되기도 하는데 실용적인 인식 시스템을 만드는 경우에는 수천~수백만이 된다. 예를 들어 필기 숫자 인식의 경우 CENPARMI 데이터베이스는 N이 4000이고 MNIST 데이터베이스는 60000이다. 따라서 다층 퍼셉트론의 학습은 많은 시간을 필요로 한다.

4.3.3 인식

앞 절에서는 다층 퍼셉트론을 위한 학습 알고리즘을 공부하였다. 이제 학습이 완료된 다층 퍼셉트론을 미지의 패턴을 인식하는 데 사용해 보자. 인식은 전방 계산 한 번으로 끝난다. 알고리즘 4.6이 인식을 위한 알고리즘을 설명하고 있다. 라인 5에서는 전방 계산을 하여 얻은 출력 벡터 $\mathbf{o} = (o_1, o_2, \cdots, o_m)^{\mathrm{T}}$을 조사하여 가장 큰 값을 갖는 요소의 인덱스를 인식 결과로 출력한다. 이것을 수식으로 쓰면 (4.22)와 같다.

$$\left.\begin{array}{l} \mathbf{x}\text{를 } \omega_q\text{로 분류} \\ \text{이때 } q = \arg\max_j o_j,\ 1 \le j \le m \end{array}\right\} \tag{4.22}$$

알고리즘 4.6 다층 퍼셉트론(MLP)에 의한 인식

입력: MLP (**u**와 **v**), 미지 패턴 **x**

출력: 부류 ω_q

1. **u**와 **v**를 읽어 MLP를 설정한다.
2. $x_0 = z_0 = 1$; // 바이어스
3. **for** (j =1 **to** p) { $z\_sum_j = \sum_{i=0}^{d} x_i u_{ij}$; $z_j = \tau(z\_sum_j)$; } // 은닉 층

4. ***for*** $(k{=}1$ ***to*** $m)$ { $o\_sum_k = \sum_{j=0}^{p} z_j v_{jk}$; $o_k = \tau(o\_sum_k)$; }　　// 출력 층

5. $\mathbf{x}$를 $q = \arg\max_j o_j$인 ω_q로 분류한다.　　// 가장 큰 값을 갖는 부류

인식 단계의 시간 복잡도는 $\Theta((d+m)p)$이다. 다층 퍼셉트론은 인식 작업이 그리 많지 않은 계산량을 사용하는 아주 바람직한 특성을 지니고 있다.

4.3.4 구현과 몇 가지 부연 설명

이제까지 다층 퍼셉트론을 위한 학습 알고리즘(알고리즘 4.5)과 인식 알고리즘(알고리즘 4.6)을 제시하였다. 이들 알고리즘은 명확한 형태의 가상 코드로 작성되어 있으므로 이것를 C나 C++와 같은 언어로 프로그래밍하는 것은 그리 어렵지 않다. 하지만 알고리즘 4.5는 가상 코드에 명시되지 않은 몇 가지 중요한 고려 사항이 있어 부연 설명이 필요하다. 이들에 대한 정확한 이해가 부족한 상태에서 구현이 이루어진다면 만족할 만한 성능을 얻기 힘들다.

아키텍처

4.3.1절에서 설명한 바와 같이 아키텍처를 다양하게 설정하여 사용할 수 있다. 아키텍처 설계에서 고려해야 할 점은 같은 성능을 갖는다면 가급적 단순한 것을 선택해야 한다는 점이다. 이에 대해서는 1.2.4절에서 'Occam의 칼날'이라는 원리를 언급한 적이 있다. 가장 보편적으로 사용하고 있는 아키텍처는 은닉 층이 하나인 전방 다층 퍼셉트론(FFMLP)이고, 모든 노드가 같은 활성 함수를 사용한다. 하나의 은닉 층만 있어도 주어진 훈련 집합의 입력과 출력 관계를 충분한 정확도로 근사할 수 있다는 이론적인 근거가 있다. 또한 여러 실험 결과에서도 하나의 은닉 층이 충분히 높은 성능을 보임이 입증되어 있다. 따라서 특별한 경우를 제외하고는 하나의 은닉 층을 사용하면 된다. 만일 두 개 이상의 은닉 층을 사용하고자 한다면 알고리즘 4.5의 전방 계산에서 라인 6과 7 사이, 오류 역전파 단계에서 라인 9와 10 사이, 그리고 가중치 갱신에서 라인 12와 13 사이에 추가된 은닉 층을 위한 for 루프를 추가하면 된다. 또한 알고리즘 4.6에서 라인 3과 4 사이에도 새로운 은닉 층을 위한 for 루프를 삽입해야 한다.

은닉 노드의 개수는 매우 중요하다. 신경망의 크기는 가중치의 개수 $(d+1)p+(p+1)m$

이다. 예를 들어 100개의 특징을 가지며 부류 수가 10인 분류 문제에서 은닉 노드 개수를 30으로 설정했다고 하자. 즉 $d = 100$, $p = 30$, 그리고 $m = 10$이 된다. 따라서 가중치는 3,340개가 된다. X가 1,000개의 샘플을 가졌다면 1,000개의 샘플로 3,340개의 매개변수를 추정하는 문제가 된다. 매개변수에 비해 주어진 정보가 턱 없이 부족한 상황이다. 반면에 p를 너무 작게 하면 신경망의 용량이 작아 필요한 정보를 충분히 담을 수 없게 된다. 따라서 적절한 값으로 설정하는 것이 매우 중요하다. 일반적인 경우에 대해 최적의 p 값을 추정하는 방법은 없다. 보통 여러 값에 대해 신경망을 훈련하고 그들 중에 가장 좋은 성능을 보이는 것을 선택한다.

가중치 초기화(라인 1)

학습이 어떤 초기값을 가지고 출발하느냐는 두 가지 측면에 영향을 미친다. 첫째, 전역 최적 점으로 수렴할지 아니면 지역 최적 점으로 수렴할지와 관련된다. 11.1.2절의 [그림 11.7]을 보자. $\boldsymbol{\theta}_3$이나 $\boldsymbol{\theta}_5$에서 출발하면 전역 최적 점으로 수렴하지만 $\boldsymbol{\theta}_2$에서 출발하면 지역 최적 점에 빠진다. 둘째, 수렴 속도에 영향을 미친다. [그림 11.7]에서 $\boldsymbol{\theta}_5$보다 $\boldsymbol{\theta}_3$에서 출발하는 것이 더 빠른 수렴을 보장할 것이다. 이 그림에서는 $\boldsymbol{\theta}$가 한 개의 변수만을 가지는 1차원 공간의 단순한 상황이지만 실제에서는 수백~수백만 매개변수를 가지는 상황이므로 유리한 초기값을 설정하기가 쉽지 않다.

보편적으로 이용하는 방법은 작은 난수로 설정한다. 보통 −0.5~0.5 사이의 난수를 사용한다. 보다 정교한 설정을 위한 방법 중의 하나로 참고 문헌 [Nguyen90]을 참고하라. 하지만 이러한 문헌이 제시하는 방법은 특수한 상황에 적용할 수 있는 방법에 불과하다. 일반적인 경우에 대해 전역 최적 점을 보장하며 가장 빠르게 수렴하는 초기값을 찾는 방법은 알려져 있지 않다.

언제 종료할 것인가?(라인 15의 stop-condition)

수렴했다고 판단되면 그때 끝내면 된다. 그런데 수렴convergence 여부는 어떻게 알 수 있을까? 수렴 판단 문제에 대해서도 보편적으로 사용할 수 있는 명쾌한 방법이 존재하지 않는다. 따라서 주어진 문제를 보고 그에 적절한 조건을 찾아야 한다. 보통 아래에 있는 조건 중의 하나를 사용하거나 두 가지 이상의 조건을 or 또는 and로 조합하여 사용한다.

- 세대 수를 1부터 시작하여 H에 도달하면 멈춘다. 즉 알고리즘 4.5의 라인 3~15의 repeat 루프를 H번 반복하고 끝낸다. 이 방법은 H를 얼마로 설정할 것인가라는 문제에 봉착한다. 보통은 여러 번 실험을 통해 적절한 값을 알아낸다.

- 한 세대가 끝난 후(즉 라인 4~14의 for 루프가 끝난 후) (4.23)으로 정의되는 평균 제곱 오차mean squared error(MSE)를 구하여 *MSE*가 어떤 임계 값보다 작으면 멈춘다. (4.23)에서 E_i는 i번째 샘플 $\mathbf{x}_i$에 대해 (4.16)으로 구한 E값을 지칭한다. 이 방법에서도 임계 값을 어떻게 설정할 것인가라는 문제에 봉착한다. 보통은 여러 번 실험을 통해 적절한 임계 값을 알아낸다.

$$MSE = (\textstyle\sum_{i=1}^{N} E_i)/N \tag{4.23}$$

- *MSE* 값의 변화 추이를 관찰하여 여러 세대에 걸쳐 변화가 아주 작을 때 멈춘다. 이때에도 임계 값 설정이 필요하다.
- 훈련 집합 X와 별도로 검증 집합validation set X'가 주어졌다면 세대가 끝날 때마다 X'를 알고리즘 4.6으로 인식한다. 보통 초기에는 오류율이 급격히 감소하다가 어느 정도 지나면 그 속도가 떨어진다. 그리고 어느 순간에 오류율이 증가하는데 이때 멈춘다. 그리고 증가하기 바로 이전의 **u**와 **v**를 답으로 취한다. 증가하는 순간은 일반화 능력이 떨어지기 시작하는 점이다. [그림 4.15]가 이러한 관계를 보여 준다. 검증 집합이 따로 없는 상황에서는 12.2절에서 소개하는 교차 검증 방법을 쓰면 된다.

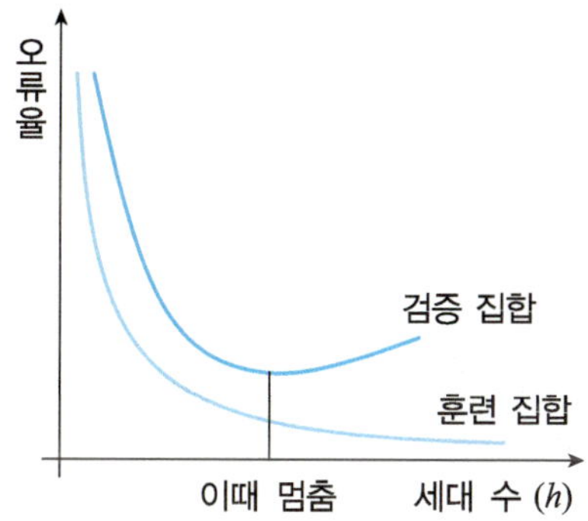

그림 4.15 일반화 기준에 따른 멈춤 조건

목적 벡터의 표현과 활성 함수

라인 5에서 목적 벡터 $\mathbf{t}$를 어떻게 표현할 것인가? 4.3.1절에서 이미 설명한 바와 같이 이진 모드와 양극 모드가 있다. 이진 모드를 사용하고자 한다면 $\mathbf{t}$의 요소는 0과 1을 가지므로 $\mathbf{t} = (0, \cdots, 1, \cdots, 0)^{\mathrm{T}}$으로 표현해야 한다. 이 경우 반드시 (4.14)의 이진 시그모이드와 같은 이진 활성 함수를 사용해야 한다. 알고리즘 4.5의 라인 6과 7에서는 $\tau_1(.)$을 사용해야 하고 라인 8과 10에서는 $\tau_1'(.)$을 사용해야 한다. 이진 모드 대신 양극 모드를 사용할 수도 있다. 이때는 라인 5에서 −1과 1을 사용하여 $\mathbf{t} = (-1, \cdots, 1, \cdots, -1)^{\mathrm{T}}$으로 표현해야 한다. 또한 라인 6과 7에서 (4.15)의 $\tau_2(.)$, 라인 8과 10에서 $\tau_2'(.)$를 사용해야 한다.

패턴 모드와 배치 모드

알고리즘 4.5는 훈련 집합 X에 있는 샘플 각각에 대해 라인 12와 13에서 곧바로 가중치를 갱신하는 패턴 모드로 작성되어 있다. 반면에 모든 샘플에 대해 $\Delta\mathbf{u}$와 $\Delta\mathbf{v}$를 계산한 후 이들의 평균을 구하고 이 평균을 가지고 한꺼번에 가중치를 갱신하는 배치 모드도 있다. 배치 모드는 잡음에 둔감하게 해주는 효과가 있다. 보통 패턴 모드가 더 좋은 성능을 보인다.

샘플 처리 순서

알고리즘 4.5의 라인 4~14의 for 루프에서는 X에 있는 샘플을 한 번에 하나씩 처리한다. 이때 샘플을 어떤 순서로 처리하느냐가 문젯거리가 될 수 있다. X를 담고 있는 파일에 샘플들이 부류 별로 모여서 들어 있을 수 있다. 예를 들어 맨 앞 부분에 ω_1의 샘플들이 연달아 나타나고 그 뒤에 ω_2의 샘플이 나타나는 식으로 들어 있을 수 있다. 이런 경우 같은 부류의 샘플이 연달아 가중치를 갱신하여 그 부류에게만 유리하게 수정하고 그 부류가 끝나면 다른 부류가 또 같은 행위를 하여 결국 바람직하지 못한 결과가 나타날 수 있다. 따라서 샘플들의 순서를 섞은 후에 사용하는 것이 필요하다. 또한 새로운 세대마다 순서를 섞어 주면 보다 좋은 성능을 얻을 가능성이 있다.

학습률

학습률은 학습 알고리즘의 수렴과 밀접한 관련이 있다. 너무 크면 최적 점을 두고 해가 진자와 같이 좌우로 이동하며 수렴하지 않을 수 있다. 반면에 너무 작으면 수렴에 걸리는 시간이 너무 길어질 수 있다. 따라서 적절한 값으로 설정해야 한다.

하나의 값으로 고정해 놓고 전체 과정에서 사용할 수도 있고 상황에 따라 적응적으로 변화시킬 수도 있다. 4.2.3절의 퍼셉트론 구현의 부연 설명 2번과 같이 초기에 큰 값을 가지고 시작하고 갈수록 줄여 나가는 방법이 있다. 어떤 부류가 다른 부류에 비해 샘플을 월등히 적게 갖고 있는 경우에서도 적응적으로 할 수 있다. 이 경우에는 크기가 적은 부류에 속하는 샘플은 학습률을 다른 부류에 비해 크게하여 보상해 줄 수 있다.

지역 최적 점 탈출

오류 역전파 알고리즘은 본질적으로 경사하강법을 이용하여 최적 점을 찾는다. 때문에 초기값에 따라 지역 최적 점에 빠질 위험을 안고 있다. 따라서 여러 초기값으로 신경망을 훈련하고 그들 중에 가장 좋은 성능을 보이는 것을 선택하는 실용적인 방법을 사용하기도 한다. 이러한 방법을 **다중 시작** multi-start 방법이라 한다. 또는 유전 알고리즘과 같은 효율적인 공간 탐색 방법을 동원하여 지역 최적점 탈출을 꾀하기도 한다.

지금까지 오류 역전파 알고리즘을 구현하는 데 고려해야 할 중요한 사항들을 설명하였다. 적절히 설정해야 할 매개변수들이 많은데, 아직까지 일반적인 경우에 들어맞는 보편적인 설정 방법이 개발되어 있지 않다. 따라서 문제(즉 훈련 집합 X)가 주어지면 경험과 실험을 통하여 적절한 값을 찾아야 한다. 다행히 신경망의 성능이 매개변수 설정에 아주 민감하지는 않기 때문에 어느 정도 실험을 통해(또는 이전의 경험을 통해) 어렵지 않게 설정할 수 있다.

프랑크 로젠블랫Frank Rosenblatt

(1928년 7월 11일~1971년) 미국

로젠블랫은 초기 신경망 연구에서 독보적인 위치를 차지하고 있다. 그는 코넬Cornell 대학의 교수로 근무하며 퍼셉트론이라는 초기 신경망 모델을 개발하였다. 처음에는 IBM 704에서 시뮬레이션하였지만 1960년대 초에는 Mark I 퍼셉트론이라는 특수 컴퓨터를 제작하였다. 그는 '뇌 작용 이론theory of brain mechanism'이라는 학제간 강좌를 여러 해 개설하였고 강의 노트를 정리하여 책으로 출판하였다 [Rosenblatt62]. 이 책에 그의 아이디어가 결집되어 있다. 퍼셉트론은 발표 당시 과다할 정도로 매스컴의 주목을 받았다. 하지만 1969년의 민스키와 페퍼트의 『Perceptrons』라는 책의 반론으로 신경망 연구가 침체기에 빠졌고 1980년대 중반에 다층 퍼셉트론이 나올 때까지 소강 상태에 머물러 있었다. 퍼셉트론은 신경망 연구에 한 획을 그은 것으로 평가된다. 현재는 신경망의 역사를 기술할 때 매컬러-피츠McCulloch-Pitts 모델 → 퍼셉트론 → Adaline → MLP로 이어지는 것으로 보고 있다. 로젠블랫은 스포츠카를 즐기는 멋쟁이였다고 알려져 있다. 그는 1971년 보트 사고로 사망하였다.

Mark I 퍼셉트론의 영상 입력 장치를 조작하고 있는 Rosenblatt (20*20 영상을 획득)

[Rosenblatt62] Frank Rosenblatt, *Principles of Neurodynamics: Perceptrons and the Theory of Brain Mechanisms,*" Spartan Books, 1962.

01 AND 분류 문제는 다음과 같이 정의된다. 이 문제를 해결하는 퍼셉트론을 찾아라.

$\mathbf{a} = (0, 0)$　　$\mathbf{b} = (1, 0)$　　$\mathbf{c} = (0, 1)$　　$\mathbf{d} = (1, 1)$

$t_\mathbf{a} = -1$　　$t_\mathbf{b} = -1$　　$t_\mathbf{c} = -1$　　$t_\mathbf{d} = 1$

02 포켓 알고리즘의 배치 모드 버전을 가상 코드 형태로 제시하라.

03 퍼셉트론 학습 알고리즘이 수렴함을 증명하라.

04 XOR 문제를 위한 [그림 4.8]의 MLP를 다시 살펴보자.

❶ 이 MLP에 네 개의 샘플을 입력하여 어떻게 인식하는지 확인해 보아라.

❷ 특징 공간을 아래 그림과 같이 분할하는 새로운 MLP를 제시하라.

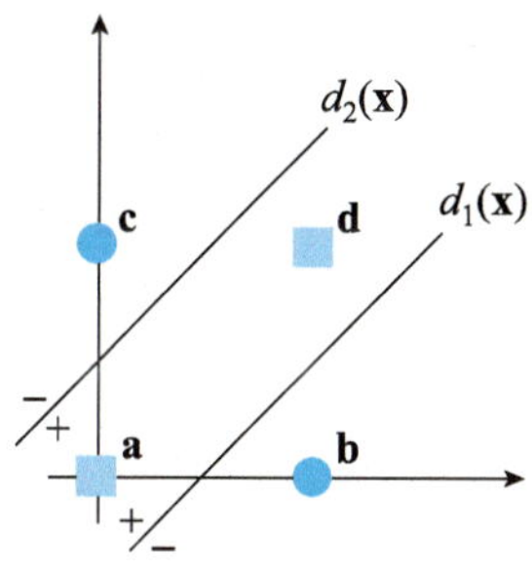

05 아래 분류 문제를 해결하는 MLP를 설계하라.

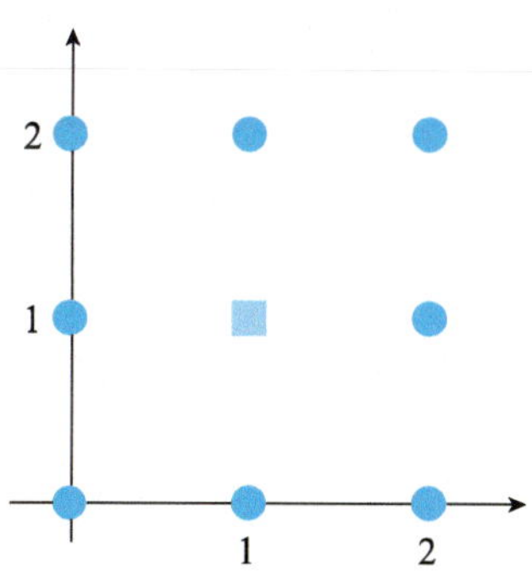

06 오류 역전파 알고리즘의 배치 모드 버전을 가상 코드 형태로 제시하라.

07 예제 4.3에 대해 다시 생각해 보자.

❶ $\alpha = \infty$인 양극 시그모이드는 계단 함수와 같은 결과를 만드는 이유를 설명하라.
❷ α가 줄어들면 + 영역이 따라서 줄어드는 이유를 설명하라.
❸ α가 계속 줄어들면 어떻게 되는지 설명하라.

08 예제 4.4에서 $\rho = 0.3$으로 설정하고 다시 계산하라. $\rho = 0.2$일 때와 비교하라.

09 두 개의 은닉 층을 가진 MLP를 생각해 보자.

❶ 아키텍처를 그려라.
❷ 학습 알고리즘을 가상 코드로 제시하라.
❸ 하나의 은닉 층을 가진 MLP와 공간 분할 능력을 비교하라.

10 [그림 4.10(a)]의 이진 모드 활성 함수 $\tau_1(x)$는 [0, 1] 사이의 출력 값을 낸다. 하지만 $\tau_1(x)$를 임의의 범위 $[a, b]$를 갖도록 변환할 수 있다. 그 방법을 제시하라. 또한 [그림 4.10(b)]의 양극 모드는 이 변환의 특수한 형태임을 보여라.

11 MLP 학습 알고리즘(알고리즘 4.5)이 **모멘텀**momentum을 가지도록 변형할 수 있다. 모멘텀이란 이전 세대에서 발생한 가중치 차이를 현재 세대에 반영하는 아이디어를 뜻한다. 이 아이디어에서는 식 (4.17)이 아래와 같이 바뀐다. 이 새로운 식에서 δ는 모멘텀 계수로서 [0, 1] 사이의 값을 갖는다.

$$\left.\begin{aligned}\mathbf{v}(h+1) &= \mathbf{v}(h) + \Delta\mathbf{v} + \delta(\mathbf{v}(h) - \mathbf{v}(h-1)) \\ \mathbf{u}(h+1) &= \mathbf{u}(h) + \Delta\mathbf{u} + \delta(\mathbf{u}(h) - \mathbf{u}(h-1))\end{aligned}\right\}$$

❶ 알고리즘 4.5를 모멘텀을 포함시켜 다시 작성하라.
❷ 모멘텀을 사용하는 이유는?

12 신경망은 많은 연산을 필요로 한다. 특히 학습 과정은 실시간에 수행할 수 없을 정도로 많은 연산을 사용한다. 따라서 신경망을 병렬 처리 칩으로 구현한 사례가 여럿 있다. 이러한 신경망 칩에 대해 조사하라.

13 피드백을 갖는 **순환 신경망**recurrent neural network에 대해 조사하라.

14 MLP 학습은 지역 최적 점에 빠질 위험을 안고 있다. 이를 완화시키는 방법 중의 하나인 다중 시작 MLP를 가상 코드 형태로 제시하라.

15 한글 인식에 대해 생각해 보자. 보통 문서에서 발생하는 2,350자를 대상으로 한다면 부류 수는 $N = 2350$이 된다. 하나의 MLP를 사용한다면 출력 노드 수가 2350이 되며 은닉 노드도 수천 개가 되어야 하므로 아주 복잡한 아키텍처를 갖게 된다. 이런 복잡도를 피하기 위한 대안을 제시하라.

16 3장의 [그림 3.1(a)]의 Θ에 해당하는 MLP의 매개변수는 무엇인가?

PATTERN RECOGNITION

CHAPTER 05

PATTERN RECOGNITION

SVM

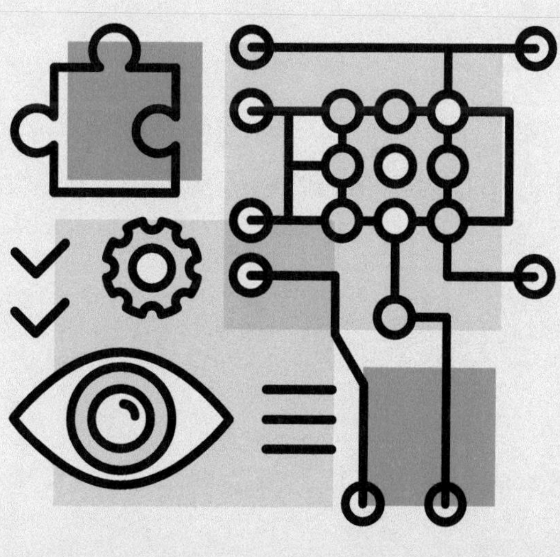

패턴인식 분야는 꾸준히 발전해 왔다. 이 발전 역사의 견인 축 중 하나는 분류 문제를 풀기 위한 새로운 방법론의 개발이다. 가장 오랜 역사를 가진 통계적 분류 방법(2~3장)에서 출발하여 신경망(4장)이 개발되었고 앞으로 배울 트리 분류기(6장)와 은닉 마르코프 모델(7장) 등이 있다. 이러한 상황에서 1990년대 SVM(Support Vector Machine)이 등장하여 큰 주목을 받았다. SVM은 기존의 분류 방법들과 기본 원리가 크게 다르다. 신경망을 포함하여 기존 방법들은 분류 '오류율을 최소화'하려는 목적으로 설계되었다. 하지만 SVM은 한 발짝 더 나아가 두 부류 사이에 존재하는 '여백margin을 최대화'하여 일반화 능력을 극대화한다. 여백이라는 간단한 개념이 분류 방법론에 있어 새로운 물줄기를 만들었다고 볼 수 있다.

SVM은 러시아 과학자 바프닉Vladimir Vapnik이 1970년대 후반에 제안하였으나 그 당시에는 크게 주목을 받지 못하였다. 하지만 1990년대 들어 필기 숫자 인식과 같은 실용적인 응용에서 우수한 일반화 능력이 입증되었고 그 이후 패턴인식과 기계 학습 분야 연구자들의 뜨거운 주목을 받았다. SVM을 일반화 측면에서 다른 분류기와 비교하면 대등하거나 우수한 것으로 알려져 있다.[33] SVM은 N^2개(N은 훈련 집합의 크기) 이상의 항을 갖는 수식을 다루어야 한다. 주어진 조건 하에서 이 수식을 최대화하는 조건부 최적화 문제를 풀어야 한다. 따라서 구현이 까다로운 편이다. 다행히 공개 소스 소프트웨어Open Source Software(OSS)를 인터넷에서 쉽게 구할 수 있다. 5.5절에서 이들 소프트웨어를 소개한다.

SVM을 다룬 교과서로 [Abe05, Cristianini00]을 권한다. SVM의 튜토리얼 논문으로 가장 널리 읽히는 것은 [Burges98]이다. 또한 최근에 발표된 [Ivanciuc07]도 좋은 튜토리얼 논문이다. 비록 화학을 위한이라는 부제가 붙어있긴 하지만 SVM 전반을 쉽게 소개하고 인터넷에서 구할 수 있는 자료와 OSS를 자세히 소개하고 있다. SVM의 제안자로 알려진 바프닉의 대표적인 저서로는 [Vapnik98]을 추천한다. 또한 SVM의 이론적 토대인 통계적 학습 이론에 관한 바프닉의 튜토리얼 논문은 [Vapnik99]를 추천한다.

5.1 발상

[그림 5.1]은 세 개의 분류기(결정 직선)를 보여 주고 있다. 분류기 ❶은 세 개의 샘플을 틀리게 분류하고 ❷와 ❸은 오류 없이 분류하고 있다. 신경망 학습 알고리즘은 초

[33] 일반적으로 패턴인식기 성능의 우열은 주어진 문제에 따라 다를 수 있다. 또한 구현할 때 매개변수를 얼마나 잘 설정하느냐가 분류기의 성능을 좌우하므로 단정적인 주장은 비합리적일 수 있다. 하지만 SVM의 비교 우위에 대한 주장은 SVM 관련 문헌에 많이 나타나 있는 것이 사실이다. SVM의 튜토리얼 논문으로 가장 널리 읽히는 [Burges98]에도 이런 주장이 있다.

기 값으로 ❶을 가지고 출발하였다면 오류를 줄여 가는 과정을 반복하여 ❷ 또는 ❸과 같은 직선을 찾아갈 것이다. 이 상황에서 만일 ❷에 도달하였다면 거기에서 멈춘다. 왜냐하면 오류 함수가 0의 값을 갖게 되므로 추가로 ❸과 같은 분류기를 찾아갈 동력이 없기 때문이다.

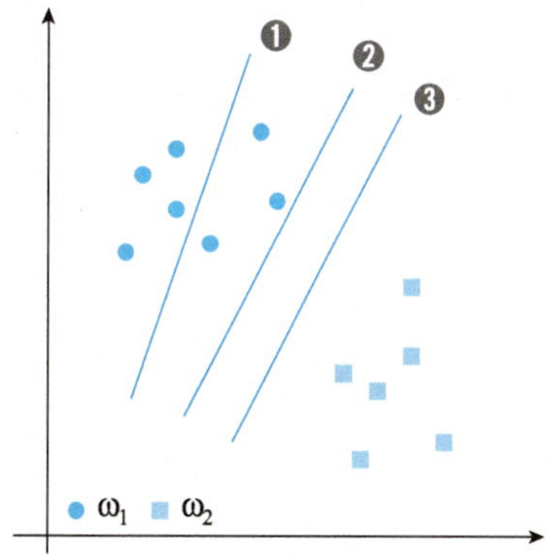

그림 5.1 분류기의 일반화 능력

훈련 집합 입장에서 보면 ❷와 ❸은 둘 다 오류가 0이므로 같은 성능의 분류기이다. 하지만 분류기를 만드는 목적은 미래에 발생할 미지의 패턴을 분류하기 위함에 있다. 미지의 패턴을 얼마나 잘 분류하느냐를 따지는 척도인 일반화[generalization] 능력 측면에서 보면 ❷와 ❸은 같지 않다. ❷는 부류 ω_1에서 발생하는 패턴에서 약간의 변형이 발생하면 결정 직선을 넘어 ω_2로 오분류될 가능성이 크다. 하지만 결정 직선 ❸은 두 부류 모두에 대해 **여백**[margin]이 커서 웬만한 변형은 오분류로 이어지지 않는다. 즉 ❷는 여유가 없고 ❸은 넉넉한 여유를 가진다고 볼 수 있다. 다시 말해 ❸이 ❷보다 일반화 능력이 뛰어나고 결국 분류기 품질 면에서 ❸이 ❷보다 좋다.

이제 매우 중요한 문제를 제기할 수 있다. 여백이라는 개념을 어떻게 공식화할 것인가? 여백을 최대로 하는 결정 초평면은 어떻게 찾아낼 것인가? 이제부터 이러한 질문에 대한 해답을 공부하자. 5.2절에서는 선형 SVM, 5.3절에서는 비선형 SVM에 대해 살펴본다. SVM은 기본적으로 이진 분류기이다. 따라서 M 부류 분류 문제로 확장하는 방법에 대해서도 공부해야 한다.

5.2 선형 SVM

이진 분류를 위한 결정 초평면[decision hyperplane]은 (5.1)로 표현할 수 있다. 여기에서 $\mathbf{x}$는 샘플을 나타내는 특징 벡터로서 $\mathbf{x} = (x_1, \cdots, x_d)^\mathrm{T}$이다. $\mathbf{w}$와 b는 결정 초평면을

정의하는 매개변수이다. 이 초평면은 SVM을 유도하는 데 도움이 되는 몇 가지 수학적 특성을 갖는다.

$$d(\mathbf{x}) = \mathbf{w}^{\mathrm{T}}\mathbf{x} + b = 0 \tag{5.1}$$

1. $d(\mathbf{x})$는 전체 특징 공간을 두 영역으로 분할하며 한 쪽 영역에 속하는 점 $\mathbf{x}$는 $d(\mathbf{x}) > 0$이고 다른 쪽에 있는 점은 $d(\mathbf{x}) < 0$이다.
2. 하나의 초평면을 표현하는 식은 여럿 있다. (5.1)에 0이 아닌 임의의 상수 c를 곱하여도 같은 초평면을 나타낸다.
3. $\mathbf{w}$는 초평면의 법선 벡터normal vector로서 초평면의 방향을 나타내고 b는 위치를 나타낸다.
4. 임의의 점 $\mathbf{x}$에서 초평면까지의 거리는 (5.2)와 같다.

$$h = \frac{|d(\mathbf{x})|}{\|\mathbf{w}\|} \tag{5.2}$$

예제 5.1 결정 초평면의 수학적 특성

[그림 5.2]에 있는 결정 직선의 수학적 특성을 살펴보자. 이 직선의 매개변수는 $\mathbf{w} = (2, 1)^{\mathrm{T}}$이고 $b = -4$이다.

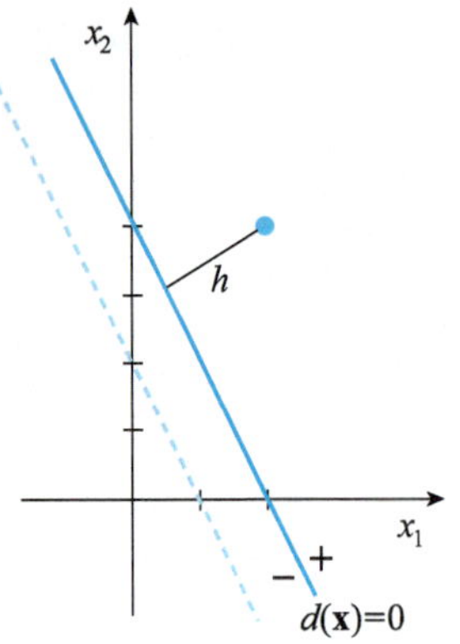

그림 5.2 직선의 수학적 특성

이 직선의 +로 표시된 영역에 놓인 점 $\mathbf{x}$는 모두 $d(\mathbf{x}) > 0$이고 반대쪽은 $d(\mathbf{x}) < 0$임을 쉽게 알 수 있다. 이 직선은 다음과 같이 여러 다른 식으로 표현할 수 있다. 두 번째와 세 번째 식은 첫 번째 식에 각각 0.5와 3.0을 곱하여 얻은 것이다.

$$d(\mathbf{x}) = 2x_1 + x_2 - 4 = 0$$
$$d(\mathbf{x}) = x_1 + 0.5x_2 - 2 = 0$$
$$d(\mathbf{x}) = 6x_1 + 3x_2 - 12 = 0$$

첫 번째 식에서 **w**를 그대로 둔 채 b를 −2로 바꾸어 보자. 직선은 방향을 유지한 채 아래로 이동하여 [그림 5.2]에서 점선으로 표시된 직선이 된다. 이제 점과 직선 사이의 거리를 계산해 보자. 점 $\mathbf{x} = (2, 4)^T$에서 직선까지의 거리를 (5.2)로 구할 수 있다. 위에 있는 두 번째와 세 번째 식에 대입하여 같은 거리를 얻게 되는지 확인해 보아라.

$$h = \frac{|2 \times 2 + 1 \times 4 - 4|}{\sqrt{2^2 + 1^2}} = \frac{4}{\sqrt{5}} = 1.78885$$

5.2.1 선형 분리 가능한 상황

[그림 5.3]은 선형 분리 가능한 상황이다. 결정 직선의 방향을 나타내는 **w**가 주어진 상황에서 b를 변화시키면 그에 따라 직선의 위치가 변한다. 이때 '두 부류에 대해 직선으로부터 가장 가까운 샘플까지의 거리가 같게 되는' b를 결정할 수 있다. 그림에서 두 개의 결정 직선 ❶과 ❷는 이렇게 얻은 것이다. 이때 결정 직선의 **여백**margin은 직선으로부터 가장 가까운 샘플까지의 거리의 두 배로 정의한다. 따라서 ❶은 $2s_1$, ❷는 $2s_2$만큼의 여백을 가진다. 그림에서 점선으로 표시된 평행한 두 직선 사이의 영역을 **분할 띠**separation band라 부르자.

이제 SVM을 구하기 위해 풀어야 하는 문제를 수식으로 쓸 수 있는 상황에 와 있다. (5.3)이 바로 그 수식이다.

- 여백을 가장 크게 하는 결정 초평면의 방향, 즉 **w**를 찾아라. (5.3)[34]

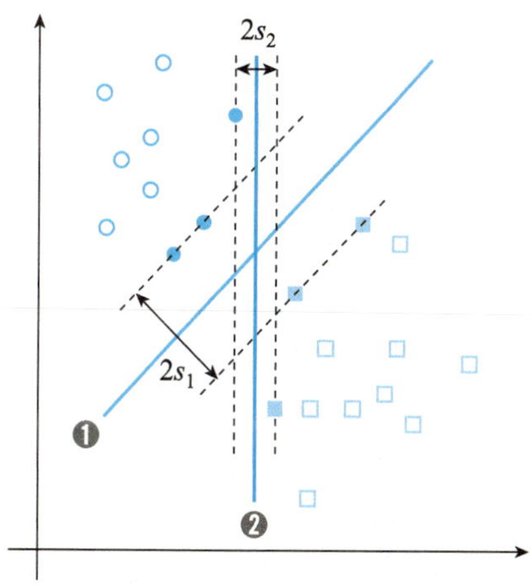

그림 5.3 선형 분리 가능한 상황

[34] 엄밀히 말하면 수식이 아니라 문제이지만 본문에서의 설명의 편의를 위해 수식과 같은 번호를 붙인다.

최적화 문제 (5.3)의 입장에서 보면, [그림 5.3]에서 $s_1 > s_2$이므로 결정 직선 ❶이 ❷보다 우수하다. 눈 대중으로 확인했을 때 ❶보다 큰 여백을 갖는 방향은 없어 보이므로 ❶이 최적일 것 같다. 그렇다면 진짜 최적일까? 최적을 찾기 위해서는 수학에 기대는 수밖에 없다.

이제 여백을 수식으로 표현해 보자. [그림 5.3]에서 속이 찬 샘플은 직선으로부터 가장 가까운 것들로서 여백의 크기를 좌우하는 중요한 역할을 하고 있다. 이들 샘플을 **서포트 벡터**support vector라 부른다. 앞에서 살펴본 초평면의 두 번째 특성에 따르면 $\mathbf{w}$와 b에 적절한 상수 c를 곱해도 같은 초평면을 나타낸다. 이 특성에 따라 서포트 벡터 $\mathbf{x}$에 대하여 $|d(\mathbf{x})| = 1$이 되도록 적당한 c를 곱한다면 여백은 (5.4)와 같이 쓸 수 있다.

$$\text{여백} = 2h = \frac{2|d(\mathbf{x})|}{\|\mathbf{w}\|} = \frac{2}{\|\mathbf{w}\|} \tag{5.4}$$

훈련 집합을 $X = \{(\mathbf{x}_1, t_1), (\mathbf{x}_2, t_2), \cdots, (\mathbf{x}_N, t_N)\}$으로 표시하자. N은 훈련 집합에 있는 샘플의 개수이다. t_i는 부류를 표시하는데 $\mathbf{x}_i$가 ω_1에 속하면 $t_i = 1$이고 ω_2에 속하면 $t_i = -1$이다. 이제 모든 샘플을 옳게 분류한다는(즉 모든 샘플이 분할 띠의 바깥에 놓여 있다는) 조건 하에 최대 여백을 갖는 결정 초평면을 찾으면 된다. 이 문제는 (5.5)의 **조건부 최적화 문제**constrained optimization problem로 쓸 수 있다. 조건 식에서 등호가 성립하는 샘플이 바로 서포트 벡터이다.

- 조건부 최적화 문제

$$\left.\begin{aligned}
&\text{아래 조건 하에,}\\
&\quad \mathbf{w}^{\mathrm{T}}\mathbf{x}_i + b \geq 1, \quad \forall \mathbf{x}_i \in \omega_1\\
&\quad \mathbf{w}^{\mathrm{T}}\mathbf{x}_i + b \leq -1, \quad \forall \mathbf{x}_i \in \omega_2\\
&\frac{2}{\|\mathbf{w}\|}\text{를 최대화하라.}
\end{aligned}\right\} \tag{5.5}$$

(5.5)의 조건부 최적화 문제를 (5.6)의 간단한 형태로 변형하고 또한 최소화 문제로 바꾸어 쓸 수 있다. $1/\|\mathbf{w}\|$의 최대화는 $\|\mathbf{w}\|^2$의 최소화와 같다. 비용함수 $J(.)$의 계수 1/2은 수식 전개의 편리를 위해 추가한다.

- 조건부 최적화 문제

$$\left.\begin{aligned}
&\text{아래 조건 하에,}\\
&\quad t_i(\mathbf{w}^{\mathrm{T}}\mathbf{x}_i + b) - 1 \geq 0, \; i = 1, \cdots, N\\
&J(\mathbf{w}) = \frac{1}{2}\|\mathbf{w}\|^2\text{을 최소화하라.}
\end{aligned}\right\} \tag{5.6}$$

5.2절의 시작부터 지금까지 무슨 일을 했는지 생각해 보자. 한마디로 말한다면 최대 여백을 확보함으로써 일반화 능력을 극대화하겠다는 SVM의 철학을 수학식으로 표현하였다고 할 수 있다. 이 수학식은 (5.6)의 조건부 최적화 문제이다. 이 문제의 성질을 두 가지 측면에서 생각해 보자. 첫 번째는 해의 유일성uniqueness이고, 두 번째는 문제의 난이도이다. 우선 해의 유일성에 대해 살펴보자. 문제 (5.6)의 목적 함수 $J(\mathbf{w})$는 $\mathbf{w}$의 2차 항만을 가지므로 볼록convex 함수이다. 또한 N개의 조건식이 모두 선형이고 이들 모두를 만족하는 영역은 볼록이 된다. 따라서 (5.6)의 해는 유일하다. 다시 말해 구한 해는 반드시 전역 최적 점이다. 이 성질은 SVM의 큰 장점이다. 신경망과 달리 SVM은 지역 최적 점에 빠지는 일이 결코 없다.[35]

문제 (5.6)의 난이도는 어떨까? 이 문제는 N개의 선형 부등식을 조건으로 가진 2차 함수의 최적화 문제이다. N은 훈련 샘플의 개수로서 적게는 수백에서 많은 경우 수백만이 된다. 이렇게 엄청나게 많은 조건식을 만족시키면서 $J(\mathbf{w})$를 최소로 하는 $\mathbf{w}$를 어떻게 찾을 것인가? 매우 어려운 문제이다. 이제부터 수학의 힘을 빌려야 한다.

수학에서 이런 종류의 조건부 최적화 문제는 **라그랑주 승수**Lagrange multiplier를 도입하여 해결한다.[36] 이 방법에서는 조건식마다 라그랑주 승수 α_i를 부여한다. 이들의 벡터를 $\boldsymbol{\alpha} = (\alpha_1, \alpha_2, \cdots, \alpha_N)^{\mathrm{T}}$으로 표기하자. 이제 문제 (5.6)에 해당하는 라그랑주 함수 $L(.)$을 아래와 같이 정의할 수 있다.

$$L(\mathbf{w}, b, \boldsymbol{\alpha}) = \frac{1}{2}\|\mathbf{w}\|^2 - \sum_{i=1}^{N}\alpha_i(t_i(\mathbf{w}^{\mathrm{T}}\mathbf{x}_i + b) - 1) \tag{5.7}$$

라그랑주 함수로 표현한 조건부 최적화 문제는 보통 카루시-쿤-터커Karush-Kuhn-Tucker(KKT) 조건을 이용하여 푼다. (5.7)에 따른 KKT 조건은 (5.8)~(5.11)과 같다.[37]

$$\frac{\partial L(\mathbf{w}, b, \boldsymbol{\alpha})}{\partial \mathbf{w}} = \mathbf{0} \quad \rightarrow \quad \mathbf{w} = \sum_{i=1}^{N}\alpha_i t_i \mathbf{x}_i \tag{5.8}$$

$$\frac{\partial L(\mathbf{w}, b, \boldsymbol{\alpha})}{\partial b} = 0 \quad \rightarrow \quad \sum_{i=1}^{N}\alpha_i t_i = 0 \tag{5.9}$$

$$\alpha_i \geq 0,\ i = 1, \cdots, N \tag{5.10}$$

$$\alpha_i(t_i(\mathbf{w}^{\mathrm{T}}\mathbf{x}_i + b) - 1) = 0,\ i = 1, \cdots, N \tag{5.11}$$

[35] 신경망은 초기값에 따라 지역 최적 점에 빠질 위험성이 높다. 4.3.4절을 참조하라. 따라서 여러 개의 초기값에 대해 학습을 하고 그 중 가장 좋은 성능을 갖는 것을 취하는 불편이 따른다. SVM은 그런 불편이 없는 것이 큰 장점이다.

[36] 라그랑주 승수에 대해서는 11.2.3절을 참조하라.

[37] 라그랑주 함수 $L(\boldsymbol{\theta}, \boldsymbol{\lambda}) = J(\boldsymbol{\theta}) - \sum_{i=1,N}\lambda_i f_i(\boldsymbol{\theta})$에 대한 KKT 조건은 ① $\partial L(\boldsymbol{\theta}, \boldsymbol{\lambda})/\partial\boldsymbol{\theta} = \mathbf{0}$, ② $\lambda_i \geq 0, i = 1, \cdots, N$, ③ $\lambda_i f_i(\boldsymbol{\theta}) = 0, i = 1, \cdots, N$이다. (5.7)의 $\mathbf{w}$와 b가 여기에서 $\boldsymbol{\theta}$에 해당하고 $\boldsymbol{\alpha}$는 $\boldsymbol{\lambda}$에 해당한다. KKT 조건은 필요 조건이다. 따라서 원래 조건부 최적화 문제의 해는 반드시 KKT 조건을 만족해야 한다. (5.8)~(5.9)는 ①, (5.10)은 ②, 그리고 (5.11)은 ③에 해당한다. KKT 조건에 대한 보다 자세한 내용은 11.2.3절을 참고하라.

이제 (5.8)~(5.11)의 네 개의 식이 우리 손 안에 있다. 이들 네 개 KKT 조건은 여러모로 쓸모가 있다. 이들의 성질과 이들이 어떻게 쓰이는지를 정리해 보자.

1. (5.11)을 살펴보자. 모든 샘플에 대해 $\alpha_i = 0$이거나 $t_i(\mathbf{w}^T\mathbf{x}_i + b) - 1 = 0$이어야 한다. $\alpha_i \neq 0$인 샘플은 $t_i(\mathbf{w}^T\mathbf{x}_i + b) = 1$이어야 하는데 이들이 바로 서포트 벡터이다. [그림 5.3]에서 속이 찬 샘플이 이들에 해당하고 $\alpha_i = 0$인 샘플은 속이 빈 샘플들이다.

2. (5.8)로 결정 초평면의 매개변수 $\mathbf{w}$를 구할 수 있다. 이 식을 가만 살펴보자. t_i와 $\mathbf{x}_i$는 훈련 집합으로 주어진 것이고 그들을 제외한 나머지는 라그랑주 승수 α_i뿐이다. 따라서 라그랑주 승수를 알고 있다는 말은 결정 초평면을 구했다는 말과 같다. (이 식으로 $\mathbf{w}$를 구하는 문제는 5.4.2절에서 보다 구체적으로 다시 언급한다.) 이제 아주 중요한 전환점에 도착하였다. 이제부터는 '$\mathbf{w}$를 구하는 대신 라그랑주 승수를 구하는' 문제로 관심을 돌릴 수 있게 되었다.

3. (5.11)로 결정 초평면의 매개변수 b를 구할 수 있다. $\alpha_i \neq 0$인 샘플에 대해 $t_i(\mathbf{w}^T\mathbf{x}_i + b) = 1$을 풀면 된다. (5.8)로 $\mathbf{w}$를 구한 뒤에는 이 식의 미지수는 b뿐이므로 쉽게 b를 구할 수 있다. (이 식으로 b를 구하는 문제는 5.4.2절에서 보다 구체적으로 다시 언급한다. 거기에서 수치적으로 더 안정된 값을 구하는 방법이 제시된다.)

문제 (5.6)은 볼록 성질을 만족한다는 점을 이미 공부하였다. 볼록 성질을 만족하는 조건부 최적화 문제는 **울프 듀얼**Wolfe dual 문제로 변형할 수 있다.[38] 이에 따라 문제 (5.6)을 바꾸어 쓰면 문제 (5.12)가 된다. 여기에서의 조건은 (5.8)~(5.11)의 KKT 조건 중 앞의 세 개와 같다. 목적 함수 $L(\mathbf{w}, b, \boldsymbol{\alpha})$는 (5.7)의 라그랑주 함수이다.

- 조건부 최적화 문제

$$\left.\begin{aligned} &\text{아래 조건 하에,} \\ &\quad \mathbf{w} = \sum_{i=1}^{N} \alpha_i t_i \mathbf{x}_i \\ &\quad \sum_{i=1}^{N} \alpha_i t_i = 0 \\ &\quad \alpha_i \geq 0,\ i = 1, 2, \ldots, N \\ &L(\mathbf{w}, b, \boldsymbol{\alpha})\text{를 최대화하라.} \end{aligned}\right\} \tag{5.12}$$

[38] 볼록 성질을 만족하는 조건부 최적화 문제는 울프 듀얼 문제로 변형할 수 있다. 원래 문제가 $f_i(\boldsymbol{\theta}) \geq 0,\ i = 1, \cdots, N$이라는 조건 하에 $J(\boldsymbol{\theta})$를 최소화하는 것이라 하자. 이때 Wolfe 듀얼 문제는 $\partial L(\boldsymbol{\theta}, \boldsymbol{\alpha})/\partial\boldsymbol{\theta} = \mathbf{0}$ 과 $\alpha_i \geq 0,\ i = 1 \cdots, N$이라는 두 가지 조건 하에 $L(\boldsymbol{\theta}, \boldsymbol{\alpha}) = J(\boldsymbol{\theta}) - \sum_{i=1,N} \alpha_i f_i(\boldsymbol{\theta})$를 최대화하는 것이다. 부등식 조건이 등식 조건으로 바뀌었고 최소화 문제가 최대화 문제로 바뀌었다.

문제 (5.12)를 살펴보면 문제 (5.6)과 두 가지 면에서 달라졌다. 우선 최소화 문제가 최대화 문제가 되었다. 또한 부등식 조건이 등식 조건으로 바뀌었다. 부등식 조건보다 등식 조건을 가진 문제가 훨씬 풀기 쉽기 때문에 문제 변형으로 얻은 것이 크다고 할 수 있다.

간단한 수식 전개를 통해 (5.12)를 풀기 더 쉬운 문제로 변형할 수 있다. (5.8)과 (5.9)를 라그랑주 함수 (5.7)에 대입하고 수식을 정리하면 $\mathbf{w}$와 b가 사라진다! 이렇게 얻은 식은 매개변수로 라그랑주 승수 $\boldsymbol{\alpha}$만 갖는다. 이 식을 $\tilde{L}(\boldsymbol{\alpha})$로 표기하자. $\mathbf{w}$가 없어졌으므로 문제 (5.12)의 조건 중에 첫 번째 것은 이제 필요 없다. 이 조건을 빼고 새로운 목적 함수 $\tilde{L}(\boldsymbol{\alpha})$을 가지고 문제 (5.12)를 다시 쓰면 (5.13)이 된다.

- 조건부 최적화 문제

$$\left.\begin{array}{l} \text{아래 조건 하에,} \\ \displaystyle\sum_{i=1}^{N}\alpha_i t_i = 0 \\ \alpha_i \geq 0,\ i = 1, \ldots, N \\ \displaystyle\tilde{L}(\boldsymbol{\alpha}) = \sum_{i=1}^{N}\alpha_i - \frac{1}{2}\sum_{i=1}^{N}\sum_{j=1}^{N}\alpha_i\alpha_j t_i t_j \mathbf{x}_i^{\mathrm{T}}\mathbf{x}_j \text{를 최대화하라.} \end{array}\right\} \tag{5.13}$$

새로 얻은 조건부 최적화 문제 (5.13)에서 몇 가지 주목할 점이 있다. 이들은 모두 매우 중요한 사실이므로 꼭 기억하고 넘어가자.

1. 한 개의 등식 조건과 N개의 부등식 조건을 가진 2차quadratic 목적 함수의 최대화 문제이다.

2. $\mathbf{w}$와 b가 사라졌다. 이제 $\mathbf{w}$와 b를 구하는 문제가 아니라 라그랑주 승수 α를 구하는 문제가 되었다. 라그랑주 승수를 구하면 (5.8)로 $\mathbf{w}$를 구하고 이어 (5.11)로 b를 구하면 된다.

3. 목적 함수에서 특징 벡터 $\mathbf{x}_i$가 혼자 나타나지 않고 두 개의 특징 벡터의 내적 $\mathbf{x}_i^{\mathrm{T}}\mathbf{x}_j$로 나타난다. 이 점은 매우 흥미롭다. 또한 선형 SVM을 비선형 SVM으로 확장하는 데 결정적인 역할을 한다. 5.3절에서 다시 살펴보기로 하자.

4. 목적 함수 $\tilde{L}(\boldsymbol{\alpha})$의 두 번째 항은 이중 Σ를 가지고 있어 풀어 쓰면 N^2개의 항이 된다. 이렇게 엄청나게 많은 항을 가진 함수를 최대로 하는 $\boldsymbol{\alpha}$를 어떻게 구할 것인가? 여전히 어려운 과제가 남아 있다. 이것에 대해서는 5.4.1절에서 다룬다.

표 5.1 조건부 최적화 문제의 변형 과정

<table>
<tr><th colspan="3">문제</th><th>특성</th></tr>
<tr><td colspan="3">SVM 철학([그림 5.1])</td><td>• 여백을 최대로 하여 일반화 능력 극대화</td></tr>
<tr><td rowspan="7">선형</td><td rowspan="5">선형 분리 가능</td><td>문제 (5.3)</td><td>• SVM 목적과 매개변수의 관계 설정</td></tr>
<tr><td>조건부 최적화 문제 (5.5)</td><td>• 조건이 등장함
• 여백을 공식화하여 목적 함수로 삼음
• 최대화 문제</td></tr>
<tr><td>조건부 최적화 문제 (5.6)</td><td>• t_i를 이용하여 조건을 하나로 씀
• 목적 함수 $\frac{2}{\|\mathbf{w}\|}$를 $\frac{1}{2}\|\mathbf{w}\|^2$으로 바꾸어 최소화 문제로 변형</td></tr>
<tr><td>조건부 최적화 문제 (5.12)</td><td>• 라그랑주 승수를 도입하여 라그랑주 함수 유도함
• 문제의 볼록 성질을 이용하여 울프 듀얼 문제로 변형
• 라그랑주 함수를 최대화하는 문제가 됨
• 부등식 조건이 등식 조건으로 바뀜</td></tr>
<tr><td>조건부 최적화 문제 (5.13)</td><td>• 라그랑주 함수를 정리하여 w와 b가 없어지고 $\boldsymbol{\alpha}$만 남음
• w와 b를 구하는 문제가 $\boldsymbol{\alpha}$를 구하는 문제로 바뀜
• 특징 벡터가 내적 형태로 나타나 비선형 SVM으로 확장하는 토대가 됨</td></tr>
<tr><td>선형 분리 불가능</td><td>조건부 최적화 문제 (5.27)</td><td>• (5.13)을 선형 분리 불가능한 경우로 확장함
• $0 \le \alpha$ 조건이 $0 \le \alpha \le C$로 변경된 것 빼고는 (5.13)과 같음</td></tr>
<tr><td>비선형</td><td></td><td>조건부 최적화 문제 (5.35)</td><td>• (5.27)을 비선형 SVM으로 확장
• 벡터 내적을 커널 함수 계산으로 대치(커널 대치 기법)</td></tr>
</table>

SVM의 철학과 그것을 공식화한 (5.3)에서 출발한 후 변신을 거듭하여 결국 조건부 최적화 문제 (5.13)까지 왔다. 이 과정을 이해하기 쉽게 [표 5.1]에 정리하였다. 이렇게 조건부 최적화 문제를 변형하는 목적은 문제 풀이의 난이도를 줄이려는 것이다. 문제 (5.13)은 그 이전의 문제보다 훨씬 풀기가 쉽다.

[표 5.1]에서 보는 바와 같이 여러 번의 문제 변형으로 다루기가 훨씬 쉬워졌다. 하지만 (5.13)의 목적 함수가 엄청나게 많은 항을 가지고 있으므로 여전히 문제 풀이가 어렵다는 것을 알 수 있다. 이 문제를 어떻게 풀지는 5.4절로 미루어 두고 우선 다음 절의 선형 분리 불가능한 상황으로 생각을 옮겨 보자.

이 절을 마치기 전에 문제 (5.13)을 보다 직관적으로 이해하기 위해 두 가지 예제를 살펴 본다.

예제 5.2 **두 개의 샘플을 갖는 경우에 대한 문제 (5.13)의 풀이**

아주 간단한 경우를 살펴보자. [그림 5.4(a)]에서 보는 바와 같이 두 개의 샘플 $\mathbf{x}_1$과 $\mathbf{x}_2$가 2차원 공간에 놓여 있다. 훈련 집합은 아래와 같다.

$$\mathbf{x}_1 = (2, 3)^{\mathrm{T}},\ t_1 = 1$$

$$\mathbf{x}_2 = (4, 1)^{\mathrm{T}},\ t_2 = -1$$

이제 문제 (5.13)은 아래와 같이 쓸 수 있다.

아래 조건 하에,

$\alpha_1 t_1 + \alpha_2 t_2 = 0$

$\alpha_1 \geq 0, \alpha_2 \geq 0$

$\tilde{L}(\boldsymbol{\alpha}) = (\alpha_1 + \alpha_2) - \frac{1}{2}(\alpha_1\alpha_1 t_1 t_1 \mathbf{x}_1^{\mathrm{T}}\mathbf{x}_1 + \alpha_1\alpha_2 t_1 t_2 \mathbf{x}_1^{\mathrm{T}}\mathbf{x}_2 + \alpha_2\alpha_1 t_2 t_1 \mathbf{x}_2^{\mathrm{T}}\mathbf{x}_1 + \alpha_2\alpha_2 t_2 t_2 \mathbf{x}_2^{\mathrm{T}}\mathbf{x}_2)$를 최대화하라.

위 식은 하나의 등식 조건과 두 개의 부등식 조건을 가진 2차 목적 함수의 최대화 문제임을 알 수 있다. 실제 값을 대입하여 다시 쓰면 풀어야 하는 문제는 아래와 같다.

아래 조건 하에,

$\alpha_1 - \alpha_2 = 0$

$\alpha_1 \geq 0, \alpha_2 \geq 0$

$\tilde{L}(\boldsymbol{\alpha}) = (\alpha_1 + \alpha_2) - \frac{1}{2}(13\alpha_1^2 + 17\alpha_2^2 - 22\alpha_1\alpha_2)$를 최대화하는 $\boldsymbol{\alpha} = (\alpha_1, \alpha_2)^{\mathrm{T}}$를 찾아라.

이 문제를 어떻게 풀 것인가? 이 경우는 변수가 두 개뿐이므로 단순한 수식 전개를 통해 분석적으로 풀 수 있다. 등식 조건에 따라 $\alpha_1 = \alpha_2$이다. 이를 목적 함수 $\tilde{L}(\boldsymbol{\alpha})$에 대입하여 정리하면 아래와 같은 식을 얻는다.

$$\tilde{L}(\boldsymbol{\alpha}) = -4\alpha_1^2 + 2\alpha_1 = -4\left(\left(\alpha_1 - \frac{1}{4}\right)^2 - \frac{1}{16}\right)$$

따라서 $\boldsymbol{\alpha} = (1/4, 1/4)^{\mathrm{T}}$에서 최댓값을 갖는다. 이제 이 해를 가지고 결정 초평면 $d(\mathbf{x})$를 위한 $\mathbf{w}$와 b를 구해 보자. $\mathbf{w}$는 (5.8)로 구한다. b는 (5.11)에 두 개의 샘플 중 아무 것이나 대입하여 구할 수 있다.

$$\mathbf{w} = \sum_{i=1}^{2}\alpha_i t_i \mathbf{x}_i = \frac{1}{4}(2, 3)^{\mathrm{T}} - \frac{1}{4}(4, 1)^{\mathrm{T}} = \left(-\frac{1}{2}, \frac{1}{2}\right)^{\mathrm{T}}$$

$$b = \frac{1}{2}$$

결국 SVM 분류기(즉 결정 평면)는 아래에 있는 $d(\mathbf{x})$가 된다. [그림 5.4(b)]는 SVM 분류기를 시각적으로 보여 준다. 샘플 두 개 모두 라그랑주 승수 α가 0이 아니므로 서포트 벡터이다. 이러한 사실을 그림에서 직관적으로 확인할 수 있다.

$$d(\mathbf{x}) = -\frac{1}{2}x_1 + \frac{1}{2}x_2 + \frac{1}{2}$$

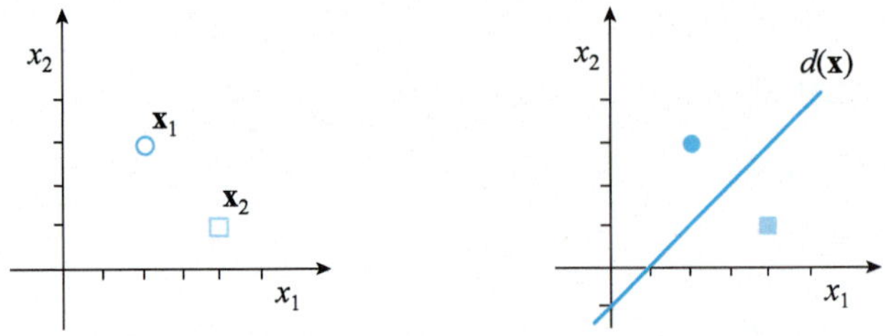

그림 5.4 두 개의 샘플을 가진 간단한 상황에서 SVM 구하기

예제 5.3 **세 개의 샘플을 갖는 경우에 대한 문제 (5.13)의 풀이**

[그림 5.4]에 샘플 $\mathbf{x}_3$을 추가하여 [그림 5.5]와 같은 새로운 문제를 만들어 보자.

$$\mathbf{x}_1 = (2, 3)^T,\ t_1 = 1$$
$$\mathbf{x}_2 = (4, 1)^T,\ t_2 = -1$$
$$\mathbf{x}_3 = (5, 1)^T,\ t_3 = -1$$

이들 샘플을 문제 (5.13)의 식에 대입하고 정리하면 아래와 같이 된다.

아래 조건 하에,

$\alpha_1 - \alpha_2 - \alpha_3 = 0$

$\alpha_1 \geq 0, \alpha_2 \geq 0, \alpha_3 \geq 0$

$\tilde{L}(\boldsymbol{\alpha}) = (\alpha_1 + \alpha_2 + \alpha_3) - \frac{1}{2}(13\alpha_1^2 + 17\alpha_2^2 + 26\alpha_3^2 - 22\alpha_1\alpha_2 - 26\alpha_1\alpha_3 + 42\alpha_2\alpha_3)$을

최대화하는 $\boldsymbol{\alpha} = (\alpha_1, \alpha_2, \alpha_3)^T$을 찾아라.

이 문제를 어떻게 풀 것인가? 이 경우도 변수가 세 개뿐이므로 분석적으로 풀 수 있다. 변수가 세 개이므로 모든 경우를 나열하고 하나씩 따져보자. 훈련 샘플 세 개 중에 최소한 두 개는 서포트 벡터가 되어야 한다. 따라서 0이 아닌 라그랑주 승수가 두

개 이상이어야 한다. 아래와 같이 네 가지 경우가 가능하다. 예를 들어 ❶은 $\mathbf{x}_2$와 $\mathbf{x}_3$을 서포트 벡터로 가정한 경우이다.

경우 ❶ : $\alpha_1 = 0, \alpha_2 \neq 0, \alpha_3 \neq 0$

등식 조건으로부터 $\alpha_2 = -\alpha_3$이다. 그런데 부등식 조건에 따라 α_2와 α_3이 모두 0보다 커야 하므로 모순이다. 따라서 이 경우는 버린다. 사실 $\alpha_1 = 0$이면 서포트 벡터가 될 수 있는 샘플이 모두 w_2에 속하므로 유효한 경우로 볼 수 없다.

경우 ❷ : $\alpha_1 \neq 0, \alpha_2 = 0, \alpha_3 \neq 0$

등식 조건으로부터 $\alpha_1 = \alpha_3$이다. 이것을 $\tilde{L}(\boldsymbol{\alpha})$에 대입하면 아래와 같이 쓸 수 있다. 따라서 $\alpha_1 = 2/13$에서 최댓값을 갖는다는 사실을 알 수 있다. 결국 답은 $\alpha_1 = 2/13, \alpha_2 = 0$, 그리고 $\alpha_3 = 2/13$이다.

$$\tilde{L}(\boldsymbol{\alpha}) = 2\alpha_1 - \frac{13}{2}\alpha_1^2 = -\frac{13}{2}\left(\left(\alpha_1 - \frac{2}{13}\right)^2 - \frac{4}{169}\right)$$

이제 이 답이 맞는지 확인하는 절차를 거쳐야 한다. $\boldsymbol{\alpha}$ 값을 (5.8)에 대입하여 $\mathbf{w}$를 구하고 (5.11)로 b를 구하면 아래와 같이 된다.

$$\mathbf{w} = \left(-\frac{6}{13}, \frac{4}{13}\right)^{\mathrm{T}}$$

$$b = 1$$

$\mathbf{x}_1, \mathbf{x}_2, \mathbf{x}_3$ 각각을 결정 초평면 $d(\mathbf{x}) = \mathbf{w}^{\mathrm{T}}\mathbf{x} + b$에 대입하면 아래와 같이 된다. 이때 $\alpha_2 = 0$이므로 $t_2 d(\mathbf{x}_2) > 1$을 만족해야 하는데 그렇지 못하므로 모순이다. $\mathbf{x}_2$는 분할 띠 내에 있음을 의미한다. 따라서 경우 ❷는 버린다.

$$d(\mathbf{x}_1) = \left(-\frac{6}{13}, \frac{4}{13}\right)(2, 3)^{\mathrm{T}} + 1 = 1$$

$$d(\mathbf{x}_2) = \left(-\frac{6}{13}, \frac{4}{13}\right)(4, 1)^{\mathrm{T}} + 1 = -\frac{7}{13}$$

$$d(\mathbf{x}_3) = \left(-\frac{6}{13}, \frac{4}{13}\right)(5, 1)^{\mathrm{T}} + 1 = -1$$

경우 ❸ : $\alpha_1 \neq 0, \alpha_2 \neq 0, \alpha_3 = 0$

등식 조건으로부터 $\alpha_1 = \alpha_2$이다. 이것을 $\tilde{L}(\boldsymbol{\alpha})$에 대입하면 아래와 같이 쓸 수

있다. 따라서 $\alpha_1 = 1/4$에서 최댓값을 갖는다. 결국 답은 $\alpha_1 = 1/4$, $\alpha_2 = 1/4$, 그리고 $\alpha_3 = 0$이다.

$$\tilde{L}(\boldsymbol{\alpha}) = 2\alpha_1 - 4\alpha_1^2 = -4\left(\left(\alpha_1 - \frac{1}{4}\right)^2 - \frac{1}{16}\right)$$

이제 이 답이 맞는지 확인하는 절차를 거쳐야 한다. $\boldsymbol{\alpha}$ 값으로 $\mathbf{w}$와 b를 구하면 아래와 같다.

$$\mathbf{w} = \left(-\frac{1}{2}, \frac{1}{2}\right)^{\mathrm{T}}$$

$$b = \frac{1}{2}$$

$\mathbf{x}_1$과 $\mathbf{x}_2$를 $d(\mathbf{x}) = \mathbf{w}^{\mathrm{T}}\mathbf{x} + b$에 입력하면 $|d(\mathbf{x}_1)| = |d(\mathbf{x}_2)| = 1$이 되어 서포트 벡터임을 알 수 있다. 또한 $d(\mathbf{x}_3) < -1$이 되어 음의 영역에 있음을 확인할 수 있다. 따라서 이 경우는 답으로 취할 수 있다.

$$d(\mathbf{x}_1) = \left(-\frac{1}{2}, \frac{1}{2}\right)(2, 3)^{\mathrm{T}} + \frac{1}{2} = 1$$

$$d(\mathbf{x}_2) = \left(-\frac{1}{2}, \frac{1}{2}\right)(4, 1)^{\mathrm{T}} + \frac{1}{2} = -1$$

$$d(\mathbf{x}_3) = \left(-\frac{1}{2}, \frac{1}{2}\right)(5, 1)^{\mathrm{T}} + \frac{1}{2} = -\frac{3}{2}$$

경우 ❹ : $\alpha_1 \neq 0, \alpha_2 \neq 0, \alpha_3 \neq 0$

$\alpha_1 = \alpha_1 + \alpha_3$이라는 조건을 $\tilde{L}(\boldsymbol{\alpha})$에 대입한 후 $\partial\tilde{L}(\boldsymbol{\alpha})/\partial\alpha_2 = 0$과 $\partial\tilde{L}(\boldsymbol{\alpha})/\partial\alpha_3 = 0$을 풀면 $\alpha_2 = 3/2$과 $\alpha_3 = -1$을 얻게 된다. α_3이 음수이므로 이 경우는 버린다.

결국 우리가 구한 SVM 분류기는 아래의 결정 직선 $d(\mathbf{x})$이다. $\mathbf{x}_3$은 서포트 벡터가 아니므로 $\mathbf{w}$를 구하는 데 참여하지 않았다. 따라서 [그림 5.4]의 예제 문제와 동일한 결정 직선이 만들어 졌다. [그림 5.5(b)]는 SVM 분류기를 시각적으로 보여 준다. 서포트 벡터는 속에 파란색을 칠해 구별하였다.

$$d(\mathbf{x}) = -\frac{1}{2}x_1 + \frac{1}{2}x_2 + \frac{1}{2}$$

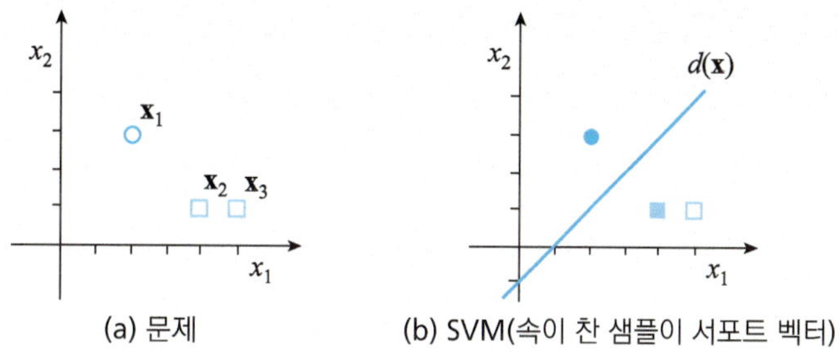

그림 5.5 세 개의 샘플을 가진 상황에서 SVM 구하기

5.2.2 선형 분리 불가능한 상황

[그림 5.6]은 선형 분리 불가능한 상황을 보여 준다. 이제 분할 띠의 내부에 샘플이 존재하도록 허락하는 수밖에 없다. 샘플 $(\mathbf{x}, t)$는 다음 세 가지 경우 중의 하나에 속하게 된다.

- 경우 1: 분할 띠의 바깥에 있다. $1 \le t(\mathbf{w}^\mathrm{T}\mathbf{x} + b)$를 만족한다.

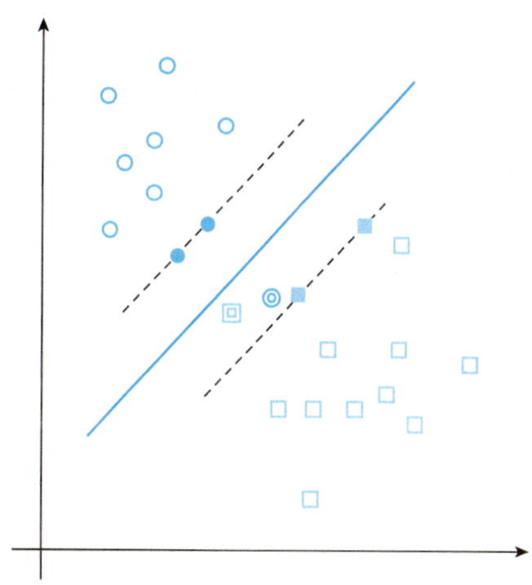

그림 5.6 선형 분리 불가능한 상황의 SVM

- 경우 2: 분할 띠의 안쪽에 있는데 자기가 속한 부류의 영역에 있다. $0 \le t(\mathbf{w}^\mathrm{T}\mathbf{x} + b) < 1$을 만족한다.
- 경우 3: 결정 경계를 넘어 자신이 속하지 않은 부류의 영역에 놓여 있다. $t(\mathbf{w}^\mathrm{T}\mathbf{x} + b) < 0$을 만족한다.

새로운 변수 ξ를 도입하면 이 세 가지 경우를 하나의 식 (5.14)로 표현할 수 있다. 경우 1은 $\xi = 0$, 경우 2는 $0 < \xi \le 1$, 그리고 경우 3은 $1 < \xi$에 해당한다. ξ를 **슬랙 변수**slack variable라 부른다. 일목요연하게 세 가지 경우를 [표 5.2]에 정리하였다.

$$t(\mathbf{w}^\mathrm{T}\mathbf{x} + b) \ge 1 - \xi \tag{5.14}$$

표 5.2 선형 분리 불가능한 상황에서 샘플의 세 가지 경우

	샘플 위치	분류	$t(\mathbf{w}^{\mathrm{T}}\mathbf{x}+b)$ 값	슬랙 변수	[그림 5.6]에서 기호
경우 1	분할 띠 바깥	옳게 분류	$1 \le t(\mathbf{w}^{\mathrm{T}}\mathbf{x}+b)$	$\xi = 0$	□○●■
경우 2	분할 띠 안쪽	옳게 분류	$0 \le t(\mathbf{w}^{\mathrm{T}}\mathbf{x}+b) < 1$	$0 < \xi \le 1$	▣
경우 3	결정 경계 넘음	틀리게 분류	$t(\mathbf{w}^{\mathrm{T}}\mathbf{x}+b) < 0$	$1 < \xi$	◎

이제 우리가 풀어야 하는 문제를 (5.15)와 같이 쓸 수 있다. 이 문제에서는 서로 다른 두 가지 목적을 동시에 달성해야 하는데 두 목적은 트레이드오프tradeoff 관계를 갖는다.[39]

- 여백을 될 수 있는 한 크게 하며(목적 1), 동시에 $0 < \xi$인 (즉 경우 2 또는 경우 3에 해당하는) 샘플의 수를 될 수 있는 한 적게 하는(목적 2) 결정 초평면의 방향 $\mathbf{w}$를 찾아라. (5.15)

문제 (5.15)는 분명 선형 분리 가능한 경우의 문제 (5.3)보다 복잡해 보인다. 그렇지만 기본 원리는 선형 분리 가능한 경우와 같다. 또한 다행스럽게 보기보다 복잡하지 않다. 우선 목적 함수 $J(.)$를 (5.16)과 같이 다시 써 보자. 첫 번째 항은 목적 1을 나타내고 두 번째 항은 목적 2를 나타낸다. C는 두 가지 목적 중 어느 것에 비중을 둘지를 결정하는 매개변수이다. C는 양수이다. 두 극단을 생각해 보자. $C = 0$인 경우는 목적 2를 무시한다. 즉 틀리는 샘플 수에 개의치 않고 여백을 될 수 있는 대로 크게 한다. $C \to \infty$로 두면 목적 2만 고려한다. 즉 여백의 크기는 전혀 고려하지 않고 분할 띠 내에 샘플이 존재하지 않는 것에만 집중한다. 따라서 당연히 C는 적절한 타협점을 갖도록 설정해야 한다. C는 SVM 사용자가 설정해야 하는 매개변수이다.

$$J(\mathbf{w}, \boldsymbol{\xi}) = \frac{1}{2}\|\mathbf{w}\|^2 + C\sum_{i=1}^{N}\xi_i \tag{5.16}$$

이제 조건부 최적화 문제 (5.17)을 유도할 수 있게 되었다.

- 조건부 최적화 문제

$$\left.\begin{array}{l} \text{아래 조건 하에,} \\ \quad t_i(\mathbf{w}^{\mathrm{T}}\mathbf{x}_i + b) \ge 1 - \xi_i,\ i = 1, \cdots, N \\ \quad \xi_i \ge 0,\ i = 1, \cdots, N \\ J(\mathbf{w}, \boldsymbol{\xi}) = \frac{1}{2}\|\mathbf{w}\|^2 + C\sum_{i=1}^{N}\xi_i \text{를 최소화하라.} \end{array}\right\} \tag{5.17}$$

[39] 두 가지 목적이 트레이드오프 관계를 가졌다 함은 하나를 좋게 하면 다른 것이 나빠지는 상호 관계가 있음을 뜻한다.

선형 분리 가능한 경우와 마찬가지로 이 최적화 문제를 풀기 쉬운 형태로 변형해 간다. 라그랑주 함수를 (5.18)과 같이 정의할 수 있다. 이 식에서 **w**, b, $\boldsymbol{\xi}$는 목적 함수 $J(.)$의 매개변수고 $\boldsymbol{\alpha}$와 $\boldsymbol{\beta}$는 라그랑주 승수이다. 문제 (5.17)이 두 개의 조건을 가지므로 두 종류의 라그랑주 승수가 필요하다.

$$L(\mathbf{w}, b, \boldsymbol{\xi}, \boldsymbol{\alpha}, \boldsymbol{\beta}) = \left(\frac{1}{2}\|\mathbf{w}\|^2 + C\sum_{i=1}^{N}\xi_i\right) - \left(\sum_{i=1}^{N}\alpha_i(t_i(\mathbf{w}^{\mathrm{T}}\mathbf{x}_i + b) - 1 + \xi_i) + \sum_{i=1}^{N}\beta_i\xi_i\right) \quad (5.18)$$

(5.18)에 따른 KKT 조건을 구해 보면 (5.19)~(5.25)가 된다. 얼핏 보면 조건이 일곱 개나 되어 매우 복잡해 보이는데 사실 간단하다.[40]

$$\mathbf{w} = \sum_{i=1}^{N}\alpha_i t_i \mathbf{x}_i \quad (5.19)$$

$$\sum_{i=1}^{N}\alpha_i t_i = 0 \quad (5.20)$$

$$C = \alpha_i + \beta_i \quad (5.21)$$

$$\alpha_i \geq 0,\ i = 1, \cdots, N \quad (5.22)$$

$$\beta_i \geq 0,\ i = 1, \cdots, N \quad (5.23)$$

$$\alpha_i(t_i(\mathbf{w}^{\mathrm{T}}\mathbf{x}_i + b) - 1 + \xi_i) = 0,\ i = 1, \cdots, N \quad (5.24)$$

$$\beta_i\xi_i = 0,\ i = 1, \cdots, N \quad (5.25)$$

선형 분리 가능한 상황과 마찬가지로 문제 (5.17)은 볼록 성질을 만족하므로 울프 듀얼 문제로 바꾸어 쓸 수 있다. 이에 따라 새로운 문제 (5.26)을 얻는다.

- 조건부 최적화 문제

아래 조건 하에,

$$\left.\begin{array}{l} \mathbf{w} = \sum_{i=1}^{N}\alpha_i t_i \mathbf{x}_i \\ \sum_{i=1}^{N}\alpha_i t_i = 0 \\ C = \alpha_i + \beta_i \\ \alpha_i \geq 0,\ i = 1, 2, \cdots, N \\ \beta_i \geq 0,\ i = 1, 2, \cdots, N \end{array}\right\} \quad (5.26)$$

$L(\mathbf{w}, b, \boldsymbol{\xi}, \boldsymbol{\alpha}, \boldsymbol{\beta})$를 최대화하라.

[40] 각주 38을 다시 보자. 라그랑주 함수 $L(\boldsymbol{\theta}, \boldsymbol{\lambda})$에서 $\boldsymbol{\theta}$는 **w**, b, $\boldsymbol{\xi}$이고 $\boldsymbol{\lambda}$는 $\boldsymbol{\alpha}$와 $\boldsymbol{\beta}$이다. KKT 조건은 ①~③으로 표시된 세 종류가 있는데, (5.19)~(5.21)이 ①, (5.22)~(5.23)이 ②, 그리고 (5.24)~(5.25)가 ③에 해당한다.

선형 분리 가능한 상황에서 수행하였던 수식 전개를 여기에도 적용해 보자. (5.19)~(5.21)을 라그랑주 함수 (5.18)에 대입하고 수식을 정리하면 $\mathbf{w}$, b, $\boldsymbol{\xi}$, 그리고 $\boldsymbol{\beta}$가 사라지고 라그랑주 승수 $\boldsymbol{\alpha}$만 남는다. 이렇게 얻은 식은 놀랍게도 (5.13)의 목적 함수 $\tilde{L}(\boldsymbol{\alpha})$와 같다!

$\mathbf{w}$와 $\boldsymbol{\beta}$가 사라졌으므로 문제 (5.26)의 다섯 개 조건 중에 첫 번째와 마지막 것은 빼도 된다. 세 번째 조건이 $C = \alpha_i + \beta_i$이고 $\alpha_i \geq 0$, $\beta_i \geq 0$이어야 하므로 α_i는 C를 넘지 못한다. 따라서 $0 \leq \alpha_i \leq C$이어야 한다. 이렇게 유도한 새로운 조건과 새로운 목적 함수 $\tilde{L}(\boldsymbol{\alpha})$를 가지고 문제 (5.26)을 다시 쓰면 (5.27)이 된다.

- 조건부 최적화 문제(선형 SVM)

$$\left.\begin{aligned}
&\text{아래 조건 하에,}\\
&\sum_{i=1}^{N}\alpha_i t_i = 0\\
&0 \leq \alpha_i \leq C,\ i = 1, \dots, N\\
&\tilde{L}(\boldsymbol{\alpha}) = \sum_{i=1}^{N}\alpha_i - \frac{1}{2}\sum_{i=1}^{N}\sum_{j=1}^{N}\alpha_i\alpha_j t_i t_j \mathbf{x}_i^{\mathrm{T}}\mathbf{x}_j\text{를 최대화하라.}
\end{aligned}\right\} \tag{5.27}$$

이제 목적지에 도달하였다. 문제 (5.27)을 풀어 라그랑주 승수 α를 구하면 모든 문제를 푼 셈이 된다. 이 최적화 문제를 잘 살펴보면 매우 흥미로운 점을 발견하게 된다. 선형 분리 가능한 경우의 문제 (5.13)과 다른 점은 라그랑주 승수의 범위에 관한 조건이 $0 \leq \alpha_i$에서 $0 \leq \alpha_i \leq C$로 바뀐 것뿐이다. 즉 라그랑주 승수가 C를 넘지 못한다는 조건 하나만 추가된 셈이다. 이 점을 빼고는 선형 분리 가능한 경우와 똑같다. 따라서 모든 특성을 그대로 이어 받는다. 즉 문제 (5.27)은 특징 벡터가 내적 형태로 나타난다는 특성과 목적 함수 $\tilde{L}(\boldsymbol{\alpha})$가 엄청나게 많은 항을 갖는다는 특성을 갖는다.

예제 5.4 세 개의 샘플을 갖는 경우에 대한 문제 (5.27)의 풀이

예제 5.3에서 $\mathbf{x}_3$의 소속을 ω_1로 바꾸어 [그림 5.7(a)]와 같은 상황으로 만들 수 있다. 이 경우에 대해 문제 (5.27)을 풀어 보자. 훈련 집합은 아래와 같다.

$$\mathbf{x}_1 = (2, 3)^{\mathrm{T}},\ t_1 = 1$$

$$\mathbf{x}_2 = (4, 1)^{\mathrm{T}},\ t_2 = -1$$

$$\mathbf{x}_3 = (5, 1)^{\mathrm{T}},\ t_3 = 1$$

이들 샘플을 문제 (5.27)의 식에 대입하고 정리하면 아래와 같이 된다.

아래 조건 하에,

$\alpha_1 - \alpha_2 + \alpha_3 = 0$

$0 \le \alpha_1 \le C, 0 \le \alpha_2 \le C, 0 \le \alpha_3 \le C$

$$\tilde{L}(\boldsymbol{\alpha}) = (\alpha_1 + \alpha_2 + \alpha_3) - \frac{1}{2}(13\alpha_1^2 + 17\alpha_2^2 + 26\alpha_3^2 - 22\alpha_1\alpha_2 + 26\alpha_1\alpha_3 - 42\alpha_2\alpha_3)$$

를 최대화하는 $\boldsymbol{\alpha} = (\alpha_1, \alpha_2, \alpha_3)^{\mathrm{T}}$을 찾아라.

예제 5.3과 마찬가지로 이 문제도 변수를 세 개만 가지므로 모든 경우를 나열하여 풀어보자.

경우 ❶ : $\alpha_1 = 0, \alpha_2 \neq 0, \alpha_3 \neq 0$

조건으로부터 $\alpha_2 = \alpha_3$이다. 이것을 $\tilde{L}(\boldsymbol{\alpha})$에 대입하면 아래와 같은 식을 얻는다. 이 식에 따라 $\alpha_1 = 0, \alpha_2 = 2, \alpha_3 = 2$가 답이다.

$$\tilde{L}(\boldsymbol{\alpha}) = 2\alpha_2 - \frac{1}{2}\alpha_2^2 = -\frac{1}{2}((\alpha_2 - 2)^2 - 4)$$

이렇게 구한 $\boldsymbol{\alpha}$ 값으로 결정 초평면의 $\mathbf{w}$와 b를 구하면 아래와 같은 결정 직선을 얻는다. 이 직선은 [그림 5.7(b)]의 직선 ❶에 해당한다.

$$\mathbf{w} = (2, 0)^{\mathrm{T}}, b = -9$$

$$d(\mathbf{x}) = 2x_1 - 9 = 0$$

세 개의 샘플을 결정 직선에 대입하면 아래와 같다. $|d(\mathbf{x}_2)| = 1$이고 $|d(\mathbf{x}_3)| = 1$임을 보면 $\mathbf{x}_2$와 $\mathbf{x}_3$은 서포트 벡터임이 확실하다. 반면 $\mathbf{x}_1$은 오분류되었음을 알 수 있다. 즉 [그림 5.6]에서 $1 < \xi$인 ◎으로 표시된 샘플에 해당한다.

$$d(\mathbf{x}_1) = (2, 0)(2, 3)^{\mathrm{T}} - 9 = -5$$

$$d(\mathbf{x}_2) = (2, 0)(4, 1)^{\mathrm{T}} - 9 = -1$$

$$d(\mathbf{x}_3) = (2, 0)(5, 1)^{\mathrm{T}} - 9 = 1$$

라그랑주 승수의 상한 C에 대해서는 모든 경우를 따져 본 뒤에 생각하기로 하자.

경우 ❷ : $\alpha_1 \neq 0, \alpha_2 = 0, \alpha_3 \neq 0$

조건으로부터 $\alpha_1 = -\alpha_3$인데 부등식 조건에 따르면 모두 0보다 커야 하므로 모순이다. 따라서 이 경우는 버린다. 사실 $\alpha_2 = 0$이면 서포트 벡터가 될 수 있는 샘플이 모두 ω_1에 속하므로 유효하지 않다.

경우 ❸ : $\alpha_1 \neq 0, \alpha_2 \neq 0, \alpha_3 = 0$

$\alpha_1 = \alpha_2$를 $\tilde{L}(\boldsymbol{\alpha})$에 대입하면 아래와 같다. 따라서 $\alpha_1 = 1/4$에서 최댓값을 갖는다. 답은 $\alpha_1 = 1/4$, $\alpha_2 = 1/4$, $\alpha_3 = 0$이다.

$$\tilde{L}(\boldsymbol{\alpha}) = 2\alpha_1 - 4\alpha_1^2 = -4\left(\left(\alpha_1 - \frac{1}{4}\right)^2 - \frac{1}{16}\right)$$

이렇게 구한 $\boldsymbol{\alpha}$ 값으로 결정 초평면의 $\mathbf{w}$와 b를 구하면 아래와 같은 결정 직선을 얻는다. 이 직선은 [그림 5.7(b)]의 직선 ❸에 해당한다.

$$\mathbf{w} = \left(-\frac{1}{2}, \frac{1}{2}\right)^{\mathrm{T}}, b = \frac{1}{2}$$

$$d(x) = -\frac{1}{2}x_1 + \frac{1}{2}x_2 + \frac{1}{2}$$

세 개의 샘플을 결정 직선에 대입하면 아래와 같다. $|d(\mathbf{x}_1)| = 1$이고 $|d(\mathbf{x}_2)| = 1$임을 보면 $\mathbf{x}_1$과 $\mathbf{x}_2$는 서포트 벡터임을 알 수 있다. 반면 $\mathbf{x}_3$은 오분류되었다.

$$d(\mathbf{x}_1) = \left(-\frac{1}{2}, \frac{1}{2}\right)(2, 3)^{\mathrm{T}} + \frac{1}{2} = 1$$

$$d(\mathbf{x}_2) = \left(-\frac{1}{2}, \frac{1}{2}\right)(4, 1)^{\mathrm{T}} + \frac{1}{2} = -1$$

$$d(\mathbf{x}_3) = \left(-\frac{1}{2}, \frac{1}{2}\right)(5, 1)^{\mathrm{T}} + \frac{1}{2} = -\frac{3}{2}$$

경우 ❹ : $\alpha_1 \neq 0, \alpha_2 \neq 0, \alpha_3 \neq 0$

$\alpha_1 = \alpha_2 - \alpha_3$이라는 조건을 $\tilde{L}(\boldsymbol{\alpha})$에 대입한 후 $\partial\tilde{L}(\boldsymbol{\alpha})/\partial\alpha_2 = 0$과 $\partial\tilde{L}(\boldsymbol{\alpha})/\partial\alpha_3 = 0$을 풀면 $\alpha_2 = 13/2$과 $\alpha_3 = 5$를 얻게 된다. 따라서 α_1은 $3/2$이 된다. 이들 값을 가지고 $\mathbf{w}$와 b를 구하면 아래와 같은 결정 직선을 얻는다. 이 직선은 [그림 5.7(b)]의 직선 ❹에 해당한다.

$$\mathbf{w} = (2, 3)^{\mathrm{T}}, b = -12$$

$$d(x) = 2x_1 + 3x_2 - 12$$

세 개의 샘플을 위의 결정 직선에 대입하면 모두 옳게 분류함을 알 수 있다. 또한 세 개 샘플 모두 $|d(\mathbf{x}_i)| = 1$이어서 모두 서포트 벡터임을 알 수 있다.

이제까지 모든 경우를 살펴보았는데 마지막으로 짚고 넘어갈 것이 있다. 만일 라그랑주 승수의 상한 C를 2보다 작게 주면 경우 ❶과 ❹는 (5.27)의 부등식 조건을 만족하지 못하므로 더 이상 유효하지 않다. C를 작게 한다는 것은 (5.16)에서 여백을 나타내는 첫 번째 항을 더 중요하게 고려하겠다는 의도이다. [그림 5.7]의 직선 ❶과 ❹는 여백이 작으므로 버리고 직선 ❸을 취하게 되므로 의도와 맞아 떨어진다. 반대로 $C \geq 2$로 설정하면 경우 ❶과 ❸이 모두 유효하다. 두 경우의 여백을 비교해 보면 경우 ❸이 더 크므로 결국 답은 결정 직선 ❸이 된다. [그림 5.7(c)]는 이 때의 SVM을 보여 준다.

❶과 ❸은 모두 한 개의 샘플을 틀리게 분류한다. 이제 C를 더 크게 하여 $C \geq 6.5$로 해 보자. 즉 여백을 희생하는 대신 분할 띠 안에 존재하는 샘플 또는 틀리는 샘플의 수를 줄이겠다는 의도이다. 이제 ❹도 유효하다. [그림 5.7(d)]는 $C \geq 6.5$로 설정했을 때의 SVM을 보여 준다.

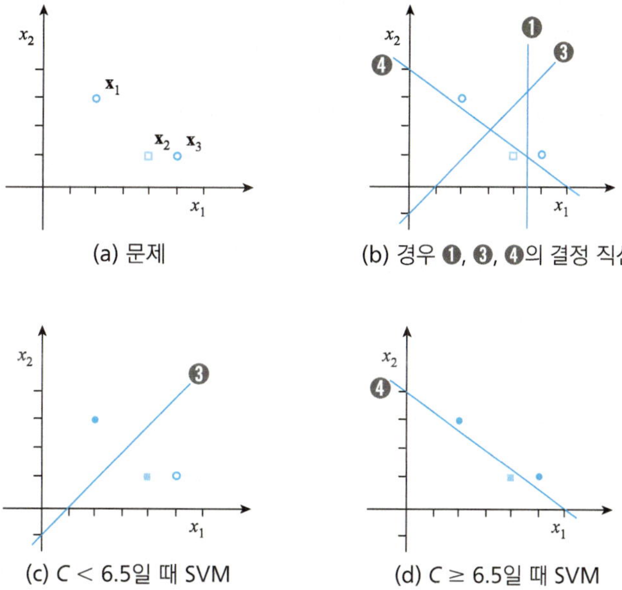

그림 5.7 선형 분리 불가능한 상황에서 SVM 구하기(속이 찬 샘플이 서포트 벡터)

5.3 비선형 SVM

지금까지 선형 SVM을 공부하였다. 이미 여러 번 말했듯이 실제 세계에서 발생하는 분류 문제에서 선형 분류기로 높은 성능을 얻는다는 것은 가능성이 낮다. 때문에 이제 선형 SVM을 비선형 SVM^nonlinear SVM^으로 확장해 보자. 언뜻 보면 매우 어려운 작업일 것이라는 느낌이 들 것이다. 하지만 놀랍게도 쉽게 확장할 수 있다. 해답은 커널^kernel^에 있다. 커널 사용이 가능한 이유는 5.2절에서 유도한 (5.13)과 (5.27)의 문제에 특징 벡터가 내적 형태, 즉 $\mathbf{x}_i^{\mathrm{T}}\mathbf{x}_j$ 형태로 나타난다는 사실에 있다. 5.3.1절을 공부하기 전에 뒤로 돌아가 이 사실을 다시 한번 확인해 보자.

5.3.1 커널 대치

원래 특징 공간에서는 선형 분리 가능하지 않은데 이 공간을 더 높은 차원의 새로운 공간으로 매핑하여 선형 분리 가능하게 만들 수 있다. 예를 가지고 설명해 보자.

예제 5.5 공간 매핑

2차원 공간 상에 네 개의 샘플이 존재한다고 하자. 편의상 이들을 **a**, **b**, **c**, **d**로 표기하고, **a**와 **d**는 ω_1에 속하고 **b**와 **c**는 ω_2에 속한다 하자. 4.3.1절에서 사용하였던 XOR 분류 문제이다. [그림 5.8(a)]를 참조하라.

$$\mathbf{a} = (0,\ 0)^{\mathrm{T}},\ t_{\mathbf{a}} = 1$$
$$\mathbf{b} = (1,\ 0)^{\mathrm{T}},\ t_{\mathbf{b}} = -1$$
$$\mathbf{c} = (0,\ 1)^{\mathrm{T}},\ t_{\mathbf{c}} = -1$$
$$\mathbf{d} = (1,\ 1)^{\mathrm{T}},\ t_{\mathbf{d}} = 1$$

이들은 선형 분리 가능하지 않다. 어떠한 선형 분류기라도 최소한 1개의 샘플은 오분류한다. 2차원 공간 상의 점 $\mathbf{x} = (x_1,\ x_2)^{\mathrm{T}}$을 아래의 매핑 함수 $\mathbf{\Phi}_1(\mathbf{x})$로 3차원 공간으로 매핑한다고 생각해 보자.

$$\mathbf{\Phi}_1(\mathbf{x}) = \begin{pmatrix} x_1^2 \\ \sqrt{2}x_1x_2 \\ x_2^2 \end{pmatrix}$$

이들 점은 3차원 공간에서 새로운 점이 된다. 편의상 새로운 공간 상의 점을 $\hat{\mathbf{a}}$, $\hat{\mathbf{b}}$, $\hat{\mathbf{c}}$, $\hat{\mathbf{d}}$로 표기하자. [그림 5.8(b)]는 새로운 공간으로 매핑된 네 점을 보여 준다.

$$\mathbf{a} = (0,\ 0)^{\mathrm{T}} \ \rightarrow\ \hat{\mathbf{a}} = (0,\ 0,\ 0)^{\mathrm{T}}$$
$$\mathbf{b} = (1,\ 0)^{\mathrm{T}} \ \rightarrow\ \hat{\mathbf{b}} = (1,\ 0,\ 0)^{\mathrm{T}}$$
$$\mathbf{c} = (0,\ 1)^{\mathrm{T}} \ \rightarrow\ \hat{\mathbf{c}} = (0,\ 0,\ 1)^{\mathrm{T}}$$
$$\mathbf{d} = (1,\ 1)^{\mathrm{T}} \ \rightarrow\ \hat{\mathbf{d}} = (1,\ \sqrt{2},\ 1)^{\mathrm{T}}$$

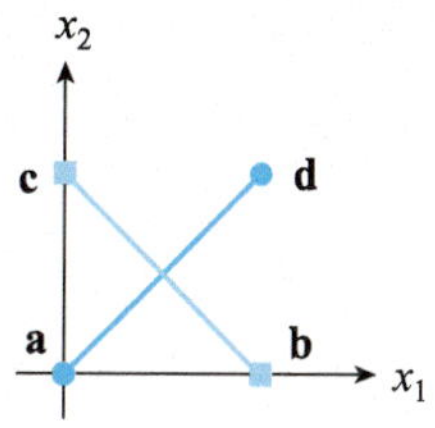

(a) 원래 공간 L

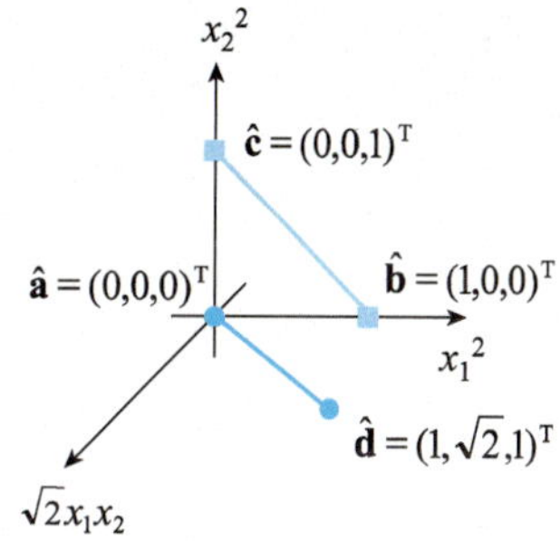

(b) 매핑된 공간 H

그림 5.8 공간 매핑

매핑으로 얻은 네 개의 점이 3차원 공간에서 선형 분리 가능하다는 사실을 쉽게 확인할 수 있다. 이 예제는 원래 샘플을 더 높은 차원의 공간으로 매핑하여 선형 분리 가능하게 만들 수 있음을 보여 주었다. 중요한 성질을 하나 공부한 셈이다.

앞에서 살펴본 공간 매핑을 (5.28)과 같이 표기할 수 있다. 공간 L은 원래 특징 공간이고 H는 매핑된 새로운 공간이다. 예제 5.5에서는 L은 2차원 공간이고 H는 3차원 공간이다. 보통 공간 H의 차원은 L보다 훨씬 높다.

$$\Phi : \mathrm{L} \rightarrow \mathrm{H} \tag{5.28}$$

이제 **커널 함수**kernel function를 공부하자. 커널 함수를 줄여 그냥 커널이라고도 부른다. 패턴인식에서는 커널을 이용하여 문제를 해결하는 경우가 여럿 있다. 예를 들어 3.3절은 커널을 사용하여 확률 분포를 추정하는 파젠Parzen 윈도우 기법을 소개하였다. SVM은 다른 형태의 특이한 커널을 사용한다. 이 커널 함수는 두 개의 벡터를 매개변수로 취하며 $K(\mathbf{x}, \mathbf{y})$ 형태를 갖는다. 이 커널 함수는 다음과 같은 중요한 성질을 만족해야 한다.

- SVM 커널 함수의 성질: L 공간 상의 두 벡터 **x**와 **y**를 매개변수로 갖는 커널 함수를 $K(\mathbf{x}, \mathbf{y})$라 하자. 그러면 $K(\mathbf{x}, \mathbf{y}) = \mathbf{\Phi}(\mathbf{x}) \cdot \mathbf{\Phi}(\mathbf{y})$를 만족하는 매핑 함수 $\mathbf{\Phi}(\cdot)$가 존재해야 한다.[42] 즉 커널 함수의 값과 H 공간 상으로 매핑된 두 점 $\mathbf{\Phi}(\mathbf{x})$와 $\mathbf{\Phi}(\mathbf{y})$의 내적이 같아야 한다. (5.29)

SVM은 이러한 성질을 만족하는 커널 함수를 사용하여 비선형 분류를 수행한다. 이러한 성질을 만족하는 커널 함수는 여럿 있다. 이들을 살펴 보기 전에 간단한 예제를 통해 위의 성질을 보다 직관적으로 이해하도록 하자.

---

[41] 모든 커널이 (5.29)를 만족하는 것은 아니다. 어떤 커널 함수가 머서Mercer의 정리를 만족하면 (5.29)를 만족하는 매핑 함수가 존재한다 [Burges98]. SVM은 그런 커널을 사용한다.

예제 5.6 커널 함수의 성질

두 개의 벡터를 $\mathbf{x} = (x_1, x_2)^\mathrm{T}$과 $\mathbf{y} = (y_1, y_2)^\mathrm{T}$이라 하고 커널 함수를 아래와 같이 정의하자.

$$K(\mathbf{x}, \mathbf{y}) = (\mathbf{x} \cdot \mathbf{y})^2 = x_1^2 y_1^2 + 2x_1 y_1 x_2 y_2 + x_2^2 y_2^2$$

예제 5.5의 매핑 함수 $\mathbf{\Phi}_1(\cdot)$은 이 커널 함수에 대응된다. 간단한 계산으로 이 성질을 확인해 보자.

$$\left.\begin{aligned} &K(\mathbf{a}, \mathbf{b}) = ((0, 0)^\mathrm{T} \cdot (1, 0)^\mathrm{T})^2 = 0 \\ &\mathbf{\Phi}_1(\mathbf{a}) \cdot \mathbf{\Phi}_1(\mathbf{b}) = ((0, 0, 0)^\mathrm{T} \cdot (1, 0, 0)^\mathrm{T}) = 0 \end{aligned}\right\} \rightarrow \quad K(\mathbf{a}, \mathbf{b}) = \mathbf{\Phi}_1(\mathbf{a}) \cdot \mathbf{\Phi}_1(\mathbf{b})$$

$$\left.\begin{aligned} &K(\mathbf{c}, \mathbf{d}) = ((0, 1)^\mathrm{T} \cdot (1, 1)^\mathrm{T})^2 = 1 \\ &\mathbf{\Phi}_1(\mathbf{c}) \cdot \mathbf{\Phi}_1(\mathbf{d}) = ((0, 0, 1)^\mathrm{T} \cdot (1, \sqrt{2}, 1)^\mathrm{T}) = 1 \end{aligned}\right\} \rightarrow \quad K(\mathbf{c}, \mathbf{d}) = \mathbf{\Phi}_1(\mathbf{c}) \cdot \mathbf{\Phi}_1(\mathbf{d})$$

L 공간 상의 두 점 **a**와 **b**, 그리고 **c**와 **d**를 가지고 커널의 값과 매핑 공간 상의 내적이 같다는 사실을 확인하였다. 다른 쌍도 만족함을 손으로 계산하여 확인해 보자. 일반적인 경우에 이 성질이 만족됨을 아래와 같이 증명할 수 있다.

$$\begin{aligned} K(\mathbf{x}, \mathbf{y}) &= (\mathbf{x} \cdot \mathbf{y})^2 \\ &= x_1^2 y_1^2 + 2x_1 y_1 x_2 y_2 + x_2^2 y_2^2 \\ &= (x_1^2, \sqrt{2}x_1 x_2, x_2^2)^\mathrm{T} \cdot (y_1^2, \sqrt{2}y_1 y_2, y_2^2)^\mathrm{T} \\ &= \mathbf{\Phi}_1(\mathbf{x}) \cdot \mathbf{\Phi}_1(\mathbf{y}) \end{aligned}$$

이 예제를 통해 (5.29)를 만족하는 커널 하나를 찾은 셈이다. 이러한 커널은 선형 SVM을 비선형 SVM으로 확장하는 데 사용할 수 있다.

하나의 커널 함수에 대응하는 매핑 함수는 여럿 있을 수 있다. 예를 들어 아래에 있는 매핑 함수들도 예제 5.6의 커널 함수에 대응한다. $\mathbf{\Phi}_2(\cdot)$는 3차원, $\mathbf{\Phi}_3(\cdot)$는 4차원, $\mathbf{\Phi}_4(\mathbf{x})$은 $k(k \geq 4)$차원으로 매핑한다. $\mathbf{\Phi}_4(\mathbf{x})$에 대해서도 (5.29)로 표현되는 커널 함수의 중요한 성질, $K(\mathbf{x}, \mathbf{y}) = \mathbf{\Phi}_4(\mathbf{x}) \cdot \mathbf{\Phi}_4(\mathbf{y})$를 예제 5.6에서 보인 바와 같이 간단히 증명할 수 있다. 이 증명은 연습 문제로 남겨 둔다.

$$\Phi_2(\mathbf{x}) = \begin{pmatrix} (x_1^2 - x_2^2) \\ 2x_1x_2 \\ (x_1^2 + x_2^2) \end{pmatrix},\quad \Phi_3(\mathbf{x}) = \begin{pmatrix} x_1^2 \\ x_1x_2 \\ x_1x_2 \\ x_2^2 \end{pmatrix},\quad \Phi_4(\mathbf{x}) = \begin{pmatrix} x_1^2 \\ \frac{2}{k-2}x_1x_2 \\ \vdots \\ \frac{2}{k-2}x_1x_2 \\ x_2^2 \end{pmatrix}$$

앞에서 살펴본 (5.29)의 커널 함수의 성질에 따라 **커널 대치**kernel substitution라는 아주 유용한 기법을 개발할 수 있다. 이 기법은 **커널 트릭**kernel trick이라고도 부른다. 어떤 수식이 벡터의 내적을 포함하고 있을 때 그 내적을 커널 함수로 대치하여 계산하는 기법을 커널 대치라 한다. SVM의 훈련 문제 (5.13)과 (5.27)은 특징 벡터의 내적으로 표현되어 있다. 따라서 커널 대치를 적용할 수 있다.

커널 대치를 이용하면 실제 계산은 L 공간에서 $K()$의 계산으로 이루어진다. 큰 어려움 없이 계산이 가능한 것이다. 하지만 $\Phi(\cdot)$로 매핑된 고차원 공간 H에서 작업을 하는 효과를 얻는다. 따라서 고차원 공간의 좋은 특성을 이용하는 셈이다. SVM의 경우는 실제 계산은 L 공간에서 이루어지지만 실제 분류 작업은 선형 분리에 보다 유리한 H 공간에서 수행되는 셈이다. 대단한 꾀를 부려 차원의 저주를 피해간 셈이다.

커널 대치를 응용하는 데에는 한 가지 제약이 있다. 그것은 바로 가능한 연산은 오직 내적뿐이라는 사실이다. 이것은 내적을 사용하는 방법만이 커널 대치를 이용할 수 있다는 것을 뜻한다. 다른 측면으로 해석하면 내적을 사용하는 방법은 모두 커널 대치 기법을 도입할 수 있다는 것을 뜻하기도 한다.

여기서는 커널 대치를 SVM 학습에 사용할 것이다. 하지만 커널 대치는 일반적인 기법으로서 패턴인식의 여러 곳에 응용되고 있다. 또한 그 응용이 확대되고 있으므로 주목하여 따로 공부할 필요가 있다. 몇 가지 응용 예를 들면 커널 대치를 도입하여 PCA를 커널 PCA로 확장할 수 있고 피셔Fisher LD를 커널 피셔 LD로 확장할 수 있다. 커널 대치 기법에 대한 보다 자세한 내용은 [Shawe04, Muller01]을 참조하라. 커널 대치의 시초는 이 논문으로 알려져 있다[Aizerman64].

5.3.2 커널 대치를 이용한 비선형 SVM

커널 대치를 이용하면 5.2절의 선형 SVM을 아주 쉽게 비선형 SVM으로 확장할 수 있다. 선형 분류기로 원래 특징 공간 L에서 높은 성능을 기대하기 어렵다면 L 공간에서 작업하는 대신 매핑 함수 $\Phi(\cdot)$로 더 높은 차원의(즉 선형 분리가 더 유리한)

새로운 공간 H로 매핑하고 H에서 작업하면 된다. [그림 5.8]의 경우를 생각하면 L 공간에서 샘플 **a, b, c, d**를 분류하는 대신 H 공간에서 $\hat{\mathbf{a}}, \hat{\mathbf{b}}, \hat{\mathbf{c}}, \hat{\mathbf{d}}$를 분류하는 셈이 된다.

이런 방법을 채택한다면 5.2절의 최적화 문제 (5.13)과 (5.27)에 있는 목적 함수를 (5.30)처럼 바꾸어 쓸 수 있다.

$$\tilde{L}(\boldsymbol{\alpha}) = \sum_{i=1}^{N}\alpha_i - \frac{1}{2}\sum_{i=1}^{N}\sum_{j=1}^{N}\alpha_i\alpha_j t_i t_j \boldsymbol{\Phi}(\mathbf{x}_i)^{\mathrm{T}}\boldsymbol{\Phi}(\mathbf{x}_j) \tag{5.30}$$

커널 함수의 성질을 이용하면 (5.30)을 (5.31)로 고쳐 쓸 수 있다. 이렇게 다시 쓸 수 있는 이유는 특징 벡터가 혼자 등장하지 않고 다른 특징 벡터와의 내적으로 나타나기 때문임을 주목하자.

$$\tilde{L}(\boldsymbol{\alpha}) = \sum_{i=1}^{N}\alpha_i - \frac{1}{2}\sum_{i=1}^{N}\sum_{j=1}^{N}\alpha_i\alpha_j t_i t_j K(\mathbf{x}_i, \mathbf{x}_j) \tag{5.31}$$

이제 모든 수식 유도가 끝났다. 5.1절에서 SVM의 철학을 가지고 출발하여, 5.2.1절에서 선형 분리 가능한 경우의 문제 (5.13)을 도출하였고, 5.2.2절에서 선형 분리 불가능한 경우로 확장하여 문제 (5.27)을 유도하였다. 그리고 5.3절에서 커널 대치를 이용하여 비선형 SVM으로 확장하여 (5.31)을 얻었다.

커널 대치와 관련하여 마지막 남은 것이 하나 있다. 그것은 바로 어떤 커널 함수를 사용할 것인가라는 질문이다. SVM이 사용하는 대표적인 커널 함수는 (5.32)~(5.34)와 같다. 하이퍼볼릭 탄젠트 커널의 경우 모든 α와 β 값에 대해 (5.29)를 만족하는 매핑 함수가 존재하는 것은 아니다. 따라서 적절한 값을 설정해야 하는데 $\alpha = 2$와 $\beta = 1$은 적절한 값 중의 하나이다.

다항식 커널 $$K(\mathbf{x}, \mathbf{y}) = (\mathbf{x}\cdot\mathbf{y} + 1)^p \tag{5.32}$$

RBF(Radial Basis Function) 커널 $$K(\mathbf{x}, \mathbf{y}) = e^{-\|\mathbf{x}-\mathbf{y}\|^2/2\sigma^2} \tag{5.33}$$

하이퍼볼릭 탄젠트 커널 $$K(\mathbf{x}, \mathbf{y}) = \tanh(\alpha\mathbf{x}\cdot\mathbf{y} + \beta) \tag{5.34}$$

여기에서 짚고 넘어가야 할 점이 남아 있다. 어떤 커널 함수는 $K(\mathbf{x}, \mathbf{y}) = \boldsymbol{\Phi}(\mathbf{x})\cdot\boldsymbol{\Phi}(\mathbf{y})$를 만족하는 매핑 함수 $\boldsymbol{\Phi}(\cdot)$가 존재한다는 사실은 증명되어 있지만 $\boldsymbol{\Phi}(\cdot)$가 어떻게 생겼는지도 모르고 심지어 H 공간의 차원이 얼마인지도 모른다. 그런데 그걸 모르면 어떻게 한단 말인가? 하지만 지금까지 유도한 식을 자세히 살펴보면 매핑 함수를 몰라도 됨을 알 수 있다. SVM을 만들기 위해 풀어야 하는(즉 학습이 사용하는)

식은 (5.30)이다. 이 식에는 벡터의 내적만 나타나 있으므로 실제 계산에서는 커널 함수 계산으로 대치하여 (5.31)을 계산하면 된다. 학습이 끝나고 인식을 하는 단계에서도 벡터의 내적만이 나타난다. 이에 대해서는 5.4.2절에서 다시 설명한다. 따라서 어떤 커널 함수에 대응하는 매핑 함수 자체를 모르더라도 '존재한다는 사실만 알면' 그 커널을 사용할 수 있다.

5.4 구현

이 절에서는 앞에서 유도한 수식을 이용하여 SVM을 어떻게 구현할지에 대해 살펴본다. 크게 학습 단계와 인식 단계로 나누어 생각해 보자. SVM의 구현은 신경망에 비해 까다롭다. 신경망에서는 수식을 적절히 코딩하면 되었는데 SVM에서는 (5.27)의 최적화 문제를 푸는 까다로운 작업이 여전히 기다리고 있다. 그 문제를 풀기 위한 알고리즘이 필요한 것이다.

5.4.1 학습

학습이란 (5.1)에 있는 **w**와 b를 구하는 과정이다. 이들 값은 조건부 최적화 문제 (5.27)을 풀어서 구해야 한다. 하지만 (5.27)은 선형 SVM을 만들어 준다. 따라서 선형 SVM으로 만족할 만한 성능이 보장되지 않는다면 비선형 SVM 문제를 풀어야 한다. 비선형 SVM을 위한 수식은 5.3절에서 커널 대치 기법으로 이미 구해 놓았다. (5.31)을 이용하여 비선형 SVM 학습을 위한 조건부 최적화 문제를 다시 쓰면 (5.35)와 같이 된다.

- 조건부 최적화 문제(비선형 SVM)

$$\left.\begin{array}{l}\text{아래 조건 하에,}\\ \displaystyle\sum_{i=1}^{N}\alpha_i t_i = 0\\ 0 \le \alpha_i \le C,\ i = 1, \dots, N\\ \displaystyle\tilde{L}(\boldsymbol{\alpha}) = \sum_{i=1}^{N}\alpha_i - \frac{1}{2}\sum_{i=1}^{N}\sum_{j=1}^{N}\alpha_i\alpha_j t_i t_j K(\mathbf{x}_i, \mathbf{x}_j)\text{를 최대화하라.}\end{array}\right\} \quad (5.35)$$

이 조건부 최적화 문제를 풀어 라그랑주 승수 α_i, $1 \le i \le N$을 모두 찾아내면 학습이 끝난다. 라그랑주 승수는 샘플마다 하나씩 있으므로 총 N개가 있다. 목적 함수 $\tilde{L}(\boldsymbol{\alpha})$의 첫 번째 Σ항은 N개의 1차 항, 두 번째 Σ항은 N^2개의(같은 항을 묶어 정리하면 총

$(N^2 + N)/2$개) 2차 항을 가진 매우 복잡한 수식이다. 예를 들어 CENPARMI 필기 숫자 데이터베이스의 경우 4,000개의 훈련 샘플이 있다. 이 경우 목적 함수는 4,000개의 1차 항과 8,002,000개의 2차 항으로 구성된 매우 긴 식이 된다. 또한 4,000개의 부등식 조건이 있고 4,000개의 1차 항을 가진 한 개의 등식 조건이 있다. 다시 말해 위의 조건부 최적화 문제는 언뜻 보면 간단해 보이는데 문제풀이는 매우 까다롭다. N이 작은 경우의 문제만 분석적으로 풀 수 있고 그 이외의 경우에는 수치적으로 풀어야 한다.

이 문제를 푸는 기본적인 전략은 원래 문제를 다룰 수 있을 정도의 작은 문제로 분해하는 것이다. 이 방법은 N개의 라그랑주 승수를 활성화 집합 Y와 비활성화 집합 Z로 나눈다. Z에 속한 라그랑주 승수는 고정된 상수 값으로 간주하고 Y에 대해 최적화를 수행한다. 이런 과정을 전체 최적화 조건을 만족할 때까지 반복한다. 개략적인 알고리즘은 다음과 같이 기술할 수 있다.

알고리즘 5.1 SVM 학습(라그랑주 승수 구하기)

입력: 훈련 집합 $X = \{(\mathbf{x}_1, t_1), (\mathbf{x}_2, t_2), \cdots, (\mathbf{x}_N, t_N)\}$,

선형과 비선형의 선택,

비선형인 경우 커널 함수의 종류

출력: 라그랑주 승수 $\boldsymbol{\alpha} = (\alpha_1, \alpha_2, \cdots, \alpha_N)^{\mathrm{T}}$

1. 라그랑주 승수 $\alpha_1, \alpha_2, \cdots, \alpha_N$을 초기화한다.
2. **repeat** {
3. Y에 속할 q개의 라그랑주 승수를 선택한다. 나머지는 Z에 속한다.
4. $\alpha_i \in Z$는 상수, $\alpha_i \in Y$는 변수로 간주한다.
5. **if** (선형 SVM) 문제 (5.27)을 분해한다.
6. **else** 문제 (5.35)를 분해한다.
7. 분해된 문제를 풀고 $\alpha_i \in Y$를 새로운 값으로 변경한다.
8. } **until** (최적화 조건이 만족);

이 방법을 구현하기 위해서는 몇 가지를 결정해야 한다. 첫 번째는 q를 얼마로 할 것인가와 Y를 어떻게 선택할지를 결정해야 한다. 두 번째는 분해된 문제를 푸는 방법을 고안해야 한다. 마지막으로 최적화 조건이 만족되었는지 여부를 판단하는 조건이 있어야 한다. 가장 널리 알려진 알고리즘은 SMO(Sequential Minimal Optimization)이다. 이 알고리즘은 q가 가질 수 있는 가장 작은 값 2를 사용한다. 따라서 두 개의 라그랑주 승수만을 변수로 갖는 문제로 축소되며, 이 축소된 문제는 분석적으로 풀 수 있다. 알고리즘의 종료 조건으로는 KKT 조건을 사용한다. 보다 구체적인 내용은 SMO를 제안한 논문 [Platt99] 또는 SMO를 개선한 논문인 [Fan05]를 참고하기 바란다. 최근에는 요아킴스Joachims가 SMO보다 빠른 평면 절단cutting-plane 알고리즘을 제안하였다 [Joachims06]. 이 논문은 ACM SIGKDD가 주관한 2006년도 KDD (Knowledge Discovery and Data Mining) 국제 학술 대회에서 최고 논문 상을 수상하였다.

5.4.2 인식

이제 알고리즘 5.1을 수행하여 모든 라그랑주 승수를 구했다고 하자. 이 절에서는 이들을 이용하여 미지의 패턴 $\mathbf{x}$를 인식하는 문제를 다룬다. 우선 선형 SVM을 생각해 보자. 분류기는 (5.36)으로 표현할 수 있다. $d(\mathbf{x})$는 (5.1)과 같다.

$$\left.\begin{array}{l}\text{선형 SVM 분류기:}\\ \quad d(\mathbf{x}) > 0\text{이면 } \mathbf{x} \in \omega_1,\ d(\mathbf{x}) < 0\text{이면 } \mathbf{x} \in \omega_2\text{로 분류하라.}\\ \quad \text{이때 } d(\mathbf{x}) = \mathbf{w}^{\mathrm{T}}\mathbf{x} + b\end{array}\right\} \tag{5.36}$$

라그랑주 승수로부터 우리가 구해야 하는 것은 가중치 벡터 $\mathbf{w}$와 바이어스 b이다. 이 계산을 어떻게 할지는 앞 절에서 간단히 언급하였는데 여기에서는 보다 구체적으로 다시 설명한다. 먼저 $\mathbf{w}$를 (5.37)로 구할 수 있다. 이 식에서 $\alpha_i = 0$인 샘플은 $\alpha_i t_i \mathbf{x}_i = 0$이 되므로 제거하여도 된다. (5.37)에서 첫째 줄은 (5.8)을 그대로 다시 쓴 것이고 두 번째 줄은 $\alpha_i = 0$인 샘플을 제외하고 쓴 것이다. Y는 $\alpha_i \neq 0$인 샘플의 집합으로 이들이 바로 서포트 벡터이다. 분류기의 가중치 벡터 $\mathbf{w}$를 구하기 위해서는 서포트 벡터만 필요하다는 사실에 주목하자.

$$\left.\begin{aligned}\mathbf{w} &= \sum_{i=1}^{N} \alpha_i t_i \mathbf{x}_i\\ &= \sum_{\mathbf{x}_k \in Y} \alpha_k t_k \mathbf{x}_k\end{aligned}\right\} \tag{5.37}$$

가중치 벡터 $\mathbf{w}$를 구하였으니 이제 바이어스 b를 구할 차례이다. 이를 위해서는 (5.11)

을 이용하면 된다. (5.11)에서 서포트 벡터(즉 $\alpha_i \neq 0$인 샘플)는 $t_i(\mathbf{w}^{\mathrm{T}}\mathbf{x}_i + b) - 1 = 0$이어야 한다. 이 식에서 미지수가 b뿐이므로 쉽게 b를 구할 수 있다. 수학적으로는 서포트 벡터 중의 하나만 사용하여도 b를 구할 수 있다. 실제적으로는 수치적인 정확도를 위해 모든 서포트 벡터에 대해 b를 구하고 그들의 평균을 취한다.

지금까지 선형 SVM에 대해 살펴 보았다. (5.37)에서 $\mathbf{w}$를 '미리 계산해 둘 수 있음'에 주목하자. 즉 $\mathbf{w}$와 b를 미리 계산해 놓고 미지의 패턴 $\mathbf{x}$가 들어오면 $d(\mathbf{x})$를 계산하여 그것의 부호를 보고 분류하면 된다. 따라서 선형 SVM에서는 인식에 필요한 계산이 서포트 벡터의 수(즉 집합 Y의 크기)와 상관없이 일정하다.

이제 비선형 SVM에 대해 알아보자. 비선형 SVM의 학습 과정에서는 원래 특징 벡터 $\mathbf{x}$를 사용하는 대신 H 공간에 정의되는 $\mathbf{\Phi}(\mathbf{x})$를 사용하였다. (실제 계산에서는 $\mathbf{\Phi}(\mathbf{x})$를 명시적으로 구하는 것이 아니라 두 개 벡터의 내적을 커널 함수로 대치하여 계산하였다.) 따라서 인식 과정에서도 $\mathbf{x}$ 대신 $\mathbf{\Phi}(\mathbf{x})$를 사용하여야 한다. 이 사실에 따라 분류기 식을 유도하면 (5.38)과 같다. 여기에서 주의를 기울여야 하는 점이 있다. 그것은 바로 매핑 함수 $\mathbf{\Phi}(\mathbf{x})$를 명시적으로 계산할 수 없고 단지 그들의 내적을 커널 함수 계산으로 대치하여 구할 수 있다는 것이다. (5.38)의 수식 전개에서 세 번째 줄을 보면, 다행히 학습 과정과 마찬가지로 인식 과정에서도 벡터가 내적 형태로 나타나고 있다! 따라서 세 번째 줄을 네 번째 줄로 바꿀 때에는 커널 대치 기법을 사용하였다.

$$\left.\begin{aligned} d(\mathbf{x}) &= \mathbf{w}^{\mathrm{T}}\mathbf{\Phi}(\mathbf{x}) + b \\ &= \Big(\sum_{\mathbf{x}_k \in Y} \alpha_k t_k \mathbf{\Phi}(\mathbf{x}_k)\Big)^{\mathrm{T}} \mathbf{\Phi}(\mathbf{x}) + b \\ &= \sum_{\mathbf{x}_k \in Y} \alpha_k t_k \mathbf{\Phi}(\mathbf{x}_k) \cdot \mathbf{\Phi}(\mathbf{x}) + b \\ &= \sum_{\mathbf{x}_k \in Y} \alpha_k t_k K(\mathbf{x}_k, \mathbf{x}) + b \end{aligned}\right\} \tag{5.38}$$

이제 비선형 SVM의 인식 알고리즘을 (5.39)와 같이 쓸 수 있다. 이 알고리즘에서 커널 대치를 사용했다는 사실은 가중치 벡터 $\mathbf{w}$를 '미리 계산해 둘 수 없음'을 의미한다. 다시 말해 새로운 테스트 샘플 $\mathbf{x}$를 인식하기 위해서는 서포트 벡터 $\mathbf{x}_k$마다 $\mathbf{x}$와의 커널 함수를 계산하고 그 결과를 모두 더하는 계산이 필요하다. 따라서 비선형 SVM에서 인식 단계의 계산 시간은 서포트 벡터의 수에 비례한다.

$$\left.\begin{array}{l} \text{비선형 SVM 분류기:} \\ \quad d(\mathbf{x}) > 0\text{이면 } \mathbf{x} \in \omega_1,\ d(\mathbf{x}) < 0\text{이면 } \mathbf{x} \in \omega_2\text{로 분류하라.} \\ \quad \text{이때 } d(\mathbf{x}) = \sum_{\mathbf{x}_k \in Y} \alpha_k t_k K(\mathbf{x}_k, \mathbf{x}) + b \end{array}\right\} \tag{5.39}$$

5.4.3 M 부류 SVM

앞서 설계한 SVM은 기본적으로 이진 분류기로서 2 부류 분류 문제를 해결해 준다. 이제는 M 부류 SVM으로 확장해 보자. 크게 1 대 $M-1$과 1 대 1 방법이 있다. 1 대 $M-1$ 방법에서는 M개의 이진 분류기를 만들어 해결한다. j번째 이진 분류기는 부류 ω_j와 나머지 $M-1$개 부류를 분류하는 역할을 한다. 이 이진 분류기를 학습하기 위해 ω_j에 속하는 샘플을 양의 영역($t=1$인 샘플), 나머지 부류에 속하는 샘플을 음의 영역으로($t=-1$인 샘플) 구분하여 훈련 집합을 만든다. j번째 이진 분류기의 결정 초평면을 $d_j(\mathbf{x})$라 표기하자. 인식 과정에서 M개의 결정 초평면 중 하나만 양수를 출력하면 해당 부류로 분류하면 된다. 하지만 항상 그렇게 된다는 보장이 없다. 따라서 결정 초평면 함수가 가장 큰 값을 갖는 부류로 분류한다. 이 의사 결정 방법을 수식으로 표현하면 (5.40)과 같다.

$$\left.\begin{array}{l} M \text{ 부류 SVM 분류기:} \\ \quad \mathbf{x}\text{를 } \omega_k\text{로 분류하라.} \\ \quad \text{이때 } k = \arg\max_j d_j(\mathbf{x}) \end{array}\right\} \tag{5.40}$$

이 방법은 두 가지 문제점을 안고 있다. M개의 이진 분류기가 독립적으로 만들어졌으므로 그들의 $d_j(\mathbf{x})$가 갖는 값의 크기가 서로 다른 규모를 가질 수 있다. 따라서 (5.40)처럼 그들의 값을 단순 비교하여 가장 큰 값을 찾는 것은 비합리적일 수 있다. 또 다른 문제는 이진 분류기의 훈련 집합이 불균형을 이룬다는 점이다. 예를 들어 10 부류를 갖는 숫자 인식의 경우 모든 부류가 같은 개수의 훈련 샘플을 갖는다고 가정하면 훈련 집합에서 양의 영역 샘플과 음의 영역 샘플이 각각 10%와 90%를 점유한다. 한글과 같이 부류 수가 수천인 경우는 이러한 불균형이 더욱 심각하다.

두 번째로 1 대 1 방법은 부류 쌍을 분류하는 이진 분류기를 $M(M-1)/2$개 만든다. 부류 ω_i와 ω_j를 분류하는 이진 분류기의 결정 초평면을 $d_{ij}(\mathbf{x})$라 표기하자. 이제 투표 개념을 도입하여 분류한다. $d_{ij}(\mathbf{x})$가 $\mathbf{x}$를 ω_i로 분류하면 부류 ω_i가 한 표를 얻고 그 반대이면 ω_j가 한 표를 얻게 된다. 이런 방식으로 $M(M-1)/2$개의 이진 분류기가 M개 부류에 투표를 하고 그 결과에 따라 가장 많은 표를 얻은 부류로 분류하면 된다. 어떤 부류 입장에서 보면 자신과 관련된 이진 분류기가 $M-1$개 있으므로 얻을 수 있는 표의 최댓값은 $M-1$이다. 이 방법은 1 대 $M-1$ 방법이 안고 있는 문제를 가지지 않는다. 대신 부류 수 M이 커지면 이진 분류기 수가 많아지고 결국 학습과 인식에 시간이 많이 걸리는 단점을 안고 있다. 실제적으로 널리 사용되는 기법은 그것이 안고 있는 두 가지 단점에도 불구하고 1대 $M-1$ 방법이다.

5.5 SVM의 특성

SVM의 기본 아이디어는 매우 단순하다. 여백이라는 개념을 분류기 설계에 도입하고 여백을 극대화하는 결정 초평면을 찾아내는 것이다. SVM의 목적은 뛰어난 일반화 능력을 확보하는 것이다. 기존 분류 알고리즘은 여백이라는 개념을 제대로 사용하지 못하였다. SVM은 이 새로운 아이디어에 따라 매우 독특한 성질을 몇 가지 갖는다.

1. 사용자가 설정해야 하는 매개변수가 적다. 어느 커널을 사용할지를 제외하면 (5.16)의 C가 전부이다. 커널은 (5.32)~(5.34) 중 하나를 선택하면 되고 커널과 관련된 매개변수를 설정하면 된다. 예를 들면 (5.32)의 다항식 커널을 선택했다면 몇 차 다항식을 쓸지 결정하는 p를 설정해야 한다. SVM의 매개변수 설정은 신경망에 비해 훨씬 쉽다는 것을 알 수 있다.

2. 주어진 문제에 대해 최적의 커널을 자동으로 선택하는 알고리즘은 없다. SVM의 커널은 일반화 능력을 좌우하므로 신중하게 선택해야 한다. 보통의 경우 커널과 관련된 매개변수, 그리고 C 값을 다양하게 설정하여 성능 실험을 하고 그 중 가장 뛰어난 값을 선택하는 휴리스틱한 방법을 사용한다. 보다 체계적인 방법에 대해서는 참고 문헌 [Duan03, Anguita03, Chapelle02]를 참고하기 바란다.

3. 일반화 능력이 뛰어나다. 이 장의 도입 부분에서 언급했듯이 다른 분류 방법과 비교하여 보편적으로 우수하다고 말하는 것은 무리일 수 있다. 하지만 기존 방법론과의 체계적인 성능 비교 실험을 다룬 많은 문헌에서 SVM의 우수성을 주장하고 있다. 예를 들어 Meyer는 16개의 분류 알고리즘을 SVM과 비교한 결과를 통하여 SVM은 소수의 경우를 제외하고 다른 알고리즘에 비해 같거나 우수하다는 결론을 제시하고 있다 [Meyer03].

4. 비선형 SVM에서는 인식 시간이 서포트 벡터의 개수에 비례한다. 따라서 학습 결과로서 많은 수의 서포트 벡터가 발생하는 경우 인식 시간이 길어질 수 있다.

5. (5.35)의 학습 알고리즘은 구현이 까다롭다. 다행스럽게도 많은 공개 소스 소프트웨어open source software(OSS)가 있다. 가장 널리 이용되는 대표적인 두 가지 소프트웨어를 소개한다. 이들 모두 사용자 인터페이스가 잘 되어 있고 웹 사이트에 관련 문서를 충분히 제공하고 있으므로 초보자도 쉽게 사용할 수 있다.

   - SVMLight(http://svmlight.joachims.org/): 요아킴스가 개발한 소프트웨어로서 C로 코딩되었다. 학습은 Osuna 알고리즘을 사용하였다 [Joachims99].
   - LIBSVM(http://www.csie.ntu.edu.tw/~cjlin/libsvm): 국립 타이완대학에서 개발한 소프트웨어이다. 학습은 개선된 SMO 알고리즘을 사용하였다 [Fan05].

블라디미르 바프닉Vladimir Vapnik

러시아

바프닉은 SVM을 창안한 사람으로 유명하다. SVM은 일반화 능력이 뛰어난 분류기로 인정 받고 있다. 패턴 인식에서 기술 돌파breakthrough로 평가된다. 그는 러시아에서 태어났으며 모스크바에 있는 제어 과학 연구원Institute of Control Sciences에서 통계학으로 박사 학위를 취득하였다. 그 후 이 연구원에서 1990년까지 근무하였고 이후 미국 AT&T로 이적하여 주로 미국에서 연구 활동을 하였고 컬럼비아Columbia 대학과 런던London 대학의 교수를 역임했다. SVM을 포함하여 통계적 학습 이론을 정리한 책이 그의 대표적인 저서 중의 하나이다 [Vapnik98].

[Vapnik98] Vladimir Vapnik, *Statistical Learning Theory*, John Wiley and Sons, 1998.

연습문제

01 3장 [그림 3.1(a)]의 Θ에 해당하는 SVM의 매개변수는 무엇인가?

02 다음 샘플 집합에 대해 생각해 보자.

ω_1에 속하는 샘플: $(4, 5)^T$, $(4, 7)^T$, $(5, 6)^T$, $(6, 6)^T$, $(6, 8)^T$, $(7, 4)^T$
ω_2에 속하는 샘플: $(1, 4)^T$, $(2, 2)^T$, $(2, 3)^T$, $(3, 1)^T$, $(3, 3)^T$

❶ 특징 공간에 샘플을 그려라.
❷ $\mathbf{w}_1 = (3.5, 0)^T$과 $\mathbf{w}_2 = (1, 1)^T$ 중에 어느 것을 취하겠는가? 그 이유는?
❸ $\mathbf{w}_1$과 $\mathbf{w}_2$에 해당하는 바이어스는?
❹ $\mathbf{w}_1$과 $\mathbf{w}_2$에 해당하는 서포트 벡터는?

03 식 (5.2)를 증명하라.

04 SVM의 학습은 결정 직선을 규정하는 기울기 $\mathbf{w}$와 바이어스 b를 구하는 과정이다. 그런데 최적화 문제 (5.3)은 $\mathbf{w}$만 가지고 있다. 바이어스 b를 빼놓은 이유는?

05 아래 두 개의 샘플이 주어진 상황에 대해 SVM을 구하여라.

ω_1에 속하는 샘플: $(4, 5)^T$
ω_2에 속하는 샘플: $(2, 1)^T$

06 아래 세 개의 샘플이 주어진 상황에 대해 SVM을 구하여라.

ω_1에 속하는 샘플: $(4, 5)^T$
ω_2에 속하는 샘플: $(2, 1)^T$, $(2, 0)^T$

07 아래 세 개의 샘플이 주어진 상황에 대해 SVM을 구하여라. (5.16)의 매개변수 C의 설정에 따라 답이 어떻게 달라지는지 설명하라.

ω_1에 속하는 샘플: $(4, 5)^T$, $(2, 0)^T$
ω_2에 속하는 샘플: $(2, 1)^T$

08 아래에 있는 $\mathbf{\Phi}_4(\mathbf{x})$는 2차원 공간을 4차원으로 매핑하여 준다. $\mathbf{\Phi}_4(\mathbf{x})$가 (5.29)를 만족함을 증명하라.

$$\mathbf{\Phi}_4(\mathbf{x}) = (x_1^2, x_1x_2, x_1x_2, x_2^2)^{\mathrm{T}}$$

09 (5.32)~(5.34)의 커널에 대해 생각해 보자. 이들 세 개의 커널 함수가 3차원 샘플 $\mathbf{x} = (1, 2, 1)^{\mathrm{T}}$과 $\mathbf{y} = (3, -2, -1)^{\mathrm{T}}$에 대해 (5.29)를 만족함을 보여라.

10 NIST 필기 숫자 데이터베이스의 훈련 집합은 60,000개의 샘플을 갖고 있다. 이 데이터베이스에 대해 (5.35)의 조건부 최적화 문제를 풀고자 할 때 등식 조건이 갖는 항의 개수, 부등식 조건의 개수, 그리고 목적 함수 $\tilde{L}(\boldsymbol{\alpha})$가 가진 항의 개수는 얼마인가?

11 비선형 SVM에서 바이어스 b를 구하는 방법을 기술하시오.

12 선형 SVM은 인식에 걸리는 시간이 서포트 벡터의 수에 무관하다. 하지만 비선형 SVM의 인식 시간은 서포트 벡터의 수에 비례한다. 그 이유는?

13 SVM을 위한 공개 소프트웨어의 하나인 LIBSVM은 커널 함수를 선택하는 가이드라인을 제시하고 있다. 그에 대해 조사하라.

PATTERN RECOGNITION

CHAPTER 06 PATTERN RECOGNITION

질적 분류

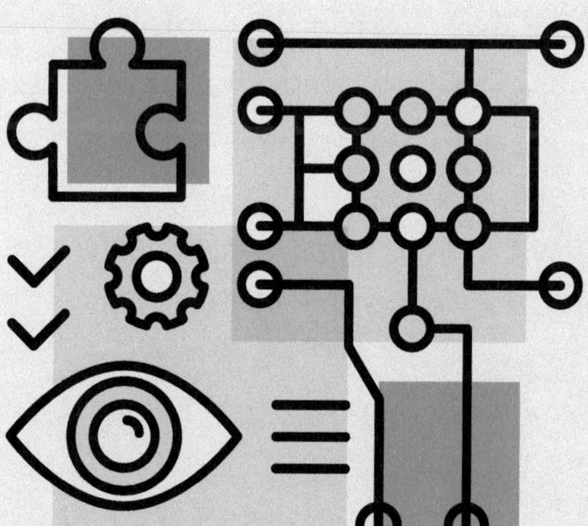

세상에는 참으로 많은 종류의 데이터가 있다. 그들의 특성과 표현 방식은 매우 다양하다. 점수, 매출액, 국내 총생산(GDP), 생물학적 산소 요구량(BOD), 속도, 마찰 계수, 토끼 개체 수, 꽃잎의 개수 등은 모두 어떤 사물 또는 개념을 양적quantitatively으로 표시한 **계량**metric 데이터이다. 이들은 상황에 따라 정수 또는 실수로 표현하면 된다. 이들에서는 5가 3보다 크며 5는 10보다 7에 가깝다. 하지만 이런 종류의 계량 데이터만 있는 것은 아니다. 직업, 행정 구역, 혈액형, 성씨, PC 브랜드, 벼 품종 등은 어떤 사물 또는 개념을 질적qualitatively으로 구분한 **비계량**nonmetric 데이터이다.[42]

2~5장에서 공부한 베이지안 분류기, 신경망, 그리고 SVM은 모두 계량 데이터에 적용이 가능한 분류기들이다. 샘플은 d차원 특징 공간에서 점으로 표시되고 점들 간의 거리 개념이 바탕에 깔려있다. 분류기들은 그 바탕 위에서 공간을 여러 부류로 분할하는 작업을 수행하는 것이다. 이에 반하여 비계량 데이터는 양적 개념을 가지지 않는다. 이들은 질적인 측면에서 여러 구간으로 구분하고 편의상 구간에 정수로 일련번호를 붙인다. 예를 들어 행정 구역별 전화번호는 제주 064, 전북 063, 광주 062, 전남 061, 경남 055, 경북 054, 대구 053, 울산 052, 부산 051, 충북 043, 대전 042, 충남 041, 강원 033, 인천 032, 경기 031, 서울 02와 같다. 이런 상황에서 부산이 051이기 때문에 064를 가진 제주보다 052를 가진 울산에 더 가깝다고 말하는 것은 합리적이지 않다. 즉 양이라는 개념이 없고 따라서 간단한 뺄셈으로 거리를 측정할 수 없는 것이다. 이렇게 데이터를 계량과 비계량으로 구분하는 방식은 군집화를 다루는 10장의 10.2.1절에서 보다 상세하게 설명할 것이다.

이 장은 비계량 데이터를 가진 샘플을 어떻게 분류할 것인지에 초점을 맞춘다. 이 책이 처음부터 일관적으로 사용하는 표기 방법에 따라 여기에서도 하나의 샘플을 d차원의 특징 벡터 $\mathbf{x} = (x_1, x_2, \cdots, x_d)^{\mathrm{T}}$으로 표현한다. 단지 달라진 점은 특징 x_i가 계량이 아니라 비계량 값을 갖는다는 것이다. 이 책에서는 비계량 데이터를 다루는 분류기를 **질적 분류기**qualitative classifier라 부를 것이다. 이 장에서는 질적 분류기로 결정 트리와 스트링 인식기를 공부한다. 이에 반하여 2~5장에서 공부한 분류기들은 **양적 분류기**quantitative classifier라 부른다. [그림 10.1]은 이런 분류 체계를 보여 준다.

[그림 6.1]에서 결정 트리를 질적 분류기로 구분해 놓았는데 결정 트리는 계량 데이터에도 적용이 가능하다. 따라서 정확하게 말하면 양적 분류기도 되고 질적 분류기도 된다. 이에 반하여 양적 분류기로 구분된 것들은 비계량 데이터에 적용할 수 없다. 비계량 데이터를 양적 분류기로 처리할 필요가 있다면 이것을 계량 데이터로 변환한 후 적용해야만 한다. 이런 변환 방법은 8.7.2절을 참고하기 바란다.

[42] 10.2.1절에서는 비계량 데이터를 명칭nominal 값이라고 부른다.

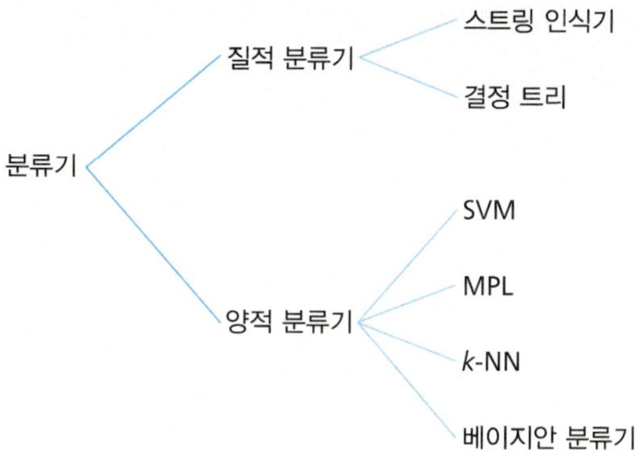

그림 6.1 양적 분류기와 질적 분류기

6.1 결정 트리

컴퓨터 과학 또는 컴퓨터 공학을 전공하는 학생은 자료 구조라는 중요한 과목을 한 학기에 걸쳐 배운다. 이 과목에서 빼놓을 수 없는 단원이 바로 트리이다. 트리tree는 일상 생활에서도 어떤 사물 또는 개념의 계층 구조를 나타내는 데 많이 쓰인다. 이러한 트리를 기본 구조로 사용하는 것이 바로 **결정 트리**decision tree 분류기이다.

6.1.1 원리

어릴 적에 친구들과 재미 삼아 하던 놀이 중에 스무고개가 있다. 예/아니오로 답할 수 있는 질문을 계속하여 20번 이내에 답을 맞히면 이기는 놀이이다. [그림 6.2]는 다섯 번의 질문으로 답을 맞혀 승리한 사례를 보여 준다.

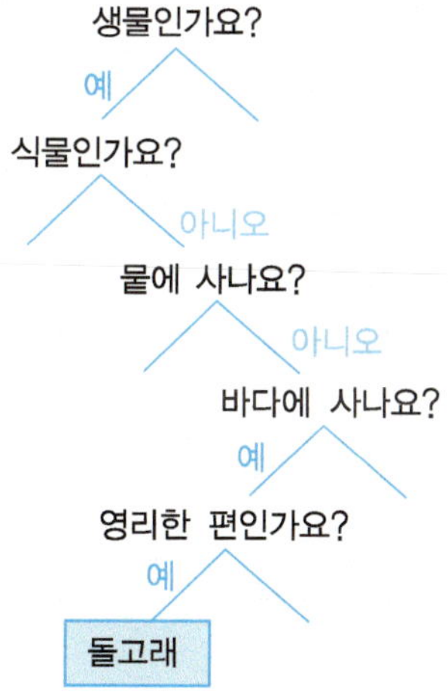

그림 6.2 스무고개 놀이

결정 트리는 이와 유사한 원리를 사용한다. 하지만 스무고개는 사람이 지능적으로 그때그때 적절한 질문을 만드는 데 비해 결정 트리는 컴퓨터가 자동으로 질문을 만들어야 한다. 따라서 스무고개와는 다른 과정과 작업이 필요하다. 우리에게 주어져 있는 것은 무엇이고 만들어야 하는 것은 무엇인가? 이 질문에 관한 한 2~5장과 다를 바가 없다. 주어져 있는 것은 훈련 집합 $X = \{(\mathbf{x}_1, \mathbf{t}_1), \cdots, (\mathbf{x}_N, \mathbf{t}_N)\}$이다. 이것을 가지고 학습이라는 과정을 거쳐 최적의 분류 성능을 갖는 결정 트리를 자동으로 만들어야 하는 것이다. 이를 위해서는 다음 사항을 고려해야 한다.

1. 노드에서 몇 개의 가지로 나눌 것인가?
2. 각 노드의 질문을 어떻게 만들 것인가?
3. 언제 멈출 것인가?
4. 잎 노드를 어느 부류에 할당할 것인가?

이러한 질문에 대한 답을 구하기 전에 트리의 성질과 트리를 어떻게 표현할 것인지를 살펴보기로 하자. 트리라는 자료 구조에 대해 보다 자세하게 공부하고자 하면 [문병로22]를 참고하기 바란다. [그림 6.3]은 두 개의 트리를 보여 준다. 트리는 노드node와 에지edge로 구성된다. 노드는 동그라미로 표시되어 있고 고유한 번호를 붙여 구분하고 있다. 노드와 노드를 잇는 선을 에지라 한다. 노드는 자식을 가질 수 있다. [그림 6.3(a)]에서 2번 노드는 두 개, 7번 노드는 세 개의 자식 노드를 갖는다. 맨 꼭대기에 있는 1번 노드는 루트root 노드라 한다. 자식이 없는 5나 6번과 같은 노드를 잎leaf 노드 또는 단말terminal 노드라 한다. 루트 노드의 깊이를 1로 하고 한 단계 내려가면 깊이가 1만큼 증가한다. 이 트리는 깊이가 4이다. [그림 6.3(b)]는 특수한 형태의 트리로 모든 노드는 최대 두 개의 자식을 갖는다. 이러한 트리를 이진binary 트리라 한다. 이진 트리는 깊이 h에 최대 2^{h-1}개의 노드를 갖는다.

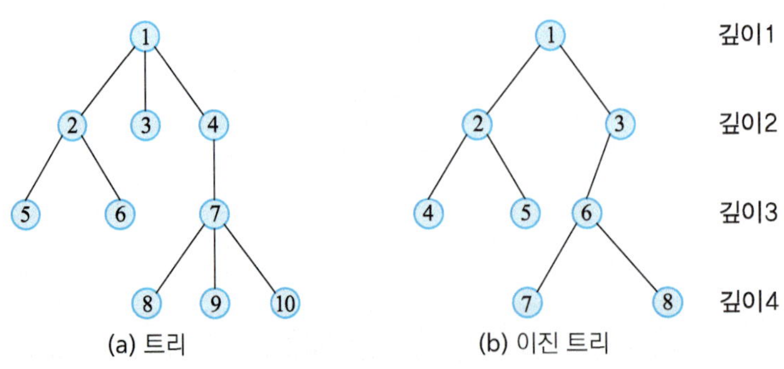

그림 6.3 트리와 이진 트리

[그림 6.3(a)]와 같은 트리는 임의의 개수의 자식 노드를 가질 수 있으므로 표현하기가 까다롭다. 다행히 모든 트리는 이진 트리로 변환할 수 있다. 따라서 이진 트리를 어떻게 표현할지에 주목하면 된다. 이진 트리를 표현하는 방식은 1차원 배열과 연결 리스트로 두 가지가 있다. [그림 6.4]는 이진 트리 표현 방법을 보여 준다. [그림 6.4(a)]는 [그림 6.3(b)]의 이진 트리의 1차원 배열 표현이다. 이 방법에서는 깊이 1의 한 개의 노드는 배열의 첨자 1번에 저장하고, 깊이 2의 두 개의 노드는 첨자 2-3번, 깊이 3의 네 개의 노드는 첨자 4-7번에 저장하는 식으로 한다. 일반적으로 말해 깊이 h의 2^{h-1}개의 노드는 첨자 $2^{h-1}, 2^{h-1}+1, \dots, 2^h-1$에 저장하면 된다. 노드가 없는 곳은 NULL로(그림에서는 −로 표시함) 표시하면 된다. 이진 트리가 비교적 좌우로 균형이 잡혀 있다면 NULL로 표시된 요소가 적지만 불균형 트리에서는 NULL 요소가 많아 메모리 낭비가 심하게 된다. 이런 경우에는 [그림 6.4(b)]의 연결 리스트linked list를 사용하는 것이 좋다. 이 표현에서는 언어가 제공하는 포인터를 사용하여 왼쪽 자식 *lchild*와 오른쪽 자식 *rchild*를 구현하면 된다. 이 노드에는 예/아니오를 묻는 질문에 해당하는 *query*를 저장하면 된다.

1	2	3	4	5	6	7	8	9	10	11	12	13	14	15	16
①	②	③	④	⑤	⑥	-	-	-	-	-	⑦	⑧	-	-	-

(a) 1차원 배열 표현

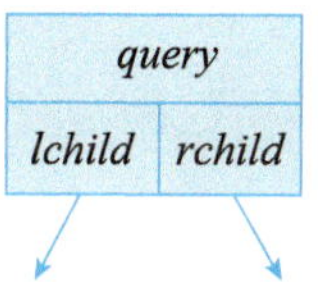


```
struct node {
    struct question query;
    struct node *lchild;
    struct node *rchild;
};
```

(b) 연결 리스트 표현

그림 6.4 이진 트리 표현 방법

결정 트리는 많은 경우 표현하기 쉬운 이진 트리를 사용한다. 잎이 아닌 노드에는 예/아니오를 판단할 수 있는 질문이 들어 있다. 그리고 잎 노드에는 부류가 할당되어 있다. 어떤 샘플 **x**가 주어지면 루트 노드에서 출발하여 질문에 대한 답을 구하고 그 결과에 따라 왼쪽 또는 오른쪽 자식 노드로 이동한다. 이 과정을 잎 노드에 도달할 때까지 순환적recursively으로 반복한다. 잎 노드에 도달하면 **x**를 그 잎 노드에 해당하는 부류로 분류하고 끝낸다.

그렇다면 주어진 훈련 집합 *X*를 가지고 이러한 결정 트리를 어떻게 만들 것인가? 이를 학습이라 하는데 다음 절부터 본격적으로 이에 대해 공부한다.

6.1.2 노드에서의 질문

이제 본격적으로 트리 분류기의 학습에 대해 공부해 보자. [그림 6.5]는 어떤 노드 T에서 일어나는 일을 보여 주고 있다. 노드 T는 왼쪽 자식 노드 T_{left}와 오른쪽 자식 노드 T_{right}로 분기한다. 어느 쪽으로 분기할지를 결정하는 질문은 노드 T 밑에 있는 '$x_i = \alpha$?'가 담당한다. 이 질문이 참이 되면 왼쪽으로 가고 거짓이면 오른쪽으로 간다. 이것을 노드의 분기라 부른다. X_T는 원래 훈련 집합 X의 부분 집합이다. 루트 노드에서 출발하여 T까지의 경로에 있는 질문에서 살아남은 샘플들이 X_T에 포함되어 있다. 만일 T가 루트 노드라면 $X_T = X$이다. 노드 T의 질문 '$x_i = \alpha$?'를 만족하는 샘플은 왼쪽으로, 그렇지 않은 샘플은 오른쪽 노드로 이동하여 각각 샘플 집합 X_{Tleft}와 X_{Tright}에 담긴다. 물론 이들은 (6.1)의 조건을 만족해야 한다.

$$\left.\begin{aligned} X_{Tleft} \cup X_{Tright} = X_T \\ X_{Tleft} \cap X_{Tright} = \varnothing \end{aligned}\right\} \tag{6.1}$$

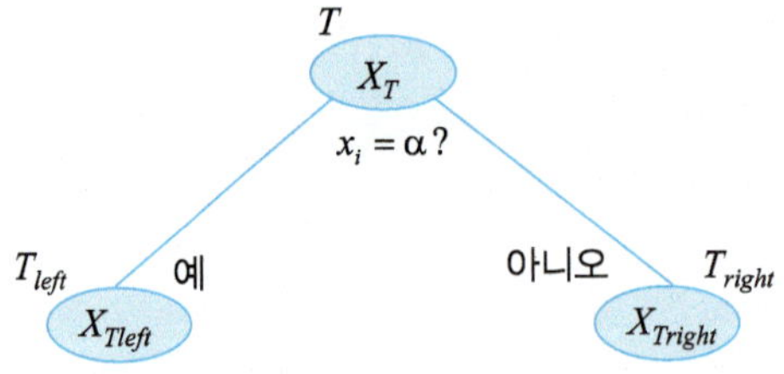

그림 6.5 노드의 분기

이 시점에서 아주 중요한 의문이 생길 수 있다. 그것은 바로 질문 '$x_i = \alpha$?'를 어떻게 만들 것인가이다. 이 질문에서 x_i는 특징 벡터를 구성하는 i번째 특징이고 α는 x_i가 가질 수 있는 값 중의 하나이다. 예를 들어 '혈액형이 B?', '직업이 교수?' 등이 예가 될 수 있다. 특징이 d개가 있고 그들이 평균 n개의 값을 가진다면 총 dn개의 후보 질문이 생긴다. 이들 중에 어느 것을 사용해야 가장 좋을까? 일종의 최적화 문제이다. 후보의 개수가 지수적이지 않기 때문에 모든 후보를 평가하여 가장 좋은 것을 고르는 낱낱 탐색exhaustive search을 사용하면 된다.

이제 후보 질문을 평가하기 위한 기준 함수를 만들어 보자. X_T에는 여러 부류에 속하는 샘플들이 혼재되어 있을 것인데 이들을 어떻게 X_{Tleft}와 X_{Tright}로 나누어야 좋을지를 생각해 보자. 노드의 분기 과정을 반복하면 결국 잎 노드에 도달하는데 거기에는 거의 같은 부류의 샘플들만 담겨야 한다. 그래야 그 부류로 분류가 가능하기 때문이다. 따라서 가능한 한 X_{Tleft}와 X_{Tright}는 각각 동질의 샘플이 담기는 것이 좋다. 여기서 동질이라는 말의 뜻은 같은 부류에 속한다는 것이다.

이러한 동질성을 측정해 주는 기준이 **불순도**impurity이다. 불순도는 여러 방법으로 정의할 수 있는데 (6.2)는 **엔트로피**entropy를 사용한 정의이다.[43] ω_i는 M개의 부류 중에 i번째를 나타내며 $P(\omega_i|T)$는 노드 T에서 ω_i가 발생할 확률이다. 엔트로피는 M개의 부류가 같은 확률을 가질 때 가장 큰 값을 가진다. 같은 확률이라는 사실은 X_T에 같은 빈도로 나타난다는 것을 의미하므로 불순도가 가장 높다. 따라서 엔트로피를 불순도 측정 목적으로 사용하는 것은 타당하다 할 수 있다. 엔트로피는 어느 부류 하나의 확률이 1이고 나머지는 모두 0일 때 0이다. 이때는 불순도가 0으로 제일 낮은 경우이다.

$$im(T) = -\sum_{i=1}^{M} P(\omega_i|T)\log_2 P(\omega_i|T) \tag{6.2}$$

또 다른 측정 방법은 (6.3)으로 정의되는 **지니 불순도**Gini impurity이다. 이 식은 어느 부류가 1의 확률을 갖는 경우에 최솟값 0을 갖는다.

$$im(T) = 1 - \sum_{i=1}^{M} P(\omega_i|T)^2 = \sum_{i \neq j} P(\omega_i|T)P(\omega_j|T) \tag{6.3}$$

마지막으로 (6.4)로 정의되는 **오분류 불순도**misclassification impurity가 있다. 식 (6.4)를 곰곰이 생각해 보면 왜 오분류라는 이름이 붙었는지 알 수 있다. 이 불순도는 바로 샘플들을 가장 높은 확률의 부류로 분류했을 때 발생하는 오분류 비율과 같기 때문이다.

$$im(T) = 1 - \max_i P(\omega_i|T) \tag{6.4}$$

이제 한 가지만 더 생각해 보자. 불순도 측정은 노드 T에서 ω_i가 발생할 확률 $P(\omega_i|T)$를 사용하는데 이것을 어떻게 추정할 것인가? 주어진 정보는 오로지 X_T뿐이다. 따라서 X_T에 ω_i가 발생하는 빈도를 이용하여 (6.5)와 같이 정의한다. $|X_T|$는 집합 X_T의 크기이다.

$$P(\omega_i|T) = \frac{X_T\text{에서 } \omega_i\text{에 속한 샘플의 수}}{|X_T|} \tag{6.5}$$

[43] 엔트로피는 부록 A <정보 이론>을 참조하라.

예제 6.1 **불순도 측정**

노드 T의 샘플 집합 X_T가 아래와 같다고 하자.

$$X_T = \{(\mathbf{x}_1, \omega_2), (\mathbf{x}_2, \omega_1), (\mathbf{x}_3, \omega_3), (\mathbf{x}_4, \omega_2), (\mathbf{x}_5, \omega_2), (\mathbf{x}_6, \omega_2), (\mathbf{x}_7, \omega_1), (\mathbf{x}_8, \omega_3), (\mathbf{x}_9, \omega_1)\}$$

이 집합에는 아홉 개의 샘플이 있고 부류 ω_1이 3번, ω_2가 4번, 그리고 ω_3이 2번 나타났다. 따라서 식 (6.5)에 의해 $P(\omega_1|T) = 3/9$, $P(\omega_2|T) = 4/9$, $P(\omega_3|T)= 2/9$가 된다. (6.2), (6.3), 그리고 (6.4)로 각각 엔트로피, 지니, 그리고 오분류 불순도를 구하면 아래와 같다.

$$\text{엔트로피 불순도: } im(T) = -\left(\frac{3}{9}\log_2\frac{3}{9} + \frac{4}{9}\log_2\frac{4}{9} + \frac{2}{9}\log_2\frac{2}{9}\right) = 1.5305$$

$$\text{지니 불순도: } im(T) = 1 - \left(\frac{3^2}{9^2} + \frac{4^2}{9^2} + \frac{2^2}{9^2}\right) = 0.642$$

$$\text{오분류 불순도: } im(T) = 1 - \frac{4}{9} = 0.556$$

불순도는 하나의 노드를 대상으로 측정한다. 이제 이것을 이용하여 [그림 6.5]의 노드 분기에 필요한 최적의 질문을 고르는 데 사용할 기준 함수를 만들어 보자. 앞에서 이미 말한 바와 같이 분기 결과로 만들어지는 새로운 샘플 집합 X_{Tleft}와 X_{Tright}는 가급적 불순도가 낮은 것이 좋다. 따라서 불순도 감소량을 (6.6)과 같이 정의하고 그것을 기준 함수로 사용하면 된다. 극단적인 예를 든다면 왼쪽과 오른쪽 자식 노드 모두 한 부류의 샘플만을 가지게 되어 불순도가 둘 다 0이 된다면 (6.6)의 불순도 감소량은 $im(T)$가 되어 이때 최댓값이 된다. 따라서 이런 결과를 만드는 질문이 있다면 당연히 그것을 노드 T의 질문으로 선택해야 한다. 실제에서는 $\Delta im(T)$를 최대로 하는 질문을 취하면 된다.

$$\Delta im(T) = im(T) - \frac{|X_{Tleft}|}{|X_T|} im(T_{left}) - \frac{|X_{Tright}|}{|X_T|} im(T_{right}) \tag{6.6}$$

식 (6.6)은 부모 노드와 자식 노드의 불순도를 독립적으로 계산한 후 이들을 이용하여 불순도 감소량을 계산한다. 불순도 감소량을 측정하는 다른 방법으로 **투잉 기준** twoing criteria이란 것도 있다. (6.7)은 투잉 기준을 정의한다.

$$\Delta im(T) = \frac{|X_{Tleft}|}{|X_T|}\frac{|X_{Tright}|}{|X_T|}\left(\sum_{i=1}^{M}|P(\omega_i|T_{left}) - P(\omega_i|T_{right})|\right)^2 \quad (6.7)$$

이제 후보 질문을 평가하는 기준 함수는 준비되었다. 이제는 후보 질문을 어떻게 생성할 것인지에 대해 구체적으로 공부해 보자. 앞에서 특징에는 비계량인 것도 있고 계량인 것도 있다고 설명하였다. 후보 질문을 만들기 위해서는 이 둘을 구분하여 생각해야 한다. 비계량 특징은 한정된 개수의 값만을 갖는다. 예를 들어 혈액형이라면 A, B, O, AB의 네 가지 값만을 갖는다. 이 예에서는 네 개의 후보 질문이 생긴다. '$x_i = \alpha$?' 식의 질문을 만들면 된다. 이에 비해 계량인 경우에는 까다롭다. 이 경우에도 몇 개의 이산 값만을 가지면 '$x_i < \alpha$?' 식의 질문을 만들면 된다. 계량에서는 양이라는 개념을 가지므로 등호 대신 부등호를 사용한다. 제일 까다로운 경우는 실수를 가질 때이다. 이때는 실수 범위를 등간격으로 나누어 구간화하던지 아니면 샘플들이 갖는 값의 분포를 보고 인접한 두 값의 가운데를 α로 사용하면 된다. 예제를 보자.

예제 6.2 후보 질문 생성

여기에서도 예제 6.1의 샘플 집합을 활용하기로 하자. 샘플은 아래와 같은 세 개의 특징으로 표현되는데 앞의 두 개는 비계량이고 세 번째는 실수로 표현되는 계량 데이터라고 가정하자.

직업(x_1): [1, 7]의 정수(1 = 디자이너, 2 = 스포츠맨, 3 = 교수, 4 = 의사,
5 = 공무원, 6 = NGO, 7 = 무직)

선호 품목(x_2): [1, 5]의 정수(1 = 의류, 2 = 전자 제품, 3 = 스포츠 용품,
4 = 책, 5= 음식)

몸무게(x_3): 실수

노드 T의 샘플 집합 X_T가 아래와 같다고 하자. 몸무게는 소수점 이하 첫째 자리까지 표현하였다. [표 6.1]은 샘플 집합을 한눈에 알아볼 수 있게 해 준다.

$$\begin{aligned} X_T = \{&(\mathbf{x}_1 = (3, 1, 50.6)^{\mathrm{T}}, \omega_2), \ (\mathbf{x}_2 = (2, 3, 72.8)^{\mathrm{T}}, \omega_1), (\mathbf{x}_3 = (3, 5, 88.7)^{\mathrm{T}}, \omega_3), \\ &(\mathbf{x}_4 = (2, 2, 102.2)^{\mathrm{T}}, \omega_2), (\mathbf{x}_5 = (5, 5, 92.3)^{\mathrm{T}}, \omega_2), (\mathbf{x}_6 = (3, 4, 65.3)^{\mathrm{T}}, \omega_2), \\ &(\mathbf{x}_7 = (2, 3, 67.8)^{\mathrm{T}}, \omega_1), \ (\mathbf{x}_8 = (7, 1, 47.8)^{\mathrm{T}}, \omega_3), (\mathbf{x}_9 = (2, 3, 45.6)^{\mathrm{T}}, \omega_1)\} \end{aligned}$$

앞의 두 특징으로 아래와 같은 12개의 후보 질문이 만들어진다.

x_1에 의한 후보 질문: $x_1 = 1$?, $x_1 = 2$?, $x_1 = 3$?, $x_1 = 4$?, $x_1 = 5$?, $x_1 = 6$?, $x_1 = 7$?

x_2에 의한 후보 질문: $x_2 = 1$?, $x_2 = 2$?, $x_2 = 3$?, $x_2 = 4$?, $x_2 = 5$?

표 6.1 예제 6.1~6.3이 사용하는 샘플 집합 X_T

샘플	특징 벡터			부류
	x_1(직업)	x_2(선호 품목)	x_3(몸무게)	
1	3	1	50.6	ω_2
2	2	3	72.8	ω_1
3	3	5	88.7	ω_3
4	2	2	102.2	ω_2
5	5	5	92.3	ω_2
6	3	4	65.3	ω_2
7	2	3	67.8	ω_1
8	7	1	47.8	ω_3
9	2	3	45.6	ω_1

x_3의 후보 질문은 샘플 값을 보고 만들기로 하자. 그들의 값은 아래와 같이 분포한다. 인접한 두 값의 가운데 값을 α로 쓴다면 아래와 같이 여덟 개의 후보 질문이 만들어진다.

45.6, 47.8, 50.6, 65.3, 67.8, 72.8, 88.7, 92.3, 102.2

x_3에 의한 후보 질문: $x_3 < 46.7$?, $x_3 < 49.2$?, $x_3 < 57.95$?, $x_3 < 66.55$?, $x_3 < 70.3$?, $x_3 < 80.75$?, $x_3 < 90.5$?, $x_3 < 97.25$?

결국 총 20개의 후보 질문이 생성되었다.

예제 6.3 불순도 감소량 계산

예제 6.2의 데이터를 재활용해 보자. 생성된 20개의 후보 질문 중 하나에 대해서만 (6.6)과 (6.7)의 불순도 감소량을 계산해 보자. 사용할 질문은 '$x_2 = 3$?'(즉 선호 품목 = 스포츠 용품?)이고 그에 따른 분기 결과는 [그림 6.6]과 같다.

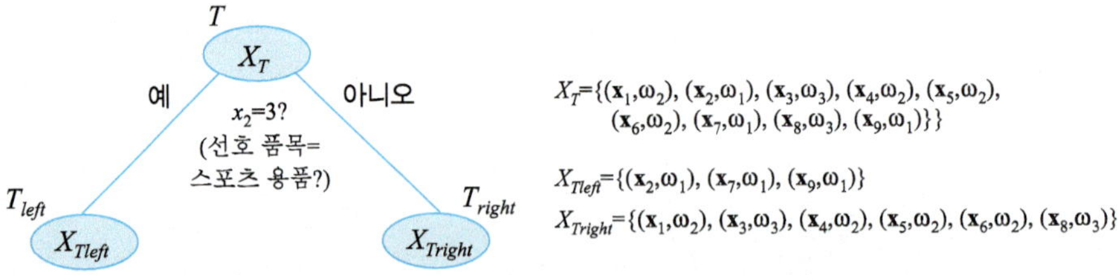

그림 6.6 '선호 품목=스포츠 용품?'이라는 질문에 따른 분기 결과

이 분기 결과에 대한 불순도 감소량을 계산해 보자. (6.6)의 계산에서는 지니 불순도를 사용한다고 가정하자.

$$(6.6)\text{의 불순도 감소량 } \Delta im(T) = 0.642 - \frac{3}{9} * 0.0 - \frac{6}{9} * 0.444 = 0.346$$

$$(6.7)\text{의 불순도 감소량 } \Delta im(T) = \frac{3}{9}\frac{6}{9}(|1-0| + |0-4/6| + |0-2/6|)^2 = 0.889$$

이 예제에서는 20개의 후보 질문 중에 하나에 대해서만 불순도 감소량을 계산하였다. 실제 학습 과정에서는 20개 모두에 대해 계산한 후에 가장 큰 값을 갖는 질문을 선택하여 그것을 노드 T에 할당하면 된다. 나머지 후보 질문에 대한 계산은 연습 문제로 남겨 둔다.

마지막으로 생각해 볼 것은 세 가지 불순도 측정 방법과 두 가지 불순도 감소량 측정 방법을 제시했을 때 어떤 것을 사용해야 좋을까에 관한 것이다. 여러 문헌에서 결정 트리의 성능은 불순도 측정 방법보다 멈춤 조건과 노드 가지치기 방법에 더 영향을 받는다는 실험 결과를 언급하고 있다. 따라서 큰 고민하지 말고 이들 방법 중에 하나를 선택하면 된다. 만일 중대한 성능 평가가 필요한 상황이라면 고품질의 훈련 집합을 수집한 후에 그것을 가지고 각각의 방법을 평가하고 그 결과에 따라 최적의 방법을 고르는 수밖에 없다.

6.1.3 학습 알고리즘

이제 몇 가지만 빼고 결정 트리를 학습시키는 데 필요한 모든 재료들을 준비하였다. 알고리즘 6.1은 이들을 이용한 결정 트리 학습 알고리즘이다. 이진 트리와 관련된 알고리즘은 대부분 순환[recursive] 함수로 작성되는데 알고리즘 6.1도 예외가 아니다. 라인 6~8은 앞에서 설명한 방법을 사용하여 후보 질문을 생성하고 그들 중 가장 좋은 것을 고른다. 그런 후 자식 노드를 생성할 필요가 있는지 검사한다. 이때 사용하는 조건이 멈춤 조건이다. 만일 멈춤 조건을 만족하면 그 노드를 잎 노드로 만들고 적절한 부류를 할당한다. 그렇지 않으면 왼쪽과 오른쪽 자식 노드를 생성하고 각각에 대해 순환 함수를 호출하여 계속 진행한다.

알고리즘 6.1 결정 트리 학습

입력: 훈련 집합 $X = \{(\mathbf{x}_1, \mathbf{t}_1), \cdots, (\mathbf{x}_N, \mathbf{t}_N)\}$

출력: 결정 트리 R

1. 노드 하나를 생성하고 그것을 R이라 한다. // 이것이 루트 노드이다.
2. $T = R$;
3. $X_T = X$;
4. split_node(T, X_T); // 루트 노드를 시작점으로 하여 순환 함수를 호출한다.

5. split_node(T, X_T) { // 순환 함수
6.   노드 T에서 후보 질문을 생성한다.
7.   모든 후보 질문의 불순도 감소량을 측정한다. // (6.6) 또는 (6.7) 이용
8.   불순도 감소량이 최대인 질문 q를 선택한다.
9.   **if** (T가 멈춤 조건을 만족) {
10. T에 부류를 할당한다.
11.   **return**;
12.   }
13.   **else** {
14. q로 X_T를 X_{Tleft}와 X_{Tright}로 나눈다.
15.   새로운 노드 T_{left}와 T_{right}를 생성한다.
16.   split_node(T_{left}, X_{Tleft});
17.   split_node(T_{right}, X_{Tright});
18.   }
19. }

알고리즘 6.1에서 부연 설명할 곳이 두 군데 있다. 첫 번째는 라인 9의 멈춤 조건이다. 노드 T에서 더 분기할 것인지 아니면 분기를 멈추고 잎 노드로 할 것인지 결정해야 한다. 기본 원칙은 X_T의 불순도가 충분히 낮을 때 멈추게 하면 된다. 하지만 어느 정도가 충분한지 애매할 수 있다. 따라서 아래와 같은 여러 조건을 and 또는 or로 결합하여 사용하는 것이 보통이다.

1. 불순도가 0이다. 이 경우는 더 이상 분기할 필요가 없다.
2. X_T의 샘플 개수가 임계 값 이하이다.
3. 라인 8에서 결정한 q의 불순도 감소량이 임계 값 이하이다.

만일 조건 1만 가지고 멈춤을 결정하면 자칫 과잉적합overfitting이 발생할 수 있다. 심한 경우 대부분 잎 노드가 단 하나의 샘플만을 가지게 될 수도 있다. 너무 늦게 멈추는 셈이다. 이런 결정 트리는 일반화 능력이 낮을 수밖에 없다. 반대로 조건 2와 조건 3에서 임계 값을 너무 크게 하여 느슨한 조건을 사용하면 설익은 수렴premature convergence에 도달할 수 있다. 너무 빨리 멈추는 꼴이다. 따라서 적절한 임계 값 설정이 매우 중요하다.

라인 10은 잎 노드가 발생했을 때 그것에 부류를 할당하는 작업이다. 이 작업은 매우 간단하다. 그 잎 노드의 샘플 집합 X_T를 조사하여 가장 큰 빈도를 갖는 부류를 선정하면 된다. 이 규칙을 수식으로 표현하면 (6.8)과 같다.

$$\left.\begin{array}{l} T\text{의 부류를 } \omega_k \text{로 한다.} \\ \text{이때 } k = \arg\max_i P(\omega_i | T) \end{array}\right\} \tag{6.8}$$

6.1.4 특성

결정 트리는 아주 다양한 형태를 띤다. 예를 들어 불순도 측정 방법을 바꾸면 다른 트리가 만들어진다. 또한 멈춤 조건에 따라서 아주 큰 트리가 만들어질 수도 있고 반대로 아주 작은 트리가 될 수도 있다. 이 절에서는 결정 트리의 몇 가지 특성을 살펴보기로 하자.

1. 결정 트리는 계량 값을 갖는 특징뿐 아니라 비계량 특징도 다룰 수 있고 이 둘이 혼합되어 있는 패턴도 다룰 수 있다. 또한 특징 값들을 크기 정규화하는 등의 전처리가 필요 없다. 반면 신경망이나 SVM은 계량 데이터만 다룰 수 있다. 결정 트리가 갖는 중요한 장점 중의 하나이다.
2. 결정 트리는 분류 결과가 '해석 가능하다'는 장점을 갖는다. 신경망이나 SVM 등에서는 샘플이 어떤 부류로 분류되었을 때 왜 그런 결정이 내려졌는지 이유를

설명하기가 매우 어렵다. 하지만 결정 트리에서는 그 샘플이 루트부터 잎 노드까지 거쳐온 경로를 보면 왜 그런 결정이 내려졌는지 해석할 수가 있다. [그림 6.2]의 스무고개 사례에서 왜 돌고래라는 답을 했는지 이유를 대는 것이 매우 쉬운 것과 같은 이치이다. 이런 특성은 고객 관리와 같은 응용에서 매우 유용할 수 있다. 예를 들어 신용 카드 회사에서 자동으로 불량 신용자를 분류하여 통보하는 경우, 결정 트리를 사용한다면 고객에게 그 이유를 자동으로 설명할 수 있게 된다. 다른 말로 표현하면 신경망이나 SVM은 분류 결과로서 부류 정보만 얻을 수 있어 블랙 박스로 볼 수 있는 반면 결정 트리는 부류 정보뿐만 아니라 그 이유도 알 수 있어 화이트 박스로 간주할 수 있다.

3. 학습이 끝난 결정 트리를 가지고 인식하는 작업은 매우 빠르다. 루트 노드에서 간단한 비교 연산을 통하여 예/아니오 결정을 하고 그 결과에 따라 자식 노드로 이동한다. 이 과정을 잎 노드를 만날 때까지 순환적으로 반복하면 된다. 트리의 깊이가 h라면 최대 $h-1$번의 노드만 거치면 된다. 보통 트리의 깊이가 몇 십 정도이므로 매우 빠르게 인식을 마칠 수 있다. 알고리즘 6.2는 결정 트리에 의한 인식 알고리즘이다.

알고리즘 6.2 결정 트리에 의한 인식

입력: 결정 트리 R, 테스트 샘플 $\mathbf{x}$

출력: $\mathbf{x}$의 부류 ω

```
T = R; // 루트에서 시작
while (T ≠ NULL) {
    x를 가지고 T의 질문을 계산하고 그 결과를 r이라 한다.
    if (r = 예) T = T의 왼쪽 자식 노드;
    else T = T의 오른쪽 자식 노드;
    if (T가 잎 노드) {
        ω = T의 부류;
        T = NULL;
    }
}
```

4. 트리의 크기를 줄이기 위해 **가지치기**pruning 방법을 사용할 수 있다. 멈춤 조건에서 임계 값 설정을 낮게 허용하거나 불순도 감소량이 0이 될 때까지 분기를 허용하여 충분히 큰 트리를 만든다. 그런 후 반대로 밑에서부터 잎 노드를 합치는 연산을 수행한다. 이런 연산을 노드 가지치기라 한다. 두 자식 노드를 조사하여 그것을 합쳤을 때 불순도 증가가 충분히 적으면 그것들을 하나로 합친다. 노드 가지치기는 트리의 크기를 줄여준다. 이 연산은 같은 성능이라면 단순한 것이 좋다는 오컴의 칼날 원리로 해석할 수도 있다.

    6.1.3절에서 설명한 멈춤 조건을 사용하여 미리 멈추는 방식을 **사전 가지치기**pre-pruning라 하고, 여기서 설명한 바와 같이 충분히 큰 트리를 만든 후 사후에 잎 노드를 합치는 방식을 **사후 가지치기**postpruning라 부른다. 사전 가지치기는 멈춤 이후에 어떤 일이 벌어질지를 볼 수 없는 **수평선 효과**horizon effect가 나타나는 한계가 있다. [그림 6.7(a)]는 불순도 감소량의 임계 값을 0.2로 하였을 때 노드 T가 멈춤 조건을 만족하여 더 이상 분기가 일어나지 않는 상황을 보여 준다. 아래로 더 내려가면 '$x_j = \beta$?'라는 분기가 나타날 수 있음에도 불구하고 너무 빨리 멈추어 버린 꼴이 되었다. [그림 6.7(b)]는 불순도 감소량이 0이 될 때까지 분기를 허용하는 사후 가지치기를 사용하고 있다.

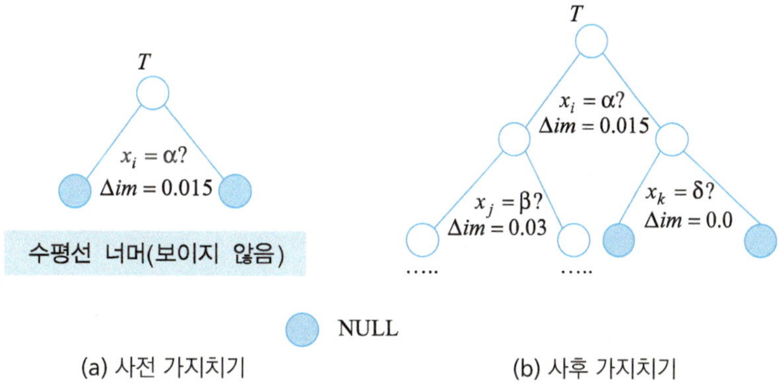

그림 6.7 사전 가지치기와 사후 가지치기

5. 결정 트리는 불안정성instability을 보이기도 한다. 불안정성이란 단지 한두 개 샘플의 값이 조금 바뀌었는데 전체 트리 모양이 크게 바뀌는 현상을 뜻한다. 일반적으로 단점으로 볼 수 있다. 하지만 혼합 모델의 배깅과 같은 기법에서는 오히려 불안정성을 이용하여 좋은 효과를 얻기도 한다.

6. 결정 트리의 학습 알고리즘은 욕심 알고리즘greedy algorithm이다. [그림 6.6]에서 보는 바와 같이 노드 T는 자기가 처한 상황에만 의존하여 의사 결정을 한다. 즉 이전에 어떤 결정이 있었는지 이후에 어떤 상황이 벌어질지를 전혀 고려하지 않는다. 따라서 학습 결과로 얻은 트리보다 불순도 측면에서 더 좋으면서 더 작은 트리가 있을 수 있다.

7. 앞에서 설명한 학습 알고리즘은 노드의 질문이 하나의 특징만을 사용하였다. 하지만 반드시 그렇게 해야 하는 것은 아니다. 예를 들어 '$x_1 = \alpha$이고 $x_2 = \beta$?'와 같은 질문을 사용할 수 있다. 계량 데이터인 경우에는 '$3x_1 - 2x_2 < 0.7$?'과 같은 질문을 사용할 수도 있다. 특징 하나를 쓰는 '$x_1 < 0.7$?'과 같은 질문은 x_1 축에 수직인 초평면이 특징 공간을 둘로 나누는 꼴인데 '$3x_1 - 2x_2 < 0.7$?'과 같은 질문은 초평면이 임의의 기울기를 갖는다.

8. 손실 특징을 다루기가 다른 분류기에 비해 쉽다. 예를 들어 예제 6.2에서 어떤 샘플이 $\mathbf{x} = (3, ?, 65.5)$라면 선호 품목 정보가 빠져 있는 셈이다. 실제에서 이런 경우는 적지 않게 발생한다. 이러한 손실 특징에 대처하는 가장 간단한 방법은 이런 샘플을 무시하는 것이다. 하지만 이런 샘플도 반드시 처리해야 하는 상황이라면 그런 단순한 방법을 사용할 수는 없다. 결정 트리가 사용하는 대안 중의 하나는 **대리 분기**surrogate split를 사용하는 것이다. 노드 T가 '$x_i = \alpha$?'라는 질문으로 분기를 하고 X_T가 X_{left}와 X_{right}로 나뉜다고 하자. 이 노드에 '$x_j = \beta$?'라는 또 다른 분기를 추가해 놓으면 그것이 바로 대리 분기이다. 원래 분기 '$x_i = \alpha$?'는 주 분기primary split라 부른다. 대리 분기가 X_T를 $\hat{X}_{left}$와 $\hat{X}_{right}$로 나눈다면 가능한 한 $\hat{X}_{left}$와 $\hat{X}_{right}$는 각각 X_{left}와 X_{right}와 비슷해야 한다. 어떤 샘플이 노드 T에 도달했는데 그 샘플이 x_i라는 특징을 손실했다면 대리 분기를 사용하여 왼쪽으로 갈지 오른쪽으로 갈지를 결정하면 된다. 이런 방법을 사용하기 위해서는 결정 트리 학습 과정에서 손실이 발생할 가능성이 있는 특징을 미리 예측하고 그런 특징을 사용하는 분기에 대해서 대리 분기를 만들어 놓아야 한다.

예제 6.4 손실 특징을 위한 대리 분기

노드 T의 주 분기가 [그림 6.8(a)]와 같다고 하자. 이 분기는 특징 x_2를 사용하고 있는데 이 특징이 손실되었을 때를 대비하여 대리 분기를 만들어 보자. 대리 분기를 위해 x_1 특징을 사용하기로 결정하였다면 질문은 '$x_1 = 2$?'(즉 직업 = 스포츠맨?)가 되어야 한다. 그래야 주 분기의 결과와 가장 유사하다. [그림 6.8(b)]는 이렇게 만든 대리 분기를 보여 준다.

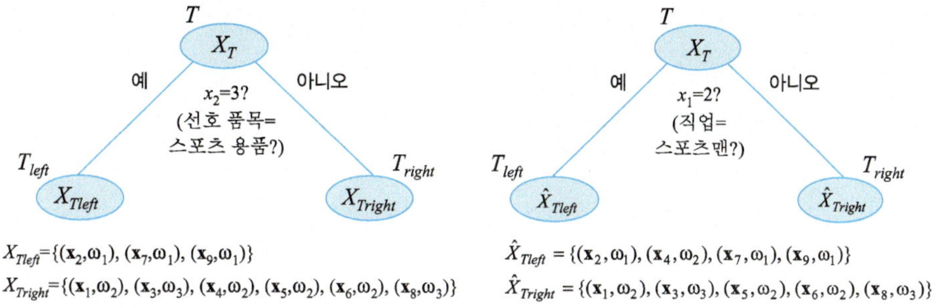

(a) 주 분기　　　　(b) 대리 분기

그림 6.8 주 분기와 대리 분기

주 분기의 X_{Tright}에서 샘플 하나가 대리 분기의 $\hat{X}_{Tleft}$로 옮겨 갔다. 비록 $\hat{X}_{Tleft}$, $\hat{X}_{Tright}$가 X_{Tleft}, X_{Tright}와 같지 않지만 유사하다. 따라서 x_2 정보가 없을 때는 대리 분기를 사용하여 왼쪽과 오른쪽 중에 어디로 갈지를 결정하여도 큰 문제가 없는 것이다. 필요하다면 x_3을 이용한 대리 분기까지 추가할 수도 있다.

6.2 CART, ID3, 그리고 C4.5

6.1.4절에서 살펴 본 바와 같이 결정 트리는 다양한 특징 값을 다룰 수 있고, 분류 결과가 해석 가능하며, 인식 시간이 빠르고, 손실 특징을 쉽게 다룰 수 있다는 독특한 장점을 갖는다. 이러한 장점에 따라 여러 가지 형태의 결정 트리가 개발되어 있다. 결정 트리 아이디어를 사용하는 가장 대표적인 시스템으로는 CART, ID3, 그리고 C4.5를 들 수 있다.[44] 이들 시스템은 모두 6.1절의 원리를 채택하고 있다. 단지 그들은 서로 다른 연구 그룹에서 개발되었기 때문에 불순도 측정 방식, 가지치기 방식, 실수를 다루는 방식 등의 측면에서 어떤 방법을 채택하느냐에 따라 차이가 있을 뿐이다. [그림 6.9]는 가장 대표적인 두 가지 시스템의 계통도를 보여 준다. CART(Classification and Regression Tree)는 브레이만[Breiman]이 개발한 시스템이다. 구체적인 내용은 그와 그의 동료들의 저술 [Breiman93]을 참고하면 된다. 이 시스템은 두개의 자식 노드를 갖는 이진 트리를 사용한다. 퀸란[Quinlan]이 개발한 ID3(Interactive Dichotomizer 3)은 기능을 확장하여 C4.5가 되었다 [Quinlan93]. 확장된 기능은 실수 데이터를 다룰 수 있게 된 점, 손실 특징을 다룰 수 있게 된 점, 그리고 사

[44] 이들을 서로 다른 알고리즘으로 보는 경우가 있다. 하지만 결정 트리를 구성하는 불순도 측정 방식, 가지치기 방식, 실수를 다루는 방식 등에 차이가 있을 뿐 기본 아이디어는 같다. 또한 비록 사전 가지치기만 사용하고 있더라도 그것에 사후 가지치기 모듈을 추가하지 말란 법도 없다. 따라서 이들을 알고리즘보다는 시스템으로 보는 것이 타당하다.

후 가지치기 기능의 추가 등을 들 수 있다. 이 결정 트리 시스템들은 두 개 이상의 자식을 가질 수 있는 트리 구조를 사용한다. C4.5는 상용화되어 C5.0(Unix/Linux 버전)과 See5(Windows 버전)가 되었다. C4.5의 소스 코드는 퀸란의 홈페이지에서 얻을 수 있다.[45] C5.0은 속도와 메모리 효율이 개선되었고 특히 12장에서 소개할 부스팅 기능이 지원된다. 새로 추가된 기능에 대한 세부적인 알고리즘은 공개되어 있지 않다.

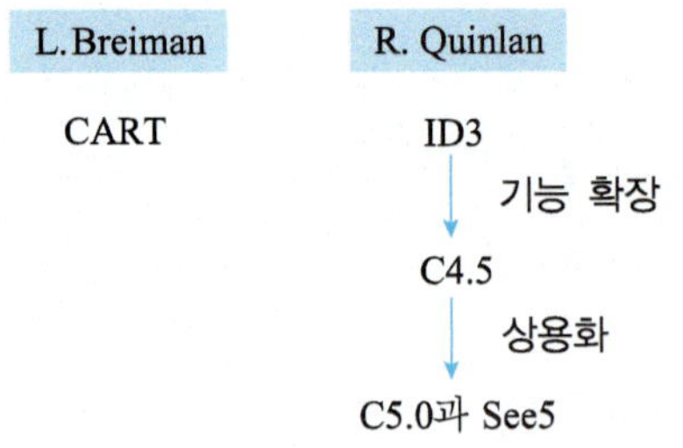

그림 6.9 대표적인 결정 트리의 계통도

[표 6.2]는 CART, ID3, 그리고 C4.5의 특성을 여러 측면에서 비교한다. CART와 C4.5는 실수 특징에 대해 예제 6.2의 x_3과 같이 부등호 질문을 사용한다. ID3은 실수를 일정한 구간으로 나누고 각 구간에 정수를 부여하며 비계량 데이터와 마찬가지로 등식 질문을 사용한다. CART는 이진 트리를 사용하는 반면 ID3과 C4.5는 임의의 개수의 자식 노드를 갖는 트리를 사용한다. ID3은 사전 가지치기만 하는 반면 CART와 C4.5는 사후 가지치기 기능을 제공한다. 단 CART는 [그림 6.7(b)]와 같이 잎 노드를 합치는 가지치기를 사용하는 반면 C4.5는 루트부터 잎 노드까지의 경로 상에 있는 질문을 가지고 규칙 집합을 만든 다음 그 규칙 집합을 줄이는 방식을 사용한다. 따라서 C4.5는 잎 노드가 아닌 중간에 있는 내부 노드를 합치는 연산이 가능하다. CART는 분류뿐만 아니라 그 이름에 걸맞게 회귀 기능도 제공한다. ID3과 C4.5는 분류 기능만 제공한다. CART는 [그림 6.8]과 같은 대리 분기를 사용하여 손실 특징을 처리한다. ID3은 손실 특징을 허용하지 않으며 C4.5는 손실 특징을 가진 샘플을 무시하는 방식을 취한다. CART는 6.1.4절의 7번 항목에서 설명한 다중 변수로 구성된 질문을 사용하는 반면 ID3과 C4.5는 단일 변수 질문만 허용한다.

물론 [표 6.2]는 시스템을 설계할 때 선택한 기능에 따른 특성 차이에 불과하다. 6.1절에서 설명한 여러 기능을 모두 포함하고 이에 새로운 아이디어를 추가하여 새로운 결정 트리 시스템을 설계하는 것은 연구자들의 몫이다.

[45] http://www.rulequest.com/Personal/

표 6.2 CART, ID3, 그리고 C4.5의 특성 비교

특성	CART	ID3	C4.5
실수 데이터	부등호 질문	등식 질문	부등호 질문
트리 형태	이진 트리	트리	트리
가지치기	잎 노드 병합	x	규칙 집합
분류	지원	지원	지원
회귀	지원	x	x
손실 특징	대리 분기	x	샘플 무시
다중 변수 질문	지원	x	x

이런 질문을 할 수 있겠다. 어느 시스템이 가장 우수할까? 이 질문은 결정 트리에 국한된 것이 아니라 패턴인식 전반에 걸쳐 자연스럽게 생길 수 있다. 신경망과 SVM 중에 어느 것이 나을까? 신경망 아키텍처에서 은닉 층의 개수를 몇 개로 해야 좋을까? 유클리디안 거리와 마할라노비스 거리 중에 어느 것이 좋을까? 불순도 측정에서 지니 계수와 엔트로피 중에 어느 것이 우수할까? 이런 종류의 질문은 무수히 많을 수 있다. 그에 대한 답은 의외로 간단하다. "어느 것이 다른 것을 지배하지 못하고 어느 것이 다른 것에 지배되지도 않는다."[46]

단지 특정 상황에서 우열을 가릴 수는 있다. 예를 들어 필기 숫자 인식에서 특정한 특징 추출 알고리즘을 사용하는 경우 신경망, SVM, 결정 트리의 성능을 비교하여 그 중 어느 것이 우세한지를 견주는 것이다. 이런 상황에서도 대부분 특정 훈련 집합과 테스트 집합을 사용하여 실험적으로 비교한다. 이런 종류의 논문을 몇 가지 소개하고 이 절을 마치기로 한다.

노드에서의 분기 질문에 관한 비교 실험은 논문을 참고하기 바란다 [Breiman96a, Buntine92]. 가지치기 방법의 실험적인 비교는 이 논문을 참고하라 [Malerba96]. 영어 문장을 음성으로 변환하는 문제에서 결정 트리와 신경망의 성능 비교를 수행한 논문이 있다 [Dietterich95].

6.3 스트링 인식기

생물 정보학, 정보 검색, 데이터 마이닝, 컴퓨터 비전, 음성 인식, OCR, 생체 인식 등의 많은 응용 분야에서 때때로 패턴을 가변 길이의 스트링으로 표현한다. 이러한 표현은 길이가 가변적이기 때문에 유클리디안 거리와 같은 통상적인 거리 측정 방법을

46 12장에서 공짜 점심 없음no free lunch(NFL) 정리가 보다 자세하게 설명한다.

적용할 수 없다. 따라서 새로운 거리 계산 방법이 필요하다. 이 절의 주제가 바로 그것이다. 새로운 거리를 정의하더라도 신경망이나 SVM 같이 특징 값 그 자체를 요구하는 분류 방법은 적용이 불가능하다. 단 *k*-NN이나 군집화와 같이 특징 값 대신 특징 벡터 사이의 거리만 있으면 되는 알고리즘은 적용이 가능하다.

스트링 간의 거리 계산에 관한 서베이 논문으로 [Navarro01]을 추천한다. 이 논문은 여러 가지 거리 계산 방법뿐 아니라 구체적인 응용 사례를 많이 제시하고 있다. 여기서는 응용 사례로 두 가지만 제시한다. Seni는 필기 단어를 인식하기 위해 단어 영상을 스트링 표현으로 변환하였으며 6.3.3절에서 공부할 다메라우-레벤시테인 거리를 확장하여 인식에 사용하였다 [Seni96]. 이 논문이 확장한 것 중의 하나는 기호마다 대치 비용을 다르게 한 것이다. 예를 들어 v와 u는 비슷한 모양을 가졌기 때문에 v → u의 대치보다 v → q의 대치에 더 큰 비용을 주었다. 분자 생물학자들은 생물로부터 채취한 샘플을 스트링으로 표현하고 그들 사이의 거리를 가지고 물리적 또는 기능적인 유사성을 측정한다. Myers는 이 작업에 사용하는 거리 측정 방법에 대해 전반을 소개하고 있다 [Myers91].

6.3.1 교정 거리

패턴이 기호의 열로 표현되는 경우가 있다. 이 기호의 열을 **스트링**string이라 부른다. 예를 들어 궤적을 표시할 때 동(E) 서(W) 남(S) 북(N)의 네 방향을 이용하여 'EESSSWWWW'로 표기할 수 있다. 이것을 특징 벡터 형태로 표현하면 $\mathbf{x} = (E, E, S, S, S, W, W, W, W)^T$의 9차원 벡터가 된다. 패턴이 스트링으로 표현되는 이러한 상황에서는 두 가지 독특한 특성이 있다. 첫째는 특징이 유한 개수의 이산 값을 갖는 비계량 데이터라는 점이다. 앞의 궤적 표현 예에서는 특징이 네 개의 값 $A = \{E, W, S, N\}$ 중의 하나를 갖는다. 특징이 가질 수 있는 기호의 집합 A를 **알파벳**alphabet이라 한다. 둘째 스트링의 길이가 가변적일 수 있다. 앞에서 예를 든 스트링이 잡음 또는 입력 과정의 어떤 이유에 의해 S라는 기호가 하나 빠져 'EESSWWWW'로 변경될 수도 있다. 특징 벡터로 치면 8차원 벡터가 되었다. 비록 차원이(즉 스트링의 길이) 다르더라도 직관적으로 살펴보면 이 둘은 유사도가 높다. 다시 말해 이 두 스트링 사이의 거리는 짧다고 할 수 있다.

또 다른 예는 DNA에서 찾을 수 있다. DNA는 A(adenine), G(guanine), C(cytosine), 그리고 T(thymine)의 네 종류의 염기로 구성된다. 예를 들어 'AACTGGA', 'CGGAA' 등이 DNA의 예이고 패턴인식의 용어로 부르면 이들이 샘플이 된다. 이 예에서 알파벳은 $A = \{A, G, C, T\}$이다. 생물학에 관련된 보다 실질적인 예를 보기 원한다면 [Myers91]을 참고하라.

[그림 6.10]은 온라인 필기 숫자 인식기의 예를 보여 준다.[47] 실제로 온라인 필기 인식기를 만드는 경우 대부분 이 그림과 같은 체인 코드chain code 표현을 사용한다. 패턴의 궤적은 0~7 사이의 정수로 표기하는 여덟 개의 방향 코드를 연결한 스트링 형태로 표현한다. 데스크톱 PC에서 마우스 또는 태블릿으로 입력되거나 아이패드에서 스타일러스펜으로 입력되는 이러한 패턴들은 궤적의 길이가 다를 수밖에 없다. 따라서 가변 길이의 스트링 간의 거리 또는 유사도를 측정하는 방법이 필요하다.

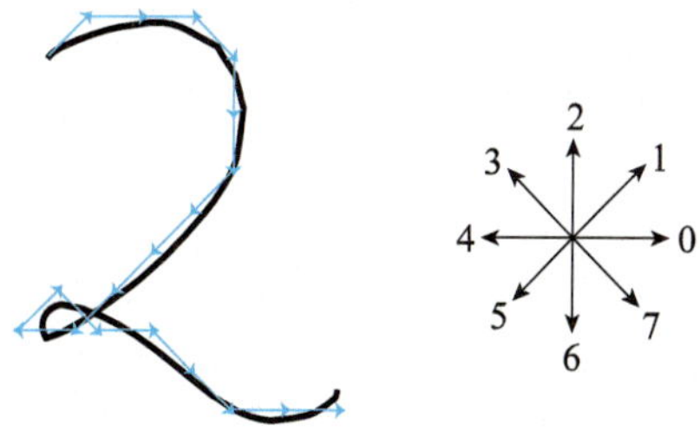

x=100766555541707700

그림 6.10 온라인 필기 숫자의 체인 코드 표현

이제 새로운 문제가 주어졌다. 가변 길이의 스트링 간의 거리를 어떻게 측정할 것인가? 아래와 같이 세 개의 샘플을 가진 예를 살펴보기로 하자. 샘플 $\mathbf{x}_1$과 $\mathbf{x}_3$의 길이는 7이고 $\mathbf{x}_2$는 6이다. 부족한 자리를 맨 뒤로 하고 $*$로 표기하였다. 이 상황에서 $\mathbf{x}_1$은 $\mathbf{x}_2$와 $\mathbf{x}_3$ 중에 누구와 더 가까울까? 만일 $\mathbf{x}_i$와 $\mathbf{x}_j$ 사이의 거리를 d_{ij}라 표기하고 **해밍 거리**Hamming distance를 사용한다면 d_{12}는 5가 되고 d_{13}은 3이 되어 $\mathbf{x}_1$은 $\mathbf{x}_3$과 더 가깝다고 말할 수 있다.[48] 하지만 $\mathbf{x}_2$에서 두 번째 특징이 빠진 것으로 해석하여 $\mathbf{x}_2 = \text{a}*\text{bbacb}$로 다시 쓰면 해밍 거리는 1에 불과하여 $\mathbf{x}_1$은 $\mathbf{x}_2$에 더 가깝게 된다.

$$\mathbf{x}_1 = \text{aabbacb}$$
$$\mathbf{x}_2 = \text{abbacb}*$$
$$\mathbf{x}_3 = \text{aaccabb}$$

거리 측정을 위한 적절한 방법이 있다면 k-NN과 같이 거리를 기반으로 하는 알고리즘의 적용이 가능하게 된다. 또한 10장에서 공부할 군집화에서도 이런 거리 측정이 필요한 상황이 있다. 군집화에서는 이러한 거리를 동적 거리dynamic distance라 부를 것이다. 7장의 은닉 마르코프 모델hidden Markov model(HMM)은 이런 종류의 스트링을 인식

[47] 온라인 글자 인식은 시간 정보를 갖는 2차원 궤적으로 표현되는 패턴의 인식을 뜻한다. 이때 인식기는 궤적의 시간 정보를 아주 유용하게 사용한다. 데스크톱 PC에서 마우스로 입력되거나 아이패드에서 스타일러스펜으로 입력되는 글자의 인식이 이것에 해당한다. 반면 오프라인 인식은 종이에 인쇄 또는 필기되어 있는 패턴을 대상으로 인식한다. 궤적에 시간 정보가 없다.

[48] 해밍 거리는 다른 값을 갖는 자리의 개수로 정의한다.

하는데 거리를 직접 구하는 대신 샘플이 어떤 부류에서 발생했는지에 관한 확률을 구하고 그 값을 이용하여 분류를 수행한다.

이제부터 스트링 간의 거리를 계산하는 방법을 공부하기로 하자. 이 거리를 **교정 거리**edit distance라 부른다. 두 스트링의 길이가 다르기 때문에 기호를 대치한다거나 삽입 또는 삭제를 하는 교정을 거쳐 거리를 계산하기 때문에 그런 이름이 붙어 있다. 일관성을 위해 스트링은 이 책이 특징 벡터를 위해 처음부터 사용해 온 **x**라는 기호로 표기할 것이다. 편의상 길이가 d인 스트링을 $\mathbf{x} = (x_1, x_2, \cdots, x_d)^{\mathrm{T}}$로 표기하는 대신 괄호와 쉼표를 빼고 $\mathbf{x} = x_1x_2 \cdots x_d$로 표기할 것이다.

교정 거리에는 교정이 사용하는 연산에 따라 여러 가지가 있다. 교정 거리를 처음 제안한 사람은 러시아 과학자 블라디미르 레벤시테인Vladimir Levenshtein이다 [Levenshtein66]. 우선 이 사람이 제안한 레벤시테인 거리에 대해 살펴보자. 대부분 교과서에서 설명하는 교정 거리는 레벤시테인 거리이다. 해밍 거리도 일종의 교정 거리로 볼 수 있는데 이것은 레벤시테인 거리의 특수한 형태이다. 레벤시테인 거리를 확장한 다메라우-레벤시테인 거리도 있다 [Damerau64]. 또한 이들을 확장한 다양한 방법이 개발되어 있다. [Seni96]과 같이 필기 단어 인식과 같은 특정 응용에 적합하게 확장한 사례가 있다. 특정 응용을 염두에 두지 않고 일반적인 응용에 적용할 수 있는 방법이 있다 [Wei04]. 이 논문은 이전의 방법들이 기호들 간의 확률적인 의존성을 전혀 고려하지 않은 점에 착안하여 마르코프 랜덤 필드Markov random field(MRF) 이론을 도입하여 마르코프 교정 거리를 제안하였다. 이 책은 레벤시테인 거리와 이를 확장한 다메라우-레벤시테인 거리를 다룬다.

6.3.2 레벤시테인 거리

거리 계산에 참여할 샘플 두 개를 $\mathbf{x} = x_1x_2 \cdots x_c$와 $\mathbf{y} = y_1y_2 \cdots y_r$로 표기하자. **x**와 **y**의 길이는 각각 c와 r이다. **x**는 테스트 샘플이고 **y**는 기준 샘플이다. 이러한 구별은 삽입과 삭제 연산의 비용이 서로 다를 때 필요하다. 왜냐하면 **x**를 **y**로 변환하는 비용과 반대로 **y**를 **x**로 변환하는 비용이 다르기 때문이다. 하지만 두 연산의 비용이 같을 때는 두 가지 변환의 비용이 같게 되므로 구별할 필요가 없다.

레벤시테인 거리는 삽입insertion, 삭제deletion, 그리고 대치substitution의 세 가지 연산을 사용한다. 예를 들어 **x** = revgniaton이고 y = recognition이라 하자. 이들 세 가지 연산을 수행하는 데에는 비용이 드는데 모두 1이라는 비용이 든다고 하자.

1. 삽입(I): 예를 들어 x_8 다음에 y_9를 삽입하여 **x** = revgniation으로 만든다.
2. 삭제(D): 예를 들어 x_7을 삭제하여 **x** = revgniton으로 만든다.

3. 대치(S): 예를 들어 x_3을 y_3으로 대치하여 **x** = recgniaton으로 만든다.

[그림 6.11]은 **x**를 교정하여 **y**로 변환하는 사례를 보여준다. 두 번의 삽입 후에 두 번의 삭제, 그리고 한 번의 삽입을 거쳐 **x**가 **y**로 바뀌었다. 이때 지불한 비용은 5이다. 여기에서 중요한 질문을 하나 할 수 있다. 더 적은 비용이 드는 다른 교정이 있는가? 이 거리 계산은 최소 비용의 변환을 찾는 최적화 문제인 것이다. 레벤시테인 거리가 이에 대한 답을 제공한다.

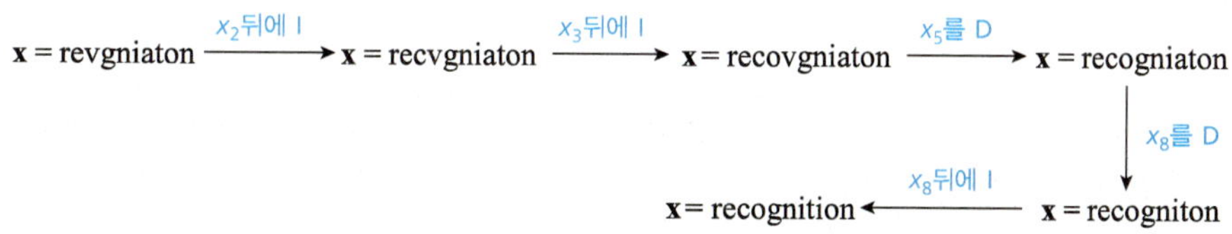

그림 6.11 스트링 교정 사례(이것보다 더 적은 비용으로 교정이 가능한가?)

이 최적화 문제를 어떻게 풀 것인가가 당면 문제이다. 모든 경우를 다 나열하고 그것들 중에 최소 비용을 갖는 변환을 선택하는 낱낱 탐색exhaustive search 방법을 사용할 수 있지만 계산 시간이 과다하다는 문제점을 가진다. 이 문제를 효율적으로 풀기 위해 레벤시테인은 크기가 $(r+1)*(c+1)$인 2차원 배열 $D[0 \cdots r][0 \cdots c]$를 사용하였다. [그림 6.12]에서 보는 바와 같이 이 배열은 가로 축은 테스트 스트링 **x**를 가지며 세로 축은 기준 스트링 **y**를 갖는다.

		0	1	2	3	4	5	6	7	8	9	10
		x =	r	e	v	g	n	i	a	t	o	n
0	**y** =	0	1	2	3	4	5	6	7	8	9	10
1	r	1	0	1	2	3	4	5	6	7	8	9
2	e	2	1	0	1	2	3	4	5	6	7	8
3	c	3	2	1	1	2	3	4	5	6	7	8
4	o	4	3	2	2	2	3	4	5	6	6	7
5	g	5	4	3	3	2	3	4	5	6	7	7
6	n	6	5	4	4	3	2	3	4	5	6	7
7	i	7	6	5	5	4	3	2	3	4	5	6
8	t	8	7	6	6	5	4	3	3	3	4	5
9	i	9	8	7	7	6	5	4	4	4	4	5
10	o	10	9	8	8	7	6	5	5	5	4	5
11	n	11	10	9	9	8	7	6	6	6	5	4

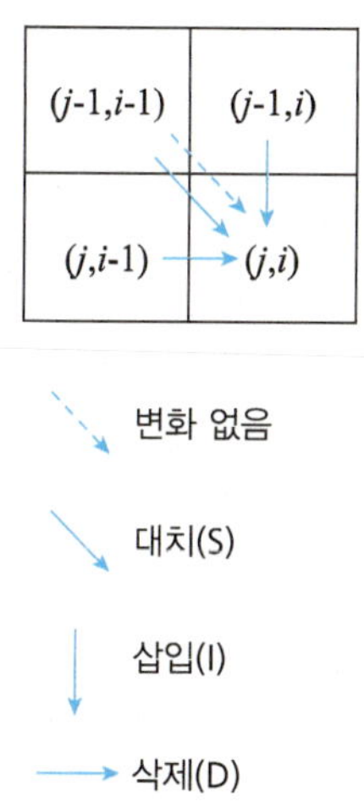

그림 6.12 레벤시테인 거리 계산

알고리즘 6.3 레벤시테인 거리 계산

입력: 테스트 스트링 **x**와 기준 스트링 **y**

// 삽입과 삭제의 비용이 같으면 대칭이므로 테스트와 기준 스트링의 구별이 불필요

출력: **x**와 **y** 사이의 거리 *d*, 교정 연산 목록 *edit_list*[]

```
1.  x의 길이를 c라 하고 y의 길이를 r이라 한다.
2.  (r + 1)*(c + 1)의 배열 D[0 … r][0 … c]를 생성한다.
            // 전방 계산(라인 3-12)
3.  for (i = 0 to c) D[0][i] = i;        // 행 0의 초기화
4.  for (j = 0 to r) D[j][0] = j;        // 열 0의 초기화
5.  for (j = 1 to r)
6.      for (i = 1 to c) {
7.          if (x_i = y_j) scost = 0; else scost = 1;      // 대치 비용
8.          D[ j][i] = minimum(D[ j − 1][i] + 1, D[ j][i − 1] +1, D[ j − 1][i − 1] + scost);
                               (삽입)            (삭제)           (대치)
9.          act = 라인 8에서 최소가 되었던 연산;      // 역추적에 사용할 것임
10.         if (act = '대치' and scost = 0) act = '변화 없음';
11.         action[j][i]= act;
12.     }
            // 역추적에 의한 답 구하기(라인 13~23)
13. d = D[r][c];  // 표의 맨 오른쪽 아래 요소가 레벤시테인 거리
14. j = r; i = c;  // 맨 오른쪽 아래 요소에서 역추적 시작
15. k = 1;
16. repeat {
17.     if (action[j][i] = '삽입') { edit_list[k] = '삽입'; j--;}
18.     else if (action[j][i] = '삭제') { edit_list[k] = '삭제'; i--;}
19.     else if (action[j][i] = '대치') {edit_list[k] = '대치'; j--; i--}
20.     else if (action[j][i] = '변화 없음') { edit_list[k] = '변화 없음'; j--; i--}
21.     k++;
22. } until (j =0 and i = 0);
23. edit_list[.]의 순서를 뒤집어라.
```

알고리즘 6.3은 레벤시테인 거리 계산 알고리즘이다. 이 알고리즘은 크게 초기화 단계(라인 1~2), 전방 계산 단계(라인 3~12), 그리고 교정 연산을 찾기 위한 역추적 단계(라인 13~23)로 구성된다. 전방 계산은 일정한 순서에 따라 순환식을 계산하여 표를 채운다. 이 계산법은 동적 프로그래밍dynamic programming의 핵심인데 조금 후에 설명한다. 표 채우기를 마치면 표의 맨 오른쪽 아래 요소, 즉 $D[r][c]$에 답인 레벤시테인 거리가 들어 있다. 표를 채워가며 그때 그때 어떤 교정 연산을 사용하였는지 *action*[.][.]이라는 배열에 기록해 둔다. 역추적 단계에서는 최적 경로를 만든 교정 연산 목록을 찾기 위해 (r, c)에서 출발하여 (0, 0) 방향으로 교정 연산 목록을 역추적한다.

지금부터 보다 구체적으로 알고리즘 6.3을 설명한다. 라인 2에서는 크기가 $(r + 1)*(c + 1)$인 2차원 배열 D를 생성한다. 이 배열은 [그림 6.12]에 있는 표로서 동적 프로그래밍의 계산 과정을 기록하는 역할을 한다. 이 표의 각 요소는 (0, 0)에서부터 그 지점까지의 최단 경로의 거리를 기록한다. 예를 들어 $D[2][5]$는 3이란 값을 가지고 있는데, 그것은 **x**의 부분 스트링 revgn을 **y**의 부분 스트링 re로 변환하는 데 드는 비용이 3이란 뜻이다. 이 표를 경로 표라 부르자.

경로 표의 값은 (0, 0)에서 출발하여 인접한 요소들로 진행하며 채워 나간다. 경로 표의 (0, 0) 요소가 출발 지점이다. 따라서 거기에는 0이라는 비용이 기록된다. 라인 3은 행 0을 초기화한다. 계속 삭제를 해 나가는 셈이고 따라서 1씩 증가시키며 채워 나간다. 라인 4는 열 0을 초기화한다. 계속 삽입을 해 나가는 셈이고 따라서 1씩 증가시키며 채워 나간다. 이제부터 본격적으로 표를 채워 나가야 한다. 요소 (j, i)로의 이동은 [그림 6.12]의 오른쪽 작은 표에서 보듯이 $(j, i-1)$, $(j-1, i)$, $(j-1, i-1)$의 세 곳만 허용된다. 이 세 가지 이동은 아래와 같다.

$(j, i-1) \rightarrow (j, i)$: x_i를 삭제한다. 비용 1이 든다. 화살표 →로 표시한다.

$(j-1, i) \rightarrow (j, i)$: y_j를 삽입한다. 비용 1이 든다. 화살표 ↓로 표시한다.

$(j-1, i-1) \rightarrow (j, i)$: $x_i \neq y_j$이면 x_i를 y_j로 대치한다. 비용 1이 든다. 화살표 ↘로 표시한다.

$(j-1, i-1) \rightarrow (j, i)$: $x_i = y_j$이면 아무 변화 없이 이동한다. 비용 0이 든다. 화살표 ⇘로 표시한다.

여기에서 중요한 문제가 발생하였다. 문제는 $(j, i-1)$, $(j-1, i)$, $(j-1, i-1)$의 세 곳의 값을 알고 있다 할 때 그들을 가지고 어떻게 (j, i)의 값을 계산할 것인가? 이들 간의 관계를 수식으로 만들면 문제가 해결되는 셈이다. 이 관계는 **최적 원리**optimality principle에 따라 만들면 된다.[49] 이 원리는 아래와 같이 기술할 수 있다. 이 원리에 따라 순환식을 만들면 (6.9)가 된다.

- **최적 원리**: (0, 0)에서 (j, i)까지의 최단 거리는 $(j, i-1)$까지의 최단 거리에 $(j, i-1) \rightarrow (j, i)$의 이동 비용을 더한 값, $(j-1, i)$까지의 최단 거리에 $(j-1, i) \rightarrow (j, i)$의 이동 비용을 더한 값, $(j-1, i-1)$까지의 최단 거리에 $(j-1, i-1) \rightarrow (j, i)$의 이동 비용을 더한 값 중에 가장 작은 값과 같다.

$$\left.\begin{array}{l} D[j][i] = \text{minimum}(\underbrace{D[j-1][i]+1}_{\text{삽입}}, \underbrace{D[j][i-1]+1}_{\text{삭제}}, \underbrace{D[j-1][i-1]+scost}_{\text{대치}}) \\ \text{이때 } x_i = y_j \text{이면 } scost = 0, \text{ 그렇지 않으면 } scost = 1 \end{array}\right\} \quad (6.9)$$

라인 7~8은 (6.9)의 순환식에 따라 작동한다. 라인 5~12의 이중 for 루프는 행 우선으로 작성되어 있다. 행 1을 채우고 그 다음 행 2를 채우는 순서로 작동한다. 이것을 열 우선으로 바꾸어도 결과는 같다. 라인 8은 세 가지 연산 중에 가장 적은 값을 갖는 것을 찾아 $D[j][i]$에 채운다. 라인 9는 어느 연산이 선택되었는지를 $action[.][.]$이라는 또 다른 배열에 기록해 둔다. 이런 과정을 계속하여 표를 다 채우면 마지막으로 채운 요소, 즉 $D[r][c]$에 우리가 원하는 답이 들어 있다. 거리뿐만 아니라 어떤 연산을 거쳐 그 값에 도달하였는지도 알고 싶다면 $action[.][.]$ 내용을 역추적을 하면 된다.

[그림 6.12]는 전방 계산으로 표를 채운 결과를 보여 주고 있다. 또한 역추적으로 얻은 목록을 라인 23으로 뒤집은 결과를 화살표로 표시하여 보여 준다. 예제 6.5로 계산 과정을 보다 명확하게 이해해 보자.

예제 6.5 레벤시테인 거리 계산

알고리즘 설명에서 사용하였던 **x** = revgniaton, **y** = recognition인 예를 사용하기로 하고, 알고리즘 6.3의 라인 3~4의 초기화가 끝났다고 가정하자. [그림 6.12]에서 행 0과 열 0이 채워진 상황이다. 이제 이중 for 루프를 시작하여 $(j, i) = (1, 1)$의 값을 계산할 때이다. $x_1 =$ 'r'이고 $y_1 =$ 'r'이므로 $scost = 0$이 된다. 즉 $(0, 0) \rightarrow (1, 1)$로의 이동은 대치가 필요 없다. 따라서 아래 수식에 의해 $D[1][1]$은 0으로 채워진다. 이때

[49] 최적 원리는 알고리즘의 특성이 아니라 문제의 특성이다. 이 원리를 만족하는 문제는 동적 프로그래밍 기법이 최적 해를 보장하지만, 만족하지 못하는 문제는 최적 해를 보장하지 못한다. 예를 들어 가중치 방향 그래프에서 모든 노드 쌍 간의 최단 거리shortest path를 구하는 문제는 최적 원리를 만족하는 데 반해 최장 거리longest path 문제는 최적 원리를 만족하지 못한다. 따라서 최장 거리 문제는 동적 프로그래밍으로 풀 수 없다. 레벤시테인 거리 문제는 최적 원리를 만족한다.

최솟값으로 선택된 연산은 대치인데 $scost = 0$이므로 배열 *action*에는 '변화 없음'을 기록한다. 편의상 최솟값을 갖는 연산을 밑줄로 표시하였다.

$$D[1][1] = \text{minimum}(\underbrace{D[0][1]+1}_{\text{삽입}}, \underbrace{D[1][0]+1}_{\text{삭제}}, \underbrace{D[0][0]+0}_{\text{대치}})$$
$$= \text{minimum}(1+1, 1+1, \underline{0+0}) = 0$$
$$action[1][1] = \text{변화 없음}$$

다음은 요소 (1, 2)의 계산 차례이다. x_2 = 'e'이고 y_1 = 'r'이므로 $scost = 1$이 된다. 같은 방식으로 계산하면 아래와 같은 결과를 얻는다.

$$D[1][2] = \text{minimum}(\underbrace{D[0][2]+1}_{\text{삽입}}, \underbrace{D[1][1]+1}_{\text{삭제}}, \underbrace{D[0][1]+1}_{\text{대치}})$$
$$= \text{minimum}(2+1, \underline{0+1}, 1+1) = 1$$
$$action[1][2] = \text{삭제}$$

계산을 한참 진행하여 요소 (4, 3) 차례라고 하자. x_3 = 'v'이고 y_4 = 'o'이므로 $scost = 1$이 된다. 순환식을 계산하면 아래와 같다. 이때 삽입과 대치가 모두 2라는 값을 가지므로 둘 중의 어느 것을 선택할지를 결정하여야 한다.

$$D[4][3] = \text{minimum}(\underbrace{D[3][3]+1}_{\text{삽입}}, \underbrace{D[4][2]+1}_{\text{삭제}}, \underbrace{D[3][2]+1}_{\text{대치}})$$
$$= \text{minimum}(\underline{1+1}, 2+1, \underline{1+1}) = 2$$
$$action[4][3] = \text{삽입 또는 대치}$$

이때는 둘 중의 어느 것을 선택하여도 좋다. 만일 사전에 동점 상황에 대해 선호도가 정해져 있다면 선호도가 높은 교정 연산을 선택하면 된다. 여기에서는 삽입과 대치 중에 어느 것을 선택하여도 좋은데 알고리즘의 최종 출력에서 거리는 같게 되지만 역추적으로 얻는 교정 연산 목록은 달라지게 된다. [그림 6.13]은 삽입과 대치를 선택하였을 때 (0, 0)에서 (4, 3)까지 교정 연산 목록이 어떻게 달라지는지를 보여 준다.

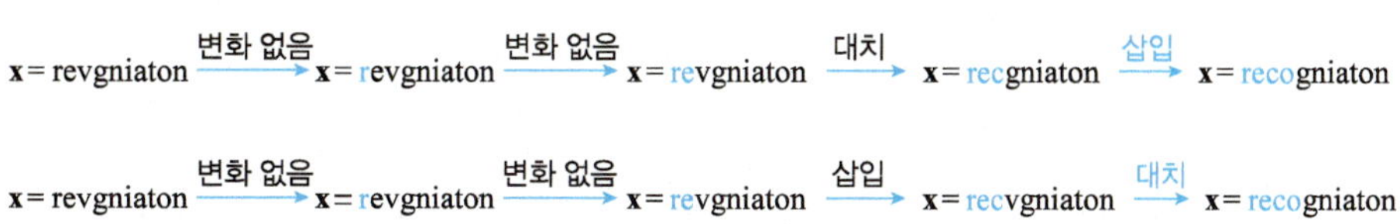

그림 6.13 (4, 3)에서 삽입을 선택했을 때(위)와 대치를 선택했을 때(아래)의 차이

알고리즘 6.3은 **동적 프로그래밍**dynamic programming의 일종이다. 풀어야 하는 문제가 최적 원리를 만족하므로 그에 따라 (6.9)의 순환식을 만들었다. 또한 동적 프로그래밍의 핵심 중의 하나는 중복 계산을 피하는 것인데 이를 위해 $D[.][.]$라는 2차원 표를 사용하였다. 이 알고리즘의 계산 복잡도를 비롯하여 몇 가지 특성을 살펴보자.

1. 알고리즘 6.3은 삽입, 삭제, 대치의 세 가지 교정 연산이 모두 같은 비용을 가지고 있는데 이들을 서로 다르게 할 수도 있다. 심지어 기호별로 다른 비용을 부여할 수도 있다. 예를 들어 'a'를 삽입할 때와 'z'를 삽입할 때의 비용을 다르게 할 수 있다. 사전에 특정 기호가 잡음으로 발생될 확률을 추정할 수 있다면 그 정보를 사용하면 된다.
2. 삽입과 삭제 비용이 같으면 대칭이다. 즉 **x**와 **y**를 바꾸어도 같은 결과를 얻는다. 하지만 삽입과 삭제 비용이 달라지면 비대칭이 된다. 비대칭일 때는 테스트 샘플 **x**와 훈련 집합의 일원인 기준 샘플 **y**의 구분을 명확히 해야 한다. 알고리즘 6.3은 **x**를 **y**로 변환하는 거리를 출력한다.
3. 대치라는 한 가지 교정 연산만 사용하면 해밍 거리가 된다. 해밍 거리는 값이 다른 자리의 개수를 뜻하므로 아래와 같이 계산하면 8이 된다. 파란색은 값이 다른 자리를 표시한다.

   x = revgniaton*

   y = recognition

   대치 연산을 빼고 삽입과 삭제만을 허용하면 **x**와 **y**가 공통으로 갖는 가장 긴 부분 스트링을 구하는 **최장 공통 부분 스트링**longest common substring(LCS) 문제가 된다 [문병로18]. LCS 문제도 동적 프로그래밍으로 푼다. 아래 보는 바와 같이 **x**와 **y**의 LCS는 gni가 되고 LCS의 길이는 3이다.

   x = revgniaton

   y = recognition

4. 알고리즘 6.3은 $r*c$ 개의 요소 값을 구해야 한다. 한 개의 요소 값을 구하는 데 소요되는 계산은 고정 개수의 덧셈과 비교뿐이므로 상수로 볼 수 있다. 따라서 이 알고리즘의 계산 복잡도는 $\Theta(rc)$이다.

6.3.3 다메라우-레벤시테인 거리

다메라우는 레벤시테인이 사용한 세 가지 연산에 하나를 더 허용하였다. 그것은 인접한 두 기호의 교환exchange이다. 예를 들어 **x** = pattren이고 **y** = pattern일때 x_5와 x_6을 교환하면 **x**와 **y**는 같게 된다. 실제로 철자 오류를 교정하는 응용에서는 매우 유용하다. 빠르게 타이핑하다 보면 인접한 두 글자가 서로 바뀌는 경우가 발생하기 때문이다. 다메라우도 이러한 철자 교정 응용을 염두에 두고 알고리즘을 개발하였다. 하지만 철자 교정뿐만 아니라 OCR이나 자연어 처리 등의 응용에 널리 사용되고 있다.

알고리즘 6.4는 다메라우-레벤시테인 거리 계산 알고리즘이다. 이 알고리즘은 알고리즘 6.3의 틀을 그대로 사용하고 있다. 라인 1~2의 초기화 부분은 같다. 전방 계산에서 라인 3~8까지는 동일하다. 단지 라인 9에서 교환 연산을 추가로 고려한다. 먼저 교환이 성립하는지를 검사하고, 만일 성립한다면 라인 8이 찾은 가장 적은 비용의 연산과 교환 연산을 견주어 더 적은 비용이 드는 연산을 찾는다. 역추적에서는 교환 연산이 발생하면 *i*와 *j* 각각에 2를 빼어 대각선 방향으로 두 칸 후진한다.

알고리즘 6.4 다메라우-레벤시테인 거리 계산

입력: 테스트 스트링 **x**와 기준 스트링 **y**

출력: **x**와 **y** 사이의 거리 *d*, 교정 연산 목록 *edit_list*[]

1. $\boldsymbol{x}$의 길이를 c라 하고 $\boldsymbol{y}$의 길이를 r이라 한다.
2. $(r+1)*(c+1)$의 배열 $D[0 \cdots r][0 \cdots c]$를 생성한다.

// 전방 계산(라인 3-13)

3. **for** $(i = 0$ **to** $c)$ $D[0][i] = i;$ // 행 0의 초기화
4. **for** $(j = 0$ **to** $r)$ $D[j][0] = j;$ // 열 0의 초기화
5. **for** $(j = 1$ **to** $r)$
6.   **for** $(i = 1$ **to** $c)$ {
7.   **if** $(x_i = y_j)$ $scost = 0;$ ***else*** $scost = 1;$ // 대치 비용
8. $D[j][i] = \text{minimum}(\underbrace{D[j-1][i]+1}_{\text{삽입}}, 8. \underbrace{D[j][i-1]+1}_{\text{삭제}}, \underbrace{D[j-1][i-1]+scost}_{\text{대치}});$

```
9.          if (i > 1 and j > 1 and x_i = y_{j-1} and x_{i-1} = y_j)
               D[j][i] = minimum( D[j][i] , D[j-2][i-2] + scost);
                                 (라인 8의 결과)   (교환)
10.         act = 라인 8과 라인 9에서 최소가 되었던 연산; // 역추적에 사용
11.         if (act = '대치' and scost = 0) act = '변화 없음';
12.         action[j][i]= act;
13.      }
            // 역추적에 의한 답 구하기
14. d = D[r][c];       // 맨 오른쪽 아래 요소가 다메라우-레벤시테인 거리
15. j = r; i = c;      // 맨 오른쪽 아래 요소에서 역추적 시작
16. k = 1;
17. repeat {
18.      if (action[j][i] = '삽입') { edit_list[k] = '삽입'; j--;}
19.      else if (action[j][i] = '삭제') { edit_list[k] = '삭제'; i--;}
20.      else if (action[j][i] = '대치') { edit_list[k] = '대치'; j--; i--}
21.      else if (action[j][i] = '변화 없음') { edit_list[k] = '변화 없음'; j--; i--}
22.      else if (action[j][i] = '교환') { edit_list[k] = '교환'; j--; j--; i--; i--;}
23.      k++;
24. } until (j =0 and i = 0);
25. edit_list[.]의 순서를 뒤집어라.
```

레오 브레이만Leo Breiman
(1928년 1월 27일~2005년 7월 7일) 미국

브레이만은 버클리Berkeley 대학의 통계학과 교수이다. 그는 통계학을 컴퓨터 과학과 접목하는 데 큰 족적을 남겼다. 특히 패턴인식 분야에서는 결정 트리 시스템인 CART, 그리고 혼합 모델의 일종인 bagging과 random forest로 유명하다. 그는 학생들의 교육에 많은 관심을 기울이고 실천한 사람으로도 평가받고 있다. 올센과의 인터뷰 [Olshen01]에서 수학 교육에 대해 '수학을 일상생활과 관련이 없는 매우 지루하고 끔찍한 것으로 생각하게끔' 한다고 신랄하게 비난하였다. 그리고 실제로 초등학생에게 '게임으로 가장한' 방식으로 대수와 기하를 가르치는 열정을 보였다. 또한 연구년을 유네스코 주선으로 아프리카 대륙의 라이베리아에서 아이들을 가르치기도 하였다.

[Olshen01] Richard Olshen, "A conversation with Leo Breiman," *Statistical Science*, Vol.16, No.2, pp.184-198, 2001.

연습문제

01 계량 특징과 비계량 특징의 사례를 세 가지씩 제시하라.

02 친구와 스무고개 놀이를 하고 그 결과를 [그림 6.2]와 같은 트리 형태로 그려 보아라.

03 예제 6.1에서 $\mathbf{x}_2$와 $\mathbf{x}_9$의 소속이 ω_2로 바뀌었다고 하자. 이때 엔트로피, 지니, 그리고 오분류 불순도를 계산하라. 예제 6.1과 비교하여 불순도의 증감을 확인하고 그 이유를 설명하라.

04 예제 6.2에 있는 20개 후보 질문의 불순도 감소량을 측정하라. 그리고 어떤 질문을 선택하게 되는지 답하라. 지니 불순도 척도를 사용하라.

05 결정 트리 분류기는 분류 결과를 해석할 수 있다는 큰 장점을 가진다. 이 장점이 유용한 응용 시나리오를 두 가지 제시하라.

06 교정 거리 계산 문제는 (6.9)로 표현되는 최적 원리를 만족함을 증명하라.

07 아래 샘플에 대해 답하여라.

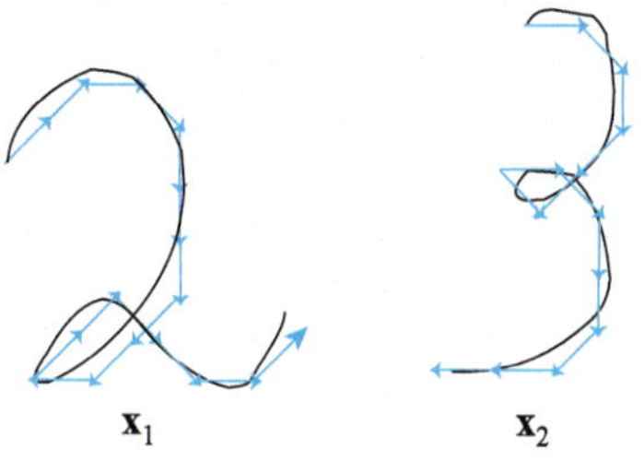

❶ 샘플 각각에 대해 체인 코드 표현을 제시하라.

❷ [그림 6.10]의 샘플 $\mathbf{x}$를 기준 샘플로 삼고 $\mathbf{x}_1$과 $\mathbf{x}_2$ 각각에 대해 $\mathbf{x}$까지의 레벤시테인 거리를 계산하여라. 계산 과정을 [그림 6.12]와 같은 형태로 제시하라. $\mathbf{x}_1$과 $\mathbf{x}_2$ 중 어느 것이 기준 샘플 $\mathbf{x}$에 가까운가?

08 삽입, 삭제, 그리고 대치의 비용이 각각 c_i, c_d, 그리고 c_s라 하자. 이때 식 (6.9)는 어떻게 바뀌어야 하는가?

09 문제 08에서 $c_i = 2$, $c_d = 1$, 그리고 $c_s = 1$이라 하자. [그림 6.12]는 어떻게 바뀌는가?

10 테스트 샘플이 $\mathbf{x}$ = revginaton이고 기준 샘플이 $\mathbf{y}$ = recognition일 때를 생각해 보자. 거리 계산에서 삽입, 삭제, 대치, 그리고 교환 연산이 모두 1이라는 비용을 갖는다고 하자.

❶ 이 두 샘플 간의 레벤시테인 거리를 계산하라.

❷ 이 두 샘플 간의 다메라우-레벤시테인 거리를 계산하라.

11 가변 길이의 샘플에 대한 거리가 정의되어 있다고 하자. 그럼 k-NN 분류기의 적용이 가능하다. 하지만 SVM과 신경망 분류기의 적용은 여전히 불가능하다. 그 이유를 설명하라.

PATTERN RECOGNITION

CHAPTER 07

PATTERN RECOGNITION

순차 데이터의 인식

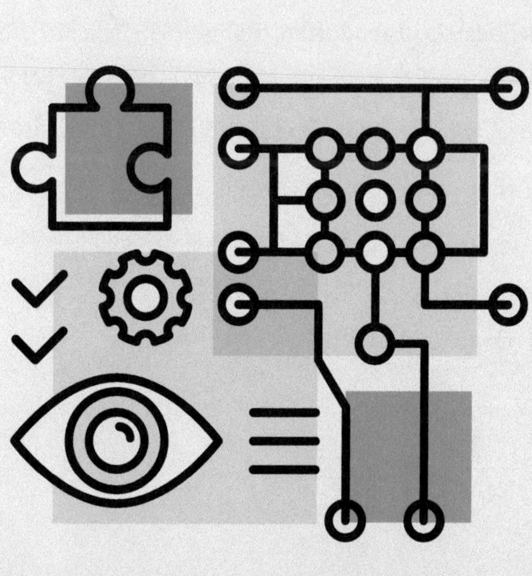

지금까지 외부 세계에서 관찰한 패턴을 특징 벡터 $\mathbf{x} = (x_1, x_2, \cdots, x_d)^T$로 일관되게 표기해 왔다. 직관적인 이해를 위해서는 1.2.2절의 필기 숫자에서 특징을 추출하는 예를 다시 살펴보면 된다. 이러한 패턴에서는 i번째 특징 x_i와 그 앞에 위치한 x_{i-1}, 그리고 뒤의 x_{i+1} 사이에 시간 관계가 존재하지 않는다. 실제로 이러한 특징 벡터를 분류하는 데 있어 그들 간의 위치 관련성을 이용하지도 않는다.

하지만 본질적으로 특징 간에 시간 관계가 존재하고 그것을 적절히 이용하지 않으면 원하는 성능을 얻을 수 없는 데이터가 많이 있다. 8장의 [그림 8.10]의 지진파, 음성, 주식 거래량 등의 시계열 데이터들이 모두 여기에 해당한다. 또한 [그림 6.10]의 온라인 필기 숫자도 여기에 속한다. 이러한 시간성temporal property을 갖는 데이터를 **순차 데이터**sequential data라 부른다. 명시적으로 시간성을 갖지는 않지만 비슷한 속성을 지닌 경우도 있다. 문서에 나타나는 문장은 단어 간에 앞뒤 관계가 있고 단어 속의 문자들도 앞뒤 관계를 갖는다. 따라서 이러한 데이터들을 총칭하여 **문맥 의존**context-dependent 데이터라고도 부른다.

순차 데이터를 갖는 패턴을 인식하기 위해서는 데이터에 내포되어 있는 시간성을 적절히 표현하고 그것으로부터 원하는 정보를 추론할 수 있는 모델이 필요하다. **은닉 마르코프 모델**hidden Markov model(HMM)은 이런 능력을 가진 가장 대표적이고 가장 널리 사용되는 모델이다. HMM의 역사는 길게는 19세기의 마르코프 모델(7.2절)로 거슬러 올라간다. 1960년대 후반에 바움Baum과 그의 동료들은 마르코프 모델에 은닉이라는 개념을 추가하여 실용적 성능을 이끌어 내었다 [Baum66]. 그 당시에는 음성 인식에 국한되어 활용되었으나 이후에 응용 분야가 점점 확대되어 왔다.

HMM은 확률 이론을 바탕에 깔고 있어 수학적 기반이 탄탄한 장점을 지닌다. 이러한 장점을 바탕으로 패턴인식, 컴퓨터 비전, 데이터 마이닝, 정보 검색, 생물 정보학bioinformatics, 신호 처리, 데이터베이스 등의 중요 분야에서 발생하는 다양한 문제를 푸는데 널리 애용되고 있다. 구체적인 문제 해결 사례 몇 가지를 제시하면 음성 인식 [Jelinek97, Ostendorf96, Rabiner89, Baker75], 온라인 필기 인식 [Arica02, Sin99], DNA 열 찾기 [Liew05, Krogh94], 제스처 인식 [Wang07, Wu99, Nam96], 영어 발음 교정 [김무중03], 그리고 음악 인식 [Pikrakis06, Pardo05] 등이 있다.

우선 7.1절에서 순차 데이터의 성질을 보다 구체적으로 살펴보자. 그 다음 7.2절부터 본격적으로 HMM에 대해 공부하기로 하자. 튜토리얼 논문으로 [Rabiner89, Bilmes02]를 추천한다. 특히 컴퓨터 비전 분야의 응용을 살펴보고자 하는 독자는 [Forsyth12, 20.1절]을 참고하기 바란다.

7.1 순차 데이터

순차 데이터의 성질을 살펴 보기 위해서는 시간성을 갖지 않는 데이터와 대비시키는 것도 좋은 방법이다. 시간성이 없는 특징 벡터에서는 특징들이 서로 위치를 바꾸어도 아무 문제가 되지 않는다. 즉 원래 특징 벡터 $\mathbf{x} = (x_1, \cdots, x_i, x_{i+1}, \cdots, x_d)^T$를 $\mathbf{x} = (x_1, \cdots, x_{i+1}, x_i, \cdots, x_d)^T$으로 바꾸어 표현하여도 베이지안 분류기, 신경망, SVM, *k*-NN 등의 분류기는 동일한 성능을 보인다. 모든 처리 과정에서 일관된 표현법을 쓴다는 전제만 있으면 된다. [그림 7.1]은 원래 특징 공간의 두 축 x_1과 x_2를 바꾼 새로운 특징 공간을 보여 준다. 베이지안 분류기의 확률 분포 추정, *k*-NN의 거리 계산, 신경 망의 전방 계산, SVM의 서포트 벡터 계산 등에 어떤 문제도 발생하지 않음을 쉽게 이해할 수 있다.

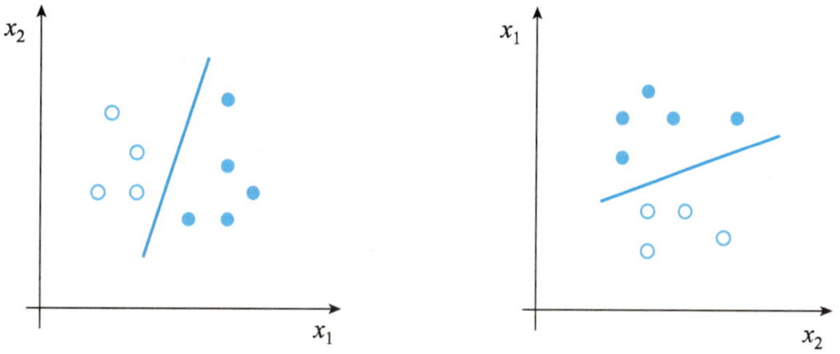

그림 7.1 시간성이 없는 데이터에서 특징의 위치를 바꿈

하지만 순차 데이터는 특징들이 나타나는 순서를 바꾸면 패턴의 물리적인 특성이 왜곡되어 버린다. [그림 7.2]는 6장에서 사용하였던 온라인 필기 숫자의 예를 가지고 이런 현상을 보여준다. 이 예에서는 x_4와 x_5를 바꾸어 $x_4x_5 = 76$이던 것이 67이 되었을 때 발생하는 왜곡을 분명하게 보여 준다.

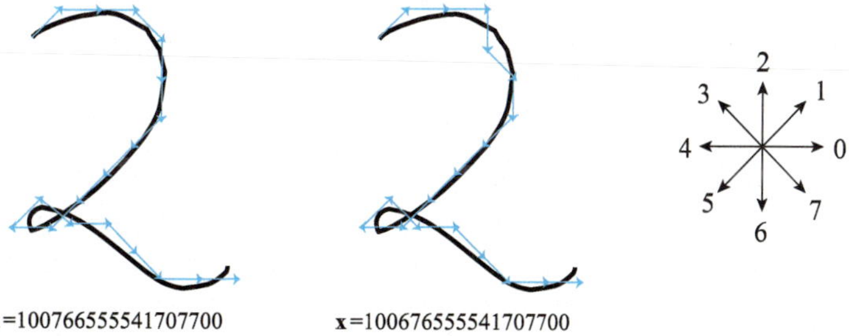

그림 7.2 시간성을 갖는 패턴에서 특징 순서를 바꾸었을 때 나타나는 물리적 왜곡 현상

또 다른 측면에서 다른 점을 발견할 수 있다. 이제까지는 특징 벡터가 고정 길이를 (즉 고정 개수의 특징) 갖는다고 가정하고 그 길이를 줄곧 d로 표기해 왔다. 하지만 순차 데이터는 대부분 가변 길이를 갖는다. [그림 7.2]의 예는 마우스로 필기된 숫자 샘플인데 쓸 때마다 그 길이가 달라질 것이다.[50] 음성의 경우에도 같은 단어를 때로는 짧게 때로는 길게 발음할 것이다.

표기 상에서의 다름도 있다. 지금까지는 어떤 샘플 하나를 특징 벡터 $\mathbf{x} = (x_1, \cdots, x_d)^{\mathrm{T}}$로 표기하였고 x_i를 특징이라 불렀다. 벡터 $\mathbf{x}$는 고정 길이를 갖기 때문에 d차원으로 표기하였다. 하지만 순차 데이터에서는 시간 개념이 있기 때문에 첨자를 i 대신 t로 쓰고 길이를 d 대신 T로 쓰는 것이 보편적이다. T는 가변적이다. 특징 x_t를 보통 시간 t에서의 **관측**observation이라고 부르고 o_t로 표기한다. 일반적으로 하나의 관측은 벡터일 수 있다. 예를 들어 8.4절에서와 같이 음성 신호를 프레임 단위로 나누고 각 프레임에서 벡터를 추출하는 경우는 (8.24)에서 보는 바와 같이 관측 하나하나가 벡터가 된다. 이 경우에는 관측을 $\mathbf{o}_t$로 표기하면 된다. 또한 관측은 연속 값을 가질 수도 있고 이산 값을 가질 수도 있다.

HMM은 관측이 스칼라이고 이산인 경우를 다룬다. 따라서 관측 벡터 $\mathbf{O}$는 (7.1)과 같이 표기할 수 있다. 편의상 괄호와 쉼표를 빼고 표기하기도 한다. 관측이 이산 값을 가지므로 유한한 개수의 값 중의 하나를 갖게 된다. 이러한 값의 집합을 알파벳이라 하고 $V = \{v_1, \cdots, v_m\}$으로 표기한다. 알파벳을 구성하는 값 v_i는 기호symbol라 부른다.[51] [그림 7.2]에서는 $v_1 = 0$, $v_2 = 1, \cdots, v_8 = 7$이 되고 $m = 8$이다. 이제부터는 특징이라는 용어 대신 관측을 사용하고 표기도 (7.1)을 사용할 것이다. 따라서 [그림 7.2]에 있는 샘플의 관측 벡터는 $\mathbf{O} = (1, 0, 0, 7, 6, 6, 5, 5, 5, 5, 4, 1, 7, 0, 7, 7, 0, 0)^{\mathrm{T}}$ 또는 $\mathbf{O} = 100766555541707700$으로 표기된다.

$$\mathbf{O} = (o_1, o_2, \cdots, o_{t-1}, o_t, o_{t+1}, \cdots, o_T)^{\mathrm{T}} = o_1 o_2 \cdots o_{t-1} o_t o_{t+1} \cdots o_T \tag{7.1}$$

순차 데이터가 갖는 중요한 특성이 또 하나 있다. 그것은 바로 알파벳을 구성하는 기호들이 시간에 따라 의존성을 갖는다는 것이다. 예를 들어 [그림 7.2]의 온라인 숫자의 경우 $t-1$ 순간에 6 (↓)이 나타났다면 t에서 2 (↑)가 나타날 확률은 극히 적다. 이것을 확률 표현으로 쓰면 $P(o_t = 2 | o_{t-1} = 6) \cong 0$이 된다. 필기에서는 보통 획의 방향이 매끄럽게 변하기 때문이다. 또한 $t-1$에 6 (↓)이 나타났다면 t에서 4 (←)보다는 5 (↙)가 나타날 확률이 더 크다. 이 사실은 $P(o_t = 5 | o_{t-1} = 6) > P(o_t = 4 | o_{t-1} = 6)$이라고 쓸 수 있다.

[50] 이런 가변 길이의 스트링 간의 거리 계산은 6.3절에서 다룬 적이 있다.

[51] 알파벳과 기호라는 용어는 6.3절의 스트링 인식에서도 사용하였다.

지금까지 직관적인 예제를 가지고 순차 데이터의 독특한 특성에 대해 살펴보았다. 이제부터는 이러한 이해를 바탕으로 HMM이라는 확률 모델링 세계로 빠져 들어가 보자.

7.2 마르코프 모델

은닉 마르코프 모델이라는 용어는 세 개의 단어로 구성된다. 우선 모델이라는 용어에 대해 생각해 보자. 패턴인식에서의 모델은 패턴을 표현하고 처리할 수 있는 수학적 틀이라고 볼 수 있다. 여태까지 공부한 베이지안 분류기, 신경망, SVM, k-NN 등이 일종의 모델이다. 이들 중에 베이지안 분류기는 확률 분포와 그것의 연산에 바탕을 두고 있으므로 **확률 모델**probabilisticc model이라 부른다. HMM도 확률 이론을 바탕으로 개발되었으므로 확률 모델이다. 이제 은닉과 마르코프라는 용어가 남아 있다. 이 중 은닉은 7.3절에서 살펴보기로 하고 우선은 '숨겨' 두자.

마르코프는 러시아 수학자 안드레이 마르코프Andrey Markov(1856~1922)의 이름에서 유래되었다. 그는 시간 t에서의 관측은 단지 가장 최근 r개의 관측에만 의존한다는 가정을 하고 그 가정 하에서 성립하는 **마르코프 사슬**Markov chain이라는 이론을 제시하였다. 이 가정을 수학적으로 표기하면 (7.2)와 같다.

$$\left.\begin{array}{ll} r=0\text{이면, 0차 마르코프 체인} & P(o_t|o_{t-1}o_{t-2}\cdots o_1)=P(o_t) \\ r=1\text{이면, 1차 마르코프 체인} & P(o_t|o_{t-1}o_{t-2}\cdots o_1)=P(o_t|o_{t-1}) \\ r=2\text{이면, 2차 마르코프 체인} & P(o_t|o_{t-1}o_{t-2}\cdots o_1)=P(o_t|o_{t-1},o_{t-2}) \end{array}\right\} \quad (7.2)$$

(7.2)의 마르코프 체인을 시각적으로 나타내면 [그림 7.3]이 된다. 0차 마르코프 체인은 과거를 전혀 보지 않으므로 과거에 독립적이라고 말할 수 있다. 1차 마르코프 체인은 단지 바로 이전의 관측에만 관련이 있고 나머지 과거의 관측에는 독립적이라고 가정한다. 2차 마르코프 체인은 바로 이전 두 개의 관측만 본다.

(a) 0차 마르코프 체인

(b) 1차 마르코프 체인

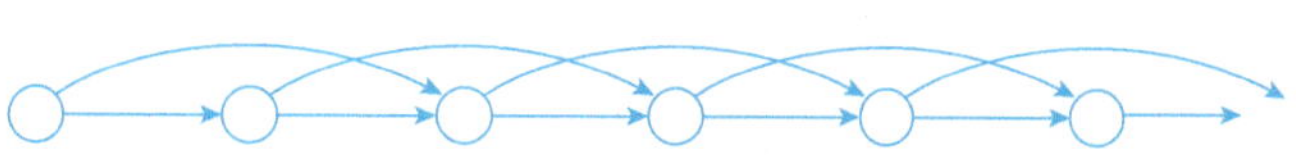

(c) 2차 마르코프 체인

그림 7.3 마르코프 체인

마르코프 체인의 합리성에 대해 생각해 보자. 최근 사흘 간의 날씨 정보를 가지고 있다고 하자. 그끄저께는 해(o_{t-3} = 해), 그저께는 비(o_{t-2} = 비), 그리고 어제는 비(o_{t-1} = 비)였다. 그런데 오늘이 소풍 가는 날이라 오늘 비가 올 확률을 구하고 싶다.

구하고자 하는 확률은 $P(o_t = \text{비} | o_{t-1} = \text{비}, o_{t-2} = \text{비}, o_{t-3} = \text{해})$와 같이 쓸 수 있다. 그런데 (7.2)의 1차 마르코프 체인을 이용한다면 이 확률은 아래와 같이 단순화시킬 수 있다. 아래 식에서는 무시된 항을 음영으로 표시하였다.

$$P(o_t = \text{비} | o_{t-1} = \text{비}, o_{t-2} = \text{비}, o_{t-3} = \text{해}) = P(o_t = \text{비} | o_{t-1} = \text{비})$$

여기에서 중요한 의문이 생길 수 있다. 1차 마르코프 체인에서는 아래 네 개의 확률이 같게 된다. 과연 실제로 이들 확률이 같을까? 실제로는 내일 비 올 확률은 이전에 비 → 비 → 비였다면 장마철일 수 있으므로 해 → 해 → 비였을 때보다 클 것으로 보인다. 이러한 차이에도 불구하고 그것이 무시할 정도라면 1차 마르코프 체인을 사용하여도 될 것이다.

$$P(o_t = \text{비} | o_{t-1} = \text{비}, o_{t-2} = \text{비}, o_{t-3} = \text{비})$$
$$P(o_t = \text{비} | o_{t-1} = \text{비}, o_{t-2} = \text{비}, o_{t-3} = \text{해})$$
$$P(o_t = \text{비} | o_{t-1} = \text{비}, o_{t-2} = \text{해}, o_{t-3} = \text{비})$$
$$P(o_t = \text{비} | o_{t-1} = \text{비}, o_{t-2} = \text{해}, o_{t-3} = \text{해})$$

이 장의 핵심인 **마르코프 모델**은 1차 마르코프 체인을 사용한다. 1차를 사용하는 첫 번째 이유는 패턴인식에서 풀고자 하는 문제들이 견딜 수 있을 정도의 오차로 1차 마르코프 체인 가정을 만족하기 때문이다.[52] 두 번째 이유는 현실적인 것이다. 2차 이상의 마르코프 체인을 사용한다면 보다 정확하겠지만 이때는 추정해야 하는 매개변수가 너무 많아서 현실적으로 적용이 불가능한 경우가 대부분이다.

이제부터 본격적으로 마르코프 모델에 대해 공부해 보자. 알파벳이 $V = \{v_1, \cdots, v_m\}$일 때 m개의 기호 각각을 상태state로 간주한다. 날씨 예를 보다 구체화시켜 보자.[53] 날씨를 비, 구름, 해의 세 가지로 구분한다면 V = {비, 구름, 해}가 된다. m은 3이다. 일정 기간 동안 특정 지역의 기후를 관측한 결과 연속된 이틀 간의 날씨 변화 확률이 [표 7.1]과 같다고 하자.

52 실제로는 풀어야 하는 문제의 복잡도가 높아 오차가 무시할 정도 이상이다. 따라서 1차를 사용하되 그것을 확장한다. 그것이 바로 7.3절부터 공부할 은닉 마르코프 모델이다.

53 이 예는 [Rabiner89]에서 빌려 왔다.

표 7.1 날씨 변화 확률

오늘 \ 내일	비	구름	해
비	0.4	0.3	0.3
구름	0.2	0.6	0.2
해	0.1	0.1	0.8

이 확률 데이터는 [그림 7.4(a)]에서 보는 바와 같이 확률 행렬 **A**로 표현할 수 있다. 행렬 **A**를 **상태 전이 확률 행렬**state transition probability matrix이라 한다. 행렬 요소 a_{ij}는 상태 ν_i에서 상태 ν_j로 이동할 확률을 의미한다. 다시 말해 시간 t에 상태 ν_i에 있었는데 $t+1$에는 ν_j에 있을 확률이다. 예를 들어 오늘(t) 날씨는 구름(ν_2)이었는데 내일 ($t+1$) 날씨가 해(ν_3)일 확률은 0.2이다. 행렬 **A**는 마르코프 모델의 모든 정보를 담고 있으므로 그 자체를 마르코프 모델로 간주할 수 있다. 이 행렬은 (7.3)의 조건을 만족해야 한다.

$$\left.\begin{aligned} &a_{ij} = P(o_t = \nu_j | o_{t-1} = \nu_i) \\ &\text{여기서 } a_{ij} \geq 0\text{와 } \sum_{j=1}^{m} a_{ij} = 1\text{을 만족} \end{aligned}\right\} \qquad (7.3)$$

[그림 7.4(b)]는 확률 행렬 **A**를 그래프를 이용하여 시각적으로 표현한 것이다. 이 그래프를 **상태 전이도**state transition diagram라 한다. 마르코프 모델은 상태 전이 확률 행렬 **A** 또는 상태 전이도 중의 하나로 표현하면 된다.

$$\mathbf{A} = \begin{vmatrix} a_{11} & a_{12} & a_{13} \\ a_{21} & a_{22} & a_{23} \\ a_{31} & a_{32} & a_{33} \end{vmatrix} = \begin{vmatrix} 0.4 & 0.3 & 0.3 \\ 0.2 & 0.6 & 0.2 \\ 0.1 & 0.1 & 0.8 \end{vmatrix}$$

(a) 상태 전이 확률 행렬

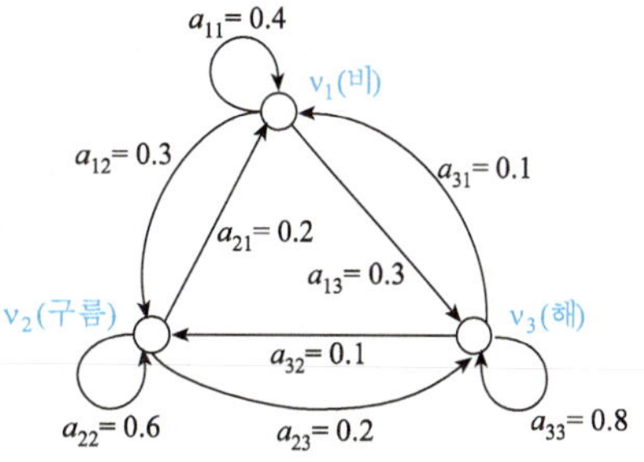

(b) 상태 전이도

그림 7.4 마크프 모델을 위한 상태 전이 확률과 상태 전이도

확률 행렬 **A**로 정의되는 마르코프 모델을 가지고 무엇을 할 수 있는지 살펴보자. 주어진 마르코프 모델 하에서 관측 벡터 **O**의 확률 $P(\mathbf{O}|\text{마르코프 모델})$은 어떻게 구할 수 있을까? (7.4)는 이 목적에 사용할 공식이다. 두 번째 줄은 단순히 주어진 마르코

프 모델을 표기에서 뺀 것이다. 애매성이 발생할 가능성이 없는 경우 표기를 간단히 할 목적으로 생략하곤 한다. 세 번째 줄에서 네 번째 줄로의 변환은 확률 이론의 기본인 연쇄 법칙chain rule을 이용하여 결합 확률을 조건부 확률로 바꾼 것이다.[54] 다섯 번째 줄은 마르코프 모델의 기본 가정인 1차 마르코프 체인 공식을 적용한 것이다.

$$\left.\begin{aligned} &P(\mathbf{O}|\text{마르코프 모델}) = P(\mathbf{O}|\mathbf{A}) \\ &\quad = P(\mathbf{O}) \\ &\quad = P(o_1, o_2, \cdots, o_T) \\ &\quad = P(o_1)P(o_2|o_1)P(o_3|o_2, o_1)\cdots P(o_t|o_{t-1}, o_{t-2}, \cdots, o_1)\cdots P(o_T|o_{T-1}, \cdots, o_1) \\ &\quad = P(o_1)P(o_2|o_1)P(o_3|o_2)\cdots P(o_t|o_{t-1})\cdots P(o_T|o_{T-1}) \\ &\quad = P(o_1)\prod_{i=1}^{T-1} P(o_{i+1}|o_i) \end{aligned}\right\} \tag{7.4}$$

예제 7.1 **마르코프 모델 하에서 관측 벡터의 확률 계산**

[그림 7.4]의 날씨 예를 이용하여 아래와 같은 확률을 구해 보자.

> "오늘 해가 떴는데 내일부터 7일간의 날씨가 해-해-비-비-해-구름-해일 확률은 얼마인가?"

이것을 (7.4)의 확률 표기로 바꾸고 계산을 해 보자. 아래 전개에서 두 번째 줄은 몇 가지를 생략하여 표기를 단순화한 것이다. 네 번째 줄의 π_3은 시작 시점에 해일 확률을 뜻하는데 이미 '오늘 해가 떴다는' 사실이 밝혀져 있으므로 1이라는 확률 값을 갖는다. 결국 구하는 확률은 0.0001536이 된다.

$$\begin{aligned} &P(\mathbf{O}|\mathbf{A}) = P(o_1 = \text{해}, o_2 = \text{해}, o_3 = \text{해}, o_4 = \text{비}, o_5 = \text{비}, o_6 = \text{해}, o_7 = \text{구름}, o_8 = \text{해}|\mathbf{A}) \\ &\quad = P(\text{해, 해, 해, 비, 비, 해, 구름, 해}) \\ &\quad = P(\text{해})\ P(\text{해}|\text{해})\ P(\text{해}|\text{해})\ P(\text{비}|\text{해})\ P(\text{비}|\text{비})\ P(\text{해}|\text{비})\ P(\text{구름}|\text{해})\ P(\text{해}|\text{구름}) \\ &\quad = \pi_3 a_{33} a_{33} a_{31} a_{11} a_{13} a_{32} a_{23} \\ &\quad = 1*0.8*0.8*0.1*0.4*0.3*0.1*0.2 \\ &\quad = 1.536*10^{-4} \end{aligned}$$[55]

[54] 확률 기초 이론은 2.1.1절을 참고하라.

[55] 보통의 확률 표기에서는 $t = 1$일 때 해가 주어졌으므로 $P(\mathbf{O}|\mathbf{A}) = P(o_2 = \text{해}, o_3 = \text{해}, o_4 = \text{비}, o_5 = \text{비}, o_6 = \text{해}, o_7 = \text{구름}, o_8 = \text{해}|o_1 = \text{해}, \mathbf{A})$와 같다. 하지만 여기서는 초기 확률을 명시적으로 보이기 위해 이렇게 표기하였다.

위의 예제에서 $t = 1$일 때 확률을 π_i라는 표기를 사용하여 특수하게 취급하였다. 상태 전이 확률은 $t - 1$과 t 사이의 전이에 대한 확률만 가지므로 $t = 1$일 때 어느 상태로 들어갈지를 결정하기 위한 초기 확률을 추가로 지정해 주어야 한다. 초기에 상태 ν_i에 들어갈 확률 π_i는 (7.5)와 같다.

$$\pi_i = P(o_1 = \nu_i) \tag{7.5}$$

지금까지 은닉 마르코프 모델(HMM)에서 은닉을 뺀 마르코프 모델에 대해 공부하였다. 다음 절의 HMM으로 넘어가기 전에 한 가지 예를 더 살펴 보기로 하자. 그것은 앞에서 이미 사용하였던 온라인 숫자 인식을 확장한 것이다. 이 예는 마르코프 모델에 대한 이해를 보다 깊게 하는 데 도움이 될 것이다. 이미 살펴본 예제 7.1은 마르코프 모델이 이미 주어진 상황에서 관측 벡터의 발생 확률을 계산하였다. 예제 7.2에서는 마르코프 모델을 어떻게 만들지에(즉 학습에) 대한 개략적인 아이디어를 제시한다. 또한 마르코프 모델을 0차와 2차 마르코프 체인과 비교하는 것도 곁들인다.

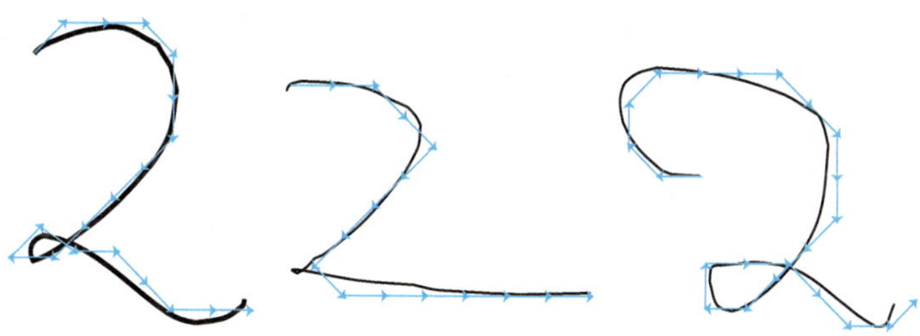

O = 100766555541707700   **O** = 0077555570000000   **O** = 4321000776655542007701

그림 7.5 온라인 필기 숫자 인식에서 부류 2의 훈련 샘플들

예제 7.2 온라인 필기 숫자

[그림 7.5]는 숫자 2의 샘플 세 개를 보여 준다. 이들을 훈련 집합으로 간주하자. 이들 훈련 샘플로부터 상태 전이의 발생 회수를 구하면 [표 7.2]와 같다. 예를 들어 현재 관 측이 7일 때 다음 관측이 0인 경우는 첫 번째 샘플에서 2번, 두 번째 샘플에서 1번, 그리고 세 번째 샘플에서 1번으로 총 4번 나타났다.

표 7.2 상태 전이의 발생 회수

$t-1$ \ t	0	1	2	3	4	5	6	7
0	11	1	0	0	0	0	0	5
1	2	0	0	0	0	0	0	1
2	1	1	0	0	0	0	0	0
3	0	0	1	0	0	0	0	0
4	0	1	1	1	0	0	0	0
5	0	0	0	0	2	8	0	1
6	0	0	0	0	0	2	2	0
7	4	0	0	0	0	1	2	4

상태 전이 확률 행렬 **A**는 한 행의 확률 값의 합이 1이어야 한다는 (7.3)의 조건을 만족해야 한다. 이 조건에 따라 위 빈도 표로부터 **A**를 구하면 아래와 같이 된다.

$$\mathbf{A} = \begin{vmatrix} 11/17 & 1/17 & 0 & 0 & 0 & 0 & 0 & 5/17 \\ 2/3 & 0 & 0 & 0 & 0 & 0 & 0 & 1/3 \\ 1/2 & 1/2 & 0 & 0 & 0 & 0 & 0 & 0 \\ 0 & 0 & 1 & 0 & 0 & 0 & 0 & 0 \\ 0 & 1/3 & 1/3 & 1/3 & 0 & 0 & 0 & 0 \\ 0 & 0 & 0 & 0 & 2/11 & 8/11 & 0 & 1/11 \\ 0 & 0 & 0 & 0 & 0 & 1/2 & 1/2 & 0 \\ 4/11 & 0 & 0 & 0 & 0 & 1/11 & 2/11 & 4/11 \end{vmatrix}$$

이제 초기 확률 $\boldsymbol{\pi}$를 구하자. 이를 위해서는 세 개 샘플의 $t = 1$일 때의 관측 값을 살펴 본다. 그들은 각각 1, 0, 4이다. 따라서 초기 확률 벡터는 아래와 같다.

$$\boldsymbol{\pi} = (\pi_1, \pi_2, \pi_3, \pi_4, \pi_5, \pi_6, \pi_7, \pi_8) = (\frac{1}{3}, \frac{1}{3}, 0, 0, \frac{1}{3}, 0, 0, 0)$$

A와 $\boldsymbol{\pi}$를 구하였으니 마르코프 모델을 완성한 셈이다. 이제는 아래 질문으로 관심을 옮겨보자. 이 질문에 해당하는 샘플은 [그림 7.6]과 같다. 이 샘플의 발생 확률을 수학식으로 쓰고 그것을 계산해 보면 0.00009243이 된다. (체인 코드 0~7은 상태 v_1~v_8에 대응함을 기억하자.)

> "체인 코드 1 → 0 → 7 → 6 → 5 → 5 → 7 → 0 → 0으로 표현되는 샘플이 발생할 확률은 얼마인가?"

$$
\begin{aligned}
P(\mathbf{O}|\mathbf{A}) &= P(o_1 = 1,\ o_2 = 0,\ o_3 = 7,\ o_4 = 6,\ o_5 = 5,\ o_6 = 5,\ o_7 = 7,\ o_8 = 0,\ o_9 = 0|\mathbf{A}) \\
&= P(1)\ P(0|1)\ P(7|0)\ P(6|7)\ P(5|6)\ P(5|5)\ P(7|5)\ P(0|7)\ P(0|0) \\
&= \pi_2 a_{21} a_{18} a_{87} a_{76} a_{66} a_{68} a_{81} a_{11} \\
&= (1/3)*(2/3)*(5/17)*(2/11)*(1/2)*(8/11)*(1/11)*(4/11)*(11/17) \\
&= 0.9243*10^{-4}
\end{aligned}
$$

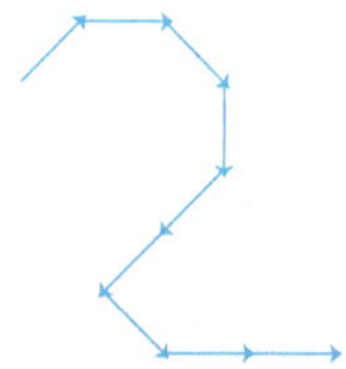

O = 107655700

그림 7.6 이 샘플이 발생할 확률은 0.00009243

온라인 인식 예제를 살펴 봄으로써 마르코프 모델에 대한 이해가 더욱 깊어졌을 것이다. 예제 7.2에서는 어떤 샘플이 발생할 확률을 계산하였는데 이것은 마르코프 모델의 중요한 능력 중 하나이다. 위의 예제를 가지고 마르코프 모델의 또 다른 능력을 설명할 수 있다. 마르코프 모델에게 '패턴을 생성하라'는 명령을 하면 실행할 수 있을까? 가능하다. 초기 확률 분포에 따라 첫 번째 코드를 선택한 후 **A**의 확률 분포에 따라 연달아 코드를 생성해 나가면 된다. 이런 능력을 갖추었기 때문에 마르코프 모델은 **생성 모델**generative model로 취급된다.[56]

마지막으로 1차 마르코프 체인을 사용하는 마르코프 모델을 0차와 2차 마르코프 체인과 비교해 보자. 0차 마르코프 체인을 사용하는 모델은 [표 7.3]의 발생 확률표를 사용한다. 이 표는 [그림 7.5]의 세 개의 샘플로부터 만들었다. 이 모델은 과거를 전혀 보지 않기 때문에 각각의 기호에 대해 그것이 발생할 확률이 얼마인지를 기록하고 그것만 가지고 모든 확률 계산을 수행한다.

표 7.3 0차 마르코프 체인을 위한 확률표

	0	1	2	3	4	5	6	7
t	19 (19/55)	4 (4/55)	2 (2/55)	1 (1/55)	3 (3/55)	11 (11/55)	4 (4/55)	11 (11/55)

[56] 생성 능력은 7.5절에서 보충 설명한다.

[그림 7.6]에 있는 샘플의 발생 확률을 계산해 보자. 0차 마르코프 체인이므로 과거의 이력을 전혀 고려하지 않는 아래와 같은 식을 사용한다. 이 식에서는 [표 7.3]의 확률 벡터를 $\mathbf{A}_0$이라 표기한다.

$$\begin{aligned} P(\mathbf{O}|\mathbf{A}_0) &= P(o_1=1,\, o_2=0,\, o_3=7,\, o_4=6,\, o_5=5,\, o_6=5,\, o_7=7,\, o_8=0,\, o_9=0|\mathbf{A}_0) \\ &= P(1)P(0)P(7)P(6)P(5)P(5)P(7)P(0)P(0) \\ &= (4/55)*(19/55)*(11/55)*(4/55)*(11/55)*(11/55)*(11/55)*(19/55)*(19/55) \\ &= 0.3489*10^{-6} \end{aligned}$$

2차 마르코프 체인은 1차보다 훨씬 큰 표가 필요하다. 가장 최근 두 개의 관측을 고려하기 때문에 [표 7.4]에서 보는 바와 같이 세로로 00~77까지 64개의 행이 필요하다. 이 표에서는 첫 행인 00에 대해서만 전이 발생 빈도를 기록하였다. 예를 들어 00 다음에 7이 나타난 회수는 4번이었다. 이렇듯 2차 마르코프 체인은 훨씬 많은 매개변수 값을 추정해야 하며, 이에 따라 확률 계산의 복잡도가 크게 증가한다. 이러한 현실적인 이유로 1차 마르코프 체인에 자리를 내준 것이다.

표 7.4 2차 마르코프 체인을 위한 전이 확률표

t / $(t-2, t-1)$	0	1	2	3	4	5	6	7
00	5 (5/9)	0 (0/9)	0 (0/9)	0 (0/9)	0 (0/9)	0 (0/9)	0 (0/9)	4 (4/9)
01	…							
…								
ij								
…								
77								…

마르코프 모델에서 꼭 이해하고 넘어갈 것이 있다. [그림 7.4(b)]에 주목하자. 이 그림에는 상태를 나타내는 세 개의 노드가 있다. 그런데 그 노드에는 비, 구름, 해라는 관측 그 자체가 들어 있다. 상태를 '볼' 수 있는 것이다. 다음 절의 은닉 마르코프 모델에서는 이 상태를 볼 수 없다. 상태를 숨기는 것이다.

7.3 은닉 마르코프 모델로의 발전

7.2절에서는 1차 마르코프 체인을 사용하는 마르코프 모델을 제시하였고 두 가지 예제를 가지고 직관적인 설명을 곁들였다. 마르코프 모델은 그 자체로 여러 응용에 사

용되지만 모델링 능력에 한계가 있어 보다 복잡한 현상이나 과정은 제대로 모델링하지 못한다. 특히 패턴인식이 가장 기본적으로 요구하는 작업, 즉 훈련 집합으로 학습을 한 후 새로 들어오는 테스트 샘플을 높은 성능으로 분류하는 일에는 한계를 노출할 수밖에 없다. 따라서 은닉을 추가한 은닉 마르코프 모델(HMM)로의 발전이 필요하다. HMM에서는 '상태가 은닉'된다.

7.3.1 동기

(7.2)는 r차 마르코프 체인의 핵심을 이루는 식을 보여 준다. 그것을 시각적으로 보여주는 것은 [그림 7.3]이다. 또한 날씨 예와 온라인 필기 인식 예는 0차, 1차, 2차 마코프 체인을 구체적으로 비교해 주었다.

0차에서는 과거를 전혀 고려하지 않는다. 내일 해 뜰 가능성 P(해)와 오늘 비가 오는데 내일 해 뜰 가능성 P(해|비)를 같다고 취급해 버린다. 큰 오차가 발생할 것이라는 사실을 쉽게 이해할 수 있다.

1차에서는 바로 이전의 한 개 관측만 고려한다. P(해)와 P(해|비)를 구별하지만, P(해|비, 비), P(해|비, 비, … , 비), P(해|비, 해, … , 해) 등은 모두 P(해|비)와 같다고 본다. 0차에 비해 오차가 줄었지만 여전히 오차에 대한 우려를 떨쳐 버릴 수가 없다. 2차에서는 바로 이전의 두 개 관측만 고려한다. P(해), P(해|비), P(해|비, 비)는 구별하지만, P(해|비, 비, 비), P(해|비, 비, … , 비), P(해|비, 비, 해, … , 해) 등은 모두 P(해|비, 비)와 같다고 본다. 1차에 비해 오차가 줄어들 것은 예상할 수 있지만 이것으로 충분한지 의구심이 남는다.

이제 이들을 사용하는 모델의 크기, 즉 추정해야 하는 매개변수의 개수를 따져 보자. 0차에서는 m−1개의 확률 값을 추정해야 한다. m은 상태의 개수이다. 예를 들어 온라인 인식의 경우 m=8이었다. 확률의 합이 1이라는 조건이 있으므로 $m-1$개를 추정하면 나머지 한 개는 자동으로 계산된다. 1차에서는 $m-1$개의 확률 값을 모든 상태에 대해 구해야 한다. 따라서 $m(m-1)$개의 매개변수를 추정해야 한다. 일반적으로 r차 마르코프 체인은 $m^r(m-1)$개의 매개변수를 추정해야 한다. 차수에 따라 기하급수적으로 모델 크기가 증가하는 것이다.

차수를 늘리면 보다 정확한 모델링이 가능한데 그 대신 추정해야 할 매개변수의 수가 감당하기 어려울 정도로 커지는 것이다. 여기에서 HMM을 개발한 동기를 찾을 수 있다. HMM은 차수를 미리 고정하지 않고 모델 자체가 확률 프로세스에 따라 적응적으로 정하도록 한다. 따라서 아무리 먼 과거의 관측이라도 현재에 영향을 미친다. HMM에서는 P(해|비, 비), P(해|비, 비, 비), P(해|비, 비, … , 비), P(해|비, 비, 해, … , 해)가

모두 다르며, $P(↙|↑, ↖)$, $P(↙|↑, ↖, ↖)$, $P(↙|↑, ↖, \cdots, ↖)$, $P(↙|↑, ↖, \cdots, ↖)$도 모두 다르다. 이런 능력을 부여했음에도 불구하고 모델의 크기는 감당할 수 있을 정도이다.

그럼 HMM은 어떤 아이디어로 이런 바람직한 특성을 갖추게 되었을까? HMM의 핵심 아이디어는 '상태를 감춘' 데 있다. HMM을 은닉이 빠진 마르코프 모델과 비교해 보면 상태를 감춘다는 말이 무엇을 뜻하는지 확실히 알 수 있다. [그림 7.7]은 날씨 예에서 사용하였던 [그림 7.4(b)]의 마르코프 모델을 HMM으로 확장한 것을 보여준다.

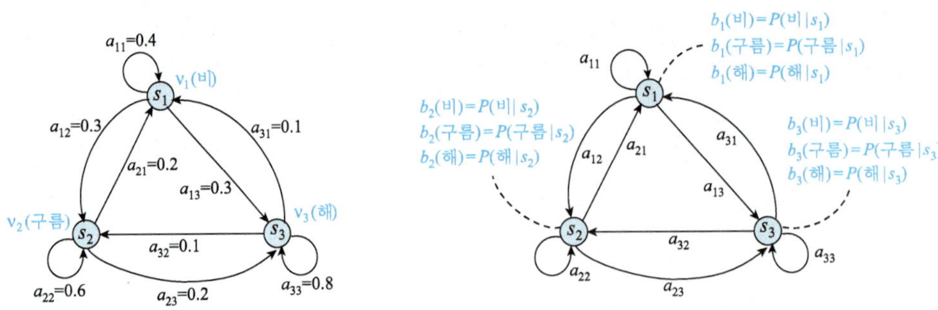

(a) 마르코프 모델 (b) 은닉 마르코프 모델

그림 7.7 마르코프 모델을 은닉 마르코프 모델로 확장

[그림 7.7(a)]는 [그림 7.4(b)]를 그대로 옮겨다가 설명의 편의를 위해 노드에 상태 번호 s_i만 추가한 것이다. 마르코프 모델에서는 상태가 보인다. 예를 들어 해 → 해 → 비 → 구름이 관측되었다면 그것은 상태 $s_3 \rightarrow s_3 \rightarrow s_1 \rightarrow s_2$에서 관측된 것이다. 하지만 [그림 7.7(b)]의 HMM에서는 모든 상태에서 비, 구름, 해가 관측 가능하다. 단지 상태마다 고유한 관측 확률 $b_j(v_k)$를 갖는다. $b_j(v_k)$는 상태 s_j에서 기호 v_k가 관측될 확률이다. 따라서 해 → 해 → 비 → 구름이 관측되었다면 그것은 $s_3 \rightarrow s_3 \rightarrow s_1 \rightarrow s_2$에서 관측되었을 수도 있고 $s_1 \rightarrow s_2 \rightarrow s_3 \rightarrow s_1$에서 관측되었을 수도 있다. 가능한 경우는 총 3*3*3*3 = 81가지나 된다. 이들 경우는 모두 다른 확률을 갖는다. 예를 들어 $s_3 \rightarrow s_3 \rightarrow s_1 \rightarrow s_2$에서 관측되었을 확률은 아래와 같다. 우선 초기 확률 π_3으로 상태 s_3으로 들어간다. s_3에서 관측 확률 b_3(해)로 해를 관측한 뒤에 전이 확률 a_{33}으로 s_3으로 이동한다. s_3에서 관측 확률 b_3(해)로 해를 관측한 뒤에 전이 확률 a_{31}로 s_1로 이동한다. 이런 과정을 반복하면 원하는 확률을 구할 수 있다.

해 → 해 → 비 → 구름이 $s_3 \rightarrow s_3 \rightarrow s_1 \rightarrow s_2$에서 관측되었을 확률 =

$$[\pi_3 * b_3(\text{해})] * [a_{33} * b_3(\text{해})] * [a_{31} * b_1(\text{비})] * [a_{12} * b_2(\text{구름})]$$

지금까지 HMM의 중요한 개념과 더불어 구성 요소와 확률 계산 방법의 일부를 살펴보았다. HMM을 보다 구체적으로 형식화하기 이전에 몇 가지 예를 가지고 이해의 깊이를 더해 보자.

7.3.2 HMM의 예

예제 7.3 **공을 담은 항아리**[57]

항아리가 n개 있다. 각 항아리는 공을 담고 있는데 공은 m개의 색깔 중에 하나가 칠해져 있다. 우선 n과 m을 알고 있고 항아리에 어떤 공이 담겨 있는지도 안다고 가정해 보자. [그림 7.8]은 $n = 3$이고 $m = 4$인 경우를 보여 주고 있다. 관측 가능한 공의 색깔이 알파벳이 되는데 V = {하양(W), 검정(B), 연파랑(L), 진파랑(D)}이다. 항아리 하나를 상태로 간주한다. 어떤 상태에서 관측한다는 말은 그 상태에 해당하는 항아리에서 임의로 공을 하나 뽑고 그것의 색깔을 기록하는 것이다. 뽑은 공은 다시 집어 넣는다. 각 상태의 관측 확률은 항아리 속의 공의 분포에 따른다. 예를 들어 s_2에서 진한 파란색 공을 관측할 확률 $P(\mathrm{D}|s_2)$는 5/9이다. s_2의 항아리 속에는 총 9개의 공이 들어 있는데 그 중 5개가 진파랑 공이기 때문이다.

초기 상태는 또 다른 확률 분포로 결정한다. [그림 7.8(b)]에서 ①~③이 적힌 카드가 담겨 있는 π-항아리가 이 목적에 사용된다. 예를 들어 초기 상태가 s_3일 확률은 0.2이다. 왜냐하면 π-항아리 속에 총 10개의 카드가 들어 있는데 그 중 ③이 적힌 카드가 두 장이기 때문이다. [그림 7.8(b)]의 나머지 항아리는 상태 전이를 결정하는 데 쓰인다. 예를 들어 현재 s_3에 있다고 할 때 다음 상태를 결정하기 위해서는 s_3-항아리에서 임의로 카드를 하나 뽑으면 된다. 예를 들어 s_3에서 s_2로 전이할 확률 $a_{32} = 2/10$이다. 뽑은 카드는 항아리에 다시 집어 넣어야 한다.

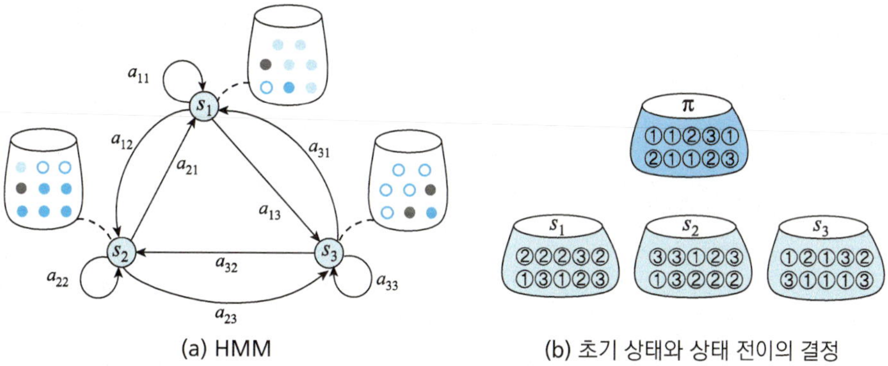

(a) HMM (b) 초기 상태와 상태 전이의 결정

그림 7.8 공을 담은 항아리를 HMM으로 모델링

[57] 이 예제는 [Rabiner89]에 수록된 내용을 인용한 것이다.

이 예에서의 실험을 정리해 보자. 실험이 시작되면 π-항아리에서 카드를 하나 뽑아 번호를 보고 다시 집어 넣는다. 카드 번호의 상태로 들어간다. 그 상태에 해당하는 공 항아리에서 공을 하나 뽑고 색깔을 확인하고 다시 집어 넣는다. 색깔을 o_1에 기록한다. 그 상태에 해당하는 카드 항아리에서 카드를 하나 뽑고 번호를 보고 다시 집어 넣는다. 카드 번호의 상태로 이동한다. 그 상태에 해당하는 공 항아리에서 공을 하나 뽑고 색깔을 o_2에 기록한다. 이런 과정을 반복한다.

이 실험이 우리 눈에 다 보이는 것이 아니라는 사실을 기억해야 한다. 보이는 것은 공의 색깔, 즉 $\mathbf{O} = o_1 o_2 \cdots o_T$뿐이다. 실험이 커튼 뒤에서 이루어지고 실험하는 사람이 단지 공의 색깔만 불러 준다고 생각하면 된다. 우리가 가진 것은 **O**뿐이다.

예제 7.4 여자친구의 삶[58]

옛날에 같은 도시에 살았던 여자친구와 이제는 멀리 떨어져 살고 있다. 그녀는 날씨에 따라 그날 할 일을 결정한다. 날씨는 크게 해와 비로 나누고, 하는 일은 산책(W), 쇼핑(S), 청소(C) 중의 하나이다. 그녀와는 매일 통화하는데 그날 한 일에 대해 이야기를 나눈다. 그녀가 한 일은 관측이 가능한 것이다. 하지만 날씨에 대해서는 말하지 않아 한 일을 가지고 추측하는 수밖에 없다. 날씨는 감추어져 있는 것이다.

기상대 정보 사이트를 뒤져 그녀가 사는 도시의 날씨 변화가 다음과 같다는 것을 알아내었다. 이 정보는 상태 전이 확률에 해당한다. 랜덤 변수 q_t는 시간 t에서의 상태를 저장한다.

$$P(\text{비 온 다음 날 비}) = P(q_t = \text{비} | q_{t-1} = \text{비}) = 0.7$$
$$P(\text{비 온 다음 날 해}) = P(q_t = \text{해} | q_{t-1} = \text{비}) = 0.3$$
$$P(\text{해 뜬 다음 날 비}) = P(q_t = \text{비} | q_{t-1} = \text{해}) = 0.4$$
$$P(\text{해 뜬 다음 날 해}) = P(q_t = \text{해} | q_{t-1} = \text{해}) = 0.6$$

또한 기상대 자료를 추가로 조사하여 아래 정보도 알게 되었다. 이것은 초기 상태 확률에 해당한다.

$$P(\text{비}) = 0.6$$
$$P(\text{해}) = 0.4$$

[58] 이 예제는 위키피디아에서 빌려 왔다.

옛날 같은 도시에 살았을 때 그녀를 면밀히 관측한 결과 날씨에 따른 그녀의 행동이 아래와 같다는 것을 알고 있다. 랜덤 변수 o_t는 시간 t에서의 관측을 저장한다.

$$P(\text{비 오는 날 산책}) = P(o_t = \text{산책}|q_t = \text{비}) = 0.1$$
$$P(\text{비 오는 날 쇼핑}) = P(o_t = \text{쇼핑}|q_t = \text{비}) = 0.4$$
$$P(\text{비 오는 날 청소}) = P(o_t = \text{청소}|q_t = \text{비}) = 0.5$$
$$P(\text{해 뜬 날 산책}) = P(o_t = \text{산책}|q_t = \text{해}) = 0.6$$
$$P(\text{해 뜬 날 쇼핑}) = P(o_t = \text{쇼핑}|q_t = \text{해}) = 0.3$$
$$P(\text{해 뜬 날 청소}) = P(o_t = \text{청소}|q_t = \text{해}) = 0.1$$

내가 가진 이런 정보를 이용하여 다음과 같은 질문에 대한 답을 구하고 싶다. 어떻게 하면 될까?

> "그녀가 일주일 연속으로 쇼핑만 할 확률은?"
>
> "그끄저께 산책, 그저께 산책, 그리고 어제 청소를 했다는데 3일간 그곳 날씨는?"
>
> "그끄저께 산책, 그저께 산책, 그리고 어제 청소를 했다는데 오늘과 내일 무엇을 할 것으로 예측되나?"

HMM을 사용하면 답을 구할 수 있다. [그림 7.9]는 앞의 정보를 가지고 여자친구의 삶을 모델링한 HMM이다.

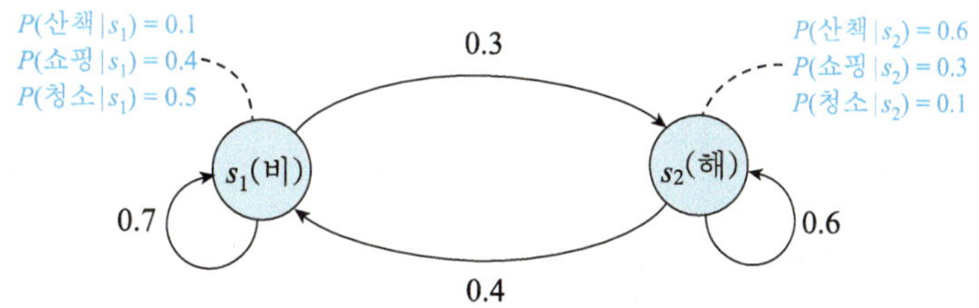

그림 7.9 그녀의 삶을 HMM으로 모델링

7.3.3 구성 요소와 세 가지 문제

앞의 두 가지 시나리오는 HMM의 핵심 아이디어를 이해하는 데 결정적인 도움을 주었을 것이다. 하지만 이들은 HMM의 한쪽 면을 비추는 역할을 했다고 볼 수 있다. 왜냐하면 HMM을 만드는 데 필요한 핵심 정보를 수집할 수 있다는 가정을 하였기 때문이다. 여자친구의 시나리오에서는 날씨 정보(초기 확률과 상태 이전 확률)는 기상청에서 수집하였고 날씨에 따른 그녀의 행동 정보(관측 확률)는 같은 도시에 살 때 관찰한 결과이다. 항아리 예에서는 항아리 속을 미리 조사할 수 있다고 가정한 것이다. 하지만 실제에서는 날씨를 몇 가지로 구분하는지도 모르고(몇 개의 상태를 두어야 하나?) 날씨 정보도 없고 그녀의 행동 정보도 없을 수 있다. 항아리 속을 볼 수 없고 심지어 항아리가 몇 개인지도 알 수 없는 상황이 있을 수 있다.

단지 그녀가 매일 산책, 쇼핑, 청소 중에 하나를 한다는 사실은 알고 있다. 알파벳은 알고 있는 셈이다. 내가 관측할 수 있는 것은 날마다 통화하여 그날 무엇을 했는지 듣는 것뿐이다. 이러한 관측을 충분한 기간 동안 하여 얻은 정보(훈련 집합)를 가지고 [그림 7.9]와 같은 HMM을 만들어야 하는 것이다. 즉 우리가 바라보아야 할 또 다른 면은 훈련 데이터를 가지고 HMM을 '학습하는' 것이다.

온라인 필기 인식 예제를 가지고 학습의 필요성을 명확하게 해 보자. 사실 이 인식 문제에서 우리가 수집할 수 있는 정보는 [그림 7.5]와 같은 샘플뿐이다. 이렇게 수집한 샘플들은 훈련 집합으로 쓰인다. 이 시나리오에서는 무엇이 상태에 해당하는지 불분명하다. 따라서 상태를 몇 개로 해야 할지 막막하다. 현재로서는 당연히 상태 전이 확률과 관측 확률도 구할 방법이 없다. 가진 것은 훈련 집합뿐이다. 이제부터 이러한 학습 문제를 포함하여 HMM을 수학적으로 공식화해 보자.

아키텍처

HMM은 가중치를 갖는 방향 그래프로 표현된다. 노드는 상태를 나타내며 상태는 s_1, s_2, … , s_n으로 표기한다. 항아리 예에서는 항아리가 상태가 되며 여자친구 예에서는 날씨가 상태가 된다. 이렇듯 물리적인 개념이 상태로 쓰이는 경우도 있지만 온라인 인식과 같이 그렇지 않은 경우도 있다. 모든 노드 간에 에지를 갖는 완전 연결 구조도 가능하고 일부만 연결된 구조도 가능하다. [그림 7.10]은 가장 널리 쓰이는 두 가지 아키텍처를 보여 준다. 물론 이것들 외에도 아주 다양한 형태가 있다. 왼쪽 그림은 완전 연결 구조인데 이것을 **어고딕**ergodic 모델이라 부른다. 오른쪽 그림은 상태 전이가 왼쪽에서 오른쪽으로 일어나므로 **좌우**left-to-right 모델이라 부른다. 음성 인식에서는 주로 좌우 모델을 사용한다.[59]

각 상태에서는 m개의 기호를 관측할 수 있는데 어느 순간에는 그 중 하나가 관측된다. 이들 기호의 집합이 알파벳이 되며 $V = \{v_1, \cdots, v_m\}$으로 표기한다. 항아리 예에서는 공의 색깔, 여자친구 예에서는 행동, 그리고 온라인 인식에서는 체인 방향이 기호가 된다. 어느 경우에서나 물리적으로 관측 가능한 개념이 여기에 해당한다.

[59] 그 이유에 대해서는 7.5절에서 보충 설명한다.

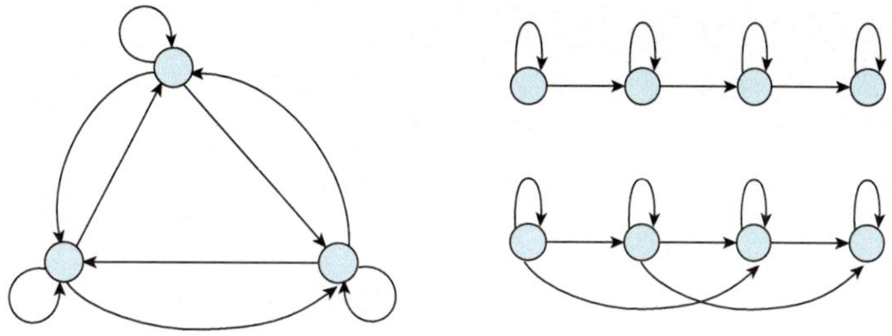

그림 7.10 HMM의 대표적인 아키텍처

매개변수

HMM은 아래와 같은 세 가지 매개변수를 갖는다. 이들의 값이 정해지면 HMM이 만들어진 셈이다. 이들을 (7.6)과 같이 $\mathbf{\Theta}$로 표기하자. 훈련 집합으로 $\mathbf{\Theta}$를 추정하는 작업이 바로 HMM 학습이다.

$$\mathbf{\Theta} = (\mathbf{A}, \mathbf{B}, \boldsymbol{\pi}) \tag{7.6}$$

1. 상태 전이 확률 $\mathbf{A} = |a_{ij}|$

   A는 HMM이 작동하는 도중 다음 상태를 결정하는 데 쓰인다. a_{ij}는 시간 t에 상태 s_i에 있다가 $t+1$에 s_j로 이동할 확률이다.[60] 이것을 수식으로 쓰면 (7.7)과 같다. 이 식의 두 번째 줄에 있는 조건은 a_{ij}가 확률이기 때문에 만족되어야 한다. n은 상태의 개수이다.

$$\left.\begin{aligned} &a_{ij} = P(q_{t+1} = s_j | q_t = s_i),\ 1 \le i, j \le n \\ &\text{이때 } \sum_{j=1}^{n} a_{ij} = 1 \end{aligned}\right\} \tag{7.7}$$

2. 관측 확률 $\mathbf{B} = |b_j(v_k)|$

   B는 HMM이 어느 상태에 도달하였을 때 그 상태에서 관측될 기호를 결정하는 데 쓰인다. $b_j(v_k)$는 상태 s_j에서 기호 v_k가 관측될 확률이다. 이것을 수식으로 쓰면 (7.8)과 같다. 두 번째 줄의 조건은 $b_j(v_k)$가 확률이기 때문에 만족되어야 한다. m은 기호의 개수이다.

$$\left.\begin{aligned} &b_j(v_k) = P(o_t = v_k | q_t = s_j),\ 1 \le j \le n,\ 1 \le k \le m \\ &\text{이때 } \sum_{k=1}^{m} b_j(v_k) = 1 \end{aligned}\right\} \tag{7.8}$$

[60] 이 확률 값은 t에 무관하다. 따라서 HMM은 정적 모델static model이다.

3. 초기 상태 확률 벡터 $\boldsymbol{\pi} = \{\pi_i\}$

$\boldsymbol{\pi}$는 HMM을 기동시킬 때 어느 상태에서 시작할지를 결정하는 데 쓰인다. π_i는 상태 s_i에서 시작할 확률이다. 이것을 수식으로 쓰면 (7.9)와 같다. 두 번째 줄의 조건은 π_i가 확률이기 때문에 만족되어야 한다.

$$\left.\begin{aligned} &\pi_i = P(q_1 = s_i),\ 1 \le i \le n \\ &\text{이때 } \sum_{i=1}^{n} \pi_i = 1 \end{aligned}\right\} \tag{7.9}$$

세 가지 문제

HMM을 실제 응용에 적용하기 위해서는 세 가지 문제를 풀어야 한다. 이들 문제는 이미 앞에서 여기저기 언급한 것들이다. 여기서는 이들을 보다 형식화한다. 앞에 있는 평가와 디코딩의 두 가지 문제는 HMM이 이미 주어진 상황에서 푸는 것이고, 마지막에 있는 학습 문제는 훈련 집합이 주어진 상황에서 HMM을 만드는 작업이다. [그림 7.11]은 이들 세 가지 문제의 관련성을 보여 준다.

1. 평가evaluation

모델 $\boldsymbol{\Theta}$가 주어져 있다. 관측 벡터 $\mathbf{O} = o_1 \cdots o_T$를 얻었을 때 $\boldsymbol{\Theta}$에서 $\mathbf{O}$가 발생할 확률 $P(\mathbf{O}|\boldsymbol{\Theta})$를 구하여라. 예제 7.4의 그녀의 삶 시나리오에서 아래와 같은 질문이 이 문제에 해당한다.

"그녀가 오늘 산책, 내일 산책, 모레 청소, 글피 쇼핑할 확률은 얼마인가?"

$\mathrm{P}(o_1 = \text{산책}, o_2 = \text{산책}, o_3 = \text{청소}, o_4 = \text{쇼핑}|\boldsymbol{\Theta})$는 얼마인가?

평가는 온라인 필기 인식 같은 인식 응용에서는 분류 목적으로 사용된다. 열 개 숫자 각각의 HMM을 만들었다고 하고, 그들의 모델을 각각 $\boldsymbol{\Theta}_0, \boldsymbol{\Theta}_1, \cdots, \boldsymbol{\Theta}_9$라고 부르기로 하자. 미지의 관측 벡터 $\mathbf{O}$가 입력되면 $P(\mathbf{O}|\boldsymbol{\Theta}_0), P(\mathbf{O}|\boldsymbol{\Theta}_1), \cdots, P(\mathbf{O}|\boldsymbol{\Theta}_9)$를 계산하고 이들 중 가장 큰 확률 값을 갖는 부류로 분류하면 된다.

2. 디코딩decoding

모델 $\boldsymbol{\Theta}$가 주어져 있다. 관측 벡터 $\mathbf{O} = o_1 \cdots o_T$를 얻었을 때 최적의 상태 열 $\mathbf{Q} = (q_1, q_2, \cdots, q_T)$를 찾아라. 여러 후보 상태 열 중에 가장 확률이 높은 것을 찾는 최적화 문제이다. 그녀의 삶 시나리오에서 아래와 같은 질문이 디코딩 문제에 해당한다.

"그녀가 나흘간 산책, 산책, 청소, 쇼핑하였는데
그 나흘의 날씨를 추정해 보면?"

3. 학습

N개의 관측 벡터를 가진 훈련 집합 $X = \{\mathbf{O}_1, \mathbf{O}_2, \cdots, \mathbf{O}_N\}$이 주어져 있다. HMM의 아키텍처는 정해져 있다고 가정한다. 이들 관측 벡터가 발생할 확률을 최대화하는 HMM의 매개변수 $\mathbf{\Theta}$를 찾아라. 다시 말하면 X로 HMM을 학습시키는 문제이다. 이 문제도 최적화 문제이다.

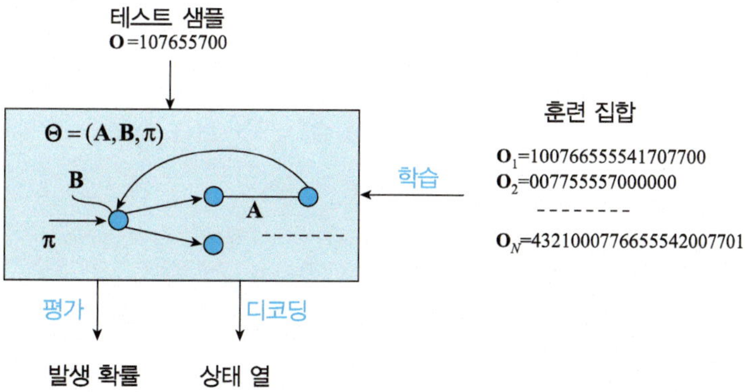

그림 7.11 HMM의 세 가지 문제

7.4 알고리즘

이 절에서는 HMM의 세 가지 문제를 위한 알고리즘에 대해 공부한다. 이들 중 평가와 디코딩을 위한 알고리즘은 계산 효율을 위해 동적 프로그래밍을 사용한다.

7.4.1 평가

평가 문제란 주어진 모델 $\mathbf{\Theta}$ 하에서 관측 벡터 $\mathbf{O} = o_1 \cdots o_T$의 발생 확률 $P(\mathbf{O}|\mathbf{\Theta})$를 계산하는 것이다. 우선 $\mathbf{O}$를 관측한 상태 열을 알고 있다고 가정하고 그것을 $\mathbf{Q} = (q_1, q_2, \cdots, q_T)$라 하자. 즉 o_t가 상태 q_t에서 관측되었다고 가정하는 것이다. 이때 $\mathbf{\Theta}$가 주어진 상황에서 $\mathbf{O}$가 $\mathbf{Q}$에서 발생했을 확률 $P(\mathbf{O}, \mathbf{Q}|\mathbf{\Theta})$는 (7.10)과 같이 쓸 수 있다. 이 식을 해석해 보자. 먼저 π_{q_1}의 확률로 상태 q_1로 들어간다. q_1에서 $b_{q_1}(o_1)$의 확률로 o_1을 관측한다. 전이 확률 $a_{q_1q_2}$로 상태 q_1에서 q_2로 이동한다. 상태 q_2에서 $b_{q_2}(o_2)$의 확률로 o_2를 관측한다. 이런 과정을 반복하여 상태 q_{T-1}에 도달했다 하자. 전이 확률 $a_{q_{T-1}q_T}$로 상태 q_{T-1}에서 q_T로 이동한다. 상태 q_T에서 $b_{q_T}(o_T)$의 확률로 o_T를 관측하고 마친다. 이처럼 관측과 전이를 반복하는 과정에서 발생하는 확률을 모두 곱하면 $P(\mathbf{O}, \mathbf{Q}|\mathbf{\Theta})$를 구할 수 있다.

$$P(\mathbf{O}, \mathbf{Q}|\mathbf{\Theta}) = \pi_{q_1} b_{q_1}(o_1) a_{q_1q_2} b_{q_2}(o_2) \cdots a_{q_{T-1}q_T} b_{q_T}(o_T) \tag{7.10}$$

이제는 $P(\mathbf{O}|\mathbf{\Theta})$의 계산이라는 원래 문제를 다시 생각해 보자. $\mathbf{O}$가 발생한 특정 상태 열을 알고 있다면 (7.10)으로 계산하여 답을 구할 수 있는데, o_t는 모든 상태에서 발생할 수 있으므로 그럴 수는 없다. 따라서 가능한 모든 후보 상태 열을 나열한 후 그들 각각에 대해 (7.10)으로 확률을 구한 후 그들을 모두 더하여 답을 찾는 것이 합리적인 생각이다. 관측 o_t는 모든 상태에서 발생할 수 있으므로 q_t는 $\{s_1, s_2, \cdots, s_n\}$ 중의 하나가 된다. 따라서 가능한 모든 상태 열은 n^T개가 된다. 이런 계산 방법을 식으로 나타내면 (7.11)이 된다.

$$P(\mathbf{O}|\mathbf{\Theta}) = \sum_{\text{모든 Q}} P(\mathbf{O}, \mathbf{Q}|\mathbf{\Theta}) \tag{7.11}$$

예제 7.5 **여자친구의 삶**

예제 7.4의 여자친구 시나리오를 다시 사용하기로 하자. [그림 7.9]의 HMM을 7.3.3절의 매개변수 표기를 써서 [그림 7.12]와 같이 다시 그렸다.

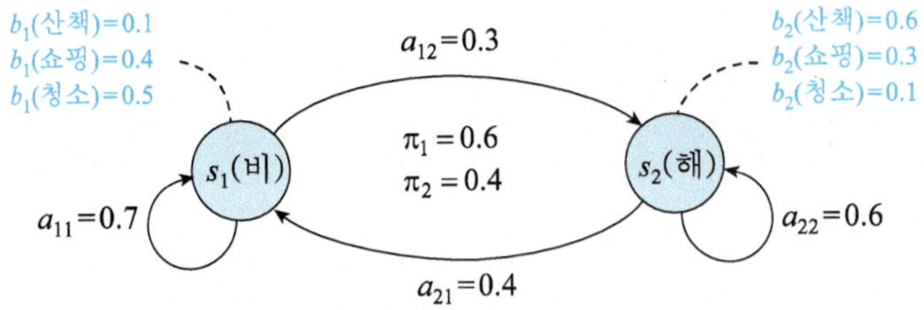

그림 7.12 그녀의 삶 시나리오의 HMM

이 예에서 아래에 제시된 그녀의 행동에 대한 확률을 계산해 보자. 오늘을 시작 일이라 하면 $\mathbf{O} = (o_1 = \text{산책}, o_2 = \text{산책}, o_3 = \text{청소}, o_4 = \text{쇼핑})$으로 쓸 수 있다.

"그녀가 오늘 산책, 내일 산책, 모레 청소, 글피 쇼핑할 확률은 얼마인가?"

$n = 2$이고 $T = 4$이므로 후보 상태 열은 아래에 나열한 것과 같이 총 $2^4 = 16$개이다. 표기의 편의상 열여섯 개의 후보 상태 열을 $\mathbf{Q}_1, \mathbf{Q}_2, \cdots, \mathbf{Q}_{16}$으로 구분하였다. $\mathbf{Q}_1 = (q_1 = \text{비}, q_2 = \text{비}, q_3 = \text{비}, q_4 = \text{비})$를 괄호와 쉼표를 빼고 '비비비비'로 표기하였다.

$\mathbf{Q}_1$ = 비비비비, $\mathbf{Q}_2$ = 비비비해, $\mathbf{Q}_3$ = 비비해비, $\mathbf{Q}_4$ = 비비해해,
$\mathbf{Q}_5$ = 비해비비, $\mathbf{Q}_6$ = 비해비해, $\mathbf{Q}_7$ = 비해해비, $\mathbf{Q}_8$ = 비해해해,
$\mathbf{Q}_9$ = 해비비비, $\mathbf{Q}_{10}$ = 해비비해, $\mathbf{Q}_{11}$ = 해비해비, $\mathbf{Q}_{12}$ = 해비해해,
$\mathbf{Q}_{13}$ = 해해비비, $\mathbf{Q}_{14}$ = 해해비해, $\mathbf{Q}_{15}$ = 해해해비, $\mathbf{Q}_{16}$ = 해해해해

$P(\mathbf{O}, \mathbf{Q}_1|\mathbf{\Theta})$~$P(\mathbf{O}, \mathbf{Q}_{16}|\mathbf{\Theta})$의 16개 확률 중에 첫 번째 것만 계산해 보자. 이를 위해서는 (7.10)을 이용한다.

$$\begin{aligned} P(\mathbf{O}, \mathbf{Q}_1|\mathbf{\Theta}) &= \pi_1 b_1(\text{산책}) a_{11} b_1(\text{산책}) a_{11} b_1(\text{청소}) a_{11} b_1(\text{쇼핑}) \\ &= 0.6*0.1*0.7*0.1*0.7*0.5*0.7*0.4 \\ &= 4.116*10^{-4} \end{aligned}$$

이제 원하는 답을 구해 보자. 식 (7.11)을 이용하여 아래와 같이 계산하면 답은 0.01181이 된다.

$$\begin{aligned} P(\mathbf{O}|\mathbf{\Theta}) &= \sum_{i=1}^{16} P(\mathbf{O}, \mathbf{Q}_i|\mathbf{\Theta}) \\ &= 0.4116 *10^{-3} + 0.1323*10^{-3} + 0.02216 *10^{-3} + 0.02268*10^{-3} \\ &+ 0.6048*10^{-3} + 0.1944 *10^{-3} + 0.10368*10^{-3} + 0.11664 *10^{-3} \\ &+ 0.9408*10^{-3} + 0.3024 *10^{-3} + 0.04608*10^{-3} + 0.05184 *10^{-3} \\ &+ 4.8384 *10^{-3} +1.5552 *10^{-3} + 0.82944 *10^{-3} + 0.93312 *10^{-3} \\ &= 0.0111 \end{aligned}$$

앞의 계산 방법을 가만 살펴 보면 답은 구할 수 있는데 계산 양이 과다하다는 것을 쉽게 알 수 있다. 예제 7.5와 같이 $T = 4$ 정도로 작으면 문제가 되지 않는데 T가 커지면 후보 상태 열의 개수가 n^T이므로 심각한 문제에 부딪친다. 또한 후보마다 $2T-1$번의 곱셈을 해야 한다. 따라서 총 $n^T(2T-1)$번의 곱셈을 해야 하며 시간 복잡도는 $\mathbf{\Theta}(n^T T)$가 된다. 예를 들어 $n = 5$이고 $T = 30$이라면 약 $5.4948*10^{22}$번의 곱셈이 필요하다. 계산 폭발computational explosion이 발생해 버리는 것이다. 그렇다면 보다 효율적인 알고리즘이 가능할까?

가능하다. [그림 7.13]을 보자. 이것은 예제 7.5를 위해 그린 것인데, [그림 7.12]를 격자 모양으로 펼쳐 놓은 것으로 해석하면 된다. 세로에는 모든 상태를 나열하고 가로에는 관측 값을 나열하였다. 이 격자 그림 속에는 예제 7.5의 16개의 후보 상태열이 모두 들어 있다. 예를 들어 진한 파랑으로 표시된 경로는 $\mathbf{Q}_1$ = '비비비비', 연한 파랑으로 표시된 경로는 $\mathbf{Q}_7$ = '비해해비'에 해당한다. 이 그림에서 상태 s_1과 관측 o_3에 해당하는 노드에 주목해 보자. 그 속에는 $\alpha_3(1)$이 들어 있다. $\alpha_3(1)$은 $t = 1$일때 o_1을 관측하고, $t = 2$일때 o_2을 관측하고, $t = 3$일 때는 s_1에서 o_3을 관측할 확률을 뜻한다. 달리 설명하면 관측 벡터의 일부 $o_1o_2o_3$을 관측하고 $t = 3$에 상태 s_1에 있을 확률 $P(o_1, o_2, o_3, q_3 = s_1|\mathbf{\Theta})$을 뜻한다. 이 값은 $t = 2$에 있는 $\alpha_2(1)$과 $\alpha_2(2)$을 이용하여

아래와 같이 순환적으로 계산할 수 있다.

$$\alpha_3(1) = [\alpha_2(1)*a_{11} + \alpha_2(2)*\ a_{21}]*b_1(o_3)$$

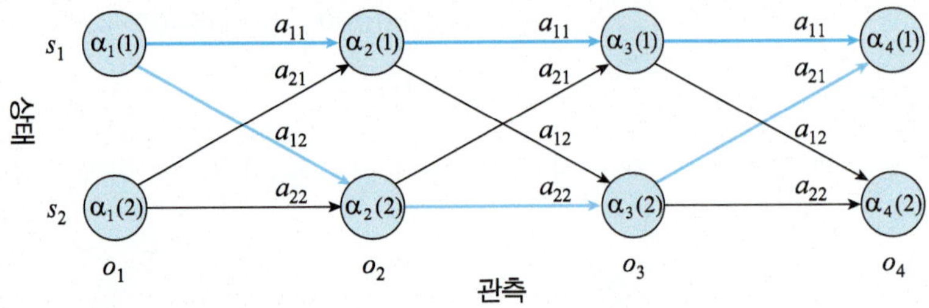

그림 7.13 전방 계산을 위해 상태도를 격자 모양으로 펼침

앞의 식의 의미를 곰곰이 생각해 보자. 시간 $t = 3$의 s_1로 전이할 수 있는 상태는 시간 $t = 2$의 s_1과 s_2이다. 이 두 곳에는 $\alpha_2(1)$과 $\alpha_2(2)$가 이미 계산되어 있다. 따라서 $\alpha_2(1)$에 $s_1 \rightarrow s_1$ 전이 확률 a_{11}을 곱한 것과 $\alpha_2(2)$에 $s_2 \rightarrow s_1$ 전이 확률 a_{21}을 곱한 것을 더한다. 그리고 $t = 3$일 때 s_1에서 o_3을 관측해야 하므로 더한 결과에 $b_1(o_3)$을 곱하면 된다. 이제 이 아이디어를 일반적인 식으로 확장해 보자. (7.12)는 $\alpha_t(i)$를 구하는 식이다. $\alpha_t(i)$는 관측 벡터의 일부 $o_1o_2...o_t$를 관측하고 시간 t에 상태 s_i에 있을 확률이다. [그림 7.14]는 이 식의 원리를 설명해 준다.

$$\left.\begin{aligned} \alpha_t(i) &= P(o_1, o_2, \cdots, o_t, q_t = s_i|\Theta) \\ &= \left[\sum_{j=1}^{n}\alpha_{t-1}(j)a_{ji}\right]*b_i(o_t) \end{aligned}\right\} \tag{7.12}$$

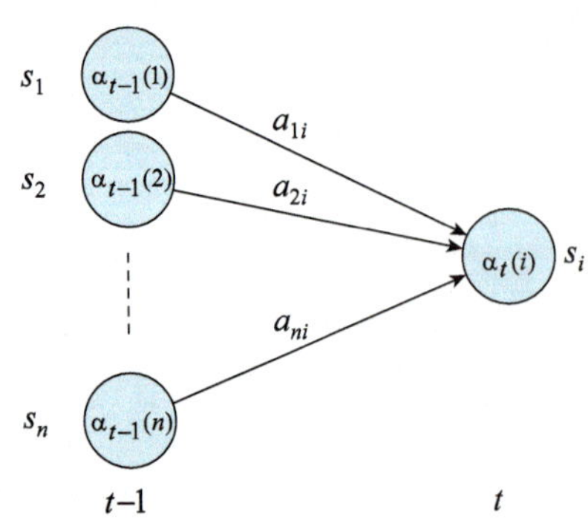

그림 7.14 $a_t(i)$의 순환 계산

(7.12)는 동적 프로그래밍이 사용할 가장 중요한 순환식이다. 이제 초기 조건을 포함시켜 완벽한 식으로 발전시켜 보자. (7.13)은 초기식이다. $\alpha_1(i)$는 s_i로 들어가는 초

기 확률 π_i에 $t = 1$에서 o_1을 관측할 확률을 곱하면 된다. (7.14)는 (7.12)를 다시 쓴 것이다. (7.15)는 답을 구하는 식으로 시간 T의 확률 $\alpha_T(i)$를 모두 더하면 된다. 수식 (7.13)~(7.15)로 관측 벡터의 발생 확률을 구하는 알고리즘을 **전방 알고리즘**forward algorithm이라 부른다.

$$\alpha_1(i) = \pi_i b_i(o_1),\ 1 \le i \le n \tag{7.13}$$

$$\alpha_t(i) = \left[\sum_{j=1}^{n} \alpha_{t-1}(j) a_{ji}\right] * b_i(o_t),\ 2 \le t \le T,\ 1 \le i \le n \tag{7.14}$$

$$P(\mathbf{O}|\mathbf{\Theta}) = \sum_{j=1}^{n} \alpha_T(j) \tag{7.15}$$

알고리즘 7.1은 전방 알고리즘을 가상 코드 형태로 바꾸어 쓴 것이다. $\alpha_t(i)$는 배열로 바꾸어 표기하였으나, 2차원 배열인 **A**와 **B**, 그리고 1차원 배열인 $\boldsymbol{\pi}$는 원래 수식에 있는 표기 그대로 두었다. 이 알고리즘은 2차원 배열을 이용하여 중복 계산을 피하고 있기 때문에 동적 프로그래밍 기법을 사용한다고 할 수 있다.

알고리즘 7.1 전방 계산에 의한 관측 벡터의 발생 확률 계산

입력: HMM $\mathbf{\Theta} = (\mathbf{A}, \mathbf{B}, \boldsymbol{\pi})$, 관측 벡터 $\mathbf{O} = o_1 o_2 \cdots o_T$

출력: **O**의 발생 확률 $P(\mathbf{O}|\mathbf{\Theta})$

1. 배열 $\alpha[1 \cdots T][1 \cdots n]$을 생성하라.
2. **for** ($i = 1$ **to** n) $\alpha[1][i] = \pi_i * b_i(o_1)$;   // (7.13)
3. **for** ($t = 2$ **to** T)
4.   **for** ($i = 1$ **to** n) {
5. $sum = 0$;
6.   **for** ($j = 1$ **to** n) $sum = sum + \alpha[t-1][j] * a_{ji}$;
7. $\alpha[t][i] = sum * b_i(o_t)$;   // 라인 5-7이 (7.14)
8.   }
9. $sum = 0$;
10. **for** ($j = 1$ **to** n) $sum = sum + \alpha[T][j]$;   // (7.15)
11. $P(\mathbf{O}|\mathbf{\Theta}) = sum$;

이 알고리즘의 시간 복잡도를 분석해 보자. 라인 6에서 곱셈을 n번 하는데 라인 4~8의 루프에서 그걸 n번 반복한다. 또한 이 계산을 라인 3~8의 루프에서 $T-1$번 반복한다. 따라서 $\Theta(n^2T)$가 된다. 예를 들어 $n = 5$이고 $T = 30$이라면 약 750번의 곱셈이면 답을 구할 수 있다. 모든 후보를 나열하였던 (7.11)의 낱낱 계산 방법의 $5.4948*10^{22}$번의 곱셈에 비하면 하늘과 땅 차이가 난다. 동적 프로그래밍의 힘이다!

예제 7.6 전방 계산에 의한 확률 평가

예제 7.5에서 사용하였던 $\mathbf{O} = (o_1 = \text{산책}, o_2 = \text{산책}, o_3 = \text{청소}, o_4 = \text{쇼핑})$의 관측 확률 $P(\mathbf{O}|\Theta)$를 전방 알고리즘으로 계산해 보자. [그림 7.15]는 계산 과정을 시각적으로 보여 준다. 알고리즘 7.1의 라인 2에서 $t = 1$일 때를 계산하면 아래와 같다.

$$\alpha[1][1] = \pi_1 * b_1(\text{산책}) = 0.6*0.1 = 0.06$$

$$\alpha[1][2] = \pi_2 * b_2(\text{산책}) = 0.4*0.6 = 0.24$$

이제 라인 3에서 $t = 2$일 때를 계산해 보자.

$$\alpha[2][1] = (\alpha[1][1]*a_{11} + \alpha[1][2]*a_{21})*b_1(\text{산책}) = (0.06*0.7+0.24*0.4)*0.1 = 0.0138$$

$$\alpha[2][2] = (\alpha[1][1]*a_{12} + \alpha[1][2]*a_{22})*b_2(\text{산책}) = (0.06*0.3+0.24*0.6)*0.6 = 0.0972$$

$t = 3$과 $t = 4$일 때는 아래와 같다.

$$\alpha[3][1]=(\alpha[2][1]*a_{11} + \alpha[2][2]*a_{21})*b_1(\text{청소})=(0.0138*0.7+0.0972*0.4)*0.5 = 0.02427$$

$$\alpha[3][2]=(\alpha[2][1]*a_{12} + \alpha[2][2]*a_{22})*b_2(\text{청소})=(0.0138*0.3+0.0972*0.6)*0.1 = 0.00625$$

$$\alpha[4][1] = (\alpha[3][1]*a_{11} + \alpha[3][2]*a_{21})*b_1(\text{쇼핑}) = (0.02427*0.7 + 0.00625*0.4)*0.4 = 0.00780$$

$$\alpha[4][2] = (\alpha[3][1]*a_{12} + \alpha[3][2]*a_{22})*b_2(\text{쇼핑}) = (0.02427*0.3 + 0.00625*0.6)*0.3 = 0.00331$$

마지막으로 라인 10에서 답을 구하면 아래와 같다. 예제 7.5에서 계산한 결과와 같다는 것을 알 수 있다.

$$P(\mathbf{O}|\Theta)= \alpha[4][1] + \alpha[4][2] = 0.0111$$

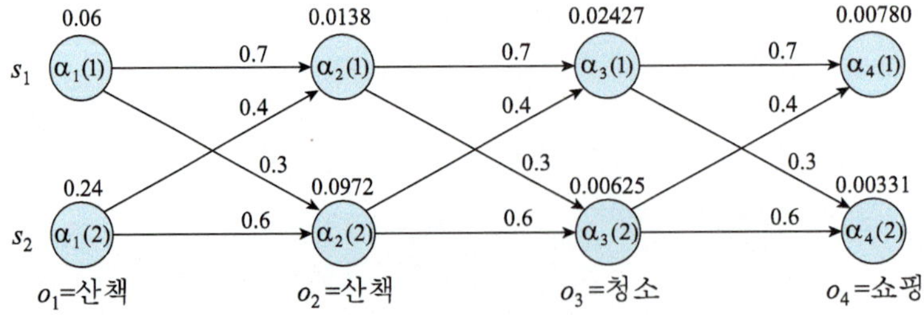

그림 7.15 전방 계산 예

7.4.2 디코딩

디코딩은 모델 $\mathbf{\Theta}$ 하에서 관측 벡터 $\mathbf{O}$를 얻었을 때 $\mathbf{O}$에 해당하는 최적의 상태열 $\mathbf{Q} = (q_1, q_2, \cdots, q_T)$를 찾는 문제이다. 이 $\mathbf{Q}$는 $\mathbf{O}$를 가장 잘 '설명해야' 할 것이다. 여기에서 최적이라는 말과 가장 잘 설명한다는 말은 같은 의미로 사용하였다. 그런데 무엇을 기준으로 최적을 판단할 것인가? 이 기준은 여러 가지가 있을 수 있는데 여기서는 순진한 생각으로 만든 것과 합리적이며 실제로 쓰이는 것의 두 가지를 소개한다.

순진한 생각에서 o_t를 독립적으로 보고 그것에 해당하는 q_t를 선택할 수 있다. 예를 들어 그녀의 삶 시나리오에서 o_t = 산책이었다면 상태 s_1에서 산책 확률은 0.1이고 s_2에서는 0.6이므로 $q_t = s_2$로 결정하는 것이다. 결국 $\mathbf{O} = (o_1 =$ 산책, $o_2 =$ 산책, $o_3 =$ 청소, $o_4 =$ 쇼핑)이었다면 이에 해당하는 최적의 상태 열로 $\mathbf{Q} = (q_1 =$ 해, $q_2 =$ 해, $q_3 =$ 비, $q_4 =$ 비)를 선택하게 된다. 이 방법은 계산량이 매우 적다. 또한 얼핏 보면 합리적일 것 같다. 하지만 그리 합리적이지 않다. 이 방법은 마르코프 체인을 전혀 고려하지 않고 있는 것이다. 즉 오늘과 내일의 날씨 연관성을 전혀 고려하지 않는 0차 마르코프 체인을 사용하고 있는 셈이다. 임의로 선택하는 것보다는 낫겠지만 독립이라는 가정 때문에 잃는 정보가 너무 많다.

이 문제를 제대로 풀기 위해서는 $P(\mathbf{O}, \mathbf{Q}|\mathbf{\Theta})$를 기준 함수로 채택하고 이것을 최대화하는 $\hat{\mathbf{Q}}$를 찾으면 된다. 이 문제를 푸는 실마리를 찾기 위해서는 7.4.1절의 식 (7.10)에 주목하며 된다. 특정한 후보 상태 열 $\mathbf{Q}$가 주어지면 (7.10)으로 확률을 계산할 수 있다. 하지만 평가 문제에서와 마찬가지로 이런 후보가 n^T개가 있다. 평가 문제에서는 모든 후보들의 확률 값을 더하면 그것이 답이 되었는데, 디코딩 문제에서는 합이 아니라 그들 중에 최고 값을 갖는 것이 답이 된다. 다시 말하면 평가 문제는 (7.11)로 답을 구하는 반면 디코딩 문제는 (7.16)으로 답 $\hat{\mathbf{Q}}$를 구한다. 예를 들어 예제 7.5에서 16개의 후보 중에 가장 큰 값을 갖는 '해해비비'가 바로 답이다.

$$\hat{\mathbf{Q}} = \underset{\mathbf{Q}}{\arg\max}\, P(\mathbf{O}, \mathbf{Q}|\mathbf{\Theta}) \tag{7.16}$$

(7.16)으로 문제가 해결된 것은 아니다. 평가 문제와 마찬가지로 후보의 개수가 T에 따라 지수적으로 커지는 계산 폭발이 일어난다. 하지만 걱정할 필요는 없다. 문제 자체의 구조가 평가 문제와 비슷한 만큼 평가 문제가 사용하였던 동적 프로그래밍을 약간 수정하면 된다. 단지 합 연산을 최댓값을 선택하는 연산으로 바꾸어 주면 된다. 이 차이를 시각적으로 설명하면 [그림 7.16]이 된다.

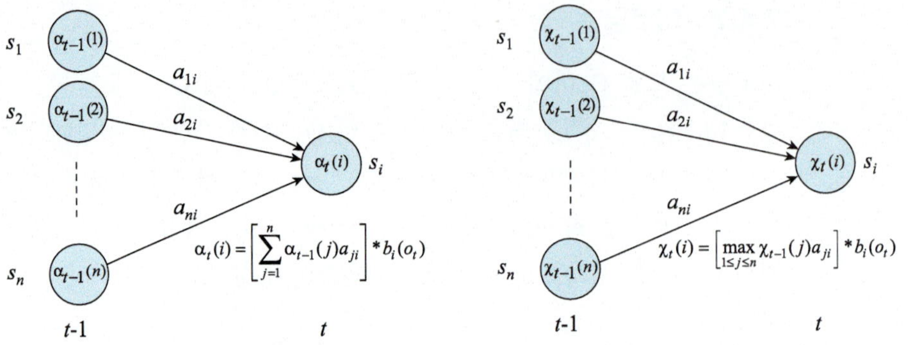

(a) 평가 문제(합 연산) (b) 디코딩 문제(최대 선택 연산)

그림 7.16 평가 문제와 디코딩 문제의 연산 차이

평가 문제와 비슷한 논리 전개를 따라가 보자. 평가 문제의 $\alpha_t(i)$와 비슷한 역할을 하는 $\chi_t(i)$를 (7.17)에 정의한다. $\chi_t(i)$는 관측 벡터의 일부 $o_1 o_2 \ldots o_t$를 관측하고 시간 t에 상태 s_i에 있을 최대 확률이다. 즉 모든 후보 경로(상태 열) 중에 가장 큰 확률을 뜻한다.

$$\left.\begin{aligned} \chi_t(i) &= \max_{q_1, q_2, \cdots, q_{t-1}} P(o_1, o_2, \cdots, o_t, q_1, \cdots, q_{t-1}, q_t = s_i | \mathbf{\Theta}) \\ &= \left[\max_{1 \le j \le n} \chi_{t-1}(j) a_{ji}\right] * b_i(o_t) \end{aligned}\right\} \quad (7.17)$$

이제 초기 조건을 포함시켜 완벽한 식으로 발전시켜 보자. (7.18)은 초기식이다. (7.19)는 (7.17)을 다시 쓴 것이다. 새로 등장한 변수 τ는 최적 경로를 기록하는 역할을 한다. $\tau_t(i)$는 $t-1$에서 n개의 상태 중 선택한 것을 기록한다.

$$\chi_1(i) = \pi_i b_i(o_1),\ 1 \le i \le n \quad (7.18)$$

$$\left.\begin{aligned} \chi_t(i) &= \left[\max_{1 \le j \le n} \chi_{t-1}(j) a_{ji}\right] * b_i(o_t),\ 2 \le t \le T,\ 1 \le i \le n \\ \tau_t(i) &= \underset{1 \le j \le n}{\arg\max}\left[\chi_{t-1}(j) a_{ji}\right],\ 2 \le t \le T,\ 1 \le i \le n \end{aligned}\right\} \quad (7.19)$$

디코딩 문제는 (7.18)과 (7.19)로 전방 계산을 마친 후 τ를 역추적하여 경로를 찾는 작업을 추가로 해야 한다. 이렇게 찾은 최적 경로를 $\hat{\mathbf{Q}} = (\hat{q}_1, \hat{q}_2, \cdots, \hat{q}_T)$로 표기하자. 이 작업은 (7.20)으로 수행하면 된다. 우선 T에서 가장 큰 확률을 갖는 상태를 찾아 $\hat{q}_T$로 둔다. 그 이후 τ를 보고 $T-1,\ T-2, \cdots, 1$ 순서대로 역추적해 나가면 디코딩 문제의 답을 얻을 수 있다.

$$\left.\begin{aligned}\hat{q}_T &= \underset{1 \le j \le n}{\arg\max}\,\chi_T(j) \\ \hat{q}_t &= \tau_{t+1}(\hat{q}_{t+1}),\ t = T-1,\ T-2, \cdots, 1\end{aligned}\right\} \quad (7.20)$$

지금까지 설명한 알고리즘을 **비터비**Viterbi **알고리즘**이라 부른다. 이 알고리즘은 잡음이 있는 통신 채널로 전송된 메시지의 에러를 교정할 목적으로 1967년에 앤드류 비터비Andrew Viterbi가 개발하였다 [Viterbi67]. 그 이후 응용 분야가 크게 늘어났으며 HMM이 가장 대표적인 응용 중의 하나가 되었다.

알고리즘 7.2는 비터비 알고리즘을 가상 코드 형태로 바꾸어 쓴 것이다. 이 알고리즘도 평가 문제를 위한 전방 알고리즘처럼 동적 프로그래밍 기법을 사용하고 있다. 라인 1~8은 전방 계산을 담당하고 라인 9~10은 최적 경로 역추적에 해당한다.

이 알고리즘의 시간 복잡도를 분석해 보자. 라인 5에서 비교를 $n-1$번 하는데 라인 4~8의 푸프에서 그걸 n번 반복한다. 또한 이 계산을 라인 3~8의 루프에서 $T-1$번 반복한다. 따라서 $\Theta(n^2T)$가 된다. 평가 문제를 위한 전방 알고리즘과 같은 시간 복잡도를 갖는다. 다른 점은 주요 연산이 곱셈이 아니라 비교라는 것이다.

알고리즘 7.2 디코딩을 위한 비터비 알고리즘

입력: HMM $\mathbf{\Theta} = (\mathbf{A}, \mathbf{B}, \boldsymbol{\pi})$, 관측 벡터 $\mathbf{O} = o_1o_2...o_T$

출력: 최적 경로 알고리즘: $\hat{\mathbf{Q}} = (\hat{q}_1, \hat{q}_2, \cdots, \hat{q}_T)$

1. 배열 $\chi[1...T][1...n]$와 $\tau[1...T][1...n]$을 생성하라.
2. **for** $(i = 1$ **to** $n)$ $\chi[1][i] = \pi_i * b_i(o_1)$; // (7.18)
3. **for** $(t = 2$ **to** $T)$
4.   **for** $(i = 1$ **to** $n)$ {
5. $\chi[t-1][j] * a_{ji}$, $1 \le j \le n$ 중에 가장 큰 것의 첨자를 k라 둔다.
6. $\chi[t][i] = \chi[t-1][k] * a_{ki} * b_i(o_t)$; // (7.19)
7. $\tau[t][i] = k$; // (7.19)
8.   }

        // 지금부터 (7.20)에 의한 경로 역추적

9. $\chi[T][j]$, $1 \le j \le n$ 중에 가장 큰 것의 첨자를 $\hat{q}_T$로 한다.
10. **for** $(t = T-1$ **to** $1)$ $\hat{q}_t = \tau[t+1][\hat{q}_{t+1}]$; // (7.20)

예제 7.7 **비터비 알고리즘에 의한 디코딩**

예제 7.6의 $\mathbf{O} = (o_1 = \text{산책}, o_2 = \text{산책}, o_3 = \text{청소}, o_4 = \text{쇼핑})$을 다시 사용한다. 이 관측 벡터의 최적 상태 열을 찾는 문제이다. 먼저 (7.16)의 낱낱 탐색 알고리즘을 생각해 보자. 예제 7.5에서 보는 바와 같이 총 16개의 후보 상태 열이 있다. 이들 중 가장 큰 값은 $4.8384*10^{-3}$으로, 이에 해당하는 상태 열은 '해해비비'이다. 따라서 $\hat{\mathbf{Q}} = (\hat{q}_1 = \text{해}, \hat{q}_2 = \text{해}, \hat{q}_2 = \text{비}, \hat{q}_4 = \text{비})$를 취하면 된다. 이 방법은 $n = 2$이고 $T = 4$이므로 16개의 후보뿐이었지만, 예를 들어 $n = 5$이고 $T = 30$이라면 $5.4948*10^{22}$번의 비교가 필요할 정도의 과다한 계산량으로 인해 현실성이 없다.

이제 효율적인 비터비 알고리즘의 실행을 시작해 보자. 라인 2는 아래와 같이 $t = 1$일 때를 계산한다.

$$\chi[1][1] = \pi_1 * b_1(\text{산책}) = 0.6*0.1 = 0.06$$
$$\chi[1][2] = \pi_2 * b_2(\text{산책}) = 0.4*0.6 = 0.24$$

이제 라인 3에서 $t = 2$일 때를 계산해 보자.

$$\chi[2][1] = \max(\chi[1][1]*a_{11}, \chi[1][2]*a_{21})*b_1(\text{산책}) = (0.24*0.4)*0.1 = 0.0096$$
$$\tau[2][1] = 2$$
$$\chi[2][2] = \max(\chi[1][1]*a_{12}, \chi[1][2]*a_{22})*b_2(\text{산책}) = (0.24*0.6)*0.6 = 0.0864$$
$$\tau[2][2] = 2$$

$t = 3$과 $t = 4$일 때는 아래와 같다.

$$\chi[3][1] = \max(\chi[2][1]*a_{11}, \chi[2][2]*a_{21})*b_1(\text{청소}) = (0.0864*0.4)*0.5 = 0.01728$$
$$\tau[3][1] = 2$$
$$\chi[3][2] = \max(\chi[2][1]*a_{12}, \chi[2][2]*a_{22})*b_2(\text{청소}) = (0.0864*0.6)*0.1 = 0.00518$$
$$\tau[3][2] = 2$$
$$\chi[4][1] = \max(\chi[3][1]*a_{11}, \chi[3][2]*a_{21})*b_1(\text{쇼핑}) = (0.01728*0.7)*0.4 = 0.00484$$
$$\tau[4][1] = 1$$
$$\chi[4][2] = \max(\chi[3][1]*a_{12}, \chi[3][2]*a_{22})*b_2(\text{쇼핑}) = (0.01728*0.3)*0.3 = 0.00156$$
$$\tau[4][2] = 1$$

전방 계산을 마쳤으니 이제 라인 9~10으로 $\tau[.][.]$를 역으로 추적하여 최적 경로를 찾아 보면 아래와 같다.

$$\hat{q}_4 = 1, \hat{q}_3 = 1, \hat{q}_2 = 2, \hat{q}_1 = 2$$

따라서 답은 $\hat{\mathbf{Q}} = (\hat{q}_1 = s_2, \hat{q}_2 = s_2, \hat{q}_3 = s_1, \hat{q}_4 = s_1)$이 된다. [그림 7.17]에서 파란색으로 표시된 경로가 $\hat{\mathbf{Q}}$에 해당한다. 그녀의 나흘간 '산책, 산책, 청소, 쇼핑'은 '해, 해, 비, 비'라는 날씨에서 했을 가능성이 제일 큰 것이다.

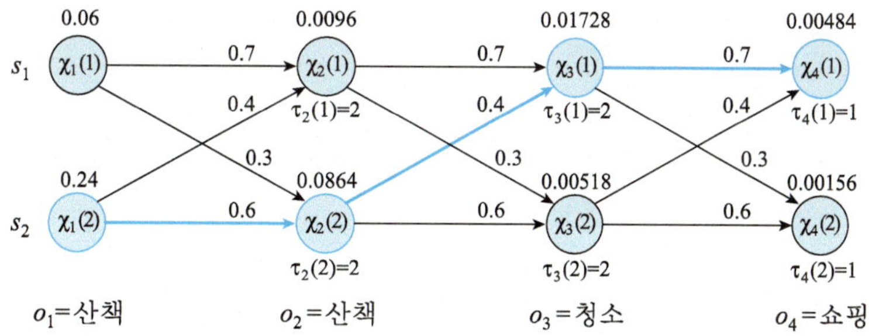

그림 7.17 비터비 알고리즘의 전방 계산과 최적 경로 역추적(파란색이 최적 경로)

7.4.3 학습

학습은 관측 벡터 $\mathbf{O}$의 확률을 최대로 하는 $\mathbf{\Theta}$를 찾는 문제이다. $\mathbf{\Theta}$를 가지고 무엇인가를 구하는 평가와 디코딩 문제, 그리고 무엇인가를 가지고 $\mathbf{\Theta}$를 찾는 학습 문제를 대비시켜 보면 서로 반대 작업임을 알 수 있다. 학습 문제는 평가와 디코딩에 비해 훨씬 어렵다. 평가와 디코딩은 일정한 수순을 따라 계산을 진행하면 답을 구하는 분석적 방법으로 풀 수 있었지만 학습은 그런 분석적 방법이 존재하지 않는다.

먼저 우리의 목적을 식 (7.21)로 표현해 보자. 가능한 모든 $\mathbf{\Theta}$ 중에 $\mathbf{O}$의 발생 확률을 최대로 하는 $\hat{\mathbf{\Theta}}$를 답으로 취하라는 의미이다. 이 식은 목적을 개념적으로 표현한 것에 불과하지 답을 구하는 어떠한 길을 제시하고 있지는 않다. 평가와 디코딩 문제에서 생각해 보았던 모든 경우의 수를 나열하고 그것들의 연산을 통해 답을 구하는 방법도 생각할 수 없다. 왜냐하면 구하고자 하는 $\mathbf{\Theta}$는 행렬 $\mathbf{A}$와 $\mathbf{B}$, 그리고 벡터 $\boldsymbol{\pi}$로 구성되는데 이들 모두 많은 수의 실수 변수를 포함하고 있기 때문이다.

$$\hat{\mathbf{\Theta}} = \underset{\mathbf{\Theta}}{\arg\max} P(\mathbf{O}|\mathbf{\Theta}) \tag{7.21}$$

이 문제의 해결은 반복적 개선에서 실마리를 찾아야 한다. 알고리즘 7.3의 가상 코드가 이러한 아이디어를 스케치해 주고 있다.[61] 이제 라인 2의 '적절한 방법'을 찾으면 된다. 레너드 바움Leonard Baum과 로이드 웰치Lloyd Welch는 이러한 방법을 개발하였다.

[61] 이러한 반복적 개선 방법을 수치적 방법이라고 부른다. 1.4절을 참조하라. MLP와 SVM의 학습 알고리즘도 이런 수치적 방법을 사용하였다.

알고리즘 7.3　HMM 학습 알고리즘 스케치

입력: HMM 아키텍처(n, m, 그래프 형태 등), 관측 벡터 $\mathbf{O} = o_1o_2...o_T$

출력: HMM $\hat{\mathbf{\Theta}} = (\mathbf{A}, \mathbf{B}, \boldsymbol{\pi})$

1. $\mathbf{\Theta}$를 초기화하라.
2. 적절한 방법으로 $P(\mathbf{O}|\mathbf{\Theta}^{\text{new}}) > P(\mathbf{O}|\mathbf{\Theta})$인 개선된 $\mathbf{\Theta}^{\text{new}}$를 찾아라.
3. 만족스러우면 $\hat{\mathbf{\Theta}} = \mathbf{\Theta}^{\text{new}}$로 하고 멈추고, 그렇지 않으면 $\mathbf{\Theta} = \mathbf{\Theta}^{\text{new}}$로 하고 2로 가라.

풀어야 하는 문제를 명확하게 하기 위해 우리가 가진 것과 구해야 하는 것을 다시 생각해 보자. 가진 것은 관측 벡터 $\mathbf{O}$이고 찾아야 하는 것은 $\mathbf{\Theta} = (\mathbf{A}, \mathbf{B}, \boldsymbol{\pi})$이다. 행렬 $\mathbf{B}$는 상태 $s_i(1 \le i \le n)$에서 기호 $v_k(1 \le k \le m)$를 관측할 확률을 갖고 있고, $\mathbf{A}$는 상태 $s_i(1 \le i \le n)$에서 $s_j(1 \le j \le n)$로 전이할 확률을 갖는다. 구해야 하는 것은 모두 상태 변수와 관련된 것인데 알고 있는 것은 $\mathbf{O}$뿐이다. 따라서 $\mathbf{O}$로 $\mathbf{\Theta}$를 직접 구할 수는 없고 중간에 '숨어서' 매개 역할을 하는 변수가 필요한 것이다. 이러한 변수는 이미 3.4.2절의 EM 알고리즘에서 등장하였고 은닉 변수latent variable라 불렀다. 사실 3.4절의 가우시안 혼합은 겉으로는 HMM과 아무 상관이 없어 보이지만 밑바탕을 들여다보면 서로 밀접한 관련이 있다. HMM에서는 상태마다 고유한 확률 분포 $b_j(k)$를 가진다. 가우시안 혼합도 여러 요소 분포를 가진다는 면에서 비슷하다. 두 모델 다 어떤 샘플이 입력되면 그것이 어느 확률 분포에 속하는지 결정하고 그 분포에 따라 발생 확률을 계산한다. 단지 가우시안 혼합에서는 샘플이 **독립 동일 분포**independent and identical distribution(iid)에서 발생했다는 가정 하에 요소 분포들을 독립적으로 취급하는 반면 HMM은 분포들이 시간에 따라 관련성을 갖는다고 간주하고 상태 이전 확률을 개입시키는 근본적인 차이가 있다.

이러한 유사성에 따라 HMM의 학습에서도 은닉 변수가 등장한 것이다. 또한 가우시안 혼합에서와 마찬가지로 EM 알고리즘으로 학습이 이루어진다. 이제 학습 문제 해결을 위한 실마리를 찾은 셈이다. 이에 따라 앞의 가상 코드를 조금 더 구체화시켜 알고리즘 7.4와 같이 작성할 수 있다. 이 알고리즘의 라인 2는 기대expectation 값을 구하는 E단계와 우도를 최대화maximum likelihood하는 M단계로 구성된다. 이 두 단계의 역할과 관련성을 [그림 7.18]이 보여 준다.

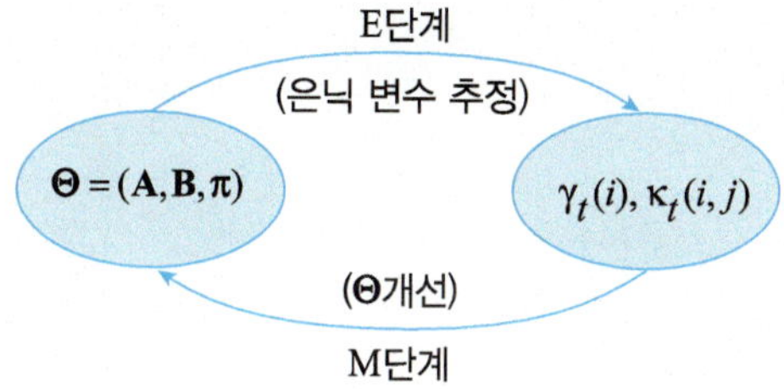

그림 7.18 바움-웰치 학습 알고리즘은 EM 알고리즘의 일종임

알고리즘 7.4 HMM 학습을 위한 바움-웰치 알고리즘 스케치

입력: HMM 아키텍처(n, m, 그래프 형태 등), 관측 벡터 $\mathbf{O} = o_1 o_2 \ldots o_T$

출력: HMM $\hat{\boldsymbol{\Theta}} = (\mathbf{A}, \mathbf{B}, \boldsymbol{\pi})$

1. $\boldsymbol{\Theta}$를 초기화하라.
2. // 개선된 $\boldsymbol{\Theta}^{\text{new}}$ 찾기

   2.1 (E 단계) $\boldsymbol{\Theta}$로 $\gamma_t(i)$, $1 \le t \le T$, $1 \le i \le n$과 $\kappa_t(i, j)$, $1 \le t \le T-1$, $1 \le i, j \le n$을 추정하라.

   2.2 (M 단계) $\gamma_t(i)$와 $\kappa_t(i, j)$를 가지고 $\boldsymbol{\Theta}^{\text{new}}$를 찾아라.
3. 만족스러우면 $\hat{\boldsymbol{\Theta}} = \boldsymbol{\Theta}^{\text{new}}$로 하고 멈추고, 그렇지 않으면 $\boldsymbol{\Theta} = \boldsymbol{\Theta}^{\text{new}}$로 하고 2로 가라.

바움-웰치 알고리즘이 사용하는 은닉 변수는 라인 2에 나타난 $\gamma_t(i)$와 $\kappa_t(i, j)$의 두 가지가 있다. 알고리즘을 이해하기 위해서는 이들 변수에 대한 이해가 꼭 필요하다. 먼저 [그림 7.19(a)]가 설명하고 있는 $\gamma_t(i)$에 대해 알아 보자. $\gamma_t(i)$는 모델 $\boldsymbol{\Theta}$와 관측 벡터 $\mathbf{O}$가 주어진 조건 하에서 t일 때 상태 s_i에 있을 확률이다. 즉 o_t는 s_i에서 관측되어야 하지만 나머지 $T-1$개의 관측은 어떤 상태에서 관측되어도 무방한 경우의 확률이다. 이 확률은 (7.22)와 같이 쓸 수 있다.

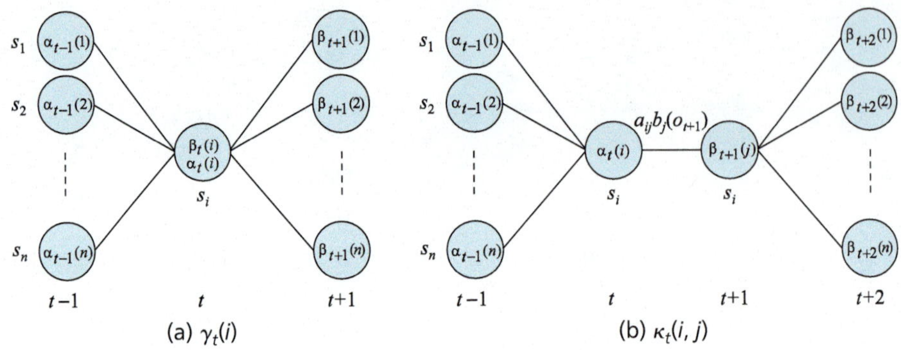

그림 7.19 은닉 변수 $\gamma_t(i)$ 와 $\kappa_t(i, j)$의 역할

$$\gamma_t(i) = P(q_t = s_i | \mathbf{O}, \mathbf{\Theta}) = \frac{\alpha_t(i)\beta_t(i)}{\sum_{j=1}^{n}\alpha_t(i)\beta_t(j)}, 1 \leq t \leq T, 1 \leq i \leq n \tag{7.22}$$

[그림 7.19(a)]를 보면 t라는 순간에는 $s_1, s_2, \cdots, s_n$ 중의 하나를 거쳐 가야 한다. 따라서 s_i를 거쳐갈 확률 $\alpha_t(i)\beta_t(i)$를 n개의 상태 각각에 대해 그것을 거쳐갈 확률을 구하고 그것들을 모두 더한 값으로 나누어 주면 $\gamma_t(i)$를 구할 수 있다. (7.22)는 이러한 생각으로 만들어진 식이다. 그런데 s_i를 거쳐갈 확률 $\alpha_t(i)\beta_t(i)$를 어떻게 해석하고 어떻게 구할 것인가? 다행히 이 값의 일부인 $\alpha_t(i)$는 이미 정의해 놓은 것이다. $\alpha_t(i)$는 $\mathbf{O}$의 일부 $o_1o_2...o_t$를 관측하고 t일 때 상태 s_i에 있을 확률로 (7.23)과 같이 쓸 수 있다. 이 식은 (7.12)를 그대로 다시 적은 것이다. 아직 정의하지 않은 $\beta_t(i)$와 시간적으로 이어지므로 나란히 배치할 목적으로 다시 적었다. $\beta_t(i)$는 시간 t에 상태 s_i에 있다는 조건 하에 $t+1$부터 시작하여 나머지 기호 $o_{t+1}, o_{t+2}, \cdots, o_T$를 관측할 확률이다. α와 β를 각각 전방 변수와 후방 변수로 부르기로 하자.

$$\left.\begin{aligned} \alpha_t(i) &= P(o_1, o_2, \cdots, o_t, q_t = s_i | \mathbf{\Theta}) = \left[\sum_{j=1}^{n}\alpha_{t-1}(j)a_{ji}\right] * b_i(o_t) \\ \beta_t(i) &= P(o_{t+1}, o_{t+2}, \cdots, o_T | q_t = s_i, \mathbf{\Theta}) = \left[\sum_{j=1}^{n}a_{ij}b_j(o_{t+1})\beta_{t+1}(j)\right] \end{aligned}\right\} \tag{7.23}$$

전방 변수 α에 대해서는 초기 조건을 포함시켜 완벽한 식을 이미 (7.13)~(7.14)로 정리해두었다. 이제 후방 변수 β에 대해서 정리해 보자. (7.24)는 초기식이다. (7.25)는 (7.23)을 다시 쓴 것이다. 이제 α와 β를 계산하기 위한 식이 모두 갖추어졌으므로 시간 t에서 상태 s_i에 있을 확률 $\gamma_t(i)$를 구할 수 있게 되었다.

$$\beta_T(i) = 1, 1 \le i \le n \tag{7.24}$$

$$\beta_t(i) = \sum_{j=1}^{n} a_{ij} b_j(o_{t+1}) \beta_{t+1}(j), 1 \le t \le T-1, 1 \le i \le n \tag{7.25}$$

이제 두 번째 은닉 변수$\kappa_t(i, j)$에 대해 알아 보자. 이 변수를 이해하기 위해서는 [그림 7.19(b)]를 살펴 보아야 한다. $\kappa_t(i, j)$는 모델 $\mathbf{\Theta}$와 관측 벡터 $\mathbf{O}$가 주어진 조건 하에서 시간 t에서는 s_i, 그리고 $t+1$에서는 s_j에 있을 확률이다. 다시 말해 s_i와 s_j를 거쳐가는 경로의 확률이다. 이것은 $\gamma_t(i)$ 보다 약간 복잡하지만 기본적인 개념은 같다. 시간 t와 $t+1$ 사이에는 총 n^2개의 길이 있다. 따라서 $\kappa_t(i, j)$는 $s_i \to s_j$를 거쳐갈 확률 $\alpha_t(i) a_{ij} b_j(o_{t+1}) \beta_{t+1}(j)$를 n^2개 길 각각에 대해 그것을 거쳐갈 확률을 구하고 그것들을 모두 더한 값으로 나누어 주면 구할 수 있다. 이러한 아이디어로 이끌어 낸 식이 (7.26)이다.

$$\kappa_t(i, j) = \frac{\alpha_t(i) a_{ij} b_j(o_{t+1}) \beta_{t+1}(j)}{\sum_{k=1}^{n} \sum_{l=1}^{n} \alpha_t(k) a_{kl} b_l(o_{t+1}) \beta_{t+1}(l)}, 1 \le t \le T-1, 1 \le i, j \le n \tag{7.26}$$ [62]

이제까지 α와 β를 정의하고 그것을 이용하여 γ와 κ를 구하는 식을 유도하였다. 한숨 돌리는 의미에서 알고리즘 7.4의 어느 위치에 와 있는지 잠시 생각해 보자. 어디인가? 바로 라인 2.1의 E단계에 필요한 공식의 유도를 마친 것이다. E단계는 관측 벡터 $\mathbf{O}$와 현재 가지고 있는 $\mathbf{\Theta}$를 이용하여 (7.13)~(7.14)로 α, (7.24)~(7.25)로 β를 계산한다. 그리고 그 결과를 이용하여 (7.22)로 γ, (7.26)으로 κ를 구하면 E단계의 임무가 끝난다.

이제부터 알고리즘 7.4의 라인 2.2의 M단계를 살펴보자. E단계에서 구해 놓은 은닉 변수 γ와 κ 값을 가지고 어떻게 $\mathbf{\Theta}$를 개선된 $\mathbf{\Theta}^{\text{new}}$로 바꿀 것인가? 물론 개선되었다는 말은 $P(\mathbf{O}|\mathbf{\Theta}^{\text{new}}) > P(\mathbf{O}|\mathbf{\Theta})$를 뜻한다. $\mathbf{\Theta}$를 가진 HMM에 $\mathbf{O}$를 넣고 평가하여 얻은 확률보다 $\mathbf{\Theta}^{\text{new}}$의 HMM으로 얻은 확률이 더 커야 한다는 뜻이다. (이때 확률 계산은 알고리즘 7.1을 이용하면 된다.) 즉 $\mathbf{\Theta}^{\text{new}}$가 $\mathbf{\Theta}$보다 $\mathbf{O}$를 더 잘 '설명해야' 하는 것이다. 기본적인 아이디어는 E단계에서 구한 γ와 κ로 $\mathbf{\Theta}$를 재추정^reestimation^하고 그 결과를 $\mathbf{\Theta}^{\text{new}}$로 취하는 것이다.[63] 재추정할 변수는 초기 확률 π_i, 전이 확률 a_{ij}, 그리고 관측 확률 $b_i(\nu_k)$이다. 변수 γ와 κ를 구하는 데 $\mathbf{O}$가 개입하였으므로 적절한 방법으로 이들을 이용하여 $\mathbf{\Theta}^{\text{new}}$를 구하면 $\mathbf{\Theta}^{\text{new}}$는 $\mathbf{O}$를 더 잘 설명할 것이다.

---

[62] γ와 κ는 $\gamma_t(i) = \sum_{j=1}^{n} \kappa_t(i, j)$ 관계를 갖는다.

[63] 바움-웰치 학습 알고리즘을 바움-웰치 재추정 알고리즘이라고도 부른다.

상태 s_i에서 s_j로 이전할 확률 a_{ij}는 (7.27)로 추정할 수 있다. s_i에서 s_j로 이전하는 기대 회수를 s_i에서 $s_1, s_2, \cdots, s_n$으로 이전할 기대 회수 n개 모두를 더한 값으로 나누어 주면 원하는 값이 될 것이다. 상태 s_i는 $1 \le t \le T-1$의 모든 순간에 도달할 수 있으므로 모든 t에 대한 합을 구하면 기대값을 구할 수 있다. 따라서 두 번째 줄로 바꾸어 쓸 수 있다. 또한 앞에서 정의한 변수들을 동원하여 다시 쓰면 세 번째 줄이 된다.

비슷한 방법으로 s_i에서 ν_k를 관측할 확률 $b_i(\nu_k)$도 추정할 수 있다. 이것을 위한 식은 (7.28)과 같다. 마지막으로 $t=1$일 때 s_i에 도달할 확률 π_i는 (7.29)로 추정할 수 있다.

$$\left.\begin{aligned} a_{ij}^{\text{new}} &= \frac{s_i\text{에서 } s_j\text{로 이전할 기대값}}{s_i\text{에서 이전할 기대값}} \\ &= \frac{t=1\text{일때 } s_i\text{에서 } s_j\text{로 이전할 확률} + \dots + t=T-1\text{일때 } s_i\text{에서 } s_j\text{로 이전할 확률}}{t=1\text{일때 } s_i\text{에서 이전할 확률} + \dots + t=T-1\text{일때 } s_i\text{에서 이전할 확률}} \\ &= \frac{\sum_{t=1}^{T-1} \kappa_t(i,j)}{\sum_{t=1}^{T-1} \gamma_t(i)},\ 1 \le i, j \le n \end{aligned}\right\} \tag{7.27}$$

$$\left.\begin{aligned} b_i(\nu_k)^{\text{new}} &= \frac{s_i\text{에서 } \nu_k\text{를 관측할 기대값}}{s_i\text{에서 있을 기대값}} \\ &= \frac{o_t=\nu_k\text{인 모든 } t\text{에 대해 } s_i\text{에 있을 확률의 합}}{t=1\text{일때 } s_i\text{에 있을 확률} + \dots + t=T\text{일때 } s_i\text{에 있을 확률}} \\ &= \frac{\sum_{o_t=\nu_k\text{인 } t=1}^{T-1} \gamma_t(i)}{\sum_{t=1}^{T} \gamma_t(i)},\ 1 \le i \le n,\ 1 \le k \le m \end{aligned}\right\} \tag{7.28}$$

$$\pi_i^{\text{new}} = t\text{가 1일 때 } s_i\text{에 있을 확률} = \gamma_1(i),\ 1 \le i \le n \tag{7.29}$$

지금까지 유도한 (7.27)~(7.29)는 M단계가 사용할 수식들이다. 이제 이들 수식을 이용하여 알고리즘 7.4를 보다 구체적인 가상 코드로 바꾸어 쓸 수 있다. 알고리즘 7.5가 그것이다. 라인 3~7은 루프를 명시적으로 표시하지 않고 첨자의 범위로 대신하였다. 예를 들어 라인 3은 α를 구하기 위해서 for (t = 1 to T) for (i = 1 to n)의 이중 루프를 필요로 한다.

알고리즘 7.5에서 초기화와 멈춤에 대해 추가 설명이 필요하다.[64] 라인 1의 초기화에서는 난수를 발생시켜 $\mathbf{A}$, $\mathbf{B}$, $\boldsymbol{\pi}$를 설정하면 된다. 이때 주의할 점은 이들이 확률이기 때문에 합이 1이 되는 조건을 지키는 것이다. 이 조건은 (7.7)~(7.9)에 있다. 수식을 자세히 살펴 보면 한번 0으로 설정된 변수는 0을 벗어날 수 없다는 사실을 알 수 있다. 따라서 0이어야 하는 변수를 제외하고는 초기값이 0이 안되도록 주의를 기울여야 한다. [그림 7.10]의 좌우 모델의 경우에는 에지가 없는 노드 간의 전이 확률은 0이어야 하므로 초기에 0으로 설정해 주면 그 이후에 신경 쓸 필요가 없다.

알고리즘 7.5 HMM 학습을 위한 바움-웰치 알고리즘

입력: HMM 아키텍처(n, m, 그래프 형태 등), 관측 벡터 $\mathbf{O} = o_1 o_2 \ldots o_T$

출력: HMM $\hat{\boldsymbol{\Theta}} = (\mathbf{A}, \mathbf{B}, \boldsymbol{\pi})$

알고리즘:

1. $\boldsymbol{\Theta}$를 초기화하라.
2. **repeat** {

    // **E**단계

    // 라인 3의 α는 (7.13)~(7.14), β는 (7.24)~(7.25)

3. $\mathbf{O}$와 $\boldsymbol{\Theta}$를 가지고 $\alpha_t(i), 1 \le t \le T, 1 \le i \le n$ 과 $\beta_t(i), 1 \le t \le T, 1 \le i \le n$ 을 구한다.

    // 라인 4의 γ는 (7.22), κ는 (7.26)

4. α와 β로 $\gamma_t(i), 1 \le t \le T, 1 \le i \le n$ 과 $\kappa_t(i, j), 1 \le t \le T-1, 1 \le i, j \le n$ 을 계산한다.

    // **M**단계

5. γ와 κ를 가지고 $a_{ij}^{\text{new}}, 1 \le i, j \le n$을 추정한다. // (7.27)
6. γ를 가지고 $b_i(v_k)^{\text{new}}, 1 \le i \le n, 1 \le k \le m$을 추정한다. // (7.28)
7. γ를 가지고 $\pi_i^{\text{new}}, 1 \le i \le n$을 추정한다. // (7.29)
8. $\boldsymbol{\Theta} = (\mathbf{A}^{\text{new}}, \mathbf{B}^{\text{new}}, \boldsymbol{\pi}^{\text{new}})$;
9. } **until** (멈춤 조건);
10. $\hat{\boldsymbol{\Theta}} = \boldsymbol{\Theta}$;

[64] 수치적 알고리즘은 모두 초기화와 멈춤 조건에서 같은 고민을 하게 된다.

충분히 수렴했다고 판단될 때 멈추면 된다. 하지만 신경망에서와 마찬가지로 수렴 판단이 단순하지는 않다. 여기에서도 임계 값을 설정하고 그 값을 기준으로 판단을 한다. 라인 5~7에서 새로 추정한 값과 이전 값의 차이를 구하고 그 차이들 중에 최고 값이 임계 값보다 작으면 더 이상 변화가 없다고 보고 멈추는 방법이 있다. 또는 라인 8에서 새로운 $\mathbf{\Theta}$를 취한 후에 그 HMM으로 $\mathbf{O}$의 확률을 구하고 그것이 어떤 임계 값 이상이 되면 멈추는 방법도 있다.

바움-웰치 학습 알고리즘은 E와 M단계를 한 번 수행할 때마다 반드시 $\mathbf{\Theta}$가 개선된다는 사실이 증명되어 있다. 즉 $P(\mathbf{O}|\mathbf{\Theta}^{new}) \geq P(\mathbf{O}|\mathbf{\Theta})$가 만족된다. 이러한 사실에 따라 이 알고리즘은 수렴한다는 사실도 증명되어 있다. 하지만 지역 최적 점으로 수렴할 수 있다. 수렴하는 점이 전역 최적 점이라는 보장은 없다. EM이 욕심 알고리즘이기 때문이다.

이 절을 마치기 전에 한 가지만 더 설명하기로 하자. 그것은 [그림 7.10]의 어고딕 모델과 좌우 모델의 구조적 특수성에 기인하며 알고리즘 7.5의 구현과 관련이 있다. 먼저 알고리즘의 입력인 관측 벡터 $\mathbf{O} = o_1o_2...o_T$에 주목해 보자. 그녀의 삶이나 공을 담은 항아리 같은 시나리오에서는 긴 시간 동안의 관찰을 통해 T가 수백 내지 수천이 될 수 있다. 실제로 이렇게 긴 관측 벡터가 주어져야만 의미 있는 훈련이 가능하다. 여기서 어고딕 모델과 좌우 모델을 구별하여 생각할 필요가 생긴다. 먼저 어고딕 모델에 대해 생각해 보자. [그림 7.15]에서 보는 바와 같이 t가 커짐에 따라 α 값의 크기는 빠르게 작아진다. 그 이유는 1보다 훨씬 작은 값을 계속 곱해 나가기 때문이다. 따라서 관측 벡터의 길이 T가 커지면 컴퓨터 메모리의 한계를 넘어 수치 오류가 발생할 수 있다. 이러한 문제를 **크기 문제**scaling problem라 부른다. 이 문제의 해결을 위해서는 [Rabiner89]를 참고하기 바란다.

좌우 모델에서는 다른 종류의 문제가 발생한다. 이 모델에서는 어떤 상태에서 오른쪽 이웃 상태로 전이해 버리면 다시는 자신으로 돌아올 수 없다. 따라서 T가 충분히 크더라도 학습 도중 자신이 방문될 기회가 충분치 않을 수 있다. 결국 그런 상태에서는 관측 확률의 추정이 부실할 수밖에 없다. 또한 좌우 모델은 온라인 필기 인식이나 음성 인식 같은 응용에 주로 사용되는데 이런 응용에서는 T가 작다. 대신 하나의 관측(샘플)이 주어지는 것이 아니라 여러 개가 주어진다. 따라서 다중 관측을 위한 학습이 가능하도록 알고리즘 7.5를 약간 변경해야 한다. 이에 대해서는 [Davis02, Rabiner93, Rabiner89]를 참고하기 바란다.

7.5 부연 설명

지금까지 HMM의 기본 가정, 원리, 아키텍처, 학습 알고리즘, 평가와 디코딩 알고리즘 등에 대해 자세히 살펴 보았다. 이 절에서는 그동안 언급하지 못했던 또는 언급은 했지만 불충분한 것들에 대해 보충 설명한다.

1. HMM의 출력은 확률이다. 또한 모든 계산 과정이 확률을 기반으로 하고 있다. 따라서 다중 분류기 결합 등의 사후 작업에 출력 결과가 유용하게 쓰일 수 있다. 신경망과 SVM의 출력은 확률로 취급할 수 없다는 점을 감안하면 그들과 견주어 볼 때 큰 장점이 아닐 수 없다.

2. HMM은 확률 추론에 기반을 두었기 때문에 여러 가지 흥미롭고 유용한 능력을 지니고 있다. 그 중 다른 것과 두드러지게 차이가 나는 것은 샘플 생성generation 능력이다. 이것은 베이지안 분류기, 신경망, SVM과 같은 다른 분류기가 가지지 못한 능력이다. 이 능력에 대해서는 7.2절에서 잠시 언급한 바 있다. 여기서는 HMM이 어떻게 샘플을 생성하는지 알아보자. 알고리즘 7.6이 구체적인 과정을 설명한다.

알고리즘 7.6 HMM에 의한 관측 벡터 생성

입력: HMM $\mathbf{\Theta} = (\mathbf{A}, \mathbf{B}, \boldsymbol{\pi})$, 관측 벡터의 길이 T

출력: 관측 벡터 $\mathbf{O} = o_1 o_2 \ldots o_T$

1. $\boldsymbol{\pi}$에 따라 초기 상태 q_1을 결정한다.
2. $t = 1$;
3. **while** $(t \neq T)$ {
4. $\quad$ **B**에 따라 상태 q_t에서 관측 값을 결정하고 그것을 o_t에 기록한다.
5. $\quad$ **A**에 따라 다음 상태 q_{t+1}을 결정한다.
6. $\quad$ t++;
7. }

3. HMM을 예측 목적으로 사용할 수 있다. 과거부터 현재 시점까지 어떤 관측열이 발생했을 때 그 이후에 어떤 것이 관측될지를 예측하는 작업이다. 이후에 특정 관측 열이 발생할 확률은 알고리즘 7.1로 구할 수 있다. 따라서 모든 후보 중에 가장 높은 확률을 갖는 것으로 예측하면 된다.

4. HMM을 분류기로 사용할 수 있다. 이때는 부류 별로 독립적으로 HMM을 구축한다. 테스트 샘플(관측 벡터) **O**가 입력되면 각각의 HMM에 대해 알고리즘 7.1의 평가 알고리즘으로 발생 확률을 구한다. 이들 중 가장 큰 값을 갖는 부류로 분류하면 된다. 이것을 식으로 쓰면 (7.30)과 같다. 이 식에서 $\mathbf{\Theta}_{\omega_j}$는 부류 ω_j의 HMM이다.

$$\mathbf{O}\text{를 } q = \underset{j}{\arg\max} P(\mathbf{O}|\mathbf{\Theta}_{\omega_j})P(\omega_j)\text{일 때 } \omega_q\text{로 분류하라.} \tag{7.30}$$

5. 적절한 아키텍처를 선택해야 한다. 하지만 주어진 문제에 적합한 아키텍처를 자동으로 찾아주는 그런 고마운 알고리즘은 없다. 따라서 설계자의 경험과 몇 가지 휴리스틱에 따라 선택해야 한다. 가장 널리 쓰이는 것은 [그림 7.10]의 어고딕 모델과 좌우 모델이다. 예를 들어 예제 7.4의 여자친구의 삶 시나리오를 모델링하는데 좌우 모델을 선택했다면 큰 오류이다. 좌우 모델은 어떤 상태로 들어가면 뒤로 돌아갈 수 없다. 오늘 해가 떴는데 내일 비가 온다면 모레 이후에는 다시 해가 뜰 수가 없다.

   음성 인식이나 온라인 필기 인식처럼 어떤 부분 패턴이 지나간 후에 그것이 다시 나타나지 않는 상황에서는 좌우 모델이 많이 쓰인다. 패턴인식을 발음한다면 '패~~터언~이인~~시익', '패턴~~이인식', '패어~턴~인시익' 등의 서로 다른 관측이 가능하다. 하지만 부분 패턴 '턴'이 지나간 후에 그것이 또다시 나타날 리 없다. 따라서 신호가 왼쪽에서 오른쪽으로 흐르듯이 나타나므로 좌우 모델이 적합하다.

6. 상태의 개수를 몇 개로 해야 하나? 예제 7.3의 항아리 시나리오나 예제 7.4의 여자친구의 삶 시나리오의 경우는 물리적 개념을 상태로 하면 된다. 항아리에서는 항아리 각각이 상태가 되며 그녀의 삶에서는 날씨가 상태가 된다. 하지만 예제 7.2와 같은 온라인 필기 인식에서는 상태로 사용할 물리적 개념이 없다. 따라서 적절하다고 생각되는 개수의 상태를 두고 HMM을 만든 다음 그것의 행위를 보고 조절하는 수밖에 없다. HMM의 행위 중 하나는 인식 또는 예측의 정확도이다. 원하는 성능이 얻어질 때까지 상태의 개수를 바꾸어 가며 실험을 반복하면 된다. HMM의 행위를 디코딩 알고리즘으로도 알아낼 수 있다. 디코딩의 결과로 얻은 상태 열을 조사하여 특정 상태를 제거하거나 또는 새로운 상태를 추가하는 등

의 판단을 간접적으로 할 수 있다.

MLP의 은닉 노드 개수를 정할 때도 비슷한 어려움에 처했었다. 그때와 마찬가지로 상태의 개수를 너무 적게 하면 모델 용량이 작아 주어진 훈련 집합을 제대로 표현하지 못한다. 반대로 너무 많으면 가진 정보(즉 훈련 집합)에 비해 추정해야 하는 매개변수가 너무 많아 과잉적합이 발생할 수 있다. 적절한 수의 상태를 두는 것은 중요하다.

7. HMM을 구현한 공개 소프트웨어가 있다. 가장 대표적인 것은 캠브리지 대학의 Machine Intelligence Lab이 개발한 HTK(HMM Toolkit)이다.[65] C언어로 작성되어 있고 소스가 공개되어 있다. 리눅스 버전과 윈도우 버전이 있으며 매뉴얼도 충실하다. 매트랩용 공개 소프트웨어도 있다.[66]

[65] http://htk.eng.cam.ac.uk에서 다운로드할 수 있다.

[66] http://www.cs.ubc.ca/~murphyk/Software/HMM/hmm.html에서 다운로드할 수 있다.

안드레이 안드레예비치 마르코프 Andrey Andreyevich Markov

(1856년 6월 14일~1922년 7월 20일) 러시아

마르코프는 러시아의 수학자이다. 그를 유명하게 만든 이론은 마르코프 사슬인데, 이 이론은 시간성 데이터를 처리하는 데 현재 가장 널리 쓰이는 은닉 마르코프 모델의 이론적 토대가 되었다. 그는 마르코프 사슬 이론의 응용으로 푸시킨 Pushkin의 시 'Eugeny Oregin'에 나타나는 자음과 모음의 분포를 분석하는 데 적용하였다. 마르코프는 1917년에 일어난 러시아 혁명이라는 격변기에서 정치적 완고함을 보이기도 하였다. 일례로 1908년 학생 소요가 한창일 때 그가 교수로 근무하던 상트페테르부르크 Saint Petersburg 대학의 학생들 동향을 관찰하라는 정부 명령이 떨어졌다. 그는 교수가 '정부의 요원'이 될 수 없다고 거부하였고 그것을 계기로 학교를 그만두게 되었는데, 나중에 복직되었다. 그의 삶과 수학에의 공헌에 대한 상세한 내용은 [Basharin04]를 참고하기 바란다.

[Basharin04] Gely P. Basharin, Amy N. Langville, and Valeriy A. Naumov, "The life and work of A. A. Markov, " *Linear Algebra and Its Applications*, Vol.386, pp.3-26, 2004.

앤드류 비터비Andrew Viterbi

(1935년 3월 9일~) 이탈리아 출신의 미국인

비터비는 다섯 살 때 유대인 부모를 따라 이탈리아에서 미국으로 이민을 갔다. 무솔리니 정권을 피해 망명한 것이다. 미국 땅을 밟은 지 닷새 만에 나치 독일이 폴란드를 침공하여 2차 세계 대전이 발발하였다. 비터비는 '적절한 순간에 적절한 곳'을 선택했다고 말하곤 한다. 그는 MIT 전기공학과에서 학사와 석사를 취득하고 남가주대학(USC)에서 박사 학위를 취득한다. 이후 UCLA에서 교수 생활을 시작하였다. 1967년에는 그에게 세계적인 명성을 안겨준 비터비 알고리즘을 발표한다 [Viterbi67]. 이 알고리즘은 데이터 디코딩을 위해 개발되었는데 현재 무선 통신에 폭 넓게 활용되고 있다. 패턴인식에서는 은닉 마르코프 모델의 디코딩 문제를 위한 알고리즘으로 활용된다. 비터비는 이 알고리즘을 자산으로 1969년에 동료들과 링커비트Linkabit라는 벤처 회사를 차린다. 이 회사가 성장하기 시작하자 그는 또 다른 이민을 꿈꾸기 시작한다. 대학에서 산업계로의 이적을 고민한 것이다. 결국 또 다른 '적절한 순간에 적절한 곳'을 선택하게 된다. 이후 동료들과 퀄컴Qualcomm을 설립하게 되고 세계적인 통신 회사로 성장시킨다. 2003년에는 비터비 그룹이라는 벤처 투자 회사를 설립하였다. 포브스Forbes지는 2000년의 미국 갑부 400인 명단에 비터비를 386등으로 올렸다. 그는 성공한 교수이자 성공한 경영인으로 평가된다. 모턴Morton과의 인터뷰는 비터비를 가장 잘 드러내는 문헌이다 [Morton99].

[Viterbi67] Andrew J. Viterbi. "Error bounds for convolutional codes and an asymptotically optimum decoding algorithm, " *IEEE Transactions on Information Theory*, Vol.13, No.2, pp.260-269, April 1967.

[Morton99] David Morton, "Andrew Viterbi: an interview, " *IEEE History Center*, 1999. (http: //www.ieee.org/portal/cms_docs_iportals/iportals/aboutus/history_center/oral_history/pdf xs/Viterbi377.pdf)

연습문제

01 시간성을 갖는 순차 데이터의 예를 세 가지 제시하라.

02 예제 7.1에서 관측 벡터 **O**가 아래와 같을 때 $P(\mathbf{O}|\mathbf{A})$를 구하여라.

O = "오늘 해가 떴는데 내일은 해, 모레는 구름, 글피는 구름,
그리고 그글피는 비"

03 날씨를 해, 구름, 비, 그리고 눈의 네 종류로 구분한다. 오랫동안 관찰한 결과 아래와 같은 확률표를 얻었다.

오늘 \ 내일	해	구름	비	눈
해	0.4	0.3	0.2	0.1
구름	0.2	0.4	0.2	0.2
비	0.1	0.1	0.6	0.2
눈	0.2	0.3	0.2	0.3

❶ 상태 전이 확률 행렬 **A**를 써라.

❷ 상태 전이도를 그려라.

❸ 관측 벡터 **O**가 아래와 같을 때 $P(\mathbf{O}|\mathbf{A})$를 구하여라.

O = "오늘 해가 떴는데 내일은 구름, 모레는 구름, 글피는 눈,
그리고 그글피는 비"

04 [그림 7.2]의 체인 코드는 45° 간격으로 8 방향이다. 보다 세밀한 표현을 위해 22.5° 간격으로 16 방향을 채택하였다고 하자. 0차, 1차, 그리고 2차 마르코프 체인 각각에 대해 그것이 사용할 표의 크기를 산출하라. 일반적인 r차 마르코프 체인이 사용할 표의 크기는?

05 [그림 7.12]의 여자친구의 삶이라는 HMM을 다시 생각해 보자. 그녀가 아래와 같이 행동할 확률을 구하여라.

"오늘부터 나흘 연속으로 쇼핑을 한다."

❶ 식 (7.11)로 계산하라. 이때 필요한 곱셈과 덧셈의 수는?

❷ 전방 계산을 이용하여 풀어라. [그림 7.15]의 격자 그림을 같이 제시하라. 전방 계산이 사용한 곱셈과 덧셈의 수는?

06 문제 05의 그녀의 행동에 대해 최적 상태 열을 비터비 알고리즘으로 찾아라. [그림 7.17]과 같은 격자 그림을 같이 제시하라.

07 공을 담은 항아리 시나리오 [그림 7.8]에 대해 답하라.

❶ 매개변수 집합 $\mathbf{\Theta}$를 써라.

❷ 관측 벡터 $\mathbf{O}$ = (빨강, 하양, 하양, 파랑)^{T}의 발생 확률은?

❸ $\mathbf{O}$의 최적 상태 열은?

08 각주 62는 아래의 수식을 제시하였다. 이를 증명하라.

$$\gamma_t(i) = \sum_{j=1}^{n} \kappa_t(i, j)$$

09 어고딕 모델의 훈련에서 발생하는 크기 문제에 대한 해결책을 제시하라.

10 HMM 훈련을 위한 바움-웰치 알고리즘은 EM 알고리즘의 일종이다. EM 알고리즘은 손실 값을 가진 문제를 해결하는 도구이다. 그렇다면 HMM의 훈련에서 어느 것이 손실 값에 해당하는가?

11 이 책에서는 관측 벡터와 상태 변수가 모두 이산 값을 가지는 경우를 다루었다. 아래의 질문에 답하여라.

❶ 관측 변수 o_t가 연속 값을 가지도록 확장할 수 있나? 가능하다면 어떻게 확장하는가?

❷ 상태 변수 s_t가 연속 값을 가지도록 확장할 수 있나? 가능하다면 어떻게 확장하는가?

12 이 책에서는 어고딕과 좌우 모델이라는 두 가지 HMM 아키텍처를 제시하였다. 다른 아키텍처에 대해 조사하라.

PATTERN RECOGNITION

CHAPTER 08 PATTERN RECOGNITION

특징 추출

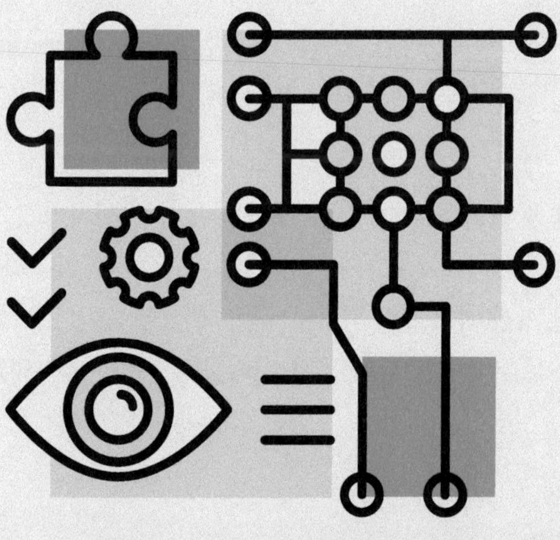

1장으로 돌아가 [그림 1.3]을 다시 살펴보자. 그 그림은 패턴인식의 복잡한 과정을 가장 단순화 시킨 것이다. 하지만 핵심이 되는 특징과 분류라는 요소를 충실히 담고 있다. 2장부터 7장까지는 두 번째 요소인 분류를 다루었다. 이제부터 8장과 9장에서 첫 번째 요소인 특징에 대해 공부하기로 하자.

특징feature은 패턴인식의 절반을 차지할 정도로 중요함에도 불구하고 기존 책에서는 비교적 소홀히 다룬 것이 사실이다. 예를 들어 두다Duda의 책 [Duda01]은 *Pattern Classification*이라는 책 제목에 걸맞게 분류에 초점을 맞추고 있다. 비숍Bishop의 책 [Bishop06]도 분류와 분류기의 학습에 내용의 대부분을 할애하고 있다. 상대적으로 테오도리디스Theodoridis의 책 [Theodoridis06]은 특징에 대해 상세히 다루고 있다.

특징은 크게 두 가지 기준에 대해 우수해야 한다. 첫 번째는 **분별력**discriminatory power이다. 좋은 특징은 서로 다른 부류를 잘 분별해 주어야 하는 것이다. 두 번째는 **차원**dimensionality이다. 특징 벡터의 차원이 낮을수록(즉 특징의 개수가 적을수록) 계산 효율이 좋고 차원의 저주에서 멀어진다. 이 책에서 설명하는 특징 추출과 특징 선택 알고리즘은 모두 이 두 가지 기준에 대해 우수한 특징을 만들겠다는 목표에 초점을 맞추고 있다.

특징은 패턴 원천pattern source이 처한 외부 환경에 맞추어 설계해야 한다. 이 사실에 따라 야기되는 현상 중의 하나는 특징 설계 과정이 매우 다양하다는 것이다. 한 극단에서는 측정기로 얻은 값 자체를 특별한 처리 없이 특징 벡터 $\mathbf{x}$로 사용할 수 있다. 다른 극단에서는 측정기로 얻은 신호를 전처리 한 후에 그것으로부터 특징 벡터를 추출한다. 그런 후 차원을 줄이기 위해 분별력이 좋은 특징만 선택하여 새로운 특징 벡터 $\mathbf{x}$를 만들기도 한다.

또 다른 현상은 특징에 관한한 용어 사용에 혼란이 있다는 점이다. 같은 문헌 내에서도 용어를 섞어서 사용하여 혼란을 초래하기도 한다. 이 책은 특징을 만드는 전체 과정을 특징 생성feature generation이라 부르고, 특징 생성을 위해 필요한 두 가지 작업을 특징 추출feature extraction과 특징 선택feature selection으로 구별하여 부른다. 이들의 개념을 명확히 하고 작업 순서를 명시함으로써 이 책 내에서는 용어의 혼란이 없도록 할 것이다. 8장과 9장은 각각 특징 추출과 특징 선택을 다룬다.

8.1절은 실제 세계와 특징의 다양성을 패턴인식 환경과 관련하여 설명한다. 또한 특징을 만들어 내는 전체 과정을 특징 생성이라 정의하고 이를 위한 일반적인 틀을 제시한다. 8.2~8.4절은 여러 가지 특징 추출 알고리즘을 설명한다. 이 알고리즘들은 많은 응용에서 공통적으로 사용되는 것들이다. 8.5절은 주성분 분석(PCA)을 다룬다. PCA는 신호로부터 특징 벡터를 추출하는 데 사용할 수도 있고 특징 벡터를 다른 특

징 벡터로 변환하는 데 사용할 수도 있다. 8.6절은 피셔Fisher의 선형 분별을 다룬다. 그리고 8.7절은 특징 추출 알고리즘을 설계하는 데 참고할 수 있는 실용적인 측면에 대해 기술한다.

8.1 특징 생성의 틀

특정한 응용을 둘러싸고 있는 외부 환경과 응용이 요구하는 성능은 특징 생성 과정에서 다양한 상황을 연출한다. 이 절에서는 이러한 다양한 상황에 대해 간략히 언급한 후 이러한 상황을 일정한 틀로 규격화하는 작업을 한다.

8.1.1 실제 세계의 다양성

[그림 8.1]은 [그림 1.3]의 패턴인식 과정을 외부 환경과의 관계를 고려하여 다시 설명하고 있다. 실제 세계에 존재하는 패턴을 적절한 센서를 사용하여 컴퓨터에 입력한다. 이 패턴은 응용에 맞는 적절한 표현으로 컴퓨터에 저장된다. 응용에 따라 천차만별인 표현은 적절한 처리 과정을 거쳐 특징 벡터라는 수학적인 표현으로 바뀐다. 이러한 처리 과정을 **추상화**abstraction라 부를 수 있다. 외부 세계에 있는 물리적인 패턴이 수학적인 표현으로 변환되어 수학으로 원하는 처리를 수행할 수 있게 된 것이다.

알다시피 수학은 일정한 표현과 공식을 사용하여 통일된 틀에서 원하는 작업을 수행할 수 있게 해준다. (2~7장의 분류 과정은 모두 수학적인 틀 속에서 해석할 수 있다.) 하지만 실제 세계는 아주 다양하고 따라서 실제 세계에 존재하는 패턴으로부터 특징을 만드는 과정 또한 다양하다. 결국 응용에 적합한 처리 과정을 밟아 분별력 높고 차원이 낮은 특징 벡터 $\mathbf{x}$를 생성해야 한다. 앞으로 외부 세계에 존재하는 패턴으로부터 특징 벡터를 만드는 전체 과정을 **특징 생성**feature generation이라 부른다.

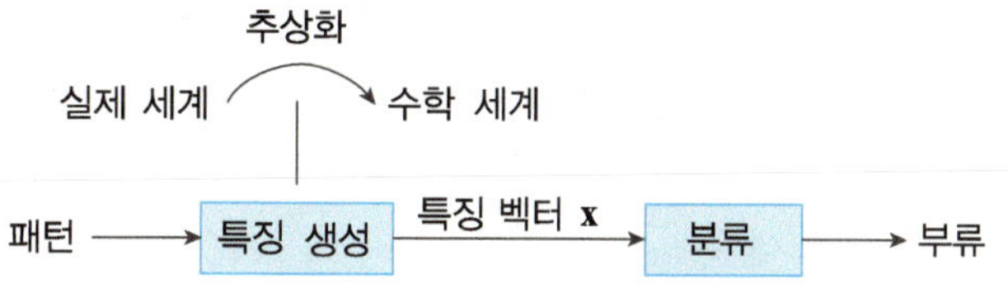

그림 8.1 패턴인식의 일반적인 틀

특징은 응용에 따라 매우 다양하다. 몇 가지 예를 들어 보자. 음성 인식에서는 1차원 음파 신호가 들어온다. 문자 인식에서는 이진 또는 명암을 가진 2차원 비트맵 영상이 입력된다. 어떤 의료 진단에서는 여러 개의 실수 값이 들어오고 또 다른 경우에는

2차원 또는 3차원 의료 영상이 들어온다. 또한 어떤 종류의 센서를 사용했느냐에 따라 다양한 상황이 발생할 수 있다.

8.1.2 특징 추출과 특징 선택

가장 먼저 벌어지는 작업은 [그림 8.2]에서 보는 바와 같이 **센서**sensor를 사용하여 실세계에 존재하는 패턴을 디지털 신호로 바꾸어 컴퓨터 메모리에 저장하는 것이다. 이렇게 입력된 **신호**signal는 응용에 따라 아주 다양한 형태를 갖는다. 대표적인 몇 가지 신호를 나열한다. 신호는 보통 여러 개의 값을 가지므로 벡터 **s**로 표기한다.

1. **영상**image. 응용에 따라 문자, 얼굴, 지문, 도로 표지판 등이 될 수 있다. 이진 영상, 명암 영상, 또는 컬러 영상이 될 수 있다. 경우에 따라 일정한 크기의 영상으로 크기 정규화size normalization할 필요도 있다. 명암이나 컬러 영상은 이진 영상으로 바꾸어야 할 경우도 있다. 2차원 비트맵에서 특징을 추출하여 1차원 벡터로 바꾸어야 한다.
2. **시간성 신호**temporal signal. 응용에 따라 음파, 2차원 또는 3차원 궤적, 그래프 등으로 표현된다. 시간 개념이 있으므로 그에 맞게 특징을 추출해야 한다.
3. **측정 벡터**measurement vector. 화학, 환경, 물리, 지질, 의료 분야 등에서 측정한 몇 개의 값이 벡터를 구성하는 경우이다. 신호 자체가 벡터 형태이므로 특징 벡터와 크게 다르지 않다.

센서로 입력된 위와 같은 신호는 잡음 제거, 분할, 정규화와 같은 적절한 전처리가 필요할 수도 있다. 전처리 과정은 이 책의 범위를 벗어난다. 영상 처리, 컴퓨터 비전, 또는 신호 처리 분야의 책을 참고하기 바란다.

이제 신호 **s**가 컴퓨터 메모리에 저장되어 있다고 가정할 수 있다. 이 신호로부터 특징을 생성하기 위해 필요한 작업을 아래와 같이 크게 두 가지로 나눌 수 있다. [그림 8.2]를 참조하라. 이 중에서 특징 추출은 외부 세계와 가깝기 때문에 응용 환경에 가장 의존적이다. 따라서 가장 다양한 알고리즘이 존재한다. 대체적으로 말해 [그림 8.1]에서 실제 세계를 수학 세계로 바꾸어 주는 추상화 작업을 특징 추출이 담당한다고 보면 된다. 특징 추출에 의해 특징 벡터를 얻게 되면 이후의 거의 모든 작업은 수학적인 틀에서 이루어진다.

1. **특징 추출**feature extraction. 신호 **s**로부터 특징 벡터 **x**를 만드는 과정이다. 외부 세계와 가장 가까운 단계이므로 응용에 크게 의존적이다. 즉 신호의 형태와 응용 분야에 따라 아주 다양한 특징 추출 알고리즘이 존재한다. 2차원 영상과 1차원

시계열time-series에서의 특징 추출 방법은 당연히 크게 다를 수밖에 없다. 심지어 같은 범주의 인식 문제에서도 다른 알고리즘을 사용하는 경우도 있다. 예를 들어 같은 문자 인식 문제에서도 숫자와 한글은 다른 특징 추출 알고리즘을 사용할 수 있다. 한글은 수직 획과 수평 획이 대부분을 차지하므로 이들의 위치 관계를 잘 나타내는 특징이 필요하다. 또한 '턴'과 '텬'은 아주 일부분에서 약간의 차이만을 보인다. 따라서 이러한 유사한 모양을 갖는 부류의 분별은 그에 특화된 특징 추출 알고리즘이 필요할 수밖에 없다.[67]

2. **특징 선택**feature selection. d_{org}개의 특징을 갖는 특징 벡터 $\mathbf{x}_{org}$에서 쓸모가 적은(즉 분별력이 약한) 특징을 제거하고 d개의 특징을 갖는 새로운 특징 벡터 $\mathbf{x}$를 선택한다. 당연히 $d < d_{org}$이다. 특징의 값은 그대로 유지되고 각각의 특징에 대해 남느냐 아니면 제거되느냐를 결정하는 문제이다.

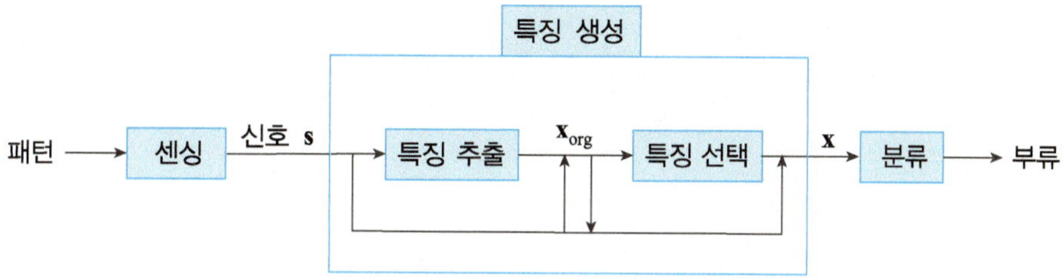

그림 8.2 특징 생성의 절차

위의 두 가지 작업은 함수로 볼 수 있다. 따라서 (8.1)과 같이 표기할 수 있다. 특징 추출은 신호 $\mathbf{s}$를 특징 벡터 $\mathbf{x}_{org}$로 매핑한다. 특징 선택에서는 입력 특징 벡터를 $\mathbf{x}_{org}$, 출력 특징 벡터를 $\mathbf{x}$로 표기한다.

$$\left.\begin{array}{ll}\text{특징 추출} & \mathbf{x}_{org} = e(\mathbf{s}) \\ \text{특징 선택} & \mathbf{x} = s(\mathbf{x}_{org})\end{array}\right\} \tag{8.1}$$

특징 생성은 응용 환경과 시스템 성능에 대한 요구에 따라 다양한 작업이 이루어진다. 예를 들어 가장 간단한 상황에서는 신호 자체가 특징 벡터로 사용된다. $\mathbf{x} = \mathbf{s}$인 셈이다. 어떤 경우에서는 특징 추출로 얻은 특징 벡터를 특징 선택하여 분류기의 입력으로 사용한다. 이 경우는 특징 벡터 $\mathbf{x}$를 얻는 과정을 $\mathbf{x} = s(e(\mathbf{s}))$와 같이 표기할 수 있다. 패턴인식 시스템 설계자는 응용과 시스템에 대한 요구 사항에 따라 어떤 작업을 사용할지, 각각의 작업에 어떤 알고리즘을 사용할지, 그리고 어떤 순서로 작업을

[67] 한글 인식의 경우는 글자 하나를 통째로 패턴으로 보는 접근과 자모를 분리한 후 자모 각각을 패턴으로 보는 접근 방법이 있다. 이러한 접근 방법에 따라서도 특징 추출 알고리즘은 달라져야 한다.

적용할지 등에 관해 적절한 판단을 하여야 한다. (8.2)는 보통 많이 사용하는 특징 생성 과정을 보여 준다. [그림 8.2]는 수식으로 표현된 과정을 그림으로 나타내어 이해를 쉽게 해준다.

$$\left.\begin{aligned} \mathbf{x} &= \mathbf{s} \\ \mathbf{x} &= e(\mathbf{s}) \\ \mathbf{x} &= s(\mathbf{s}) \\ \mathbf{x} &= s(e(\mathbf{s})) \end{aligned}\right\} \tag{8.2}$$

앞에서 설명한 바와 같이 특징 추출은 외부에서 입력된 신호를 받아 작업하기 때문에 응용에 맞는 적절한 알고리즘을 사용해야 한다. 다시 말해 응용에 특화된 특징을 사용하는 경우가 많다. 이제 공부할 8.2~8.4절은 많은 응용이 공통으로 사용할 수 있는 일반적인 특징에 대해 설명한다.

8.2 영역에서 특징 추출

패턴이 **영역**region으로 표현되는 상황이 있다. [그림 8.3]은 영역의 예를 보여 준다. 영역은 [그림 8.3(a)]와 같이 이진 배열(비트맵)로 표현할 수 있다. 보통 영상의 좌표계는 왼쪽 위를 원점으로 한다. 영역 R은 [그림 8.3(b)]와 같이 집합의 형태로 표현할 수도 있다. 또한 [그림 8.3(c)]의 체인 코드 표현도 가능하다. 이 표현에서는 영역의 경계에 있는 화소 중에 하나를 시작점으로 잡고 나머지 경계 화소는 8방향 체인으로 연결한다.

이러한 영역은 부품 인식, 문자 인식, 의료 영상 인식 등의 응용에서 빈번하게 발생한다. 이러한 응용 분야에서는 카메라로 입력한 컬러 또는 명암 영상으로부터 영역 분할과 영상 이진화 과정을 거쳐 [그림 8.3]과 같은 영역을 얻는다. 영역을 얻기 위한 이러한 전처리 과정은 이 책의 범위를 넘는다. 영상 처리 또는 컴퓨터 비전과 관련한 문헌을 참고하기 바란다 [Gonzalez18, Pratt18, 오일석23].

	0	1	2	3	4	5
0						1
1					1	1
2	1				1	1
3	1	1	1	1	1	1
4	1	1	1	1	1	
5		1	1	1		

(a) 이진 배열 표현

R={(5,0), (4,1), (5,1), (0,2), (4,2), (5,2), (0,3), (1,3), (2,3), (3,3), (4,3), (5,3), (0,4), (1,4), (2,4), (3,4), (4,4), (1,5), (2,5), (3,5)}

(b) 집합 표현

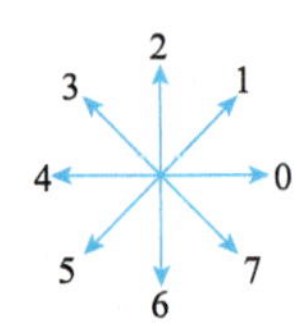

C=(0,4)-2-2-7-0-0-1-2-1-6-6-6-5-5-4-4-3

(c) 체인 코드 표현

그림 8.3 영역의 표현

8.2.1 모양에 관련한 특징

주어진 영역에서 여러 가지 유용한 특징을 추출할 수 있다. 우선 **모멘트**moments라는 개념을 (8.3)과 같이 정의하자. 이 식에서 p와 q 값을 바꾸어 가며 여러 가지 특징을 추출할 수 있다. R은 [그림 8.3(b)]와 같이 정의된 영역이다.

$$m_{pq} = \sum_{(x,\, y) \in R} x^p y^q \tag{8.3}$$

모멘트를 이용하여 영역 R의 면적area과 중점centroid을 각각 (8.4)와 (8.5)로 계산할 수 있다. 중점은 무게 중심이라고도 부른다. 이제 이들 a, $\bar{x}$, $\bar{y}$ 특징으로 사용할 수 있다. 세 개의 특징을 추출한 셈이다.

$$\text{면적} \qquad a = m_{00} \tag{8.4}$$

$$\text{중점} \qquad (\bar{x}, \bar{y}) = \left(\frac{m_{10}}{a}, \frac{m_{01}}{a} \right) \tag{8.5}$$

이들을 가지고 특징의 중요한 성질인 변환에 대한 불변invariant을 설명해 보자. 특징 a는 영역 R이 다른 위치로 이동하여도 값이 변하지 않는다. 다시 말해 [그림 8.3(b)]의 20개 점의 x 좌표에 Δx, y 좌표에 Δy를 더하여 만든 새로운 영역 R'도 같은 a 값을 갖는다. 이러한 성질을 **이동 불변**translation invariant이라 한다. 중점을 나타내는 특징 $\bar{x}$와 $\bar{y}$는 이동 불변이지 않다. 영역이 이동하면 이들도 따라 변하기 때문이다. 영역의 크기가 변하면 어떻게 될까? 만일 크기가 중점을 기준으로 변한다면 중점은 그대로 유지된다. 따라서 이 경우에는 특징 $\bar{x}$와 $\bar{y}$는 **크기 불변**scale invariant이다. 특징 a는 크기 불변이지 않다. a는 **회전 불변**rotation invariant이다. $\bar{x}$와 $\bar{y}$는 자신을 중심으로 회전하면 회전 불변이지만 다른 점을 중심으로 회전하면 회전 불변이지 않다.

(8.6)은 **중심 모멘트**central moments를 정의한다. 중심 모멘트는 (8.5)로 구한 중점을 원점으로 간주하고 계산한 모멘트이다.

$$\overline{m}_{pq} = \sum_{(x,\, y) \in R} (x - \bar{x})^p \, (y - \bar{y})^q \tag{8.6}$$

중심 모멘트를 이용하여 몇 가지 흥미로운 특징을 추출할 수 있다. (8.7)의 행 분산은 점들이 행 방향으로 얼마나 넓게 퍼져 있는지를 나타낸다. 마찬가지로 (8.8)은 열 방향으로 그리고 (8.9)는 행과 열 방향 모두에 대한 분산을 측정한다. 예를 들어 수평 방향으로 길쭉한 영역은 행 분산은 크고 열 분산은 작게 된다.

$$\text{행 분산} \quad v_{rr} = \frac{\overline{m}_{20}}{a} \tag{8.7}$$

$$\text{열 분산} \quad v_{cc} = \frac{\overline{m}_{02}}{a} \tag{8.8}$$

$$\text{혼합 분산} \quad v_{rc} = \frac{\overline{m}_{11}}{a} \tag{8.9}$$

어떤 상황에서는 영역의 둘레perimeter가 중요한 특징이 될 수 있다. 이 특징을 추출하기 위해서는 [그림 8.3(c)]의 체인 코드를 활용하면 편리하다. [그림 8.4]에서 보는 바와 같이 한 화소를 폭과 높이가 각각 1인 네모로 간주하면 체인 코드의 8개 방향 중에서 상하좌우를 나타내는 0, 2, 4, 6은 이웃 화소까지의 거리가 1이고 대각 방향을 나타내는 1, 3, 5, 7은 $\sqrt{2}$라 하면 된다. 따라서 영역의 둘레는 (8.10)과 같이 정의할 수 있다.

$$\left.\begin{aligned} &\text{둘레 } p = n_{even} + n_{odd}\sqrt{2} \\ &\quad \text{이때 } n_{even} = \text{짝수를 갖는 체인의 개수} \\ &\qquad\quad n_{odd} = \text{홀수를 갖는 체인의 개수} \end{aligned}\right\} \tag{8.10}$$

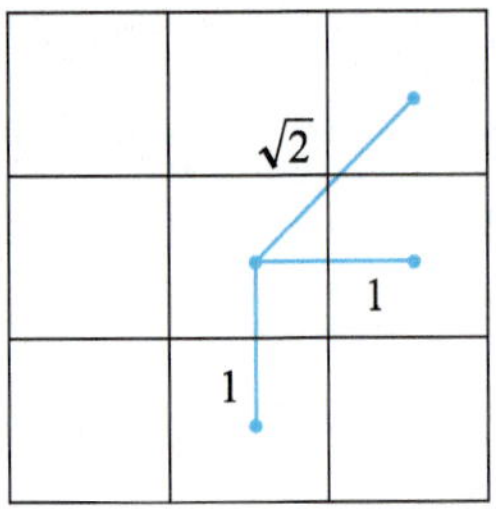

그림 8.4 이웃 화소 간의 거리

영역의 둘레와 면적을 이용하여 **둥근 정도**roundness를 (8.11)과 같이 정의할 수 있다. 영역 R이 원일 때 $r = 1$로써 가장 큰 값을 갖는다. 영역이 길어질수록 r은 0에 가깝게 된다. 정사각형은 $r = \pi/4$이다.

$$\text{둥근 정도} \quad r = \frac{4\pi a}{p^2} \tag{8.11}$$

예제 8.1 모양 특징의 추출

[그림 8.5]는 세 개의 영역을 가지고 있다. 우선 1번 영역의 특징을 구하여 보자.

	0	1	2	3	4	5	6	7	8	9	0	1
0						1						
1					1	1						
2	1				1	1				3	3	
3	1	1	1	1	1	1				3	3	
4	1	1	1	1	1					3	3	
5		1	1	1						3	3	
6										3	3	
7					2	2				3	3	
8				2	2	2	2			3	3	
9				2	2	2	2			3	3	
0					2	2				3	3	
1												

그림 8.5 세 개의 영역

1번 영역의 특징

- 면적 $a = 20$
- 중점 $(\bar{x}, \bar{y}) = \left(\dfrac{\sum_{(x,\,y)\in R} x}{20}, \dfrac{\sum_{(x,\,y)\in R} y}{20} \right) = (x\text{의 합}/20, y\text{의 합}/20) = (2.7, 3.05)$
- 행 분산 $\nu_{rr} = \dfrac{\sum_{(x,\,y)\in R} (x - 2.7)^2}{20} = 3.01$
- 열 분산 $\nu_{cc} = \dfrac{\sum_{(x,\,y)\in R} (y - 3.05)^2}{20} = 1.848$
- 혼합 분산 $\nu_{rc} = \dfrac{\sum_{(x,\,y)\in R} (x - 2.7)(y - 3.05)}{20} = -1.135$

- 둘레 $p = 10 + 6\sqrt{2} = 18.485$

- 둥근 정도 $r = \dfrac{4\pi * 20}{18.485^2} = 0.736$

아래 표는 세 개 영역에 대한 특징 값을 보여 준다. 영역 2는 원의 모양을 띠고 있는데 이것의 둥근 정도 r은 원일 때의 값 1을 넘었다. 이것은 원이 디지털 공간에서 근사화되어 있기 때문에 발생하는 현상이다. 원이 커지면 오류가 적어지고 따라서 둥근 정도가 1에 가까워진다.

	면적 a	중점 $(\bar{x}, \bar{y})$	행 분산 ν_{rr}	열 분산 ν_{cc}	혼합 분산 ν_{rc}	둘레 p	둥근 정도 r
영역 1	20	(2.7, 3.05)	3.01	1.848	−1.135	18.485	0.736
영역 2	12	(4.5, 8.5)	0.917	0.917	0.0	9.657	1.617
영역 3	18	(9.5, 6)	0.25	6.667	0.0	18	0.698

8.2.2 투영과 프로파일 특징

영역을 가로 방향과 세로 방향으로 투영하여 특징을 추출할 수 있다. (8.12)와 (8.13)은 **투영**projection 특징을 정의한다. 각각의 행과 열의 투영을 특징으로 삼으면 총 $N+M$개의 특징을 얻게 된다. N과 M은 각각 행의 개수와 열의 개수이다. 경우에 따라서는 몇 개 건너 투영을 선택한다든지 아니면 이웃한 투영 몇 개의 평균을 구하는 방법으로 특징의 개수를 줄일 수도 있다. 평균을 사용하면 잡음에 둔감해지는 효과를 얻을 수 있다.

$$\text{행 투영 } h_i = \text{행 } i\text{에 있는 1의 개수}, \ 0 \le i \le N-1 \tag{8.12}$$

$$\text{열 투영 } v_j = \text{열 } j\text{에 있는 1의 개수}, \ 0 \le j \le M-1 \tag{8.13}$$

예제 8.2 **투영 특징의 추출**

[그림 8.6]은 투영 특징의 예를 보여 준다. 모든 행과 열의 투영을 특징으로 삼으면 아래와 같은 12차원의 특징 벡터를 얻는다.

$$\text{특징 벡터} \qquad \mathbf{x} = (3, 3, 3, 3, 4, 4, 1, 2, 3, 6, 5, 3)^{\mathrm{T}}$$

이웃한 두 개의 투영을 평균한다면 6차원 특징 벡터 $\mathbf{x} = (3, 3, 4, 1.5, 4.5, 4)^{\mathrm{T}}$를 얻는다. 이러한 투영 특징이 특정한 인식 문제에서 얼마나 좋은 분별력을 발휘할지 곰곰이 생각해 보자. 숫자, 한글, 또는 영문자 인식은 좋은 응용 문제이다.

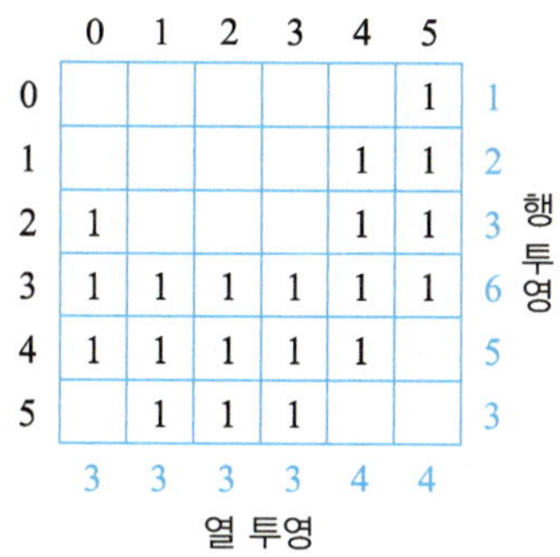

그림 8.6 투영 특징

이제 색다른 특징을 생각해 보자. 프로파일profile 특징은 바깥에서 영역을 바라보며 그 값을 측정한다. 바라보는 방향은 상하좌우 네 가지가 될 수 있다. (8.14)~(8.17)이 네 방향의 프로파일 특징을 정의한다. 네 방향의 프로파일을 모두 특징으로 삼으면 총 $2N + 2M$개의 특징을 얻게 된다. 투영의 두 배이다. 만일 특징의 개수를 줄이고자 하면 투영과 같은 방법을 쓰면 된다.

$$\begin{cases} \text{상 프로파일} \\ t_j = \text{위에서 열 } j\text{를 바라보았을 때 처음 1까지의 거리, } 0 \le j \le M-1 \end{cases} \tag{8.14}$$

$$\begin{cases} \text{우 프로파일} \\ r_i = \text{오른쪽에서 행 } i\text{를 바라보았을 때 처음 1까지의 거리, } 0 \le i \le N-1 \end{cases} \tag{8.15}$$

$$\begin{cases} \text{하 프로파일} \\ b_j = \text{아래에서 열 } j\text{를 바라보았을 때 처음 1까지의 거리, } 0 \le j \le M-1 \end{cases} \tag{8.16}$$

$$\begin{cases} \text{좌 프로파일} \\ l_i = \text{왼쪽에서 행 } i\text{를 바라보았을 때 처음 1까지의 거리, } 0 \le i \le N-1 \end{cases} \tag{8.17}$$

예제 8.3 프로파일 특징의 추출

[그림 8.7]은 프로파일 특징의 예이다. 네 방향의 프로파일을 모두 특징으로 삼으면 아 래와 같은 24차원의 특징 벡터를 얻는다.

특징 벡터 $\mathbf{x} = (2, 3, 3, 3, 1, 0, 0, 0, 0, 0, 1, 2, 2, 1, 0, 0, 0, 1, 1, 0, 0, 0, 4, 5)^{\mathrm{T}}$

이웃한 세 개의 값을 평균한다면 8차원 특징 벡터 $\mathbf{x} = (2.66, 1.33, 0, 1, 1, 0.33, 0.33, 3)^{\mathrm{T}}$을 얻는다. 프로파일 특징 벡터가 숫자 인식 또는 한글 인식에서 얼마나 좋은 분별력을 발휘할지 생각해 보자.

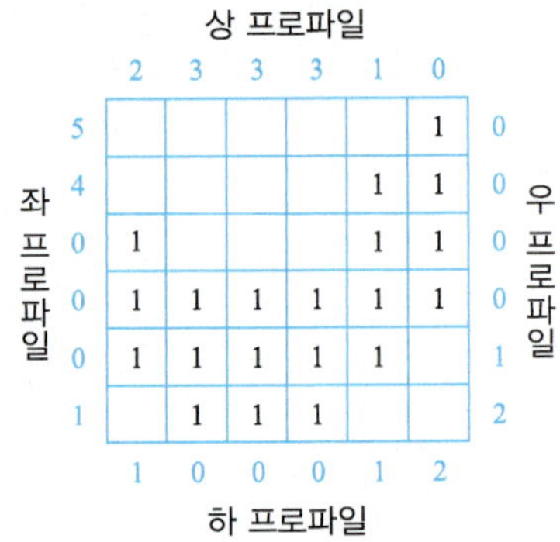

그림 8.7 프로파일 특징

8.3 변환을 이용한 특징

외부 세계에서 획득한 신호 **s**는 다양한 형태를 취할 수 있다. 8.2절에서는 2차원 영상을 다루었다. 이제 8.3절에서는 다른 형태의 신호인 **파형**waveform을 다룬다. 파형은 어느 응용 영역에서 획득했느냐에 따라 지진파, 기계 진동파, 수중파, 음파, 재정 자립도 추이 곡선, 주식 곡선, 성적 곡선 등이 될 수 있다. 이들은 아날로그일 수도 있고 디지털일 수도 있다.

[그림 8.8]은 파형의 예를 보여 준다. [그림 8.8(a)]와 [그림 8.8(b)]는 서로 다른 두 개의 입력 신호이다. 이들을 비교해 보자. 분명 둘은 크게 다르다. 뒤의 신호는 앞의 것에 비해 변화가 느리고 물결의 높이가 높다. 이러한 성질을 적절히 수량화하면 분류기가 두 신호를 분류하는 데 아주 쓸모 있는 특징이 될 수 있다. 그렇다면 이러한 성질을 어떻게 수량화하여 특징으로 추출할 수 있을까?

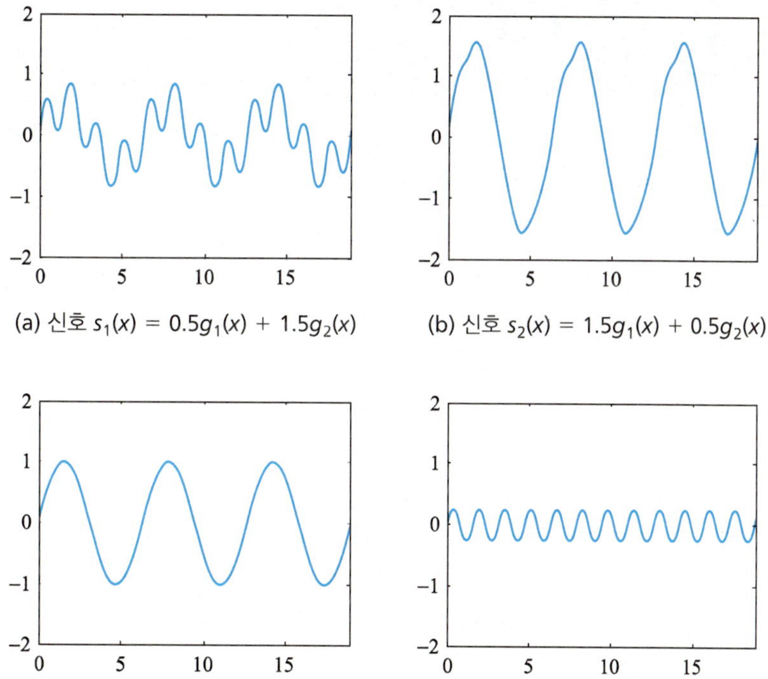

(a) 신호 $s_1(x) = 0.5g_1(x) + 1.5g_2(x)$ (b) 신호 $s_2(x) = 1.5g_1(x) + 0.5g_2(x)$

(c) 기저 함수 $g_1(x) = \sin(x)$ (d) 기저 함수 $g_2(x) = 0.25\sin(4x)$

그림 8.8 입력 신호는 기저 함수의 선형 결합으로 표현할 수 있음

신호 s_1과 s_2는 아래와 같이 기저 함수basis function의 선형 결합linear combination으로 표현할 수 있다. (설명의 편의를 위해 이들 신호는 두 기저 함수의 선형 결합으로 미리 합성해 놓았다.)

$$s_1(x) = 0.5g_1(x) + 1.5g_2(x)$$
$$s_2(x) = 1.5g_1(x) + 0.5g_2(x)$$

신호 s_1을 위한 선형 결합에 나타나는 두 개의 계수 (0.5, 1.5)는 s_2의 (1.5, 0.5)와 사뭇 다르다. s_1은 기저 함수 $g_2(.)$가 주도하는 반면 s_2는 $g_1(.)$이 주도하고 있다. 이러한 이유로 인해 두 신호는 큰 차이를 보이는 것이다. 즉 기저 함수의 계수는 두 신호의 차이를 뚜렷이 드러낸다. 결론적으로 말하면 이들 계수를 특징으로 삼을 수 있다.

[그림 8.8]은 아주 중요한 개념을 제시하였다. 하지만 이 그림에서는 설명의 편의를 위해 두 신호를 합성하였으므로 계수를 미리 알고 있었는데, 실제에서는 외부 세계에서 관찰한 신호가 입력으로 들어오므로 기저 함수의 계수를 미리 알 수가 없다. 이들을 어떻게 구할 수 있을까? 이 문제만 해결하면 특징 추출 알고리즘을 확보하게 되는 셈이다.

8.3.1 푸리에 변환

앞에서 기저 함수의 계수를 어떻게 구할지에 대해 문제 제기를 하였다. 다행히 1700년대의 유명한 프랑스 수학자 조제프 푸리에Joseph Fourier(1768~1830)와 그의 동료들이 훌륭한 방법을 고안해 놓았다. 입력 신호 **s**는 n개의 값으로 구성되며 (8.18)과 같이 표기할 수 있다고 하자. $s(i)$에서 i는 경우에 따라 시간 또는 위치를 나타내는 매개변수이다. 예를 들어 음성인 경우 i는 시간을 나타낸다. (8.19)는 입력 신호가 디지털 형태일 때의 푸리에 변환을 위한 식이다. j는 복소수complex number에 나타나는 $\sqrt{-1}$이다.

$$\mathbf{s} = (s(0), s(1), \cdots, s(n-1))^{\mathrm{T}} \tag{8.18}$$

$$f(u) = \frac{1}{\sqrt{n}} \sum_{i=0}^{n-1} s(i)\exp\left(-j\frac{2\pi ui}{n}\right),\ u = 0, \cdots, n-1 \tag{8.19}$$

(8.19)는 **이산 푸리에 변환**discrete Fourier transform이라 부른다. 연속 푸리에 변환도 있지만 이 책은 컴퓨터로 특징을 추출하는 것이 목적이므로 디지털화된 이산 신호만을 대상으로 설명한다. (8.19)는 다양한 주파수를 갖는 sin파와 cos파를 기저 함수로 사용한다.[68] 푸리에 변환은 입력 신호 $s(i)$, $0 \le i \le n-1$를 $f(u)$, $0 \le u \le n-1$로 바꾸어 주는데 i는 시간을 나타내고 u는 주파수를 나타낸다. $f(u)$는 u번째 기저 함수의 계수이다. 따라서 푸리에 변환은 시간 공간time space을 주파수 공간frequency space으로 변환해 준다고 말할 수 있다. 푸리에 변환은 복소수와 삼각 함수를 포함하고 있어 복잡해 보인다. 이 복잡한 식의 동작을 이해하기 위해 간단한 예를 살펴보자.

예제 8.4 이산 푸리에 변환

[그림 8.9]는 아날로그 신호를 샘플링하여 디지털 신호로 바꾸는 예를 보여 준다. 이렇게 $n = 4$인 신호 $\mathbf{s} = (1.7, 0.6, 1.5, 1.2)^{\mathrm{T}}$를 얻었다고 하자.

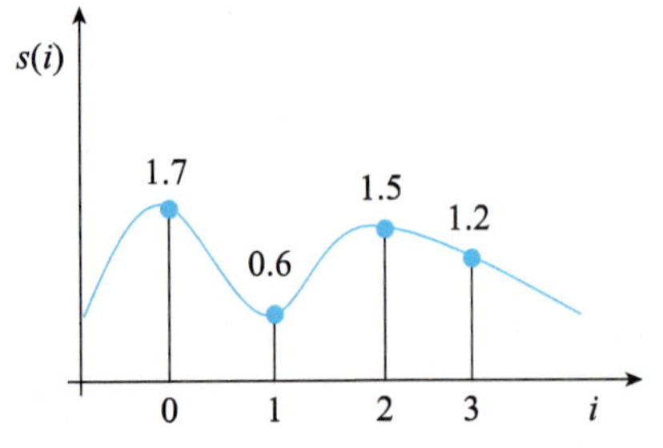

그림 8.9 신호 샘플링

[68] $\exp(j\theta)$는 $\exp(j\theta) = e^{j\theta} = \cos(\theta) + j\sin(\theta)$인 복소수이다.

이제 이 디지털 신호에 이산 푸리에 변환을 적용해 보자. (8.19)의 식을 그대로 적용하여 $f(u)$, $0 \le u \le 3$을 구해 보면 아래와 같다.

$$f(0) = 0.5(1.7e^0 + 0.6e^0 + 1.5e^0 + 1.2e^0) = 2.5+j0$$

$$\begin{aligned} f(1) &= 0.5(1.7e^0 + 0.6e^{-j\pi/2} + 1.5e^{-j2\pi/2} + 1.2e^{-j3\pi/2}) \\ &= 0.5(1.7 + 0.6(\cos(-\pi/2) + j\sin(-\pi/2)) + 1.5(\cos(-2\pi/2) \\ &\quad + j\sin(-2\pi/2)) + 1.2(\cos(-3\pi/2) + j\sin(-3\pi/2))) \\ &= 0.5((1.7 + 0.6\cos(-\pi/2) + 1.5\cos(-2\pi/2) + 1.2\cos(-3\pi/2)) \\ &\quad + j(0.6\sin(-\pi/2)) + 1.5\sin(-2\pi/2)) + 1.2\sin(-3\pi/2))) = 0.1 + j0.3 \end{aligned}$$

$$f(2) = 0.5(1.7e^0 + 0.6e^{-j2\pi/2} + 1.5e^{-j4\pi/2} + 1.2e^{-j6\pi/2}) = 0.7 + j0$$

$$f(3) = 0.5(1.7e^0 + 0.6e^{-j3\pi/2} + 1.5e^{-j6\pi/2} + 1.2e^{-j9\pi/2}) = 0.1 - j0.3$$

$f(0)$, $f(1)$, $f(2)$, $f(3)$은 복소수로 표현되므로 각각이 실수부와 허수부라는 두 개의 값을 가진다. 따라서 n의 두 배인 8개의 값을 얻게 된다. 이것을 표로 정리하면 아래와 같다.

u	실수부	허수부
0	2.5	0
1	0.1	0.3
2	0.7	0
3	0.1	−0.3

위의 예제를 통하여 $f(u)$는 실수부 $real(f(u))$와 허수부 $imag(f(u))$로 구성됨을 알게 되었다. (8.20)은 **파워 스펙트럼**power spectrum을 정의한다. 이제 파워 스펙트럼 값을 특징으로 취하면 된다. 이 특징을 **푸리에 특징**이라 부른다.

$$\text{파워 스펙트럼} \quad p(u) = \sqrt{real(f(u))^2 + imag(f(u))^2},\ u = 0, \cdots, n-1 \qquad (8.20)$$

예제 8.5　푸리에 특징

예제 8.4에서는 신호 **s**로부터 푸리에 변환을 구하였다. 여기에서는 이 값에 (8.20)의 파워 스펙트럼을 적용하여 푸리에 특징을 추출해 보자.

$$p(0) = (2.5^2 + 0^2)^{1/2} = 2.5$$

$$p(1) = (0.1^2 + 0.3^2)^{1/2} = 0.316$$

$$p(2) = (0.7^2 + 0^2)^{1/2} = 0.7$$

$$p(3) = (0.1^2 + (-0.3)^2)^{1/2} = 0.316$$

즉 아래와 같은 4차원 특징 벡터를 얻게 된다.

$$\mathbf{x} = (2.5, 0.316, 0.7, 0.316)^{\mathrm{T}}$$

이제까지 주어진 신호로부터 푸리에 특징을 추출하는 과정에 대해 설명하였다. 신호 **s**가 n개의 점으로 구성될 때 푸리에 특징 벡터는 n개의 특징을 가지게 된다. 예를 들어 초당 10K개의 점을 샘플링하여 얻은 음파의 경우 3초 분량의 신호에 대해 n이 30000이 되므로 파워 스펙트럼 전체를 특징으로 취하는 것은 현실성이 떨어진다. 따라서 적절한 수의 특징만을 선별해야 하는데 이 작업은 푸리에 변환의 특성에 따라 아주 쉽게 할 수 있다. 신호의 종류에 따라 약간씩 다르기는 하지만 일반적인 성질에 따르면 u가 커질수록 $p(u)$ 값은 급속히 작아진다. 특히 큰 u에 대해서는 $p(u)$가 0에 매우 가까워 무시해도 문제가 되지 않는다.[69] 따라서 d개의 특징을 사용하고자 하면 파워 스펙트럼의 앞 부분에 있는 $p(0), \cdots, p(d-1)$을 특징으로 취하면 된다. 이러한 과정을 가상 코드로 작성하면 알고리즘 8.1이 된다.

지금까지 1차원 신호를 위한 푸리에 변환과 푸리에 특징 추출에 대해 공부하였다. 하지만 영상은 2차원 신호이기 때문에 푸리에 변환을 2차원으로 확장할 필요가 있다. (8.21)은 2차원 이산 신호 $s(i, k)$, $0 \le i, k \le n-1$을 위한 푸리에 변환을 정의한다. 그리고 (8.22)는 2차원 푸리에 변환에서 파워 스펙트럼을 계산하는 식이다.

---

69 이러한 성질에 따라 주파수 공간에서 적절한 크기의 u에 대해서만 계수를 취하여 신호 압축을 수행할 수 있다. 역 푸리에 변환inverse fourier transform을 취하면 약간의 정보 손실을 가진 원본 신호를 얻을 수 있다. 실제로 인터넷에서 표준으로 자리 잡은 jpeg은 또 다른 변환 방법인 이산 코사인 변환discrete cosine transform(DCT)을 이용한다.

알고리즘 8.1 푸리에 특징 추출

입력: 신호 **s**, 필요한 특징 개수 d

출력: d차원의 특징 벡터 **x**

1. FFT 알고리즘을 이용하여 **s**의 푸리에 변환을 구한다.
2. (8.20)으로 파워 스펙트럼 $p(u)$, $u = 0, \cdots, n-1$을 구한다.
3. $\mathbf{x} = (p(0), p(1), \cdots, p(d-1))^{\mathrm{T}}$;

$$f(u, v) = \frac{1}{n}\sum_{i=0}^{n-1}\sum_{k=0}^{n-1} s(i, k)\exp\left(-j\frac{2\pi(ui + vk)}{n}\right),\ u = 0, \cdots, n-1, v = 0, \cdots, n-1 \quad (8.21)$$

파워 스펙트럼 $$p(u, v) = \sqrt{real(f(u, v))^2 + imag(f(u, v))^2} \quad (8.22)$$

(8.19)의 1차원 푸리에 변환을 계산하기 위해서는 u 하나에 대해 n번의 곱셈이 필요하다. 따라서 모든 u를 계산하기 위해서는 $\Theta(n^2)$이라는 시간이 걸린다. 다행히 $\Theta(nlogn)$에 계산이 가능한 **FFT**(Fast Fourier Transform) 알고리즘이 개발되어 있다. 이에 대해서는 [Gonzalez18]을 참고하기 바란다.

8.3.2 푸리에 기술자

(8.21)의 2차원 푸리에 변환은 $n*n$ 영상에 적용할 수 있다. 하지만 [그림 8.3]과 같이 화소의 집합으로 정의된 영역에 대해서는 적절하지 않다. 물론 [그림 8.3(a)]와 같이 물체 영역과 배경으로 구성된 비트맵 영상을 사용한다면 적용이 가능하다. 하지만 배경을 배제한 영역 그 자체의 성질을 나타내는 특징을 푸리에 변환을 이용하여 추출할 수는 없을까? 물론 가능하다.

우선 영역을 경계에 있는 점을 서로 연결하여 표현해 보자. [그림 8.3(a)]의 영역은 아래와 같이 표현된다.

[그림 8.3(a)]에 있는 영역의 경계 표현:

(0, 4)–(0, 3)–(0, 2)–(1, 3)–(2, 3)–(3, 3)–(4, 2)–(4, 1)–(5, 0)–(5, 1)–(5, 2)–(5, 3)–(4, 4)–(3, 5)–(2, 5)–(1, 5)

이 예에서는 점이 16개이므로 $n = 16$이다. i번째 점을 아래와 같이 복소수로 표현하자. 예를 들어 $\alpha(4) = 2 + j3$이다.

$$\alpha(i) = x_i + jy_i,\ 0 \le i \le n-1$$

복소수로 표현된 n개의 연속된 점으로부터 (8.23)을 이용하여 푸리에 변환을 얻을 수 있다. 이렇게 얻은 계수 $f(u)$를 **푸리에 기술자**Fourier descriptor라 한다. 이제 n개의 푸리에 기술자를 특징으로 사용하면 된다. 앞에서와 마찬가지로 d개의 특징을 사용하고자 하면 $f(0), \cdots, f(d-1)$을 특징으로 취하면 된다.

$$\text{푸리에 기술자} \quad f(u) = \frac{1}{\sqrt{n}} \sum_{i=0}^{n-1} \alpha(i) \exp\left(-j\frac{2\pi ui}{n}\right),\ u = 0, \cdots, n-1 \tag{8.23}$$

푸리에 기술자는 시작점을 어디로 하던지 같은 값을 얻게 된다. 다시 말해 푸리에 기술자 특징은 시작점에 불변이다.

8.4 시계열 신호에서의 특징 추출

시계열time series 형태로 주어지는 신호가 여러 종류 있다. 지진파가 그렇고 음성파도 그렇다. 주식 시세나 매출 실적 등과 같이 물리적인 파형이 아닌 경우도 있다. [그림 8.10]은 실제 세계에서 획득한 시계열 신호의 예를 보여 준다.

이러한 신호는 원천적으로 동적dynamic인 성질을 가지므로 정적static인 영상과는 다른 방식의 특징 추출 알고리즘이 필요하다. 시계열 신호에서의 특징 추출은 주로 8.3.1절의 푸리에 변환을 이용한다. 시계열 신호는 단위 시간당 물결wave이 몇 번 발생하는지를 나타내는 주파수frequency와 물결의 높이를 나타내는 진폭amplitude으로 그 특성을 충실하게 나타낼 수 있기 때문이다.

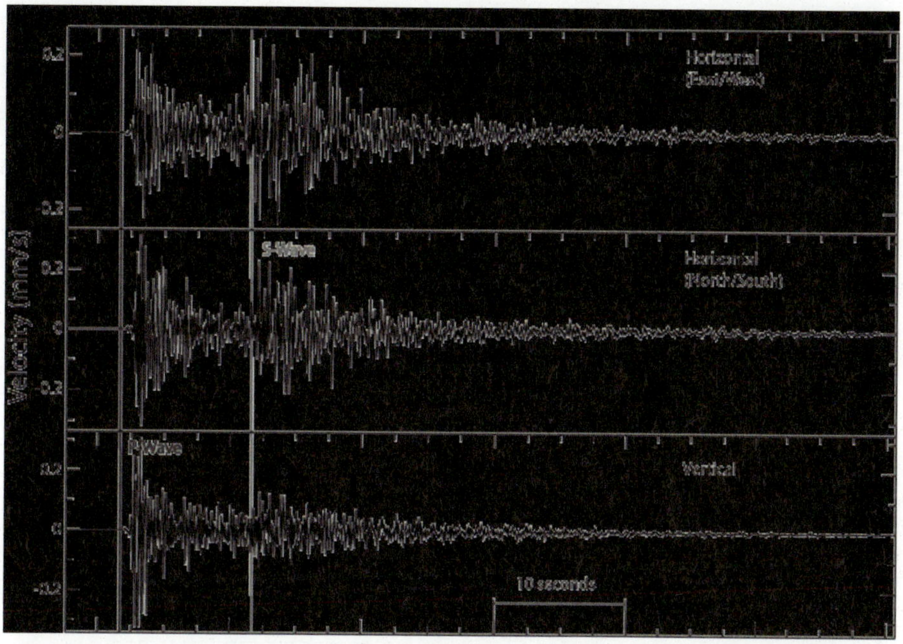

(a) 지진파(위키피디아에서 받음)

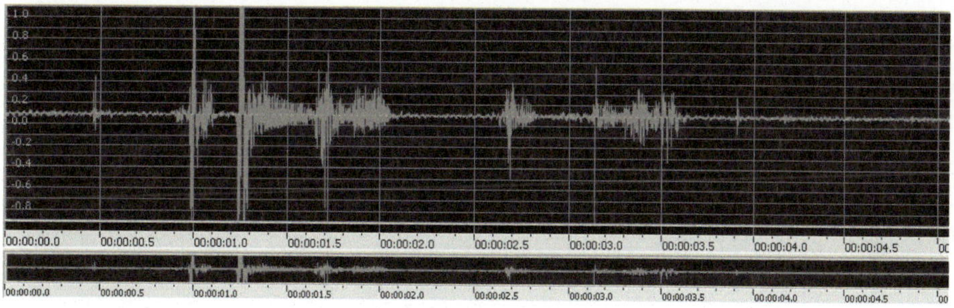

(b) 음성("패턴인식을 공부하자" 녹음)

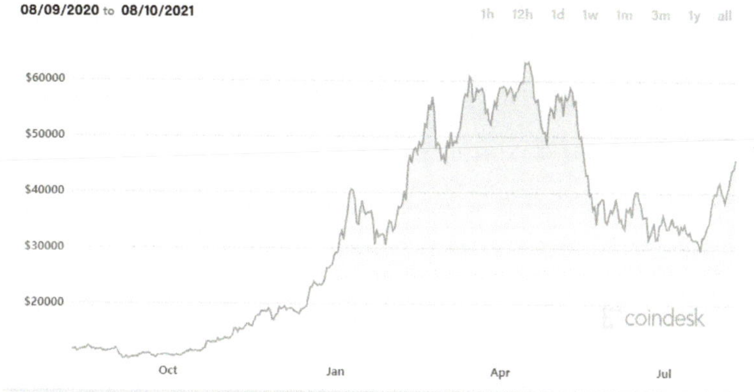

(c) 비트코인 가격(https://coindesk.com/)

그림 8.10 시계열 신호들

시계열 신호에서 특징을 추출하기 위해서는 보통 신호를 프레임frame 단위로 나눈다. [그림 8.11]에서는 하나의 프레임이 12개의 점을 가지도록 나누었다. 한 프레임이 가지는 점의 개수를 k라 하자. 주어진 신호를 일정한 크기로 나누기 때문에 경계가 되는 지점에 대해 임의성이 발생한다. 이 임의성을 누그러뜨리기 위해 프레임 간에는 어느 정도의 겹침을 허용하는 것이 보통이다. [그림 8.11]에서는 이웃한 프레임이 4개의 점을 공유하도록 한 상황이다.

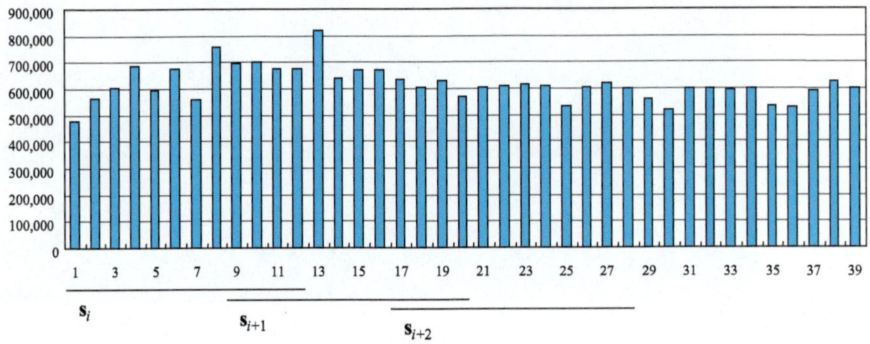

그림 8.11 시계열 신호의 프레임 단위 분할(프레임의 크기 k = 12인 경우)

프레임의 크기 k는 주어진 신호의 특성과 수행할 작업의 성질에 따라 정해야 한다. 여기에서도 경험과 실험이 필요하다. 음성 신호를 다룬 [Rabiner89]의 예를 보면 6.67KHz 신호에서 $k = 300$으로 나누었다. 따라서 한 프레임은 45msec 분량이 된다. 프레임의 겹침은 200개의 점을 허용하였다. 따라서 이웃한 프레임은 15msec 떨어져 있게 된다.

이제 각각의 프레임에서 특징 벡터를 추출하면 된다. 결국 하나의 특징 벡터를 얻게 되는 것이 아니라 (8.24)와 같은 특징 벡터의 열을 얻게 된다.

$$\text{시계열 신호에서 추출한 특징 벡터의 열} \quad (\mathbf{x}_1, \mathbf{x}_2, \cdots, \mathbf{x}_n)^{\mathrm{T}} \tag{8.24}$$

i번째 프레임의 신호를 $\mathbf{s}_i$로 표기하자. 특징 추출을 위한 아주 간단한 방법은 $\mathbf{s}_i$를 알고리즘 8.1에 입력하여 푸리에 특징 벡터 $\mathbf{x}_i$를 구하는 것이다. 이 특징 벡터는 (8.25)와 같이 표현할 수 있다. $p_i(j)$는 i번째 프레임에서 얻은 파워 스펙트럼의 j번째 값이다.

$$\mathbf{x}_i = (p_i(0), p_i(1), \cdots, p_i(d-1))^{\mathrm{T}} \tag{8.25}$$

푸리에 특징보다 분별력에서 우수하여 보다 널리 쓰이는 캡스트럼cepstrum 특징이 있다. 용어 cepstrum은 spectrum이라는 단어의 앞의 네 개 알파벳 spec을 거꾸로 해서 얻은 것으로 보거트Bogert가 최초로 제안하였다[Bogert63]. 새로운 용어를 만드는 데 있어 아주 재미있는 발상이다. 캡스트럼 특징에 대한 보다 상세한 내용은 튜토리얼 논문을 참고하기 바란다 [Childers77].

알고리즘 8.2 캡스트럼 특징 추출

입력: 신호 $\mathbf{s} = (s(0), s(1), \cdots, s(n-1))$, 확장 프레임 길이 m, 필요한 특징 개수 d

출력: d차원의 특징 벡터 $\mathbf{x}$

1. $\mathbf{s}$의 뒤에 $m-n$개의 0을 붙여 $\mathbf{s}' = (s(0), s(1), \cdots, s(n-1), 0, 0, \cdots, 0)$을 구한다.
2. $\mathbf{s}'$에 대해 (8.19)로 이산 푸리에 변환을 수행하여 $f(u)$를 구한다.
3. $f(u)$의 파워 스펙트럼에 로그를 취하고 그 결과에 대해 푸리에 역변환을 취한다.
4. 3에서 구한 결과를 특징 벡터 $\mathbf{x}$로 취한다.

8.5 주성분 분석

앞의 8.2~8.4절에서 특징 추출을 위한 여러 방법을 공부하였다. 2차원 영역에서 갖가지 성질을 측정하여 특징으로 삼았고 푸리에 변환을 이용하여 기저 함수의 계수를 구하고 그것을 특징으로 취하기도 하였다. 그리고 시계열 신호를 프레임 단위로 나누고 각각의 프레임에서 특징 벡터를 추출하여 특징 벡터 열을 얻기도 하였다. 이 절에서는 새로운 접근 방법을 사용한다. 이전 방법들은 신호 $\mathbf{s}$를 특징 벡터 $\mathbf{x}$로 변환하는 과정이 주어진 훈련 집합과 무관하다. 하지만 이 절에서 공부하는 '주성분 분석은 훈련 집합을 이용하여' 매개변수를 추정하고 그것을 이용하여 특징 추출을 한다. 주성분 분석을 위한 튜토리얼 논문은 [Shlens05, Smith02]를 추천한다.

8.5.1 동기

이 절에서는 훈련 집합을 이용하여 변환에 필요한 매개변수를 추정하고 그 결과를 이용하여 특징 공간을 변환하는 **주성분 분석**principal component analysis(PCA)에 대해 공부한다. PCA는 카루넨-뢰브Karhunen-Loeve(KL) 변환 또는 호텔링Hotelling 변환이라고도 부른다. [그림 8.12]는 PCA 특징 추출을 이전 방법들과 비교하여 설명한다. PCA는 훈련 집합을 이용하여 특징 추출이 사용할 변환 행렬 $\mathbf{U}$를 추정한다. 훈련 집합은 $X = \{\mathbf{s}_1, \mathbf{s}_2, \cdots$

, $\mathbf{s}_N$}이라 표기하자. 특징 추출 함수 $e(\mathbf{s}; \mathbf{U})$는 (8.26)과 같이 쓸 수 있다. 신호 $\mathbf{s}$와 특징 벡터 $\mathbf{x}$가 각각 D와 d차원이라면 $\mathbf{U}$는 $d*D$ 행렬이다.

$$\mathbf{x} = e(\mathbf{s}; \mathbf{U}) = \mathbf{U}\mathbf{s} \tag{8.26}$$

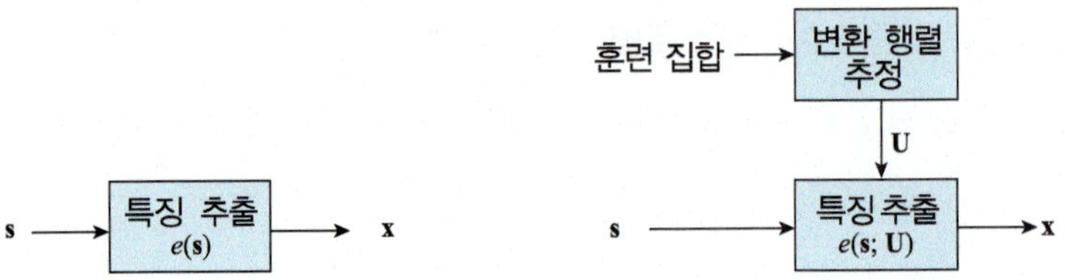

(a) 8.2~8.4절의 특징 추출　　(b) PCA 특징 추출

그림 8.12 특징 추출 방법의 비교

PCA는 신호 $\mathbf{s} = (s_1, s_2, \cdots, s_D)^{\mathrm{T}}$를 보다 낮은 차원의 특징 벡터 $\mathbf{x} = (x_1, x_2, \cdots, x_d)^{\mathrm{T}}$로 변환하는 것이 목적이므로 $d < D$이다. 차원이 줄어들면 당연히 정보 손실이 일어난다. 따라서 PCA의 목적을 '정보 손실을 최소화'하며 D차원을 d차원으로 변환하는 것으로 규정할 수 있다. 이렇게 하면 일차적인 동기 설정은 한 셈이다. 하지만 이것으로 충분하지 않다. 두 가지에 대해 수학적인 공식화가 필요하다. 첫 번째는 차원 축소를 어떻게 표현할 것인지이다. 두 번째는 정보 손실을 어떻게 수량화할 것인지이다.

PCA는 차원 축소를 신호 공간에 정의된 어떤 축으로의 투영으로 표현한다. 축은 D차원 단위 벡터 $\mathbf{u}$로 표현할 수 있다. $\mathbf{u}$축으로의 투영 변환은 (8.27)로 정의할 수 있다. 투영된 점은 $\hat{x}$로 표기한다.[70] 이 점은 $\mathbf{u}$축이라는 1차원 공간 상에 정의된다. 뒤에서는 하나의 축이 아니라 d개의 축으로 투영하는 걸로 확장한다.

$$\hat{x} = \mathbf{u}^{\mathrm{T}}\mathbf{s} \tag{8.27}$$

[그림 8.13]을 살펴보자. 훈련 집합은 $X = \{(2, 1)^{\mathrm{T}}, (2, 4)^{\mathrm{T}}, (4, 1)^{\mathrm{T}}, (4, 3)^{\mathrm{T}}\}$으로 네 개의 샘플을 가진 상황이다. 원래 신호는 2차원이고 이것을 1차원으로 변환하는 상황이다. 즉 $D = 2$이고 $d = 1$인 셈이다. 이 그림은 서로 다른 세 개의 축에 대해 투영 변환한 상황을 보여 주고 있다. 원래 특징 벡터는 속이 빈 원으로 표시하고 변환된 후의 특징 벡터는 속이 찬 점으로 그렸다. 처음 두 개 축은 s_1과 s_2축이고 마지막은 기울기가 45°인 축이다. 이들 축은 단위 벡터 $\mathbf{u}$로 표현할 수 있다. 벡터 $\mathbf{u}$는 방향만 의미를 갖지 시작 위치는 의미가 없다. 예를 들어 [그림 8.13(a)]의 s_1축의 경우 이 축을 위 또는 아래로 이동하여도 투영된 점의 좌표는 변하지 않는다.

[70] 투영된 점을 x로 표기하면 특징 벡터 $\mathbf{x}$를 구성하는 요소 x_i와 혼동이 될 가능성이 있어 $\hat{x}$로 표기한다.

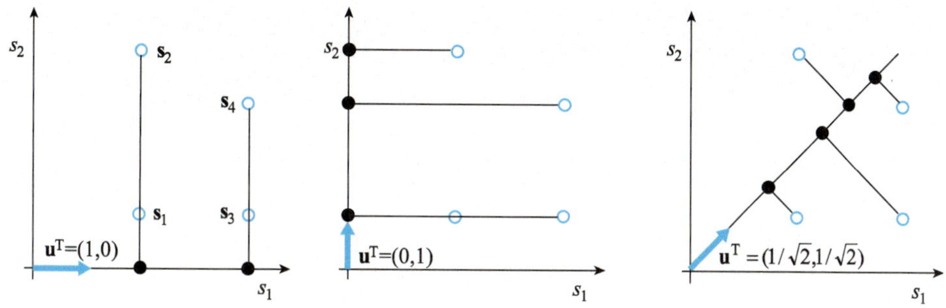

(a) $\mathbf{u}^T = (1, 0)$축으로 투영 (b) $\mathbf{u}^T = (0, 1)$축으로 투영 (c) $\mathbf{u}^T = (1/\sqrt{2}, 1/\sqrt{2})$축으로 투영

그림 8.13 투영에 의해 2차원 공간을 1차원 공간으로 축소

이제부터는 정보 손실을 어떻게 수량화할 것인지에 대해 생각해 보자. 원래 훈련 집합 X가 가진 정보는 무엇이고 손실이란 무엇일까? 정보란 샘플들 간의 거리 또는 상대적인 위치 관계 등일 것이다. 이들 정보는 차원이 축소되므로 어느 정도 손실을 감수해야 한다. 예를 들어 [그림 8.13(a)]에서 $\mathbf{s}_1$과 $\mathbf{s}_2$는 같은 점으로 투영되었다. 둘 간의 거리나 위치 정보는 모두 사라진 것이다. [그림 8.13]의 세 가지 투영에서 어느 것이 정보 손실이 가장 적을까? 직관과 느낌으로 판단한다면 첫 번째가 손실이 가장 크고 세 번째가 가장 적을 것으로 보인다. 이제 정보 손실을 공식화하는 데 필요한 개념을 터득한 셈이다.

PCA는 샘플들이 원래 공간에 퍼져 있는 정도를 변환된 공간에서 얼마나 잘 유지하느냐를 척도로 삼는다. 그리고 이 척도는 변환된 공간에서 샘플들의 분산으로 측정한다. 이제 PCA가 풀어야 하는 문제를 (8.28)의 최적화 문제로 정리할 수 있다.

- 변환된 샘플들의 분산을 최대화하는 축(즉 단위 벡터 $\mathbf{u}$)을 찾아라. (8.28)

예제 8.6 변환 공간에서의 분산

[그림 8.13]을 예제로 사용해 보자. 먼저 샘플 네 개를 [그림 8.13(a)]의 $\mathbf{u}^T = (1, 0)$축으로 투영해 보자. (8.27)을 적용하여 $\mathbf{s}_i$를 $\hat{x}_i$로 변환한다.

원래 샘플:

$$\mathbf{s}_1 = (2, 1)^T, \quad \mathbf{s}_2 = (2, 4)^T, \quad \mathbf{s}_3 = (4, 1)^T, \quad \mathbf{s}_4 = (4, 3)^T$$

$\mathbf{u}^T = (1, 0)$축으로 투영 변환된 샘플:

$$\hat{x}_1 = (1\ 0)\begin{pmatrix}2\\1\end{pmatrix} = 2, \quad \hat{x}_2 = (1\ 0)\begin{pmatrix}2\\4\end{pmatrix} = 2, \quad \hat{x}_3 = (1\ 0)\begin{pmatrix}4\\1\end{pmatrix} = 4, \quad \hat{x}_4 = (1\ 0)\begin{pmatrix}4\\3\end{pmatrix} = 4$$

투영 변환으로 얻은 네 개의 점 2, 2, 4, 4의 평균은 3이고 분산은 1이다. 평균과 분산의 계산은 2장의 (2.7)과 (2.8)을 참고하라. 이제 [그림 8.13(c)]의 대각선 축에 대해 투영해 보자.

$$\mathbf{u}^{\mathrm{T}} = \left(1/\sqrt{2}\ 1/\sqrt{2}\right)\text{축으로 투영 변환된 샘플:}$$

$$\hat{x}_1 = \left(1/\sqrt{2}\ 1/\sqrt{2}\right)\begin{pmatrix}2\\1\end{pmatrix} = \frac{3}{\sqrt{2}}$$

$$\hat{x}_2 = \left(1/\sqrt{2}\ 1/\sqrt{2}\right)\begin{pmatrix}2\\4\end{pmatrix} = \frac{6}{\sqrt{2}}$$

$$\hat{x}_3 = \left(1/\sqrt{2}\ 1/\sqrt{2}\right)\begin{pmatrix}4\\1\end{pmatrix} = \frac{5}{\sqrt{2}}$$

$$\hat{x}_4 = \left(1/\sqrt{2}\ 1/\sqrt{2}\right)\begin{pmatrix}4\\3\end{pmatrix} = \frac{7}{\sqrt{2}}$$

대각선 축으로 변환된 점들의 평균은 3.7123이고 분산은 1.0938이다. 대각선 축이 s_1 축보다 큰 분산을 만들어 준다. PCA가 볼 때 $\mathbf{u}^{\mathrm{T}} = (1, 0)$보다 $\mathbf{u}^{\mathrm{T}} = \left(1/\sqrt{2},\ 1\ /\sqrt{2}\right)$ 축이 더 좋은 것이다. 그렇다면 [그림 8.13]의 상황에서 대각선보다 더 좋은 축이 있을까? 이것에 대한 답이 바로 문제 (8.28)의 해가 된다.

8.5.2 알고리즘과 응용

예제 8.6을 통하여 문제 (8.28)에 대한 직관력이 생겼을 것이다. 이제부터는 문제를 보다 구체화시켜 보자. 투영된 점의 평균은 (8.29)와 같다. 이 식을 가만 들여다 보면 투영된 점의 평균은 원래 신호들의 평균 벡터 $\bar{\mathbf{s}}$를 구한 다음 그것을 $\mathbf{u}$로 투영한 것과 같다는 사실을 알 수 있다. 분산은 (8.30)으로 구할 수 있다.

$$\hat{x}_i,\ 1 \le i \le N\text{의 평균} \qquad \bar{\hat{x}} = \frac{1}{N}\sum_{i=1}^{N}\hat{x}_i = \frac{1}{N}\sum_{i=1}^{N}\mathbf{u}^{\mathrm{T}}\mathbf{s}_i = \mathbf{u}^{\mathrm{T}}\left(\frac{1}{N}\sum_{i=1}^{N}\mathbf{s}_i\right) = \mathbf{u}^{\mathrm{T}}\bar{\mathbf{s}} \tag{8.29}$$

$$\hat{x}_i,\ 1 \le i \le N\text{의 분산} \qquad \hat{\sigma}^2 = \frac{1}{N}\sum_{i=1}^{N}(\hat{x}_i - \bar{\hat{x}})^2 = \frac{1}{N}\sum_{i=1}^{N}(\mathbf{u}^{\mathrm{T}}\mathbf{s}_i - \mathbf{u}^{\mathrm{T}}\bar{\mathbf{s}})^2 \tag{8.30}$$

이제 문제 (8.28)을 (8.31)과 같이 다시 쓸 수 있다. 수학적으로 볼 때 훨씬 구체화된 셈이다.

- (8.30)의 분산 $\hat{\sigma}^2$을 최대화하는 $\mathbf{u}$를 찾아라. (8.31)

(8.30)을 잘 살펴보면 $\mathbf{u}$가 크면 클수록 분산도 커짐을 알 수 있다. (8.31)은 최대화 문제이기 때문에 특정한 조건이 없이 이 문제를 푼다면 무한대 크기의 $\mathbf{u}$가 답이 된다. 다행히 $\mathbf{u}$가 단위 벡터라는 사실을 이용하면 $\mathbf{u}^{\mathrm{T}}\mathbf{u}=1$이라는 조건을 만들 수 있다. 이제 조건부 최적화 문제로 다시 정리할 수 있다. 이 조건부 최적화 문제는 라그랑주 승수를 이용하여 (8.32)와 같이 쓸 수 있다.[71]

- $L(\mathbf{u}) = \frac{1}{N}\sum_{i=1}^{N}(\mathbf{u}^{\mathrm{T}}\mathbf{s}_i - \mathbf{u}^{\mathrm{T}}\bar{\mathbf{s}})^2 + \lambda(1 - \mathbf{u}^{\mathrm{T}}\mathbf{u})$를 최대화하는 $\mathbf{u}$를 찾아라. (8.32)

(8.32)의 라그랑주 함수 $L(\mathbf{u})$를 $\mathbf{u}$로 미분하고 아래와 같이 식을 정리해 보자. 이 유도에서 세 번째 줄에 나타난 괄호 속은 공분산 행렬covariance matrix이다. 네 번째 줄에서는 공분산 행렬을 기호 $\mathbf{\Sigma}$로 대치하였다. 공분산 행렬에 대해서는 2장의 (2.15)를 참고하라. $\mathbf{\Sigma}$는 대칭이므로 네 번째 줄은 마지막 줄로 바꾸어 쓸 수 있다.

$$
\begin{aligned}
\partial L(\mathbf{u})/\partial \mathbf{u} &= \partial\left(\frac{1}{N}\sum_{i=1}^{N}(\mathbf{u}^{\mathrm{T}}\mathbf{s}_i - \mathbf{u}^{\mathrm{T}}\bar{\mathbf{s}})^2 + \lambda(1 - \mathbf{u}^{\mathrm{T}}\mathbf{u})\right)\Big/\partial \mathbf{u} \\
&= \frac{2}{N}\sum_{i=1}^{N}(\mathbf{u}^{\mathrm{T}}\mathbf{s}_i - \mathbf{u}^{\mathrm{T}}\bar{\mathbf{s}})(\mathbf{s}_i - \bar{\mathbf{s}}) - 2\lambda\mathbf{u} \\
&= 2\mathbf{u}^{\mathrm{T}}\left(\frac{1}{N}\sum_{i=1}^{N}(\mathbf{s}_i - \bar{\mathbf{s}})(\mathbf{s}_i - \bar{\mathbf{s}})^{\mathrm{T}}\right) - 2\lambda\mathbf{u} \\
&= 2\mathbf{u}^{\mathrm{T}}\mathbf{\Sigma} - 2\lambda\mathbf{u} \\
&= 2\mathbf{\Sigma}\mathbf{u} - 2\lambda\mathbf{u}
\end{aligned}
$$

$L(\mathbf{u})$를 최대화하는 $\mathbf{u}$는 $\frac{\partial L(\mathbf{u})}{\partial \mathbf{u}} = 0$을 만족해야 한다. 따라서 (8.33)을 얻는다. 이 식을 가만히 살펴보면 $\mathbf{u}$는 공분산 행렬 $\mathbf{\Sigma}$의 고유 벡터eigenvector이고 λ는 고유 값eigenvalue임을 알 수 있다.

$$\mathbf{\Sigma}\mathbf{u} = \lambda\mathbf{u} \tag{8.33}$$

이제까지 얻은 것을 정리하면 아주 단순하다. 우선 훈련 집합의 공분산 행렬을 구한다. 그런 다음 공분산 행렬의 고유 벡터를 계산하면 그것이 바로 최대 분산을 갖는 $\mathbf{u}$가 된다는 것이다.

---

[71] 라그랑주 승수에 대해서는 11.2.3절을 참조하라.

예제 8.7 최대 분산을 갖는 축

[그림 8.13]을 다시 사용한다. $X = \{(2, 1)^T, (2, 4)^T, (4, 1)^T, (4, 3)^T\}$의 공분산 행렬, 그리고 그것의 고유 값과 고유 벡터는 아래와 같다.

$$\boldsymbol{\Sigma} = \begin{pmatrix} 1.000 & -0.250 \\ -0.250 & 1.688 \end{pmatrix}$$

$$\lambda_1 = 1.7688, \quad \mathbf{u}_1^T = (-0.3092, 0.9510)$$

$$\lambda_2 = 0.9187, \quad \mathbf{u}_2^T = (-0.9510, -0.3092)$$

두 개의 고유 벡터 중에 고유 값이 큰 $\mathbf{u}_1$을 선택한다. 이 $\mathbf{u}_1$축에 네 점을 투영하면 아래와 같다.

$\mathbf{u}_1^T = (-0.3092, 0.9510)$축으로 투영된 특징 벡터:

$$\hat{x}_1 = (-0.3092\ 0.9510)\begin{pmatrix} 2 \\ 1 \end{pmatrix} = 0.3326$$

$$\hat{x}_2 = (-0.3092\ 0.9510)\begin{pmatrix} 2 \\ 4 \end{pmatrix} = 3.1856$$

$$\hat{x}_3 = (-0.3092\ 0.9510)\begin{pmatrix} 4 \\ 1 \end{pmatrix} = -0.2858$$

$$\hat{x}_4 = (-0.3092\ 0.9510)\begin{pmatrix} 4 \\ 3 \end{pmatrix} = 1.6162$$

투영 변환된 점들의 평균은 1.2122이고 분산은 1.7688이다. 예제 8.6과 비교해 보자. 그 예제에서는 대각선 축으로 투영한 경우 분산이 1.0938이었다. PCA로 찾은 $\mathbf{u}_1$축이 더 큰 분산을 가지며 이 축은 최적으로 더 좋은 축은 없다. [그림 8.14]는 이 축으로의 투영을 보여 준다. [그림 8.13(c)]와 눈대중으로 비교해 보기 바란다.

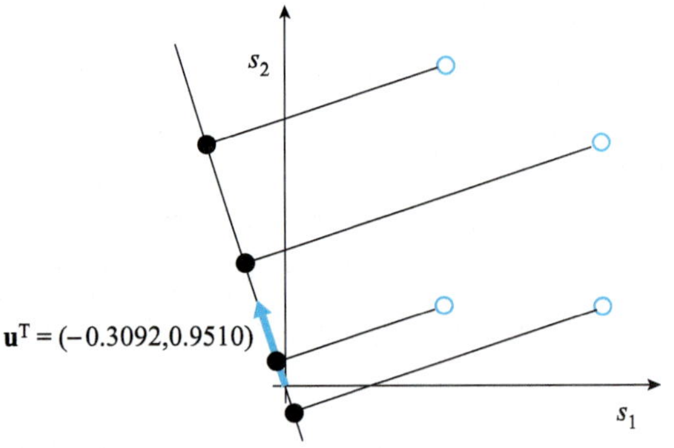

그림 8.14 PCA로 구한 최적의 축

지금까지는 하나의 축으로 투영하는 상황을 설명하였다. 하지만 실제에서는 D차원을 d차원으로 줄이는 것이 목적이므로 d개의 축을 찾아야 한다. 얼핏 큰 문제가 여전히 남아 있는 것으로 보일 수 있는데 그렇지 않다. 공분산 행렬은 $D*D$ 크기를 가지므로 이 행렬의 고유 벡터는 D개가 존재한다. 고유 벡터의 성질에 따라 이들은 모두 서로 수직orthogonal이다. 즉 $\mathbf{u}_i^\mathrm{T}\mathbf{u}_j = 0,\ i \neq j$이다. 또한 고유 벡터는 고유 값을 갖는데 고유 값이 클수록 중요도가 크다. 따라서 고유 값에 따라 정렬을 하고 상위 d개의 고유 벡터를 선정하면 된다. 이들을 $\mathbf{u}_1, \mathbf{u}_2, \cdots, \mathbf{u}_d$로 표기하자. 이들 각각을 **주성분**principal component이라 부른다. 이들 d개의 주성분을 이용하여 변환 행렬을 (8.34)와 같이 구성할 수 있다. $\mathbf{U}$의 한 행을 차지하는 $\mathbf{u}_i^\mathrm{T}$는 크기가 D인 행 벡터이다. 따라서 $\mathbf{U}$는 $d*D$ 행렬이다.

$$\mathbf{U} = \begin{bmatrix} \mathbf{u}_1^\mathrm{T} \\ \mathbf{u}_2^\mathrm{T} \\ \vdots \\ \mathbf{u}_d^\mathrm{T} \end{bmatrix} \tag{8.34}$$

이제 변환 공식만 제시하면 모든 작업이 마무리된다. (8.35)는 PCA로 구한 변환 행렬 $\mathbf{U}$를 이용하여 신호 $\mathbf{s}$를 특징 벡터 $\mathbf{x}$로 변환하는 식이다. 만일 $d = D$로 하면, 즉 공분산 행렬에서 구한 고유 벡터를 하나도 버리지 않고 모두 사용한다면 역변환 $\mathbf{s} = \mathbf{U}^{-1}\mathbf{x}$를 이용하여 정보 손실이 전혀 없이 원래 $\mathbf{s}$를 복원할 수 있다.

$$\mathbf{x} = \mathbf{U}\mathbf{s} \tag{8.35}$$

지금까지의 과정을 보다 명확하게 하기 위해 가상 코드로 작성해 보자. 알고리즘 8.3에서 라인 1과 2는 좌표계의 원점이 평균 벡터 $\bar{\mathbf{s}}$와 일치하도록 해주는 전처리 과정으로 보면 된다. 라인 1은 훈련 집합에 있는 샘플 신호들의 평균을 구하고, 라인 2에서는 원래 신호에서 평균을 빼준다. 라인 3~6은 앞에서 설명한 내용과 같다. 이 알고리즘은 변환 행렬 $\mathbf{U}$과 평균 벡터 $\bar{\mathbf{s}}$를 넘겨 준다.

알고리즘 8.3 PCA에 의한 변환 행렬 구함

입력: 훈련 집합 $X = \{\mathbf{s}_1, \mathbf{s}_2, \cdots, \mathbf{s}_N\}$, 원하는 차원 d

출력: 변환 행렬 $\mathbf{U}$, 평균 벡터 $\bar{\mathbf{s}}$

1. $\bar{\mathbf{s}} = \frac{1}{N}\sum_{i=1}^{N}\mathbf{s}_i$　　　// X의 평균 벡터
2. **for** $(i = 1$ **to** $N)$ $\mathbf{s}'_i = \mathbf{s}_i - \bar{\mathbf{s}}$;　　　// 평균 벡터를 빼줌
3. $\mathbf{s}'_i,\ 1 \le i \le N$의 공분산 행렬 $\mathbf{\Sigma}$를 구한다.

4. $\mathbf{\Sigma}$의 고유 벡터와 고유 값을 구한다.
5. 고유 값 기준으로 가장 큰 d개의 고유 벡터를 선택한다. 이들을 $\mathbf{u}_1, \mathbf{u}_2, \cdots, \mathbf{u}_d$라 하자.
6. (8.34)로 변환 행렬 $\mathbf{U}$를 만든다.
7. **return** $\mathbf{U}, \bar{\mathbf{s}}$;

알고리즘 8.4는 샘플 신호 $\mathbf{s}$를 가지고 특징 벡터 $\mathbf{x}$를 추출하는 과정이다. 분류기를 만들기 위해서는 원래 훈련 집합에 있는 샘플 신호를 이 알고리즘에 넣어 특징 벡터를 추출해야 한다. 이렇게 얻은 특징 벡터들로 새로운 훈련 집합을 구성하고 이것으로 분류기를 훈련시킨다. 인식을 해야 하는 새로운 샘플이 들어오면 알고리즘 8.4로 특징 벡터를 추출하여 분류기의 입력으로 하면 된다.

알고리즘 8.4 PCA에 의한 특징 추출

입력: 변환 행렬 $\mathbf{U}$, 평균 벡터 $\bar{\mathbf{s}}$, 샘플 $\mathbf{s}$

출력: 특징 벡터 $\mathbf{x}$

1. $\mathbf{s} = \mathbf{s} - \bar{\mathbf{s}}$; // 샘플에서 평균 벡터를 뺀다.
2. $\mathbf{x} = \mathbf{U}\mathbf{s}$; // (8.35)
3. **return** $\mathbf{x}$

패턴인식 관점에서 보았을 때 PCA의 응용은 두 가지이다. 첫째, 특징 추출에 사용할 수 있다. 최근 가장 두드러진 응용은 얼굴 인식이다. 고전적인 얼굴 인식 방법은 눈, 코, 입 등의 특징을 추출하고 이를 기반으로 인식을 시도한다. 하지만 이 방법은 영역 분할의 어려움으로 성능 한계에 직면한 것이 사실이다. 1990년대 초에 터크Turk와 펜틀랜드Pentland가 새로 제안한 고유 얼굴 방법은 PCA를 이용한다 [Turk91]. 여러 장의 얼굴 영상을 훈련 집합으로 보고 알고리즘 8.3을 이용하여 변환 행렬 $\mathbf{U}$를 만든다. 새로운 얼굴 영상이 들어오면 그것을 $\mathbf{s}$로 간주하고 알고리즘 8.4를 이용하여 특징 벡터 $\mathbf{x}$를 추출한다. 고유 얼굴에 대해서는 8.5.3절의 사례 연구에서 보다 자세히 설명한다.

둘째, 특징 벡터의 차원 축소에 사용할 수 있다. 이미 다른 알고리즘으로 추출한 특징 벡터 **x**가 있을 때 이것의 차원을 줄여 새로운 특징 벡터 **x**'를 만들 수 있다.[72] 이때의 목적은 정보 손실을 최소로 하며 원래 벡터의 차원을 줄이는 것이기 때문에 PCA의 목적과 일치한다. 이 응용에 관한 한 PCA와 피셔의 선형 분별linear discriminant(LD)을 비교할 필요가 있다. 알고리즘 8.3에서 보았듯이 PCA가 이용하는 훈련 집합의 샘플들은 부류에 관한 정보가 없다. 어떤 인식 문제가 있을 때 부류에 관한 정보는 무시하고 PCA 과정을 실행하는 것이다. 모든 부류의 샘플들을 하나의 집합으로 보고 그것으로부터 변환 행렬 **U**를 추정한다. 하지만 피셔의 LD는 부류 정보를 가진 훈련 집합으로 변환 행렬을 추정한다. PCA는 원래 특징 벡터가 가진 정보의 손실을 최소화하는 변환 행렬을 찾지만 LD는 변환 공간에서 서로 다른 부류가 가장 잘 분별될 수 있는 변환 행렬을 찾는다. 둘의 목적이 다른 것이다. 피셔의 LD는 8.6절을 참조하라.

그 이외의 응용으로는 데이터 압축을 들 수 있다. (8.35)로 변환을 하면 차원이 축소되므로 저장해야 할 자료량이 줄어든다. 복원은 역변환 행렬을 이용하여 할 수 있다. 이 압축 방법은 손실 압축이다. d를 작게 할수록 압축률은 높아지고 대신 정보 손실은 커지게 된다.

또 다른 응용은 데이터 시각화visualization이다. 4차원 이상의 데이터는 종이 위에 그릴 수가 없다. 이때 $d = 2$로 하여 원래 데이터의 성질을 가장 잘 간직한 두 개의 축을 찾고 그 축 상에 그림을 그리면 고차원의 데이터를 쉽게 이해할 수 있다.

8.5.3 사례 연구: 고유 얼굴

얼굴 인식은 매우 중요한 연구 분야이다. 얼굴 인식을 위한 서베이 논문으로 두 개를 추천한다 [Zhao03, Chellappa95]. 사람 입장에서 쉽게 생각할 수 있는 특징 추출 방법은 눈, 코, 입 영역을 추출하고 코의 너비, 입의 길이, 두 눈의 거리 등을 측정하여 특징으로 삼는 것이다. 하지만 이 방법은 눈, 코, 입 등의 정확한 영역 분할이 아주 어렵다. 따라서 정확한 특징 값을 얻는다는 보장이 없다.

1990년대 초에 터크와 팬틀랜드는 **고유 얼굴**eigenface이라는 아주 색다른 방법을 제안하였다 [Turk91]. 고유 얼굴은 얼굴 인식 분야에서 널리 쓰이는 특징 추출 방법으로 자리 잡았다. 얼굴 영상 집합 $Y = \{I_1, I_2, \cdots, I_N\}$이 있다고 하자. I는 $n*n$ 크기의 영상으로서 $I[r][c]$, $1 \le r, c \le n$으로 표기할 수 있다. (8.36)으로 2차원 영상 표현을 1차원 신호 표현으로 바꾼다. 행 우선row major으로 1차원으로 재배열하는 것이다. 여기서

72 이와 같이 이미 만들어진 특징 벡터 **x**를 차원이 줄어든 새로운 특징 벡터 **x**'로 변환하는 데 사용하기도 한다. 이때의 표기 **x**와 **x**'는 각각 알고리즘 8.3과 알고리즘 8.4의 **s**와 **x**에 해당한다고 보면 된다.

$D = n^2$이다.

$$\left.\begin{aligned}\mathbf{s} &= (s_1, s_2, \cdots, s_D)^{\mathrm{T}} \\ &= (\mathrm{I}[1][1], \mathrm{I}[1][2], \cdots, \mathrm{I}[1][n], \mathrm{I}[2][1], \cdots, \mathrm{I}[n][n-1], \mathrm{I}[n][n])^{\mathrm{T}}\end{aligned}\right\} \quad (8.36)$$

(8.36)으로 모든 얼굴 영상을 1차원 신호로 변환하여 훈련 집합 $X = \{\mathbf{s}_1, \mathbf{s}_2, \cdots, \mathbf{s}_N\}$을 쉽게 만들 수 있다. 이제 8.5.2절의 PCA 알고리즘을 이용하면 간단히 특징을 추출할 수 있다. X는 알고리즘 8.3의 입력이 된다. 알고리즘 8.3으로 변환 행렬을 구하고 알고리즘 8.4로 특징을 추출하여 인식기를 만들면 된다. 이 과정을 정리하면 아래와 같이 기술할 수 있다. 단계 1~2는 변환 행렬을 구하는 준비 단계이고 단계 3~4는 분류기 학습 단계이다. 그리고 단계 5는 새로운 얼굴 영상을 인식하는 단계이다.

1. $D = n^2$차원을 몇 차원으로 줄일지 결정하고 그것을 d라 한다.
2. X와 d를 알고리즘 8.3의 입력으로 주어 변환 행렬 $\mathbf{U}$와 평균 벡터 $\bar{\mathbf{s}}$를 구한다.
3. (분류기 학습) X의 샘플 각각을 알고리즘 8.4에 넣어 특징 벡터를 추출한다. 이렇게 구한 특징 벡터 집합으로 새로운 훈련 집합 X'를 구성한다.
4. (분류기 학습) X'로 분류기를 훈련한다. (이때 분류기는 신경망, SVM, k-NN, 트리 분류기 등 어느 것이라도 좋다.)
5. (인식) 인식을 해야 하는 새로운 얼굴 영상이 들어오면 (8.36)으로 신호 $\mathbf{s}$ 표현으로 바꾸고 이것을 알고리즘 8.4에 넣어 특징 벡터 $\mathbf{x}$를 추출한다. $\mathbf{x}$를 분류기에 넣어 인식한다.

단계 2에서 얻은 변환 행렬 $\mathbf{U}$를 구성하는 고유 벡터 $\mathbf{u}_i$, $i = 1, 2, \cdots, d$는 D차원으로 원래 영상의 크기와 같다. 이들에 (8.36)을 역으로 적용하여 2차원 영상 표현으로 변환할 수 있다. 이 영상을 화면에 그려 보면 얼굴 모양을 띤다. 따라서 고유 벡터 $\mathbf{u}_i$를 **고유 얼굴**eigenface이라 부른다.

고유 얼굴 방법을 적용할 때 신중해야 할 점이 있다. 그것은 얼굴을 찍은 각도, 얼굴 크기, 영상 내에서 얼굴 위치, 그리고 조명이 어느 정도 일정해야 한다는 것이다. 이들에 변화가 클수록 성능은 떨어진다. 터크와 펜틀랜드는 조명에 변화를 준 상황에서는 96%, 각도 변화를 주면 85%, 그리고 크기 변화에서는 64%의 정인식률을 얻었다고 보고하고 있다 [Turk91]. 변화의 정도를 명확히 제시하지 않아 구체적인 성능 경향을 알기는 어렵지만 인식 성능은 조명 변화에 가장 둔감하고 크기에는 매우 민감함을 알 수 있다. 고유 얼굴에 대한 보다 자세한 내용은 [Zhang97]을 참고하기 바란다.

8.6 Fisher의 선형 분별

여기에서 소개하는 피셔Fisher의 선형 분별linear discriminant(LD)은 특징 추출이 아니라 분류기 설계에 해당한다. 따라서 목적이라는 측면에서 보면 2~7장의 적절한 곳에 있는 것이 당연하다. 하지만 기본 원리가 8.5절의 PCA와 비슷하기 때문에 이곳에서 소개한다.

PCA에서 사용하였던 그림을 조금 고쳐 재활용해 보자. [그림 8.15]는 [그림 8.13]과 마찬가지로 2차원 특징 공간을 1차원으로 투영하고 있다. 이 그림에는 네 개의 샘플이 있는데 PCA에서와 달리 이들은 부류에 소속되어 있다. 파란 샘플은 ω_1 소속이고 검은 샘플은 ω_2 소속이다. 원래 특징 벡터는 속이 빈 원으로 표시하고 변환된 후의 특징 벡터는 속이 찬 점으로 그렸다. 이 그림은 서로 다른 세 개의 축에 대해 투영 변환한 상황을 보여 주고 있다.

원래 특징 공간에서 네 개의 점은 결정 직선 하나로 쉽게 분류가 가능하다. 그렇다면 세 가지 축 중에서 어느 것이 투영 후의 점을 분류하는 데 가장 유리할까? 가로 축으로 투영한 첫 번째 그림은 확실히 아니다. 두 번째와 세 번째는 둘 다 네 개 점으로 옳게 분류할 수 있다. 그런데 세 번째보다는 두 번째에서 파란 점과 검은 점이 더 멀리 떨어져 있어 더 유리해 보인다. 그렇다면 '유리한' 정도를 어떻게 수식으로 표현할 수 있을까? 그리고 어떻게 최적의 투영 축을 찾을 수 있을까? 이에 대한 답을 피셔의 LD가 제시한다.

두 번째 그림은 세 번째에 비해 같은 부류의 샘플은 보다 가까이 밀집해 있고 서로 다른 부류의 샘플들은 더 멀리 떨어져 있다. 따라서 두 번째가 세 번째보다 유리해 보이는 것이다. 이제부터 이러한 원리를 수식으로 전개해 보자. 여기서는 분류기를 설계하는 것이 목적이므로 2~7장의 표기를 따라 샘플은 **x**, 투영 축은 **w**로 표기한다. 우선 투영은 (8.37)과 같이 쓸 수 있다. 속이 빈 점을 속이 찬 점으로 변환하는 식을 유도한 셈이다.

$$y = \mathbf{w}^{\mathrm{T}}\mathbf{x} \tag{8.37}$$

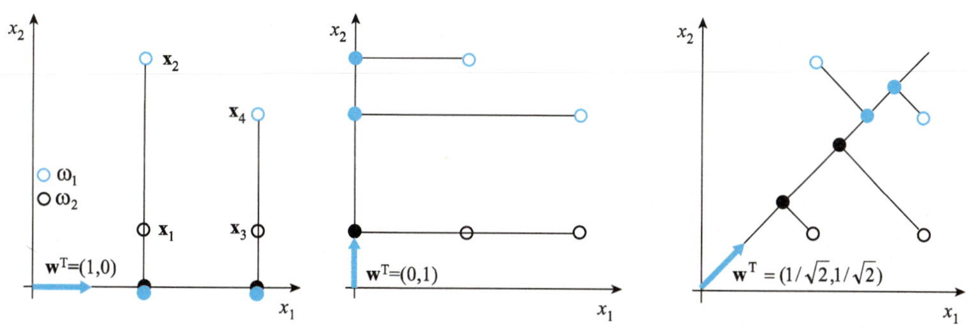

(a) $\mathbf{w}^{\mathrm{T}}$ = (1, 0)축으로 투영 (b) $\mathbf{w}^{\mathrm{T}}$ = (0, 1)축으로 투영 (c) $\mathbf{w}^{\mathrm{T}} = (1/\sqrt{2}, 1/\sqrt{2})$축으로 투영

그림 8.15 2차원 공간을 1차원 공간으로 투영(피셔의 LD)

ω_i에 속하는 샘플들의 원래 공간에서의 평균 점과 투영 후의 평균 점을 각각 (8.38)과 (8.39)로 정의할 수 있다. 이제 이들 식을 이용하여 두 부류가 얼마나 멀리 떨어져 있는지를 (8.40)으로 공식화할 수 있다. (8.40)의 척도를 **부류간 퍼짐**between-class scatter이라 부른다. N_i는 ω_i에 속하는 샘플의 개수이다.

$$\mathbf{m}_i = \frac{1}{N_i}\sum_{x\in\omega_i}\mathbf{x} \tag{8.38}$$

$$\left.\begin{aligned} \overline{m}_i &= \frac{1}{N_i}\sum_{y\in\omega_i} y \\ &= \frac{1}{N_i}\sum_{\mathbf{x}\in\omega_i}\mathbf{w}^{\mathrm{T}}\mathbf{x} \\ &= \mathbf{w}^{\mathrm{T}}\mathbf{m}_i \end{aligned}\right\} \tag{8.39}$$

$$\text{부류간 퍼짐} = |\overline{m}_1 - \overline{m}_2| = |\mathbf{w}^{\mathrm{T}}\mathbf{m}_1 - \mathbf{w}^{\mathrm{T}}\mathbf{m}_2| = |\mathbf{w}^{\mathrm{T}}(\mathbf{m}_1 - \mathbf{m}_2)| \tag{8.40}$$

이제 같은 부류의 샘플이 얼마나 가까이 밀집해 있는지를 공식화해 보자. 이것은 투영된 점들이 평균 점에 얼마나 가까이 분포하는지로 측정할 수 있는데 (8.41)과 같이 쓸 수 있다. 이 식을 이용하여 **부류내 퍼짐**within-class scatter을 (8.42)와 같이 정의할 수 있다.

$$\overline{s}_i^2 = \sum_{y\in\omega_i}(y - \overline{m}_i)^2 \tag{8.41}$$

$$\text{부류내 퍼짐} = \overline{s}_1^2 + \overline{s}_2^2 \tag{8.42}$$

피셔의 LD는 앞에서 정의한 부류간 퍼짐과 부류내 퍼짐을 이용하여 목적 함수를 (8.43)과 같이 정의한다. 이 식은 같은 부류의 샘플은 덜 퍼지고 다른 부류는 더 퍼질수록 더 높은 점수를 주겠다는 의도를 내포하고 있다. 이제 최적화 문제를 '(8.43)의 목적 함수 $J(\mathbf{w})$를 최대화하는 $\mathbf{w}$를 찾아라'로 정의할 수 있다.

$$J(\mathbf{w}) = \frac{\text{부류간 퍼짐}}{\text{부류내 퍼짐}} = \frac{|\overline{m}_1 - \overline{m}_2|^2}{\overline{s}_1^2 + \overline{s}_2^2} \tag{8.43}$$

(8.43)은 $\mathbf{w}$를 암시적으로 지니고 있는데 이것을 명시적으로 드러내야 미분을 통해 최적의 $\mathbf{w}$를 찾을 수 있다. 따라서 (8.43)을 변환하는 작업을 시작해 보자. 먼저 분모를 변환해 보자. (8.44)의 간단한 수식 전개를 통해 분모의 부류내 퍼짐을 $\mathbf{w}^{\mathrm{T}}\mathbf{S}_{\mathrm{W}}\mathbf{w}$로 변환하였다. 이때 (8.45)로 주어지는 행렬 $\mathbf{S}_{\mathrm{W}}$를 부류내 퍼짐 행렬within-class scatter matrix이라 부른다.

$$\left.\begin{aligned}\bar{s}_1^2 + \bar{s}_2^2 &= \sum_{y\in\omega_1}(y - \bar{m}_1)^2 + \sum_{y\in\omega_2}(y - \bar{m}_2)^2 \\ &= \sum_{\mathbf{x}\in\omega_1}(\mathbf{w}^{\mathrm{T}}\mathbf{x} - \mathbf{w}^{\mathrm{T}}\mathbf{m}_1)^2 + \sum_{\mathbf{x}\in\omega_2}(\mathbf{w}^{\mathrm{T}}\mathbf{x} - \mathbf{w}^{\mathrm{T}}\mathbf{m}_2)^2 \\ &= \sum_{\mathbf{x}\in\omega_1}\mathbf{w}^{\mathrm{T}}(\mathbf{x} - \mathbf{m}_1)(\mathbf{x} - \mathbf{m}_1)^{\mathrm{T}}\mathbf{w} + \sum_{\mathbf{x}\in\omega_2}\mathbf{w}^{\mathrm{T}}(\mathbf{x} - \mathbf{m}_2)(\mathbf{x} - \mathbf{m}_2)^{\mathrm{T}}\mathbf{w} \\ &= \mathbf{w}^{\mathrm{T}}\mathbf{S}_{\mathrm{W}}\mathbf{w}\end{aligned}\right\} \tag{8.44}$$

$$\text{이때 } \mathbf{S}_{\mathrm{W}} = \mathbf{S}_1 + \mathbf{S}_2\text{이고, } \mathbf{S}_i = \sum_{\mathbf{x}\in\omega_1}(\mathbf{x} - \mathbf{m}_i)(\mathbf{x} - \mathbf{m}_i)^{\mathrm{T}} \tag{8.45}$$

이제 분자를 변환해 보자. (8.46)의 간단한 수식 전개를 통해 분자의 부류간 퍼짐을 $\mathbf{w}^{\mathrm{T}}\mathbf{S}_{\mathrm{B}}\mathbf{w}$로 변환하였다. 이때 (8.47)로 정의되는 행렬 $\mathbf{S}_{\mathrm{B}}$를 부류간 퍼짐 행렬between-class scatter matrix이라 부른다.

$$\left.\begin{aligned}|\bar{m}_1 - \bar{m}_2|^2 &= (\mathbf{w}^{\mathrm{T}}\mathbf{m}_1 - \mathbf{w}^{\mathrm{T}}\mathbf{m}_2)^2 \\ &= \mathbf{w}^{\mathrm{T}}(\mathbf{m}_1 - \mathbf{m}_2)(\mathbf{m}_1 - \mathbf{m}_2)^{\mathrm{T}}\mathbf{w} \\ &= \mathbf{w}^{\mathrm{T}}\mathbf{S}_{\mathrm{B}}\mathbf{w}\end{aligned}\right\} \tag{8.46}$$

$$\text{이때 } \mathbf{S}_{\mathrm{B}} = (\mathbf{m}_1 - \mathbf{m}_2)(\mathbf{m}_1 - \mathbf{m}_2)^{\mathrm{T}} \tag{8.47}$$

분모와 분자를 변환하여 얻은 새로운 식 (8.44)와 (8.46)을 목적 함수 (8.43)에 대입하면 (8.48)을 얻는다.

$$J(\mathbf{w}) = \frac{\mathbf{w}^{\mathrm{T}}\mathbf{S}_{\mathrm{B}}\mathbf{w}}{\mathbf{w}^{\mathrm{T}}\mathbf{S}_{\mathrm{W}}\mathbf{w}} \tag{8.48}$$

이제 (8.48)의 목적 함수를 최대로 하는 $\mathbf{w}$를 찾으면 된다. $\frac{\partial J(\mathbf{w})}{\partial \mathbf{w}} = 0$으로 두고 풀면 (8.49)를 만족하는 $\mathbf{w}$가 $J(\mathbf{w})$를 최대로 함을 알 수 있다.

$$(\mathbf{w}^{\mathrm{T}}\mathbf{S}_{\mathrm{W}}\mathbf{w})\mathbf{S}_{\mathrm{B}}\mathbf{w} = (\mathbf{w}^{\mathrm{T}}\mathbf{S}_{\mathrm{B}}\mathbf{w})\mathbf{S}_{\mathrm{W}}\mathbf{w} \tag{8.49}$$

위 식을 분해해 보자. 먼저 좌변에 나타난 $\mathbf{S}_{\mathrm{B}}\mathbf{w}$에 주목하자. (8.47)을 가만 살펴보면 $\mathbf{S}_{\mathrm{B}}\mathbf{w}$는 $\mathbf{m}_1 - \mathbf{m}_2$와 같은 방향임을 알 수 있다. 또한 $\mathbf{w}$는 $d*1$ 행렬이고 $\mathbf{S}_{\mathrm{W}}$와 $\mathbf{S}_{\mathrm{B}}$는 $d*d$ 행렬이므로 $(\mathbf{w}^{\mathrm{T}}\mathbf{S}_{\mathrm{W}}\mathbf{w})$와 $(\mathbf{w}^{\mathrm{T}}\mathbf{S}_{\mathrm{B}}\mathbf{w})$는 스칼라 값을 가진다. 따라서 아래와 같은 수식 전개가 가능하다.

$$(\mathbf{w}^{\mathrm{T}}\mathbf{S}_{\mathrm{B}}\mathbf{w})\mathbf{S}_{\mathrm{W}}\mathbf{w} = (\mathbf{w}^{\mathrm{T}}\mathbf{S}_{\mathrm{W}}\mathbf{w})\mathbf{S}_{\mathrm{B}}\mathbf{w}$$

$$(\mathbf{w}^{\mathrm{T}}\mathbf{S}_{\mathrm{B}}\mathbf{w})\mathbf{S}_{\mathrm{W}}\mathbf{w} = (\mathbf{w}^{\mathrm{T}}\mathbf{S}_{\mathrm{W}}\mathbf{w})\alpha_1(\mathbf{m}_1 - \mathbf{m}_2)$$

$$\mathbf{S}_{\mathrm{W}}\mathbf{w} = \frac{\mathbf{w}^{\mathrm{T}}\mathbf{S}_{\mathrm{W}}\mathbf{w}}{\mathbf{w}^{\mathrm{T}}\mathbf{S}_{\mathrm{B}}\mathbf{w}}\alpha_1(\mathbf{m}_1 - \mathbf{m}_2)$$

$$\mathbf{S}_{\mathrm{W}}\mathbf{w} = \alpha_2\alpha_1(\mathbf{m}_1 - \mathbf{m}_2)$$

$$\mathbf{w} = \alpha_2\alpha_1\mathbf{S}_{\mathrm{W}}^{-1}(\mathbf{m}_1 - \mathbf{m}_2)$$

결국 최종 해로 (8.50)을 얻는다. 이 식을 **피셔의 선형 분별**linear discriminant이라 부른다. [그림 8.15]에서 보는 바와 같이 벡터 $\mathbf{w}$의 크기는 중요하지 않다. 따라서 α가 갖는 값의 크기는 중요하지 않다.

$$\mathbf{w} = \alpha\mathbf{S}_{\mathrm{W}}^{-1}(\mathbf{m}_1 - \mathbf{m}_2) \tag{8.50}$$

예제 8.8 피셔의 선형 분별

[그림 8.15]를 다시 사용한다. X의 샘플을 부류 별로 구분하여 적어 보자.

$$\omega_1 \text{ 샘플 (파랑)}: \mathbf{x}_2 = (2, 4)^{\mathrm{T}}, \mathbf{x}_4 = (4, 3)^{\mathrm{T}}$$

$$\omega_2 \text{ 샘플 (검정)}: \mathbf{x}_1 = (2, 1)^{\mathrm{T}}, \mathbf{x}_3 = (4, 1)^{\mathrm{T}}$$

$\mathbf{m}_1$과 $\mathbf{m}_2$를 구하면 아래와 같다.

$$\mathbf{m}_1 = (3, 3.5)^{\mathrm{T}}$$

$$\mathbf{m}_2 = (3, 1)^{\mathrm{T}}$$

이제 부류내 퍼짐 행렬 $\mathbf{S}_{\mathrm{W}}$와 그것의 역행렬 $\mathbf{S}_{\mathrm{W}}^{-1}$를 계산해 보면 아래와 같다.

$$\begin{aligned}\mathbf{S}_{\mathrm{W}} &= \mathbf{S}_1 + \mathbf{S}_2 \\ &= \left[\begin{pmatrix}-1\\0.5\end{pmatrix}(-1 \quad 0.5) + \begin{pmatrix}1\\-0.5\end{pmatrix}(1 \quad -0.5)\right] + \left[\begin{pmatrix}-1\\0\end{pmatrix}(-1 \quad 0) + \begin{pmatrix}1\\0\end{pmatrix}(1 \quad 0)\right] \\ &= \begin{pmatrix}4 & -1\\-1 & 0.5\end{pmatrix}\end{aligned}$$

$$\mathbf{S}_{\mathrm{W}}^{-1} = \begin{pmatrix}0.5 & 1\\1 & 4\end{pmatrix}$$

(8.50)으로 해를 구하면 아래와 같다.

$$\mathbf{w} = \alpha\begin{pmatrix}0.5 & 1\\1 & 4\end{pmatrix}\begin{pmatrix}0\\2.5\end{pmatrix} = \alpha'\begin{pmatrix}1\\4\end{pmatrix}$$

w의 크기는 무시할 수 있으므로 정규 벡터로 바꾸면 아래와 같다.

$$\mathbf{w} = \left(\frac{1}{\sqrt{17}} \quad \frac{4}{\sqrt{17}}\right)^{\mathrm{T}} = (0.24254\ 0.97014)^{\mathrm{T}}$$

[그림 8.16]은 이렇게 찾은 최적의 축과 투영된 점을 보여 준다. [그림 8.15]의 세 개의 축과 투영 결과를 비교해 보기 바란다.

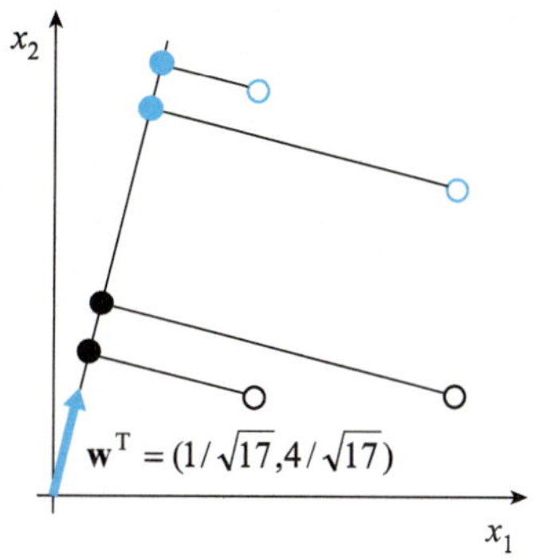

그림 8.16 피셔의 선형 분별

8.7 실용적 관점

8.1절에서 이미 강조하였듯이 특징 추출은 패턴인식의 전체 과정 중에서 외부 세계와 가까이 있기 때문에 외부 환경에 가장 많은 영향을 받는다. 이 말은 패턴 원천이 처한 환경, 즉 패턴의 종류, 센서의 특성, 원하는 과업, 그리고 원하는 성능 등에 따라 어떤 특징을 추출할지를 결정해야 한다는 것을 뜻한다. 따라서 패턴인식 과정 중에서 휴리스틱한 경험과 실험에 따른 시행착오가 가장 많이 필요한 단계이다. 이 절에서는 보다 우수한 특징을 설계하는 데 도움이 될 몇 가지 실용적인 방법을 제시한다.

8.7.1 특징 결합

1장에서 다루었던 필기 숫자를 인식하는 문제를 다시 살펴보자. [그림 8.17]은 [그림 1.5]의 검은 화소 비율이라는 특징을 다시 보여 준다. 상하 비율을 나타내는 특징 x_1의 경우 [그림 8.17(a)]에서 보듯이 숫자 6은 1.0보다 작은 값을 갖는 경향이 있다. 왜냐하면 대체적으로 숫자 6은 아래 부분에 검은 화소가 더 많이 분포하기 때문이다. 하지만 [그림 8.17(b)]를 보면 그렇지 않은 샘플을 볼 수 있다. 확률적으로 [그림 8.17(a)]와 같은 경우가 더 많지만 그렇지 않은 상황도 간혹 발생하는 것이다. 이런 특이한 상황에도 불구하고 원하는 성능이 크게 높지 않아 이 특징으로 만족할 수 있다면 이들을 가지고 시스템을 설계하면 된다.[73]

하지만 더 높은 성능이 필요하다면 추가적인 작업을 해야 한다. 이때 두 가지 방법이 있다. 첫째는 이들 특징을 버리고 다른 특징을 설계하는 것이다. 예를 들면 8*8 비트맵 영상의 푸리에 변환을 구하고 8*8=64개의 계수 중에 8개를 특징으로 취하여 8차원 특징 벡터를 구성할 수 있다. 만일 새로운 실험에서 이 푸리에 특징이 원하는 성능을 만족하는 것이 확인되면 특징 설계는 끝나는 것이다.

두 번째 방법은 이들 특징에 새로운 특징을 추가하는 것이다. 예를 들어 8.2.2절의 프로파일 특징을 추가할 수 있다. 상하좌우에서 각각 4개씩의 특징을 추출하였다면 이들 16개의 특징을 추가하여 18차원 특징 벡터를 만든다. 이러한 방법을 **특징 결합**feature combination이라 한다. 이렇게 하면 분명 성능이 향상될 것이다. 왜냐하면 검은 화소 비율과 프로파일 값이 우연히 둘 다 경향을 어길 가능성이 작기 때문이다. 예를 들어 검은 화소 비율이 [그림 8.17(b)]와 같이 거꾸로 되어 있다 하더라도 프로파일 값이 제대로 되어 있다면 그 샘플은 옳게 인식될 확률이 높다.

이들 두 종류의 특징이 가지는 성질을 가만 들여다 보자. 먼저 검은 화소 비율은 전역 정보global information를 가진다. 이 특징은 검은 화소의 개수만을 사용하며 같은 구역 내에서는 검은 화소가 어디에 위치하건 상관하지 않는다. 두 구역 중에 어느 쪽에 검은 화소가 많은지에 대한 정보만을 가지는 것이다. 이 특징은 패턴의 전체적인 모양에 관한 정보를 가지지만 패턴의 특정 부분에 대한 정보는 전혀 담지 못한다. 프로파일 특징은 패턴의 특정 부분에 대한 오목과 볼록 정보를 나타낸다. 즉 지역 정보local information를 가진다. 이들 특징은 패턴의 전체적인 모양에 대한 정보는 가지지 못하는 반면 패턴의 특정 부위에 대한 정보를 훌륭히 담고 있다. 이렇듯 특징들은 서로 다른 능력을 가진다. 어느 하나가 다른 것을 누를 수 있는 것이 아니고 둘 다 필요한 것이다.

---

[73] 사실 이렇게 단순한 특징 몇 개로 높은 성능의 필기 인식기를 기대할 수 없다. 실제로 필기 문자 인식에 사용되는 높은 성능의 특징 추출에 대해서는 [Oh98, Trier96]을 참고하기 바란다.

들이 협력하여 패턴인식의 궁극적인 목표인 100%에 가까운 높은 성능을 달성해야 하는 것이다.

특징 결합은 다중 전문가multiple expert라는 개념과 맥을 같이 한다. 하나의 전문가가 다른 것을 모두 누를 정도로 우수한 경우는 매우 드물다. 사람의 능력도 비슷하다! 패턴인식에서는 하나의 특징 벡터가 다른 모든 것보다 우수한 경우는 극히 드물다. 따라서 서로 다른 성질을 갖는 특징들을 결합하여 사용하는 경우가 적지 않다. 이 책은 이러한 접근 방법을 중요하게 다룰 것이다. 12장의 혼성 모델이 바로 그것이다. 결합하는 대상이 특징인지 분류기인지만 다르고 기본적인 철학은 같다.

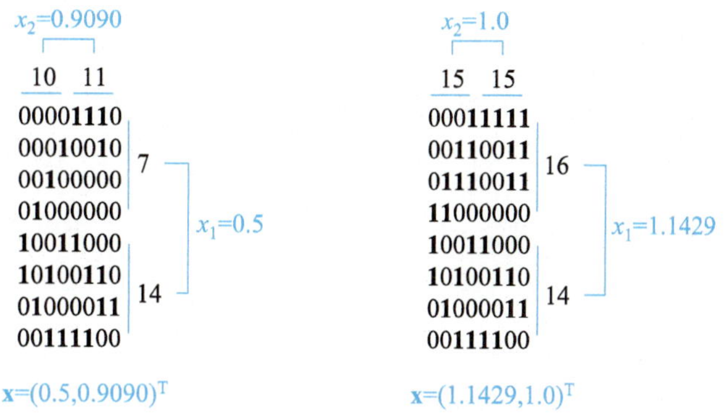

(a) 경향을 따르는 상황 (b) 경향을 어기는 상황

그림 8.17 특징의 성질(숫자 부류 6)

8.7.2 특징 전처리

센서로부터 얻은 신호 또는 특징 추출로 얻은 특징 벡터는 상황에 따라 몇 가지 전처리 과정이 필요할 수 있다. 여기에서는 특징의 분별력을 높일 수 있는 세 가지 전처리 방법을 제시한다.

거리 개념이 없는 특징의 변환

특징은 거리 개념을 갖는지 여부로 구분할 수 있다.[74] 나이, 키, 검은 화소의 수, 영역의 둥근 정도 등은 모두 거리 개념을 갖는다. 키가 170인 샘플은 190보다 180에 가깝다. 따라서 특징 공간에서 수행하는 대부분 연산이 의미를 갖는다. 하지만 거리 개념이 없는 특징도 있다. 예를 들어 직업, 혈액형, 성씨, 국적 등이 이에 해당한다. 박 씨가 이 씨보다 김 씨에게 더 가깝다는 말은 성립하지 않는다. 거리 개념이 없는 특징은 편의상 정수를 부여하여 표현한다. 예를 들어 직업의 경우 학생은 1, 교수는

[74] 거리 개념이 없는 특징을 6장에서는 질적qualitative 특징이라고 하였고 10장에서는 명칭norminal 특징이라고 부른다.

2, 연예인은 3, 정치인은 4와 같이 부여한다.

거리 개념이 없는 특징 x_i가 [1, n] 사이의 정수를 갖는다면 이 특징을 n개의 특징 x_{i1}, x_{i2}, ⋯ , x_{in}으로 확장하여 거리 개념을 확보할 수 있다. 새로운 특징 x_{ij}는 이진 값을 가지며 $x_i = k$라면 k번째 특징 x_{ik}만 1을 갖고 나머지 $n-1$개의 특징은 0을 갖게 하면 된다. 이제 x_i가 다른 값을 가진 두 샘플 간의 거리는 $\sqrt{2}$가 되고 같은 값을 가진 샘플의 거리는 0이 된다. 이 변환은 특징 벡터의 차원을 증가시킨다.

특징 값의 정규화

어떤 특징은 값의 범위가 매우 크고 어떤 특징은 작은 경우가 있다. 이런 경우 샘플의 거리를 측정한다든지 오류율을 추정하는 등의 작업에서 동적 범위가 큰 변수가 결과를 주도하게 될 수 있다. 하지만 그런 변수가 영향력이 반드시 큰 것은 아니다. 이러한 바람직하지 않은 현상은 정규화를 통해 해결할 수 있다.

가장 쉽게 생각할 수 있는 방법은 특징의 동적 범위를 원하는 범위로 선형 변환하는 것이다. (8.51)은 선형 변환을 이용한 동적 범위 정규화dynamic range normalization 식이다. x_i는 변환하고자 하는 특징이고 $\tilde{x}_i$는 변환된 특징 값이다. $[min_i, max_i]$는 x_i의 동적 범위이고 $[low_i, high_i]$는 새로운 동적 범위이다. $[min_i, max_i]$는 훈련 집합에 있는 모든 샘플에 대해 x_i의 최솟값과 최댓값을 찾으면 된다. 물론 부류의 구분 없이 훈련 집합에 있는 모든 샘플을 대상으로 해야 한다. 또는 동적 범위에 대한 지식이 있다면 그걸 이용하여 설정해도 된다. 만일 특징 벡터를 구성하는 모든 특징이 같은 동적 범위를 갖게 하고자 한다면 모든 i에 대해 $[low_i, high_i] = [low, high]$로 하고 각각의 특징에 대해 (8.51)을 독립적으로 수행하면 된다.

$$\tilde{x}_i = low_i + \frac{high_i - low_i}{max_i - min_i}(x_i - min_i) \tag{8.51}$$

(8.51) 방법의 장점은 단순하다는 것이고 단점은 잡음에 매우 민감하다는 것이다. 예를 들어 실제 동적 범위가 [0, 5] 정도인데 잡음으로 인해 20이란 값을 갖는 샘플이 하나 발생하였다면 $[min_i, max_i] = [0, 20]$을 가지고 계산하게 된다. 이러한 단점을 극복하기 위해서는 통계에 의지하면 된다. (8.52)는 통계에 근거한 변환을 보여 준다. $\bar{x}_i$와 σ_i는 각각 x_i의 평균과 표준 편차이다. 변환에 의해 새로 얻은 $\tilde{x}_i$는 평균 0과 표준 편차 1을 갖는다. 만일 모든 특징을 정규화하고 싶다면 각각의 특징에 대해 독립적으로 (8.52)를 수행하면 된다.

$$\tilde{x}_i = \frac{x_i - \bar{x}_i}{\sigma_i} \tag{8.52}$$

예제 8.9 **특징 정규화**

사람을 키와 몸무게라는 두 가지 특징으로 표현한다고 하자. 키는 m 단위로 측정하고 몸무게는 kg 단위로 측정한다고 하자. 네 개의 샘플이 아래와 같이 주어졌다.

$$\mathbf{a} = (1.60, 70.0)^{\mathrm{T}}, \quad \mathbf{b} = (1.65, 65.5)^{\mathrm{T}}, \quad \mathbf{c} = (1.95, 71.0)^{\mathrm{T}}, \quad \mathbf{d} = (1.68, 72.0)^{\mathrm{T}}$$

a와 **b** 그리고 **a**와 **c** 사이의 거리를 계산해 보자. 샘플 **a**와 **b**의 거리는 4.5이고 **a**와 **c**의 거리는 1.059로써 거리 함수에 따르면 **a**는 **b**보다 **c**에 더 가깝다. 하지만 **a**와 **c**는 키가 35cm나 차이가 나므로 실제로는 매우 멀다고 볼 수 있다. 몸무게라는 특징의 동적 범위가 키에 비해 월등히 커서 거리를 주도하기 때문에 발생하는 바람직하지 못한 현상이다.

$$dist(\mathbf{a}, \mathbf{b}) = \sqrt{(1.60 - 1.65)^2 + (70.0 - 65.5)^2} = 4.500$$

$$dist(\mathbf{a}, \mathbf{c}) = \sqrt{(1.60 - 1.95)^2 + (70.0 - 71.0)^2} = 1.059$$

(8.51)을 이용하여 두 특징을 모두 [0, 1]의 동적 범위로 정규화 해보자. 첫 번째 특징 x_1의 동적 범위는 $[min_1, max_1]$= [1.60, 1.95]이고 x_2는 $[min_2, max_2]$= [65.5, 72.0]을 갖는다. 따라서 아래 식을 유도할 수 있다.

$$\tilde{x}_1 = 0 + \frac{1 - 0}{1.95 - 1.60}(x_1 - 1.60) = \frac{1}{0.35}(x_1 - 1.60)$$

$$\tilde{x}_2 = 0 + \frac{1 - 0}{72.0 - 65.5}(x_2 - 65.5) = \frac{1}{6.5}(x_2 - 65.5)$$

위 식을 이용하여 특징 변환을 수행하면 아래에 있는 새로운 특징 벡터 **a′**, **b′**, **c′**, **d′**를 얻게 된다. 새로운 샘플 **a′**와 **b′**의 거리는 0.707이고 **a′**와 **c′**의 거리는 1.012가 된다. 이제 거리 함수에 대해 **a′**는 **c′**보다 **b′**에 더 가깝다.

$$\mathbf{a}' = (0, 0.692)^{\mathrm{T}}, \quad \mathbf{b}' = (0.143, 0)^{\mathrm{T}}, \quad \mathbf{c}' = (1, 0.846)^{\mathrm{T}}, \quad \mathbf{d}' = (0.229, 1)^{\mathrm{T}}$$

$$dist(\mathbf{a}', \mathbf{b}') = \sqrt{(0 - 0.143)^2 + (0.692 - 0)^2} = 0.707$$

$$dist(\mathbf{a}', \mathbf{c}') = \sqrt{(0 - 1)^2 + (0.692 - 0.846)^2} = 1.012$$

(8.52)를 이용한 정규화는 연습 문제로 남겨 둔다.

손실 특징의 보충

샘플의 어떤 특징 값이 지정되지 않은 경우가 있을 수 있다. 예를 들어 어떤 학생이 가족의 월수입을 기재하지 않았다면 그 학생 샘플은 손실 특징을 갖게 된다. 실제로 의료 데이터나 고객 데이터 등은 이런 경우가 적지 않게 발생한다.

훈련 집합이 충분히 큰 경우에는 손실 특징을 가진 샘플을 제거하면 된다. 하지만 이런 손실 특징은 보통 샘플이 충분치 않은 상황에서 발생한다. 따라서 이러한 샘플을 생각 없이 버리는 것은 매우 사치스러운 짓이다. 이런 경우에는 상황에 따라 적절한 방법을 강구해야 한다. 가장 쉬운 방법은 다른 샘플을 가지고 평균 값을 구하고 그 값으로 손실 값을 보충하는 것이다.

이제까지 특징 추출에 대해 설명하였다. 하지만 특징 설계 과정을 마친 것은 아니다. [그림 8.2]를 보면 특징 선택 과정이 기다리고 있다. 물론 추출한 특징 벡터가 원하는 성능을 충분히 달성하여 만족스럽다면 이후 과정은 생략하여도 된다.

하지만 성능을 추가로 높일 필요가 있다든지 아니면 성능은 만족스러운데 특징 벡터 차원이 너무 높아 어떤 문제를 야기시키면 9장의 특징 선택 과정을 거치는 것이 현명하다.

조세프 푸리에 Joseph Fourier

(1768년 3월 21일~1830년 5월 16일) 프랑스

"모든 함수는 서로 다른 주파수를 갖는 수많은 sine파와 cosine파의 합으로 표현할 수 있다." 이것이 푸리에가 세상에 내놓은 아이디어이다. 이 아이디어를 기반으로 탄생한 푸리에 변환은 신호 처리와 영상 처리에 폭 넓게 쓰인다. 패턴인식에서는 특징 추출을 위해 사용한다. 푸리에의 이 아이디어는 그 당시 유명한 수학자들의 논쟁을 불러일으켰는데 라그랑주Lagrange와 라플라스Laplace는 부정적으로 평가했다고 전한다. 푸리에는 대기의 가스가 지구의 온도를 높일 수 있다는 사실을 발견하기도 하였다. 그의 이 생각은 현재 지구가 앓고 있는 지구 온난화와 관련이 있다. 푸리에의 정치적인 이력이 매우 흥미롭다. 그는 프랑스 혁명에 가담하였으며 파벌 싸움의 와중에 단두대에 오를 뻔한 위기도 맞았다. 이후 나폴레옹의 이집트 원정에 과학 자문관으로 동행하였고 나중에 나폴레옹의 요청으로 그르노블Grenoble 지역의 주지사를 역임하기도 하였다. 이후 나폴레옹과 심한 갈등을 겪기도 한다. 푸리에에 대한 보다 상세한 내용은 [Arago05]를 참고하라.

[Arago05] Francois Arago, *Biographies of Distinguished Scientific Men*, (Translated by W.H. Smyth, Baden Powell, and Robert Grant) (Released on 2005 by the Project Gutenberg Ebook, http://www.gutenberg.org/etext/16775).

로널드 피셔 Ronald Aylmer Fisher

(1890년 2월 17일~1962년 7월 29일) 영국

패턴인식에서 피셔가 등장하는 곳은 크게 두 군데다. 하나는 최대 우도이고 다른 하나는 피셔의 선형 분별이다. 그가 정립한 최대 우도 이론을 역사적으로 조망한 흥미로운 논문이 있다 [Aldrich97]. 테스트용 데이터베이스로 널리 쓰이는 Iris 데이터도 그가 만들었다. 이런 이유로 그가 통계학자인 것으로 알려져 있는데 사실은 통계학뿐 아니라 유전학에도 큰 공헌을 하였다. 『이기적 유전자The selfish gene』라는 책으로 세계적인 주목을 받은 리처드 도킨스Richard Dawkins는 피셔를 '다윈의 후계자 중에 최고'라고 평할 정도이다. 피셔는 우생학eugenics에 많은 관심을 가졌으며 케임브리지 대학 시절 우생학 그룹을 결성하여 찰스 다윈Charles Darwin의 아들인 호레이스 다윈Horace Darwin과 같이 활동하기도 하였다. 그는 우생학을 유전학과 통계학의 접점으로 간주하였다. 그는 다윈의 자연 선택natural selection은 알려진 것보다 강한 힘으로 작용한다는 연구 결과를 제시하기도 하였다. 피셔는 인도 통계 연구원을 방문하여 마할라노비스Mahalanobis와 교류하기도 하였으며 1957년에 케임브리지 대학을 은퇴한 후에는 호주 애들레이드Adelaide 대학에서 말년을 보냈다. 그는 인종이 선천적으로 능력 차이를 지닌다는 주장을 펴기도 하였으며, 담배와 폐암의 상관 관계를 부정하는 주장을 펴기도 하였다. 피셔에 대한 보다 자세한 내용은 애들레이드 대학의 웹 [Adelaide(웹)] 또는 [Yates63]을 참고하라.

[Aldrich97] John Aldrich, "R.A. Fisher and the maximum likelihood 1912-1922, " *Statistical Science*, Vol.12, No.3, pp.162-176, 1997.

[Adelaide(웹)] http://digital.library.adelaide.edu.au/coll/special//fisher/.

[Yates63] Frank Yates and Kenneth Mather, "Ronald Aylmer Fisher, " *Biographical Memoirs of Fellows of the Royal Society of London*, Vol.9, pp.91-120, 1963.

01 아래 응용에서는 인식 시스템이 이미 개발되어 현장에서 사용되고 있다. 이들 시스템에 대해 답하여라. 필요하면 특정 제품을 조사하여 답해도 좋고 또는 자신의 아이디어로 설계한 내용을 제시하여도 좋다.

- 과속 단속용 번호판 인식
- 스팸 메일 필터
- 영상 처리를 사용한 과일 선별기
- 기계 장치를 사용한 과일 선별기
- 지문 인식기

❶ 센싱 장치가 출력하는 신호의 형태는?

❷ 신호로부터 특징을 추출하는 과정에 대해 구체적으로 설명하라.

02 파이프 공장에서 ㄱ, T, +형의 세 가지 조인트 부품을 생산한다. 아래 영상은 컨베이어 벨트를 지나가는 부품을 카메라로 찍은 것이다.

	0	1	2	3	4	5	6	7	8	9	0	1	2	3	4	5	6	7	8	9	0	1	2	3	4	5	6	7	8	9
0											1																			
1		1	1							1	1	1										1	1							
2		1	1	1	1						1	1	1			1	1					1	1	1	1					
3			1	1	1	1						1	1	1	1	1	1						1	1	1	1	1			
4					1	1	1				1	1	1	1	1	1								1	1	1	1	1	1	
5					1	1	1			1	1	1	1	1	1	1	1							1	1	1	1	1	1	1
6				1	1	1				1	1				1	1	1	1						1	1				1	1
7			1	1	1												1	1					1	1	1					
8		1	1	1																			1	1						
9																						1	1							

❶ 각각의 부품에 대해 체인 코드 표현을 제시하라.

❷ 각각의 부품에 대해 면적, 중점, 행 분산, 열 분산, 혼합 분산, 둘레, 그리고 둥근 정도의 7개 특징의 값을 계산하라.

❸ 이들 특징 각각에 대해 이동, 회전, 그리고 크기 변환에 대한 불변 여부를 설명하라.

❹ 세 가지 조인트를 분류하는 데 사용할 수 있는 특징은 어느 것인가?

03. (8.9)로 정의되는 혼합 분산은 양수와 음수를 모두 가질 수 있다. 양수일 때와 음수일 때의 영역의 모양이 어떻게 다른지 설명하라.

04 (8.11)로 정의되는 둥근 정도는 디지털 공간에서 오차를 보인다. 이 오차를 설명하기 위한 예를 제시하라. 그리고 이러한 오차를 줄이기 위한 방법에 대해 조사하라.

05 투영 특징과 프로파일 특징 각각에 대해 필기 숫자 인식에 어느 정도의 분별력을 발휘할지 설명하라.

06 어떤 특징이 변환에 불변이라는 사실은 인식 성능을 높이는 데 도움이 되는가? 아니면 방해가 되는가?

07 아날로그 신호를 등간격으로 샘플링하여 아래 신호를 얻었다. 이 신호로부터 푸리에 특징을 추출하라.

$$\mathbf{s} = (0.8, 1.2, 0.6, 0.5, 1.4)^T$$

08 아래 일곱 개의 샘플이 주어졌다.

$$(2, 3)^T, (2, 5)^T, (3, 6)^T, (4, 1)^T, (5, 2)^T, (5, 4)^T, (5, 6)^T$$

❶ PCA 기법으로 최적의 변환축을 구하여라.

❷ (8.34)로 정의되는 변환 행렬 **U**를 구하여라.

09 아래 일곱 개의 샘플이 주어졌다.

ω_1에 속하는 샘플: $(2, 3)^T, (2, 5)^T, (3, 6)^T$

ω_2에 속하는 샘플: $(4, 1)^T, (5, 2)^T, (5, 4)^T, (5, 6)^T$

❶ 피셔의 선형 분별로 투영축을 찾아라.

❷ $(1, 0)^T$, $(0, 1)^T$, $(1/\sqrt{2}, 1/\sqrt{2})^T$축과 ❶에서 구한 축에 대해 (8.43)의 목적 함수를 계산하고 그 결과를 바탕으로 ❶에서 구한 축의 우수성을 설명하라.

10 (3.49)를 (3.50)으로 변환하는 과정에서 $\mathbf{S}_B\mathbf{w}$는 $\mathbf{m}_1 - \mathbf{m}_2$와 같은 방향이라는 사실을 이용하였다. 이 사실을 증명하라.

11 8.6절의 피셔의 선형 분별은 투영축에 해당하는 벡터 **w**를 구해 준다. 하지만 완벽한 분별 함수가 되기 위해서는 바이어스 w_0도 필요하다. 즉 (8.37)은 $y = \mathbf{w}^T\mathbf{x} + w_0$로 확장되어야 한다. w_0를 구하기 위한 방법을 고안하라.

12 (8.52)를 이용하여 예제 8.9에 나타난 데이터에 대해 정규화를 수행하라.

CHAPTER 09

PATTERN RECOGNITION

특징 선택

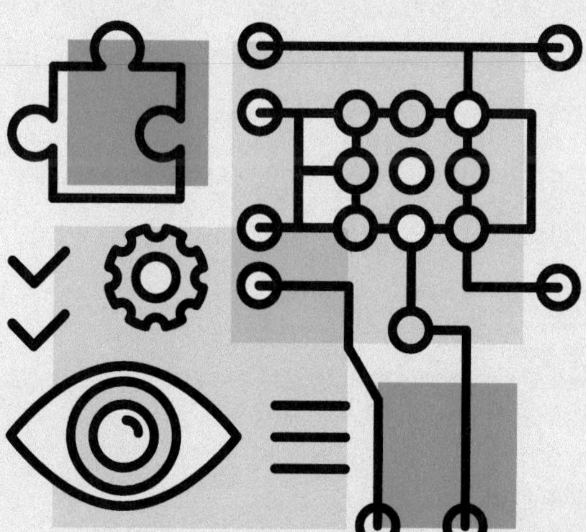

현재 우리가 어느 위치에 있는지를 8장의 [그림 8.2]를 보고 확인해 보자. 패턴인식은 두 가지 요소인 특징과 분류로 구성된다고 볼 수 있다. 8장과 9장은 이들 중에서 특징을 다루고 있다. 외부 세계로부터 센서로 획득한 신호 **s**를 컴퓨터 메모리에 저장한 후에는 특징 생성이라는 작업을 통하여 특징 벡터 **x**를 만들어야 한다. 특징 생성은 특징 추출과 특징 선택이라는 두 가지 과정을 거쳐 실현된다.

8장은 두 가지 과정 중에 먼저 실행해야 하는 특징 추출에 대해 공부하였다. 이제 특징 벡터 **x**가 만들어졌다. 이 특징 벡터가 인식률과 계산 시간이라는 두 가지 측면에서 만족할 만한 성능을 보이면 추가적인 작업이 필요 없이 이 특징 벡터를 사용하면 된다. 하지만 차원이 높아 계산 시간이 과다하다든지 원하는 인식률을 밑돈다면 이 장에서 공부할 특징 선택을 적용해야만 한다. 이러한 전후 맥락을 이해하고 구체적인 내용을 공부하는 것이 효과적이다.

특징 벡터는 차원이 낮을수록 좋고 분별력discriminatory power이 클수록 좋다. 물론 두 가지 기준이 모두 충족되어야 한다. 분별력이 형편없는데 차원만 낮다면 아무 의미가 없다. 앞으로 공부할 특징 선택의 중요한 목적은 분별력을 유지하면서 또는 향상시키면서 특징 벡터의 차원을 줄이는 것이다. 특징 벡터의 차원을 줄였을 때 얻는 이점 중의 가장 명확한 것은 계산량의 감소이다. 또 다른 이점은 일반화 능력을 향상시킬 수 있다는 것이다. 현실적으로 훈련 집합의 크기는 제한되어 있으므로 이 훈련 집합으로 추정해야 하는 분류기의 매개변수의 수를 적절하게 해야 한다. 분류기가 갖는 매개변수의 수는 특징의 수와 직접적으로 관련되므로 특징의 수를 적절히 해야 한다는 말과 같다.

특징 선택은 특징 벡터를 구성하는 특징의 집합에서 일부를 선택하여 특징 부분 집합feature subset을 구성하는 작업이다. 따라서 선택된 특징들은 모두 원래 값을 그대로 가진다.[75]

9.1절에서는 특징의 성질에 대해 공부한다. 앞 부분에서 특징 벡터의 분별력에 대한 직관적인 이해를 위한 설명이 제시되며 이어서 분별력을 측정하는 여러 가지 기준이 뒤따른다. 9.2절은 시간 복잡도를 포함하여 여러 특성을 제시함으로써 문제에 대한 이해를 돕는다. 9.3~9.5절은 특징 선택을 위한 방법을 구체적으로 설명한다.

특징 선택을 위한 튜토리얼 논문으로 [Guyon03a, Kittler86], 책은 [Guyon03b]를 추천한다.

[75] 8장에서 소개한 PCA도 차원을 줄여 주는데 PCA로 얻은 새로운 특징은 원래 특징과 다른 값을 갖는다. PCA는 특징 선택이 아니라 특징 추출 알고리즘이다.

9.1 특징의 분별력

이 절의 앞 부분은 특징의 성질에 대한 직관적인 이해를 돕기 위한 예제를 제시한다. 종이 상에 그리기 편리하도록 2차원 특징 벡터 $\mathbf{x} = (x_1, x_2)^T$를 사용한다. 이러한 직관적인 이해는 꼭 필요하지만 그것으로 충분하지는 않다. 특징 벡터의 차원이 수십~수백인 상황에서 작업해야 하기도 하고 많은 경우에 분별력에 대한 수치적인 측정이 필요하다. 따라서 9.1.2절에서는 분별력 측정 방법을 여러 가지 제시한다.

9.1.1 직관적 이해

[그림 9.1]은 특징의 분별력과 관련하여 몇 가지 상황을 보여 주고 있다. 먼저 **부류내 분산**within-class variance과 **부류간 분산**between-class variance이라는 개념을 공부하자. 부류내 분산은 같은 부류에 속하는 샘플이 얼마나 퍼져 있는지에 관한 척도이다. [그림 9.1(a)]에서는 같은 부류에 속하는 샘플들이 밀집되어 있다. 따라서 부류내 분산이 작다. 부류간 분산은 서로 다른 부류의 분포가 얼마나 멀리 떨어져 있는지에 관한 척도이다. [그림 9.1(a)]에서는 두 부류의 분포가 멀리 떨어져 있으므로 부류간 분산이 크다. [그림 9.1(a)]의 두 특징으로 정의되는 특징 벡터는 아주 훌륭하다. 비슷한 관점으로 [그림 9.1(c)]를 살펴보자. 두 부류의 분포가 거의 겹친다. 따라서 부류간 분산이 거의 0에 가깝다. 이 특징 벡터는 분별력이 거의 없어 쓸모가 없다. 게다가 부류내 분산도 [그림 9.1(a)]에 비해 크다. [그림 9.1(b)]는 [그림 9.1(c)]에 비하면 훨씬 양호하다. 하지만 [그림 9.1(a)]에 비하면 부류내 분산이 크고 부류간 분산이 작은 편이다. 따라서 [그림 9.1(a)]의 특징 벡터에 비하면 분별력이 떨어진다고 말할 수 있다. 결론적으로 특징 벡터는 '부류내 분산은 작을수록, 부류간 분산은 클수록' 좋다.

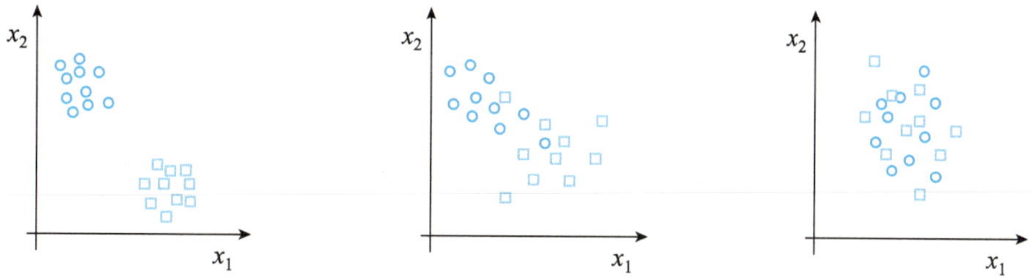

(a) 부류내 분산은 작고 부류간 분산은 큰 상황

(b) 부류내 분산은 크고 부류간 분산은 작은 상황

(c) 부류간 분산이 0에 가까워 분별력이 없는 상황

그림 9.1 특징 벡터 $\mathbf{x} = (x_1, x_2)^T$의 분별력

특징 공간에서 샘플이 분포하는 모양에 대해 살펴보기로 하자. [그림 9.2]가 몇 가지 상황을 보여주는데, 이들은 특징을 직관적으로 이해하는 데 매우 효과적이다. 이 그림

은 선형 분리가 가능한지 여부([그림 9.2(a)]), 모드의 개수([그림 9.2(b)]), 그리고 특징들 간의 상관 관계([그림 9.2(c)])라는 세 가지 기준에 따라 서로 다른 상황을 제시하고 있다.

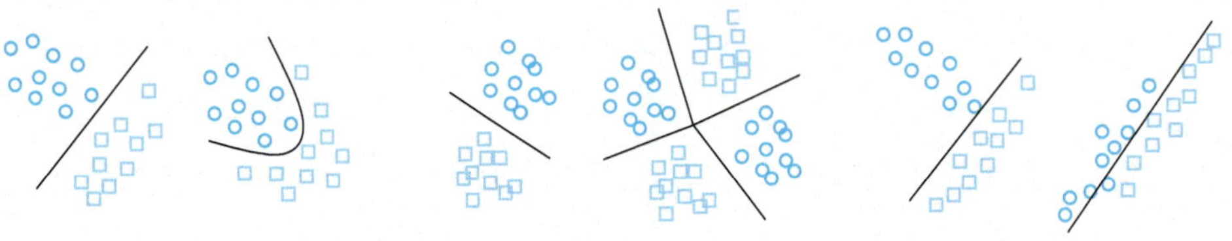

(a) 선형 분리 가능과 불가능 (b) 단일 모드와 다중 모드 (c) 다른 공분산과 같은 공분산

그림 9.2 샘플 분포가 만드는 여러 가지 모양

지금까지는 2차원 특징 공간을 시각적으로 표현하고 거기에서 직관적인 이해를 시도하였다. 하지만 실제 세계는 매우 높은 차원의 데이터를 다루므로 이러한 시도가 불가능하다. 예를 들어 8.5.3절의 얼굴 인식에서 고유 얼굴 특징 추출은 수십 차원의 특징 벡터를 만들어 준다. 필기 문자 인식에서는 수십~수백 차원의 특징 벡터를 사용하는 것이 보통이다. 이런 상황에서는 결국 수학의 힘을 빌릴 수밖에 없다.

9.1.2 분별력 측정

앞 절에서 2차원 특징 공간의 그림을 통해 특징 벡터 **x**의 성질을 직관적으로 살펴 보았다. 이제는 **x**의 좋고 나쁨을 수량적으로 평가할 수 있는 기준 함수에 대해 공부하자. 특징 벡터 **x**가 얼마나 좋은지의 척도를 **분별력**discriminatory power이라 부른다. 또는 **부류 분리**class separation 능력이라 부른다. 곧이어 널리 사용되는 척도 세 가지를 제시한다.

다이버전스

서로 다른 두 부류 ω_i와 ω_j에 대해 이들의 확률 분포 $p(\mathbf{x}|\omega_i)$와 $p(\mathbf{x}|\mathrm{w}_j)$의 거리가 멀수록 **x**는 두 부류를 잘 분별해 주므로 좋은 특징 벡터라 할 수 있다. [그림 9.3]은 두 확률 분포의 거리가 가까운 경우와 먼 경우를 보여 준다. 물론 [그림 9.3(b)]와 같이 거리를 멀게 해주어야 좋은 특징이다.

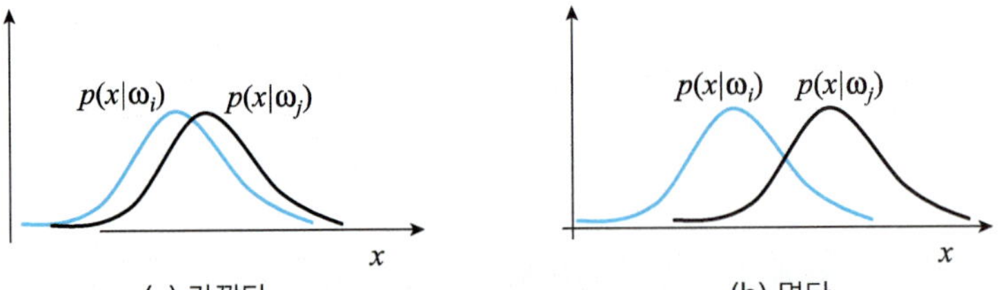

(a) 가깝다 (b) 멀다

그림 9.3 두 확률 분포 간의 거리

그렇다면 두 확률 분포 간의 거리는 어떻게 측정할 수 있을까? 부록 A(정보 이론)의 KL(Kullback-Leibler) 다이버전스를 여기에 활용할 수 있다. 두 확률 분포의 거리를 (9.1)로 정의할 수 있다. KL 다이버전스는 대칭이 아니므로 두 KL 다이버전스의 합으로 정의하여 대칭성을 확보한다. (9.1)로 정의되는 d_{ij}를 부류 ω_i와 ω_j의 **다이버전스** divergence라 한다.

$$d_{ij} = KL(p(\mathbf{x}|\omega_i), p(\mathbf{x}|\omega_j)) + KL(p(\mathbf{x}|\omega_j), p(\mathbf{x}|\omega_i)) \tag{9.1}$$

(9.1)은 두 개 부류에 대한 다이버전스인데 이것을 M 부류로 확장하면 (9.2)와 같다.

$$d = \sum_{i=1}^{M}\sum_{j=1}^{M} P(\omega_i)P(\omega_j)d_{ij} \tag{9.2}$$

다이버전스는 확률 분포 간의 거리를 측정해 주므로 분별력 척도로 훌륭하다고 할 수 있다. 하지만 현실적인 문제가 있다. 그것은 확률 분포 $p(\mathbf{x}|\omega_i)$, $1 \le i \le M$을 알고 있을 때만 적용이 가능하다는 것이다. 3장의 확률 분포 추정을 위한 여러 방법이 안고 있는 차원의 저주와 같은 문제를 고스란히 이어받게 된다.

훈련 샘플의 거리

이번 척도는 훈련 집합에 있는 샘플을 가지고 직접 측정할 수 있다. 따라서 앞에서 살펴 본 다이버전스보다 현실에 적용하기가 쉽다. 부류 ω_i에 속한 샘플 집합을 X_i라 하고, X_i의 k번째 샘플을 $\mathbf{x}_i^k$로 표기하자. 서로 다른 두 부류 ω_i와 ω_j 간의 거리는 (9.3)으로 측정할 수 있다. N_i는 X_i의 샘플 개수이다. $dist(\mathbf{x}_i, \mathbf{x}_j)$는 두 점 $\mathbf{x}_i$와 $\mathbf{x}_j$ 간의 거리로서 어떠한 거리 척도라도 적용이 가능하다. 보통 마할라노비스 거리 또는 유클리디안 거리를 많이 사용한다.

$$d_{ij} = \frac{1}{N_i N_j}\sum_{k=1}^{N_i}\sum_{m=1}^{N_j} dist(\mathbf{x}_i^k, \mathbf{x}_j^m) \tag{9.3}$$

예제 9.1 **부류간 거리**

[그림 9.4]는 $X_i = \{(1, 1)^T, (1, 2)^T\}$이고 $X_j = \{(3, 1)^T, (4, 1)^T, (4, 2)^T\}$인 상황을 보여준다. $N_i = 2$와 $N_j = 3$이다. 두 부류 ω_i와 ω_j에 간의 거리를 (9.3)을 이용하여 계산해 보면 2.760이 됨을 알 수 있다.

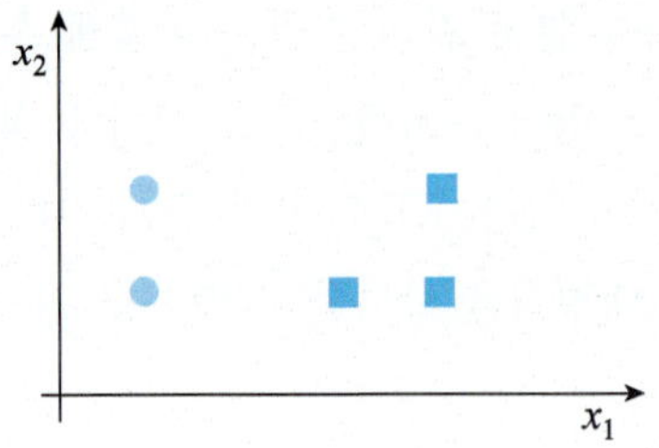

그림 9.4 부류간 거리 측정을 위한 예

$$d_{ij} = \frac{1}{2*3}(dist((1, 1), (3, 1)) + dist((1, 1), (4, 1)) + dist((1, 1), (4, 2)) + dist((1, 2), (3, 1)) + dist((1, 2), (4, 1)) + dist((1, 2), (4, 2)))$$
$$= \frac{1}{6}(2 + 3 + \sqrt{10} + \sqrt{5} + \sqrt{10} + 3) = 2.760$$

(9.3)은 두 개 부류 간의 거리를 정의하고 있다. 이것을 M개 부류로 확장하면 (9.4)와 같다.

$$d = \sum_{i=1}^{M}\sum_{j=1}^{M}P(\omega_i)P(\omega_j)d_{ij} \tag{9.4}$$

분류기의 성능

더욱 현실적인 척도도 있다. 예를 들어 분류기로 SVM을 사용하기로 결정하였다면 특징 벡터 **x**를 SVM으로 평가할 수 있다. 주어진 특징 벡터 **x**에 대하여 훈련 집합을 가지고 SVM을 훈련하고 검증 집합을 가지고 성능을 측정한다. 이렇게 얻은 성능을 특징 벡터 **x**의 분별력으로 취한다.

앞의 다른 방법에 견주어 이 방법의 장점은 사용하고자 하는 분류기에 딱 맞는 특징 벡터를 찾아낼 수 있다는 점이다. 예를 들어 다이버전스를 사용한다면 최적의 특징 벡터를 결정하였다 하더라도 그것이 SVM에서도 최적이라는 보장은 없는 것이다. 단점은 새로운 특징 벡터마다 분류기를 훈련해야 하는데 이때 드는 계산 시간이 과다하다는 점이다. 최적의 특징 벡터를 찾기 위해서는 아주 많은 수의 서로 다른 특징 벡터를 평가해야 하기 때문이다. 평가해야 하는 특징 벡터의 수에 대해서는 곧바로 이어지는 9.2절에서 공부하기로 하자.

9.2 특징 선택 문제의 이해

개와 고양이를 분류하는 데 사용하는 특징 벡터에 눈의 개수라는 특징이 들어 있다면 넌센스이다. 두 동물 모두 눈이 두 개이므로 이 특징은 전혀 쓸모가 없다. 이 특징을 제거하고 특징 벡터의 차원 하나를 줄여야 한다.

[그림 9.5]를 보자. 1장에서 사용한 필기 숫자에서의 특징 추출 예를 다시 사용하는 것이다. 비트맵 전체의 흑 화소 개수(T)와 위 부분의 흑 화소 개수(u)의 비율을 첫 번째 특징으로 하고 아래 부분의 흑 화소 개수(d)와의 비율을 두 번째 특징으로 삼은 상황이다. 얼핏 보기에 두 개의 특징을 사용할 수 있게 된 것 같다. 하지만 잘 생각해 보면 두 특징은 $x_1 = 1 - x_2$ 관계를 가지므로 중복성이 매우 강함을 알 수 있다. 두 개의 특징 각각은 의미 있는 분별력을 가지고 있으나 둘 중 하나만 있어도 되는 것이다.

```
00001110
00010010  u=7
00100000
01000000          T=21
10011000
10100110
01000011  d=14
00111100
```

$\mathbf{x}=(x_1,x_2)^{\mathrm{T}}=(u/T,d/T)^{\mathrm{T}}=(1/3,2/3)^{\mathrm{T}}$

그림 9.5 숫자 인식의 예에서 특징의 중복성

앞에서 두 가지 예를 들어 특징 선택의 필요성을 제기하였다. 이러한 예는 매우 직관적인 경우이므로 선택 과정에서 버려야 할 특징을 아주 쉽게 판단할 수 있다. 하지만 실제 패턴인식 시스템을 설계하는 상황에서는 복잡한 알고리즘을 통해 특징이 추출된다. 또한 서로 다른 알고리즘으로 추출한 특징을 결합하여 사용하기도 하므로 버려야 할 특징이 뚜렷이 보이지 않을 가능성이 매우 높다. 또한 쓸모는 있더라도 계산 자원이 한정되어 있어(특히 모바일 단말기와 같은 환경에서) 쓸모가 높은 특징 일부만 선택해야 하는 상황도 있다.

특징 선택feature selection은 d개의 특징을 갖는 특징 집합 F에서 $\hat{d}$개를 갖는 최적의 특징 부분 집합feature subset $\hat{F}$을 선택하는 문제이다. 주어진 집합에서 최적의 부분 집합을 찾는 이러한 종류의 문제를 **부분 집합 선택**subset selection 문제라 부른다.[76] 물론 $d > \hat{d}$이다. 다시 말해 d차원의 특징 벡터가 $\hat{d}$차원이 되는 것이다. 최적의 기준은 9.1.2절의

[76] 패턴인식에는 특징 선택 이외에도 부분 집합 선택 문제가 몇 가지 더 있다. 대표적으로 12장의 혼성 모델에서 공부할 분류기 앙상블 선택 문제가 여기에 속한다. 또한 k-NN을 위한 프로토타입 선택과 신경망 아키텍처에서 가중치 또는 노드 선택 문제도 있다.

분별력 중의 하나를 사용하면 된다. 알고리즘 설명의 편의상 지금까지 사용해 오던 특징 벡터 $\mathbf{x} = (x_1, x_2, \cdots, x_d)^T$ 표현을 특징 집합 $F = \{x_1, x_2, \cdots, x_d\}$로 표현한다. 알고리즘에게 $\hat{d}$를 미리 지정해 줄 수도 있고 알고리즘이 자동으로 최적의 $\hat{d}$를 찾게 할 수도 있다. 이 책에서는 $\hat{d}$의 범위 $[\hat{d}_1, \hat{d}_2]$를 지정하는 방식을 사용한다. 다시 말해 크기가 $\hat{d}_1 \le |S| \le \hat{d}_2$인 부분 집합을 대상으로 탐색한다. $|S|$는 집합 S의 크기이다.

그렇다면 특징 선택 문제가 어려운가? 계산 시간을 고려하지 않는다면 알고리즘 구상은 매우 쉽다. 집합 F의 모든 부분 집합을 분별력 기준으로 평가한 후 그 중 가장 높은 점수를 받은 부분 집합을 선택하여 출력하면 되는 것이다. [그림 9.6]은 특징 선택을 위한 알고리즘의 골격을 보여 준다. 특징 선택 알고리즘은 부분 집합 생성기와 분별력 측정기로 구성된다. 분별력 측정기는 9.1.2절에 있는 또는 그 외의 적절한 분별력 측정 함수를 사용하면 된다. 앞으로는 분별력 측정기가 부분 집합 S를 평가하기 위해 사용하는 함수를 (9.5)의 $J(S)$라는 표기를 사용한다. 이 함수의 출력을 S의 점수라 부르기로 하자.

$$J(S) = \text{부분 집합 } S\text{의 분별력} \tag{9.5}$$

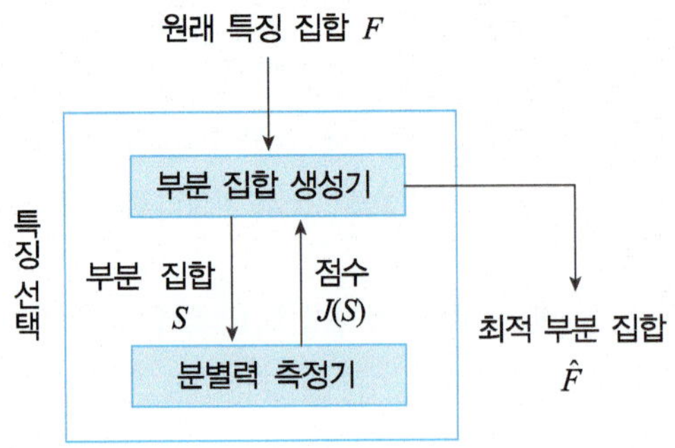

그림 9.6 특징 선택 알고리즘의 골격

이 문제는 전형적인 조합적 최적화combinatorial optimization 문제이다.[77] 조합적 최적화 문제는 문제의 크기가 커짐에 따라 계산량이 기하 급수적으로 증가하는 문제를 안고 있다. 특징 선택에서는 2^d개의 부분 집합이 발생한다.[78] 따라서 $[\hat{d}_1, \hat{d}_2] = [1, d]$로 두어 모든 부분 집합을 대상으로 한다면 $\Theta(2^d)$의 계산 복잡도를 가진다. 표 9.1은 어떤 컴퓨터가 부분 집합 하나를 평가하는 데 1/1000초가 걸린다고 할 때 특징 선택에 걸

[77] 조합적 최적화 문제는 n개의 요소가 입력으로 주어지면 이들이 만드는 순열 또는 조합이 후보 해가 되는 문제를 말한다. 따라서 n의 지수 개수의 후보 해 중에서 가장 좋은 해를 찾는 탐색 문제를 풀어야 한다. 순회 세일즈맨traveling sales person(TSP) 문제, 그래프 색칠graph coloring 문제 등이 여기에 속하며 이들은 NP 문제 군에 속한다 [문병로18].

[78] 집합 $F = \{x_1, x_2, \cdots, x_d\}$의 멱집합power set은 F의 모든 부분 집합으로 구성되는 집합 $\{\{\}, \{x_1\}, \ldots, \{x_1, x_2, \cdots, x_d\}\}$이다. 이 멱집합은 2^d개의 요소를 가진다.

리는 시간을 d에 따라 보여 준다. 이 표가 특징 선택 문제의 난이도를 설명해 준다.

표 9.1 d에 따른 특징 선택 시간의 추정

d	10	20	30	40	50
수행 시간	1초	17분	12일	35년	35700년
부분 집합 하나를 평가하는 데 1/1000초가 걸린다고 가정함					

특징 선택은 2^d개의 해로 정의되는 방대한 탐색 공간search space을 가진다. 결국 이 탐색 공간을 어떻게 효율적으로 뒤질 것인가라는 문제가 특징 선택 알고리즘의 핵심이다. 먼저 가장 순진한 임의 탐색random search 알고리즘을 살펴보자. 알고리즘 9.1은 주어진 계산 시간 내에 끝내는 임의 탐색 알고리즘이다. 임의 탐색 알고리즘은 특징 공간의 어느 영역에 좋은 해가 있을지에 대해 아무 생각 없이 여기저기 뒤져 보는 매우 비효율적인 알고리즘이다.

알고리즘 9.1 임의 탐색 알고리즘

입력: 특징 집합 $F = \{x_1, x_2, \cdots, x_d\}$, 계산 시간 T, 부분 집합의 크기 $[\hat{d}_1, \hat{d}_2]$

출력: 부분 집합 $\hat{F}$

$score = 0$;
현재 시간 t를 0으로 설정한다.
while $(t < T)$ {
  F의 부분 집합 S, $\hat{d}_1 \le |S| \le \hat{d}_2$를 임의로 생성한다.
  $s = J(S)$; // (9.5)
  if $(s > score)$ $\{\hat{F} = S\ ;\ score = s;\}$
  현재 시간 t를 측정한다.
}
return $\hat{F}$;

또 다른 극단적인 알고리즘은 특징을 개별적으로 평가하고 그들 중에 가장 좋은 것들만을 선택한다. 특징들 간의 상관관계를 아예 무시해 버리는 경우이다. 알고리즘 9.2는 이러한 개별 특징 평가 알고리즘의 가상 코드이다.

알고리즘 9.2 개별 특징 평가 알고리즘

입력: 특징 집합 $F = \{x_1, x_2, \cdots, x_d\}$, 부분 집합의 크기 $[\hat{d}_1, \hat{d}_2]$

출력: 부분 집합 $\hat{F}$

1. **for** $(i = 1$ **to** $d)$ $s_i = J(\{x_i\})$;
2. x_i를 s_i에 따라 내림차순으로 정렬한다.
3. $score = 0$;
4. **for** $(i = \hat{d}_1$ **to** $\hat{d}_2)$ {
5.   가장 좋은 i개의 특징으로 부분 집합 S를 만든다.
6. $s = J(S)$;
7.   **if** $(s > score)$ $\{\hat{F} = S\ ;\ score = s;\}$
8. }
9. **return** $\hat{F}$;

알고리즘 9.2의 문제점은 [그림 9.5]의 중복성으로 쉽게 이해할 수 있다. [그림 9.5]의 두 특징은 언뜻 보기에 다른 것 같지만 본질적으로 같다. 따라서 같은 점수를 부여받을 것이다. 따라서 특징 선택 과정에서 둘 다 선택되든지 아니면 둘 다 제거되는 결과를 가져오게 된다. 하지만 이들이 매우 높은 분별력을 갖는다고 할 때 둘 다 선택되는 것보다는 하나만 선택되고 나머지 하나는 비록 분별력이 조금 떨어지더라도 다른 특징이 선택되는 것이 결과적으로 보다 좋은 부분 집합을 만들어 준다. 결국 알고리즘 9.2는 특징들 간의 관계를 전혀 고려하지 않는 매우 순진한 알고리즘이다.

이 절에서는 특징 선택 문제의 방대한 탐색 공간과 그에 따른 시간 복잡도 측면에서의 난이도를 설명하였다. 그리고 두 가지 극단적으로 순진한 알고리즘을 소개하였다. 9.3절부터는 보다 효율적인 알고리즘에 대해 공부해 보자.

9.3 전역 탐색 알고리즘

전역 탐색global search 알고리즘은 전체 특징 공간에서 가능성 있는 영역을 모두 탐색하는 알고리즘이다. 가능성 여부를 따지지 않고 모든 해를 평가하는 낱낱 탐색 알고리즘과 탐색 도중에 가능성이 없다고 판단되는 영역은 배제하여 효율을 높이는 한정 분기 알고리즘이 있다. 이 둘은 탐색 공간 전체를 대상으로 하므로 항상 전역 최적해를 보장한다. 하지만 앞에서 언급한 바와 같이 d가 커지면 현실적인 시간 내에 해를 구하지 못하는 한계가 있다. 한정 분기는 낱낱 탐색에 비해 효율적이지만 이 한계를 극복하지는 못한다.

9.3.1 낱낱 탐색 알고리즘

알고리즘 9.3 낱낱 탐색 알고리즘

입력: 특징 집합 $F = \{x_1, x_2, \cdots, x_d\}$, 부분 집합의 크기 $[\hat{d}_1, \hat{d}_2]$

출력: 부분 집합 $\hat{F}$

1. $score = 0$;
2. **while** (TRUE) {
3. S = next_subset(F, $\hat{d}_1$, $\hat{d}_2$);   // 다음 부분 집합을 생성한다.
4.   **if** ($S \neq$ NULL) {
5. $s = J(S)$;   // (9.5)
6.   **if** ($s > score$) { $\hat{F} = S$; $score = s$;}
7.   }
8.   **else break**;
9. }
10. **return** $\hat{F}$;

알고리즘 9.3은 낱낱 탐색exhaustive search 알고리즘이다. 함수 next_subset(F, $\hat{d}_1$, $\hat{d}_2$)는 호출될 때마다 $\hat{d}_1 \leq |S| \leq \hat{d}_2$인 새로운 부분 집합 S를 만들어 주며 더 이상 없으면 NULL을 넘겨 준다. 라인 8의 break 문은 while 루프를 탈출하는 기능을 한다.

알고리즘 9.3은 알고리즘 9.1의 임의 탐색 알고리즘에서 시간 한계를 없애고 후보 해를 임의로 생성하는 대신 일정한 순서에 따라 생성하도록 바꾼 것으로 볼 수 있다. 모든 후보 해를 낱낱이 살피는 매우 우직한 알고리즘으로서 표 9.1에서 보는 바와 같이 $d = 30$ 정도만 되어도 현실적으로 적용이 불가능해 진다.

9.3.2 한정 분기 알고리즘

한정 분기branch-and-bound 알고리즘은 탐색 과정에서 얻은 정보를 이용하여 가능성이 없는 영역을 판단하고 그 영역을 배제하는 방식으로 탐색 효율을 높인다. 이러한 아이디어가 실현 가능하려면 (9.6)의 단조성monotonicity이라는 조건이 만족되어야 한다. 이 조건은 부분 집합에 새로운 특징을 추가했을 때 분별력이 저하되어서는 안된다는 것을 뜻한다.

$$S_1 \subset S_2 \text{이면 } J(S_1) \leq J(S_2) \tag{9.6}$$

[그림 9.7]은 $d = 4$인 경우 한정 분기가 사용하는 트리이다. 루트 노드는 원래 특징 집합 F를 가지며 밑으로 내려가면서 특징 하나씩을 제거한다. 즉 깊이 2에 있는 노드는 $d-1$개의 특징을 가지며 깊이 3은 $d-2$개를 갖는다. 부분 집합의 표기는 편의상 이진 열과 집합 표현을 같이 사용한다. 예를 들어 $d = 4$일때 처음 세 개 특징이 선택된 경우는 $S = 1110 = \{x_1, x_2, x_3\}$이다. [그림 9.7]에서 노드 위에 붙어 있는 숫자는 그 노드가 가지는 부분 집합 S의 점수 $J(S)$이다. 노드 왼쪽에 붙어 있는 원 안의 숫자는 한정 분기 알고리즘이 방문하는 순서를 나타낸다.

알고리즘 9.4는 특징 선택을 위한 한정 분기 알고리즘이다. 이 알고리즘은 순환 recursive 함수 BranchBound(S)를 갖는다. 함수 next_children(S)는 S에서 특징 하나를 제거한 부분 집합을 생성해 준다. 예를 들어 $S = 1110$라면 next_children(S)를 처음 호출하며 1100, 두 번째 호출하면 1010, 세 번째 호출하면 0110을 넘겨 준다.

[그림 9.7]을 가지고 알고리즘 9.4의 동작을 설명할 수 있다. $d = 4$이고 $[\hat{d}_1, \hat{d}_2] = [2, 2]$라 하자. 이 알고리즘은 1111에서 시작하고 그 다음에는 1110 노드를 방문한다. 그 노드에서 다시 1100, 1010, 0110을 방문한다. 깊이 우선 탐색depth-first search이다. 지금까지 발견한 가장 좋은 부분 집합은 1010이고 점수는 84이다. 이제 ⑥으로 표시된 1101을 방문한다. 1101의 점수는 83으로 지금까지 발견된 가장 좋은 해의 점수 84보다 낮다. 1101의 자식 노드는 단조성 조건에 따라 83보다 좋을 수가 없으므로 더 이상 들여다 볼 필요가 없다. 따라서 이 노드는 죽게 되고 다음 노드(⑦로 표시된 1011 노드)로 진행한다. 이런 과정을 계속하면 결국 1001 노드가 87이라는 점수로 최적 해 $\hat{F}$가 된다. 단조성 조건 때문에 $[\hat{d}_1, \hat{d}_2]$ 크기의 부분 집합 중에 $|S| = \hat{d}_2$인 부분 집합만 보면 된다.

알고리즘 9.4 한정 분기 알고리즘

입력: 특징 집합 $F = \{x_1, x_2, \cdots, x_d\}$, 부분 집합의 크기 $[\hat{d}_1, \hat{d}_2]$

출력: 부분 집합 $\hat{F}$

// $|S|$ = 집합 S의 크기

// next_children(S): S보다 크기가 하나 줄어든 부분 집합을 생성하는 함수

score = 0;
BranchBound(F); // 순환 호출을 기동시킴
return $\hat{F}$;

BranchBound(S) {
    for (next_children(S)로 생성되는 부분 집합 S_1 각각에 대해) {
        $s = J(S_1)$;
        if ($s > score$) {
            if ($|S_1| = \hat{d}_2$) { $\hat{F} = S_1$; $score = s$;}
            else if ($|S_1| > \hat{d}_2$) BranchBound(S_1); // 순환 호출
        }
    }
}

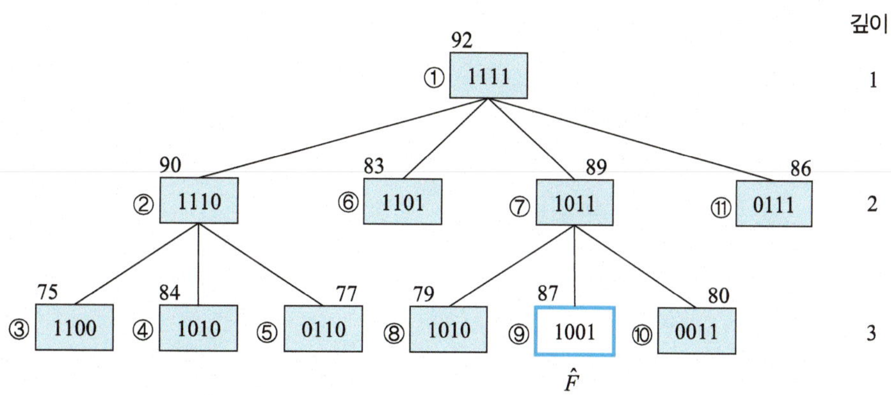

그림 9.7 한정 분기의 예(d = 4와 $[\hat{d}_1, \hat{d}_2]$ = [2, 2]인 경우)

한정 분기 알고리즘은 앞에서 보았던 낱낱 탐색에 비해 확실히 효율적이다. 하지만 얼마 정도의 효율을 얻을지는 경우에 따라 다르다. 그리고 여전히 지수의 계산 복잡도를 벗어나지 못했다. 또한 단조성이라는 매우 강한 조건을 만족하는 상황에서만 적용이 가능하다는 한계도 안고 있다.[79]

9.4 순차 탐색 알고리즘

두 가지 부분 집합을 정의해 보자. 알고리즘이 수행되는 어느 순간에 F_1은 선택된 특징의 집합을 지칭하며 F_2는 F_1의 여집합이다. 즉 $F = F_1 \cup F_2$이다. 이제 지역 탐색 연산 두 가지를 정의해 보자. (9.7)의 연산 *add*는 F_1에 특징 하나를 추가한다. 추가할 특징은 F_2에서 고르는데, 추가했을 때 가장 큰 성능 증가를 가져오는 특징 x_k가 F_2에서 F_1로 이동한다. (9.8)의 연산 *rem*은 F_1에서 특징 하나를 제거한다. 제거했을 때 가장 적은 성능 저하를 가져오는 특징 x_k가 F_1에서 F_2로 이동한다.

$$add\colon x_k = \underset{x_i \in F_2}{\arg\max} J(F_1 \cup \{x_i\})\text{를 } F_2\text{에서 } F_1\text{로 옮겨라.} \tag{9.7}$$

$$rem\colon x_k = \underset{x_i \in F_1}{\arg\max} J(F_1 - \{x_i\})\text{를 } F_1\text{에서 } F_2\text{로 옮겨라.} \tag{9.8}$$

위의 연산을 이용하여 순차 탐색sequential search 알고리즘 중에서 가장 단순한 SFS(sequential forward search) 알고리즘을 아래와 같이 기술할 수 있다.

알고리즘 9.5 SFS 알고리즘

입력: 특징 집합 $F = \{x_1, x_2, \cdots, x_d\}$, 부분 집합의 크기 $[\hat{d}_1, \hat{d}_2]$

출력: 부분 집합 $\hat{F}$

1. $score = 0$;
2. $F_1 = \phi$; $F_2 = F$;   // F_1은 공집합, F_2는 F를 가지고 출발
3. **for** ($i = 1$ **to** $\hat{d}_2$) {
4.   *add*;
5.   **if** ($\hat{d}_1 \le |F_1| \le \hat{d}_2$) {
6. $s = J(F_1)$;

[79] 실제로는 특징을 더 사용했는데 성능이 떨어지는 경우가 있다. 특히 훈련 집합은 작은데 분류기 학습에서 추정해야 하는 매개변수가 많은 경우에 이런 현상이 발생한다.

$\quad\quad$ **if** $(s > score)$ { $\hat{F} = F_1$; $score = s$;}

$\quad$ }

}

return $\hat{F}$;

SFS 알고리즘은 공집합인 F_1을 가지고 출발하여 한 번에 하나씩 특징을 추가해 나간다. [그림 9.8]은 이 알고리즘의 동작을 설명한다. 각 노드는 부분 집합을 나타내며 이웃한 노드는 에지로 연결되어 있다. 어떤 부분 집합에 새로운 특징 하나를 추가하거나 또는 특징 하나를 제거하여 만든 부분 집합이 있을 때 이들 둘은 서로 이웃이라 한다. 그림에서와 같이 비트 열로 표현된 경우에는 해밍 거리가 1인 두 노드를 이웃이라 한다.[80]

[그림 9.8]은 $d = 5$이고 $[\hat{d}_1, \hat{d}_2] = [2, 3]$인 상황이다. SFS는 공집합 00000을 가지고 출발하였고 다섯 개의 특징 중에 x_2가 선택되어 F_1에 추가되었다. 추가할 특징을 찾기 위해 방문한 노드는 연한 파란색 에지로 표시하였고 그 중 선택된 노드는 진한 파란색 에지로 구별하였다. 01000 노드에서는 x_4를 선택하였고 01010 노드는 x_1을 선택하여 결국 $\hat{F} = 11010 = \{x_1, x_2, x_4\}$를 최종 해로 찾았다. 이 예에서는 해를 찾기 위해 분별력을 측정한 부분 집합은 $5 + 4 + 3 = 12$개이다.

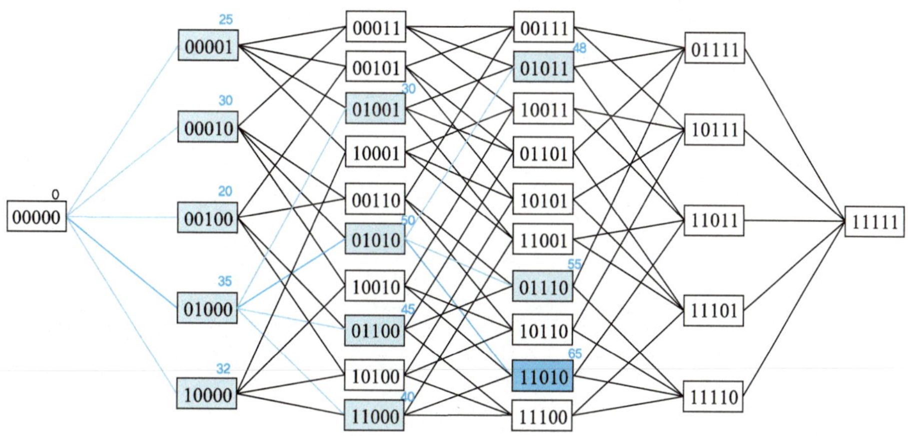

그림 9.8 SFS 알고리즘의 동작(d = 5와 $[\hat{d}_1, \hat{d}_2] = [2, 3]$인 경우)

SFS와 탐색 방향이 반대인 SBS(sequential backward search) 알고리즘도 있다. SBS는 $F_1 = F$를 가지고 출발하여 한 번에 하나씩 특징을 제거해 나간다.

80 해밍 거리Hamming distance는 서로 다른 비트의 수를 뜻한다.

알고리즘 9.6 SBS 알고리즘

입력: 특징 집합 $F = \{x_1, x_2, \cdots, x_d\}$, 부분 집합의 크기 $[\hat{d}_1, \hat{d}_2]$

출력: 부분 집합 $\hat{F}$

$score = 0;$
$F_1 = F; F_2 = \phi;$ // F_1은 F, F_2는 공집합을 가지고 출발
for $(i = d$ **downto** $\hat{d}_1)$ {
    rem;
    if $(\hat{d}_1 \le |F_1| \le \hat{d}_2)$ {
        $s = J(F_1);$
        if $(s > score)$ { $\hat{F} = F_1$; $score = s;$}
    }
}
return $\hat{F}$;

[그림 9.9]는 SBS 알고리즘의 동작을 보여 준다. SBS는 11111을 가지고 출발하였고 다섯 개의 특징 중에 x_3을 F_1에서 제거하였다. 11011 노드에서는 x_2를 제거하였고 10011 노드는 x_5을 제거하여 결국 $\hat{F} = 10011 = \{x_1, x_4, x_5\}$를 최종 해로 찾았다. 여기에서 주목할 것이 하나 있다. 그것은 SFS와 SBS가 찾은 해가 같지 않다는 사실이다. 이 현상은 순차 탐색 알고리즘이 욕심 알고리즘이기 때문에 발생한다. 이 절의 마지막 부분에 이에 대한 추가 설명이 있다.

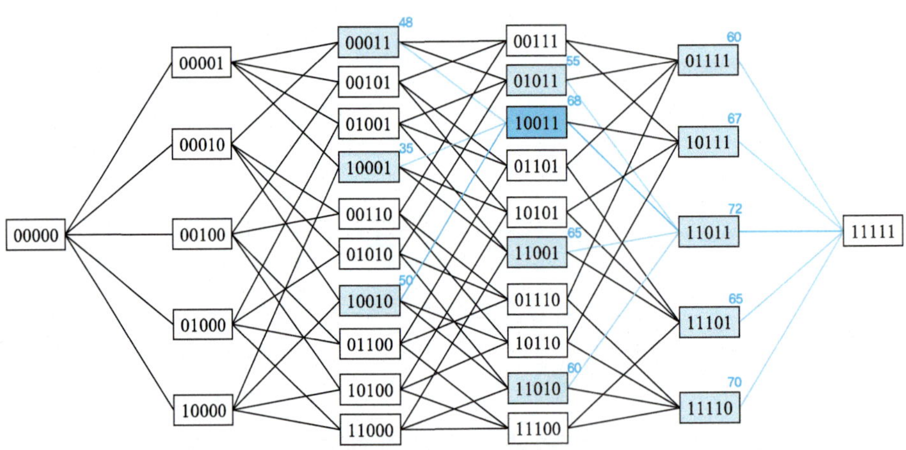

그림 9.9 SBS 알고리즘의 동작(d = 5와 $[\hat{d}_1, \hat{d}_2]$ = [2, 3]인 경우)

SFS는 한 번 추가한 특징은 다시 빼낼 수 없고 SBS는 한 번 제거한 특징은 다시 넣을 수 없다는 문제점을 가진다. PTA(plus-p-take-away-q) 알고리즘은 추가와 제거를 번갈아 가며 수행함으로써 이 문제를 어느 정도 극복한다. PTA(p, q)는 $F_1 = \phi$를 가지고 출발하여 p개의 특징을 추가한 후 q개를 제거하는 연산을 반복한다. 물론 $p > q$이어야 한다. 알고리즘 9.7이 가상 코드를 제시한다.

한편 $p < q$인 PTA도 가능하다. 이 때는 $F_1 = F$를 가지고 출발하여 q개의 특징을 제거한 후 p개를 추가하는 연산을 반복한다. 이 버전은 따로 가상 코드를 제시하지 않는다.

PTA는 특징의 추가와 제거를 섞어서 수행할 수 있는 여지를 만들어 주었다. 하지만 그때그때의 상황을 고려하지 않고 미리 정해 놓은 크기만큼씩 추가하고 삭제한다. p와 q가 상황에 맞게 적응적으로 결정되는 알고리즘을 생각해 볼 수는 없을까? 가능하다. SFFS(sequential forward floating search) 알고리즘이 바로 그것이다. 이 알고리즘은 푸딜[Pudil]이 제안하였다 [Pudil94]. 알고리즘 9.8이 가상 코드를 제시한다.

알고리즘 9.7 PTA(plus-p-take-away-q) 알고리즘

입력: 특징 집합 $F = \{x_1, x_2, \cdots, x_d\}$, p와 q ($p > q$), 부분 집합의 크기 $[\hat{d}_1, \hat{d}_2]$

출력: 부분 집합 $\hat{F}$

$score = 0$;
$F_1 = \phi$; $F_2 = F$; // F_1은 공집합, F_2는 F를 가지고 출발
while ($|F_1| \le \hat{d}_2$) {
    for ($i = 1$ **to** p) add;
    for ($i = 1$ **to** q) rem;
    if ($\hat{d}_1 \le |F_1| \le \hat{d}_2$) {
        $s = J(F_1)$;
        if ($s > score$) {$\hat{F} = F_1$; $score = s$;}
    }
}
return $\hat{F}$;

SFFS에서 k는 부분 집합의 크기를 나타낸다. 이 알고리즘에서는 현재까지의 가장 좋은 부분 집합을 저장할 공간이 모든 k에 대해 있어야 한다. F_1^k가 그 역할을 한다. SFS와 PTA가 사용했던 연산 *add*는 추가할 특징을 찾은 후 그것을 곧바로 F_1로 옮긴다. 연산 *rem*은 제거할 특징을 찾은 후 곧바로 F_1에서 F_2로 옮긴다. 하지만 SFFS는 조건에 따라 추가와 제거를 수행한다. 따라서 p와 q가 동적으로 변하는 PTA라고 보면 된다. 따라서 floating이라는 단어가 붙었다. SFFS와 달리 $F_1^0 = F$를 가지고 시작하는 SBFS(sequential backward floating search) 알고리즘 버전도 있다.

지금까지 순차 탐색 알고리즘의 여러 가지 버전을 공부하였다. 이들의 성능을 비교해 본다면 대체적으로 전방^{forward} 버전의 경우 SFS $<$ PTA($p > q$) $<$ SFFS 순이고 후방^{backward} 버전은 SFS $<$ PTA($p < q$) $<$ SBFS이다. 성능 비교에 대해서는 [Oh04, Kudo00]을 참고하기 바란다. 이들은 서로 간에 우열이 있지만 모두가 욕심 알고리즘이라는 공통점이 있다. 욕심 알고리즘은 어느 순간에 이르렀을 때 그 순간에 고려할 수 있는 여러 대안 중에 가장 좋은 것을 찾아 현재 해를 수정해 나가는 원리에 따라 작동한다. 과거에 어떤 일이 있었는지 미래에 어떤 일이 발생할지에 대한 고려는 전혀 없고 오로지 어떤 순간에 이웃에서 다음 해를 찾는 시야가 매우 좁은 알고리즘인 것이다. 따라서 지역 최적 점에 빠질 가능성을 안고 있다.

알고리즘 9.8 SFFS 알고리즘

입력: 특징 집합 $F = \{x_1, x_2, \cdots, x_d\}$, 부분 집합의 크기 $[\hat{d}_1, \hat{d}_2]$

출력: 부분 집합 $\hat{F}$

```
1. F_1^0 = φ; k = 0;
2. while (k ≤ d̂_2) {
3.     x_j = argmax_{x_i∈F−F_1^k} J(F_1^k ∪ {x_i});        // 추가할 특징
4.     F_1^{k+1} = F_1^k ∪ {x_j}; k++;                     // 추가
5.     x_j = argmax_{x_i∈F_1^k} J(F_1^k − {x_i});          // 제거할 특징
6.     while (J(F_1^k − {x_j}) > J(F_1^{k−1})) {            // 더 좋은 것이 있는 한 계속 제거
7.         F_1^{k−1} = F_1^k − {x_j}; k−−;                 // 제거
8.         x_j = argmax_{x_i∈F_1^k} J(F_1^k − {x_i});      // 제거할 특징
9.     }
10. }
```

$score = 0;$

for $(k = \hat{d}_1$ **to** $\hat{d}_2)$ {

    $s = J(F_1^k);$

    if $(s > score)$ { $\hat{F} = F_1^k;\ score = s;$}

}

return $\hat{F}$;

9.5 스토캐스틱 탐색 연산을 가진 알고리즘

9.4절의 순차 탐색 알고리즘의 원리는 [그림 9.10(a)]를 가지고 설명할 수 있다. 이 알고리즘은 초기 위치에서 출발하여 이웃에 있는 해들 중에 가장 좋은 해로 이동하는 연산을 반복한다. [그림 9.10(a)]에서는 t라는 순간에서 이웃에 있는 보다 나은 해로 이동하는 상황을 보여 주고 있다. 이 알고리즘은 초기 해의 위치에 따라 전역 최적해로 수렴할 수도 있고 그렇지 않고 지역 최적 해에서 멈출 수도 있다.

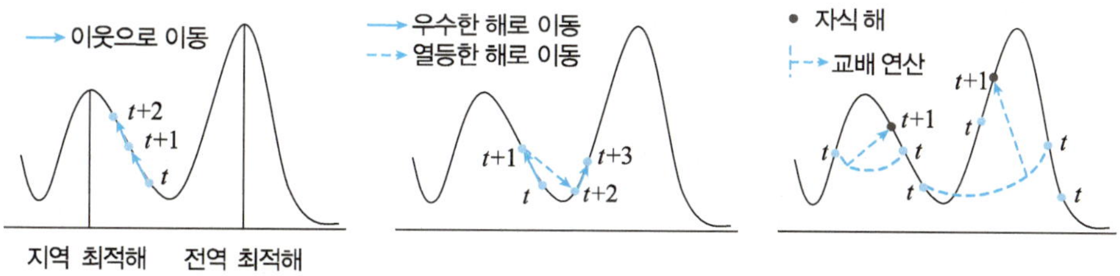

(a) 순차 탐색 알고리즘 (b) 시뮬레이티드 어닐링 (c) 유전 알고리즘

그림 9.10 여러 탐색 알고리즘의 동작 원리(최대화 문제)

순차 탐색 알고리즘이 지역 최적 점에 빠질 위험이 있기 때문에 이것을 극복하기 위한 여러 알고리즘이 고안되었다. **시뮬레이티드 어닐링**simulated annealing은 [그림 9.10(b)]에서 보는 바와 같이 현재 해보다 열등한 지점으로 이동하는 연산도 가지고 있다. 열등한 해로 이동할 확률은 온도라는 매개변수에 따르는데 처음 출발할 때는 온도가 높고 갈수록 낮춘다. 온도가 높을수록 열등한 해로 이동할 확률은 크다. 시뮬레이티드 어닐링에 대한 보다 자세한 내용은 11.3절을 참고하라.

[그림 9.10(c)]에 이색적인 탐색 연산을 사용하는 **유전 알고리즘**genetic algorithm(GA)이 있다. 다른 알고리즘과 가장 큰 차이점은 어느 순간에 해를 하나만 가지는 것이 아니

라 여러 해를 포함한 해 집단population을 가진다는 것이다. (순차 탐색이나 시뮬레이티드 어닐링은 초기 해를 가지고 출발하여 그 해 하나를 계속 개선해 나가는 방식이다.) [그림 9.10(c)]에서는 해 집단이 여섯 개의 해를 가지고 있다. 시간 t의 해들이 교배crossover 연산을 통하여 자식 해를 생성한다. 그림에서는 두 개의 자식 해를 보여 주고 있는데 보통 해 집단의 크기는 변하지 않으므로 여섯 개의 자식 해를 생성해야 한다. 교배를 하는 해의 선택에 신중을 기하여야 한다. 난수를 생성하여 선택하는데 성능이 좋은 해가 선택될 확률이 높도록 해야 한다. 이렇게 하여 자식 해가 부모의 좋은 형질을 이어 받아 세대가 거듭될수록 해의 품질은 조금씩 개선되는 것이다. 유전 알고리즘에 대한 구체적인 동작 원리와 알고리즘은 11.4절에서 다시 공부하기로 하자.

유전 알고리즘은 생물의 진화evolution를 모방하였다. 유전 알고리즘 이외에도 생물의 동작 원리를 모방한 인공 면역 시스템artificial immune system(AIS), 개미 군락 최적화ant colony optimization(ACO), 그리고 개체 무리 최적화swarm optimization(SO) 알고리즘 등이 개발되어 있다.

이러한 알고리즘은 계산 시간이 많이 필요한 문제를 안고 있다. 특징의 개수가 아주 많은 경우에는 두 단계를 거쳐 특징 선택을 할 수도 있다. 한 가지 대안을 생각해 보자. 첫 단계에서는 알고리즘 9.2의 개별 특징 선택 알고리즘을 사용하여 빠른 시간 내에 특징의 수를 줄인다. 예를 들어 원래 특징 벡터가 256차원이라 하면 이것을 100차원으로 줄일 수 있다. 두 번째 단계에서는 보다 정교한 알고리즘(예를 들어 유전 알고리즘)을 사용하여 100개의 특징으로부터 64개를 선택하여 최종적으로 64차원 특징 벡터를 취할 수 있다.

01 아래 3 부류 분류 문제를 생각해 보자. (9.4)로 정의되는 분별력을 계산하라.

> ω_1에 속하는 샘플: $(5, 1)^T$, $(7, 1)^T$, $(5, 3)^T$
> ω_2에 속하는 샘플: $(3, 3)^T$, $(3, 5)^T$, $(2, 4)^T$
> ω_3에 속하는 샘플: $(2, 1)^T$, $(3, 1)^T$, $(4, 2)^T$, $(5, 2)^T$

02 특징 선택은 크기가 d인 특징 집합에서 $[\hat{d}_1, \hat{d}_2]$ 사이에 놓인 크기 $\hat{d}$의 부분 집합을 찾는 문제이다. $\hat{d}_1 = \hat{d}_2 = \frac{d}{2}$인 경우에 대해 표 9.1을 다시 작성하라.

03 PTA 알고리즘의 $p < q$ 버전을 가상 코드 형태로 제시하라.

04 SFFS의 후방 버전인 SBFS를 가상 코드 형태로 제시하라.

05 한정 분기 알고리즘이 작동하기 위해서는 단조성이라는 조건이 필요하다. 그 이유는?

06 *add*와 *rem* 연산은 한 번에 하나의 특징을 옮긴다.

❶ 한 번에 두 개 특징을 옮기는 *add*2와 *rem*2를 (9.7)과 (9.8) 형식으로 기술하라.
❷ *add*2/*rem*2와 *add*/*rem*을 계산 시간과 성능이라는 두 가지 측면에서 비교하라.

07 특징의 개수 d는 퍼셉트론의 학습과 인식 시간에 어떤 영향을 미치나? 또한 MLP에는 어떤 영향을 미치나?

08 특징의 개수 d는 SVM의 학습과 인식 시간에 어떤 영향을 미치나?

PATTERN RECOGNITION

CHAPTER 10

PATTERN RECOGNITION

군집화

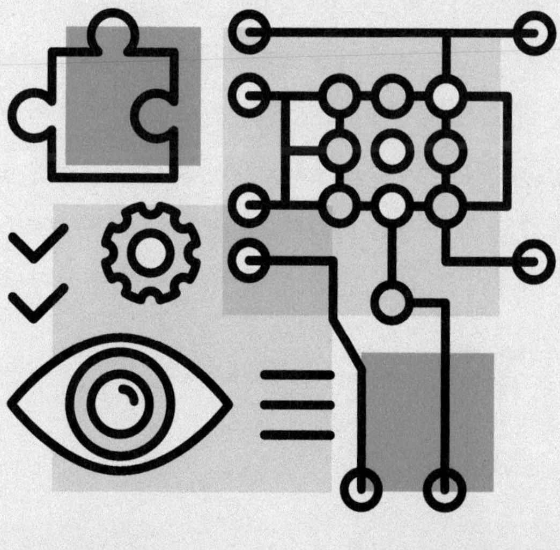

재미있는 응용 시나리오를 생각해 보자. 지난 몇 년간 온라인 쇼핑몰을 성공적으로 운영했는데 이제 제 2의 도약을 꿈꾸고 있다. 그 동안 한 종류의 홍보 팜플렛을 만들어 발송했는데 이제부터는 고객의 취향을 분석하여 4~6종의 팜플렛을 만들어 맞춤 홍보를 하려 한다.[81] 일종의 개인화personalization 홍보 전략이다. 고객에 대한 각종 정보는 데이터베이스에 저장되어 있어 이것을 기초 자료로 활용하면 된다. 고객 정보는 월평균 구매액, 선호하는 물품의 종류와 수준, 결제 방법, 반품 성향, 직업, 성별, 나이, 거주 지역 등 아주 다양하다. 하지만 수백만 명이나 되는 고객을 어떻게 4~6개의 그룹으로 분류할 수 있을까?

다행히 이 응용은 패턴인식 문제로 공식화할 수 있다. 고객은 샘플이 되고 샘플은 특징 벡터 $\mathbf{x} = (x_1, x_2, \cdots, x_d)^T$로 표현할 수 있다. 고객의 직업이나 월평균 구매액 같은 정보 각각이 특징이 된다. 적절한 방식으로 특징 벡터 간의 거리를 정의할 수 있다면 유사한(즉 거리가 가까운) 샘플들을 모아 하나의 그룹으로 간주할 수 있다. 이러한 그룹을 군집cluster이라 하고 이러한 작업을 **군집화**clustering라 한다. 군집화를 구현하기 위해서는 첫째 적절한 거리 척도가 있어야 하며, 둘째 유사한 샘플들을 같은 군집으로 만들어 주는 적절한 알고리즘이 있어야 한다. 이 장에서는 이들에 대해 자세히 공부한다.

이 장에서 다룰 군집화와 2~7장에서 다룬 분류classification를 학습이라는 관점에서 대비시켜 보자. 분류 문제를 위한 모델로서는 베이지안 분류기, 신경망, SVM, HMM 등을 공부하였으며 이들의 학습 알고리즘도 공부하였다. 예를 들어 다층 퍼셉트론(MLP)을 학습시키기 위해서는 오류 역전파 알고리즘을 사용하면 된다. 학습 알고리즘은 훈련 집합 X를 사용하는데 $X = \{(\mathbf{x}_1, t_1), (\mathbf{x}_2, t_2), \cdots, (\mathbf{x}_N, t_N)\}$으로 표기하였다. $\mathbf{x}_i$는 i번째 샘플의 특징 벡터이고 t_i는 부류를 나타낸다. 군집화도 학습으로 볼 수 있다. 그런데 군집화를 위한 학습과 분류를 위한 학습 사이에 두드러진 차이가 있다. 분류기 학습에서는 샘플마다 그것이 속하는 부류 정보가 주어졌지만 군집화에서는 부류 정보가 주어지는 것이 아니라 그것을 찾아내야 한다. 심지어 부류의 개수가 몇 개인지 정확히 모르는 경우도 많다. 앞의 쇼핑몰 응용에서도 수백만 명의 고객을 몇 개의 군집으로 만드는 것이 가장 좋은지에 대한 정보가 없다. 이러한 상황에서 군집화는 부류를 찾아낸다. 따라서 군집화가 부류 발견class discovery을 한다고 말하기도 한다.

샘플의 부류 정보가 주어진 상황에서의 학습을 **지도 학습**supervised learning이라 하고 그렇지 않은 학습을 **비지도 학습**unsupervised learning이라 부른다. 개념적으로 비지도 학습은 부류 정보가 없는 상황에서(즉 훈련 집합이 $X = \{\mathbf{x}_1, \mathbf{x}_2, \cdots, \mathbf{x}_N\}$인 상황) 분류기

[81] 고객 관계 관리customer relationship management(CRM)의 일종이다.

를 학습시키는 작업을 포함한다. 하지만 이 작업은 부분적으로 가능한 경우가 있으나 대부분 경우는 불가능하거나 매우 어려워 수학적으로 다룰 수가 없다. 또한 현실적으로 그럴 필요도 없다. 따라서 비지도 학습을 군집화로 축소하여 바라보거나 또는 종종 같은 작업으로 간주하기도 한다.

군집화는 여러 분야에 응용할 수 있는데 영상 분할에 어떻게 응용하는지 살펴보자. 영상은 화소의 집합이고 컬러 영상의 경우 한 화소는 r, g, b의 세 개의 값을 갖는다. (위성 영상인 경우에는 이 세 값 이외에도 적외선 등을 포함하여 더 많은 값을 갖는다.) 영상 분할이란 유사한 성질을 갖는 화소를 같은 그룹으로 만들어 주는 작업이다. 따라서 화소 각각을 샘플로 보고 i번째 샘플을 $\mathbf{x}_i = (r_i, g_i, b_i)^T$로 표현한 뒤에 군집화를 수행하면 된다.

군집화 공부는 한 가지 사실을 이해하고 시작하는 것이 좋다. 부류 정보가 주어지는 분류 문제에서는 학습된 분류기의 성능이 명확하다. 부류 정보가 있기 때문에 인식 결과가 맞는지에 대한 측정이 확실하고 그것의 통계가 인식률이 된다. 하지만 군집화에서는 그렇지 못하다. [그림 10.1]은 여덟 개의 샘플이 주어진 상황이다. 처음 두 개의 군집화 결과는 두 개의 군집을 만들었고 마지막 결과는 세 개의 군집을 형성하였다. 이들 세 가지 결과 중에 어느 것이 가장 좋을까? 이에 대한 평가는 주관적일 수밖에 없다. 응용이 처한 상황과 요구 조건에 따라 달리 평가할 수밖에 없다. 패턴인식 시스템의 입장에서는 사용하는 거리 척도와 알고리즘에 따라 다른 결과를 생성할 수밖에 없다. 따라서 응용에 대한 충분한 지식과 이해를 바탕으로 결과를 평가해야 한다. 또한 군집화 방법을 설계하기 위해서는 이러한 지식과 이해를 갖추어야 한다.

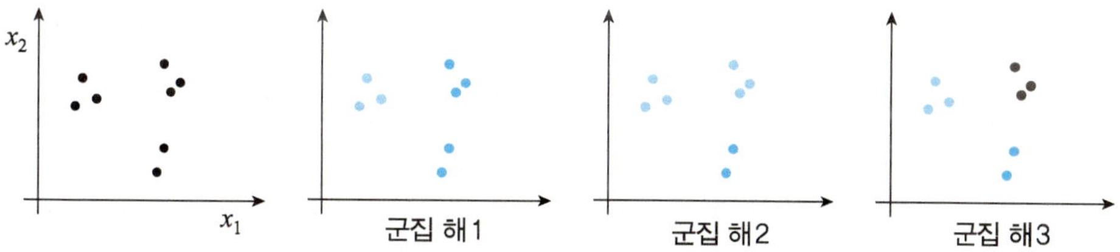

(a) 샘플 집합 (b) 세 가지 군집화 결과를 어떻게 평가할까?

그림 10.1 군집화의 주관성

군집화는 영상 분할, 데이터 마이닝, 정보 검색, 생물 정보학, 데이터베이스 등의 컴퓨터 과학뿐만 아니라 지질학, 생물학, 화학 같은 자연 과학, 인류학, 심리학, 고고학, 사회학, 정치학 같은 인문사회학, 그리고 의학의 아주 넓은 영역에 걸쳐 매우 다양한 응용을 가지고 있다. 따라서 군집화는 다양한 분야에서 오랫동안 연구가 진행되어 왔고 결과적으로 매우 다양한 알고리즘이 개발되어 있다. 이렇게 다양하고 때로 혼란스러운 군집화 개념과 알고리즘을 잘 정리해 놓은 서베이 문헌으로 [Jain99, Xu05]를 추천한다. 또한 테오도리디스Theodoridis의 저서 [Theodoridis06]의 11~16장을 참고 자료로 추천한다.

10.1 정의

바로 앞에서 언급한 바와 같이 군집화는 그 응용 범위가 매우 넓고 개념과 방법론이 매우 다양하다. 또한 응용 분야의 요구 조건에 따라 주관이 개입되는 것이 불가피하다. 따라서 모두가 따르는 보편적인 정의가 있는 것은 아니다. 하지만 일반적으로 받아들여지는 정의는 아래와 같다.

- **군집화란?** 샘플 집합 $X = \{\mathbf{x}_1, \mathbf{x}_2, \cdots, \mathbf{x}_N\}$이 주어졌다고 하자. $\mathbf{x}_i$는 i번째 샘플로 d차원 특징 벡터 $\mathbf{x}_i = (x_{i1}, x_{i2}, \cdots, x_{id})^T$로 표기한다. 이 입력에 대해 아래 조건을 만족하는 k개의 군집으로 구성되는 군집 해clustering solution $C = \{c_1, c_2, \cdots, c_k\}$를 찾아라. 보통 군집의 개수 k는 N에 비해 매우 작다. 상황에 따라 k가 주어지는 경우도 있고 그렇지 않고 이 값을 찾아야 하는 경우도 있다.

$$\left.\begin{aligned} c_i \neq \phi,\ i = 1, \cdots, k \\ \cup_{i=1,k} c_i = X \\ c_i \cap c_j = \phi,\ i \neq j \end{aligned}\right\} \tag{10.1}$$

첫 번째 조건은 모든 군집이 하나 이상의 샘플을 갖도록 한다. 두 번째와 세 번째 조건은 모든 샘플이 하나의 군집에 포함되도록 한다. 이렇게 정의된 군집화에서는 어떤 샘플 입장에서 보면 단 하나의 군집에 속하게 된다. 따라서 경성 군집화hard clustering라 부를 수 있다. 하지만 실제 응용에서는 어떤 샘플이 두 군집 중간에 위치하여 애매한 경우가 종종 발생한다. 이러한 상황을 다루기 위해 연성 군집화soft clustering(또는 퍼지 군집화라고도 함)를 사용하기도 한다. 이때는 샘플마다 소속 정도를 나타내는 변수를 사용한다. 소속 변수 m_{ij}는 x_i가 c_j에 속할 정도를 나타낸다. 소속 변수는 아래 조건 식을 만족한다.

$$\left.\begin{aligned} 0 \leq m_{ij} \leq 1 \\ \sum_{j=1}^{k} m_{ij} = 1 \\ \sum_{i=1}^{N} m_{ij} < N \end{aligned}\right\} \tag{10.2}$$

이 책은 (10.1)로 정의되는 경성 군집화만 다룬다. 앞으로 군집화라 함은 경성 군집화를 뜻한다. 연성 군집화에 관심이 있는 독자는 [Jain99] 또는 [Xu05]를 참고하기 바란다. N개의 샘플이 주어진 상황에서 서로 다른 군집 해는 몇 개나 될까? [그림 10.1]은 $N = 8$인 경우에 대해 세 가지 군집 해만을 제시하였는데 그 이외에도 아주 많을 것이라는 것을 쉽게 짐작할 수 있다. 예를 들어 $N = 4$이고 $k = 2$인 경우에는 아래와 같이 7개의 군집 해가 있다.

$$\{\{\mathbf{x}_1\}, \{\mathbf{x}_2,\mathbf{x}_3,\mathbf{x}_4\}\}$$
$$\{\{\mathbf{x}_2\}, \{\mathbf{x}_1,\mathbf{x}_3,\mathbf{x}_4\}\}$$
$$\{\{\mathbf{x}_3\}, \{\mathbf{x}_1,\mathbf{x}_2,\mathbf{x}_4\}\}$$
$$\{\{\mathbf{x}_4\}, \{\mathbf{x}_1,\mathbf{x}_2,\mathbf{x}_3\}\}$$
$$\{\{\mathbf{x}_1,\mathbf{x}_2\}, \{\mathbf{x}_3,\mathbf{x}_4\}\}$$
$$\{\{\mathbf{x}_1,\mathbf{x}_3\}, \{\mathbf{x}_2,\mathbf{x}_4\}\}$$
$$\{\{\mathbf{x}_1,\mathbf{x}_4\}, \{\mathbf{x}_2,\mathbf{x}_3\}\}$$

서로 다른 군집 해의 수를 세기 위해서는 스털링 수Stirling Number를 활용하면 된다.[82] 스털링 수는 N개의 객체를 k개의 그룹으로 나누는 경우의 수이다. 모든 그룹은 공집합이 아니어야 한다. 따라서 스털링 수는 서로 다른 군집 해의 개수와 같고 (10.3)과 같이 순환식recurrence relation으로 정의한다.

$$\left.\begin{aligned} &S(N,k) = S(N-1,\ k-1) + kS(N-1,\ k) \\ &S(N,1) = 1 \\ &S(N,N) = 1 \end{aligned}\right\} \qquad (10.3)$$

이 순환식의 의미에 대해 곰곰이 생각해 보자. $N-1$개의 객체가 있을 때의 상황(상황1이라 부르자)에 한 개의 객체를 추가하여 N개가 된 새로운 상황과 연결시키는 식이다. 새로 추가된 객체의 행위는 상황1에서 $k-1$개의 그룹이 있었을 때와 k개가 있었을 때로 나누어 생각할 수 있다. 우선 $k-1$개가 있었을 때에 대해 생각해 보자. 이때의 스털링 수는 $S(N-1,\ k-1)$이다. 이들 각각에 대해 새로운 객체가 할 수 있는 일은 새로운 그룹 하나를 만들어 k개의 그룹이 되도록 하는 것뿐이다. 따라서 $1 * S(N-1,\ k-1)$의 경우의 수가 있다. 이제 상황1에서 k개의 그룹이 있었을 때에

[82] 스털링 수에는 첫 번째 종류와 두 번째 종류가 있는데 여기서 사용하는 것은 두 번째 종류이다.

대해 생각해 보자. 이때의 스털링 수는 $S(N-1, k)$이다. 이들 각각에 대해 새로운 객체가 할 수 있는 일은 k개의 그룹 중의 하나로 들어가는 것이다. 따라서 $k * S(N-1, k)$ 경우의 수가 있다. 이 두 수를 합하면 (10.3)의 순환식이 된다. $k = 1$ 또는 $k = N$의 경계 조건은 쉽게 이해할 수 있다.

이 순환식은 동적 프로그래밍dynamic programming으로 쉽게 구할 수 있다. [그림 10.2]는 동적 프로그래밍이 사용하는 표를 보여 준다. $k > N$인 경우는 허용되지 않으므로 표의 대각선 위쪽은 무시한다. 경계 조건에 따라 첫 번째 열과 대각선은 1로 채운다. 그런 다음 2열, 3열, 4열 순으로 계산해 나가며 표를 채우면 된다. 예를 들어 $(N, k) = (6, 3)$ 요소의 값은 (5, 2)의 값 15와 (5, 3)의 값 25를 이용하여 계산하면 $15 + 3 * 25 = 90$이 된다.

N \ k	1	2	3	4	5	6	7	8	9	합
1	1									1
2	1	1								2
3	1	3	1							5
4	1	7	6	1						15
5	1	15	25	10	1					52
6	1	31	90	65	15	1				203
7	1	63	301	350	140	21	1			877
8	1	127	966	1701	1050	266	28	1		4140
9	1	255	3025	7770	6951	2646	462	36	1	21147

그림 10.2 동적 프로그래밍을 이용한 스털링 수의 계산

[그림 10.1]의 $N = 8$인 상황의 군집화를 다시 생각해 보자. 예를 들어 $k = 3$으로 주어졌다면 여덟 개의 샘플을 세 개의 군집으로 만드는 경우의 수는 966이다. 얼핏 생각한 것보다 큰 수이다. k가 주어지지 않아 이 값도 찾아야 한다면 총 경우의 수는 모든 k에 대한 값을 더한 4140이 된다. [그림 10.2]의 표를 가만 살펴보면 N이 커짐에 따라 경우의 수가 매우 빠르게 커짐을 알 수 있다. 예를 들어 $N = 20$이고 $k = 4$가 되면 $S(20, 4) = 45232115901 = 4.5*10^{10}$이 된다. 군집화에서 샘플의 개수는 보통 수천에서 수억이 되므로 모든 군집 해를 평가하여 그중 가장 좋은 것을 찾으려는 시도는 무모함을 알 수 있다.

10.2 거리와 유사도

군집화가 추구하는 본질적인 목표는 같은 군집 내의 샘플은 서로 가깝고 다른 군집에 속한 샘플 사이의 거리는 멀게 하는 것이다. 따라서 군집화에서 거리 개념은 매우 중요하고 여러 가지 계산 방법이 개발되어 있다. 어떤 계산 방법을 사용하느냐에 따라 군집화 결과는 달라지고 상황에 적합할 수도 있고 그렇지 않을 수도 있다. 따라서 주어진 문제에 적합한 거리 측정 방법을 선택하는 것이 매우 중요하다. 거리distance와 유사도similarity는 반대 개념이고 하나를 알면 다른 것은 공식을 이용하여 쉽게 계산할 수 있다.

10.2.1 특징 값의 종류

8장의 [그림 8.1]에서 보았듯이 특징 벡터는 실제 세계의 현상을 수학적으로 표현한 것으로 볼 수 있다. 그러므로 특징 벡터를 구성하는 특징은 실제 세계의 다양성을 내포하고 있을 수밖에 없다. 특징은 그들이 갖는 값의 특성에 따라 [그림 10.3]과 같이 구분할 수 있다.[83] 이 그림에서는 특징을 두 가지 관점에서 구분하였다. 첫 번째 관점은 무게, 높이, 사람의 수와 같이 어떤 양을 나타내는 양적quantitative 특징인지 아니면 사물의 질적인 면을 나타내는 질적qualitative 특징인지에 따라 구분한다. 질적 특징은 A, B, C, D, E, F로 표기되는 학점과 같은 순서ordinal 값과 혈액형이나 직업과 같이 순서를 갖지 않는 명칭nominal 값으로 구분할 수 있다. 이들은 거리 개념의 유무에 따라 구분할 수도 있는데 수량 값과 순서 값은 거리 개념을 가지지만 명칭 값은 거리 개념이 없다. 따라서 명칭 값을 갖는 특징은 적절한 방법을 사용하여 다른 표현으로 변환한 후에 거리 계산에 참여해야 한다.

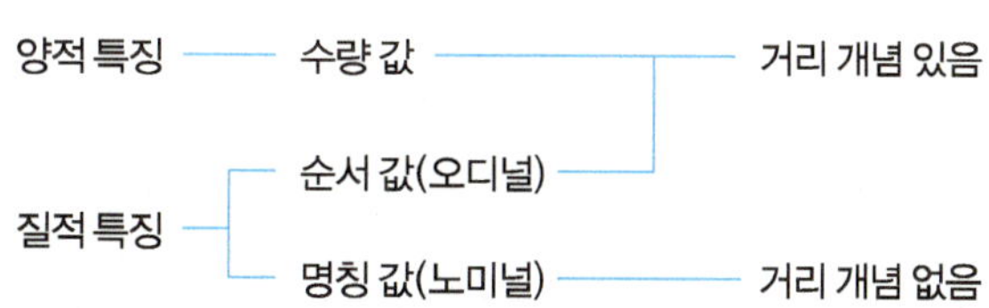

그림 10.3 특징의 유형

이제 이 구분을 보다 구체적으로 이해하기 위해 10장의 도입부에서 언급한 쇼핑몰의 개인화 홍보 응용을 다시 생각해 보자. 고객이 샘플이 되고 샘플은 특징 벡터로 표현된다. 예제 10.1을 살펴보자.

[83] [Jain99, Xu05]와 같은 서베이 논문 그리고 여러 책에서 서로 다른 구분 체계를 제시하고 있다. 이 책에서는 비교적 간단한 구분 체계를 사용한다.

예제 10.1 **온라인 쇼핑몰의 개인화 홍보**

온라인 쇼핑몰의 홍보 부서에서 고객의 성향에 따라 맞춤 홍보물을 제작하려 한다. 고객 데이터베이스를 활용할 예정이고 고객은 아래와 같은 레코드로 표현한다. 이 레코드는 12개의 필드로 구성된다. 패턴인식 용어로는 이 레코드가 특징 벡터 **x**가 되고 필드 각각이 특징이 된다.

$$\mathbf{x} = (\text{나이, 직업, 연봉, 성별, 월평균 구매액, 반품 성향, 선호하는 물품 수준,}\\ \text{의류 선호도, 전자제품 선호도, 식품 선호도, 팬시 선호도, DVD 선호도})^T$$

이들 특징을 어떻게 표현할지 설계해 보자. 나이, 연봉, 월평균 구매액 등은 어렵지 않게 표현할 수 있다. 하지만 직업이나 반품 성향 등은 약간의 생각이 필요하다. 실제 표현을 아래와 같이 한다고 가정하자.

- 나이: [1, 100]의 정수
- 직업: [1, 10]의 정수(1 = 회사원, 2 = CEO, 3 = 교사, …)
- 연봉: [1, 5]의 정수(1 = 2천만 원 미만, 2 = 2천~3천만 원, … , 5 = 1억 이상)
- 성별: [0, 1]의 정수(0 = 여자, 1 = 남자)
- 월평균 구매액: 평균을 계산하여 실수로 표현
- 반품 성향: [1, 4]의 정수(1 = 연간 반품 횟수 0, 2 = 2회 미만, …)
- 선호하는 물품 수준: [1, 4]의 정수(1 = 저가, 2 = 보통, 3 = 고가, 4 = 명품)
- 제품 선호도: [1, 5]의 정수(1 = 구매한 적 없음, … , 5 = 아주 선호)

이들 특징을 [그림 10.3]의 체계에 따라 나누면 아래와 같다.

- 수량 값을 갖는 특징: 나이, 연봉, 월평균 구매액
- 순서 값을 갖는 특징: 반품 성향, 선호하는 물품 수준, 제품 선호도
- 명칭 값을 갖는 특징: 직업, 성별

상황에 따라 적절한 특징 전처리가 필요할 수 있다. 첫째, 거리 개념이 없는 명칭 값 특징은 다른 표현으로 바꾸어야 한다. 예제 10.1에서 직업이나 성별이 이런 경우에 해당한다. 둘째, 어떤 특징의 값의 범위가 다른 것에 비해 아주 크면 거리 계산에서 그것이 주도하게 된다. 예제 10.1에서 월평균 구매액은 다른 특징에 비해 값의 규모

가 월등히 클 것이다. 이런 우려가 있는 경우에는 크기 정규화를 해주어야 한다. 이러한 주제는 이미 8.7.2절에서 다루었으니 그곳을 참조하기 바란다.

군집화에서도 특징 선택이 필요하다. 위의 예에서 12개의 특징으로 고객을 표현하는데 사실 반품 성향은 홍보 전략에 크게 관련이 없을 수 있다. 군집화에 이러한 특징이 포함되는 경우 오히려 군집 해의 품질을 떨어뜨릴 수도 있다. 분류에서는 9장의 알고리즘을 이용하여 특징 선택을 자동으로 수행하였는데 군집화에서는 전문가의 안목으로 수동으로 하거나 분류와 마찬가지로 자동으로 할 수도 있다.

10.2.2 거리와 유사도 측정

가장 널리 쓰이는 거리 척도는 민코프스키Minkowski 거리이다. (10.4)는 두 점 $\mathbf{x}_i = (x_{i1}, \cdots, x_{id})^{\mathrm{T}}$와 $\mathbf{x}_j = (x_{j1}, \cdots, x_{jd})^{\mathrm{T}}$ 사이의 민코프스키 거리이다. 이 식에서 p를 변화시켜 여러 가지 거리 척도를 만들 수 있다. 가장 널리 사용하는 것은 $p = 2$의 유클리디안 거리이다. $p = 1$로 하면 **도시 블록 거리**city block distance(또는 맨하탄 거리Manhattan distance라고 함)가 된다.

$$d_{ij} = \left(\sum_{k=1}^{d} |x_{ik} - x_{jk}|^p \right)^{1/p} \tag{10.4}$$

$$\text{유클리디안 거리}(p = 2) \quad d_{ij} = \sqrt{\sum_{k=1}^{d} (x_{ik} - x_{jk})^2} \tag{10.5}$$

$$\text{맨하탄 거리}(p = 1) \quad d_{ij} = \sum_{k=1}^{d} |x_{ik} - x_{jk}| \tag{10.6}$$

어떤 상황에서는 두 점 간의 거리 계산에서 그들이 속한 분포를 고려하는 것이 합리적일 수 있다. 이때는 분산이 큰 특징에게 작은 가중치를 곱해 주는 것이 적절하다. 이런 원리에 따라 정의된 거리를 마할라노비스 거리라 한다. 마할라노비스 거리는 2.4.4절을 참조하기 바란다.

모든 특징이 0 또는 1을 갖는 이진 특징 벡터인 경우에 사용할 수 있는 해밍 거리Hamming distance가 있다. 두 이진 벡터의 해밍 거리는 서로 다른 비트의 개수로 정의된다. 예를 들어 $(1,0,1,0,0,0,1,1)^{\mathrm{T}}$과 $(1,0,0,1,0,0,1,0)^{\mathrm{T}}$ 사이의 해밍 거리는 3이다. 거리 d_{ij}를 유사도 s_{ij}로 변환할 수 있다. 거리가 가질 수 있는 최댓값이 $d_{\max}$라면 (10.7)을 이용하여 변환하면 된다.

$$s_{ij} = d_{\max} - d_{ij} \tag{10.7}$$

유사도를 (10.8)과 같이 새로 정의할 수도 있다. 이 유사도는 **0**이 아닌 두 벡터 간에 정의되는데 **코사인 유사도**라 부른다. 이 유사도는 문서 검색에서 많이 사용하는데, 이 응용에서는 단어의 출현 빈도가 특징이 된다.

$$s_{ij} = \cos\theta = \frac{\mathbf{x}_i^{\mathrm{T}}\mathbf{x}_j}{\|\mathbf{x}_i\|\|\mathbf{x}_j\|} \tag{10.8}$$

이진 특징 벡터의 유사도는 (10.9) 또는 (10.10)과 같이 정의할 수 있다. 이들 유사도는 [0, 1] 사이의 값을 갖게 된다. 여기에서 n_{00}은 둘 다 0인 특징의 개수이고 n_{11}은 둘 다 1인 특징의 개수이다. n_{01}은 $\mathbf{x}_i$는 0이고 $\mathbf{x}_j$는 1인 특징의 개수이다. 이 두 유사도는 약간의 차이가 있다. (10.9)는 0과 1을 동등하게 취급하는 반면 (10.10)은 1을 더 중요하게 생각한다.

$$s_{ij} = \frac{n_{00} + n_{11}}{n_{00} + n_{11} + n_{01} + n_{10}} \tag{10.9}$$

$$s_{ij} = \frac{n_{11}}{n_{11} + n_{01} + n_{10}} \tag{10.10}$$

필요하다면 (10.8)~(10.10)의 유사도를 쉽게 거리로 변환할 수 있다. 유사도가 가질 수 있는 최댓값이 $s_{\max}$라면 (10.11)을 이용하여 변환하면 된다.

$$d_{ij} = s_{\max} - s_{ij} \tag{10.11}$$

지금까지 여러 가지 거리와 유사도를 정의하였다. 이들은 어느 것이 다른 것보다 우월하다는 말을 할 수가 없다. 상황에 따라 어느 것은 적절하고 다른 것은 부적절할 수 있다. 따라서 거리 측정을 위한 수식을 설계할 때는 주어진 문제를 정확히 이해하고 가장 적절한 거리를 선택하는 것이 필요하다. 때로는 실제 데이터를 사용하여 간단한 실험을 통하여 선택할 필요도 있다.

10.2.3 점 집합을 위한 거리

앞 절에서는 두 점 사이의 거리와 유사도를 정의하였다. 군집화 과정에서 때로는 점과 점 집합 또는 두 개의 점 집합 사이의 거리가 필요한 경우도 있다. 여기에서 점 집합은 군집을 뜻한다. 점 $\mathbf{x}_i$와 군집 c_j 간의 거리를 $D(\mathbf{x}_i, c_j)$, 두 개의 군집 c_i와 c_j 간의 거리를 $D(c_i, c_j)$로 표기하자.

점과 군집 사이의 거리

이 거리는 10.2.2절에서 정의한 두 점 사이의 거리를 이용하여 계산할 수 있다. (10.12)~(10.14)는 세 가지 거리 계산 방법을 제시하고 있다. 편의상 c_j에 속한 샘플은 $\mathbf{y}_k$로 표기하고 두 점 $\mathbf{x}_i$와 $\mathbf{y}_k$ 사이의 거리는 d_{ik}로 표기한다. (10.14)에서 $|c_j|$는 c_j에 속한 샘플의 개수를 뜻한다.

$$D_{\text{max}}(\mathbf{x}_i, c_j) = \max_{\mathbf{y}_k \in c_j} d_{ik} \tag{10.12}$$

$$D_{\text{min}}(\mathbf{x}_i, c_j) = \min_{\mathbf{y}_k \in c_j} d_{ik} \tag{10.13}$$

$$D_{\text{ave}}(\mathbf{x}_i, c_j) = \frac{1}{|c_j|} \sum_{\mathbf{y}_k \in c_j} d_{ik} \tag{10.14}$$

두 점 사이의 거리를 위해서는 10.2.2절의 거리 중에 어느 것을 사용해도 된다. D_{max}는 가장 먼 점을 취하는 것이고 반대로 D_{min}은 가장 가까운 점을 취한다. 따라서 이 둘은 외톨이outlier에 민감할 수밖에 없다. 예를 들어 군집 c_j가 1000개의 점을 가지고 있는데 999개는 어느 곳에 몰려 있고 나머지 한 개는 $\mathbf{x}_i$로부터 훨씬 멀리 떨어져 있는 외톨이라고 생각해 보자. 이런 상황에서는 D_{max}가 외톨이에 따라 결정된다. D_{min}도 비슷한 상황이 있을 수 있다. D_{ave}는 평균을 취하므로 이런 상황에 덜 민감한 장점이 있다.

(10.12)~(10.14)의 방법은 거리 계산에 모든 샘플이 참여한다. 이와 달리 c_j의 대표를 뽑아 놓고 그것과 $\mathbf{x}_i$ 사이의 거리를 이용하는 방법도 있다. c_j의 대표는 점일 수도 있고 또는 선이나 면일 수도 있다. 여기서는 점인 경우만 다룬다. (10.15)에서 $\mathbf{y}_{\text{mean}}$은 c_j를 대표하는 점이고 $d_{i,\text{mean}}$은 두 점 $\mathbf{x}_i$와 $\mathbf{y}_{\text{mean}}$ 사이의 거리를 말한다.

$$\left.\begin{aligned} & D_{\text{mean}}(\mathbf{x}_i, c_j) = d_{i,mean} \\ & \text{여기서 } \mathbf{y}_{mean} = \frac{1}{|c_j|} \sum_{\mathbf{y}_k \in c_j} \mathbf{y}_k \end{aligned}\right\} \tag{10.15}$$

(10.15)에서는 모든 점의 평균을 구하여 그것을 대표 점으로 삼았다. 또 다른 방법은 c_j에 속하는 샘플 중에 하나를 대표로 선택하는 것이다. 이렇게 선택된 대표를 $\mathbf{y}_{\text{rep}}$로 표기하자. $\mathbf{y}_{\text{rep}}$는 다른 샘플들과 가급적 가까워야 하므로 아래 기준을 사용한다.

$$\left.\begin{aligned} & D_{\text{rep}}(\mathbf{x}_i, c_j) = d_{i,rep} \\ & \text{여기서 } \sum_{\mathbf{y}_k \in c_j} d_{rep,k} \le \sum_{\mathbf{y}_k \in c_j} d_{lk}, \ \forall \mathbf{y}_l \in c_j \end{aligned}\right\} \tag{10.16}$$

예제 10.2 점과 군집 사이의 거리

[그림 10.4]에서 네 개의 샘플을 가진 군집 c_j와 점 $\mathbf{x}_i$를 볼 수 있다. 이들의 특징 벡터 값은 아래와 같다.

$$c_j = \{\mathbf{y}_1 = (1,1)^{\mathrm{T}}, \mathbf{y}_2 = (1,2)^{\mathrm{T}}, \mathbf{y}_3 = (2,1)^{\mathrm{T}}, \mathbf{y}_4 = (3,1)^{\mathrm{T}}\}, \quad \mathbf{x}_i = (4,2)^{\mathrm{T}}$$

이 값을 가지고 D_{max}, D_{min}, D_{ave}를 계산하면 아래와 같다. 두 점 간의 거리 계산을 위해서는 유클리디안 거리를 사용하였다.

$$D_{\mathrm{max}} = \max(3.162,\ 3.0,\ 2.236,\ 1.414) = 3.162$$
$$D_{\mathrm{min}} = \min(3.162,\ 3.0,\ 2.236,\ 1.414) = 1.414$$
$$D_{\mathrm{ave}} = (3.162 + 3.0 + 2.236 + 1.414)/4 = 2.453$$

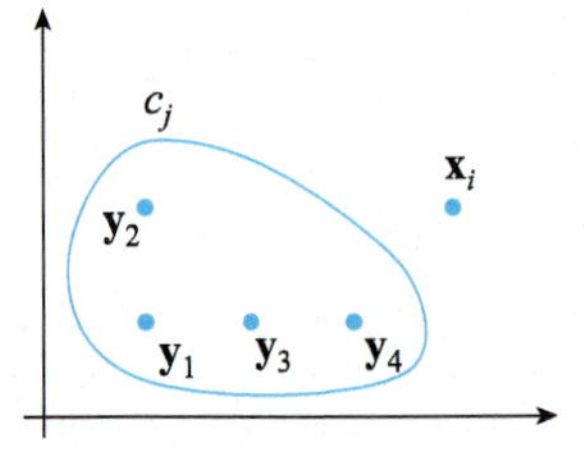

그림 10.4 군집과 점 간의 거리

이제 c_j의 대표를 사용하는 방법을 살펴보자. D_{mean}은 다음과 같이 구한다.

$$\mathbf{y}_{\mathrm{mean}} = ((1,1)^{\mathrm{T}} + (1,2)^{\mathrm{T}} + (2,1)^{\mathrm{T}} + (3,1)^{\mathrm{T}})/4 = (1.75,1.25)^{\mathrm{T}}$$
$$D_{\mathrm{mean}} = d_{i,mean} = 2.372$$

D_{rep}는 아래와 같이 계산할 수 있다.

$$\sum_{\mathbf{y}_k \in c_j} d_{1k} = 1.0 + 1.0 + 2.0 = 4.0$$

$$\sum_{\mathbf{y}_k \in c_j} d_{2k} = 1.0 + 1.414 + 2.236 = 4.65$$

$$\sum_{\mathbf{y}_k \in c_j} d_{3k} = 1.0 + 1.414 + 1.0 = 3.414$$

$$\sum_{\mathbf{y}_k \in c_j} d_{4k} = 2.0 + 2.236 + 2.0 = 6.236$$

따라서 $rep = 3$이 되고 $\mathbf{y}_{rep} = (2, 1)^{\mathrm{T}}$이다. 이제 (10.16)으로 D_{rep}를 구해보면 아래와 같다.

$$D_{\mathrm{rep}}(\mathbf{x}_i, c_j) = d_{i,rep} = 2.236$$

두 군집 사이의 거리

두 개의 군집 c_i와 c_j 간의 거리 $D(c_i,c_j)$도 비슷한 방식으로 구할 수 있다. (10.17)~(10.21)은 다섯 가지 계산 방법을 제시하고 있다. 편의상 c_i에 속한 샘플은 $\mathbf{x}_k$로 c_j에 속한 샘플은 $\mathbf{y}_l$로 표기하고 두 점 $\mathbf{x}_k$와 $\mathbf{y}_l$ 사이의 거리는 d_{kl}로 표기한다.

$$D_{\mathrm{max}}(c_i,c_j) = \max_{\mathbf{x}_k \in c_i, \mathbf{y}_l \in c_j} d_{kl} \tag{10.17}$$

$$D_{\mathrm{min}}(c_i,c_j) = \min_{\mathbf{x}_k \in c_i, \mathbf{y}_l \in c_j} d_{kl} \tag{10.18}$$

$$D_{\mathrm{ave}}(c_i,c_j) = \frac{1}{|c_i||c_j|} \sum_{\mathbf{x}_k \in c_i} \sum_{\mathbf{y}_l \in c_j} d_{kl} \tag{10.19}$$

$$\left.\begin{array}{l} D_{\mathrm{mean}}(c_i, c_j) = d_{mean1,mean2} \\ \text{여기서 } \mathbf{x}_{mean1} = \dfrac{1}{|c_i|} \displaystyle\sum_{\mathbf{x}_k \in c_i} \mathbf{x}_k, \quad \mathbf{y}_{mean2} = \dfrac{1}{|c_j|} \displaystyle\sum_{\mathbf{y}_l \in c_j} \mathbf{y}_l \end{array}\right\} \tag{10.20}$$

$$\left.\begin{array}{l} D_{\mathrm{rep}}(c_i, c_j) = d_{rep1,rep2} \\ \text{여기서 } \displaystyle\sum_{\mathbf{x}_k \in c_i} d_{rep1,k} \le \sum_{\mathbf{x}_k \in c_i} d_{pk}, \ \forall \mathbf{x}_p \in c_i, \quad \sum_{\mathbf{y}_l \in c_j} d_{rep2,l} \le \sum_{\mathbf{y}_l \in c_j} d_{pl}, \ \forall \mathbf{y}_p \in c_j \end{array}\right\} \tag{10.21}$$

지금까지 거리를 중심으로 식을 정의하고 예제를 살펴보았는데 이것들을 유사도를 중심으로 쉽게 고칠 수 있다. 두 점 간의 거리를 나타내는 d_{ij}를 유사도를 나타내는 s_{ij}로 바꾸어 주기만 하면 된다. 단 D_{rep}에서는 부등호를 반대로 해주어야 한다. 왜냐하면 다른 샘플들과 유사도가 클수록 대표일 가능성이 크기 때문이다.

10.2.4 동적 거리

어떤 상황에서는 샘플마다 특징 벡터의 차원이 다를 수 있다. 예를 들어 온라인 필기 인식의 경우 태블릿으로 입력한 궤적을 방향 코드로 인코딩한다고 하자. 이때 입력된 샘플이 갖는 궤적의 길이가 다르므로 서로 다른 개수의 코드로 표현된다. 또한 생물 정보학에서 DNA 열은 개체마다 다를 수 있다.

이런 상황에서는 동적 거리를 정의하고 그것을 사용해야 한다. 동적 거리는 6.3절의 교정 거리 계산 방법을 사용하면 된다. 상황에 따라 레벤시테인 거리 또는 다메라우-레벤시테인 거리 중에서 선택하여 사용하면 된다. 또는 응용에 따라 이들을 확장한 방법을 사용할 수도 있다. 동적 거리 계산에 대해 보다 폭넓은 공부를 원하면 [Navarro01, Myers91]을 참고하라.

10.3 군집화 알고리즘의 분류

결론부터 말하면 군집화 알고리즘은 매우 다양하고 많다. 군집이 계층을 형성하느냐 그렇지 않느냐, 그래프 자료구조를 사용하느냐, 비용 함수를 지정하고 그것을 최적화하느냐, 신경망 학습 알고리즘을 사용하느냐, 효율적 공간 탐색 연산을 사용하느냐 등과 같이 알고리즘이 사용하는 기본적인 연산에 따라 구분할 수 있다. 또한 시간 복잡도에 따라 적은 규모의 데이터만 다룰 수 있는지 아니면 수백만~수십억의 대용량 자료를 다룰 수 있는지에 따라 구분 지을 수도 있다.

이렇게 방법론이 다양한 이유는 군집화란 문제의 본질적인 성질에 기인한다고 볼 수 있다. 패턴인식 분야에서 군집화처럼 주관이 많이 개입하는 문제도 드물다. [그림 10.1]에서 보는 바와 같이 군집화는 정답이 정해져 있지 않다. [그림 10.5]는 보다 어려운 상황을 보여 준다. 왼쪽은 긴 군집과 둥근 군집이 있으며, 가운데는 원 모양의 긴 군집이 둥근 군집을 감싸고 있는 상황이다. 그리고 오른쪽은 점의 밀집도에 따라 두 개의 군집이 있는 상황이다. 물론 이들은 인위적으로 만든 상황이지만 실제 데이터에서도 비슷한 상황이 발생할 여지가 있다.

이러한 다양한 상황 모두를 만족시키는 알고리즘은 불가능하다. 지금까지 개발되어 있는 모든 알고리즘은 어떤 상황에서는 만족스럽지만 다른 상황에서는 엉뚱하게 작동할 가능성이 있다. 따라서 주어진 군집화 문제를 만족스럽게 풀기 위해서는 자신이 사용하는 알고리즘의 성질에 대한 이해가 매우 중요하다.

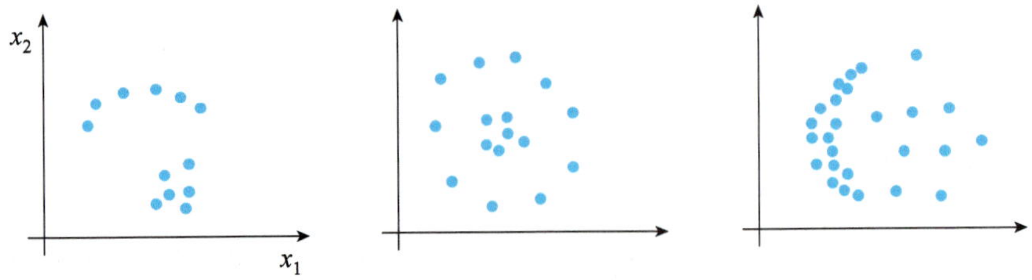

그림 10.5 다양한 군집 상황

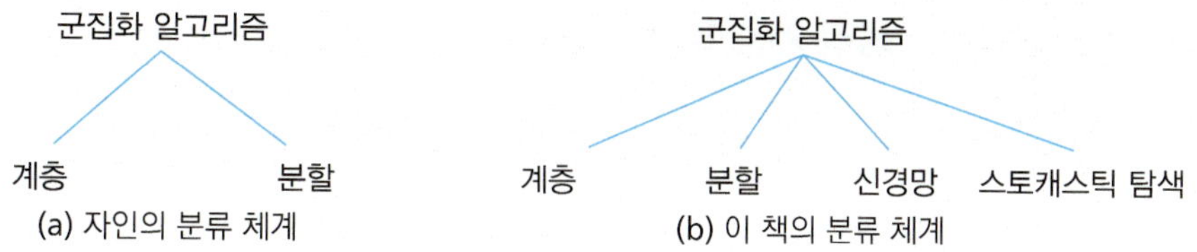

그림 10.6 군집화 알고리즘의 분류

군집화 알고리즘의 다양성만큼이나 분류 체계도 다양하다. 이 책에서는 [Jain99]의 분류 체계를 조금 확장하여 사용한다. [그림 10.6]은 자인Jain의 체계와 우리가 사용할 체계를 보여 준다.

계층 군집화 알고리즘은 군집의 계층을 형성한다. 따라서 그 결과를 덴드로그램이라는 트리로 표현할 수 있다. 계층 형성이라는 독특한 특성으로 인해 보통 하나의 알고리즘 군으로 구분되어 있다. 분할 군집화 알고리즘은 계층을 형성하지 않고 하나의 군집 결과만을 출력한다. 이 군에 속하는 알고리즘은 주로 샘플을 군집에 배정하는 연산을 사용한다. SOM이나 ART와 같은 신경망 알고리즘은 신경망 연구 그룹에서 개발되었고 아키텍처와 학습 알고리즘을 갖는다는 독특한 성질에 따라 하나의 알고리즘 군으로 구분하였다. 마지막으로 스토캐스틱 탐색 알고리즘 군에는 유전 알고리즘과 시뮬레이티드 어닐링이 있는데 난수를 발생시켜 확률적인 의사 결정을 한다는 독특한 성질을 지니고 있다. 이들은 지역 최적 점을 피하고 공간을 효율적으로 탐색하여 전역 최적 점에 매우 근접한 해를 찾는 것을 목표로 하고 있다.

이 책은 잘 알려지고 널리 사용되는 알고리즘을 중심으로 기술한다. 군집화에 대해 보다 폭넓고 깊이 있게 공부하고자 하는 독자는 서베이 논문 [Jain99]나 [Xu05]를 참고하기 바란다.

10.4 계층 군집화

우선 군집 해의 포함 관계를 정의하자. 군집 해 $C_2 = \{c_{21}, c_{22}, \cdots, c_{2n}\}$의 모든 군집 c_{2i}가 다른 군집 해 $C_1 = \{c_{11}, c_{12}, \cdots, c_{1k}\}$에 속한 군집의 부분 집합일 때 C_2는 C_1에 포함된다고 말한다. 예를 들어 $C_2 = \{\{\mathbf{x}_1, \mathbf{x}_3, \mathbf{x}_6\}, \{\mathbf{x}_2\}, \{\mathbf{x}_4, \mathbf{x}_5\}\}$는 $C_1 = \{\{\mathbf{x}_1, \mathbf{x}_3, \mathbf{x}_6\}, \{\mathbf{x}_2, \mathbf{x}_4, \mathbf{x}_5\}\}$에 포함된다. 물론 $n > k$이어야 한다. 계층 군집화 알고리즘은 이러한 포함 관계를 군집화 결과로 출력한다. 계층 군집화hierarchical clustering 알고리즘에는 작은 군집들에서 출발하여 이들을 모아 나가는 **응집**agglomerative 방식과 큰 군집에서 출발하여 이들을 나누어 나가는 **분열**divisive 방식이 있다.

10.4.1 응집 계층 알고리즘

알고리즘 10.1 응집 계층 군집화

입력: 샘플 집합 $X = \{\mathbf{x}_1, \mathbf{x}_2, \cdots, \mathbf{x}_N\}$

출력: 덴드로그램

1. $C_0 = \{c_1 = \{\mathbf{x}_1\}, c_2 = \{\mathbf{x}_2\}, \cdots, c_N = \{\mathbf{x}_N\}\}$; // 각 샘플이 하나의 군집
2. **for** ($t = 1$ **to** $N-1$) {
3. C_{t-1}의 모든 군집 쌍 (c_i,c_j)를 조사하여 아래를 만족하는 쌍 (c_p,c_q)를 찾아라.

   $$D(c_p,c_q) = \min_{c_i,c_j \in C_{t-1}} D(c_i,c_j) \quad \text{// 가장 가까운 쌍을 찾는 조건}$$

4. $c_r = c_p \cup c_q$; // 두 군집을 하나로 합쳐라.
5. $C_t = (C_{t-1} - c_p - c_q) \cup c_r$; // 두 군집을 제거하고 새로운 군집을 추가하라.
6. }

알고리즘 10.1은 응집 계층 군집화 알고리즘이다. 입력은 샘플 집합이고 출력은 군집화 결과를 트리 형태로 표현한 덴드로그램dendrogram이다.

라인 1에서 샘플 각각이 하나의 군집이 되도록 초기화하고 출발한다. 라인 2~6의 루프는 가장 가까운 군집 쌍 하나를 찾아 그들을 합친다. 따라서 루프를 $N-1$번 돌면 모든 샘플을 포함하는 하나의 군집만 남는다. 전체 과정에서 만들어진 군집 계층이 알고리즘의 출력이 되며 그것은 덴드로그램으로 표현할 수 있다. 아래 예제를 살펴보면 이 아이디어를 보다 쉽게 이해할 수 있다.

예제 10.3 응집 계층 알고리즘(단일 연결 알고리즘)

[그림 10.7]과 같이 일곱 개의 점(샘플)이 주어진 상황에서 군집화를 한다고 하자. 이들의 좌표와 라인 1의 초기화에 의한 C_0은 아래와 같다.

$$\mathbf{x}_1 = (18,5)^\mathrm{T}, \mathbf{x}_2 = (20,9)^\mathrm{T}, \mathbf{x}_3 = (20,14)^\mathrm{T}, \mathbf{x}_4 = (20,17)^\mathrm{T},$$
$$\mathbf{x}_5 = (5,15)^\mathrm{T}, \mathbf{x}_6 = (9,15)^\mathrm{T}, \mathbf{x}_7 = (6,20)^\mathrm{T}$$

$$C_0 = \{c_1 = \{\mathbf{x}_1\}, c_2 = \{\mathbf{x}_2\}, c_3 = \{\mathbf{x}_3\}, c_4 = \{\mathbf{x}_4\}, c_5 = \{\mathbf{x}_5\}, c_6 = \{\mathbf{x}_6\}, c_7 = \{\mathbf{x}_7\}\}$$

라인 3을 수행하기 위해서는 10.2절에서 정의한 여러 가지 거리 중에 하나를 선택하여야 한다. 여기에서는 (10.18)의 $D_{\min}$을 사용하기로 하자.[84] 그리고 두 점 간의 거리는 (10.5)의 유클리디안 거리를 사용한다고 하자. C_0에 속한 일곱 개의 군집이 이루는 쌍은 모두 ${}_7C_2 = 21$개이다. 이들 중에서 거리가 가장 작은 쌍은 $D_{\min} = 3$인 (c_3, c_4)이다. 따라서 라인 4에서 이들 두 군집을 하나로 합치면 $c_r = \{\mathbf{x}_3, \mathbf{x}_4\}$가 된다. 라인 5에서 두 군집 c_3과 c_4를 제거하고 c_r을 추가하면 아래와 같은 새로운 군집 해를 얻는다. 편의상 군집의 번호는 1~6까지 새로 부여하였다.

$$C_1 = \{c_1 = \{\mathbf{x}_1\}, c_2 = \{\mathbf{x}_2\}, c_3 = \{\mathbf{x}_3, \mathbf{x}_4\}, c_4 = \{\mathbf{x}_5\}, c_5 = \{\mathbf{x}_6\}, c_6 = \{\mathbf{x}_7\}\}$$

새로운 루프를 시작하자. 라인 3에서 C_1에 속한 여섯 개의 군집의 쌍은 모두 ${}_6C_2 = 15$개이다. 이들 중에서 거리가 가장 작은 쌍은 $D_{\min} = 4$인 (c_4, c_5)이다. 라인 4와 5를 수행하면 아래와 같은 새로운 군집 해를 얻는다.

$$C_2 = \{c_1 = \{\mathbf{x}_1\}, c_2 = \{\mathbf{x}_2\}, c_3 = \{\mathbf{x}_3, \mathbf{x}_4\}, c_4 = \{\mathbf{x}_5, \mathbf{x}_6\}, c_5 = \{\mathbf{x}_7\}\}$$

또 다른 루프를 시작하자. 라인 3에서 C_2의 다섯 개의 군집이 만드는 쌍 중에서 거리가 가장 작은 것은 $D_{\min} = \sqrt{20}$인 (c_1, c_2)이다. 라인 4와 5를 수행하면 아래와 같은 새로운 군집 해를 얻는다.

$$C_3 = \{c_1 = \{\mathbf{x}_1, \mathbf{x}_2\}, c_2 = \{\mathbf{x}_3, \mathbf{x}_4\}, c_3 = \{\mathbf{x}_5, \mathbf{x}_6\}, c_4 = \{\mathbf{x}_7\}\}$$

다음 루프의 라인 3에서 C_3의 군집이 만드는 쌍 중에 거리가 가장 작은 것은 $D_{\min} = 5$인 (c_1, c_2)이다. 라인 4와 5를 수행하면 아래와 같은 새로운 군집 해를 얻는다.

$$C_4 = \{c_1 = \{\mathbf{x}_1, \mathbf{x}_2, \mathbf{x}_3, \mathbf{x}_4\}, c_2 = \{\mathbf{x}_5, \mathbf{x}_6\}, c_3 = \{\mathbf{x}_7\}\}$$

이어서 두 번의 루프를 더 돌아 C_5와 C_6을 얻고 알고리즘을 마친다.

$$C_5 = \{c_1 = \{\mathbf{x}_1, \mathbf{x}_2, \mathbf{x}_3, \mathbf{x}_4\}, c_2 = \{\mathbf{x}_5, \mathbf{x}_6, \mathbf{x}_7\}\}$$
$$C_6 = \{c_1 = \{\mathbf{x}_1, \mathbf{x}_2, \mathbf{x}_3, \mathbf{x}_4, \mathbf{x}_5, \mathbf{x}_6, \mathbf{x}_7\}\}$$

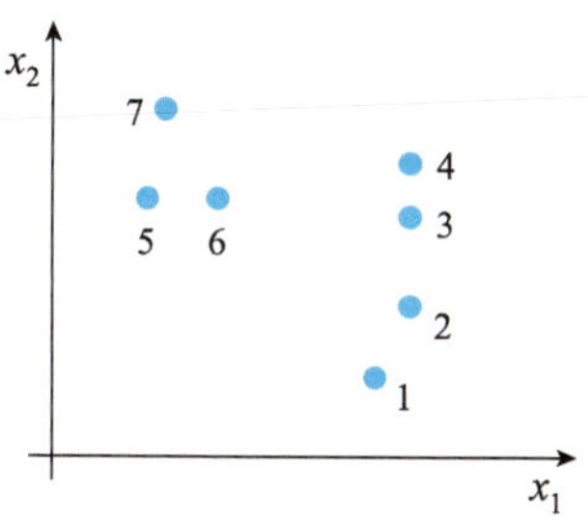

그림 10.7 군집화 예제

[84] $D_{\max}$나 D_{ave}를 사용하면 다른 군집 해가 만들어진다.

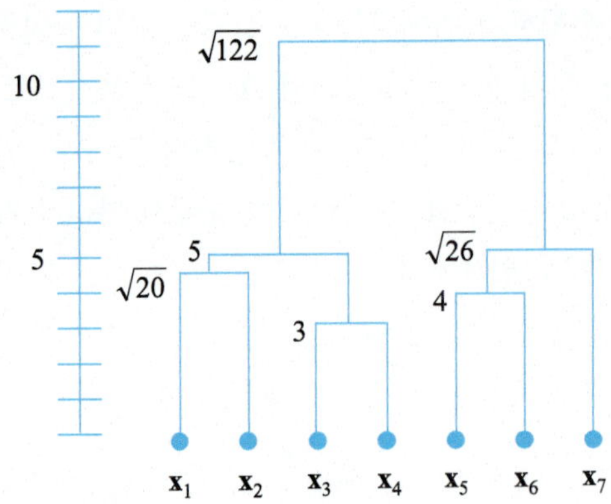

그림 10.8 단일 연결 알고리즘이 만드는 덴드로그램

앞의 예제의 군집화 결과를 덴드로그램으로 나타내면 [그림 10.8]이 된다. 덴드로그램은 군집이 합쳐지는 순서와 군집 간의 거리 정보를 같이 보여준다.

예제 10.3은 두 군집 간의 거리 척도로 D_{min}을 사용하였다. 만일 D_{min} 대신 D_{max} 또는 D_{ave}를 사용하면 어떻게 될까? 당연히 결과가 달라진다. 따라서 이름도 다르게 부른다. 알고리즘 10.1이 D_{min}을 사용하면 **단일 연결**single linkage 알고리즘, D_{max}를 사용하면 **완전 연결**complete linkage 알고리즘, 그리고 D_{ave}를 사용하면 **평균 연결**average linkage 알고리즘이라 부른다. 예제 10.4는 완전 연결 알고리즘의 동작을 보여 준다.

예제 10.4 응집 계층 알고리즘(완전 연결 알고리즘)

이 예제에서는 D_{max}를 사용하는 완전 연결 알고리즘을 [그림 10.7]의 데이터에 적용해 보자. C_0에서 출발하여 C_3까지는 단일 연결 알고리즘과 같음을 쉽게 알 수 있다.

$$C_0 = \{c_1 = \{\mathbf{x}_1\},\ c_2 = \{\mathbf{x}_2\},\ c_3 = \{\mathbf{x}_3\},\ c_4 = \{\mathbf{x}_4\},\ c_5 = \{\mathbf{x}_5\},\ c_6 = \{\mathbf{x}_6\},\ c_7 = \{\mathbf{x}_7\}\}$$

$$C_1 = \{c_1 = \{\mathbf{x}_1\},\ c_2 = \{\mathbf{x}_2\},\ c_3 = \{\mathbf{x}_3,\mathbf{x}_4\},\ c_4 = \{\mathbf{x}_5\},\ c_5 = \{\mathbf{x}_6\},\ c_6 = \{\mathbf{x}_7\}\}$$

$$C_2 = \{c_1 = \{\mathbf{x}_1\},\ c_2 = \{\mathbf{x}_2\},\ c_3 = \{\mathbf{x}_3,\mathbf{x}_4\},\ c_4 = \{\mathbf{x}_5,\mathbf{x}_6\},\ c_5 = \{\mathbf{x}_7\}\}$$

$$C_3 = \{c_1 = \{\mathbf{x}_1,\mathbf{x}_2\},\ c_2 = \{\mathbf{x}_3,\mathbf{x}_4\},\ c_3 = \{\mathbf{x}_5,\mathbf{x}_6\},\ c_4 = \{\mathbf{x}_7\}\}$$

C_3을 가지고 라인 3을 수행해 보자. 이제 D_{max}로 군집 간의 거리를 구하면 (c_3, c_4) 쌍이 $D_{max} = \sqrt{34}$ 로 가장 가깝다. 따라서 C_4는 다음과 같다.

$$C_4 = \{c_1 = \{\mathbf{x}_1,\mathbf{x}_2\},\ c_2 = \{\mathbf{x}_3,\mathbf{x}_4\},\ c_3 = \{\mathbf{x}_5,\mathbf{x}_6,\mathbf{x}_7\}\}$$

루프를 더 돌면 아래와 같은 C_5와 C_6을 얻는다.

$$C_5 = \{c_1 = \{\mathbf{x}_1, \mathbf{x}_2, \mathbf{x}_3, \mathbf{x}_4\},\ c_2 = \{\mathbf{x}_5, \mathbf{x}_6, \mathbf{x}_7\}\}$$

$$C_6 = \{c_1 = \{\mathbf{x}_1, \mathbf{x}_2, \mathbf{x}_3, \mathbf{x}_4, \mathbf{x}_5, \mathbf{x}_6, \mathbf{x}_7\}\}$$

완전 연결 알고리즘이 만드는 덴드로그램은 [그림 10.9]와 같다.

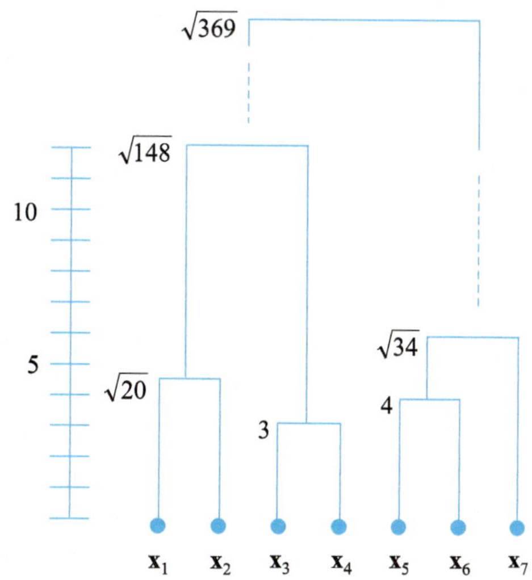

그림 10.9 완전 연결 알고리즘이 만드는 덴드로그램

계층 알고리즘은 덴드로그램을 출력한다. 덴드로그램은 한 개의 군집을 갖는 군집 해부터 N개의 군집을 갖는 군집 해까지 포함하고 있다. 따라서 군집의 개수를 마음대로 조절할 수 있다. 만일 k개의 군집을 갖는 군집 해를 원한다면 C_{N-k}를 취하면 된다. 물론 $1 \le k \le N$이어야 한다. 이것은 덴드로그램에서 깊이 $k-1$과 k 사이를 자르는 것과 같다. 깊이는 맨 위를 1로 하고 밑으로 가면서 증가하는데 [그림 10.9]에서 $\sqrt{369}$는 깊이 1이고 $\sqrt{148}$은 깊이 2이다.

알고리즘 10.1은 거리를 기반으로 작성되어 있다. 하지만 원하면 거리 대신 유사도를 사용할 수도 있다. 이 알고리즘을 유사도 버전으로 바꾸기 위해서는 라인 3에서 거리 D 대신 유사도 S로 바꾸고 min을 max로 바꾸면 된다. 거리를 사용할 때는 짧은 쌍을 찾았는데 유사도를 사용하면 유사도가 큰 쌍을 찾아야 한다.

이제 단일 연결, 완전 연결, 그리고 평균 연결의 세 가지 알고리즘의 성향을 살펴보자. 우선 단일 연결과 완전 연결 알고리즘이 다르게 동작하는 상황을 자세히 살펴보자. [그림 10.10]은 앞의 두 예제에서 이들 알고리즘이 다르게 의사 결정하는 순간을 보여 준다. 현재는 c_1, c_2, c_3, c_4의 네 개 군집을 가진 상황이다. 단일 연결 알고리즘은

D_{min}을 사용하기 때문에 c_1과 c_2 사이의 거리는 $\mathbf{x}_2$와 $\mathbf{x}_3$의 거리가 되어 가깝다. 반면에 완전 연결 알고리즘은 D_{max}를 사용하기 때문에 c_1과 c_2 사이의 거리는 $\mathbf{x}_1$과 $\mathbf{x}_4$의 거리가 되어 멀다. 이제 c_3과 c_4 사이의 거리를 따져보자. D_{min}은 $\mathbf{x}_5$와 $\mathbf{x}_7$의 거리이고 D_{max}는 $\mathbf{x}_6$과 $\mathbf{x}_7$의 거리가 된다. 따라서 이 상황에서 D_{min}을 사용하는 단일 연결 알고리즘은 연한 파란색의 군집을 만들고 D_{max}를 사용하는 완전 연결 알고리즘은 진한 파란색의 군집을 만들어 준다.

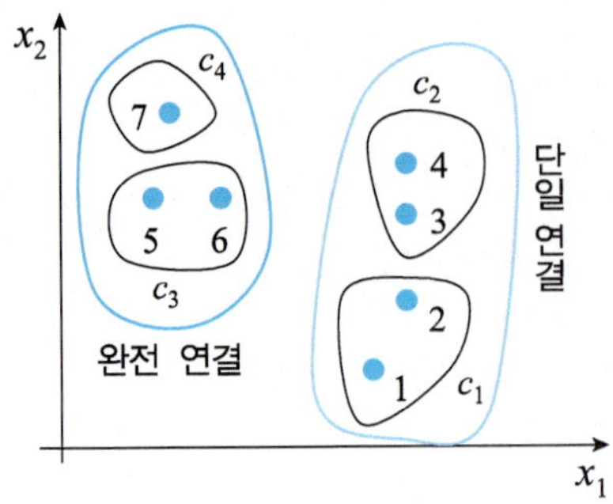

그림 10.10 단일 연결과 완전 연결 알고리즘의 동작 차이

이 예제 상황에서 분석한 동작으로부터 알고리즘의 성향을 알 수 있다. 단일 연결은 이 예에서 보는 바와 같이 긴 군집을 선호한다. 반면에 완전 연결은 둥근 군집을 선호한다. 예를 들어 $k = 3$으로 하는 경우 단일 연결은 $C_4 = \{\{\mathbf{x}_1, \mathbf{x}_2, \mathbf{x}_3, \mathbf{x}_4\}, \{\mathbf{x}_5, \mathbf{x}_6\}, \{\mathbf{x}_7\}\}$을 출력한다. 하지만 완전 연결은 $C_4 = \{\{\mathbf{x}_1, \mathbf{x}_2\}, \{\mathbf{x}_3, \mathbf{x}_4\}, \{\mathbf{x}_5, \mathbf{x}_6, \mathbf{x}_7\}\}$을 출력한다. 이러한 경향은 두 알고리즘의 일반적인 성향이다. 평균 연결 알고리즘은 둘의 중간에 위치한다고 보면 된다.

지금까지 살펴본 알고리즘들을 세 가지 측면에서 부연 설명한다. 첫 번째는 적절한 군집의 개수를 어떻게 알아낼 것인가이다. 이 질문은 계층 군집화 알고리즘뿐만 아니라 모든 군집화 알고리즘이 공통으로 안고 있는 고민거리이다. 크게 사용자가 군집 개수를 가늠하여 입력으로 주는 방식과 알고리즘이 자동으로 찾는 방식이 있다. 자동으로 찾는 방법에 대해서는 [Dubes87]을 참고하기 바란다.

두 번째는 외톨이outlier 또는 잡음에 대한 민감성과 관련된다. 응집 계층 군집화 알고리즘에서는 샘플을 어느 군집에 한 번 넣으면 이것을 다시 빼내는 연산이 없다. 따라서 [그림 10.11]과 같은 상황이 한 번 발생하면 외톨이가 거리 계산을 계속 주도해 버릴 수 있다. 왼쪽의 단일 연결의 경우에는 파란색으로 표시된 외톨이 때문에 두 군집의 실제 거리에 비해 너무 짧은 거리가 측정될 가능성이 있고 오른쪽의 완전 연결의 경우에는 너무 긴 거리가 측정될 가능성이 있다. 평균 연결 알고리즘은 군집의 평균 점을 구하고 그들 간의 거리를 사용하므로 단일 연결이나 완전 연결에 비해 외톨이에 덜 민감하다.

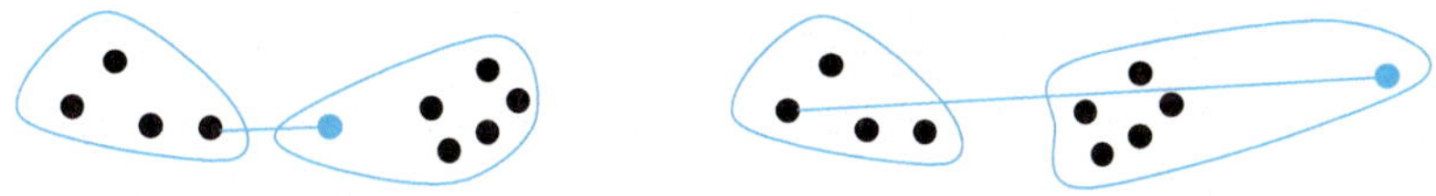

그림 10.11 외톨이에 의한 왜곡된 거리 계산

세 번째 측면은 시간 복잡도이다. 알고리즘 10.1은 라인 3의 계산량이 많다. t번째 루프에서 군집 해 C_{t-1}은 $N-t+1$개의 군집을 갖는다. 따라서 모든 군집 쌍에 대해 거리를 계산해야 하므로 ${}_{N-t+1}C_2$번의 거리 계산이 필요하다. 이 연산을 $t=1$부터 $N-1$까지 반복 수행하면 총 (10.22)만큼의 거리 계산이 필요하다.

$$\sum_{t=1}^{N-1} {}_{N-t+1}C_2 = \sum_{t=1}^{N-1} \frac{(N-t+1)(N-t)}{2} = \Theta(N)^3 \tag{10.22}$$

따라서 응집 계층 군집화 알고리즘을 별생각 없이 구현하면 N이 어느 정도 커졌을 때 계산 시간이 과다하여 실용성이 떨어진다. 하지만 가만 들여다보면 루프 t에서 계산해 놓은 거리를 루프 $t+1$에서 활용할 여지가 있다. 또한 매 루프에서 가장 작은 값을 찾는 연산은 힙heap이라는 자료 구조를 사용하여 효율적으로 구현할 수 있다. 이러한 아이디어에 대해서는 [Kurita91]을 참조하기 바란다. 이 방법은 $O(N^2 \log N)$의 시간 복잡도를 갖는다. 하지만 큰 N에 대해서는 여전히 계산 시간이 과다한 문제점을 안고 있다.

현대의 응용에서는 대용량의 자료를 군집화할 경우가 종종 발생한다. 대표적인 응용은 CRM, 웹 마이닝, 생물 정보학 등이다. 이러한 응용을 염두에 두고, 대용량 데이터에서 빠르게 동작하는 CURE, ROCK, CHAMELEON, BIRCH 알고리즘이 개발되어 있다 [Jain99, Xu05]. 이들은 모두 응집 계층 알고리즘의 변형이다.

10.4.2 분열 계층 알고리즘

지금까지는 응집 방식으로 작동하는 알고리즘에 대해 살펴보았는데 이제는 반대 방향으로 작동하는 알고리즘에 대해 알아보자. 알고리즘 10.2는 **분열 계층**divisive hierarchical 군집화 알고리즘이다. 이 알고리즘은 모든 샘플을 포함하는 하나의 큰 군집에서 출발한다. 매 루프마다 한 개의 군집을 선정하여 그것을 두 개로 나눈다. 그리고 원래 군집을 제거하고 새로운 두 개의 군집을 추가한다. 따라서 루프를 돌 때마다 군집의 개수가 하나씩 많아지고 마지막에는 하나의 샘플이 하나의 군집을 형성하게 된다. 이러한 과정을 하향top-down 방식이라고 할 수 있다. 반면에 10.4.1절의 응집 계층 군집화는 상향bottom-up 방식으로 볼 수 있다.

알고리즘 10.2 분열 계층 알고리즘

입력: 샘플 집합 $X = \{\mathbf{x}_1, \mathbf{x}_2, \cdots, \mathbf{x}_N\}$

출력: 덴드로그램

1. $C_0 = \{c_1 = \{\mathbf{x}_1, \mathbf{x}_2, \cdots, \mathbf{x}_N\}\}$; // 모든 샘플이 하나의 군집이 되도록 초기화
2. **for** (t=1 **to** $N-1$) {
3.   **for** (C_{t-1}의 모든 군집 c_i에 대하여)
4. c_i의 모든 이진 분할 중에 거리가 가장 먼 것을 찾아라.
5.   라인 3-4에서 찾은 t개의 이진 분할을 비교하여, 가장 먼 거리를 가진 군집 c_q를 찾고 그것의 이진 분할을 c_q^1과 c_q^2라 한다.
6. $C_t = (C_{t-1} - c_q) \cup \{c_q^1, c_q^2\}$; // c_q를 제거하고 두 개의 새로운 군집을 추가
7. }

이 알고리즘의 라인 4는 지수적 시간 복잡도를 갖는다. 군집 c_i가 n개의 샘플을 갖는다면 이것을 두 개의 집합으로 나누는 이진 분할의 수는 스털링 수 $S(n,2) = 2^{n-1}-1$이다. 따라서 분열 계층 알고리즘은 N이 조금만 커도 과다한 계산 시간 때문에 사용할 수 없다. 빠르게 이진 분할을 찾기 위해 순차 탐색 연산을 사용하는 욕심 알고리즘이 개발되어 있다. 하지만 이 연산을 도입하여 시간을 단축하더라도 분열 방식이 응집 방식보다 특별히 두드러지는 성능 우월성이 없기 때문에 잘 사용하지 않는다.

10.5 분할 군집화

10.4절의 계층 군집화는 군집 해의 계층을 만들어 주며 이것을 덴드로그램으로 표현하였다. 하지만 이 절에서 공부할 **분할 군집화**partitional clustering 방법은 계층을 만들지 않고 하나의 군집 해를 만들어 준다. 이 접근 방법에는 그들이 사용하는 연산에 따라 아주 다양한 알고리즘이 있다. 몇 가지만 예시한다면 샘플을 순차적으로 군

집에 할당하는 순차 알고리즘, 초기 분할을 가지고 출발하여 계속 개선해 나가는 *k*-means 알고리즘, 그래프 표현을 만들고 그것을 분할해 나가는 MST 알고리즘, 가우시언 분포를 추정하고 그것에서 군집을 찾는 GMM 알고리즘 등과 그들의 다양한 변형이 있다.

이들 알고리즘 대부분은 미리 군집의 개수 *k*를 알려주어야 한다. 군집의 개수를 정확하게 예측하는 것은 매우 어려운 일이다. 군집 개수 추정에 대해서는 [Dubes87]을 참고하기 바란다. 자동으로 추정하는 알고리즘들이 제시되어 있지만 모든 상황에 잘 들어맞는 것은 없다. 따라서 주어진 문제에 대한 이해를 바탕으로 적절한 군집 개수 추정 알고리즘을 선택해야 한다.

일반적으로 말하면 분할 군집화는 10.4절의 계층 군집화보다 빠르다. 때문에 대용량 데이터에 보다 널리 이용되고 있다. 하지만 어디까지나 일반적인 말이고 특정 알고리즘은 그렇지 않을 수도 있다. 군집화 알고리즘을 선택할 때는 알고리즘의 성질과 수행 속도에 대한 이해가 매우 중요하다.

10.5.1 순차 알고리즘

순차sequential 알고리즘은 단순한 연산을 사용하므로 직관적으로 이해하기도 쉽다. 이 알고리즘은 군집의 개수 *k* 대신 군집 간의 거리를 나타내는 임계 값 *T*를 필요로 한다. 알고리즘 10.3을 살펴보자. 처음에는 한 개의 군집을 가지고 출발한다. 각 샘플을 차례로 살펴보는데 가장 가까운 군집까지의 거리가 임계 값보다 작으면 그 군집에 속하는 것으로 간주하여 그 군집에 넣는다. 그렇지 않으면 그 샘플이 새로운 군집을 형성한다.

이 알고리즘은 군집의 개수 *k*를 자동으로 찾아준다. 하지만 그 대신 임계 값을 지정해 주어야 하는데 적절한 임계 값은 군집 개수 못지 않게 추정하기가 어렵다. 이 알고리즘은 샘플을 어떤 순서로 처리하느냐에 따라 결과가 달라진다. 이러한 성질을 순서에 민감하다order sensitive 또는 순서 의존적order dependent이라 말한다. [Theodoridis06]은 이 알고리즘을 개선한 여러 가지 버전을 제시하고 있다. 그 중 하나는 군집 개수의 상한을 매개변수로 지정해 주는 것이다. 이 상한을 k_{max}라 하자. 이 새로운 버전은 알고리즘 10.3의 라인 5를 아래와 같이 변경하면 된다.

알고리즘 10.3 순차 알고리즘

입력: 샘플 집합 $X = \{\mathbf{x}_1, \mathbf{x}_2, \cdots, \mathbf{x}_N\}$, 임계 값 T

출력: 군집 해 C, 군집의 개수 k

1. $m = 1$; // 현재 군집 개수를 뜻한다.
2. $C = \{c_1 = \{\mathbf{x}_1\}\}$; // 한 개의 군집을 가지고 출발한다.
3. **for** $(i = 2$ **to** $N)$ {
4. 　　아래 식을 이용하여 $\mathbf{x}_i$와 가장 가까운 군집 c_q를 찾는다.

$$D(\mathbf{x}_i, c_q) = \min_{1 \le j \le m} D(\mathbf{x}_i, c_j)$$

5. 　　**if** $(D(\mathbf{x}_i, c_q) > T)$ { m++; $c_m = \{\mathbf{x}_i\}$; $C = C \cup c_m$;};
　　　　　　　　　　　// c_q로부터 멀기 때문에 새로운 군집을 만든다.
6. 　　**else** $c_q = c_q \cup \mathbf{x}_i$; // 가까우니까 그것에 넣는다.
7. }
8. $k = m$;

5. **if** $(D(\mathbf{x}_i, c_q) > T$ **and** $m < k_{max})$ { m++; $c_m = \{\mathbf{x}_i\}$; $C = C \cup c_m$;};

이 알고리즘의 시간 복잡도를 분석해 보자. 라인 3~7의 for 루프는 $N-1$번 돈다. 루프 안의 라인 4는 그 순간의 군집 개수만큼 거리를 계산한다. 평균적으로 $k_{max}/2$번의 거리 계산으로 보면 된다. 따라서 $O(k_{max}N)$의 복잡도를 갖는데 보통 $k_{max} << N$이므로 k_{max}를 상수로 취급한다면 $O(N)$이 되어 매우 빠른 알고리즘임을 알 수 있다.

10.5.2 *k*-means 알고리즘

가장 인기가 높고 널리 쓰이는 군집화 알고리즘이 무엇이냐고 한다면 단연 *k*-means일 것이다. 이 알고리즘은 직관적으로 이해가 쉽고 따라서 구현도 매우 쉽다. 알고리즘 10.4가 *k*-means이다. 이 알고리즘은 군집의 개수 k를 지정해 주어야 한다. 우선 군집의 중심을 초기화한다. 이 초기화 작업은 최종적으로 얻을 군집 해에 크게 영향을 미친다. 이제 샘플 각각에 대해 k개의 군집 중심 중에 가장 가까운 것을 찾아 그것에 배정한다. 이렇게 하면 모든 샘플이 하나의 군집에 속하게 된다. 그런 후 각 군집의 중심을 그것에 속한 샘플의 평균으로 대치한다. 이러한 과정을 반복하는데 군집 배정의 결과가 이전 루프에서와 같다면 그때 멈춘다.

알고리즘 10.4　*k*-means 알고리즘

입력: 샘플 집합 $X = \{\mathbf{x}_1, \mathbf{x}_2, \cdots, \mathbf{x}_N\}$, 군집의 개수 k

출력: 군집 해 C

```
1. k개의 군집 중심 Z = {z1, z2, ··· , zk}를 초기화한다.
2. while (TRUE) {
3.     for (i = 1 to N) xi를 가장 가까운 군집 중심에 배정한다.
4.     if (이 배정이 이전 루프의 배정과 같음) break;
5.     for (j = 1 to k) zj에 배정된 샘플의 평균으로 zj를 대치한다.
6. }
```

이 알고리즘은 몇 가지 부연 설명이 필요하다. 라인 1에서 군집 중심을 어떻게 초기화할 것인가? 가장 중요한 질문 중의 하나이다. 보통 X에 속한 샘플 중에 k개를 선정하여 초기화한다. 임의로 선정할 수도 있고 처음 k개를 선정할 수도 있다. 또는 다른 알고리즘을 수행하여 개략적인 군집 해를 만들고 각 군집에서 대표를 하나씩 뽑아 해결할 수도 있다. 예를 들어 알고리즘 10.3의 순차 알고리즘은 매우 빠르기 때문에 이런 목적으로 사용하는 데 적합하다. 라인 3에서는 군집 중심과 샘플 간의 거리를 이용하므로 10.2.2절의 두 점 간의 거리 계산 방법 중에 하나를 선정하여 사용하면 된다.

라인 4는 알고리즘의 종료 조건이다. 새로운 배정이 이전 배정과 같다면 그 이후에는 계속 같을 수밖에 없다. 따라서 이때 종료하면 된다. *k*-means는 어떤 초기 군집 중심을 가지고 출발하더라도 반드시 종료 조건에 도달한다는 것이 증명되어 있으므로 안심하고 사용하여도 된다. 라인 5에서는 단순히 샘플의 특징 벡터를 평균하면 된다.

예제 10.5　*k*-means 알고리즘

[그림 10.7]의 예를 가지고 *k*-means의 동작을 살펴보자. 군집 개수 $k = 3$이라 하고 편의상 $\mathbf{x}_1$, $\mathbf{x}_2$, $\mathbf{x}_3$을 초기 군집 중심으로 삼아 이들 각각을 $\mathbf{z}_1$, $\mathbf{z}_2$, $\mathbf{z}_3$이라 하자. [그림 10.12(a)]가 이 상황을 보여 준다. 라인 3에서 일곱 개의 샘플은 다음과 같이 배정된다.

$\{\mathbf{x}_1\}$은 $\mathbf{z}_1$

$\{\mathbf{x}_2\}$은 $\mathbf{z}_2$

$$\{\mathbf{x}_3, \mathbf{x}_4, \mathbf{x}_5, \mathbf{x}_6, \mathbf{x}_7\}\text{은 } \mathbf{z}_3$$

라인 5에서 군집 중심은 아래와 같이 바뀐다. 이것을 그림으로 보이면 [그림 10.12(b)]가 된다. 새로 구한 군집 중심은 파란 점으로 표시하였다.

$$\mathbf{z}_1 = \mathbf{x}_1 = (18, 5)^{\mathrm{T}}$$
$$\mathbf{z}_2 = \mathbf{x}_2 = (20, 9)^{\mathrm{T}}$$
$$\mathbf{z}_3 = (\mathbf{x}_3 + \mathbf{x}_4 + \mathbf{x}_5 + \mathbf{x}_6 + \mathbf{x}_7)/5 = (12, 16.2)^{\mathrm{T}}$$

다음 루프를 실행하면 아래와 같이 된다.

$$\{\mathbf{x}_1\}\text{은 } \mathbf{z}_1$$
$$\{\mathbf{x}_2, \mathbf{x}_3, \mathbf{x}_4\}\text{은 } \mathbf{z}_2$$
$$\{\mathbf{x}_5, \mathbf{x}_6, \mathbf{x}_7\}\text{은 } \mathbf{z}_3$$

$$\mathbf{z}_1 = \mathbf{x}_1 = (18, 5)^{\mathrm{T}}$$
$$\mathbf{z}_2 = (\mathbf{x}_2 + \mathbf{x}_3 + \mathbf{x}_4)/3 = (20, 13.333)^{\mathrm{T}}$$
$$\mathbf{z}_3 = (\mathbf{x}_5 + \mathbf{x}_6 + \mathbf{x}_7)/3 = (6.667, 16.667)^{\mathrm{T}}$$

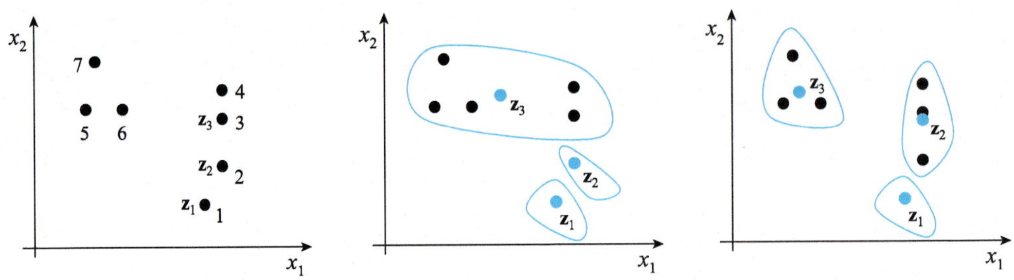

(a) 초기 군집 중심 (b) 첫 번째 루프 후 (c) 두 번째 루프 후

그림 10.12 *k*-means의 동작 예

그 다음 루프의 군집 배정은 이전과 같다. 따라서 여기서 알고리즘이 멈춘다. 결국 *k*-means의 출력은 아래와 같은 군집 해이다.

$$C = \{\{\mathbf{x}_1\}, \{\mathbf{x}_2, \mathbf{x}_3, \mathbf{x}_4\}, \{\mathbf{x}_5, \mathbf{x}_6, \mathbf{x}_7\}\}$$

앞의 예제를 가지고 *k*-means의 이론적 배경을 설명할 수 있다. [그림 10.12(b)]의 첫

번째 루프 후의 군집 해를 보면 같은 군집 내에 샘플들이 퍼져 있는 것을 볼 수 있다. 반면에 [그림 10.12(c)]의 두 번째 루프 후의 군집을 보면 샘플들이 군집 중심에 가까이 모여 있는 것을 볼 수 있다. (10.23)은 샘플들이 군집 중심에 얼마나 밀집해 있는지를 측정해 준다. 이 식에서 Z는 k개의 군집 중심을 나타내고, $\mathbf{U}$는 u_{ji}로 구성되는 행렬인데 $\mathbf{x}_i$가 $\mathbf{z}_j$에 배정되었으면 $u_{ji} = 1$, 그렇지 않으면 $u_{ji} = 0$이다. 이 식을 제곱 오류squared error라 부를 수 있다.

$$J(Z, \mathbf{U}) = \sum_{i=1}^{N}\sum_{j=1}^{k} u_{ji} \|\mathbf{x}_i - \mathbf{z}_j\|^2 \tag{10.23}$$

첫 번째 루프 후의 J를 J_1이라 하면 J_1은 아래와 같이 구할 수 있다.

$$\mathbf{U} = \begin{vmatrix} 1000000 \\ 0100000 \\ 0011111 \end{vmatrix}$$

$$J_1 = \|\mathbf{x}_1 - \mathbf{z}_1\|^2 + \|\mathbf{x}_2 - \mathbf{z}_2\|^2 + \|\mathbf{x}_3 - \mathbf{z}_3\|^2 + \|\mathbf{x}_4 - \mathbf{z}_3\|^2 + \|\mathbf{x}_5 - \mathbf{z}_3\|^2 + \|\mathbf{x}_6 - \mathbf{z}_3\|^2 + \|\mathbf{x}_7 - \mathbf{z}_3\|^2$$
$$= 244.8$$

두 번째 루프 후에는 아래의 J_2가 된다. 한 번 더 반복함으로써 제곱 오류가 적어졌음을 알 수 있다. 이렇듯 루프를 반복함에 따라 (10.23)의 제곱 오류가 줄어드는 현상은 이 예에 국한한 것이 아니라 일반적인 것이다.

$$\mathbf{U} = \begin{vmatrix} 1000000 \\ 0111000 \\ 0000111 \end{vmatrix}$$

$$J_2 = \|\mathbf{x}_1 - \mathbf{z}_1\|^2 + \|\mathbf{x}_2 - \mathbf{z}_2\|^2 + \|\mathbf{x}_3 - \mathbf{z}_2\|^2 + \|\mathbf{x}_4 - \mathbf{z}_2\|^2 + \|\mathbf{x}_5 - \mathbf{z}_3\|^2 + \|\mathbf{x}_6 - \mathbf{z}_3\|^2 + \|\mathbf{x}_7 - \mathbf{z}_3\|^2$$
$$= 58.0$$

k-means 알고리즘은 (10.23)을 비용 함수로 하여 이것을 줄여나가는 경사하강법gradient descent method의 일종인 것이다. 따라서 항상 지역 최소 점을 찾는다는 것이 증명되어 있다. 하지만 경사하강법의 일반적인 한계인 초기 점에 민감한 특성을 그대로 이어받게 되고 또한 지역 최적 점에 빠지는 한계를 안고 있다. 예를 들어 라인 1에서 초기 군집 중심으로 $\mathbf{x}_1$, $\mathbf{x}_2$, $\mathbf{x}_3$이 아니라 $\mathbf{x}_1$, $\mathbf{x}_3$, $\mathbf{x}_4$를 가지고 출발하면 어떻게 될까? 또는 $\mathbf{x}_5$, $\mathbf{x}_6$, $\mathbf{x}_7$에서 출발하면 어떻게 될까? 분명 다른 결과를 얻게 되고 최종적으로 얻은 군집 해의 제곱 오류도 달라진다.

계산 시간을 더 쓸 수 있다면 다중 시작multi-start 알고리즘으로 전역 최적 해에 보다 가까운 군집 해를 구할 수 있다. 알고리즘 10.5는 다중 시작 알고리즘이다. 이 알고리즘의 아이디어는 서로 다른 초기 군집 중심을 가지고 *k*-means를 여러 번 수행하고 그렇게 얻은 군집 해 중에 품질이 가장 좋은 것을 취한다는 것이다.[85]

알고리즘 10.5 다중 시작 *k*-means 알고리즘

입력: 샘플 집합 $X = \{\mathbf{x}_1, \mathbf{x}_2, \cdots, \mathbf{x}_N\}$, 군집의 개수 k, 다중 시작 횟수 n

출력: 군집 해 C

for ($i = 1$ **to** n) {
    X에서 임의로 k개의 샘플을 선택한다.
    이들을 초기 군집 중심으로 삼고 *k*-means를 수행하여 군집 해 C_i를 얻는다.
    C_i의 제곱 오류를 측정하여 그것을 E_i라 한다.
}
제곱 오류가 가장 작은 군집 해를 최종 군집 해 C로 한다.

k-means의 가장 두드러진 장점 중의 하나는 빠르다는 것이다. 이것의 시간 복잡도를 분석해 보자. 알고리즘 10.4의 라인 3은 거리 계산을 kN번 한다. 루프 횟수를 m이라 하면 $\Theta(mkN)$이다. 다중 시작 버전을 사용한다면 $\Theta(nmkN)$이다. 하지만 보통 $k << N$, $m << N$, 그리고 $n << N$이므로 이 셋을 상수로 간주하면 $\Theta(N)$이다. 따라서 *k*-means는 대용량 데이터에 적용하는 데 적당하다고 말할 수 있다.

k-means는 외톨이에 민감하다. 알고리즘 10.4의 라인 5에서 어떤 군집 중심에 외톨이가 배정되어 있다면 그것도 평균 계산에 참여하니까 새로운 군집 중심이 왜곡될 것이다. 이러한 현상을 완화시키는 변형이 *k*-medoids이다. 이 버전은 라인 5를 빼고는 알고리즘 10.4와 같다. 라인 5에서 샘플의 평균을 구하는 것이 아니라 그 샘플들 중에 하나를 대표로 삼고 그것을 군집 중심으로 한다. 대표 샘플은 다른 샘플까지의 거리의 합이 최소가 되는 것을 찾으면 된다. [그림 10.13]은 *k*-means와 *k*-medoids가 군집 중심을 계산하는 과정을 비교하고 있다. *k*-means는 다섯 개 샘플의 평균을 구하므로 연한 파란 점이 군집 중심이 되는 반면 *k*-medoids에서는 위치 면에서 다섯

[85] 이러한 다중 시작 알고리즘은 군집화뿐만 아니라 경사하강법을 사용하는 모든 문제에 적용할 수 있다. 이 주제는 11장에서도 언급한다.

샘플을 대표하는 것이 선정되어 진한 파란 원으로 표시된 샘플이 군집 중심이 된다. 다섯 개의 샘플 중에 맨 왼쪽을 외톨이로 간주한다면 *k*-medoids의 군집 중심이 보다 합리적일 것이다.

그림 10.13 *k*-means와 *k*-medoids의 군집 중심을 계산하는 과정의 비교

특징 벡터가 명칭 값이나 순서 값을 가지고 있어 그들을 평균하여 얻은 실수가 의미를 갖지 못하는 경우가 있다. 예제 10.1에서 직업과 성별이 명칭 값에 해당하고 반품 성향이나 제품 선호도 등이 순서 값에 해당한다. 이런 값으로 표현되는 샘플은 평균이 의미를 가지지 못하므로 *k*-means를 사용할 수 없다. 이런 경우에는 *k*-medoids를 사용하면 된다.

10.5.3 모델 기반 알고리즘

이제까지 공부한 알고리즘은 거리 또는 유사도를 이용하여 샘플들을 같은 군집에 넣든지 아니면 서로 다른 군집으로 나누는 연산에 그 기반을 두고 있다. 이 절에서 공부할 **모델 기반**model-based 군집화 방법은 통계적인 모델을 추정하고 그 결과를 이용하여 군집 해를 구한다는 면에서 이전의 것들과 차별성을 갖는다.

일반적으로는 어떠한 확률 모델이라도 사용할 수 있지만 가장 다루기 쉽고 현실에 널리 적용되는 가우시안 모델을 주로 사용한다. 가우시안 모델 방법에서는 샘플 집합 X가 k개의 가우시안 $G_j = N(\boldsymbol{\mu}_j, \boldsymbol{\Sigma}_j)$, $1 \le j \le k$의 혼합으로부터 발생하였다고 가정한다. 이러한 가우시안 혼합 모델은 3.4.1절에서 이미 공부하였다. 이 모델은 (3.20)의 식으로 표현된다.

만일 k개의 가우시안을 모두 알고 있다면(즉 평균 $\boldsymbol{\mu}_j$와 공분산 행렬 $\boldsymbol{\Sigma}_j$, $j = 1, \cdots, k$를 알고 있다면), 샘플 $\mathbf{x}_i$는 (10.24)의 베이지안 규칙으로 군집 c_q에 배정하면 된다.

$$\left.\begin{array}{l} \mathbf{x}_i\text{를 } c_q\text{에 배정한다.} \\ \text{이때 } P(G_q|\mathbf{x}_i) > P(G_j|\mathbf{x}_i),\ j = 1, \cdots, k,\ j \ne q \end{array}\right\} \quad (10.24)^{86}$$

이제 모델 기반 방법의 기본 원리는 세워졌다고 볼 수 있다. 하지만 풀어야 하는 큰

[86] $P(G_j|\mathbf{x}_i)$를 (3.25)에서는 $P(z_j = 1|\mathbf{x}_i)$로 표기하였다.

문제가 남아 있다. 우리에게 주어진 것은 가우시안 G_j가 아니라 샘플의 집합 X이다. 따라서 (10.24)의 규칙을 이용하려면 X로부터 G_j를 추정해 내야 한다. 다행스럽게도 이 문제를 푸는 알고리즘은 이미 3.4.2절에서 공부하였다. EM 알고리즘이 바로 그것이다. 이제 군집화를 위한 모델 기반 알고리즘의 설계에 필요한 모든 재료가 준비된 셈이다.

알고리즘 10.6 가우시안 모델 기반 알고리즘

입력: 샘플 집합 $X = \{\mathbf{x}_1, \mathbf{x}_2, \cdots, \mathbf{x}_N\}$, 군집의 개수 k

출력: 군집 해 C

1. X를 가지고 EM 알고리즘을 수행하여 가우시안 $Gj, j = 1, \cdots, k$를 추정한다.

2. (10.24)의 규칙으로 각각의 샘플을 군집에 배정한다.

알고리즘 10.6은 EM 알고리즘을 사용하므로 EM 알고리즘의 특성을 고스란히 이어받는다. 3.4.2절의 끝 부분의 부연 설명에 따르면 EM 알고리즘은 속도가 느리다. 또한 기본적으로 경사하강법에 기반한 방법이므로 지역 최소 점에 빠질 가능성을 안고 있다. 이러한 단점을 극복하기 위한 다양한 아이디어가 제시되어 있다.

예를 들어 모델 기반 방법을 분할 군집화뿐만 아니라 계층 군집 화에도 적용하고 혼성 방법도 제안하는 논문이 있다[Zhong03].

10.6 신경망

이 책의 4장에서 이미 신경망을 공부한 적이 있다. 그때는 퍼셉트론perceptron과 다층 퍼셉트론multi-layer perceptron(MLP)을 다루었으며 그들은 군집화가 아니라 분류 문제를 푸는 도구였다. 다시 말해 그들은 비지도 학습이 아니라 지도 학습을 사용한다. 여기에서는 비지도 학습에 해당하는 군집화를 풀어야 하는데 이런 목적으로 개발된 신경망 중의 대표적인 것으로 SOM과 ART가 있다. MLP에서와 마찬가지로 이들을 이해하기 위해서는 크게 아키텍처와 학습 알고리즘을 공부해야 한다.

신경망은 학습과 군집 배정 과정이 분리되어 있다. 따라서 신경망은 다른 군집화 알고리즘이 가지지 못한 독특한 장점을 가진다. 다른 알고리즘은 군집화를 마친 후 새로운 샘플이 들어오면 이것을 기존 샘플 집합에 합치고 군집화를 처음부터 다시 해야 한다. 하지만 신경망은 새로운 샘플이 들어오면 학습된 신경망으로 그 샘플만 군집 배정을 해주면 된다. 특히 ART는 안정성이 뛰어나 새로운 패턴이 계속 발생하는 온라인 상황에 적합하다.[87]

신경망은 이 책에서 소개하는 종류 이외에 아주 다양한 모델과 학습 알고리즘이 있다. 신경망 전반을 간략하게 소개한 글을 원한다면 자인의 논문을 참고하기 바란다 [Jain96]. 신경망 전반을 집중적으로 공부하고자 하는 독자는 [Haykin99], 신경망을 패턴인식에 어떻게 활용하는지를 공부하고자 하는 독자는 [Bishop95]를 참고하기 바란다.

10.6.1 자기 조직화 맵

군집화 문제의 본질을 다시 생각해 보자. 분류와는 다르게 부류 정보가 주어져 있지 않고 단지 샘플만 주어져 있다. 따라서 이들은 상호 비교를 통하여 스스로 군집을 조직해 내야 하는 것이다. 이런 목적으로 개발된 신경망이 **자기 조직화 맵**self organizing map(SOM)이다. 이것은 코호넨Kohonen이 개발했기 때문에 코호넨 네트워크라고도 부른다 [Kohonen90].

SOM은 기본적으로 **경쟁 학습**competitive learning을 사용한다. 하나의 샘플이 입력되면 여러 개의 대표 벡터가 경쟁하는데 샘플에 가장 가까운 대표 벡터가 승자가 되어 그 샘플을 취한다. 승자는 그 샘플에 적응하는 방향으로 벡터 값을 조금 변화시킨다. 따라서 이 학습은 승자 독식winner-takes-all 전략을 사용한다고 표현하기도 한다. 이런 원리를 실현하는 데 필요한 신경망 아키텍처와 구체적인 학습 알고리즘을 살펴보자.

[그림 10.14]는 SOM의 아키텍처이다. SOM은 두 개의 층으로 구성된다. 입력층은 d 차원 특징 벡터를 입력으로 받기 위해 d개의 노드를 갖는다. 경쟁 층은 m개의 노드로 구성되는데 이들 노드가 군집을 형성하기 위해 서로 경쟁한다. 최종적으로 군집을 형성한 노드도 있고 그렇지 못한 노드도 생긴다. 따라서 군집을 형성한 노드만 모아 최종 군집 해로 삼으면 된다. 따라서 m을 최대 군집 개수로 보면 된다. 모든 입력 노드와 경쟁 노드는 에지로 연결되어 있다. 입력 노드 i와 경쟁 노드 j를 연결하는 에지는 가중치를 갖는데 이것을 w_{ij}로 표기한다.

[87] 안정성에 대해서는 10.6.2절에서 설명한다.

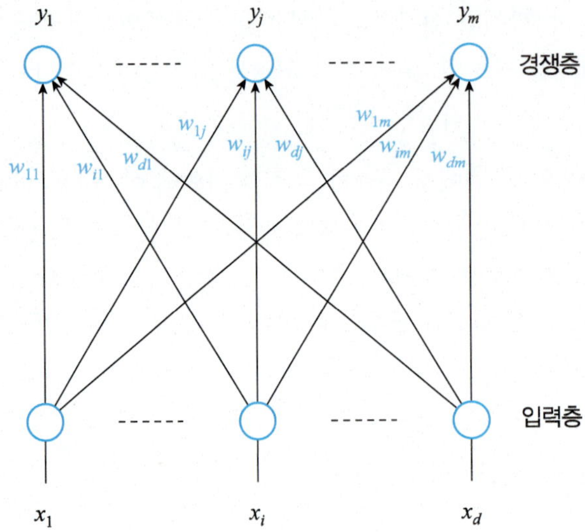

그림 10.14 SOM 아키텍처

[그림 10.14]에서는 경쟁 층의 노드가 선형적으로 배열되어 있다. 하지만 [그림 10.15]와 같이 이차원 공간에 배열할 수도 있다. 이때 노드를 구분하기 위해서는 두 개의 첨자를 사용하여 y_{jl}로 표기해야 한다. 경쟁 층의 노드는 이웃을 갖는데 반경을 뜻하는 매개변수 r로 이웃의 크기를 정한다. $r = 0$인 경우는 자기 자신만을 포함하고 $r = 1$인 경우는 주위 8개 노드와 자신을 포함하여 9개의 노드를 이웃으로 갖는다. [그림 10.14]의 선형적인 경쟁 층에서는 $r = 1$인 경우는 좌우 노드와 자신을 포함하여 3개 노드를 이웃으로 갖는다. y_1이나 y_m과 같이 왼쪽 또는 오른쪽에 이웃이 없는 경우에는 있는 것만을 이웃으로 삼는다.

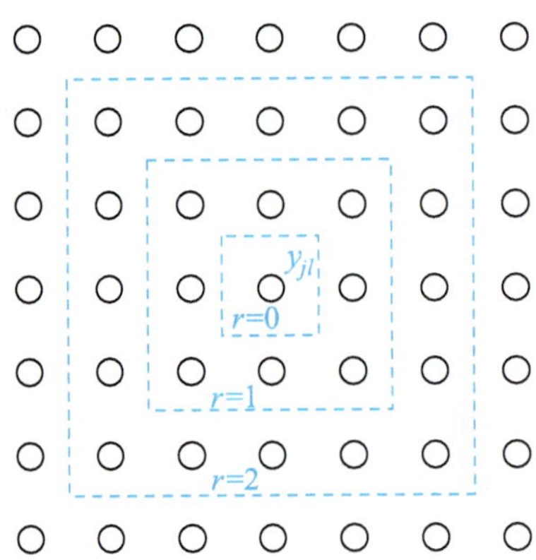

그림 10.15 이차원 공간에 배열된 경쟁 층

SOM의 원리를 이해하기 위해서는 노드 y_j로 들어오는 d개의 가중치의 역할을 이해하는 것이 중요하다. 이들을 가중치 벡터로 보고 $\mathbf{w}_j = (w_{1j}, w_{2j}, \cdots, w_{dj})^{\mathrm{T}}$로 표기하자. 이 벡터는 d차원으로서 샘플의 특징 벡터 $\mathbf{x} = (x_1, x_2, \cdots, x_d)^{\mathrm{T}}$와 차원이 같다. 샘플 $\mathbf{x}$가 입력되면 m개의 가중치 벡터가 서로 경쟁하는데 그들 중 $\mathbf{x}$에 가장 가까운 벡터가 승자가 된다. 이때 승자를 결정하기 위해서는 가중치 벡터와 샘플 벡터 간의 거리를 이용한다. 경쟁의 결과 q번째 벡터가 승자라 하면 $\mathbf{w}_q$는 $\mathbf{x}$에 적응하기 위해 자신의 값을 변화시킨다. 이 변화가 학습에 해당한다.

이제 거리를 어떻게 계산할지와 학습을 어떻게 시킬 것인지를 결정하면 SOM 알고리즘 설계에 필요한 재료를 모두 준비한 셈이 된다. 거리 계산은 보통 유클리디안 거리를 사용한다. 또는 $\mathbf{w}_j$와 $\mathbf{x}$를 크기가 1인 정규 벡터로 만들고 그들의 내적을 구해 그것을 유사도로 사용할 수도 있다.

승자 노드를 위한 학습 규칙은 (10.25)로써 매우 단순하다. 여기서 ρ는 학습률이다. 이 규칙의 의미를 가만 살펴보면 이전 가중치 $\mathbf{w}_{\text{old}}$를 $\mathbf{x}$에 가깝게 만드는 역할을 함을 알 수 있다. [그림 10.16]은 학습 규칙을 기하학적으로 해석하고 있다. 극단적으로 학습률을 1로 하면 새로운 가중치 $\mathbf{w}_{\text{new}}$는 $\mathbf{x}$가 된다. 즉 이 노드가 담당하는 군집의 대표를 $\mathbf{x}$가 맡게 되는 것이다. 이러한 극단적인 방식은 이전의 과정을 모두 무시하는 셈이 되므로 [0, 1] 사이의 값으로 ρ를 설정하여 단지 $\mathbf{w}$가 $\mathbf{x}$에 가까워지도록 약간만 조정한다. 가중치 벡터는 그 노드에 배정된 샘플들을 대표하는 역할을 한다. 따라서 대표 벡터 또는 코드 벡터code vector 또는 코드 워드code word라고 부른다.

$$\mathbf{w}_{\text{new}} = \mathbf{w}_{\text{old}} + \rho(\mathbf{x} - \mathbf{w}_{\text{old}}) \tag{10.25}$$

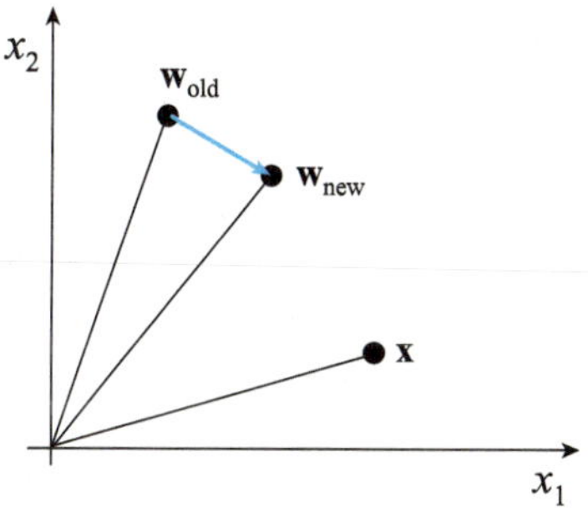

그림 10.16 SOM의 학습을 기하학적으로 해석

알고리즘 10.7 SOM 알고리즘

입력: 샘플 집합 $X = \{\mathbf{x}_1, \mathbf{x}_2, \cdots, \mathbf{x}_N\}$, 최대 군집 개수 m, 학습률 ρ, 이웃 반경 r

출력: 군집 해 C

```
1.  m 개의 가중치 벡터 w_1, w_2, ⋯ , w_m을 초기화한다.
2.  repeat {
3.      for (n = 1 to N) { // 샘플 각각에 대해
4.          x_n에 가장 가까운 가중치 벡터 w_q를 찾는다.   // 승자 찾기(군집 배정)
5.          for (q의 이웃 노드 각각에 대해)   // 학습
6.              w_new = w_old + ρ(x_n − w_old) ;
7.      }
8.      ρ와 r을 조정한다.   // 필요하다면
9.  } until (stop-condition);
                // SOM 학습이 끝났으니 이제는 이것을 이용하여 군집 해를 구한다.
10. for (n = 1 to N)
11.     x_n에 가장 가까운 가중치 벡터 w_q를 찾아 x_n을 군집 c_q에 배정한다.
12. 군집 c_j, j = 1, ⋯ , m 중에 비지 않을 것을 가지고 군집 해 C를 만든다.
```

알고리즘 10.7은 SOM을 이용한 군집화 알고리즘을 보여 준다. 라인 1~9는 SOM을 학습하는 부분이고 그 이후는 학습된 SOM으로 샘플들을 분류하여 군집화하는 부분이다. MLP와 마찬가지로 라인 3~7을 마치는 것을, 즉 모든 샘플을 한 번씩 보는 것을 세대epoch라 부른다.

이 알고리즘의 라인 1에서 가중치 초기화는 상황에 따라 하면 된다. 사전에 대략적인 군집 구조를 안다면 그걸 이용해도 되고 그렇지 않다면 난수를 생성하여 설정하면 된다. 이때 난수는 모든 샘플의 값을 조사하여 그들이 분포하는 범위 내에서 생성하면 된다. 라인 8에서 학습률은 선형적으로 또는 일정한 값을 곱하여 지수적으로 줄여나가면 된다. 이웃 반경은 초기에는 크게 하고 시간이 지날수록 줄여 나가면 된다. 예를 들어 처음에는 $r = 2$로 하고, 세대가 어느 정도 지난 후에 $r = 1$로 줄이고, 마지막 단계에 접어들어서는 $r = 0$으로 한다. 이러한 방법을 사용하려면 대략 루프를 몇 번 돌지 사전에 가늠해야 한다. 라인 9의 멈춤 조건은 라인 5~6에서 발생하는 가중치 갱신 값 $\|\mathbf{w}_{new} - \mathbf{w}_{old}\|$를 모두 더하여 그것이 아주 작은 값 ε보다 작으면 멈추도록

하면 된다. 또는 라인 4의 군집 배정 결과가 이전과 같으면 그때 멈추도록 해도 된다.

예제 10.6 SOM을 이용한 군집화

예제 10.3의 [그림 10.7]을 다시 사용해 보자. 편의상 일곱 개 샘플의 좌표를 다시 적어 주면 아래와 같다.

$$\mathbf{x}_1 = (18, 5)^T, \quad \mathbf{x}_2 = (20, 9)^T, \quad \mathbf{x}_3 = (20, 14)^T, \quad \mathbf{x}_4 = (20, 17)^T,$$
$$\mathbf{x}_5 = (5, 15)^T, \quad \mathbf{x}_6 = (9, 15)^T, \quad \mathbf{x}_7 = (6, 20)^T$$

SOM의 매개변수를 아래와 같이 설정했다 하자.

- 입력 노드 수 $d = 2$(특징 벡터의 차원 수)
- 최대 군집 개수 $m = 3$
- 초기 학습률 $\rho = 0.6$, 루프를 돌 때마다 조정 $\rho_{new} = 0.8*\rho_{old}$
- 이웃 반경 $r = 0$

초기 가중치 벡터는 난수 발생을 이용하여 아래와 같이 설정했다고 하자. [그림 10.17(a)]는 초기 SOM을 보여 준다.

$$\mathbf{w}_1 = (10, 12)^T, \quad \mathbf{w}_2 = (6, 6)^T, \quad \mathbf{w}_3 = (16, 14)^T$$

알고리즘 10.7의 첫 번째 세대를 시작해 보자. 샘플을 첨자 순서로 입력한다 하면 $\mathbf{x}_1$이 먼저 입력된다. 라인 4의 군집 배정에서, $\mathbf{x}_1 = (18, 5)^T$로부터 $\mathbf{w}_1$, $\mathbf{w}_2$, $\mathbf{w}_3$까지의 유클리디안 거리를 계산하고 그 중 가장 짧은 것을 찾으면 $q = 3$이 된다. 라인 5~6의 학습에서 아래와 같은 가중치 갱신이 일어난다. 새로운 $\mathbf{w}_3$을 살펴보면 학습의 결과로 $\mathbf{x}_1$에 가까워졌음을 알 수 있다.

$$\mathbf{x}_1\text{에 의해, } \mathbf{w}_3 = \mathbf{w}_3 + 0.6(\mathbf{x}_1 - \mathbf{w}_3) = (16, 14)^T + 0.6*[(18, 5)^T - (16, 14)^T]$$
$$= (17.2, 8.6)^T$$

이제 $\mathbf{x}_2$가 입력되고, $\mathbf{x}_2 = (20, 9)^T$로부터 $\mathbf{w}_1 = (10, 12)^T$, $\mathbf{w}_2 = (6, 6)^T$, $\mathbf{w}_3 = (17.6, 8.6)^T$까지의 거리를 계산하고 가장 짧은 것을 찾으면 $q = 3$이 된다. $\mathbf{w}_3$의 학습은 아래와 같다.

$$\mathbf{x}_2\text{에 의해, } \mathbf{w}_3 = (17.2, 8.6)^T + 0.6*[(20, 9)^T - (17.2, 8.6)^T] = (18.88, 8.84)^T$$

이후 $\mathbf{x}_3$과 $\mathbf{x}_4$도 $q = 3$이 되어 아래와 같은 학습이 일어난다.

$\mathbf{x}_3$에 의해, $\mathbf{w}_3 = (18.88, 8.84)^T + 0.6*[(20, 14)^T - (18.88, 8.84)^T]$
$= (20.672, 11.936)^T$

$\mathbf{x}_4$에 의해, $\mathbf{w}_3 = (20.672, 11.936)^T + 0.6*[(20, 17)^T - (20.672, 11.936)^T]$
$= (20.269, 14.974)^T$

이제 $\mathbf{x}_5$가 입력되면 $q = 1$이 된다. 이 샘플에 의해서 $\mathbf{w}_1$이 학습된다.

$\mathbf{x}_5$에 의해, $\mathbf{w}_1 = (10, 12)^T + 0.6*[(5, 15)^T - (10, 12)^T] = (7, 13.8)^T$

이어 $\mathbf{x}_6$과 $\mathbf{x}_7$에 의해 아래와 같은 학습이 일어난다.

$\mathbf{x}_6$에 의해, $\mathbf{w}_1 = (7, 13.8)^T + 0.6*[(9, 15)^T - (7, 13.8)^T] = (8.2, 14.52)^T$

$\mathbf{x}_7$에 의해, $\mathbf{w}_1 = (8.2, 14.52)^T + 0.6*[(6, 20)^T - (8.2, 14.52)^T] = (6.88, 17.808)^T$

[그림 10.17(b)]는 한 세대를 지난 후의 SOM을 보여 준다. 노드 y_2는 한 번도 승자가 되지 못했으므로 원래 가중치를 그대로 가지고 있다. 이후 세대에 대한 계산은 연습문제로 남겨 둔다.

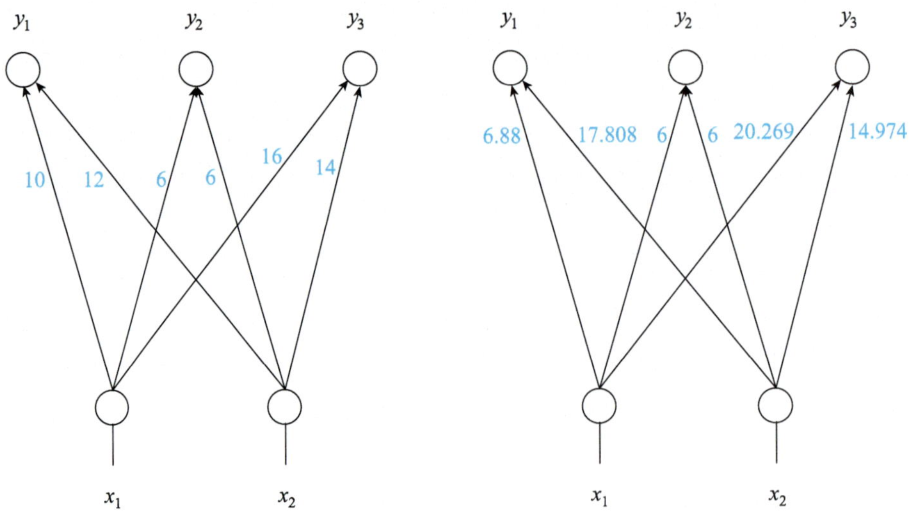

(a) 초기 SOM (b) 한 세대 후의 SOM

그림 10.17 예제 10.6의 SOM

10.6.2 ART

SOM이 사용하는 경쟁 학습은 안정성stability이 떨어진다. 안정성이란 샘플이 특정 군집에 한 번 배정되면 이후 세대에도 그 군집에 계속 머물 가능성을 의미한다. SOM

에서는 샘플 **x**가 입력되면 승자 노드를 결정하고 그 노드가 샘플을 학습한다. 하지만 그 노드는 다른 샘플들에 대해서도 승자가 될 수 있으므로 한참 지나면 **x**를 잊어버릴 수 있다. 여기서 잊어버린다는 말은 노드의 가중치 벡터가 **x**로부터 다시 멀어짐을 뜻한다.

그렇다고 한 번 배정된 샘플을 기억하려고 가중치 벡터의 변경에 극도로 소극적이면 새로운 샘플을 받아들일 수 없다. 신경망이 새로운 샘플을 적극적으로 받아들이는 정도를 유연성plasticity이라 한다. SOM은 유연성은 좋은데 안정성이 낮다고 볼 수 있다. 경쟁 학습에서 안정성과 유연성은 트레이드오프 관계를 갖는데 이를 안정성과 유연성의 딜레마stability-plasticity dilemma라 부른다.

적응 공명 이론adaptive resonance theory(ART) 신경망은 안정성과 유연성을 조화롭게 추구하려는 동기에서 개발되었다 [Carpenter 88]. ART에는 이진 입력을 다루는 ART1과 연속 값을 다룰 수 있는 ART2, 그리고 그 외에 여러 가지 변종이 있다. 이 책에서는 ART1에 대해서만 다룬다.

ART1의 아키텍처는 어떤 측면에서는 SOM과 비슷하지만 근본적으로 다른 측면도 가진다. [그림 10.18]은 ART1의 아키텍처이다. SOM과 크게 다른 점 중의 하나는 SOM과 달리 ART는 상향 가중치 **b**와 하향 가중치 **t**의 두 종류의 가중치가 있다는 점이다. 가중치 **b**는 SOM의 **w**와 마찬가지로 승자를 결정하는 데 사용한다. SOM에서는 승자를 결정하면 **w**를 갱신하여 곧바로 샘플에 적응한다. 하지만 ART에서는 **t**를 이용한 검증 과정을 거친다. 즉 공명resonance이 일어나야만 승자 노드를 승자로 취급하고 그렇지 않으면 그 노드를 불능화inhibit 시킨다.

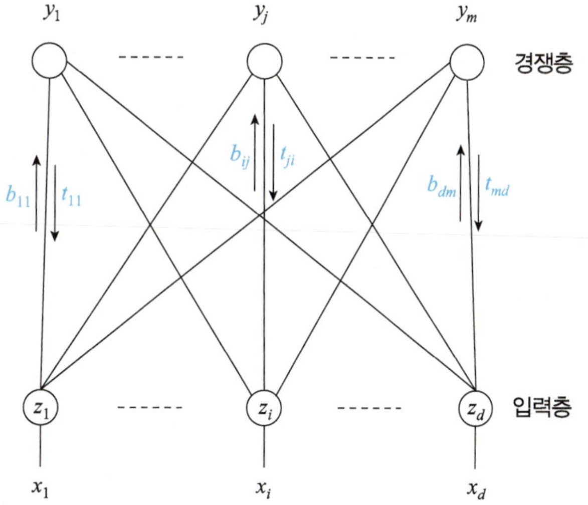

그림 10.18 ART1 아키텍처

[그림 10.18]의 아키텍처를 보다 구체적으로 살펴보자. 입력 노드 z_i와 경쟁 노드 y_j 사이에는 두 개의 에지가 있다.[88] z_i에서 y_j로 가는 상향 에지는 b_{ij}라는 가중치를 가지며 y_j에서 z_i로 가는 하향 에지는 t_{ji}라는 가중치를 가진다. 따라서 노드 y_j 입장에서 보면 아래와 같은 두 종류의 가중치 벡터가 있다.

> 노드 y_j에 관련된 두 종류의 가중치 벡터:
> 1. 상향 가중치 벡터 $\mathbf{b}_j = (b_{1j}, b_{2j}, \cdots, b_{dj})^{\mathrm{T}}$
> 2. 하향 가중치 벡터 $\mathbf{t}_j = (t_{j1}, t_{j2}, \cdots, t_{jd})^{\mathrm{T}}$

입력 샘플 $\mathbf{x} = (x_1, x_2, \cdots, x_d)^{\mathrm{T}}$는 맨 아래에서 네트워크로 입력된다. 입력층에는 다른 벡터 $\mathbf{z} = (z_1, z_2, \cdots, z_d)^{\mathrm{T}}$가 있는데 ART1에서는 원래 입력값 $\mathbf{x}$와 그것이 변형된 값 $\mathbf{z}$를 모두 사용하므로 이들 벡터를 명시적으로 표시하였다. 보통 리셋 노드를 포함시키는데 이것의 기능은 알고리즘에서 말로 설명할 수 있으므로 생략하였다.

알고리즘 10.8은 ART1의 학습 알고리즘이다. 라인 1~18은 ART1을 학습하는 부분이고 그 이후 라인 19~21은 학습된 ART1로 샘플들을 분류하여 군집화하는 부분이다.

라인 8에서 승자 노드 y_q가 −1이면 모든 노드가 −1이라는 뜻이다. 즉 모든 경쟁 노드가 불능화된 상태인 것이다. 이것은 그 샘플을 수용할 수 있는 군집이 없다는 뜻이다. 이때는 경쟁 노드를 추가하던지 아니면 그 샘플을 외톨이로 간주하고 무시하던지 아니면 경계 변수 값을 줄이던지 하는 적절한 조치를 취해야 한다. 라인 7에서는 불능화된 노드를 제외하고 나머지 중에서 최대를 찾아야 하는데, 라인 5에서 계산해 둔 노드 값이 모두 양수이므로 모든 노드 값을 비교하여 최대 노드를 찾으면 된다.

ART1 알고리즘은 여러 가지 매개변수를 갖는다. 그 중 가장 중요한 것은 경계 변수 vigilance parameter τ이다. 이 변수는 이미 생성되어 있는 군집이 새로운 샘플을 받아들이는 기준을 제시한다. 라인 10과 12에서 $one(\mathbf{x})$는 이진 벡터 $\mathbf{x}$에서 1을 갖는 비트 수를 세는 함수이다. 따라서 라인 10에서 $one(\mathbf{z})/one(\mathbf{x})$는 두 이진 벡터 $\mathbf{z}$ 와 $\mathbf{x}$ 간의 유사도를 뜻한다. 만일 유사도가 τ를 넘지 못하면 비록 승자가 되었지만 인정을 받지 못하고 불능화되어 이후에는 승자가 될 가능성을 박탈당한다. 반면 τ를 넘으면 검증을 통과한 셈이 되어 최종적으로 승자로 인정된다. 이때는 승자 노드가 그 샘플을 자신의 것으로 취하고 라인 12~13에서 그것을 학습한다.

경계 변수의 크기가 군집화 결과에 어떤 영향을 미치는지 생각해 보자. τ가 크면 새

[88] 그림을 간편하게 하기 위해 에지 두 개를 그리는 대신 쌍방향 에지 하나만 그렸다.

로운 샘플($\mathbf{x}$)이 기존 군집($\mathbf{z}$)과 유사도가 커야만 그 군집으로 편입된다. 따라서 아주 유사한 샘플들이 군집을 형성하는 효과가 나므로 결과적으로 많은 수의 세밀한 군집들이 만들어진다. 극단적으로 $\tau = 1$로 하면 하나의 샘플이 하나의 군집을 형성하게 된다. 반대로 τ가 작으면 약간만 유사한 샘플들도 같은 군집으로 형성되어 결과적으로 적은 수의 거친 군집이 만들어 진다.

ART1로 좋은 군집 결과를 얻으려면 매개변수 설정이 중요하다. 경계 변수는 $0 < \tau \leq 1$의 값을 가져야 하며 $L > 1$이어야 한다. 값을 사용할 수 있다. 예를 들어 $\tau = 0.9$와 $L = 2$와 같은 값을 사용할 수 있다.

알고리즘 10.8 ART1 군집화 알고리즘

입력: 샘플 집합 $X = \{\mathbf{x}_1, \mathbf{x}_2, \cdots, \mathbf{x}_N\}$ // 모든 샘플은 이진 벡터
최대 군집 개수 m, 변수 L, 경계 변수 τ

출력: 군집 해 C

1. 상향 가중치 벡터 $\mathbf{b}_1, \mathbf{b}_2, \cdots, \mathbf{b}_m$과 하향 가중치 벡터 $\mathbf{t}_1, \mathbf{t}_2, \cdots, \mathbf{t}_m$을 초기화 한다.
2. **repeat** {
3.   **for** ($n = 1$ **to** N) { // 샘플 각각에 대해
4. $\mathbf{z} = \mathbf{x}_n$; // 샘플을 네트워크에 입력함
5.   **for** ($j = 1$ **to** m) $y_j = \sum_{i=1}^{d} b_{ij} z_i$; // 경쟁 노드의 유사도를 계산
6.   **while (TRUE)** {
7. $y_q \geq y_j, j = 1, \cdots, m$인 q를 찾는다. // 승자 노드를 찾음
8.   **if** ($y_q = -1$) {$\mathbf{x}_n$을 적절히 처리; **break**; } // 모든 노드가 불능임
9.   **for** ($i = 1$ **to** d) $z_i = x_i * t_{qi}$; // $\mathbf{z}$ 갱신
10.   **if** $\left(\frac{one(\mathbf{z})}{one(\mathbf{x})} < \tau\right)$ $y_q = -1$; // 노드 q를 불능화 시킴
11.   **else** { // 노드 q 학습(상향 가중치와 하향 가중치 갱신)
12.   **for** ($i = 1$ **to** d) $b_{iq} = \frac{L * z_i}{L - 1 + one(\mathbf{z})}$;
13.   **for** ($i = 1$ **to** d) $t_{qi} = z_i$;
14.   **break**; // 루프 탈출

```
15.             }
16.         }
17.     }
18. } until (stop-condition);
                // ART1 학습이 끝났으니 이제는 이것을 이용하여 군집 해를 구한다.
19. for (n = 1 to N)
20.     x_n에 대한 승자 노드 y_q를 찾아 x_n를 군집 c_q에 배정한다.
21. 군집 c_j, j = 1, … , m 중에 비지 않을 것을 가지고 군집 해 C를 만든다.
```

ART1은 라인 8에서 모든 경쟁 노드가 불능이면 그 샘플을 군집 배정하지 않을 수 있다. 이러한 기능을 용량 초과 점검 능력으로 볼 수 있다. SOM과 같은 다른 신경망은 이런 기능을 갖지 않는다. 또한 기존 샘플 집합 X로 훈련을 마친 후 새로운 샘플이 추가로 들어왔을 때 SOM은 경우에 따라 처음부터 다시 학습할 필요가 있는데 ART1은 학습된 상태에서 새로운 샘플만 가지고 추가 학습을 수행하면 된다. 따라서 ART1은 새로운 샘플이 계속 발생하는 온라인 군집화에 적합하다.

10.7 스토캐스틱 탐색

군집화는 조합적 최적화 문제이다. N개의 샘플을 k개의 군집으로 만든다면 (10.3)의 스털링 수만큼의 서로 다른 군집 해가 존재한다. 군집 해를 평가하는 적절한 비용 함수가 있다면 모든 해를 평가하여 그중 가장 우수한 것을 답으로 취하면 된다. 하지만 방대한 탐색 공간으로 인해 현실적인 시간 안에 답을 구할 수 없다. 경사하강법은 미분을 이용하여 비용 함수가 최저가 되는 점을 빠른 속도로 찾아간다. 하지만 그렇게 구한 답이 전역 최적 점이 아니라 지역 최적 점일 가능성이 있다. 10.5.2절의 k-means는 경사하강법을 이용한 알고리즘이다.

9장은 특징 선택을 다루었는데 거기에서 이미 이러한 특성을 공부한 적이 있다. 특징 선택에서는 SFS나 PTA와 같은 순차 탐색 알고리즘이 경사하강법을 이용한 것들이었다. 9.5절에서는 지역 최적 점을 벗어나는 연산을 사용하는 스토캐스틱 탐색stochastic searching 알고리즘(시뮬레이티드 어닐링과 유전 알고리즘)에 대해 간략히 원리를 제시하였다. 11장에서는 이들에 대해 보다 자세한 내용을 공부한다. 이러한 알고리즘은 특징 선택뿐만 아니라 최적화 문제 어떤 것에라도 적용이 가능하다. 군집화도 최적화 문제이므로 이들을 도입하여 사용할 수 있다. 스토캐스틱 탐색은 알고리즘 수행 중에 난수를 많이 사용한다. 이 난수가 의사 결정에 참여함으로써 해에 임의성을 부여한다. 따라서 알고리즘을 수행할 때마다 다른 해를 얻게 된다. 이러한 스토캐스틱 의사 결정에서 중요한 점은 임의성을 적절히 제어하는 것이다. 스토캐스틱 탐색을 사용하는 모든 알고리즘은 이러한 제어 기능을 가지고 있다.

스토캐스틱 탐색 알고리즘을 적용하기 위해서는 비용 함수를 어떻게 정의할 것인지와 해를 어떻게 표현할지의 두 가지를 고려해야 한다. 먼저 비용 함수는 *k*-means가 사용한 (10.23)의 제곱 오류를 사용하면 된다. 물론 다른 형태의 비용 함수도 있는데 비용 함수에 따라 만들어지는 군집의 모양도 달라진다. (10.23)은 비교적 둥근 군집을 만들어 준다. 군집 해의 품질을 다른 말로 군집 타당성cluster validity이라 부르기도 한다. 이에 대해서는 [Bezdek98]을 참고하라.

해는 어떻게 표현할 것인가? 군집 개수 k가 고정되어 있다면 군집 중심을 이용하여 표현1과 같이 할 수 있다. 군집 개수를 가변적으로 할 수 있는 표현도 개발되어 있다. 예를 들어 군집 개수의 범위를 $[k_{min}, k_{max}]$로 지정하는 방법을 제시한 논문이 있다 [Bandyopadhyay02]. 예를 들어 $k_{max} = 8$이라면 $(\#,\mathbf{z}_1,\mathbf{z}_2,\#,\#,\mathbf{z}_3,\#,\#)$이 군집 해의 예가 된다. 이 예는 세 개의 군집 $\mathbf{z}_1, \mathbf{z}_2, \mathbf{z}_3$을 가진 상황이다.

- 표현1: $\mathbf{Z} = (\mathbf{z}_1, \mathbf{z}_2, \cdots, \mathbf{z}_k)$ // 군집 개수가 k로 고정
- 표현2: $\mathbf{Z} = (\#, \mathbf{z}_1, \mathbf{z}_2, \#, \#, \mathbf{z}_3, \#, \#)$ // 군집 개수의 범위가 $[k_{min}, k_{max}]$

이제 비용 함수와 해 표현 방법이 있으므로 군집화를 위한 시뮬레이티드 어닐링과 유전 알고리즘을 설계할 수 있다.

10.7.1 시뮬레이티드 어닐링

시뮬레이티드 어닐링simulated annealing(SA)은 9.5절에서 원리를 간단히 소개했었다. 이 알고리즘은 기본적으로 경사하강법의 구조를 따르는데 지역 최적 점을 벗어나기 위해 현재 해보다 열등한 지점으로 이동하는 연산도 가지고 있다. 이 연산은 온도라는 매개변수를 이용하여 확률적으로 제어되는데 처음 출발할 때는 온도가 높고 갈수록 낮춘다. 온도가 높을수록 열등한 해를 수용할 확률이 크다. 알고리즘 10.9는 군집화를 위한 시뮬레이티드 어닐링이다.

라인 1은 난수를 발생하던지 아니면 샘플을 임의로 선택하여 초기 군집 해를 생성한다. 라인 4는 현재 해 $\mathbf{Z}$를 약간 변형시켜 새로운 해 $\mathbf{Z}_{new}$를 만든다. 이러한 연산을 교란perturbation이라고 부른다. 이 변형을 어떻게 시키느냐에 따라 여러 가지 변종이

가능하다. 하나의 방법은 **Z**를 구성하는 각 좌표 값에 가우시안 분포로부터 만든 잡음을 더한다. 또는 임의의 샘플을 몇 개 선택하여 그들을 다른 군집에 배정하여 변형시킬 수도 있다. 군집 개수가 가변적인 표현2를 사용한다면 #으로 표기되어 있는 빈 자리에 난수로 만든 군집 중심을 배정하는 방법도 생각할 수 있다. 라인 5는 군집 해 **Z**와 $\mathbf{Z}_{new}$의 품질을 비교한다. 이 알고리즘은 값이 작을수록 좋은 해라는 가정 하에 작성되었다. 예를 들어 (10.23)의 제곱 오류가 여기에 속한다. 즉 최소화 문제라고 가정한 것이다. 만일 반대라면 부등호만 바꾸어 주면 된다.

알고리즘 10.9 시뮬레이티드 어닐링을 이용한 군집화

입력: 샘플 집합 $X = \{\mathbf{x}_1, \mathbf{x}_2, \cdots, \mathbf{x}_N\}$, 군집 개수 k 또는 군집 개수의 범위 $[k_{min}, k_{max}]$

출력: 군집 해 C

1. 초기 군집 해 **Z**를 생성한다.
2. 초기 온도 T를 설정한다.
3. **repeat** {
4. $\quad \mathbf{Z}_{new}$ = random_neighbor(**Z**); // 현재 해를 변형시켜 새로운 해 생성
5. $\quad$ **if** $(J(\mathbf{Z}_{new}) < J(\mathbf{Z}))$ $\mathbf{Z} = \mathbf{Z}_{new}$; // $\mathbf{Z}_{new}$가 우수하면 취함
6. $\quad$ **else if** (random() $< e^{-(J(\mathbf{Z}_{new})-J(\mathbf{Z}))/T}$) $\mathbf{Z} = \mathbf{Z}_{new}$;
// 그렇지 않더라도 어닐링 조건을 만족하면 취함
7. $\quad$ 온도 T를 낮춘다.
8. } **until** (stop-condition);
9. 그동안 얻은 가장 좋은 군집 해를 C로 한다.

라인 5에서 새로운 해가 기존 해보다 우수한 경우에는 그것을 채택한다. 라인 6은 비록 새로운 해가 기존 해보다 열등하더라도 채택될 여지를 허용한다. T가 클수록, 그리고 두 해의 품질 차이가 작을수록 열등한 해가 채택될 가능성이 크도록 제어된다. 함수 random()은 [0, 1] 사이의 난수를 발생시킨다. 라인 7은 온도를 낮추어 시간이 지남에 따라 열등한 해를 채택할 가능성을 떨어뜨린다.

10.7.2 유전 알고리즘

유전 알고리즘genetic algorithm도 9.5절에서 간단하게 원리를 설명하였다. 11장에서 이

알고리즘을 보다 자세히 설명할 것이다. 여기에서는 유전 알고리즘을 군집화에 어떻게 적용할지를 집중적으로 설명한다. 유전 알고리즘을 설계하기 위해서는 해 표현, 선택, 교차, 변이, 대치를 고려해야 하는데, 이 중 선택과 대치는 11장에서 제시하는 일반적인 연산을 사용하면 된다. 여기서는 군집화 문제에 고유한 해 표현, 교차, 변이를 어떻게 할 것인지에 대해 살펴보자. 해 표현은 앞에서 살펴본 표현1이나 표현2를 사용하면 된다.

교차 연산은 두 부모 해를 가지고 자식 해를 만드는데 자식은 부모와 달라지지만 특성을 이어받아야 한다. 군집화에서는 유전 알고리즘이 가장 널리 사용하는 [그림 10.19]의 일점 교차를 많이 사용한다. 유전 알고리즘에서는 해를 염색체[chromosome]라 부르고 염색체를 구성하는 각각의 자리를 유전자[gene]라 부른다. 그림에서는 두 개의 부모 염색체 $\mathbf{Z}_{\text{parent1}}$과 $\mathbf{Z}_{\text{parent2}}$, 그리고 하나의 자식 염색체 $\mathbf{Z}_{\text{offspring}}$을 보여 준다. 각각의 염색체는 여덟 개의 유전자를 갖고 있다. 교차 연산은 우선 $[1, m-1]$ 사이의 정수를 난수로 발생시켜 자름 선을 결정한다. m은 유전자의 개수로서 [그림 10.19]의 예에서는 $m = 8$이다. 자름 선이 결정되면 그 위치를 기준으로 앞 부분은 첫 번째 부모로부터 유전자를 복사하고 뒤 부분은 두 번째 부모로부터 복사한다. 표현2에서는 우연히 모든 유전자가 #으로 표시된 빈 값을 가질 수 있으므로 이러한 경우를 특별하게 처리해야 한다. 교차 연산을 마치면 자식 해에 변이 연산을 가해야 한다. 변이 연산은 유전자 하나를 임의로 선택하여 그것에 작은 난수를 더하면 된다.

$$\mathbf{Z}_{\text{parent1}} = (\mathbf{z}_{11}, \mathbf{z}_{12}, \mathbf{z}_{13}, \mid \mathbf{z}_{14}, \mathbf{z}_{15}, \mathbf{z}_{16}, \mathbf{z}_{17}, \mathbf{z}_{18})$$
$$\mathbf{Z}_{\text{parent2}} = (\mathbf{z}_{21}, \mathbf{z}_{22}, \mathbf{z}_{23}, \mid \mathbf{z}_{24}, \mathbf{z}_{25}, \mathbf{z}_{26}, \mathbf{z}_{27}, \mathbf{z}_{28})$$
$$\downarrow$$
$$\mathbf{Z}_{\text{offspring}} = (\mathbf{z}_{11}, \mathbf{z}_{12}, \mathbf{z}_{13}, \mathbf{z}_{24}, \mathbf{z}_{25}, \mathbf{z}_{26}, \mathbf{z}_{27}, \mathbf{z}_{28})$$

(a) 표현1

$$\mathbf{Z}_{\text{parent1}} = (\#, \mathbf{z}_{11}, \mathbf{z}_{12}, \mid \#, \mathbf{z}_{13}, \mathbf{z}_{14}, \#, \mathbf{z}_{15})$$
$$\mathbf{Z}_{\text{parent2}} = (\mathbf{z}_{21}, \mathbf{z}_{22}, \#, \mid \mathbf{z}_{23}, \#, \mathbf{z}_{24}, \mathbf{z}_{25}, \mathbf{z}_{26})$$
$$\downarrow$$
$$\mathbf{Z}_{\text{offspring}} = (\#, \mathbf{z}_{11}, \mathbf{z}_{12}, \mathbf{z}_{23}, \#, \mathbf{z}_{24}, \mathbf{z}_{25}, \mathbf{z}_{26})$$

(b) 표현2

그림 10.19 교차 연산의 예

유전 알고리즘은 해 표현을 어떻게 할 것인지, 교차와 변이를 어떻게 구현할지, 해의 적합도[fitness]는 어떻게 구할지, 선택은 어떻게 할지 등에 따라 아주 다양한 버전이 개발되어 있다. 예를 들어 해 표현 방법으로 앞에서 사용한 표현1이나 표현2 이외에 $\mathbf{Z} = (z_1, z_2, \cdots, z_N)$이 있다. N은 샘플의 개수이고 z_i는 i번째 샘플이 속한 군집의 번호이다. 이 해 표현 방법은 내용적으로는 표현1과 비슷하지만 샘플이 아주 많을 때는 염색체가 아주 크다는 단점을 지니고 있다. 또한 이 해 표현을 사용하면 교차와 변이 연산을 정의하기가 까다롭다.

유전 알고리즘의 장점 중의 하나는 다른 알고리즘과 협력하도록 변형하는 것이 비교적 쉽다는 것이다. 실제로 다른 알고리즘의 연산을 유전 알고리즘에 도입하여 탐색 성능을 높이는 연구가 아주 많다. 이러한 방식을 혼성 유전 알고리즘hybrid genetic algorithm이라 부른다. 쉽게 생각할 수 있는 아이디어는 유전 알고리즘이 가진 해를 *k*-means를 이용하여 지역 최적점으로 수렴 시킨 후 이들에 교차와 변이 연산을 가하는 것이다. 유전 알고리즘과 *k*-means 알고리즘이 '협력하여' 보다 품질이 좋은 해를 구하려는 것이다. 이러한 다양한 변형에 대해서는 [Jain99]와 [Xu05]를 참고하기 바란다.

테우보 코호넌Teuvo Kohonen

(1934년 7월 11일~) 핀란드

코호넌은 자기 조직화 지도self-organizing map (SOM)로 세계적인 명성을 얻었다. SOM은 그의 이름을 기려 코호넌 맵이라고도 부른다. 패턴인식에서 SOM은 군집화에 사용된다. 코호넌은 SOM을 지도 학습으로 확장한 LVQ (learning vector quantization) 학습 알고리즘도 개발하였다. 근래에는 SOM을 웹 문서 검색에 응용한 WEBSOM을 개발하였다 [WebSOM(웹)]. 현재 Academy of Finland의 명예 교수이다.

[WebSOM(웹)] http://websom.hut.fi/websom/.

연습문제

01 11개의 샘플을 3개의 군집으로 만드는 경우의 수는 얼마인가?

02 수량 값, 순서 값, 그리고 명칭 값을 갖는 특징의 예를 각각 세 가지씩 제시하라.

03 (10.4)의 민코프스키 거리에서 $p \rightarrow \infty$이면 어떤 거리가 되나?

04 문서 분류 응용에 대해 생각해 보자. 세 개의 문서가 있는데 이들의 단어 빈도 벡터가 각각 $\mathbf{d}_1 = (2, 4, 0, 2, 3)^T$, $\mathbf{d}_2 = (1, 0, 3, 2, 2)^T$, $\mathbf{d}_3 = (2, 3, 1, 1, 4)^T$라 하자. 이때 코사인 유사도에 따르면 $\mathbf{d}_1$은 $\mathbf{d}_2$와 $\mathbf{d}_3$ 중 어느 것과 더 가까운가?

05 아래에 있는 두 군집 c_1과 c_2 간의 거리를 (10.17)~(10.21)의 D_{max}, D_{min}, D_{ave}, D_{mean}, D_{rep} 각각에 대하여 계산하라.

$$c_1: (1,1)^T, (2,2)^T, (2,3)^T$$
$$c_2: (4,1)^T, (4,2)^T, (5,4)^T$$

06 [그림 10.7]의 데이터에 대해 평균 연결 알고리즘을 적용하고 그 결과를 덴드로그램으로 제시하라.

07 응집 계층 알고리즘은 힙이라는 자료 구조를 이용하여 빠르게 구현할 수 있다. 이를 위한 아이디어를 구체적으로 설명하라.

08 알고리즘 10.1을 유사도 버전으로 고쳐 써라.

09 예제 10.5에 대해 답하여라.

❶ 초기 점을 $\mathbf{x}_1$, $\mathbf{x}_4$, $\mathbf{x}_5$로 하면 어떤 군집 해를 얻게 되는가?

❷ 예제 10.5와 같이 초기 점을 $\mathbf{x}_1$, $\mathbf{x}_2$, $\mathbf{x}_3$으로 했을 때와 최종 결과, 그리고 수렴 속도라는 두 가지 측면에서 비교하라.

❸ 이 군집화 문제의 전역 최적 해는?

10 *k*-means와 *k*-medoids 중 어느 것이 시간을 더 쓰는지 말해 보아라. 몇 배 정도인지 예측할 수 있는가?

11 예제 10.6에서 두 번째 세대에 대해 계산해 보아라.

12 SOM의 출력 노드 배치는 [그림 10.14]의 선형과 [그림 10.15]의 격자형이 있다고 공부하였다. 이 둘 이외에 또 다른 배치를 생각해 보아라.

13 최소 비용 신장 트리minimum cost spanning tree를 이용한 군집화 알고리즘도 있다. 어떤 아이디어인지 생각해 보고 가상 코드 형태로 제시하라.

PATTERN RECOGNITION

CHAPTER 11

PATTERN RECOGNITION

최적화 알고리즘

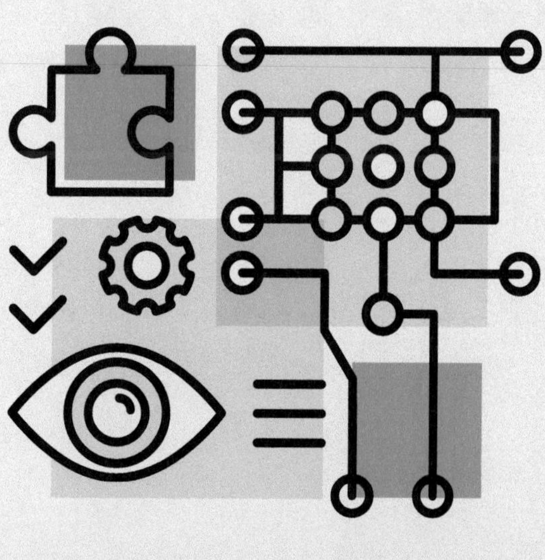

이 책의 도입 부분인 1.4절에서 이미 언급했듯이 패턴인식에는 아주 많은 **최적화 문제**optimization problem가 있다. 5장의 SVM을 예로 들어 보자. [그림 5.3]이 보여주듯이 SVM은 여백이라는 개념을 정의하고 여백을 최대화하는 결정 직선을 찾는 것을 목적으로 설정한다. 그런 다음 (5.4)로 여백을 정의한 다음 이것을 이용하여 최적화 문제 (5.5)를 도출한다. 이제 이 문제를 풀어 매개변수 $\mathbf{w}$를 찾으면 학습이라는 작업을 완료한 셈이 된다. (SVM에서는 이 문제를 바로 풀기가 어려우므로 표 5.1이 보여 주는 바와 같이 이것을 여러 단계를 거쳐 풀기가 쉬운 동일한 문제로 변형해 나간다.) 4장의 신경망이나 2장의 베이지안 분류기들도 근본적으로 비슷한 과정을 거친다. 이러한 분류기 훈련 문제들은 찾아야 하는 매개변수가 연속 공간continuous space을 갖는다. 이와 대조적으로 9장의 특징 선택과 같이 매개변수가 이산 공간discrete space에 정의되는 경우도 있다.

일반적으로 최적화 문제는 (11.1)과 같이 기술할 수 있다. $J(\boldsymbol{\theta})$는 **목적 함수**target function 또는 비용 함수cost function라 부르고 $\boldsymbol{\theta}$는 매개변수라 한다. 경우에 따라 목적 함수를 최대로 하는 **최대화 문제**maximization problem도 있고 최소로 하는 **최소화 문제**minimization problem도 있다.

- 최대화 문제:
  $J(\boldsymbol{\theta})$를 최대로 하는 $\hat{\boldsymbol{\theta}}$를 찾아라. 즉 $\hat{\boldsymbol{\theta}} = \underset{\boldsymbol{\theta}}{\arg\max}\, J(\boldsymbol{\theta})$이다.
- 최소화 문제:
  $J(\boldsymbol{\theta})$를 최소로 하는 $\hat{\boldsymbol{\theta}}$를 찾아라. 즉 $\hat{\boldsymbol{\theta}} = \underset{\boldsymbol{\theta}}{\arg\min}\, J(\boldsymbol{\theta})$이다.

(11.1)

패턴인식에서 어떤 문제를 해결하기 위해서는 보통 [그림 11.1]과 같이 크게 두 단계를 거친다. 첫 단계에서는 목적 함수 $J(\boldsymbol{\theta})$를 정의한다. 그리고 두 번째 단계에서는 문제 (11.1)을 풀어 최적 매개변수를 구한다. 이 책의 앞 장에서 이미 설명한 SVM, 신경망, 베이지안 분류기, HMM의 학습 문제를 모두 이 틀에 따라 해결하였고 특징 선택 문제도 이 틀에 따라 풀었다.

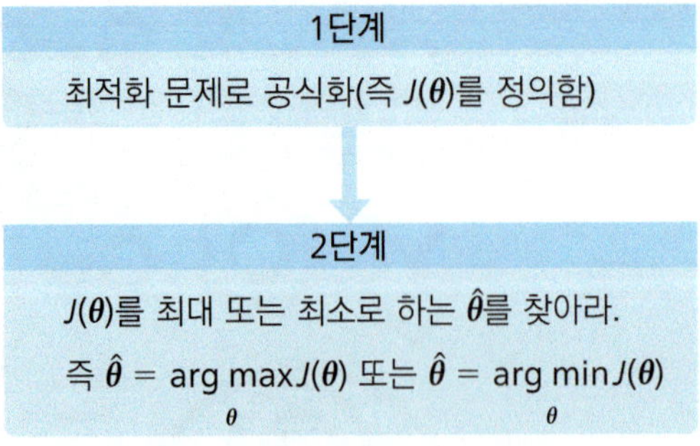

그림 11.1 패턴인식에서의 문제 풀이 과정

이 책의 1장부터 지금까지 최적화 문제를 여럿 다루었다. 2~7장의 분류기 학습이 그렇고 9장의 특징 선택도 최적화 문제였다. 10장의 군집화도 마찬가지이다. 앞으로 공부할 12장의 분류기 앙상블 선택도 최적화 문제를 풀어 해결한다. 이러한 문제 풀이 과정은 이미 해당 장에서 상세히 설명하였다. 그렇다면 11장은 왜 이러한 내용을 반복하려 하는가?

크게 두 가지 이유를 말할 수 있다. 첫째, 패턴인식 문제들은 고유한 특성을 가지며 자신에게 적합한 최적화 알고리즘을 도입하여 해결한다. 따라서 이들 문제가 사용하는 알고리즘을 명시적으로 드러내고 서로를 비교함으로써 문제 자체와 그들이 사용하는 알고리즘에 대한 이해의 깊이를 더할 수 있다. 둘째, 새로운 방식의 알고리즘을 소개하는 것이다. 이 책에서 널리 사용한 미분에 기반한 알고리즘은 지역 최적 점에 빠져 그곳을 탈출하지 못하는 경우가 많다. 이 장에서 소개하는 시뮬레이티드 어닐링이나 유전 알고리즘은 지역 최적 점을 탈출하는 연산을 가지고 있으며 많은 실험 논문에 따르면 기존 알고리즘에 비해 우수하다고 평가되고 있다. 따라서 이러한 종류의 알고리즘은 앞으로 보다 널리 사용될 것으로 전망되므로 알아 둘 가치가 충분하다.

이 장에서는 [그림 11.1]의 1단계는 이미 되어 있다고 보고, 2단계를 푸는 알고리즘에 초점을 맞춘다. 크게 세 종류의 알고리즘을 소개한다. 이들은 미분에 의한 방법(11.2절), 시뮬레이티드 어닐링(11.3절), 그리고 유전 알고리즘(11.4절)이다. 여기에서는 이들의 원리와 구현에 관해 자세히 설명한다.

11.1 패턴인식의 최적화 문제와 풀이

이 책의 전반에 걸쳐 아주 많은 최적화 문제를 살펴보았다. 여기서는 이들을 보다 명시적으로 드러내고 이들의 특성을 분석하고 이들이 서로 어떻게 다른지 살펴보기 로 하자.

11.1.1 최적화 문제들

분류기 학습

분류기를 학습하기 위해서는 학습(훈련) 집합이 있어야 한다. 학습 집합은 $X = \{(\mathbf{x}_1, \mathbf{t}_1), (\mathbf{x}_2, \mathbf{t}_2) \cdots, (\mathbf{x}_N, \mathbf{t}_N)\}$으로 표기한다. $\mathbf{x}_i$는 i번째 샘플의 특징 벡터이고 $\mathbf{t}_i$는 $\mathbf{x}_i$가 속한 부류를 나타내는 벡터이다. 분류기는 매개변수 $\boldsymbol{\theta}$를 갖는다. 분류기는 [그림 11.2]에서 보는 바와 같이 $\mathbf{x}_i$를 입력으로 받아 $\boldsymbol{\theta}$를 이용하여 출력 값 $\mathbf{o}_i$를 계산하여 출력

한다. $\boldsymbol{\theta}$가 출력한 $\mathbf{o}_i$는 $\mathbf{t}_i$와 같을 수도 있고 다를 수도 있다. N개의 모든 샘플에 대해 $\mathbf{o}_i = \mathbf{t}_i$이면 $\boldsymbol{\theta}$는 완벽하다. 하지만 문제 자체의 복잡성으로 인해 이런 완벽한 경우는 거의 없다. 따라서 $\mathbf{o}_i$와 $\mathbf{t}_i$의 차이를 최소화하는 것을 목적으로 설정한다. (11.2)는 이러한 취지에 따라 목적 함수를 공식화한 것이다. 함수 $d(\mathbf{o}_i, \mathbf{t}_i)$는 $\mathbf{o}_i$와 $\mathbf{t}_i$의 차이를 측정해 준다.

$$J(\boldsymbol{\theta}) = \sum_{i=1}^{N} d(\mathbf{o}_i, \mathbf{t}_i) \tag{11.2}$$

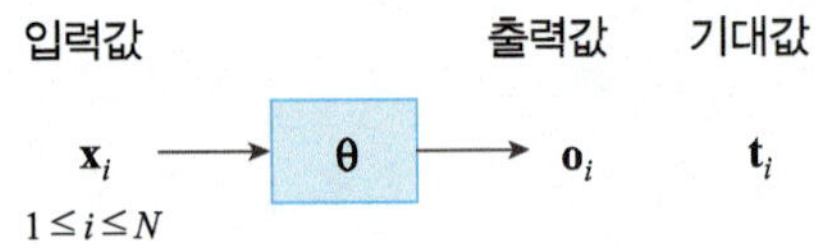

그림 11.2 분류기 학습 문제

이 책에서 공부한 모든 분류기는 [그림 11.2]와 수식 (11.2)의 틀로 해석할 수 있다. 물론 각 분류기의 구조와 매개변수의 특성에 따라 내용은 다르지만 본질적으로 이 틀을 벗어나지 않는다.

그렇다면 $J(\boldsymbol{\theta})$를 최소화 하는 최적의 매개변수 $\hat{\boldsymbol{\theta}}$ (즉 $\hat{\boldsymbol{\theta}} = \arg\min_{\boldsymbol{\theta}} J(\boldsymbol{\theta})$)를 어떻게 찾을 것인가? 2~7장에서는 대부분 미분을 이용하여 해를 찾았는데 그 방법이 최선인가? 그것 말고 다른 대안은 없는가? 이것에 대한 답을 이 장에서 생각해 보기로 하자.

선택

분류기 학습에서는 매개변수 $\boldsymbol{\theta}$가 만드는 공간이 연속이다. 하지만 패턴인식에는 이산 공간에서 작업하는 경우도 적지 않다. 선택 문제는 대표적으로 이산 공간에서 정의된다. 여러 개의 요소들로 구성되는 집합 $S = \{s_1, s_2, \cdots, s_n\}$이 있다고 하자. S의 부분 집합은 2^n개가 있다. 이들 부분 집합 중에 가장 좋은 것을 찾는 것이 바로 **선택 문제**selection problem이다.

9장의 특징 선택은 대표적인 선택 문제이다. 이때는 특징이 집합의 요소가 된다. 12장에서 다룰 분류기 앙상블 선택도 여기에 해당한다. 이때는 분류기가 요소가 된다. 또한 k-NN 분류기를 설계할 때 프로토타입 샘플 집합을 만드는 것도 선택 문제이다. 훈련 집합의 샘플을 모두 프로토타입으로 사용해도 되지만 계산 시간이 과다해지기 때문에 일부를 선택하여 사용하려 하는 경우에는 선택 문제를 풀어야 한다. 이때는 훈련 집합의 샘플이 집합의 요소가 된다.

선택 문제도 매개변수 $\boldsymbol{\theta}$를 도입하여 표현할 수 있다. $\boldsymbol{\theta}$는 n 비트를 갖는 이진열이다. 예를 들어 $n = 5$인 경우 부분 집합 $S_1 = \{s_2, s_3, s_5\}$는 $\boldsymbol{\theta} = 01101$로 표현한다. 즉 선택된 요소는 1을 갖고 제거된 요소는 0을 갖는다.

이제 선택 문제도 (11.1)의 최적화 문제로 볼 수 있다. [그림 11.3]이 선택 문제를 명확하게 설명한다. 이 그림은 9장의 특징 선택에서 제시하였던 [그림 9.6]을 일반화한 것이다. 최적의 매개변수 $\hat{\boldsymbol{\theta}}$를 어떻게 찾을 것인가? 내용은 다르지만 틀은 분류기 학습과 다를 바가 없다.

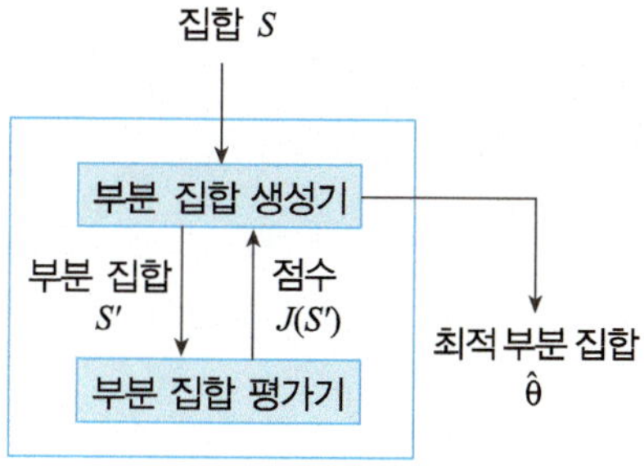

그림 11.3 선택 문제

군집화

10장에서 다루었던 군집화도 최적화 문제이다. 군집화 대상인 샘플 집합을 $X = \{\mathbf{x}_1, \mathbf{x}_2, \cdots, \mathbf{x}_N\}$으로 표기하자. [그림 11.4]는 $N = 8$인 상황을 보여 준다. 여기에서도 매개변수 $\boldsymbol{\theta}$를 도입하여 표현할 수 있다. $\boldsymbol{\theta}$는 N개의 정수로 구성되는 정수 열이다. 예를 들어 [그림 11.4]에서 연한 파란색 점은 군집1, 진한 파랑은 군집2, 검정은 군집3이라고 할 때 [그림 11.4(d)]는 $\boldsymbol{\theta} = 13131322$로 표현할 수 있다.

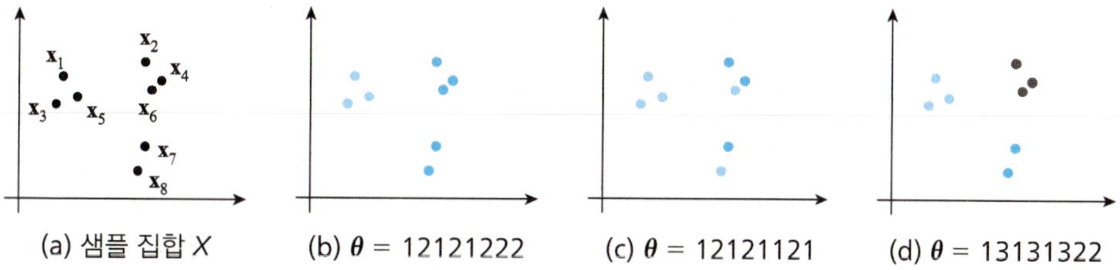

그림 11.4 군집화 예(연한 파랑은 군집1, 진한 파랑은 군집2, 검정은 군집3)

이제 군집화도 (11.1)의 최적화 문제로 볼 수 있다. [그림 11.5]가 군집화 문제를 명확하게 설명한다. 최적의 매개변수 $\hat{\boldsymbol{\theta}}$를 어떻게 찾을 것인가? 내용은 다르지만 틀은 분류기 학습이나 선택 문제와 다를 바가 없다.

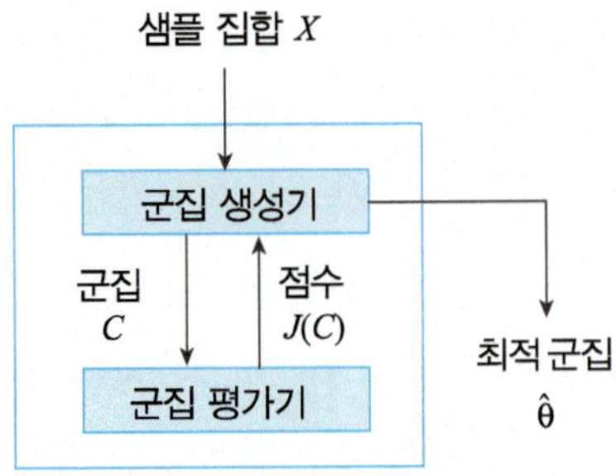

그림 11.5 군집화 문제

위에서 살펴본 학습, 선택, 그리고 군집화 문제뿐만 아니라 다른 문제들도 최적화 문제로 만들어 풀었다. 8장에서 다루었던 PCA는 변환된 샘플의 분산을 목적 함수로 정의한 후 이것을 최대로 하는 변환 행렬을 찾았다. PCA에서는 이 변환 행렬이 $\boldsymbol{\theta}$에 해당한다. 3장의 가우시안 혼합 모델도 최적화 문제로 풀었다. 이 최적화 문제를 푸는 알고리즘을 EM 알고리즘이라 불렀다. 이때는 가우시안의 평균 벡터와 공분산 행렬, 그리고 가우시안 혼합을 표현하는 혼합 계수가 바로 $\boldsymbol{\theta}$에 해당한다.

11.1.2 문제 풀이

이렇듯 패턴인식에서는 대부분 문제를 최적화 틀에 넣은 후 거기에서 해를 찾아 해결한다. 이 장은 [그림 11.1]의 첫 번째 단계는 이미 되어 있다고 보고, 최적해 $\hat{\boldsymbol{\theta}}$를 찾는 두 번째 단계를 집중적으로 다룬다. 최적 해를 찾기 위해서는 매개변수 $\boldsymbol{\theta}$가 이루는 '공간을 효율적으로 탐색하는' 알고리즘이 필요하다. 문제에 따라 이 공간은 연속일 수도 있고 이산일 수도 있다. 또한 공간의 크기가 작은 경우도 있고 무척 클 수도 있다. 공간의 크기는 $\boldsymbol{\theta}$의 차원과 매우 밀접하다. 차원이 높을수록 공간은 커진다. 패턴인식의 대부분 문제는 작게는 수십~수백, 크게는 수천~수만 차원을 가진다. 엄청나게 큰 탐색 공간을 가지는 것이다.

이 공간에서 정의된 목적 함수 $J(\boldsymbol{\theta})$도 문제 풀이의 난이도를 좌우한다. 비교적 단순한 형태를 갖는 경우에는 미분식을 풀어 최적 점을 찾을 수 있다. 하지만 대부분 경우에는 아주 복잡한 형태를 가지므로 다른 방식의 탐색 알고리즘을 필요로 한다. 이런 알고리즘은 한 번의 수식 풀이로 해를 구하는 것이 아니라 초기 해를 설정해 놓고 이것을 조금씩 개선해 가는 과정을 반복하는 형태를 취한다. [그림 11.6]은 이러한 알고리즘을 설명해 준다.[89] 11.2절의 경사하강법, 11.3절의 시뮬레이티드 어닐링, 그리고 11.4절의 유전 알고리즘이 모두 이런 반복적 형태를 취한다.

[89] 이러한 알고리즘을 수치적 알고리즘이라 부른다.

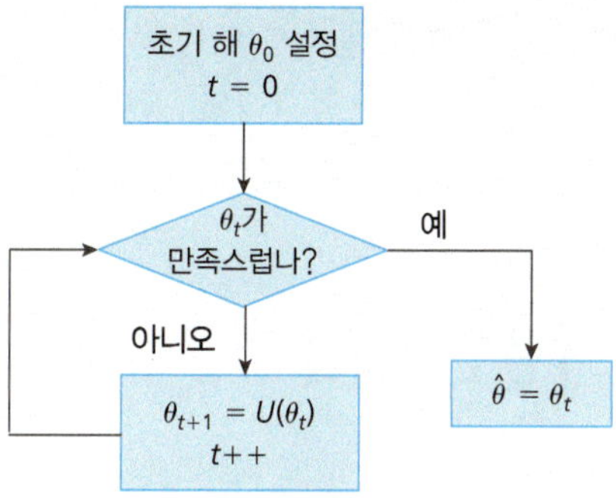

그림 11.6 최적 해를 찾기 위한 반복 알고리즘

이 알고리즘을 구현하기 위해서는 세 가지 사항을 결정해야 한다. 여기에서 이들의 개념을 간단히 이해하고 넘어가자. 11.2~11.4절에서 이들 각각을 보다 구체적으로 설명할 것이다.

1. **초기 해 설정**. 탐색의 초기 점을 잡는 과정이다. 이 초기 점에 따라 지역 최적 점에서 끝날 수도 있고 전역 최적 점으로 수렴할 수도 있다. 그럼 초기 점을 어디로 할 것인가?
2. **멈춤 조건**. 현재 해가 만족스러우면 그 해를 결과로 출력하고 멈춘다. 그렇다면 만족스러운지를 어떻게 판단할 것인가?
3. **해 갱신**. 현재 해를 다른 점으로 이동한다. 물론 품질이 개선된 점으로 이동해야 한다. 이동을 책임지는 함수 $U(.)$를 어떻게 만들 것인가?

[그림 11.6]의 알고리즘은 함수 U를 이용하여 해를 계속 개선해 나가다가 멈춤 조건을 만족하면 끝내고 그때의 해를 결과로 출력한다. 주어진 문제와 이를 해결하는 알고리즘에 따라 최적 해optimal solution를 찾는 경우도 있고 부 최적 해sub-optimal solution를 찾는 경우도 있다. 특히 해 공간이 방대한 경우에는 계산 시간의 제한 때문에 부 최적 해로 만족해야 하는 경우가 대부분이다. [그림 11.7]은 간단한 1차원 목적 함수를 최소화하는 문제에서 최적 해와 부 최적 해를 보여 준다. $\boldsymbol{\theta}_4$는 전역 최소 점으로 우리

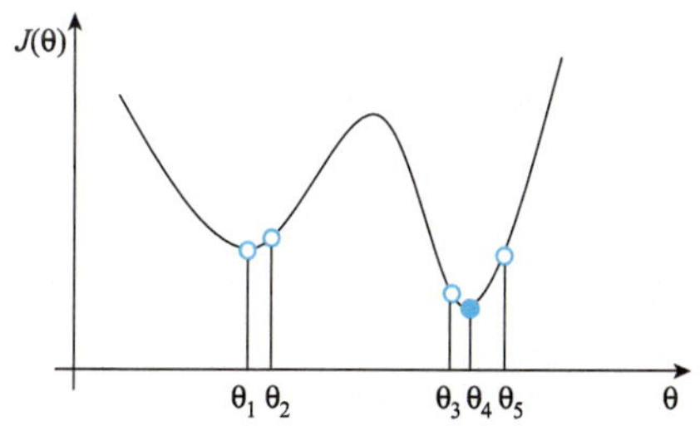

그림 11.7 최소화 문제에서 최적 해(속이 찬 점)와 부 최적 해(속이 빈 점)

가 찾고자 하는 최적 해에 해당한다. $\boldsymbol{\theta}_1$은 그 근방에서는 최소 점이지만 모든 구간을 통틀어 보면 지역 최소 점에 불과하다. 따라서 $\boldsymbol{\theta}_1$은 부 최적 해이다. 나머지 $\boldsymbol{\theta}_2$, $\boldsymbol{\theta}_3$, $\boldsymbol{\theta}_5$는 최적 점 근방에서 덜 수렴된 점으로서 모두 부 최적 해이다.

11.2 미분을 이용한 방법

고등학교 수학에서 최고 점 또는 최저 점을 찾는 데 미분을 사용할 수 있다는 사실을 배웠다. 패턴인식에서도 미분의 이 기능을 널리 사용한다.

11.2.1 분석적 풀이

알고리즘 11.1이 미분을 이용하여 최고 점 또는 최소 점을 찾는 과정을 명확하게 설명한다. 이 알고리즘은 도함수[derivative]의 값은 기울기(경사)를 나타내고 최고 점 또는 최저 점에서는 기울기가 0이라는 성질을 이용하고 있다.

알고리즘 11.1 분석적 풀이

입력: 목적 함수 $J(\boldsymbol{\theta})$

출력: $\hat{\boldsymbol{\theta}}$ (최고 점 또는 최저 점)

1. $J(\boldsymbol{\theta})$를 $\boldsymbol{\theta}$로 미분한다.
2. 방정식 $\frac{\partial J(\boldsymbol{\theta})}{\partial \boldsymbol{\theta}} = 0$을 만족하는 $\hat{\boldsymbol{\theta}}$를 구한다.
3. **return** $\hat{\boldsymbol{\theta}}$;

라인 2에서 여러 개의 해가 나오는 경우 적절한 방법을 통해 하나의 해를 선택하여야 한다. 예를 들어 2차 도함수를 구하여 그 값이 0보다 작으면 최고 점, 0보다 크면 최저 점으로 구별할 수 있다. 최저 점(또는 최고 점)이 여러 개인 경우에는 각각의 목적 함수 값을 구하여 가장 작은(또는 높은) 점을 선택하면 된다. 예제를 통하여 이 방법을 보다 명확히 이해하고 넘어 가자.

예제 11.1 미분에 의한 분석적 방법

[그림 11.8]은 두 가지 함수를 보여 준다. [그림 11.8(a)]는 매개변수가 1차원인 아주 간단한 함수이다. [그림 11.8(b)]는 $\boldsymbol{\theta} = (\theta_1, \theta_2)^{\mathrm{T}}$인 2차원 함수로서 여섯 혹을 가진 낙타 등six-hump camel back 함수이다.

(1) [그림 11.8(a)]: $J(\theta) = -2\theta^2 + 20\theta - 43$, $\dfrac{\partial J}{\partial \theta} = -4\theta + 20 = 0$을 풀면 $\hat{\theta} = 5$이다.

(2) [그림 11.8(b)]: $J(\boldsymbol{\theta}) = (4 - 2.1\theta_1^2 + \theta_1^4/3)\theta_1^2 + \theta_1\theta_2 + (-4 + 4\theta_2^2)\theta_2^2$,

$$\frac{\partial J}{\partial \boldsymbol{\theta}} = \left(\frac{\partial J}{\partial \theta_1}, \frac{\partial J}{\partial \theta_2}\right)^{\mathrm{T}} = (2\theta_1^5 - 8.4\theta_1^3 + 8\theta_1 + \theta_2, 16\theta_2^3 - 8\theta_2 + \theta_1)^{\mathrm{T}} = \mathbf{0}\text{을 풀면}$$

$\hat{\boldsymbol{\theta}} = (-0.0898, 0.7126)^{\mathrm{T}}$ 또는 $\hat{\boldsymbol{\theta}} = (0.0898, -0.7126)^{\mathrm{T}}$에서 최솟값 -1.0316을 갖는 것을 알 수 있다.

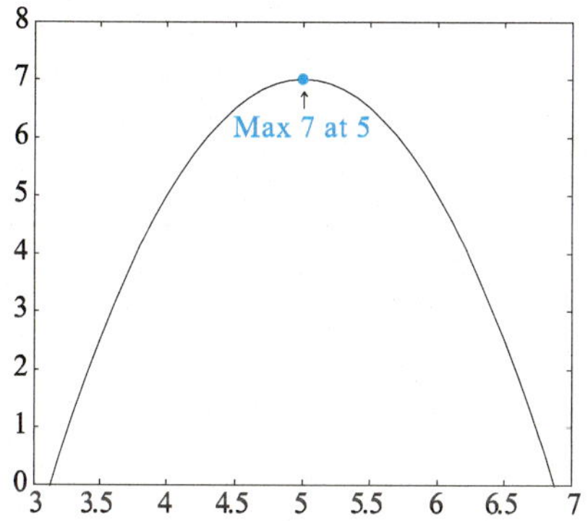

(a) 이차 함수의 최대화

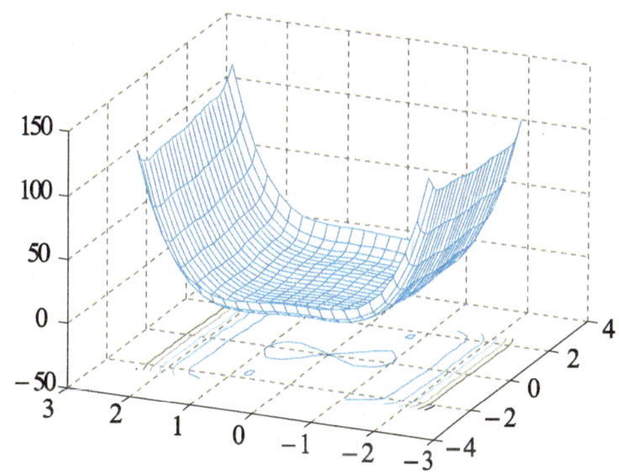
(b) 여섯 혹을 가진 낙타 등 함수의 최소화

그림 11.8 미분에 의한 최적 해 구하기

지금까지 살펴본 최적화 문제 풀이는 **분석적**analytically으로 이루어졌다. 도함수 $\dfrac{\partial J(\boldsymbol{\theta})}{\partial \boldsymbol{\theta}}$를 $\mathbf{0}$으로 놓아 방정식을 만들고 이것을 이리저리 바꾸어 가며 해를 구하는 방식이다. 이 책에서 이런 방법으로 해를 구한 경우는 어느 것일까? 한 가지 예를 보인다면 3.2절의 최대 우도 찾기가 바로 여기에 해당한다. 목적 함수는 식 (3.5)의 로그 우도 함수 $L(\boldsymbol{\theta})$이다. 확률 분포가 정규 분포를 따른다고 가정하면 $\boldsymbol{\theta} = \{$평균 벡터 $\boldsymbol{\mu}$, 공분산 행렬 $\boldsymbol{\Sigma}\}$가 된다. 예제 3.1은 문제를 단순화하기 위하여 $\boldsymbol{\Sigma}$를 알고 있다고 가정하고 $\hat{\boldsymbol{\mu}}$를 구하였다. 또 다른 경우를 스스로 찾아 보자.

11.2.2 경사하강법

11.2.1절의 분석적 방법은 한정된 곳에서만 응용이 가능하다. 패턴인식에서는 매개변수가 수십~수백 차원의 벡터인 경우가 대부분이다. 또한 목적 함수가 모든 구간에서 미분 가능하다는 보장이 항상 있는 것도 아니다. 따라서 한 번의 수식 전개로 해를 구할 수 없는 상황이 적지 않게 있다. 이런 경우에는 초기 해에서 시작하여 해를 반복적으로 개선해 나가는 [그림 11.6]의 수치적 방법을 사용한다. 가장 대표적인 수치적 방법은 **경사하강법**gradient descent method이다. 이 방법은 현재 위치에서 경사가 가장 급하게 하강하는 방향을 찾고 그 방향으로 약간 이동하여 새로운 위치를 잡는다. 이러한 과정을 반복함으로써 가장 낮은 지점(즉 최저 점)을 찾아간다.

이와 같은 최소화 문제가 아니라 최고 점을 찾는 최대화 문제에서는 경사가 가장 급하게 상승하는 방향을 찾아 그 방향으로 이동한다. 이 경우는 **경사상승법**gradient ascent method이라 부른다. (11.3)과 (11.4)는 각각 경사하강법과 경사상승법이 해를 갱신하는 데 사용하는 수식이다. 이들은 [그림 11.6]의 갱신 함수 $U(.)$에 해당한다. $\left.\frac{\partial J}{\partial \boldsymbol{\theta}}\right|_{\boldsymbol{\theta}_t}$는 $\boldsymbol{\theta}_t$에서의 도함수 $\frac{\partial J}{\partial \boldsymbol{\theta}}$의 값이다.

$$\text{경사하강법} \quad \boldsymbol{\theta}_{t+1} = \boldsymbol{\theta}_t - \rho \left.\frac{\partial J}{\partial \boldsymbol{\theta}}\right|_{\boldsymbol{\theta}_t} \tag{11.3}$$

$$\text{경사상승법} \quad \boldsymbol{\theta}_{t+1} = \boldsymbol{\theta}_t + \rho \left.\frac{\partial J}{\partial \boldsymbol{\theta}}\right|_{\boldsymbol{\theta}_t} \tag{11.4}$$

[그림 11.9]는 경사하강법이 사용하는 (11.3)에 대해 설명한다. 그림에서 현재 해 $\boldsymbol{\theta}_t$에서의 미분값 $\left.\frac{\partial J}{\partial \boldsymbol{\theta}}\right|_{\boldsymbol{\theta}_t}$는 음수이므로 그 값을 그대로 더하면 왼쪽으로 이동하는 셈이 된다.[90] 따라서 $-\left.\frac{\partial J}{\partial \boldsymbol{\theta}}\right|_{\boldsymbol{\theta}_t}$를 더하여 오른쪽으로 이동하게 한다. 이제 이동 방향은 결정하였는데 이동할 양은 가늠하기가 어렵다. 따라서 **학습률**learning rate이라 부르는 작은 값 ρ을 곱한 $-\rho\left.\frac{\partial J}{\partial \boldsymbol{\theta}}\right|_{\boldsymbol{\theta}_t}$를 더하여 조금 이동하는 것이다. 학습률을 너무 크게 하면 최저 점을 중심으로 좌우를 왔다갔다하는 진자 현상이 발생하고 너무 작게 하면 수렴 속도가 느려진다. 따라서 적당한 학습률의 설정은 매우 중요하다. 알고리즘 11.2는 경사하강법을 가상 코드로 정리한 것이다. 이 알고리즘을 경사상승법으로 바꾸려면 라인 4에서 −를 +로 변경하면 된다. 라인 6의 멈춤 조건은 어떻게 하면 될까? 연습 문제로 남겨 둔다.

90 [그림 11.9]에서는 매개변수가 한 개뿐이므로 스칼라 표기인 θ로 써도 되는데 (11.3)과 일치시키기 위해 벡터 표기 $\boldsymbol{\theta}$를 사용한다.

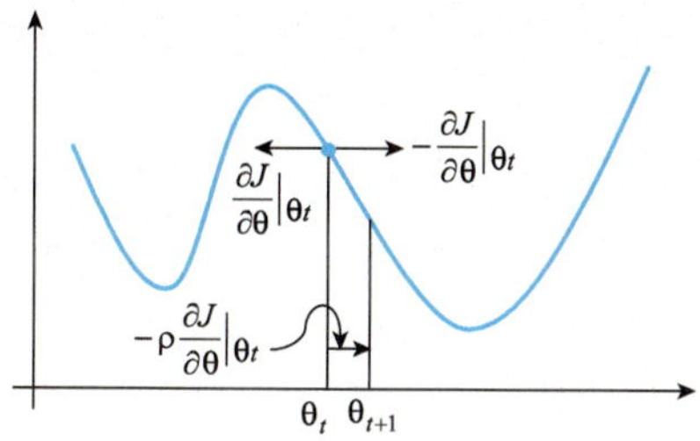

그림 11.9 경사하강법

알고리즘 11.2 경사하강법

입력: 목적 함수 $J(\boldsymbol{\theta})$, 학습률 ρ

출력: 최적 해 $\hat{\boldsymbol{\theta}}$

1. 초기 해 $\boldsymbol{\theta}_0$을 설정한다.
2. $t = 0$;
3. **repeat** {
4. $\quad \boldsymbol{\theta}_{t+1} = \boldsymbol{\theta}_t - \rho\frac{\partial J}{\partial \boldsymbol{\theta}}\Big|_{\boldsymbol{\theta}_t}$;
5. $\quad$ t++;
6. } **until** (멈춤 조건);
7. $\hat{\boldsymbol{\theta}} = \boldsymbol{\theta}_t$;

경사하강법은 전형적인 욕심 알고리즘이다. 과거 또는 미래를 고려하지 않고 현재 상황에서 가장 유리한 다음 위치를 찾아 그곳으로 이동하는 연산만을 사용하고 있다. 따라서 지역 최적 점으로 수렴하고 끝날 가능성을 가진 알고리즘이다.

경사하강법이 사용하는 (11.3)은 연속 공간에서 정의되는 도함수를 사용한다. 하지만 11.1.1절의 선택과 군집화 문제와 같이 이산 공간을 갖는 매개변수에 대해서도 경사하강법을 적용할 수 있다. 이때는 라인 4가 이산 공간에 맞게 수정되어야 하는데 아래와 같이 하면 된다. 최대화 문제의 경우에는 가장 낮은 것이 아니라 가장 높은 것을 찾도록 바꾸면 된다. 사실 이 라인의 연산은 9장의 특징 선택에서 (9.7)의 *add* 또는 (9.8)의 *rem* 연산에 해당한다.

4. $\boldsymbol{\theta}_t$의 이웃점 중에 가장 낮은(즉 $J(.)$가 가장 작은) 점을 찾아 그것을 $\boldsymbol{\theta}_{t+1}$로 하라.

예제 11.2 경사하강법

[그림 11.8(b)]의 낙타 등 함수를 다시 사용해 보자. 초기 값을 $\boldsymbol{\theta}_0 = (-0.5, 0.5)^{\mathrm{T}}$로 하고 학습률을 $\rho = 0.01$로 하자. [그림 11.10]은 $\boldsymbol{\theta}_0$ 근방에서 경사하강법이 해를 찾아가는 과정을 보여준다. 도함수는 아래와 같다.

$$J'(\boldsymbol{\theta}) = \frac{\partial J}{\partial \boldsymbol{\theta}} = \left(\frac{\partial J}{\partial \theta_1}, \frac{\partial J}{\partial \theta_2}\right)^{\mathrm{T}}$$

$$= (2\theta_1^5 - 8.4\theta_1^3 + 8\theta_1 + \theta_2, 16\theta_2^3 - 8\theta_2 + \theta_1)^{\mathrm{T}}$$

따라서 $\boldsymbol{\theta}_0$에서 도함수 값 $\left.\frac{\partial J}{\partial \boldsymbol{\theta}}\right|_{\boldsymbol{\theta}_0}$과 그걸 이용하여 구한 $\boldsymbol{\theta}_1$은 아래와 같다. 알고리즘 11.2의 라인 3~6의 루프를 한 번 수행한 결과이다.

$$\left.\frac{\partial J}{\partial \boldsymbol{\theta}}\right|_{\boldsymbol{\theta}_0} = (-2.5125, -2.5)^{\mathrm{T}}$$

$$\boldsymbol{\theta}_1 = \boldsymbol{\theta}_0 - 0.01 * \left.\frac{\partial J}{\partial \boldsymbol{\theta}}\right|_{\boldsymbol{\theta}_0}$$

$$= (-0.5, 0.5)^{\mathrm{T}} - 0.01 * (-2.5125, -2.5)\mathrm{T}$$

$$= (-0.4748, 0.525)^{\mathrm{T}}$$

루프를 한 번 더 수행한 결과는 아래와 같다. 이러한 과정을 계속 반복하여 최소 점을 찾아갈 수 있다.

$$\left.\frac{\partial J}{\partial \boldsymbol{\theta}}\right|_{\boldsymbol{\theta}_1} = (-2.4228, -2.3596)^{\mathrm{T}}$$

$$\boldsymbol{\theta}_2 = \boldsymbol{\theta}_1 - 0.01 * \left.\frac{\partial J}{\partial \boldsymbol{\theta}}\right|_{\boldsymbol{\theta}_1}$$

$$= (-0.4748, 0.525)^{\mathrm{T}} - 0.01 * (-2.4228, -2.3596)^{\mathrm{T}}$$

$$= (-0.4506, 0.5486)^{\mathrm{T}}$$

위에서 구한 $\boldsymbol{\theta}_0$, $\boldsymbol{\theta}_1$, $\boldsymbol{\theta}_2$로 $J(\boldsymbol{\theta}_0)$, $J(\boldsymbol{\theta}_1)$, $J(\boldsymbol{\theta}_2)$를 계산해 보면 아래와 같다. [그림 11.10]에서 보는 바와 같이 경사하강법이 점점 낮은 곳을 찾아가고 있음을 알 수 있다.

$$J(\boldsymbol{\theta}_0) = -0.12604$$

$$J(\boldsymbol{\theta}_1) = -0.24906$$

$$J(\boldsymbol{\theta}_2) = -0.36036$$

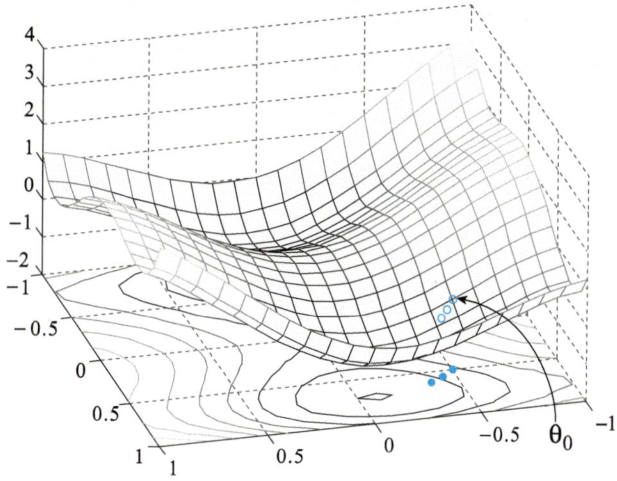

그림 11.10 경사하강법

11.2.3 라그랑주 승수

지금까지는 어떤 함수가 주어지면 그 함수가 최고 또는 최저 값을 갖는 지점을 찾는 문제를 다루었다. 하지만 어떤 조건이 주어지고 그 조건을 만족하는 상황에서 최고 또는 최저 값을 갖는 지점을 찾는 **조건부 최적화**constrained optimization 문제도 있다. 예를 들어 보자. [그림 11.11]은 $J(\boldsymbol{\theta}) = \theta_1^2 + 2\theta_2^2$이라는 함수를 보여 준다. 이 함수를 최소화하는 점은 (0, 0)이다. 하지만 $2\theta_1 + \theta_2 = 1$이라는 조건 하에 최소 점을 구하라는 조건부 최적화 문제로 바꾸면 문제는 복잡해진다.

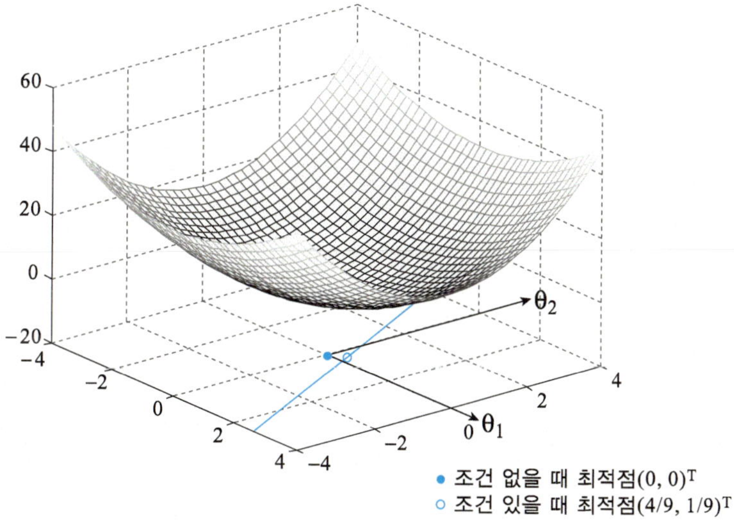

그림 11.11 등식 조건부 최적화 문제의 예

한 가지 방법은 조건 식을 풀어 변수 하나를 줄이고 그 결과를 목적 함수에 대입하여 식을 정리하는 것이다. 즉 $\theta_2 = 1 - 2\theta_1$을 목적 함수에 대입하면 $J(\boldsymbol{\theta}) = \theta_1^2 + 2(1 - 2\theta_1)^2 = 9\theta_1^2 - 8\theta_1 + 2$가 된다. 이제 이 식을 θ_1로 미분한 도함수를 0으로 둔 방정식을 풀면 된다. 즉 $\frac{\partial J}{\partial \theta_1} = 18\theta_1 - 8 = 0$을 풀면 $\theta_1 = 4/9$를 얻는다. 이걸 조건 식에 대입하면 $\theta_2 = 1/9$을 얻는다. 결국 $2\theta_1 + \theta_2 = 1$이라는 조건 하에 목적 함수 $J(\boldsymbol{\theta}) = \theta_1^2 + 2\theta_2^2$는 $\hat{\boldsymbol{\theta}} = \left(\frac{4}{9}, \frac{1}{9}\right)^{\mathrm{T}}$에서 최솟값을 갖는다는 것을 알 수 있다.

그렇다면 방금 전에 사용한 방법으로 모든 조건부 최적화 문제를 해결할 수 있을까? 불행히도 그렇지 않다. 앞에서 사용한 예는 매우 단순한 것이기 때문에 그런 풀이가 가능한 것이다. 그렇다면 일반적인 조건부 최적화 문제를 어떻게 해결해야 할까? 라그랑주 승수를 사용하면 된다.

일반적인 조건부 최적화 문제를 (11.5)와 같이 쓸 수 있다. 이 식에서 $f_i(\boldsymbol{\theta})$는 조건식이라 부르고 $J(\boldsymbol{\theta})$는 목적 함수라 한다. 일반적으로 조건 식은 여러 개 가질 수 있다. $\boldsymbol{\theta}$는 매개변수 벡터로서 $\boldsymbol{\theta} = (\theta_1, \cdots, \theta_k)^{\mathrm{T}}$이다. 위의 예를 (11.5)에 적용하면 $\boldsymbol{\theta} = (\theta_1, \theta_2)^{\mathrm{T}}$, $f_1(\boldsymbol{\theta}) = 2\theta_1 + \theta_2 - 1$, 그리고 $J(\boldsymbol{\theta}) = \theta_1^2 + 2\theta_2^2$이다. 이 문제의 조건은 등식으로 구성되어 있다. 따라서 이 문제를 **등식 조건부 최적화 문제**equality constrained optimization problem라 부른다.

• 등식 조건부 최소화 문제

$$\left.\begin{array}{l} \text{아래 조건 하에,} \\ f_i(\boldsymbol{\theta}) = 0,\ i = 1, \cdots, n \\ J(\boldsymbol{\theta})\text{를 최소화하는 해 } \hat{\boldsymbol{\theta}}\text{를 구하라.} \end{array}\right\} \tag{11.5}$$

이 문제를 해결하기 위해서 (11.6)의 **라그랑주 함수**Lagrange function를 정의한다. 조건 식 f_i에 할당된 매개변수 λ_i를 **라그랑주 승수**Lagrange multiplier라 부른다. (11.5)와 (11.6)은 최소화 문제에 대한 식인데 최대화 문제인 경우에는 (11.6)에서 Σ 앞에 있는 $-$를 $+$로 바꾸어 주기만 하면 된다.

$$L(\boldsymbol{\theta}, \boldsymbol{\lambda}) = J(\boldsymbol{\theta}) - \sum_{i=1}^{n} \lambda_i f_i(\boldsymbol{\theta}) \tag{11.6}$$

라그랑주 함수를 도입하는 목적은 (11.5)의 원래 문제를 직접 해결하기 어려우므로 풀기 쉬운 형태로 변형하기 위함이다. 라그랑주 함수에 의해 n개의 조건을 가진 최적화 문제가 (11.6)이라는 하나의 식으로 바뀌었다. 이제 이 식을 이용하여 해 $\hat{\boldsymbol{\theta}}$를 구할 수 있다. 방법은 간단하다. 라그랑주 함수를 $\boldsymbol{\theta}$와 $\boldsymbol{\lambda}$로 미분한 식을 $\mathbf{0}$으로 놓고 구한 해가 바로 $\hat{\boldsymbol{\theta}}$이다. 이 방법을 식으로 쓰면 (11.7)과 같다. 구해야 할 매개변수가 $\boldsymbol{\theta}$에 k개가 있고 $\boldsymbol{\lambda}$에 n개가 있다. (11.7)은 $k+n$개의 방정식으로 구성되므로 이것을 풀어 해를 구할 수 있다.

$$\left.\begin{aligned} &\frac{\partial L}{\partial \theta_i} = 0,\ i = 1, \dots, k \\ &\frac{\partial L}{\partial \lambda_i} = 0,\ i = 1, \dots, n \end{aligned}\right\} \tag{11.7}$$

예제 11.3 **등식 조건부 최적화 문제**

[그림 11.11]의 예를 라그랑주 승수로 해결해 보자. 이 문제를 (11.5)의 틀로 표현하고 그것의 라그랑주 함수를 구하면 아래와 같다. [그림 11.11]에서 파란색으로 되어 있는 선분 상의 점이 주어진 조건을 만족하는 점들이다. 이 점들 중에서 $J(\boldsymbol{\theta})$를 최소로 하는 점을 찾는 문제이다.

$$\left.\begin{aligned} &\text{아래 조건 하에,} \\ &f_1(\boldsymbol{\theta}) = 2\theta_1 + \theta_2 - 1 = 0 \\ &J(\boldsymbol{\theta}) = \theta_1^2 + 2\theta_2^2\text{를 최소화하는 } \hat{\boldsymbol{\theta}}\text{를 구하라.} \end{aligned}\right\}$$

$$\text{라그랑주 함수: } L(\boldsymbol{\theta}, \lambda_1) = (\theta_1^2 + 2\theta_2^2) - \lambda_1(2\theta_1 + \theta_2 - 1)$$

라그랑주 함수를 미분한 식을 0으로 두면 아래와 같이 세 개의 식을 얻는다. 이 식을 풀면 $\hat{\boldsymbol{\theta}} = \left(\frac{4}{9}, \frac{1}{9}\right)^{\mathrm{T}}$을 얻는다.

- $\boldsymbol{\theta}$로 미분한 식을 $\mathbf{0}$으로 둠: $\begin{cases} \dfrac{\partial L}{\partial \theta_1} = 2\theta_1 - 2\lambda_1 = 0 \\ \dfrac{\partial L}{\partial \theta_2} = 4\theta_2 - \lambda_1 = 0 \end{cases}$

- $\boldsymbol{\lambda}$로 미분한 식을 $\mathbf{0}$으로 둠: $\dfrac{\partial L}{\partial \lambda_i} = -(2\theta_1 + \theta_2 - 1) = 0$

지금까지는 등식을 가진 조건부 최적화 문제를 다루었다. 이것보다 조금 더 복잡한 문제는 (11.8)과 같이 정의되는 **부등식 조건부 최적화 문제**inequality constrained optimization problem이다.

- 부등식 조건부 최소화 문제

$$\left.\begin{array}{l}\text{아래 조건 하에,}\\ f_i(\boldsymbol{\theta}) \geq 0,\ i = 1, \cdots, n\\ J(\boldsymbol{\theta})\text{를 최소화하는 해 }\hat{\boldsymbol{\theta}}\text{를 구하라.}\end{array}\right\} \quad (11.8)$$

이제 i번째 조건에 대해 해 $\hat{\boldsymbol{\theta}}$는 $f_i(\hat{\boldsymbol{\theta}}) = 0$일 수도 있고 $f_i(\hat{\boldsymbol{\theta}}) > 0$일 수도 있다. 전자의 경우는 결과적으로 등식 조건과 같고 후자인 경우는 알고리즘 11.1을 이용하여 구한 해와 같게 된다. 이 문제도 (11.6)과 같은 라그랑주 함수를 만들어 푸는데 풀이 방법은 조금 다르다. 이 문제는 카루시-쿤-터커Karush-Kuhn-Tucker(KKT) 조건을 사용하여 푼다. KKT 조건은 (11.9)와 같이 세 종류의 조건으로 구성된다. 첫 번째 조건은 라그랑주 함수를 θ_i로 미분한 식이 0이 되어야 한다는 것이다. 매개변수 벡터는 $\boldsymbol{\theta} = (\theta_1, \cdots, \theta_k)^{\mathrm{T}}$이므로 이 조건으로부터 k개의 식을 얻게 된다. 두 번째 조건은 모든 라그랑주 승수가 0보다 크거나 같아야 한다는 것이다. 마지막 조건은 모든 조건식에 대해 $\lambda_i = 0$이거나 $f_i(\boldsymbol{\theta}) = 0$이 되어야 한다는 것이다.

$$\left.\begin{array}{l}\dfrac{\partial L(\boldsymbol{\theta}, \boldsymbol{\lambda})}{\partial \boldsymbol{\theta}} = 0\\ \lambda_i \geq 0,\ i = 1, \cdots, n\\ \lambda_i f_i(\boldsymbol{\theta}) = 0,\ i = 1, \cdots, n\end{array}\right\} \quad (11.9)$$

KKT 조건은 필요 조건이다. 따라서 원래 조건부 최적화 문제 (11.8)의 해는 반드시 KKT 조건을 만족해야 한다. 이러한 사실에 기초하여 (11.9)를 풀어 해 $\hat{\boldsymbol{\theta}}$를 구할 수 있다.

예제 11.4 부등식 조건부 최적화 문제

[그림 11.11]의 문제를 아래와 같이 부등식 조건으로 바꾸어 보자. [그림 11.12(a)]에서 파란색으로 칠한 영역이 주어진 조건을 만족하는 점들이다. 이 영역의 점들 중에서 $J(\boldsymbol{\theta})$를 최소로 하는 점을 찾는 문제이다.

$$\left.\begin{array}{l}\text{아래 조건 하에,}\\ f_1(\boldsymbol{\theta}) = 2\theta_1 + \theta_2 - 1 \geq 0\\ J(\boldsymbol{\theta}) = \theta_1^2 + 2\theta_2^2\text{를 최소화하라.}\end{array}\right\}$$

이 문제의 라그랑주 함수와 KKT 조건은 아래와 같다.

- 라그랑주 함수: $L(\boldsymbol{\theta}, \lambda_1) = (\theta_1^2 + 2\theta_2^2) - \lambda_1(2\theta_1 + \theta_2 - 1)$
- KKT 조건: $\begin{cases}\dfrac{\partial L}{\partial \theta_1} = 2\theta_1 - 2\lambda_1 = 0\\ \dfrac{\partial L}{\partial \theta_2} = 4\theta_2 - \lambda_1 = 0\\ \lambda_1 \geq 0\\ \lambda_1(2\theta_1 + \theta_2 - 1) = 0\end{cases}$

이제 KKT 조건을 풀어 이를 만족하는 해 $\hat{\boldsymbol{\theta}}$를 구하면 된다. 이 예는 라그랑주 승수를 하나만 가지므로 쉽게 풀 수 있다. 마지막 식에서 $\lambda_1 = 0$이거나 $2\theta_1 + \theta_2 - 1 = 0$이어야 한다. 먼저 $\lambda_1 = 0$이라고 가정해 보자. 그럼 $\theta_1 = \theta_2 = 0$이 되어 주어진 조건 $f_1(\boldsymbol{\theta}) = 2\theta_1 + \theta_2 - 1 \geq 0$을 만족하지 못한다. 두 번째 경우를 가지고 풀어 보면 $\hat{\boldsymbol{\theta}} = \left(\frac{4}{9}, \frac{1}{9}\right)^{\mathrm{T}}$을 얻는다.

문제의 조건에 −를 취하여 파란 영역을 [그림 11.12(b)]와 같이 바꾸어 보자. 함수의 형태를 잘 살펴보면 $(0, 0)^{\mathrm{T}}$이 $\hat{\boldsymbol{\theta}}$ 가 됨을 쉽게 알 수 있다. 이제 라그랑주 승수 방법이 해를 제대로 구하는지 확인해 보자. 바뀐 문제의 라그랑주 함수와 KKT 조건을 아래와 같이 쓸 수 있다.

$$\left.\begin{array}{l}\text{아래 조건 하에,}\\ f_1(\boldsymbol{\theta}) = -2\theta_1 - \theta_2 + 1 \geq 0\\ J(\boldsymbol{\theta}) = \theta_1^2 + 2\theta_2^2\text{를 최소화하라.}\end{array}\right\}$$

- 라그랑주 함수: $L(\boldsymbol{\theta}, \lambda_1) = (\theta_1^2 + 2\theta_2^2) - \lambda_1(-2\theta_1 - \theta_2 + 1)$
- KKT 조건: $\begin{cases}\dfrac{\partial L}{\partial \theta_1} = 2\theta_1 + 2\lambda_1 = 0\\ \dfrac{\partial L}{\partial \theta_2} = 4\theta_2 + \lambda_1 = 0\\ \lambda_1 \geq 0\\ \lambda_1(-2\theta_1 - \theta_2 + 1) = 0\end{cases}$

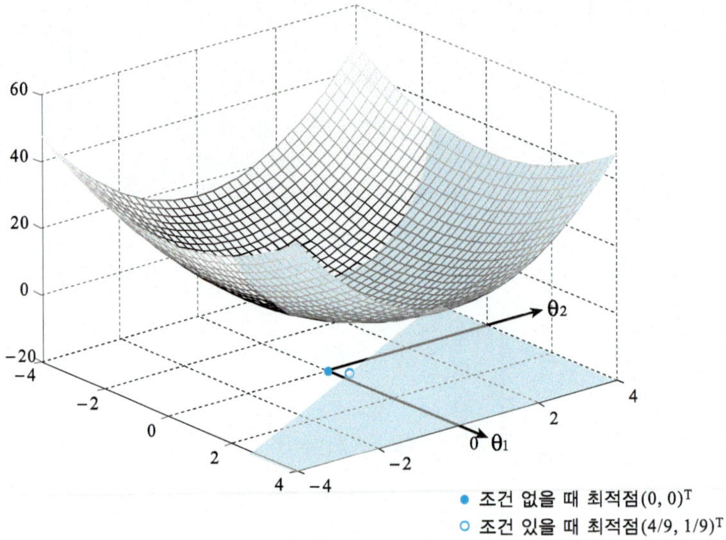

(a) $f_1(\boldsymbol{\theta}) = 2\theta_1 + \theta_2 - 1 \geq 0$

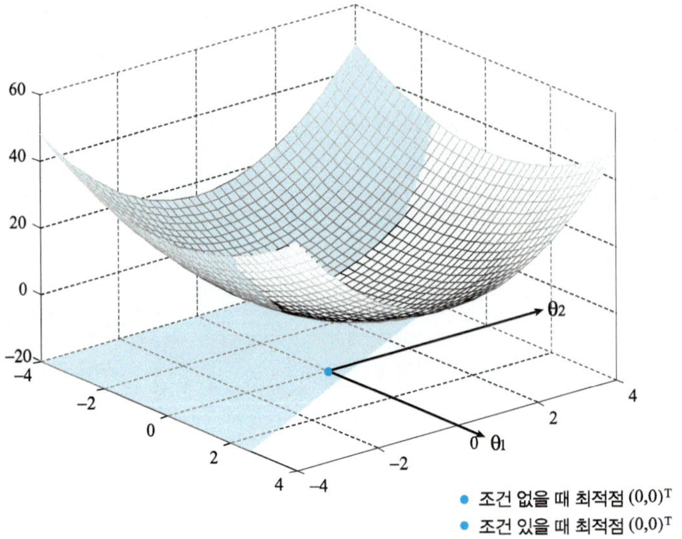

(b) $f_1(\boldsymbol{\theta}) = -2\theta_1 - \theta_2 + 1 \geq 0$

그림 11.12 부등식 조건부 최적화 문제(조건을 만족하는 영역을 파란색으로 칠함)

앞에서와 마찬가지로 마지막 식에서 $\lambda_1 = 0$이거나 $-2\theta_1 - \theta_2 + 1 = 0$이어야 한다. 먼저 $\lambda_1 = 0$이라고 가정해 보자. 그럼 $\hat{\boldsymbol{\theta}} = (0, 0)^{\mathrm{T}}$이 되어 주어진 조건 $f_1(\boldsymbol{\theta}) = 2\theta_1 + \theta_2 - 1 \geq 0$을 만족한다. 두 번째 경우를 가지고 풀어 보면 $\hat{\boldsymbol{\theta}} = \left(\frac{4}{9}, \frac{1}{9}\right)^{\mathrm{T}}$을 얻는다. 이걸 첫 번째 식에 대입하면 λ_1이 음수가 되어 세 번째 조건을 어기게 된다. 결국 $\hat{\boldsymbol{\theta}} = (0, 0)^{\mathrm{T}}$이 해가 된다.

11.2.4 최적화 알고리즘과 패턴인식 문제들

지금까지 최적화 문제를 해결하기 위한 여러 방법을 공부하였다. 이 알고리즘들은 이 책의 2장부터 10장에 걸쳐 나타난 최적화 문제를 해결하는 데 이미 여러 곳에서 적용되었다. 표 11.1은 어떤 문제에 어느 알고리즘이 사용되었는지를 일목요연하게 정리하고 있다. 예를 들어 가우시안 혼합 모델의 경우에 추정해야 할 매개변수는 가우시안의 평균과 공분산 행렬($\boldsymbol{\mu}_k$, $\boldsymbol{\Sigma}_k$), 그리고 혼합 계수 π_k이다. 문제 풀이를 위해서 분석적 방법과 라그랑주 승수를 사용하였으며 이들 방법을 이용해 공식 (3.19), (3.21), 그리고 (3.22)를 유도하였다. 이들 공식은 EM 알고리즘을 설계하는 데 사용하였다.

표 11.1 패턴인식에 나타난 다양한 최적화 문제들과 그들이 사용한 최적화 알고리즘

최적화 문제	매개변수 θ	문제 풀이	관련 수식	알고리즘
최대 우도 (3.2절)	pdf의 매개변수	분석적 방법	• 문제 (3.4) • 해 (3.6)	수식 (3.6)을 계산 (pdf가 가우시안일 때)
GMM(3.4절)	($\boldsymbol{\mu}_k$, $\boldsymbol{\Sigma}_k$), π_k $1 \le k \le K$	분석적 방법과 라그랑주 승수, 경사하강법	• 문제 (3.23) • 해 (3.26), (3.28), (3.29)	알고리즘 3.3 (EM 알고리즘)
퍼셉트론 학습(4.2절)	**w**	경사하강법	• 문제 (4.4) • 해 (4.7)	알고리즘 4.1
다층 퍼셉트론 학습 (4.3절)	**u, v**	경사하강법	• 문제 (4.16) • 해 (4.18), (4.19), (4.20), (4.21)	알고리즘 4.5 (오류 역전파 알고리즘)
SVM 학습 (5장)	**w**	라그랑주 승수	• 문제 (5.13), (5.27), (5.35) • 해 SMO 방법 등	알고리즘 5.1
PCA(8.5절)	고유 벡터	라그랑주 승수	• 문제 (8.32) • 해 (8.33)	알고리즘 8.3
특징 선택 (9.4절)	부분 집합	경사하강법	• 문제 (9.5) • 해 (9.7), (9.8)	알고리즘 9.5~9.8

위의 표는 이 책 내용 전체를 조망하는 데 도움이 될 것이다. 그 동안 다루었던 대표적인 최적화 문제와 그를 해결하는 알고리즘을 한 곳에서 비교 정리함으로써 전체를 바라보는 안목을 가질 수 있게 된다. 이런 안목을 가지고 각각의 문제와 해결 과정을 다시 살펴 보면 훨씬 이해도가 깊어질 것이다.

11.3 시뮬레이티드 어닐링

편의상 최소화 문제를 가지고 설명을 시작해 보자. 시뮬레이티드 어닐링simulated annealing(SA)의 기본 틀은 경사하강법과 같다. 하지만 경사하강법은 매 반복마다 해를 하강시키는 연산만 사용하는데 SA는 조건에 따라 해를 상승시키기도 한다. 이 조건은 온도라는 의미를 갖는 변수 T에 따라 조절되는데 초기에는 온도가 높아 하강과 상승이 비교적 혼합되어 나타난다. 하지만 시간이 지남에 따라 온도를 낮추어 가는데 온도가 낮으면 상승할 확률은 줄어들어 경사하강법에 가까워진다. SA의 특징은 상승에도 기회를 주어 지역 최적 점을 탈출할 수 있는 기회를 확보한 점에 있다.

알고리즘 11.3이 SA이다. 이 코드는 여러 가지 최적화 문제에 적용이 가능한 일반적인 것이다.[91] 예를 들어 특징 선택과 같이 이산적인 탐색 공간을 가진 문제에도 적용할 수 있고 신경망 훈련과 같이 연속 탐색 공간을 가진 경우에도 적용이 가능하다.

이 코드는 goodness($J(\boldsymbol{\theta})$) 함수를 사용함으로써 최소화 문제뿐 아니라 최대화 문제에도 그대로 적용할 수 있게 하였다. 함수 goodness($J(\boldsymbol{\theta})$)는 해가 좋을수록 큰 값을 넘겨주는 것으로 하면 된다. 즉 최소화 문제의 경우는 $J(\boldsymbol{\theta})$가 작을수록 큰 값을 넘겨주고 최대화 문제에서는 $J(\boldsymbol{\theta})$가 클수록 큰 값을 넘겨주면 된다. 이 함수는 0보다 큰 값을 넘겨주는 것으로 가정한다.

알고리즘 11.3 시뮬레이티드 어닐링

입력: 목적 함수 $J(\boldsymbol{\theta})$

출력: 최적 해 $\hat{\boldsymbol{\theta}}$

초기 해 $\boldsymbol{\theta}$를 설정한다.

$score$ = goodness($J(\boldsymbol{\theta})$);

초기 온도 T를 설정한다.

$best\_score = 0$;

repeat {

    $\boldsymbol{\theta}_{new}$ = random_neighbor($\boldsymbol{\theta}$);

    new_score = goodness($J(\boldsymbol{\theta}_{new})$);

    if (random() $<$ accept_level($score$, new_score, T))

[91] 이런 성질을 만족하는 알고리즘을 메타 휴리스틱meta heuristic이라 부른다. 11.5절을 참조하라.

{ $\boldsymbol{\theta} = \boldsymbol{\theta}_{new}$; $score = new\_score$;}

9. **if** ($new\_score > best\_score$) // 새로운 최적 점 발견

{ $\hat{\boldsymbol{\theta}} = \boldsymbol{\theta}_{new}$; $best\_score = new\_score$;}

10. 온도 T를 낮춘다.

11. } **until** (stop-condition);

12. **return** $\hat{\boldsymbol{\theta}}$;

13. accept_level($s1$, $s2$, T) {

14. **if** ($s2 > s1$) **return** 1;

15. ***else return*** $e^{-(s1 - s2)/T}$;

16. }

이 알고리즘에 대한 몇 가지 추가 설명이 필요하다. 라인 1에서 초기 해 설정 방법은 상황에 따라 다를 수 있다. 탐색 공간 중에 선호하는 영역이 있다면 그 영역에서 임의 점을 생성하여 설정할 수 있다. 특별한 방법이 없으면 전체 공간에서 임의 점을 생성하여 설정하면 된다. SA의 성능을 좌우하는 가장 중요한 요소 중의 하나는 온도 T이다. 온도는 큰 값을 가지고 출발하여 루프를 한 번 돌 때마다 일정 양만큼씩 줄여 나가서 마지막에는 0이 되도록 한다. 만일 루프의 반복 횟수 t_{max}를 미리 알 수 있다면 가장 단순한 방법은 아래 식을 이용하여 선형적으로 줄여 나가는 것이다.

10. $T = T - T/t_{max}$; // 선형적으로 온도를 낮추어 감

알고리즘 11.3에서 아주 중요한 함수 중의 하나는 random_neighbor($\boldsymbol{\theta}$)이다. 이 함수는 현재 해 $\boldsymbol{\theta}$의 이웃 중에 하나를 임의로 선정하여 넘겨준다. 이 함수에서 중요한 것은 이웃을 어떻게 정의하느냐이다. 예를 들어 특징 선택에서 현재 해가 $\boldsymbol{\theta}$ = 0111001011이라면 한 비트가 바뀐 해(예를 들어 첫 번째 비트가 바뀌면 1111001011)를 이웃으로 삼을 수 있다. 이렇게 정의하면 10개의 이웃이 존재하는데 이들 중에서 임의로 하나를 선택하는 역할을 random_neighbor()가 담당한다. 이웃을 정의하는 폭을 넓힐 수도 있다. 예를 들어 바뀐 비트 수를 2개까지 허용하면 이웃이 45개가 된다. 실제 구현에서는 폭을 적절히 설정해야 한다.

라인 8에서 if 문의 조건이 참이면 새로운 해 $\boldsymbol{\theta}_{new}$를 취하고 그렇지 않으면 버린다. 해 $\boldsymbol{\theta}_{new}$는 random_neighbor() 함수가 이웃에서 임의로 선택한 것이기 때문에 현재 해

$\boldsymbol{\theta}$보다 더 좋을 수도 있고 더 나쁠 수도 있다. 만일 if 문의 조건을 새로운 해가 더 좋을 때만 참이 되도록 하면 알고리즘 11.3은 알고리즘 11.2의 경사하강법과 비슷하게 된다. SA는 나쁜 경우에도 조건을 참으로 만들어 줄 수 있다. 물론 아무렇게나 참과 거짓이 결정되는 것이 아니라 온도 T와 두 해의 품질의 차이(즉 *score*와 *new_score*의 차이)라는 두 가지 변수에 따라 참과 거짓이 정해진다.

이 조건의 참과 거짓을 결정하는 조건에 대해 보다 구체적으로 알아보자. random()이라는 함수는 [0, 1] 사이의 난수를 만들어 준다. 이 난수가 라인 13-16의 함수 accept_level(*score, new_score, T*)가 넘겨 준 값보다 작으면 참이 된다. 따라서 accept_level() 값이 크면 클수록 참이 될 확률이 커진다. 함수 accept_level(*score, new_score, T*)는 *new_score* > *score*이면, 즉 더 좋은 해를 찾았으면 1을 넘겨 주어 현재 해가 새로운 해로 항상 대치되도록 하고 있다. 하지만 반드시 그렇게 해야 하는 것은 아니다. 새로운 해와 현재 해의 품질 차이가 클수록 1에 가까운 값을 넘기도록 수정할 수도 있다. 이제 새로운 해가 현재 해에 비해 열성인 경우, 즉 *new_score* ≤ *score*일 때에 대해 살펴보자. 이 경우에 0을 넘기면 경사하강법과 비슷해진다. 하지만 SA는 이 경우에도 0보다 큰 값을 넘겨 열성 해를 취할 가능성을 열어 놓는다. 단지 온도 T가 낮을수록 그리고 두 해의 품질 차이가 클수록 작은 값을 넘겨 조건이 참이 될 확률을 작게 만든다. SA는 시간이 지남에 따라 온도를 낮춤으로써 열성 해를 취할 가능성을 낮추어 간다.

라인 9는 알고리즘 수행 중에 발생하는 해들 중에 가장 좋은 해를 $\hat{\boldsymbol{\theta}}$라는 변수에 저장하는 역할을 한다. 알고리즘을 끝내기 직전에 $\hat{\boldsymbol{\theta}}$를 넘겨 준다.

시뮬레이티드 어닐링에 대한 초기 논문으로는 [Kirkpatrick83]이 대표적이다.

11.4 유전 알고리즘

1960년대 독일의 대학원 학생인 레첸베르크Rechenberg와 쉬베펠Schwefel은 풍동 문제를 해결하는 데 있어 미분에 기반한 방법의 한계를 느껴 새로운 방법을 고안하였다. 새로운 방법은 (11.10)의 연산을 추가로 사용하였다. 이 연산은 현재 해에 정규 분포로 얻은 임의 값을 합하는 것으로서 유전 알고리즘의 변이에 해당한다. 이 연산은 지역 최적 점에서 탈출하도록 도와준다. 이들의 방법을 진화 전략evolution strategy이라 부른다. 이것은 유전 알고리즘의 모태가 되었다.

$$\theta_{t+1} = \theta_t + N(0, \sigma) \tag{11.10}$$

유전 알고리즘은 미분법은 말할 것도 없고 시뮬레이티드 어닐링이나 진화 전략과도 명확한 차별성을 가진다. 여러 가지 차이점을 제시할 수 있는데 가장 두드러진 것은 알고리즘이 다루는 해의 개수에 있다. 기존 알고리즘은 하나의 초기 해를 생성한 후 적절한 연산을 사용하여 이것을 조금씩 개선해 나간다. 하지만 유전 알고리즘은 초기 해를 여러 개 생성하여 해 집단population을 구성하고 해 집단을 개선해 나간다. 생물 종이 많은 개체로 구성되며 개체들이 교차crossover와 변이mutation를 통해 세대를 거치면서 조금씩 진화하는 방식과 유사하게 동작하는 것이다.

유전 알고리즘을 본격적으로 공부하고자 하는 독자에게 국내 도서로 [문병로08]을 추천한다. 패턴인식에 유전 알고리즘이 어떻게 활용되는지를 살피고자 하는 독자는 [오일석07]을 참고하라.

11.4.1 원리: 경사하강법, 시뮬레이티드 어닐링, 그리고 유전 알고리즘

유전 알고리즘의 원리를 설명하기 위해서 기존의 경사하강법이나 시뮬레이티드 어닐링과 비교하는 것이 효과적일 수 있다. 알고리즘 11.4~11.6은 경사하강법, 시뮬레이티드 어닐링, 그리고 유전 알고리즘의 추상화 버전이다. 경사하강법은 현재 해의 이웃 중에 가장 좋은 것을 찾아 그것으로 이동하는 과정을 반복한다. 이 알고리즘은 과거나 미래를 고려하지 않고 현재 상황에서 가장 좋은 것만을 취해 나가므로 욕심 알고리즘이다. 시뮬레이티드 어닐링은 11.3절에서 설명한 바와 같이 온도에 따라 현재 해보다 못한 것도 취하여 지역 최적 점을 탈출하는 가능성을 열어 놓는다. 이들 모두 하나의 해를 가지고 개선해 나가는 방식을 취하고 있다.

유전 알고리즘은 해 집단 P를 개선해 나간다. 해 집단 내의 해들의 품질을 평가하여 그것을 해의 적합도fitness로 삼는다. 해 집단에서 두 개의 해를 선택하는데 높은 적합도의 해가 선택될 확률이 높도록 한다. 두 개의 부모 해는 교차를 거쳐 자식 해를 만들어 주고 이 자식 해에 변이 연산을 가한다. 이렇게 얻은 자식 해는 부모의 형질을 이어 받는다. 마지막으로 P에 있는 기존 해 하나를 선택하여 제거하고 대신 자식 해를 삽입하는 대치가 일어난다. 이 과정을 반복함에 따라 해 집단의 품질은 조금씩 향상된다.

알고리즘 11.4 경사하강법(추상화 버전)

1. 초기 해 $\boldsymbol{\theta}$를 설정한다.
2. **repeat** {
3. $\boldsymbol{\theta}$의 이웃 중에 가장 좋은 것을 $\boldsymbol{\theta}$로 대치한다.
4. } **until** (멈춤 조건);

알고리즘 11.5 시뮬레이티드 어닐링(추상화 버전)

```
1. 초기 해 θ와 초기 온도를 설정한다.
2. repeat {
3.     θ의 이웃 중에 임의의 해를 선택하여 θ'라 한다.
4.     if (온도에 따른 조건이 참) θ = θ';    // 온도가 높을수록 참일 확률 큼
5.     온도를 낮춘다.
6. } until (멈춤 조건);
```

알고리즘 11.6 유전 알고리즘(추상화 버전)

```
1. 초기 해 집단 P를 설정한다.    // P는 여러 개의 해를 가짐
2. P의 해들을 평가하여 적합도를 부여한다.
3. repeat {
4.     P에서 두 개의 해 θ1과 θ2를 선택한다.    // 높은 적합도의 해가 선택 확률 높음
5.     θ1과 θ2를 교차시키고 변이 연산을 가하여 자식 해 θ'를 얻는다.
6.     θ'를 P에 대치한다.
7. } until (멈춤 조건);
```

9장에서는 특징 선택 문제를 다루었다. 9.5절에서 특징 선택을 위해 세 알고리즘을 간단히 비교 설명한 적이 있다. [그림 9.10]은 이들이 주로 사용하는 연산을 그림으로 비교 설명하고 있으니 참고하기 바란다.

시뮬레이티드 어닐링과 유전 알고리즘은 **스토캐스틱 알고리즘**stochastic algorithm이다. 이들은 수행할 때마다 다른 해를 출력한다. 왜냐하면 알고리즘 수행 중간에 난수를 생성하여 그 값에 따라 어떤 판단을 하여 해를 변화시켜 나가기 때문이다. 현재 이런 종류의 알고리즘의 사용 범위가 갈수록 넓어지고 있다. 그 이유는 이런 알고리즘이 욕심 알고리즘과 같은 기존 방법에 비해 더 좋은 해를 찾아 줄 가능성을 보이기 때문이다.

마지막으로 이들 셋을 비유한 재미난 이야기를 들어 보자 [Michalewicz96]. 이 이야기는 산꼭대기를 찾는 것을 비유하고 있으므로 최대화 문제를 염두에 두고 읽기 바란다. 히말라야 산맥에서 가장 높은 봉인 에베레스트 꼭대기를 찾는 문제이다.

"경사상승법에서는 캥거루 한 마리가 가장 가파른 경사면만 따라 계속 산을 올라 꼭대기에 도달한다. 처음 시작한 곳이 에베레스트 봉에 속한 곳이 아니라면 절대 에베레스트 꼭대기에 도달하지 못한다. 시뮬레이티드 어닐링에서는 캥거루가 술에 취해 이리저리 날뛰다가 시간이 지남에 따라 술이 조금씩 깨어 가파른 경사면을 따라 올라 꼭대기에 도착한다. 시작점이 에베레스트가 아니더라도 날뛰다가 우연히 에베레스트의 어느 곳에 도달하여 결국 에베레스트 꼭대기에 도착할 수도 있다. 유전 알고리즘에서는 비행기가 등장한다. 히말라야 산맥 곳곳에 여러 마리의 캥거루를 떨어뜨린다. 이들은 기를 쓰고 꼭대기로 올라가지 않는다. 그냥 있는 곳에서 오르락 내리락거리며 풀을 뜯어 먹고 자식을 낳으며 산다. 몇 년에 한 번씩 포수가 나타나 낮은 곳에 있는 캥거루를 잡아 간다. 따라서 캥거루들이 사는 곳은 세대를 거듭하면서 높아진다."

11.4.2 유전 알고리즘의 구조

알고리즘 11.7 유전 알고리즘

입력: 목적 함수 $J(\boldsymbol{\theta})$

출력: 최적 해 $\hat{\boldsymbol{\theta}}$

초기 해 집단 P를 설정한다. // P는 여러 개의 해를 가짐
P의 해들의 품질을 평가한다.
P에서 가장 우수한 해를 $\hat{\boldsymbol{\theta}}$ 에 저장한다.
repeat {
    P의 해들에게 적합도를 부여한다.
    for (i =1 **to** k) {
        P에서 두 개의 해를 선택하여 이들을 $\boldsymbol{\theta}_1$과 $\boldsymbol{\theta}_2$라 한다.
        $\boldsymbol{\theta}'_i$ = crossover($\boldsymbol{\theta}_1$, $\boldsymbol{\theta}_2$); // 부모 해로부터 교차와 변이를 통해
        mutation($\boldsymbol{\theta}'_i$); // 자식 해를 만든다.
        $\boldsymbol{\theta}'_i$의 품질을 평가한다.
    }
    $\boldsymbol{\theta}'_i, \cdots, \boldsymbol{\theta}'_k$를 P에 대치한다.
    $\boldsymbol{\theta}'_i, \cdots, \boldsymbol{\theta}'_k$에서 가장 우수한 해가 $\hat{\boldsymbol{\theta}}$보다 좋으면 그것을 $\hat{\boldsymbol{\theta}}$ 로 한다.
} **until** (멈춤 조건);
return $\hat{\boldsymbol{\theta}}$;

알고리즘 11.7은 알고리즘 11.6을 보다 구체화시킨 것이다. 이 코드는 유전 알고리즘의 모든 연산을 담고 있다. 먼저 이 알고리즘의 특성을 개략적으로 살펴본 후에 11.4.3절에서 연산 각각을 어떻게 구현할지에 대해 구체적으로 알아보기로 하자. 라인 1에서는 **해 집단**population을 생성한다. 이 해 집단에는 여러 개의 해solution가 들어 있는데 해의 개수를 *n*이라 하자. 해는 보통 **염색체**chromosome 또는 개체individual라고도 부른다. 이들 해는 보통 난수를 생성하여 만든다. 라인 2는 해의 품질을 평가하고 라인 5에서 품질에 따라 **적합도**fitness를 부여한다. 라인 4~14에 repeat 루프가 있는데 이 루프를 한 번 수행하면 한 **세대**generation가 지났다고 말한다. 유전 알고리즘의 기본 전략 중의 하나는 세대가 반복됨에 따라 해 집단의 품질을 조금씩 진화evolution시키는 것이다. 라인 6~11의 for 루프에서는 **자식 해**offspring를 *k*개 만들어 준다. 매번 부모 해 두 개를 선택한 후 그들을 교차crossover시켜 자식 해를 만든 다음 **변이**mutation를 가한다. 이렇게 태어난 자식 해는 '부모의 형질을 이어 받을' 것이다. 생물의 유전 현상을 알고리즘으로 모방하고 있는 것이다. 이제 기존의 해 집단에서 *k*개의 해를 들어내고 새로 탄생한 *k*개의 자식 해를 삽입하면 한 세대를 마치게 된다. 라인 3, 13, 그리고 15는 알고리즘 수행 도중 발생하는 해 중에서 가장 우수한 것을 저장해 두었다가 끝내기 직전에 넘겨주는 역할을 한다.

라인 7에서 부모 해를 선택할 때 지켜야 할 중요한 규칙이 있다. 그것은 바로 높은 적합도를 가진 해가 선택될 확률이 높아야 한다는 것이다. 하지만 아무리 못난 해라도 선택 확률을 0으로 하지는 않는다. 생물 세계에서 나타나는 우성 개체의 생존 확률이 높지만 열성 개체도 생존 기회가 주어지는 현상을 모방한다고 보면 된다. 두 부모의 교차로 태어나는 자식 해는 부모 형질을 이어 받는다. 따라서 부모가 우수할 확률이 크므로 자식 해도 우수할 가능성이 높다. 하지만 우수한 부모에서 못난 해가 태어날 수도 있고 반대로 열등한 부모로부터 똑똑한 자식 해가 만들어질 가능성도 낮은 확률이지만 존재한다. 변이 연산은 엉뚱한 자식 해를 만들 가능성을 추가로 열어 놓는다. 이러한 가능성은 최적화 과정에서 지역 최적 점을 탈출하는 중요한 메커니즘을 제공한다. 확률적으로 보면 자식 해는 해 집단의 평균 적합도를 넘을 것이다. 이런 자식 해가 해 집단에 새로 들어가므로 세대가 지나면서 해 집단의 평균 적합도는 조금씩 향상되는 것이다. 이것이 유전 알고리즘의 기본 전략이다.

이제부터 알고리즘 11.7을 구현하는 데 필요한 보다 구체적인 사항에 대해 살펴보기로 하자. 유전 알고리즘은 사람의 직관에 따르는 측면이 있어 비교적 이해하기 쉽고 구현도 쉬운 편이다. 하지만 그 내면에 자리하고 있는 중요한 속성을 충분히 이해하지 못하고 구현하면 설익은 수렴premature convergence으로 끝날 수 있다. 또는 반대로 수렴 속도가 너무 느려 현실성을 잃을 수도 있다.

안정 상태형과 세대형

라인 6~11에서 k개의 자식 해를 만든다. $k=1$로 두면 한 세대에 걸쳐 해 집단에 하나의 새로운 해가 등장하는 셈이다. 나머지 $n-1$개의 해는 이전 세대와 같다. 이러한 방식을 **안정 상태형**steady-state 유전 알고리즘이라 부른다. 반면 $k=n$으로 하면 한 세대 동안 해 집단의 모든 해가 새로운 해로 대치된다. 이런 방식은 **세대형**generational 유전 알고리즘이라 한다. 물론 1과 n 사이의 어느 값이라도 취할 수 있다. 이때 1에 가까우면 안정 상태형에 가깝고 n에 가까우면 세대형에 가깝다고 말한다. 안정 상태형은 한 세대를 거치는데 시간이 적게 걸린다. 유전 알고리즘에서 시간을 가장 많이 소요하는 곳은 품질을 평가하는 라인 2와 10인데 안정 상태형은 한 번의 평가만을 수행하기 때문이다. 세대형은 n개의 자식을 평가해야 하므로 한 세대를 마치는데 많은 시간이 걸린다. 수렴 속도는 어떨까? 세대형은 한 세대가 지나면 해 집단 전체를 새로운 해들이 차지하므로 평균 적합도가 크게 향상될 가능성이 높다. 반면 안정 상태형은 한 개의 해만 대치되므로 평균 적합도는 느리게 향상될 것이다. 따라서 안정 상태형은 세대형에 비해 훨씬 많은 세대를 거쳐야만 수렴에 이를 수 있다.

해 표현과 초기 해 생성

패턴인식에는 다양한 최적화 문제가 있고 이들의 매개변수 형태 또한 다양하다. 신경망 학습에서는 실수 값을 가지는 가중치가 매개변수를 구성하고 특징 선택에서는 0 또는 1의 값을 갖는 이진 열이 매개변수다. 따라서 문제에 따라 다른 해 표현이 필요하게 된다. 어떤 문제가 주어지면 가장 먼저 해야 할 일이 해를 어떻게 표현할지 결정하는 것이다. [그림 11.13]은 일반적인 해 표현을 보여 준다. 해 전체를 염색체라 부르고 해를 구성하는 가장 작은 단위를 유전자gene라 부른다. 염색체를 1차원 배열 $C[m]$으로 표현하기로 하자. m은 염색체를 구성하는 유전자의 개수이다.

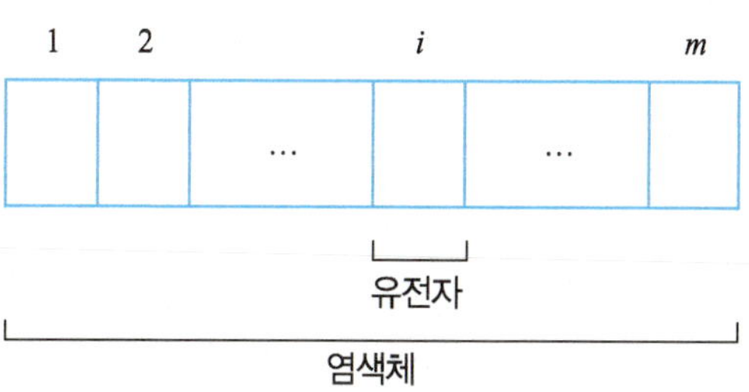

그림 11.13 해 표현

이제 몇 가지 문제를 가지고 해를 표현하는 방법에 대해 공부하자. 먼저 아주 간단하게 해 표현이 가능한 특징 선택을 살펴보자. 특징 선택은 D개의 특징 중에 $d(d_1 \le d \le d_2)$개의 특징을 선택하는 문제이다. 따라서 D개의 비트를 가지는 이진 열을 사용하면 된다. [그림 11.13]의 틀에 맞춘다면 $m = D$이고 유전자는 0 또는 1을 갖는다.

초기 해는 어떻게 생성할까? 간단하다. 난수를 사용하면 되는데 문제에 따라 약간의 제어가 필요하기도 하다. 특징 선택에서는 1을 가진 비트의 수가 $[d_1, d_2]$ 사이에 있어야 한다. 따라서 아래와 같은 코드를 사용하면 된다. 함수 random()은 [0, 1] 사이의 난수를 만들어 준다. 이 코드는 약 $(d_1+d_2)/2$개의 유전자가 1을 갖도록 한다. 하지만 경우에 따라서는 1의 개수가 $[d_1, d_2]$ 사이를 벗어나 유효하지 않은 염색체가 될 수도 있다. 이 때는 임의의 비트의 값을 바꿈으로써 유효한 염색체로 수정할 수 있다. 이러한 작업을 염색체 수선repairing이라 한다.

```
for (i = 1 to m)
    if (random() ≤ (d1 + d2)/(2 * D)) C[i] = 1;
    else C[i] = 0;
```

이제까지 이진 표현에 대해 설명했는데 실수 표현으로 관심을 옮겨 보자. 예를 들어 신경망의 가중치는 실수 값을 갖는다. 가중치가 L개라 하면 $m = L$이고 유전자는 실수를 갖는다. 신경망이 보통 [−1, 1] 사이의 가중치를 가진다고 하면 각 유전자는 [−1, 1] 사이의 임의 값으로 초기화하면 된다.

해 집단의 크기는 어느 정도가 적당할까? 모든 문제에 일반적으로 적용되는 보편적인 규칙은 없다. 단지 해 집단이 크면 해의 다양성을 유지하는 데 도움이 되지만 대신 수렴 속도가 느릴 가능성이 있다는 점은 알아 두어야 한다. 해 집단의 크기는 사용자가 설정해야 하는 매개변수 중의 하나인데 다른 여러 매개변수와 조화롭게 설정해야 한다. 이에 대해서는 선택 압력과 관련하여 11.4.4절에서 다시 설명할 것이다.

이렇듯 해 표현과 초기 해 생성은 주어진 문제에 따라 다를 수밖에 없다. 주어진 문제를 잘 분석하여 그에 적절한 해 표현과 초기 해 생성 방법을 고안하는 것은 유전 알고리즘 설계의 시작에 해당한다.

멈춤 조건

한마디로 말해 수렴했을 때 멈추면 된다. 하지만 수렴했는지 여부를 어떻게 판단할 것인가라는 문제가 있다. 어떤 상황에서는 주어진 계산 자원의 한계 때문에 수렴 이전에라도 멈추어야 할 수도 있다. 보통 다음 조건 중의 하나를 사용하던지 아니면 두 개 이상의 조건을 and 또는 or로 조합한 복합 조건을 사용한다.

- 주어진 계산 시간이 지났다.
- 세대가 주어진 최대 세대에 도달하였다.

- 여러 세대에 걸쳐 더 이상 좋은 해가 발생하지 않는다.
- 해 집단의 평균 적합도가 여러 세대에 걸쳐 더 이상 향상되지 않는다.

11.4.3 유전 연산

알고리즘 11.7은 여러 종류의 연산을 사용하고 있다. 유전 알고리즘을 제대로 활 용하기 위해서는 그들에 대한 정확한 이해가 필수적이다. 이들 연산은 여러 가지 매개변수를 가지는데 이들의 설정도 매우 중요하다. 매개변수 설정은 선택 압력과 밀접한 관련을 갖는데 이에 대해서는 11.4.4절에서 구체적으로 설명할 것이다.

적합도 계산

적합도를 계산하기 위해서는 먼저 해의 품질을 계산해야 한다. 예를 들어 특징 선택의 경우 테스트 집합(또는 검증 집합)으로 해의 인식률을 측정하여 그것을 해의 품질로 삼으면 된다.

적합도 계산을 위한 첫 번째 방법은 해의 품질 그 자체를 적합도로 취하는 것이다. 이 방법은 경우에 따라 적절할 수도 있고 그렇지 않을 수도 있다. 보통 수행 초기에는 해들의 품질이 크게 차이가 나서 우열이 두드러지는데 세대가 지남에 따라 해들의 품질이 모두 높아져 그들 간의 차이가 매우 작아질 수 있다. 이러한 상황에서는 모든 해들이 부모로 선택될 확률이 거의 같아 더 이상 진화가 일어나지 않을 수 있다.

두 번째로 품질 비례 방법이 있다. 이 방법은 가장 좋은 해와 가장 나쁜 해를 기준으로 삼고 (11.11)의 식으로 적합도를 계산한다. 이 식에서 q_{best}와 q_{worst}는 각각 가장 좋은 해와 가장 나쁜 해의 품질이다. q_i와 f_i는 해 i의 품질과 적합도이다. 이 식에 따르면 가장 좋은 해의 적합도는 가장 나쁜 해의 r배가 된다. r은 사용자가 설정하는 매개변수인데 이 값이 클수록 좋은 해에게 더 많은 선택 기회를 주는 셈이다. 유전 알고리즘에서는 좋은 해의 선택 확률을 높이면 **선택 압력**selection pressure이 높아진다라고 표현한다.

$$f_i = (q_i - q_{worst}) + (q_{best} - q_{worst}) \,/(r-1) \tag{11.11}$$

세 번째 방법은 순위 기반rank-based 방법이다. 이 방법은 모든 해를 품질에 따라 정렬한 후 (11.12)를 사용하여 순위에 따라 적합도를 배정한다. f_i는 정렬된 해 집단에서 i번째 좋은 해의 적합도이다. q는 (0, 1) 사이의 값을 가지는 사용자 매개변수인데 이 값이 클수록 선택 압력이 높다.

$$f_i = q(1-q)^{i-1} \tag{11.12}$$

때에 따라서 적합도의 합이 1이 되도록 정규화할 필요가 있다. 이를 위해서는 각각의 적합도를 전체 적합도의 합으로 나누어 주면 된다.

예제 11.5 적합도 계산

해 집단의 크기가 $n = 4$라 하고 네 개의 해가 아래와 같은 품질을 가진다고 가정하자.

$$해1 = 32,\quad 해2 = 69,\quad 해3 = 63,\quad 해4 = 72$$

해의 품질을 그대로 적합도로 취하는 첫 번째 방법에서는 적합도 f_i와 정규화 적합도 nf_i가 아래와 같다.

$$f_1 = 32,\quad f_2 = 69,\quad f_3 = 63,\quad f_4 = 72$$

$$nf_1 = 0.1356,\quad nf_2 = 0.2924,\quad nf_3 = 0.2669,\quad nf_4 = 0.3051$$

품질 비례 방법($r = 5$)과 순위 기반 방법($q = 0.3$)에 의한 적합도와 정규화 적합도는 아래와 같다.

- 품질 비례 방법: $f_1 = 10,\quad f_2 = 47,\quad f_3 = 41,\quad f_4 = 50$
  $nf_1 = 0.0676,\quad nf_2 = 0.3176,\quad nf_3 = 0.2770,\quad nf_4 = 0.3378$
- 순위 기반 방법: $f_1 = 0.1029,\quad f_2 = 0.21,\quad f_3 = 0.147,\quad f_4 = 0.30$
  $nf_1 = 0.1354,\quad nf_2 = 0.2764,\quad nf_3 = 0.1934,\quad nf_4 = 0.3948$

공유sharing 기법을 사용하여 앞에서 구한 적합도 f_i를 변환할 수도 있다. 이 기법은 해 집단의 다양성diversity을 유지하려는 데 목적이 있다. 해 집단의 다양성이 높다는 것은 전체 탐색 공간을 골고루 살펴본다는 것을 뜻하므로 전역 최적 점에 도달하는 데 크게 도움이 된다. 공유의 기본적인 아이디어는 해 집단 내에서 서로 가까운 해들의 적합도를 낮추어 그들의 선택 기회를 낮추는 것이다. 상대적으로 다른 해들과 멀리 떨어져 있는 해는 적합도를 높여준다. (11.13)은 공유가 사용하는 수식인데 앞에서 구한 적합도 f_i를 이용하여 새로운 적합도 $\hat{f}_i$를 계산한다. 이 식에서 d_{ij}는 해 i와 해 j의 거리이다. 예를 들어 이진 염색체인 경우 d_{ij}로 해밍 거리를 사용하면 된다. $s(d)$는 공유 함수로서 d가 클수록 작아지는 함수이다.

$$\hat{f}_i = \frac{f_i}{\sum_{j=1}^{n} s(d_{ij})} \tag{11.13}$$

선택

선택을 위해서도 여러 방법이 있는데 모든 방법이 공유하는 기본 원칙이 있다. 그것은 우수한 해가 선택될 확률이 커야 한다는 것이다. 그리고 열등한 해도 낮은 확률이지만 선택될 기회가 주어져야 한다.

단순하지만 가장 널리 사용되는 방법은 **룰렛 휠**roulette wheel 선택이다. 이 방법은 [0, 1] 구간을 해의 적합도에 따라 분할한다. [그림 11.14]는 예제 11.5의 순위 기반 방법으로 얻은 정규화 적합도 $nf_1 = 0.1354$, $nf_2 = 0.2764$, $nf_3 = 0.1934$, $nf_4 = 0.3948$에 대한 것을 보여 준다. 아래 코드는 [그림 11.14]에 나타나 있는 누적 적합도를 이용하여 해를 하나 선택해 준다. 이 방법에서는 어떤 해가 선택될 확률은 자신에게 할당된 구간의 크기와 같다. 예를 들어 네 번째 해가 선택될 확률은 0.3948이다.

- 룰렛 휠 선택: r = random(); // [0, 1] 사이의 난수
  $a[i-1] < r \le a[i]$인 해 i를 선택하라.

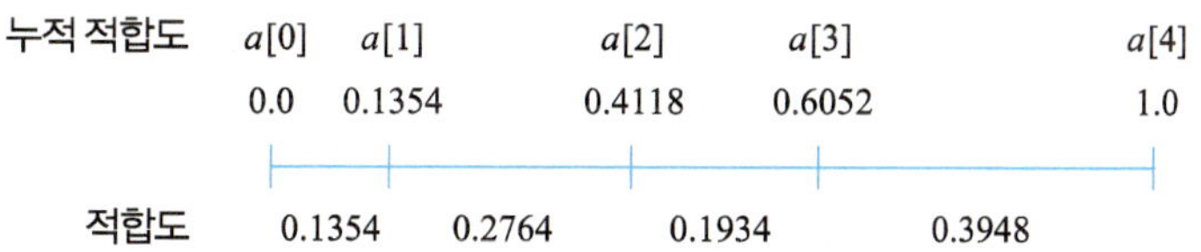

그림 11.14 룰렛 휠 방법

토너먼트 선택이라는 재미있는 방법도 있다. 이 방법은 우선 임의로 두 개의 해를 선택한다. 그런 후 난수를 생성하여 그에 따라 우수 해와 열등 해 중의 하나를 선택한다. 아래 코드가 이 방법을 명확하게 설명한다. t는 사용자 매개변수인데 $0.5 < t \le 1$이어야 한다. t가 클수록 선택 압력이 높다. 극단적으로 $t = 1$이면 항상 우수한 해만 선택하게 된다.

- 토너먼트 선택: [1, n] 사이의 서로 다른 두 개의 정수 i_1과 i_2를 임의로 생성하고 해 i_1과 i_2를 선택한다.

  r = random(); // [0, 1] 사이의 난수
  if ($r < t$) i_1과 i_2 중에 우수한 것을 선택하고,
  else 열등한 것을 선택한다.

교차와 변이

교차를 위한 방법도 여러 가지가 있는데 그들 모두가 지켜야 하는 기본 원칙이 있다. 그것은 바로 자식은 부모와 달라지지만 그 형질을 이어받아야 한다는 것이다. [그림 11.15]는 가장 단순하면서 가장 널리 사용되는 교차 연산을 보여 준다. [그림 11.15(a)]는 $m = 12$인 염색체의 1점 교차로서 자름 선은 $[1, m - 1]$ 사이의 임의의 정수를 생성하여 정한다. 이후에는 자름 선을 중심으로 염색체를 분할한 후 부모 1과 부모 2에서 교대로 유전자를 복사하여 자식 해를 만든다. [그림 11.15(b)]는 3점 교차를 보여 준다. 이 경우에는 $[1, m - 1]$ 사이의 임의의 정수를 세 개 생성하여 자름 선을 정한다. 자름 선의 수가 많을수록 교란perturbation이 심해진다. 즉 자식 해는 부모를 덜 닮게 된다. 자름 선의 개수는 사용자 매개변수인데 이것도 선택 압력과 관련이 있다. 자름 선이 많을수록 선택 압력은 어떻게 될까?

부모 1:	0110	00010111
부모 2:	0011	10001100
자식:	0110	10001100

(a) 1점 교차

부모 1:	01	100	0010	111
부모 2:	00	111	0001	100
자식:	01	111	0010	100

(b) 3점 교차

그림 11.15 이진 열로 표현된 염색체의 교차 연산

자름 선을 사용하지 않는 균등 교차uniform crossover라는 방법도 있다. 이 방법은 [그림 11.16]에서 보는 바와 같이 유전자 별로 [0, 1] 사이의 난수를 생성한다. 이 난수가 미리 설정한 임계 값 t보다 작으면 부모 1로부터 유전자를 받고 그렇지 않으면 부모 2로부터 받는다. 임계 값 t는 0.5로 설정할 수도 있고 또는 부모의 적합도를 보고 더 좋은 부모에서 더 많은 유전자를 물려받도록 하여도 된다. 후자는 전자에 비해 선택 압력이 더 높다.

부모 1:	0	1	1	0	0	0	0	1	0	1	1	1	
부모 2:	0	0	1	1	1	0	0	0	1	1	0	0	
난수:	0.3	0.8	0.4	0.9	0.4	0.6	0.5	0.7	0.4	0.3	0.1	0.9	($t = 0.5$)
자식:	0	0	1	1	0	0	0	0	0	1	1	0	

그림 11.16 균등 교차

앞의 두 교차 연산은 실수 염색체에도 적용할 수 있다. 이때는 단지 유전자가 이진 값 대신 실수 값을 가진 것으로 생각하면 된다. 실수 염색체를 위해 고안된 산술 교차arithmetic crossover도 있다. 이 교차에서는 부모 유전자의 평균을 자식 유전자 값으로 취한다. [그림 11.17]은 산술 교차의 예를 보여 준다.

부모 1:	0.1	−0.5	0.3	0.7	−0.8
부모 2:	0.3	−0.3	0.5	0.9	0.6
자식:	0.2	−0.4	0.4	0.8	−0.1

그림 11.17 산술 교차

이제 변이에 대해 알아보자. 이 연산의 목적은 부모 해가 가지지 못한 형질을 부여하여 더 광범위한 탐색 범위를 확보하는 것이다. 가장 널리 사용되는 변이 방법은 각 유전자 별로 난수를 발생시키고 그것이 미리 설정한 변이 확률 p_m보다 작으면 0은 1로 1은 0으로 반전시킨다. [그림 11.18]은 $p_m = 0.02$인 예를 보여 준다. 변이 확률과 선택 압력은 어떤 관계를 가질까?

변이 전:	0	0	1	1	0	0	0	0	0	0	1	0
난수:	0.30	0.89	0.45	0.01	0.42	0.63	0.54	0.70	0.48	0.11	0.18	0.93
변이 후:	0	0	1	0	0	0	0	0	0	0	1	0

그림 11.18 변이(p_m = 0.02)

변이 확률 p_m은 시작부터 끝까지 같은 값을 사용할 수도 있고 시간이 지남에 따라 줄여 나갈 수도 있다. 전자는 균등 변이라 하고 후자는 비균등 변이라 부른다. 유전 알고리즘의 수행 후반에서는 최적 점에 가까워지므로 낮은 변이 확률을 사용하여 교란을 줄이는 것이 비균등 변이의 취지이다.

[그림 11.19]는 실수 염색체의 변이 과정을 보여 준다. 이진 염색체와 마찬가지로 난수를 발생시키고 그것을 p_m과 비교함으로써 변이를 가할 유전자를 선택한다. 그림에서는 네 번째 유전자가 선택되었다. 이제 또 다른 난수 r을 발생시켜 선택된 유전자에 더해 준다. 이 예에서는 $r = -0.1$이 되었는데 난수 r의 범위가 중요하다. 이 범위는 문제의 성질과 유전자가 가지는 값의 범위에 따라 적절히 설정해야 한다.

변이 전:	0.2	−0.4	0.4	0.8	−0.1	
난수:	0.876	0.653	0.103	0.004	0.719	(p_m=0.005)
난수:				−0.1		
변이 후:	0.2	-0.4	0.4	0.7	-0.1	

그림 11.19 실수 염색체의 변이

교차와 변이 연산으로 탄생한 자식 해는 해가 갖추어야 할 조건을 벗어날 수 있다. 예를 들어 특징 선택의 경우 1인 비트의 개수가 $[d_1, d_2]$ 사이의 값을 가져야 하는데 그렇지 않을 수 있다. 또는 실수 염색체의 변이 과정에서 유전자가 가질 수 있는 값의 범위를 넘을 수도 있다. 이런 경우 적절한 수선repairing 연산을 수행하여야 한다. 예를 들어 특징 선택에서 1 비트가 d_2개보다 많은 경우 1인 비트 중에 임의로 선택하여 0으로 바꾸어 주면 된다. 또는 9.4절의 *rem* 연산을 사용하여도 된다. *rem* 연산을 사용하면 자식 해의 품질이 높아질 확률이 더 커져서 임의 선택에 비하여 선택 압력이 높아진다.

대치

알고리즘 11.7의 라인 6~11은 자식 해를 k개 만들어 준다. 이제 이들을 해 집단에 넣어야 한다. 해 집단의 크기는 일정하므로 기존 해 k개를 들어내고 자식 해를 넣어야 한다. 이 연산을 대치replacement라 한다. $k = n$인 세대형에서는 모든 해가 대치되므로 특별히 신경 쓸 필요가 없다.

일반적인 상황에서는 k개의 자식 해를 하나씩 대치하면 된다. 어떤 자식 해를 대치할 때 그 순간 해 집단 내에서 적합도가 가장 낮은 해를 찾아 대치할 수 있다. 하지만 이 경우에는 수렴은 빨라지나 설익은 수렴의 위험이 있다. 대안으로는 부모 중에 적합도가 낮은 해를 대치하는 것이다. 이 방법은 자식 해가 부모 해와 닮았으므로 해 집단의 다양성을 유지하는 데 도움을 준다.

유전 알고리즘이 엘리티즘elitism을 사용한다는 말은 현 세대에서 가장 좋은 해 s가 다음 세대에 반드시 생존하도록 보장함을 뜻한다. 이를 구현하기 위해서는 다음 세대의 해 집단을 조사하여 s가 없어졌다면 가장 나쁜 해 또는 임의로 선택한 해를 들어내고 s를 넣어 주면 된다.

11.4.4 매개변수 설정과 선택 압력

앞 절에서 여러 가지 연산을 공부하였다. 이 연산들은 모두 사용자가 설정해야 할 매개변수를 갖는다. 예를 들어 [그림 11.15]의 교차에서는 자름 선의 개수가 사용자 매개변수다. 자름 선이 많아지면 자식 해가 부모 해를 덜 닮게 된다. 따라서 다양성은 높아지고 대신 선택 압력은 낮아진다. 선택 압력selection pressure이 높다는 말은 우수한 해의 선택 확률을 높여 준다는 뜻이다. 대략적으로 보면 다양성과 선택 압력은 반비례 관계를 갖는다.

유전 알고리즘은 공간 탐색 알고리즘이다. 공간 탐색은 탐사exploitation와 탐험exploration의 두 가지 관점에서 바라볼 수 있다. 탐사는 어느 지점을 중심으로 그 근방만을 뒤져 가장 좋은 점을 찾아 나가지만 탐험은 전체 탐색 공간을 두루두루 살핀다. 11.2.2절의 경사하강법이나 특징 선택을 위한 9.4절의 순차 탐색 알고리즘이 대표적인 탐사형 알고리즘이다. 9.2절의 임의 탐색 알고리즘(알고리즘 9.1)은 임의 점을 생성하고 그들 중에 가장 좋은 해를 고르는 일을 반복한다. 임의 점은 전체 탐색 공간에서 골고루 발생하므로 대표적인 탐험형 알고리즘이다. 탐사형은 수렴은 빠르지만 지역 최적 점에 빠질 가능성이 높은 반면 탐험형은 지역 최적 점에 빠질 가능성은 낮은 반면 시간이 너무 많이 소요되는 단점이 있다.

유전 알고리즘은 탐험과 탐사의 절묘한 조화를 추구한다고 볼 수 있다. 해 집단의 다양성을 유지함으로써 탐험을 실현하는 동시에 우수한 해에게 더 많은 기회를 줌으로써 탐사도 실현한다. 하지만 이 조화는 유전 알고리즘이 지니고 있는 여러 매개변수를 적절히 설정할 때만 이룰 수 있다. 표 11.2는 여러 가지 매개변수와 그들의 설정이 선택 압력에 어떤 영향을 미치는지를 일목요연하게 보여 준다. 선택 압력이 높을수록 탐사형에 가까워진다.

표 11.2 유전 알고리즘의 매개변수와 선택 압력

연산 종류	매개변수	선택 압력
해 집단	해의 개수 n이 클수록	낮음
순위 기반 적합도 계산	q가 클수록	높음
품질 비례 적합도 계산	r이 클수록	높음
토너먼트 선택	t가 클수록	높음
교차	자름 선이 많을수록	낮음
변이	p_m이 클수록	낮음
공유	사용하면	낮음
엘리티즘	사용하면	높음
대치	가장 나쁜 해를 대치하면	높음

위의 표에서 볼 수 있듯이 유전 알고리즘은 아주 많은 매개변수를 갖는다. 또한 같은 연산이라 해도 구현하는 방법이 여럿 있는데 방법에 따라 선택 압력이 달라질 수 있다. 마치 생물의 다양성을 보는 듯하다! 이들의 선택은 매우 중요하다. 간혹 유전 알고리즘을 사용하여 아주 형편없는 해를 얻었다고 불평하는 사람을 볼 수 있다. 그 경우는 대부분 이들 매개변수의 영향을 제대로 이해하지 못한 상태에서 구현한 탓이 크다. 예를 들어 거의 모든 매개변수 설정을 선택 압력이 높아지도록 설정하였다면 설익은 수렴에 빠질 것이다. 몇 세대 지나지 않아 해 집단의 다양성이 매우 낮아져 더 이상 적합도 향상이 발생하지 않을 수 있다. 반대로 모든 매개변수를 선택 압력이 낮도록 설정한다면 해 집단의 향상이 너무 느려 프로그램의 수행을 중도에 그만두어야 할 상황에 빠질 수 있다.

모든 문제에 일반적으로 적용할 수 있는 보편적인 매개변수 설정 규칙은 없다. 하지만 얼마 정도의 실험을 거치면 그리 어렵지 않게 적절한 설정을 찾을 수 있다. 또한 유전 알고리즘의 성능은 매개변수 설정에 아주 민감하지는 않다. 다시 말해 큰 틀에서 조화를 이루었다면 한두 가지 매개변수의 값을 변경하더라도 성능의 변화가 그리 크지 않다. 매개변수 설정에 대한 보다 자세한 내용은 [Eiben99]를 참고하라.

11.4.5 찬반 논쟁

유전 알고리즘은 기존 알고리즘에 비해 특이한 점이 여럿 있다. 그 중 대표적인 것은 수행 중에 난수를 사용하기 때문에 새로 수행할 때마다 다른 해를 얻는다는 것이다. 이러한 성질을 갖는 알고리즘을 스토캐스틱 알고리즘stochastic algorithm이라 한다. 시뮬레이티드 어닐링도 이에 해당한다. 이런 알고리즘은 계산 시간을 더 주면 더 좋은 해를 구할 가능성이 있다. 새로운 개념의 알고리즘인 만큼 찬반 의견이 있는 것이 사실이다.

찬
- 새로운 개념과 연산들이 재미있다.
- 기존 알고리즘의 한계를 극복할 것 같다.
- 시간을 더 주면 더 좋은 해를 기대할 수 있다.
- 문제에 대한 제약 조건이 적고 응용 범위가 넓다.
- 실제 실험해 보니 성능이 기존 알고리즘보다 좋다.

반
- 수학적 토대가 약하여 미덥지 못하다.
- 수행할 때마다 다른 해를 내면 어떡하나?
- 수행 시간이 길어 실시간 환경에서는 활용이 불가능하다.
- 실제 실험해 보니 성능이 기존 알고리즘보다 나쁘다.

위의 주장들은 나름대로 근거가 있는 것도 있고 그렇지 않은 것도 있다. 찬성 입장의 네 번째 주장은 맞다. 기존의 경사하강법은 목적 함수가 미분 가능한 경우에 적용이 가능하다. 하지만 유전 알고리즘은 어떤 함수라도 적용이 가능하다. 또한 문제에 대한 적절한 해 표현만 가능하다면 어떠한 최적화 문제에도 적용이 가능하다. 반대 입장의 첫 번째 주장도 일리가 있다. 경사하강법은 완벽한 수학적 토대를 갖추고 있다.

반면 유전 알고리즘은 왜 좋은 해를 찾아 주는지를 설명하는 수학적 증명이 없다. 유전 알고리즘이 좋은 해를 찾아가는 원리를 증명하는 스키마 정리schema theorem가 있지만 제한된 상황에만 적용이 가능하다. 스키마 정리와 유전 알고리즘의 수학적 토대에 관한 내용은 [Goldberg89]의 2장을 참고하기 바란다.

반대 입장의 두 번째 주장은 달리 생각할 수도 있다. 경사하강법으로 해를 찾았는데 그것으로 만족하지 못하고 시간을 더 들여서라도 더 좋은 해를 찾을 필요가 있다면 시작점을 달리하여 경사하강법을 또 수행하면 된다. 이러한 방식을 다중 시작multi-start 알고리즘이라 한다. 이 알고리즘에 대해서는 11.5절을 참고하라. 유전 알고리즘은 해 집단을 통해 자연스럽게 다중 시작 아이디어를 내포하고 있다고 볼 수 있다. 더 나아가 수행 중에 해들 간에 선택, 교차, 변이와 같은 다양한 연산을 허용하여 탐색 공간을 효율적으로 뒤진다. 실제 여러 문헌에서 경사하강법의 다중 시작 버전에 비해 유전 알고리즘이 우수하다는 실험 결과가 발표되어 있다.

반대 입장의 세 번째 주장은 타당하다. 유전 알고리즘은 수행 시간이 많이 걸린다. 사실 모든 유전 연산은 단순하기 때문에 시간이 별로 걸리지 않는데 새로운 해가 등장하였을 때 그것의 품질을 평가하는 데 많은 시간이 소요된다. 예를 들어 특징 선택의 경우 새로운 해(즉 특징 부분 집합)가 탄생하면 그것의 인식 성능을 측정해야 하는데 신경망을 훈련시켜 테스트 집합으로 평가한다면 신경망을 한 번 훈련하는 시간이 든다. 만일 100세대를 거치고 매 세대마다 10개의 자식 해가 탄생한다면 총 1000번의 신경망 훈련이 필요하게 된다. 따라서 유전 알고리즘은 실시간 환경에는 적용하기가 어렵고 오프라인 모드에서 최적의 해를 구하는 데 적용해야 한다.

찬성과 반대 입장의 마지막 주장은 성능에 대한 것인데 서로 상반된 주장을 하고 있다. 실제로 여러 논문에서 다른 실험 결과를 가지고 다른 주장을 펴기도 한다. 예를 들어 특징 선택의 경우 자인은 유전 알고리즘은 거의 모든 실험에서 10세대 이내에서 수렴이 끝나 더 이상 해의 품질 개선이 없다는 실험 결과를 발표하였다 [Jain97]. 하지만 이 주장은 앞 절의 선택 압력과 관련된다는 것을 쉽게 이해할 수 있다. 대부분의 매개변수를 선택 압력이 매우 높도록 설정한 탓이라고 유추할 수 있다. 탐색 공간이 클수록 유전 알고리즘이 순차 탐색에 비해 유리하다고 주장하는 논문도 있고 [Kudo00], 반대로 탐색 공간이 클수록 유전 알고리즘이 불리하다고 주장하는 논문도 있다 [Ferri94]. 오일석은 아주 많은 실험 데이터에 대해 체계적인 실험을 하고 탐색 공간이 작을 때는 유전 알고리즘과 순차 탐색이 비슷하지만 탐색 공간이 커질수록 유전 알고리즘이 우수함을 입증하였다 [Oh04].

유전 알고리즘은 알고리즘 분야에서 난제로 알려진 TSP(traveling salesperson problem), 그래프 분할, VLSI 레이아웃, 네트워크 배치 등의 문제나 아주 까다로운 함수의 최적 점을 구하는 문제 등에서 기존 알고리즘에 비해 우수한 성능을 보임이 입증되어 있다. 또한 최근에는 유전 알고리즘과 같이 생물의 생존이나 진화 원리를 모방한 여러 알고리즘이 그 영향력을 넓혀 가고 있다. 그들은 생물의 면역 시스템을 모방한 인공 면역 시스템artificial immune system(AIS), 개미의 생존 방식을 모방한 개미 군락 최적화ant colony optimization(ACO), 그리고 개체 무리 최적화particle swarm optimization(PSO) 등이다. 이들에 대한 튜토리얼 논문은 [Dorigo06, Dasgupta06]을 참고하라.

11.5 메타 휴리스틱

이 장에서 소개한 알고리즘은 대부분 **메타 휴리스틱**meta heuristic이다. 메타는 그리스어에서 유래하였는데 '너머beyond'라는 뜻을 갖는다. 어떤 알고리즘을 구성하는 연산이 상황에 따라 보다 구체적인 알고리즘으로 대체되는 성질을 가진 경우 그 알고리즘을 메타 휴리스틱이라고 부른다.

11.4.5절에서 소개한 다중 시작multi-start 경사하강법을 예로 들어 보자. 경사하강법 자체는 지역 최저 점에 빠지는 경향이 있고 어느 지역 최저 점으로 수렴할지는 초기 값에 달려 있다. 따라서 알고리즘 11.8의 의도는 서로 다른 초기 값을 가지고 알고리즘을 여러 번 수행하고 그렇게 얻은 값 중에 가장 좋은 것을 취하겠다는 것이다. 라인 3의 시작점 설정은 주어진 문제에 따라 다르게 구현할 수 있다. 즉 상황에 따라 적절한 설정 알고리즘으로 대체되는 것이다. 라인 4도 비슷하다. 어느 경사하강법을 사용할지는 주어진 문제에 따라 다르다. 따라서 알고리즘 11.8은 메타 휴리스틱이다.

알고리즘 11.8 다중 시작 경사하강법

입력: 목적 함수 $J(\boldsymbol{\theta})$, 수행 횟수 T

출력: $\hat{\boldsymbol{\theta}}$(최저 점)

1. $t = 0$;
2. **while** $(t < T)$ { // 시작점 설정 전략과 경사하강법 구현은 상황에 따라 다름
3. 　　시작점 $\boldsymbol{\theta}_{init}$를 설정하라.
4. 　　$\boldsymbol{\theta}_{init}$를 가지고 경사하강법을 수행하여 최저 점 $\hat{\boldsymbol{\theta}}_t$를 찾아라.
5. 　　t++;
6. }
7. $q = \arg\min_t J(\hat{\boldsymbol{\theta}}_t)$;
8. $\hat{\boldsymbol{\theta}} = \hat{\boldsymbol{\theta}}_q$;

알고리즘 11.2의 경사하강법 자체도 메타 휴리스틱이다. 11.2.2절에서 이미 설명한 바와 같이 라인 4는 주어진 문제에 따라 다르게 구현한다. 함수 최소화의 경우는 알

고리즘 11.2를 그대로 사용하면 된다. 하지만 특징 선택 문제를 풀기 위해서는 라인 4를 다른 것으로 대체해야 한다. 시뮬레이티드 어닐링과 유전 알고리즘도 모두 메타 휴리스틱이다. 이미 살펴본 바와 같이 그들이 사용하는 여러 연산들이 주어진 상황에 맞게 적절한 알고리즘으로 대체되는 성질을 가지고 있다. 12장의 혼성 모델에서 제시되는 교차 검증, 배깅, 부스팅, 에이다부스트 등의 여러 알고리즘들도 메타 휴리스틱에 해당한다.

메타 휴리스틱의 중요성과 그 응용 범위는 갈수록 커지는 추세이다. 보다 자세한 공부는 서베이 논문 [Blum03]을 참고하기 바란다.

고트프리트 빌헬름 라이프니츠Gottfried Wilhelm Leibniz
(1646년 7월 1일~1716년 11월 14일) 독일

라이프니츠는 아이작 뉴턴(1643년 1월 4일~1727년 3월 31일, 영국)과 독립적으로 미적분학calculus을 창안한 것으로 잘 알려져 있다. 뉴턴은 라이프니츠가 자신의 아이디어를 도용했다고 주장하기도 하였다. 그 때문에 영국과 유럽 대륙의 자존심 싸움으로까지 번졌는데 결국 독립적으로 창안한 것으로 판명되었다. 미적분학은 인류가 만들어 낸 학문 영역에 영향을 끼치지 않는 곳이 없을 정도로 그 영향력이 크다. 패턴인식에서는 주로 최대 또는 최소 값을 갖는 매개변수를 찾는 데 미분을 많이 사용한다. 라이프니츠는 컴퓨터 개발의 토대가 된 이진 시스템을 정립하였으므로 컴퓨터 역사에 꼭 등장하기도 한다. 그는 과학 영역뿐 아니라 철학에서도 중요한 위치를 차지한다. 그는 데카르트Descartes와 스피노자Spinoza와 함께 17세기 3대 이성론자rationalist로 꼽히기도 한다. 라이프니츠에 대해 보다 상세한 내용은 [Brown(웹)]을 참고하기 바란다.

[Brown(웹)] Gregory Brown, *Online biography of Leibniz*, (http://www.gwleibniz.com/).

조제프 루이 라그랑주Joseph Louis Lagrange

(1736년 1월 25일~1813년 4월 10일) 사르디니아 왕국

사르디니아는 이탈리아 반도 서쪽에 있는 섬이다. 라그랑주는 그곳에서 태어났는데 그 당시는 독립된 사르디니아 왕국을 이루고 있었다. 나중에 이 왕국이 이탈리아 반도를 통일하여 이탈리아라는 나라가 탄생하게 된다. 그는 유명한 스위스 수학자 오일러L.P. Euler의 권유로 1766년에 베를린에 있는 Prussian Academy of Science로 이적한다. 20년간 그곳에 머문 뒤 프랑스로 옮긴다. 루브르 궁에 연구실을 마련할 정도로 프랑스 정부의 대우를 받으며 왕성한 연구 활동을 펼친다. 라그랑주는 조건부 최적화 문제 해결을 위한 라그랑주 승수Lagrange multiplier를 고안하였다. 패턴인식에서는 SVM의 풀이뿐 아니라 곳곳에서 이 방법을 활용하고 있다. 그는 수학뿐 아니라 천문학과 물리학에도 큰 공헌을 하였다. 라그랑주에 대한 보다 자세한 내용은 [OConnor(웹)]을 참고하기 바란다.

[Oconnor(웹)] John J. O'Connor and Edmund F. Robertson, "Joseph Louis Lagrange, " (*MacTutor History of Mathematics Archive*, http://www-history.mcs.st-andrews.ac.uk/Biographies/Lagrange.html).

연습문제

01 이 책에 나타난 최적화 문제 중에 최소화인 것과 최대화인 것을 찾아 각각 세 개씩 제시하라.

02 어떤 패턴인식 문제의 목적 함수가 아래와 같고 최소화 문제라고 가정하자. 이 문제를 풀어 최적의 매개변수를 찾아라. 전역 최적 해와 지역 최적 해를 모두 제시하라.

$$J(\theta) = 2\theta^4 - 3\theta^3 - 5\theta^2 + 10$$

03 예제 11.2에서 $\rho = 0.005$로 했을 때와 $\rho = 0.02$로 했을 때에 대해 계산하라. $\rho = 0.01$일 때와 무엇이 어떻게 달라지는지 설명하라.

04 아래 조건부 최적화 문제를 풀어라.

❶ $\begin{cases} \text{아래 조건 하에,} \\ f_1(\boldsymbol{\theta}) = \theta_1\theta_2 - 1 = 0 \\ J(\boldsymbol{\theta}) = -3\theta_1^2 - \theta_2^2\text{를 최대화하라.} \end{cases}$

❷ $\begin{cases} \text{아래 조건 하에,} \\ f_1(\boldsymbol{\theta}) = \theta_1\theta_2 - 1 \leq 0 \\ J(\boldsymbol{\theta}) = -3\theta_1^2 - \theta_2^2\text{를 최대화하라.} \end{cases}$

05 이 책에는 표 11.1에 나타난 것 외에도 최적화 문제가 여럿 있다. 그들을 찾아 표 11.1과 같은 형태로 정리하라.

06 알고리즘 11.2를 멈춤 조건을 포함시켜 다시 써라.

07 표 11.2에 있는 것 외에도 유전 알고리즘의 선택 압력에 영향을 미치는 요인은 여럿 있다. 그들을 찾아 표 11.2와 같은 형태로 정리하라.

08 (11.13)이 사용할 수 있는 적절한 공유 함수 $s(d)$를 한 가지 제시하라.

09 유전 알고리즘으로 분류기 학습을 수행한 한 가지 사례를 조사하라. 해 표현, 적합도 계산, 선택, 교차, 그리고 변이를 어떻게 구현했는지 설명하라. 또한 성능에 대해 어떤 주장을 폈는지 설명하라.

10 시뮬레이티드 어닐링으로 분류기 학습을 수행한 한 가지 사례를 조사하라. 구체적인 구현 기법을 설명하고, 또한 성능에 대해 어떤 주장을 폈는지 설명하라.

11 패턴인식 문제 해결을 위해 개미 군락 최적화(ACO) 알고리즘을 적용한 한 가지 사례를 조사하라.

PATTERN RECOGNITION

CHAPTER 12

PATTERN RECOGNITION

혼성 모델

이 책의 도입 부분에 있는 [그림 1.3]은 패턴인식을 크게 특징 문제와 분류 문제로 나누었다. 분류는 2~7장 그리고 특징은 8~9장이 다루었다. 그리고 10장은 군집화에 대해 다루었다. 이들을 공부하는 과정에서 특징 추출과 선택, 분류, 그리고 군집화 문제를 푸는 알고리즘은 아주 다양하다는 사실을 알게 되었다. 여기에서 의문이 생길 수 있다.

어느 방법이 가장 좋은가? 이 질문은 크게 두 가지 다른 상황에서 생각해 볼 수 있다. 첫째, '특정 문제가 주어진' 상황에서 그 문제를 가장 높은 성능으로 풀 수 있는 알고리즘은 어느 것인가? 이 질문은 현실적이고 공학적인 것이다. 이에 대한 답을 자동으로 구하는 방법은 없다. 따라서 충분히 많은 데이터를 가지고 성능 실험을 거쳐 최선의 방법을 찾아내는 수밖에 없다. 물론 시스템 디자이너가 가진 경험과 노하우가 크게 도움이 될 것이다. 둘째, 다른 모든 방법을 능가하는 '보편적으로 우수한' 알고리즘이 있는가? 이것은 패턴인식의 근간에 해당하는 질문이고 이에 대한 답을 구하기 위해서는 과학적인 접근을 해야 한다. 물론 현재까지 개발된 알고리즘 중에 그런 것이 없는 것은 확실하다. 왜냐하면 특정 문제에서 알고리즘 간에 우열이 보이기 때문이다. 예를 들어 양적 특징 벡터의 경우 보통 신경망이나 SVM이 트리 분류기를 능가한다. 하지만 질적 특징 벡터에서는 트리 분류기가 우수한 경우가 많다. 그렇다면 그런 '마술' 알고리즘이 있는데 아직 찾지를 못한 것인가? 아니면 애초에 그런 것은 없는 것인가? 이 책을 마감하는 12장은 이러한 질문에 대한 답을 부분적으로 제시한다. 이 장의 앞부분에 해당하는 12.1과 12.2절은 알고리즘의 성능 특성과 성능 측정 방법에 대해 살펴본다.

12.3~12.6절은 단일 알고리즘의 한계를 인정하고 여러 알고리즘을 결합하는 **혼성 모델**hybrid model에 대해 공부한다. 혼성 모델은 1980년대부터 본격적으로 연구가 시작되었으며 다양한 결합 방법이 개발되어 있다. 대체적으로 공통된 의견은 여러 개를 결합하면 가장 좋은 단일 알고리즘보다 좋아진다는 것이다. 이러한 현실적인 이점 때문에 혼성 모델은 이제 실용 시스템 개발에서 보편적으로 활용되고 있다. 또한 향후 연구 주제로 중요한 축을 담당하고 있다.

12.1 알고리즘의 성능 특성

지금까지 공부한 많은 알고리즘의 특성을 여러 측면에서 바라볼 수 있다. 여기서는 공학적인 관점과 과학적인 관점으로 나누어 살펴보자. 공학적인 관점은 특정 응용 도메인에 만족스러운 성능을 갖는 시스템을 구축하는 것이 목적이고, 과학적인 관점은 알고리즘 성능의 본질적인 면을 통찰하는 것이 목적이다.

공학적인 관점에서는 패턴인식이 다분히 실험적인 학문임을 강조한다. 과학적인 관점에서는 공짜 점심 없음 정리와 바이어스-분산 딜레마 현상을 살펴 본다.

공학적 관점

필기 숫자 인식 문제를 생각해 보자. 숫자는 일상 생활 곳곳에서 사용되므로 숫자 인식은 가장 많이 연구된 문제 중의 하나이다. 1986년에 루멜하트Rumelhart와 그의 동료들이 다층 퍼셉트론(MLP)과 오류 역전파 학습 알고리즘을 제시하였다. 이 알고리즘은 필기 숫자 인식기의 성능을 크게 높여 주었다. 기술 돌파breakthrough가 발생한 것이다. 1990년대에는 SVM이 인식 문제에 널리 적용되면서 필기 숫자 인식기 성능이 향상되었다. 또한 혼성 모델(12.3~12.6절의 주제)이 정립되면서 또 다른 기술 돌파가 나타났다. 현재 세계적으로 널리 활용되는 필기 숫자 데이터베이스에는 CENPARMI, CEDAR, 그리고 NIST 데이터베이스가 있다.[92] 이들 데이터베이스에 대한 성능을 기준으로 수십 년간 발표된 논문을 비교한 연구 결과가 있다 [Liu03]. 이러한 높은 기술 수준으로 인해 현장에서 사용되는 시스템이 여럿 등장하였다. 우편물 자동 인식기나 은행 전표 자동 인식기 등이 대표적인 응용 사례이다. 필기 숫자 인식은 현재의 성능 한계를 뛰어 넘어 100% 인식률을 향한 또 다른 기술 돌파를 기다리고 있다.

이러한 성능 비교를 바라보는 또 다른 측면이 있을 수 있다. 그것은 논문들이 제시하는 성능에 우열이 있는데 그 우열이 발생한 근본 원인이 무엇인지를 따져 보는 것이다. 새로 제시한 분류 알고리즘 또는 특징 추출 알고리즘 자체가 성능 향상을 가져왔을 수 있다. 하지만 모든 알고리즘은 여러 개의 매개변수를 지니고 있는데(예를 들어 MLP는 은닉 노드 개수, 학습률, 특징 벡터 입력 순서, 활성 함수 등의 매개변수를 가짐) 이들을 얼마나 잘 튜닝하느냐가 또한 성능을 좌우한다. 너무 열심히 튜닝을 하면 주어진 데이터베이스에는 최고로 적응했는데 대신 일반성을 잃을 수 있다. 얻으면 잃는 것이 있다.

[그림 12.1]은 이러한 관계를 개념적으로 설명한다. 어떤 은행의 전표에 나타나는 필기 숫자를 자동으로 인식하는 특정 문제가 주어져 있다고 하자. 이때 ①로 표시된 성능을 갖는 알고리즘은 공학적인 기준에 따르면 선택할 수 없다. 숫자뿐 아니라 여러 언어의 문자 그리고 다른 나라 사람의 필기체나 우편물에 나타나는 필기 숫자 등에 두루두루 어느 정도의 일정한 성능을 보이지만 주어진 문제만 보면 ②번 알고리즘이나 ③번 알고리즘에 비해 현저히 낮은 성능을 보이기 때문이다. ③번 알고리즘은

[92] CENPARMI 데이터베이스는 캐나다 콘코디아 대학에서 만든 것으로 훈련용 4000개의 샘플과 테스트용 2000개의 샘플을 가진다. CEDAR 데이터베이스는 미국 뉴욕주립 대학에서 만들었으며 훈련용 18468 샘플과 테스트용 2711 샘플을 포함한다. NIST 데이터베이스는 미국 국립표준기술연구소에서 만들었으며 훈련용 60000 샘플과 테스트용 10000 샘플을 포함한다.

주어진 문제의 부분 문제인 정성 들여 쓴 정서체 숫자에서는 아주 높은 성능을 보이는 반면 그렇지 않게 필기된 전표에서는 아주 낮은 성능을 보인다. 따라서 공학적인 판단에서는 ②번 알고리즘을 선택해야 할 것이다.

그렇다면 ②번과 같은 성능을 얻기 위해서는 시스템을 어떻게 설계해야 하는가? 패턴인식 시스템의 설계에서 실제적으로 신경을 써야 할 작업은 주어진 문제 영역을 포괄하는 충분히 많은 양과 충분히 높은 품질의 샘플을 수집하는 것이다. 그런 데이터베이스를 가지고 만든 시스템만이 ②번 곡선을 선물해 줄 수 있다.[93]

패턴인식은 다분히 실험적인 성격을 띠고 있다. 물론 아주 엄밀한 수학적인 배경이 깔려 있다. 하지만 수십 내지 수백 차원의 고차원 공간에서 작업을 해야 하는 경우가 많으므로 성능 예측이나 최선의 알고리즘 선택 같은 중요한 작업이 실험적으로 이루어진다. 아직까지는 실험이 가장 중요한 판단을 제공한다고 말할 수 있다. 이런 의미에서 유럽에서 수행한 StatLog 프로젝트를 살펴볼 가치가 있다. 이 프로젝트는 20여 개의 분류 알고리즘을 20여 개의 데이터베이스에 대해 성능 비교 실험을 수행하고 패턴인식 시스템 개발에 유익한 가이드라인을 제공하는 것을 목표로 하고 있다. 프로젝트 결과를 책으로 출판하였다 [Michie94].[94]

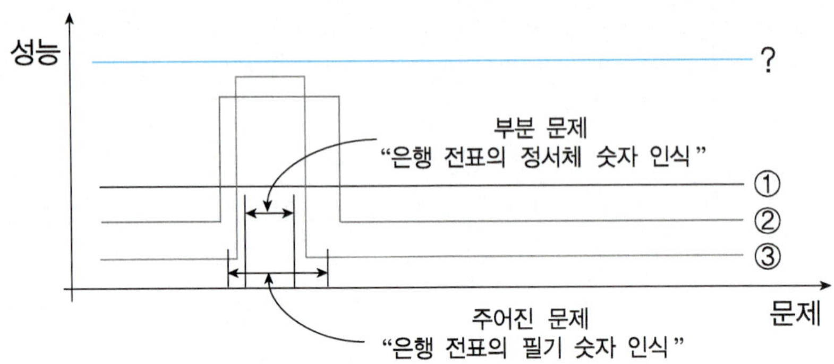

그림 12.1 분류 알고리즘의 성능 특성

공짜 점심 없음

1995년에 산타페Santa Fe 연구소가 발표한 논문 [Wolpert95]와 2년 후의 논문 [Wolpert97]이 학계의 주목을 끌었다. 이들은 탐색과 최적화 문제에 대해 '모든 문제에 대해 다른 모든 알고리즘을 능가하는 알고리즘이 있나'라는 질문에 대한 답을 제시하였다. 쉽게 말하면 [그림 12.1]에서 ?가 붙어 있는 파란색 성능을 갖는 알고리즘이 있

93 데이터베이스의 품질의 중요성은 1.2.1절에서 언급한 바 있다.

94 현재는 절판되었다. 다행히 책 전체를 pdf 파일로 무료 제공하고 있다. http://www1.maths.leeds.ac.uk/~charles/statlog/

는가에 대한 질문이다. 그들은 단호하게 '없다'라고 답하였다. 그리고 이론적으로 증명을 하고 이 사실을 공짜 점심 없음no free lunch(NFL) 정리라고 이름 붙였다.[95] [그림 12.1]은 이 정리의 개념을 설명한다. 가로축은 문제 공간을 보인다. 모든 가능한 문제가 이 축에 나열된다. 세로축은 알고리즘의 성능을 보인다. 그림에서는 세 가지 알고리즘의 성능 특성을 보여 준다. ①로 표시된 알고리즘은 모든 문제에서 비슷한 성능을 보인다. ③번 알고리즘은 특정 문제에서는 높은 성능을 보이지만 나머지 많은 문제에서 ①번 알고리즘에 비해 성능이 떨어진다. ②번 알고리즘은 중간 정도로 보면 된다. NFL 정리는 모든 알고리즘이 반드시 ①, ②, 또는 ③과 같다고 말한다. 파란색 성능 곡선을 갖는 알고리즘은 존재하지 않는다. 이러한 현상을 물리의 에너지 보존 법칙과 유사하게 성능 보존 법칙으로 설명하기도 한다.

바이어스-분산 딜레마

이 현상은 분류 문제보다 회귀regression(곡선 근사화curve fitting) 문제를 가지고 설명하는 것이 편하다. 샘플 집합 X가 주어져 있다고 하자. X는 어떤 함수 $f(x)$에서 생성되었는데 생성 과정의 잡음 발생으로 $f(x)$로부터 어느 정도 벗어나 있다. 샘플 집합 X를 가지고 근사 추정한 함수를 $g(x)$라 하자. 이때 $g(x)$는 X로 추정하였으므로 그 관계를 나타내기 위해 $g(x; X)$로 표기한다. [그림 12.2]는 서로 다른 세 개의 샘플 집합 X_1, X_2, X_3으로부터 추정한 $g(x; X_i)$를 보여 준다. [그림 12.2(a)]는 선형 모델을 사용하였고 [그림 12.2(b)]는 3차 모델을 사용하였다.

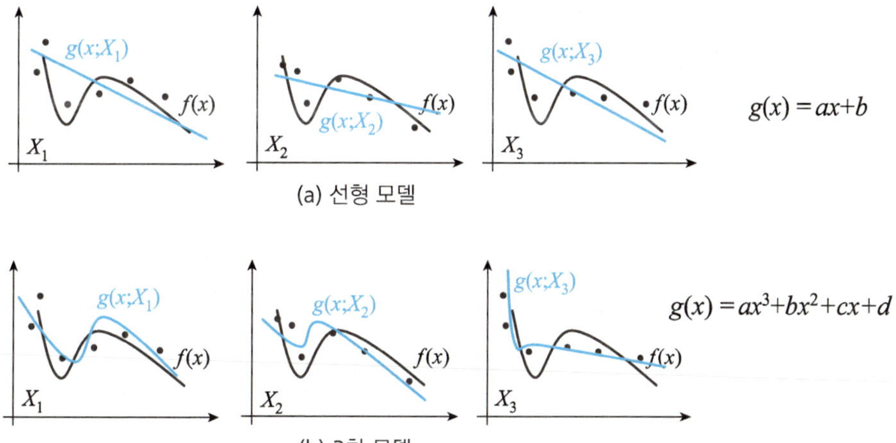

그림 12.2 곡선 근사화에서 바이어스-분산 딜레마

[95] No free lunch라는 용어는 경제학에서 이미 사용하던 것이다. 어떤 특정 정책에 의해 얼핏 보면 이득을 얻는 것 같지만 그것은 한 측면의 이득일 뿐이고 반드시 이면에 다른 측면이 있고 그 측면에서 손해가 발생한다는 것이다.

우선 한 가지 확실한 사실은 이 예에서 검은색 곡선이 $f(x)$인데 이것이 3차 곡선이므로 [그림 12.2(b)]는 모델을 제대로 선택하였고 [그림 12.2(a)]는 너무 단순한 모델을 선택한 셈이다. 샘플링은 오차를 수반하므로 샘플링 할 때마다 다른 샘플 집합을 얻게 된다. 이 예에서 X_1, X_2, X_3도 다름을 볼 수 있다. 따라서 이들 샘플 집합으로 추정한 $g(x; X_i)$도 그림에서 보는 바와 같이 달라지게 된다.

위에서는 크기가 6인 샘플 집합 세 개만 예시하였지만 N개의 샘플을 가진 집합 X를 생각해 보자. 실제로 그런 X는 무수히 많을 것이다. 모델 $g(\mathbf{x})$가 $f(\mathbf{x})$에 얼마나 충실한지는 평균 제곱 오차mean square error(MSE)로 평가할 수 있다. N개의 샘플을 가진 어떤 샘플 집합 X_i에 대한 제곱 오차는 $(g(\mathbf{x}; X_i) - f(\mathbf{x}))^2$로 쓸 수 있다. 이제 이것을 N개의 샘플을 가진 모든 X에 대한 평균으로 확대하면 $E_X((g(\mathbf{x}; X) - f(\mathbf{x}))^2)$로 쓸 수 있다. 이것을 전개하고 정리하면 (12.1)을 얻는다.

$$E_X((g(\mathbf{x}; X) - f(\mathbf{x}))^2) = \underbrace{(E_X(g(\mathbf{x}; X) - f(\mathbf{x})))^2}_{(\text{바이어스})^2} + \underbrace{E_X((g(\mathbf{x}; X) - E_X(g(\mathbf{x}; X))^2)}_{\text{분산}} \qquad (12.1)$$

(12.1)이 말하는 것은 평균 제곱 오차를 바이어스의 제곱 항과 분산 항으로 분리할 수 있다는 사실이다. 바이어스는 모델 $g(\mathbf{x})$와 참 함수 $f(\mathbf{x})$와의 차이를 뜻한다. [그림 12.2(b)]는 모델 $g(\mathbf{x})$가 3차 함수로서 $f(\mathbf{x})$와 같으므로 바이어스가 작게 된다. 반면 [그림 12.2(a)]는 모델 $g(\mathbf{x})$로 1차 함수를 사용하므로 바이어스가 크다. 분산은 서로 다른 샘플 집합으로 추정한 $g(\mathbf{x})$ 간의 차이를 뜻한다. 달리 해석하면 $g(\mathbf{x})$가 X에 얼마나 민감한지에 대한 정도를 뜻한다. [그림 12.2(b)]의 3차 함수는 주어진 샘플에 매우 민감하게 적응함을 볼 수 있다. 과잉적합overfitting이 발생할 수 있는 것이다. 따라서 분산이 큰 경향이 있다. 반면 [그림 12.2(a)]의 1차 함수도 X에 따라 $g(\mathbf{x})$가 달라지는데 3차에 비해 덜 민감하게 반응한다. 따라서 1차 함수의 경우에는 분산이 상대적으로 작다.

식 (12.1)은 또 다른 중요한 사실을 말하고 있다. 그것은 선형 모델을 선택하든 보다 정확한 3차 모델을 선택하든 가능한 모든 샘플 집합을 고려한 평균 제곱 오차는 같다는 것이다. 단 오차의 내용이 서로 다르다. 선형과 같이 매개변수가 적은 단순한 모델은 바이어스 항의 값이 크게 되는 반면 분산 항의 값은 작다. 반대로 3차와 같이 복잡한 모델은 바이어스가 작은 반면 분산이 커지게 된다. 따라서 바이어스의 제곱과 분산을 합한 값은 복잡한 모델이나 간단한 모델 모두 같다는 법칙이 성립하는 것이다. 이 현상을 **바이어스-분산 딜레마**bias-variance dilemma라 부른다. 또는 법칙으로 간주하여 보존 법칙conservation law이라 부른다.

지금까지 회귀 문제에 대해 바이어스-분산 딜레마를 설명하였는데 같은 원리가 분류 문제에도 그대로 적용된다.

회귀이든 분류이든 샘플 집합의 크기 N이 커지면 분산의 값이 따라서 작아진다는 사실이 밝혀져 있다. 이것이 의미하는 바는 평균 제곱 오차를 줄이기 위해서는 N을 크게 하라는 것이다. 따라서 패턴인식 시스템 설계자는 충분히 큰 데이터베이스를 확보해야 한다. 바이어스는 보다 정확한 모델을 선택하면 줄일 수 있다. 모델 선택은 문제에 대한 사전 지식을 사용하던지 또는 실험을 통해 보다 정확하게 할 수 있다. 따라서 설계자는 주어진 문제에 맞는 분류기 모델을 찾는 노력을 다 해야 한다.

12.2 재샘플링에 의한 성능 평가

지금까지 이 책의 곳곳에서 강조했지만 다시 한번 언급할 가치가 있는 사실이 있다. 패턴인식 시스템을 설계하고 구현할 때 우리가 가진 데이터는 훈련 집합과 테스트 집합뿐이다. 1.2절에서는 이들 데이터 집합을 데이터베이스라는 별명으로 불렀고 훈련 데이터베이스와 테스트 데이터베이스의 품질이 시스템 성능에 지대한 영향을 미친다는 사실을 언급했다. 또한 모델 선택이 필요한 경우에는 별도의 검증 집합이 필요하다는 사실에 대해서도 언급하였다. 12.1절에서는 바이어스-분산 딜레마를 통해 충분히 큰 N을 확보하는 것과 적절한 모델 선택이 시스템의 성능을 좌우한다는 사실을 보였다.

그런데 현실적인 문제가 있다. 그것은 데이터 수집에 상당한 비용이 든다는 것이다. 샘플 집합이 만족할 만큼 충분히 크다는 가정은 실제 상황에서는 사치스러운 경우가 대부분이다. 이 절에서는 데이터 양이 충분치 않을 때 사용할 수 있는 재샘플링[resampling] 기법을 공부한다. 재샘플링의 기본 아이디어는 같은 샘플을 여러 번 사용하는 것이다. 이렇게 함으로써 성능 측정의 통계적인 신뢰도를 높이려는 의도이다.

교차 검증

현장에서 N개의 샘플을 수집해 왔다고 하자. 이때 이 집합을 적절한 비율로 훈련 집합과 테스트 집합으로 나눈 다음 시스템 설계에 들어가면 된다. 하지만 샘플의 양이 충분치 않을 수 있다. 사실 현실적으로 대부분 경우에 충분치 않다. 이때 사용할 수 있는 방법이 있다. 이 방법은 샘플을 k개의 부분 집합으로 등분한다. 분류기를 $k-1$개의 부분 집합으로 학습시키고 나머지 한 개의 부분 집합으로 학습된 분류기의 성능을 측정한다. 이 과정을 서로 다른 부분 집합으로 k번 수행하여 얻은 성능을 평균하여 분류기의 성능으로 취한다. 이러한 성능 측정 방법을 ***k*-겹 교차 검증**[*k*-fold cross validation이라 한다. 극단적으로 $k = N$으로 하면 매번 한 개의 샘플로 테스트를 하는 셈이 된다. 이런 경우를 하나 남기기leave-one-out 또는 잭 나이프jackknife 기법이라고 한다.

알고리즘 12.1은 교차 검증 기법을 가상 코드로 작성한 것이다. 이 알고리즘의 출력은 성능 q인데 이것을 측정하는 척도는 상황에 따라 정하면 된다. 예를 들어 분류기의 정인식률일 수도 있고 검출 응용이라면 재현률일 수도 있다.

알고리즘 12.1 교차 검증

입력: 분류기 c, 훈련 집합 $X = \{(\mathbf{x}_1, t_1), (\mathbf{x}_2, t_2), \cdots, (\mathbf{x}_N, t_N)\}$, k $(2 \le k \le N)$

출력: 성능 q

1. X를 k개의 부분 집합으로 등분하고 그들을 $X_1, X_2, \cdots, X_k$라 한다.
2. **for** (i =1 **to** k) {
3. $\quad X' = \cup_{j=1, j \neq i}^{k} X_j$로 c를 학습시킨다.
4. $\quad X_i$로 c의 성능을 측정하여 q_i라 한다.
5. }
6. $q = (q_1 + \cdots + q_k)/k$;

교차 검증을 사용하는 상황을 두 가지로 나눌 수 있다. 하나는 샘플 집합이 하나뿐인데 그것을 훈련과 테스트 집합으로 나누어 써야 하는 경우이다. 두 번째 상황은 훈련 집합과 테스트 집합이 별도로 준비되어 있는데 모델 선택을 위해 검증 집합이 필요할 때이다. 이때는 훈련 집합을 k겹 교차하여 훈련과 검증 목적으로 사용하면 된다. 교차 검증은 가지고 있는 샘플의 대부분을 학습에 쓸 수 있다는 면에서 매력적이다. 특히 k가 N에 가까워질수록 더욱 그렇다. 하지만 k가 커짐에 따라 계산 시간이 많아지는 부담을 감수해야 한다.

부트스트랩

부트스트랩bootstrap 기법은 중복을 허용한다. N개의 샘플을 가진 샘플 집합 X가 있다고 하자. 집합 X에서 N개의 샘플을 임의로 뽑는다. 이때 한 번에 하나씩 뽑는데 뽑은 샘플은 다시 집어넣는다. 따라서 어떤 샘플은 두 번 이상 뽑히고 어떤 샘플은 한 번도 안 뽑힐 수도 있다. 이렇게 얻은 샘플 집합을 X_1이라 표기하자. 이러한 샘플링 작업을 독립적으로 T번 수행하여 $X_1, X_2, \cdots, X_T$를 만든다. 이들을 이용하여 성능을

T번 측정하고 그 결과를 평균한 값을 최종 성능으로 취한다. 이렇게 구한 값은 통계적으로 보다 신뢰도가 높다고 볼 수 있다.

알고리즘 12.2는 부트스트랩 기법을 가상 코드로 작성한 것이다. 라인 2에서 대치를 허용한다는 말은 뽑은 샘플을 다시 집어 넣는다는 뜻이다.

알고리즘 12.2 부트스트랩

입력: 분류기 c, 훈련 집합 $X = \{(\mathbf{x}_1, t_1), (\mathbf{x}_2, t_2), \cdots, (\mathbf{x}_N, t_N)\}$, 반복 횟수 T

출력: 성능 q

1. **for** (t =1 **to** T) {
2. $\quad$ X에서 임의로 N개의 샘플을 뽑아 X_t라 한다. 이때 대치를 허용한다.
3. $\quad$ X_t로 분류기 c를 학습시킨다.
4. $\quad$ $X - X_t$로 c의 성능을 측정하여 q_t라 한다.
5. }
6. $q = (q_1 + \cdots + q_T)/T;$

부트스트랩 기법의 실제 활용은 여러 형태가 있을 수 있다. 샘플 집합이 하나뿐인 상황에서는 라인 3에서 X_t로 분류기를 학습하고, 라인 4에서 $X - X_t$(즉 샘플링 과정에서 X_t에 포함되지 않은 샘플의 집합)를 가지고 테스트를 수행한다. 알고리즘 12.2는 이런 상황에 맞는 버전이다. 훈련 집합 X^{train}과 테스트 집합 X^{test}가 별도로 준비된 상황에서는 라인 2~3은 X^{train}으로 수행하고 라인 4는 X^{test}를 가지고 하면 된다. 코드가 아래와 같이 바뀌어야 한다. 라인 4에서 X^{test} 대신 $X^{\text{test}} \cup (X^{\text{train}} - X_t)$를 사용할 수도 있다.

2. X^{train}에서 임의로 N개의 샘플을 뽑아 X_t라 한다. 이때 대치를 허용한다.
3. X_t로 분류기 c를 학습시킨다.
4. X^{test}로 c의 성능을 측정하여 q_t라 한다.

부트스트랩은 분류기 성능 측정이라는 목적으로만 사용되는 것은 아니다. 패턴인식을 벗어난 다른 여러 분야에서 함수 근사화(회귀)나 각종 통계치 추정 등에 널리 사용되는 일반적인 기법이다.

12.3 혼성 모델의 발상

사람들은 어려운 일을 달성하기 위해 협동하는 경우가 많다. 각자가 가진 서로 다른 능력을 하나로 모아 보다 성공적인 결과를 얻기 위해서이다. 패턴인식에서 **혼성 모델**hybrid model은 이러한 아이디어에서 창안한 것이다. 혼성 모델 아이디어를 실현하기 위해서는 여러 질문에 적절한 답을 해야만 한다. 무엇을 결합할 것인지? 어떻게 결합할 것이지? 왜 결합하는지? 결합 알고리즘은 수학적으로 타당한지? 이러한 문제 의식을 가지고 혼성 모델의 세계로 들어가 보자.

혼성 모델은 패턴인식 분야에서 발생한 가장 최근의 기술 돌파로 간주하는 사람이 적지 않다. 개발자에게는 시스템의 성능을 손쉽게 향상시킬 수 있는 기법으로 인기가 있고 연구자에게는 새로운 아이디어를 창안할 수 있는 여지가 매우 큰 분야로서 인기가 높다. 혼성 모델 중에 가장 활발히 연구되는 주제는 분류기 앙상블classifier ensemble이다. 이에 대한 튜토리얼 논문을 추천한다 [Polikar06]. 분류기 앙상블에 대해 아주 이해하기 쉽고 깔끔하게 정리하였다. 최근 출판된 책도 있다 [Kuncheva05]. 2000년부터 *International Workshop on Multiple Classifier System*이라는 국제 학술대회도 열리고 있다. 패턴인식에 사용되는 혼성 모델을 다각도로 조망한 책도 있다 [Bunke02].

최근에는 군집화 문제를 위한 앙상블 기법도 제안되었다 [Fred05]. 또한 혼성 모델의 적용 분야도 늘어나고 있다. 컴퓨터 비전 분야에서는 물체 추적 [Avidan07], 얼굴 검출 [Zhang04], 에지 검출 [Cho97] 등의 문제에 부스팅 기법을 적용하였다.

12.3.1 동기

어느 도시에서는 소를 광장에 매어 놓고 참가자들에게 체중을 추정하여 적어 내게 하고 실제 체중에 가장 가까운 사람에게 상품을 주는 대회가 있다고 한다. 수백 명이 대회에 참가하는데 그들이 적어낸 숫자들을 평균해 보면 답과 아주 근사하다고 한다. 여럿의 의견을 종합할 때의 힘을 말하고 있다.[96]

사람들은 중요한 의사 결정을 할 때 여러 사람의 의견을 듣는 습성이 있다. 그 효과를 믿기 때문이다. 중한 병에 걸렸을 때 병원을 여러 곳 방문하여 여러 의사의 진단과 처방을 들은 후 최종 결정을 한다. 중요한 역할을 맡길 사람을 채용할 때는 주위에서 여러 사람의 의견을 듣고 결정한다. 이와 비슷한 사례는 얼마든지 있다. 의사 결정하는 과정에는 명망이 높은 사람의 의견에 더 큰 비중을 두기도 한다. 출연자가

[96] 신영복 교수가 강연할 때 종종 들려주는 이야기이다.

정답을 모를 때 시청자를 대상으로 실시간으로 의견 조사할 기회를 한 번 주는 TV 퀴즈 프로그램이 있다. 이때 출연자는 대부분 곤경을 면한다. 재미난 발상이다.

이러한 방식을 패턴인식에 적용할 수는 없을까? 혼성 모델은 이러한 동기에서 탄생하였다. 협동하는 방식이 여럿 있는데 [그림 12.3]은 그중 대표적인 두 가지를 보여준다. 첫 번째는 같은 문제에 대해 서로 다른 여러 알고리즘이 해를 구하고, 결합 알고리즘이 그들을 결합하여 최종 해를 만드는 방식이다. 여러 개의 분류기를 만들고 그들의 출력을 결합하는 다중 분류기 방법이 여기에 속한다. [그림 12.3(a)]가 이 방식을 설명한다. 두 번째는 연산 공유operation sharing 방식이다. 해를 구하는데 두 개 이상의 알고리즘이 개입하는 방식이다. 예를 들어 유전 알고리즘과 순차 탐색 알고리즘이 협력하는 방식이다. 보통 유전 알고리즘이 순차 탐색 알고리즘의 지역 탐색 연산을 빌려다 쓴다.[97] 또 다른 예로 신경망이 퍼지 연산을 빌려다 쓰는 방식을 들 수 있다.

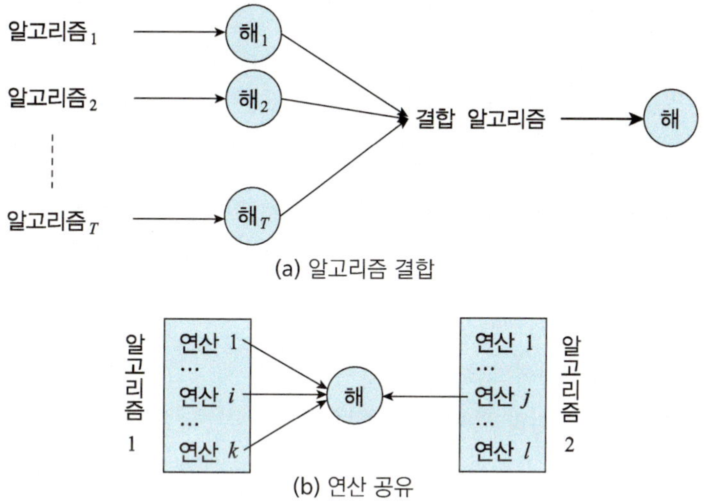

그림 12.3 혼성 모델의 유형

이 책은 [그림 12.3(a)]의 알고리즘 결합 방식을 주로 다룬다. 패턴인식에서는 이러한 방식이 여러 가지 이름으로 알려져 있다. 대표적으로 다중 분류기 결합multiple classifier combination, 다중 분류기 시스템multiple classifier system, 전문가 위원회committee of experts, 전문가 혼합mixture of experts, 분류기 풀classifier pool, 분류기 앙상블classifier ensemble 등이 있다. 이 책은 분류기 앙상블이라는 용어를 주로 사용할 것이다.

분류기 앙상블에서 중요한 개념 중의 하나는 **다양성**diversity이다. 극단적으로 앙상블

[97] 이러한 유전 알고리즘을 혼성 유전 알고리즘hybrid genetic algorithm이라 한다. 혼성 유전 알고리즘은 단순 유전 알고리즘에 비해 대부분 성능이 좋다고 알려져 있다. 12.6.2절에서 다룬다.

에 참여한 분류기가 모두 같은 분류 결과를 출력한다면 결합에 의해 얻는 이득은 전혀 없게 된다. 그들의 분류 결과에 있어 다양성이 보장되어야 한다. 어떤 분류기가 틀리는 샘플을 다른 분류기는 맞히는 그런 경향을 내포하고 있어야만 한다.

분류기 앙상블 아이디어는 1990년대 꽃을 피웠다. 현재는 패턴인식 시스템을 개발할 때 대부분 사용하고 있다. 역사는 1970년대로 거슬러 올라갈 수 있다. 튜토리얼 논문 [Polikar06]은 1979년도의 논문 [Dasarathy79]를 최초의 것으로 소개하고 있다. 그들은 부류별로 서로 다른 분류 알고리즘과 서로 다른 특징 공간을 사용하는 것이 효과적일 수 있다는 생각을 착안하였다. 실증적인 목적으로 선형 분류기와 최근접(*k*-NN) 분류기를 결합하는 알고리즘과 실험 결과를 제시하였다. 그들은 이 아이디어를 복합 분류기 시스템composite classifier system이라고 이름 붙였다.

1984년에 기계 학습의 새로운 모델로 PAC(probably approximately correct) 학습 모델이 제안되었다 [Valiant84]. 곧 이어 향후 혼성 모델 연구에 큰 영향을 끼치는 독창적인 질문이 나온다 [Kearns94]. "임의 짐작random guessing보다 약간 나은 약한weak 학습 알고리즘을 원하는 정확도의 강한strong 학습 알고리즘으로 끌어올릴boosting 수 있는가?"[98] 1980년대 후반에 이러한 질문에 영감을 얻어 패턴인식 분야에 큰 영향을 미치는 부스팅 알고리즘이 개발된다 [Freund99, Schapire01].

분류기 앙상블은 1990년대에 패턴인식 연구의 중요한 한 축을 담당하게 되고 가장 활발한 연구 분야 중의 하나가 된다. 전체를 조망하는 논문으로 [Polikar06, Ho02]를 추천한다.

[그림 12.4]에서 보는 바와 같이 분류기 앙상블을 구현하기 위해서는 크게 세 가지 문제를 다루어야 한다. 먼저 앙상블이라 부르는 다중 분류기를 생성해야 한다. 이들 중에 특히 효과적인 분류기 부분 집합을 선택하는 앙상블 선택은 선택적으로 수행할 수 있다. 앙상블 결합은 다중 분류기의 출력을 하나로 결합하는 역할을 한다. 12.4절은 앙상블 생성, 12.5절은 앙상블 결합, 그리고 12.6절은 앙상블 선택에 대해 설명한다.

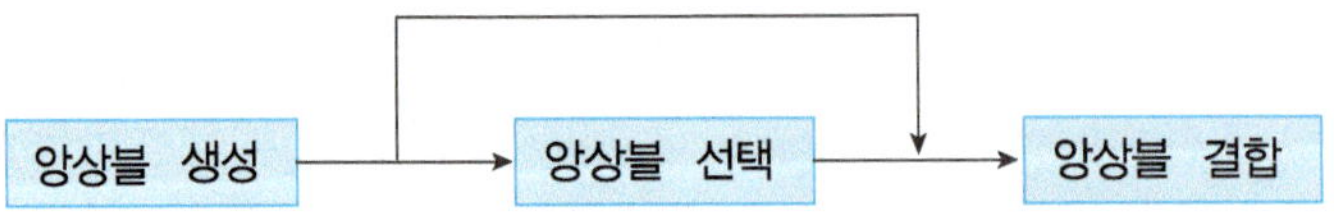

그림 12.4 분류기 앙상블 시스템의 세 가지 문제

[98] 임의 짐작이란 주어진 패턴을 임의의 부류로 분류하는 것을 뜻한다.

12.3.2 이유

패턴인식 시스템을 설계할 때 앙상블 시스템 도입을 검토하는 것은 이제 특별한 생각이 아니다. 개발 현장에서 기본 요소로 간주하고 있는 것이다. 이러한 인기에 대한 몇 가지 이유가 있다. 이러한 이유를 알면 앙상블 시스템을 보다 잘 이해할 수 있게 된다.

첫째, 나쁜 운을 피할 수 있다. 현장에 사용할 시스템을 설계하는 데 있어 최적의 분류기 모델과 매개변수를 찾는 것은 결코 쉬운 일이 아니다. 예를 들어 MLP를 분류 알고리즘으로 채택하였을 때 최적의 아키텍처를 설계하고 학습 알고리즘으로 최적의 가중치를 찾는 것은 많은 시행 착오를 필요로 한다. 무수히 많은 형태의 아키텍처가 있다. 또한 대표적인 오류 역전파 학습 알고리즘은 지역 최적 점에 빠지는 한계가 있으므로 초기 값을 다르게 하여 여러 번 학습을 시도할 필요가 있다. 또한 최적을 찾았는지 판정하는 기준도 없다. 따라서 최적의 MLP 하나를 찾으려는 노력은 실패할 위험성이 결코 낮지 않다. 경험이 많지 않은 설계자라면 운이 나쁜 경우 이러한 시행착오에도 불구하고 열등한 MLP를 선택하고 끝나 버릴 가능성도 있다. 반면 다양한 아키텍처의 MLP를 학습시키고 그들의 출력을 결합하여 그것을 최종 분류 결과로 사용한다면 비교적 만족할 만한 성능을 기대할 수 있다. 앙상블 시스템에서는 경험이 일천한 설계자라도 웬만한 정도의 성능을 쉽게 만들어 낼 수 있다.

둘째, 성능 향상을 꾀할 수 있다. 기존 시스템은 아주 정교한 설계를 통해 우수한 분류기를 여러 개 만들고 그 중에서 왕중왕 하나를 채택한다. 이때 채택되지 않은 분류기는 모두 버린다. 아깝다. 반면 앙상블 시스템은 이들 분류기를 모두 활용한다. 많은 실험 연구가 앙상블 시스템은 가장 우수한 단일 분류기보다 우수한 성능을 보인다고 입증하였다. 왕중왕보다 앙상블을 사용하는 것이 현명하다.

셋째, 데이터 양에 따른 어려움을 극복할 수 있다. 먼저 데이터 양이 부족한 경우에 대해 생각해 보자. 실제로 생물 정보학, 의학 분야 등은 살아 있는 생물을 대상으로 하므로 충분한 양의 데이터를 수집하기가 어려운 상황이 적지 않게 발생한다. 이러한 경우에 아무리 훌륭한 분류 알고리즘이라 하더라도 만족스러운 일반화 능력은 본질적으로 불가능하다. 이런 상황에서는 같은 샘플을 여러 번 사용하는 배깅이나 부스팅 같은 재샘플링 기법이 큰 효과를 발휘한다. 반대로 데이터 양이 너무 많은 경우도 있다. 웹에서는 매일매일 새로 발생하는 문서가 엄청나다. 이런 상황에서 하나의 분류기로 문서를 분류하고자 하는 시도는 무모할 수 있다. 앙상블이 이런 문제에 매우 효과적일 수 있다.

넷째, 데이터 질에 따른 어려움을 극복할 수 있다. 현장에서 수집한 데이터베이스라

할지라도 현장 도메인을 충분히 대표하지 못하는 경우가 있다. 이런 상황에서 구현한 단일 분류기를 현장에 투입하면 당연히 낮은 성능밖에 얻을 수 없다. 앙상블 시스템을 사용하면 어느 정도 어려움을 극복할 수 있다.

다섯째, 다중 센서 시스템에서 효과적이다. 예를 들어 병원에서 진단용으로 여러 종류의 의료 영상을 촬영하기도 하고 다른 종류의 검사를 실행했다고 하자. 단일 분류기에서는 영상에서 추출한 특징과 각종 검사에서 얻은 데이터를 하나의 특징 벡터로 결합한 후 분류기를 만들어야만 한다. 데이터 융합data fusion이 맨 처음 단계에서 발생해야만 하는 것이다. 데이터들은 표현뿐만 아니라 내용에서도 차이가 있을 수 있는데 너무 일찍 융합하면 여러 가지 검사를 한 취지가 사라져 버릴 수 있다. 앙상블 시스템을 도입하여 검사 데이터마다 별도의 분류기를 만들면 원하는 시점에서 융합을 꾀할 수 있다.

여섯째, 결정 경계가 너무 복잡한 경우에 효과적일 수 있다. 이런 경우는 하나의 분류기로 특징 공간을 효과적으로 분할하기가 어렵다. 여러 분류기가 경계의 서로 다른 부분을 담당하는 방식으로 문제를 풀 수 있다. 일종의 분할 정복divide-and-conquer 기법으로 볼 수 있다.

일곱째, 점진 학습incremental learning이 가능하다. 어떤 상황에서는 데이터베이스가 시간이 지남에 따라 점진적으로 커진다. 웹이 대표적이다. 때로는 새로운 부류가 생기기도 한다. 웹 디렉토리에 새로운 항목을 추가하는 경우가 이에 해당한다. 이런 상황에서 기존 분류기를 버리고 전체 데이터를 가지고 새로운 분류기를 만드는 접근 방법은 현실적으로 무리일 수 있다. 대신 새로 발생한 데이터와 새로 생긴 부류를 처리할 수 있는 분류기를 만들고 이것을 기존 앙상블에 추가하는 방식의 점진 학습이 효과적일 수 있다.

12.4 앙상블 생성

앙상블 시스템 설계의 첫 번째 작업은 앙상블(다중 분류기)의 생성이다. 앙상블 생성을 위한 가장 대표적인 방법으로 훈련 집합을 재샘플링하는 기법이 있다. 재샘플링에는 대표적으로 배깅과 부스팅이 있다.[99] 앙상블을 구성하는 분류기 각각은 결합 과정에서 하나의 요소로 작용하기 때문에 요소 분류기component classifier 또는 기초 분류기base classifier라고 부른다.

[99] 12.2절에서는 성능 측정의 신뢰도를 높이려는 목적으로 재샘플링을 활용하였다. 이 절에서는 분류기 앙상블을 만들 목적으로 재샘플링을 활용한다.

서로 다른 분류 알고리즘을 사용하는 방식도 있다. 예를 들어 MLP, SVM, k-NN의 세 종류의 분류기를 만들어 앙상블을 구축할 수 있다. 더 나아가 이들 세 가지 알고리즘 각각에 대해 적절한 앙상블 생성 방법으로 T개의 분류기를 만든다면 총 $3T$개의 요소 분류기를 갖는 앙상블을 만들 수 있다. 또 다른 대안으로 특징 벡터의 부분 공간을 사용하는 방법도 있다. 이 방법에서는 서로 다른 특징 부분 집합을 T개 만들고 각각의 부분 집합에 대해 하나의 분류기를 만든다. 예를 들어 호Ho는 이런 기법으로 결정 트리 앙상블을 만들고 그것을 결정 숲decision forest이라 이름 붙였다 [Ho98].

앙상블을 구성하는 분류기는 다양해야 한다. 그렇지 않다면 아무리 좋은 결합 알고리즘을 사용한다 해도 성능 향상 효과를 기대하기 어렵다. 하지만 앙상블 생성은 여기에서 소개하는 바와 같이 대부분 휴리스틱한 방법을 사용한다. 따라서 다양성 측면에서 최적의 앙상블을 생성한다고 말할 수 없다. 12.6절의 앙상블 선택에서는 주어진 분류기 집합으로부터 최적의 다양성을 갖는 앙상블을 선택하는 문제를 다룬다.

12.4.2절에서 소개할 부스팅의 성능 우수성이 여러 응용에서 입증되었다. 따라서 부스팅은 현재 가장 널리 활용되는 혼성 모델로 볼 수 있다. 부스팅에는 여러 변종이 있는데 그 중에서 특히 에이다부스트가 널리 쓰인다.

12.4.1 배깅

배깅bagging은 12.2절의 부트스트랩을 다중 분류기 생성 기법으로 확장하였다고 보면 된다. 이름도 부트스트랩을 확장한 **b**ootstrap **agg**regat**ing**에서 유래하였다. 부트스트랩으로 T개의 샘플 집합 $X_1, X_2, \cdots, X_T$를 얻었다고 하자. 배깅은 X_t를 훈련 집합으로 사용하여 분류기 c_t를 만든다. 이러한 분류기 학습을 $1 \le t \le T$에 대해 독립적으로 수행하여 T개의 분류기를 만든다. 이때 분류 알고리즘은 어떤 것이라도 좋다. MLP일 수도 있고 트리 분류기일 수도 있다.

이러한 과정을 가상 코드로 정리하면 알고리즘 12.3이 된다. 배깅의 출력은 다중 분류기 집합, 즉 분류기 앙상블이다. 라인 5에서 대치를 허용한다는 말은 뽑은 것을 다시 집어 넣는다는 뜻이다. 멈춤 조건은 T를 고정시켜 놓고 루프를 T번 돌 수도 있고 분류기 앙상블의 결합 성능이 어느 정도 이상이면 멈추게 할 수도 있다.

이렇게 만든 분류기 앙상블을 투표와 같은 방법으로 결합하면 된다. 투표 이외의 여러 가지 결합 방법은 12.5절에서 소개한다. 배깅은 아주 단순함에도 불구하고 뛰어난 성능 향상을 보여 준다는 장점을 가진다. 하지만 보다 전략적인 재샘플링 연산을 사용하는 부스팅에 비하면 대체적으로 성능 향상이 떨어진다.

알고리즘 12.3 배깅

입력: 훈련 집합 $X = \{(\mathbf{x}_1, t_1), (\mathbf{x}_2, t_2), \cdots, (\mathbf{x}_N, t_N)\}$, 샘플링 비율 p $(0 < p \le 1)$

출력: 분류기 앙상블 $C = \{c_t, 1 \le t \le T\}$

1. $t = 0$;
2. $C = \phi$;
3. **repeat** {
4. $\quad t$++;
5. $\quad X$에서 임의로 pN개의 샘플을 뽑아 X_t라 한다. 이때 대치를 허용한다.
6. $\quad X_t$로 분류기 c_t를 학습시킨다.
7. $\quad C = C \cup c_t$;
8. } **until** (멈춤 조건);

배깅은 트리 분류기 CART를 개발한 레오 브레이만Leo Breiman이 제안하였다 [Breiman96b]. 그는 트리 분류기와 같이 불안정성을 보이는 분류기에 큰 효과를 발휘한다는 실험 결과를 제시하였다. 그 이유는 훈련 집합이 달라지면 차이가 큰 트리가 만들어져 다양성이 확보되기 때문이다. k-NN 같은 안정적인 분류기에서는 성능 향상이 상대적으로 적다.

12.4.2 부스팅

부스팅boosting은 배깅에 비해 보다 정교한 재샘플링 연산을 사용한다. 부스팅에서는 t번째 분류기 c_t와 그 다음의 c_{t+1}이 서로 연관성을 가지고 만들어진다. (배깅에서는 이들이 독립적으로 만들어졌다.) X의 샘플은 분류기 c_t가 맞히는 것과 틀리는 것으로 나눌 수 있다. 맞힌 샘플은 이제 인식이 가능해졌으므로 가중치를 낮추어도 된다. 하지만 틀린 샘플은 여전히 '까다로운' 상대이므로 가중치를 높여 준다. 이 가중치는 $t+1$번째 샘플 집합을 뽑는 데 중요한 역할을 한다. 즉 가중치가 높은 샘플이 뽑힐 가능성을 높게 조절하는 정책을 사용한다. 부스팅에서는 대치를 허용하지 않는다. 즉 한 번 뽑힌 샘플은 다시 뽑히지 않는다.

알고리즘 12.4 에이다부스트

입력: 훈련 집합 $X = \{(\mathbf{x}_1, t_1), (\mathbf{x}_2, t_2), \cdots, (\mathbf{x}_N, t_N)\}$

출력: 분류기 앙상블 $C = \{c_t, 1 \leq t \leq T\}$, 분류기 신뢰도 α_t, $1 \leq t \leq T$

1. $t = 1$;
2. $C = \phi$;
3. **for** (j =1 **to** N) $w_t(j) = 1/N$; // 처음에는 같은 가중치를 줌
4. **repeat** {
5. $\quad w_t$를 감안하여 분류기 c_t를 학습시킨다. // 가중치가 큰 샘플을 보다 중요시함
6. $\quad \varepsilon_t = 0$;
7. $\quad$**for** (j =1 **to** N) **if** $(c_t(\mathbf{x}_j) \neq t_j)\ \varepsilon_t = \varepsilon_t + w_t(j)$; // 오류(틀린 샘플의 가중치 합) 계산
8. $\quad$**if** $(\varepsilon_t < 0.5)$ { // 0.5보다 작은 경우만 분류기 c_t를 취함
9. $\qquad \alpha_t = \frac{1}{2}\ln\left(\frac{1-\varepsilon_t}{\varepsilon_t}\right)$; // 분류기 c_t의 신뢰도
10. $\qquad$**for** (j =1 **to** N)
11. $\qquad\quad$**if** $(c_t(\mathbf{x}_j) \neq t_j)\ w_{t+1}(j) = w_t(j) * e^{\alpha_t}$; // 틀린 샘플의 가중치 높임
12. $\qquad\quad$**else** $w_{t+1}(j) = w_t(j) * e^{-\alpha_t}$; // 맞힌 샘플의 가중치 낮춤
13. $\qquad sum = \sum_{j=1}^{N} w_{t+1}(j)$;
14. $\qquad$**for** (j =1 **to** N) $w_{t+1}(j) = w_{t+1}(j)/sum$; // 가중치 정규화
15. $\qquad C = C \cup c_t$;
16. $\qquad t$++;
17. $\quad$}
18. } **until** (멈춤 조건);
19. $T = t - 1$;

이러한 기본 원칙을 지키는 여러 버전의 부스팅 알고리즘이 있다. 여기에서는 그들 중 가장 널리 사용되는 에이다부스트AdaBoost 알고리즘을 제시한다.[100] 알고리즘 12.4는 에이다부스트 알고리즘이다. 라인 3에서 모든 샘플에게 같은 가중치를 주고 출발

[100] Adaptive Boosting에서 유래한 조어이다.

한다. 이후 루프를 도는데 이 루프의 핵심은 라인 5와 라인 10~12의 가중치 관리에 있다. 라인 5에서 '가중치 w_t를 감안하여' 분류기 c_t를 학습시키는데 기본적으로 지켜야 하는 원칙은 가중치가 큰 샘플을 보다 잘 맞히도록 c_t를 학습시키는 것이다. 가중치가 큰 샘플을 보다 중요하게 취급하는 것이다. 이 원칙을 구현하는 방법은 여러 가지가 있을 수 있는데 구체적인 방법 두 가지를 뒤에서 설명한다. 라인 6~7은 틀린 샘플에 대해 오류의 합을 구한다. 이때 틀린 샘플의 가중치를 더함으로써 가중치가 큰 샘플을 틀리면 더 큰 오류가 발생한 효과를 준다. 라인 8에서는 오류가 0.5보다 크면 약한 분류기조차도 안 된다고 보고 무시한다.

라인 9는 분류기 c_t의 신뢰도를 계산한다. 이때 사용하는 식은 오류 ε_t가 작은 것에 더 큰 신뢰도를 부여한다. 로그를 취하여 값의 범위가 너무 커지지 않게 조절한다. 신뢰도 α_t는 알고리즘의 출력으로서 나중에 미지의 패턴을 인식하는 데 중요한 역할을 한다. 앞에서 말한 바와 같이 라인 10~12는 라인 5와 함께 에이다부스트의 핵심을 이룬다. 라인 10~12는 샘플들의 가중치를 조절해 준다. 맞힌 샘플은 가중치를 낮추어 주고 틀린 샘플은 높여 준다. 이렇게 함으로써 틀린 샘플이 다음 루프의 학습 과정(라인 5)에서 보다 중요하게 취급되도록 배려한다. 라인 13~14는 가중치 합이 1이 되도록 정규화한다. 배깅과 마찬가지로 멈춤 조건은 T를 고정시켜 놓고 루프를 T번 돌 수도 있고 분류기 앙상블의 결합 성능이 어느 정도 이상이면 멈추게 할 수도 있다.

알고리즘 12.4의 설명 중에 빠진 것은 라인 5의 학습 과정이다. 가장 중요한 부분이 남아있는 셈이다. 여기에서는 라인 5를 구현하는 두 가지 방법을 제시한다. 어떤 경우이던 가중치가 큰 샘플을 보다 잘 맞히도록 c_t를 학습시키는 원칙을 지켜야 한다. 아래 코드가 설명하는 첫 번째 방법에서는 재샘플링 과정에서 이 원칙을 지킨다. p는 샘플링 비율로서 배깅과 마찬가지로 알고리즘의 입력으로 주어야 한다. 라인 5.1에서 '$\mathbf{x}_j$가 뽑힐 확률이 $w_t(j)$가 되도록' 하려면 11장의 유전 알고리즘에서 사용하였던 룰렛 휠 기법을 쓰면 된다. 단순히 가중치를 [그림 11.14]의 적합도로 간주하면 된다.

5. // w_t를 감안하여 분류기 c_t를 학습시킨다. (가중치가 큰 샘플을 보다 중요시함)
    5.1 X에서 pN개의 샘플을 뽑아 X_t라 한다. 이때 $\mathbf{x}_j$가 뽑힐 확률이 $w_t(j)$가 되도록 한다. 대치는 허용하지 않는다.
    5.2 X_t로 c_t를 학습시킨다.

라인 5의 학습 과정을 구현하는 두 번째 방법은 X 전체를 사용하되 학습 알고리즘이 가중치를 고려하도록 배려하는 것이다. 즉 아래 코드에서 보는 바와 같이 분류기

c_t가 틀리는 샘플의 가중치 합 ε_t를 비용 함수로 간주하고 이것을 최소화하는 학습 알고리즘을 사용하는 것이다. 이러한 학습 알고리즘을 어떻게 설계할지는 연습 문제로 남겨 둔다.

5. $\varepsilon_t = \sum_{j=1,\ c_t(\mathbf{x}_j) \neq t_j}^{N} w_t(j)$가 최소가 되도록 c_t를 학습시킨다.

에이다부스트는 분류기 앙상블 C와 그것을 구성하는 분류기 각각의 신뢰도 α_t, $1 \le t \le T$를 출력한다. 따라서 앙상블 결합은 단순한 다수 투표 방식이 아니라 신뢰도가 높은 분류기에 비중을 더 주는 가중 다수 투표weighted majority voting 방식을 사용한다. 앙상블 결합 방식은 12.5절을 참조하라. 가중 다수 투표 방식을 사용한다는 점이 에이다부스트가 배깅에 비해 우수한 요인 중의 하나이다. 에이다부스트의 또 다른 강점은 분류기들이 상호 보완적이라는 데서 찾을 수 있다. c_t의 약점을 c_{t+1}이 보완해 주는 것이다.

지금까지 재샘플링 기법으로 교차 검증, 부트스트랩, 배깅, 그리고 부스팅의 네 가지를 소개하였다. 이들은 대치를 허용하는지 여부와 어디에 쓰이는지에 따라 표 12.1과 같이 구분할 수 있다.

표 12.1 재샘플링 기법의 구분

	대치 허용 안 함	대치 허용함
성능 평가에 쓰임	교차 검증	부트스트랩
앙상블 생성에 쓰임	부스팅	배깅

이들 네 가지 알고리즘은 모두 11.5절에서 설명한 메타 휴리스틱이다. 왜냐하면 이들 알고리즘의 여러 연산이 다른 알고리즘을 포함하고 있기 때문이다. 예를 들어 이들 모두 분류기 학습이라는 연산을 포함한다. 이 학습 연산은 어떤 한 가지 학습 알고리즘으로 고정되어 있지 않고 상황에 따라 적절한 것을 선택하여 사용하면 된다.

12.5 앙상블 결합

앙상블 결합은 다중 분류기의 출력을 결합하여 하나의 분류 결과를 만드는 과정을 일컫는다. 따라서 요소 분류기의 출력 특성에 대해 먼저 살펴보아야 한다. 요소 분류기의 출력은 아래 세 가지 형태 중의 하나를 취한다. 부류의 개수는 M이라 한다. i번째 부류는 ω_i로 표기하며 혼돈 우려가 없는 경우 편의상 i로 표기하기도 한다.

1. **부류 표지**class label: 패턴 $\mathbf{x}$는 ω_i에 속한다. 이것을 표지 벡터 $\mathbf{L} = (l_1, l_2, \cdots, l_M)^{\mathrm{T}}$으로 표현할 수 있다. l_i는 1이고 나머지 l_j, $j \neq i$는 0이다.

2. **부류 순위**class ranking: 패턴 $\mathbf{x}$가 ω_i에 속할 가능성의 순위는 r_i이다. 이것을 모든 부류에 대해 쓰면 순위 벡터 $\mathbf{R} = (r_1, r_2, \cdots, r_M)^T$이 된다. r_i는 $[1, M]$ 사이의 정수이며 $i \neq j$에 대해 $r_i \neq r_j$이어야 한다.

3. **부류 확률**class probability: 패턴 $\mathbf{x}$가 ω_i에 속할 확률은 p_i이다. 이것을 모든 부류에 대해 쓰면 확률 벡터 $\mathbf{P} = (p_1, p_2, \cdots, p_M)^T$이 된다. p_i는 $[0, 1]$ 사이의 실수이며 $\sum_{i=1,M} p_i = 1$이어야 한다.

2장의 베이지안 분류기는 엄밀한 의미의 부류 확률을 출력한다. 4장의 신경망과 5장의 SVM은 부류 별로 실수 값을 출력한다. 이것을 출력 벡터 $\mathbf{O} = (o_1, o_2, \cdots, o_M)^T$으로 쓸 수 있다. 하지만 o_i는 확률이 아니고 단지 느슨한 의미에서 i번째 부류에 속할 신뢰도 정도로 해석할 수 있다. 이 신뢰도는 본질적으로 확률이 아니므로 엄밀한 의미의 확률로 변환하는 것은 불가능하다. 단지 적절한 변환을 수행하고 그 결과를 확률로 간주하는 것은 가능하다. 대표적인 방법이 (12.2)의 softmax 함수이다. 이 함수로 얻은 값은 확률이 만족해야 하는 조건, 즉 p_i는 $[0, 1]$ 사이의 실수이며 $\sum_{i=1,M} p_i = 1$을 만족한다.

$$p_i = softmax(o_i) = \frac{e^{o_i}}{\sum_{j=1}^{M} e^{o_j}} \tag{12.2}$$

부류 확률은 쉽게 부류 순위와 부류 표지로 바꿀 수 있다. 또한 부류 순위도 분류 표지로 바꿀 수 있다. 하지만 반대의 과정은 불가능하다.

예제 12.1 부류 표지, 부류 순위, 그리고 부류 확률

부류의 개수가 $M = 5$라 하자. MLP가 $\mathbf{x}$라는 미지의 패턴에 대해 아래와 같은 벡터를 출력했다고 하자.

$$\mathbf{O} = (0.001, 0.0, 0.2, 0.75, 0.1)^T$$

이것을 순위 벡터로 변환하면 $\mathbf{R} = (4, 5, 2, 1, 3)^T$이 된다. 또한 네 번째 부류의 출력이 최대이므로 부류 표지 형태의 출력은 ω_4가 되고 벡터 형태로 표현하면 $\mathbf{L} = (0, 0, 0, 1, 0)^T$이 된다.

MLP 출력 $\mathbf{O}$를 softmax 함수로 확률 형태로 변환해 보자. 첫 번째 부류의 확률 p_1은 아래와 같이 계산할 수 있다.

$$p_1 = \frac{e^{0.001}}{e^{0.001} + e^{0.0} + e^{0.2} + e^{0.75} + e^{0.1}} = 0.15532$$

나머지에 대해서도 계산해 보면 아래와 같은 확률 벡터를 얻게 된다.

$$\mathbf{P} = (0.15532, 0.15517, 0.18952, 0.32849, 0.17149)^{\mathrm{T}}$$

앙상블 결합 알고리즘에 대한 공부를 시작하기 전에 살펴둘 것이 하나 더 있다. 그것은 분류기 c_i를 얼마나 신뢰할 수 있는지를 나타내는 가중치이다. 이 값은 앙상블 생성 알고리즘에 따라 있을 수도 있고 없을 수도 있다. 예를 들어 에이다부스트는 이것을 제공하지만 배깅은 제공하지 않는다. 가중치는 에이다부스트에서처럼 α_t로 표기하자.

12.5.1 부류 표지

이 방법은 부류 표지 벡터 $\mathbf{L} = (l_1, l_2, \cdots, l_M)^{\mathrm{T}}$을 사용하여 다중 분류기를 결합한다.

분류기가 T개 있으므로 표지 벡터가 T개가 있다. 이들을 $\mathbf{L}_1, \mathbf{L}_2, \cdots, \mathbf{L}_T$로 구분하기로 하자. t번째 분류기의 출력은 $\mathbf{L}_t = (l_{t1}, l_{t2}, \cdots, l_{tM})^{\mathrm{T}}$과 같이 표기한다.

다수 투표

다수 투표majority voting는 사람들이 가장 널리 쓰는 의사 결정 방식을 흉내낸 것이다. T명의 유권자와 M명의 후보가 있는 상황에서 유권자는 한 명의 후보에 대해 투표한다. 그리고 최다 득표자를 선출한다. 이것을 수식으로 쓰면 (12.3)과 같다. 미지의 패턴 $\mathbf{x}$를 T개의 분류기로 분류하여 $\mathbf{L}_1, \mathbf{L}_2, \cdots, \mathbf{L}_T$를 구하고 (12.3)으로 q를 결정하여 최종적으로 $\mathbf{x}$를 ω_q로 분류하는 것이다.

$$q = \underset{j=1,M}{\arg\max} \sum_{t=1}^{T} l_{tj} \tag{12.3}$$

(12.3)을 변형한 방식도 생각해 볼 수 있다. 첫째, 과반 득표 방식을 도입할 수 있다. (12.3)으로 결정한 최다 득표자 ω_q의 득표가 과반을 넘는 경우 최종적으로 $\mathbf{x}$를 ω_q로 분류한다. 그렇지 않으면 $\mathbf{x}$를 기각하는 전략을 쓴다. 둘째, ω_q의 득표가 100%일 때만 최종적으로 $\mathbf{x}$를 ω_q로 분류한다. 이러한 최다 득표, 과반 득표, 만장일치 방식은 뒤로 갈수록 보수적인 의사 결정으로 볼 수 있다.

가중 다수 투표

가중 다수 투표 weighted majority voting는 인간 세계의 정치로 치면 비민주적인 방식으로, 유권자마다 표 수가 다른 상황으로 볼 수 있다. 병원에서 의사 결정할 때 명성이 높은 의사가 제시한 의견에 더 큰 비중을 두는 방식으로 간주할 수 있다. 이 방식을 수식으로 쓰면 (12.4)가 된다.

$$q = \underset{j=1,M}{\arg\max} \sum_{t=1}^{T} \alpha_t l_{tj} \tag{12.4}$$

예제 12.2　다수 투표와 가중 다수 투표

부류의 개수가 $M = 3$이고 분류기의 개수는 $T = 5$라 하자. 미지의 패턴 $\mathbf{x}$에 대해 다섯 개의 분류기가 [그림 12.5]와 같은 표지 벡터를 출력했다고 하자.

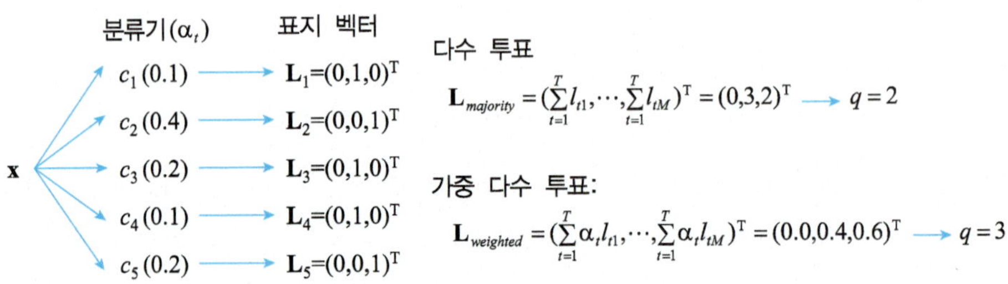

그림 12.5 다수 투표와 가중 다수 투표에서의 의사 결정

다수 투표 알고리즘에서는 두 번째 부류가 최다 득표했으므로 ω_2로 분류한다. 하지만 가중치 α_t를 고려한 경우에는 세 번째 부류가 가장 높은 값을 획득했으므로 ω_3으로 분류한다. 이 결과는 신뢰도가 0.4로 다른 것에 비해 높은 두 번째 분류기 c_2가 ω_3을 선택하였기 때문에 발생한 것으로 볼 수 있다.

행위 지식 공간

다수 투표 방식은 유권자가 후보자 각각에 대해 알고 있는 지식을 고려하지 않았다. 예를 들어 어떤 유권자가 특정 후보에 대해 보다 깊은 사전 지식을 가지고 있을 수 있다. 이러한 상황에서 그런 지식을 고려하면 보다 높은 품질의 의사 결정이 가능할 수 있다. 분류기 결합 문제에서 어떤 분류기가 특정 부류에 대해 보다 신뢰도 높은 분류를 해주는 경우가 있을 수 있다. [그림 12.6]의 혼동 행렬은 이러한 상황을 예시하고 있다. 혼동 행렬은 훈련 집합(또는 검증 집합)으로 만든다. 이들 행렬의 세로 방향은 패턴의 참 부류를 나타내고 가로 방향은 분류기가 출력한 부류이다. 예를 들어 분류기 c_1은 ω_1에 속하는 10개의 샘플 중에서 6개는 ω_1, 1개는 ω_2, 3개는 ω_3으로 분류하였다. 분류기 c_2에서 눈여겨볼 만한 점은 부류 ω_2를 0.9라는 높은 신뢰도로 맞힌다는 사실이다. 또 다른 점은 분류기 c_1과 c_3이 부류 ω_2를 종종 ω_1로 혼동한다는 사실이다.

이러한 상황을 감안한다면 미지의 패턴 $\mathbf{x}$를 세 개의 분류기 c_1, c_2, c_3이 각각 ω_1, ω_2, ω_1로 분류했을 때 최종적인 의사 결정은 어떤 것이 되어야 할까? 앞에서 공부한 다수 투표를 사용한다면 물론 두 표를 얻은 ω_1이 답이 된다. 하지만 앞에서 관찰한 바와 같이 c_2는 부류 ω_2에 높은 신뢰도를 보이고 c_1과 c_3은 ω_2를 ω_1로 혼동하는 경향이 있다는 점을 감안한다면 ω_2를 최종 답으로 취하는 방안도 고려 대상이 될 것이다.

	ω_1	ω_2	ω_3
ω_1	6	1	3
ω_2	4	5	1
ω_3	2	1	7

(a) 분류기 c_1

	ω_1	ω_2	ω_3
ω_1	6	1	3
ω_2	1	9	0
ω_3	0	3	7

(b) 분류기 c_2

	ω_1	ω_2	ω_3
ω_1	6	4	0
ω_2	4	6	0
ω_3	2	2	6

(c) 분류기 c_3

그림 12.6 세 개 분류기의 혼동 행렬(BKS 방법의 필요성)

그렇다면 결합 알고리즘이 이러한 분류기의 특성을 어떻게 감안할 수 있을까? **행위 지식 공간**behavior knowledge space(BKS)은 좋은 방안을 제시한다 [Huang95]. 이 방법은 T개 분류기의 출력 조합을 모두 나열하고 그들에 대해 발생 빈도를 센다. 모든 출력 조합은 M^T개이다. 이 방법은 훈련 과정에서 BKS 표를 구성한다. 이렇게 만든 표는 인식할 때 참조 표lookup table로 활용한다.

[그림 12.7]은 $M = 3$이고 $T = 3$인 경우에 대해 BKS 표를 구하는 과정을 보여 준다. 우선 N개의 훈련 샘플을 T개의 분류기로 인식하여 인식 결과를 얻는다. i번째 훈련 샘플$(\mathbf{x}_i, t_i)$에서 $\mathbf{x}_i$는 특징 벡터이고 t_i는 $\mathbf{x}_i$가 속하는 부류 표지로 ω_1, ω_2, ω_3 중의 하나의 값을 갖는다. 예를 들어 $\mathbf{x}_7$은 ω_2에 속하는데 세 개의 분류기 c_1, c_2, c_3이 각각 ω_1, ω_2, ω_1로 분류하였다. BKS 표는 이렇게 얻은 정보를 가지고 만든다. 이 표의 세로 방향으로는 모든 출력 조합이 나열된다. 따라서 M^T개의 행을 갖는다. 가로 방향은 M개의 부류를 나열한다. [그림 12.7]에서 출력 조합 $\omega_1\omega_2\omega_1$만 살펴보자. 이 조합에 해당하는 샘플은 $\mathbf{x}_2$, $\mathbf{x}_7$, $\mathbf{x}_8$, $\mathbf{x}_9$, $\mathbf{x}_{10}$, $\mathbf{x}_{20}$, $\mathbf{x}_{21}$, $\mathbf{x}_{22}$, $\mathbf{x}_{23}$이다. 이들이 속한 부류를 세어 보면 ω_1이 2개, ω_2가 6개, 그리고 ω_3이 1개이다. 따라서 $\omega_1\omega_2\omega_1$ 행에 2, 6, 1을 채워 둔다.

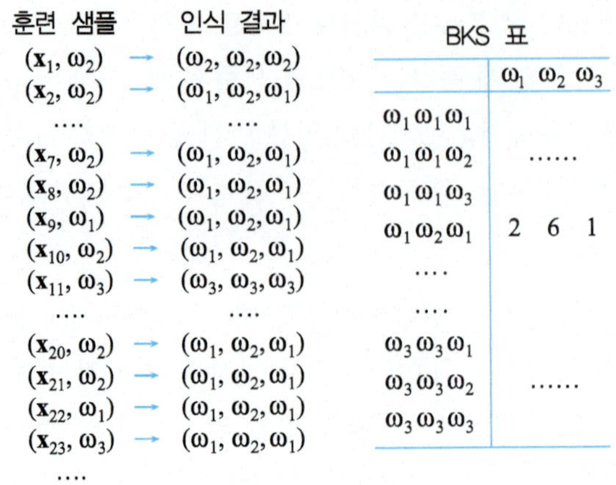

그림 12.7 BKS 표

인식은 아주 간단히 수행된다. 미지의 테스트 패턴 $\mathbf{x}$가 들어 오면 T개의 분류기로 분류하여 출력 조합을 만든다. 이 출력 조합에 해당하는 행을 참조하여 가장 빈도가 높은 부류로 최종 분류하면 된다. 예를 들어 $\mathbf{x}$의 출력 조합이 $\omega_1\omega_2\omega_1$이었다면 BKS 표에 2, 6, 1이 기록되어 있으니까 가장 큰 값을 갖는 ω_2로 최종 분류한다. BKS 방법은 이렇게 부류 표지를 출력할 수도 있고 부류 확률을 출력할 수도 있다. $\omega_1\omega_2\omega_1$ 행의 값이 2, 6, 1이므로 최종 출력을 $\mathbf{P} = (2/9, 6/9, 1/9)^{\mathrm{T}}$로 할 수 있다.

BKS 표는 M^{T+1}개의 요소를 갖는다. 실제 구현에서는 $(T+1)$차원 배열 $LookUp[1 \cdots M]\ [1 \cdots M] \cdots [1 \cdots M]$을 사용해야 한다. 따라서 T에 따라 표의 크기가 기하급수적으로 늘어난다. 또한 BKS 표가 제대로 작동하려면 이들 요소가 충분한 빈도로 채워져야 한다. 따라서 현실적으로 M과 T가 크지 않은 상황에서 충분히 큰 훈련 집합을 가진 경우에 적용이 가능하다.

12.5.2 부류 순위

이제 부류 순위가 주어지는 경우로 생각을 옮겨 보자. 유권자가 가장 좋아하는 한 명의 후보에게 투표하는 것이 아니라 M명의 후보를 선호도에 따라 순위를 매기는 경우에 비유하면 된다. 예제 12.1에서 순위 벡터 $\mathbf{R}$을 다시 살펴보기 바란다.

보르다^Borda 계수

순위 벡터 $\mathbf{R}$에 따라 각 부류에 점수를 부여한다. 이때 높은 순위에 높은 점수를 부여하는 기본 원칙을 지켜야 한다. 이러한 점수 부여 방식에는 여러 가지 변형이 있을 수 있다. 가장 단순한 두 가지 방법을 소개한다. 첫 번째 방법은 r순위에 $M-r$점을 부여한다. 꼴찌는 0점을 받는다. 두 번째 방법은 r순위에 $1/r$점을 부여한다. 예를 들어 t번째 분류기 c_t가 $\mathbf{R}_t = (4, 5, 2, 1, 3)^{\mathrm{T}}$을 출력했다면 첫 번째 방법은 점수 벡터

$\mathbf{S}_t = (1, 0, 3, 4, 2)^\mathrm{T}$가 되고 두 번째 방법에서는 $\mathbf{S}_t = (0.25, 0.2, 0.5, 1, 0.333)^\mathrm{T}$이 된다. 두 번째 방법은 첫 번째 방법에 비해 순위가 높은 부류가 더 유리하다.

보르다 계수 Borda count에 의한 결합은 아주 단순하다. T개 분류기로부터 순위 벡터 $\mathbf{R}_1$, $\mathbf{R}_2, \cdots, \mathbf{R}_T$를 얻은 후 이들을 점수 벡터 $\mathbf{S}_1, \mathbf{S}_2, \cdots, \mathbf{S}_T$로 변환한다. t번째 점수 벡터는 $\mathbf{S}_t = (s_{t1}, s_{t2}, \cdots, s_{tM})^\mathrm{T}$으로 표기한다. 이제 T개의 점수 벡터를 모두 더한 후 가장 큰 값을 갖는 부류 ω_q로 최종 분류한다. 이것을 식으로 쓰면 (12.5)가 된다.

$$q = \arg\max_{j=1,M} \sum_{t=1}^{T} s_{tj} \tag{12.5}$$

보르다 계수는 1770년에 장-샤를 드 보르다Jean Charles de Borda가 제안하였으며 그 후 아주 다양한 곳에서 쓰이고 있다. 슬로베이아를 포함하여 여러 나라가 국회 의원을 선출하는 방법으로 사용하고 있다. 또한 유로비전 송 콘테스트Eurovision Song Contest를 포함하여 각종 경진 대회에서 사용하고 있다. 우리나라 프로야구에서 한국 시리즈 MVP를 뽑을 때도 보르다 계수를 사용하고 있다.

12.5.3 부류 확률

부류 확률 벡터는 순위 벡터와 표지 벡터로 변환할 수 있으므로 가장 일반적인 표현으로 볼 수 있다. 확률은 [0, 1] 사이의 실수이므로 합이나 곱과 같은 연산을 사용하여 결합할 수 있다. t번째 분류기 c_t의 출력을 $\mathbf{P}_t = (p_{t1}, p_{t2}, \cdots, p_{tM})^\mathrm{T}$으로 표기한다.

합, 가중 합, 최소, 최대, 메디언, 그리고 곱 규칙

확률 벡터 $\mathbf{P}_t$, $1 \le t \le T$의 j번째 요소에 대해 (12.6)~(12.11)의 다양한 연산을 정의할 수 있다. 이들을 사용하는 결합 규칙을 각각 합, 가중 합, 최대, 최소, 메디언, 그리고 곱 규칙이라 부른다.

합 $$\beta_j = \sum_{t=1}^{T} p_{tj} \tag{12.6}$$

가중 합 $$\beta_j = \sum_{t=1}^{T} \alpha_t p_{tj} \tag{12.7}$$

최대 $$\beta_j = \max_{t=1,T} p_{tj} \tag{12.8}$$

최소 $$\beta_j = \min_{t=1,T} p_{tj} \tag{12.9}$$

메디언 $$\beta_j = \operatorname{median}_{t=1,T} p_{tj} \tag{12.10}$$

곱 $$\beta_j = \prod_{t=1}^{T} p_{tj} \tag{12.11}$$

(12.6)~(12.11)의 연산 중의 하나로 구한 β_j를 벡터 형태로 쓰면 $\mathbf{B} = (\beta_1, \beta_2, \cdots, \beta_M)^{\mathrm{T}}$이 된다. 이제 벡터 **B**에서 가장 큰 값을 갖는 부류 ω_q로 최종 분류하면 된다. 이것을 식으로 쓰면 (12.12)가 된다.

$$q = \underset{j=1,M}{\arg\max}\ \beta_j \tag{12.12}$$

이들 중 어느 것이 절대적으로 우수하다고 단정할 수 없다. 단 합, 가중 합, 그리고 곱 규칙이 많이 사용된다. 이들 중 곱 규칙은 연산의 특성상 곱에 참여하는 값 하나가 아주 작으면 전체가 매우 작아진다. 따라서 합에 비해 덜 안정적이라 말할 수 있다. 곱 규칙은 분류기의 출력이 매우 신뢰할 수 있는 상황이 아니면 피하는 것이 좋다. 일반적으로 합 규칙을 사용하는 것이 무난하며 분류기의 가중치 α가 주어진 상황이라면 가중 합 규칙을 사용하는 것이 좋다. 이러한 성질은 두 논문에 잘 정리되어 있다 [Fumera05, Kittler98].

예제 12.3 연산 규칙에 따른 분류기 결합

[그림 12.8]은 미지의 패턴 **x**에 대해 다섯 개 분류기의 분류 결과를 확률 벡터로 보이고 있다. 이들 벡터에 대해 여섯 가지 연산에 따라 구한 벡터 **B**와 최종 분류 결과를 보여 주고 있다. 최대 규칙만 제외하고 모두 ω_1로 분류하였다. 최대 규칙은 ω_2로 분류하였다. 곱 규칙은 합 규칙에 비해 부류 간 값 차이가 크게 나는 것을 볼 수 있다.

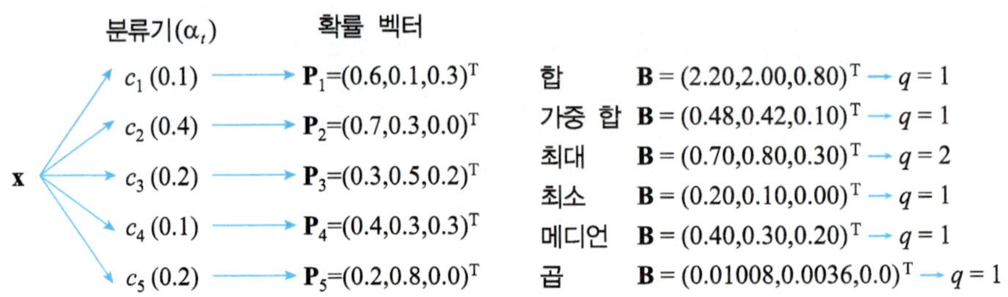

그림 12.8 연산 규칙에 따른 분류기 결합

지금까지 표지 벡터, 순위 벡터, 그리고 확률 벡터의 출력 형태 각각에 대해 여러 결합 알고리즘을 공부하였다. 여기에서 또 본질적인 의문이 발생할 수 있다. 어느 결합 알고리즘이 가장 좋은가? 단일 분류기에서 살펴본 바와 마찬가지로 여기에서도 공짜 점심 없음 정리가 적용된다. 모든 결합 문제에 대해 다른 모든 알고리즘을 능가하는 것은 없는 것이다. 단 일반적인 가이드라인은 부류 확률이 주어지는 상황에서는 합 규칙 또는 가중 합 규칙을 사용하라는 것이다. 물론 가중 합 규칙은 분류기의 신뢰도가 주어지는 경우에만 사용 가능하다. 또한 앙상블 생성은 에이다부스트가 가장 널리 사용되고 있다.

12.6 앙상블 선택

[그림 12.4]는 앙상블 시스템을 구축할 때 풀어야 하는 세 가지 문제와 그들 간의 관계를 보여 주었다. 이 셋 중 앙상블 생성과 앙상블 결합은 반드시 있어야 하는 요소이다. 하지만 앙상블 선택은 선택적이다. 이것은 [그림 8.2]가 보여 주는 특징 추출, 특징 선택, 그리고 분류의 관계에 비유할 수 있다. 특징 추출은 앙상블 생성, 특징 선택은 앙상블 선택, 그리고 분류는 앙상블 결합으로 대치하여 생각할 수 있다. 특징 선택도 필수적이지 않고 선택적이었음을 기억하자.

앙상블 선택은 앙상블 생성이나 앙상블 결합에 비해 소홀히 취급되어 온 것이 사실이다. 하지만 전체 앙상블 시스템의 성능을 향상시킨다는 목표에 따른다면 중요성을 간과할 수 없다. 앙상블 선택은 앙상블이 어떤 알고리즘으로 생성되었느냐에 따라 그 중요성이 다를 수 있다. 예를 들어 에이다부스트로 생성된 앙상블 분류기는 상호 보완성이 뛰어나다. 왜냐하면 어떤 분류기는 그보다 먼저 생성된 분류기가 틀린 샘플에 대해 튜닝이 되어 있기 때문이다. 따라서 이런 경우에는 굳이 앙상블 선택을 적용할 필요가 없다. 하지만 배깅이나 특징 부분 집합으로 만든 앙상블의 경우는 앙상블 선택의 필요성이 상대적으로 높다.

12.6.1 다양성 척도

여러 문헌에서 제안한 다양성 척도 중에 대표적인 10개를 고르고 그들 간의 수학적인 관계와 그들이 결합 성능에 미치는 영향을 실험적으로 분석한 논문이 있다 [Kuncheva03]. 여기서는 10가지 중에 비교적 많이 쓰이는 7가지를 제시한다.

먼저 표기에 대해 살펴보자. 앞에서와 마찬가지로 분류기 앙상블은 $C = \{c_1, c_2, \cdots, c_T\}$라 하고 부류는 $\omega_1, \omega_2, \cdots, \omega_M$으로 표기한다. 다양성 측정에 사용할 훈련 집합은 $X = \{(\mathbf{x}_1, t_1), (\mathbf{x}_2, t_2), \cdots, (\mathbf{x}_N, t_N)\}$이라 한다. 여기에서 소개하는 척도는 샘플 $\mathbf{x}_j$를 분류기 c_i가 맞히었는지 여부만 가지고 측정한다. c_i가 $\mathbf{x}_j$를 맞히면 (즉 $c_i(\mathbf{x}_j) = t_j$) $y_{ji} = 1$로 하고 틀리면 $y_{ji} = 0$으로 한다. 분류기 c_i의 인식 결과를 벡터로 쓰면 $\mathbf{y}_i = (y_{1i}, y_{2i}, \cdots, y_{Ni})^{\mathrm{T}}$가 된다.

표 12.2는 두 개의 분류기 c_i와 c_k의 관계를 기술한다. 여기에서 n^{11}은 두 분류기가 모두 맞힌 샘플의 개수이고 n^{00}은 둘 다 틀린 것의 개수이다. n^{10}은 c_i는 맞히고 c_k는 틀

린 샘플의 개수이고 n^{01}은 c_i는 틀리고 c_k는 맞힌 것의 개수이다. $N = n^{11} + n^{00} + n^{10} + n^{01}$이다.

표 12.2 두 개의 분류기 c_i와 c_k의 관계

	c_k 맞힘	c_k 틀림
c_i 맞힘	n^{11}	n^{10}
c_i 틀림	n^{01}	n^{00}

이제 여러 가지 척도를 정의하는 데 필요한 모든 표기를 소개하였다. 이제부터 일곱 가지 척도를 소개한다. 이들 중 앞의 네 개는 분류기 쌍의 다양성을 먼저 정의하고 그것으로부터 T개 분류기의 다양성을 정의한다. 뒤의 세 개는 곧바로 T개 분류기의 다양성을 정의한다.

Q-통계, 상관 계수, 불일치, 이중 과실

우선 두 분류기 c_i와 c_k 간의 다양성 척도로 Q-통계Q-statistics, 상관 계수correlation coefficient, 불일치disagreement, 그리고 이중 과실double fault을 정의한다. (12.13)의 **Q-통계**는 1900년에 율Yule이 제안한 척도로서 [−1, 1] 사이의 값을 갖는다. 두 분류기가 맞히는 경향이 어느 정도 일치하면(즉 c_i가 맞히는 샘플을 c_k도 맞히는 경향이 나타나면) q_{ik}는 양수를 갖는다. 반면 두 분류기가 틀리는 샘플이 많이 다르면 q_{ik}는 음수를 갖게 된다. 둘이 독립이면 $q_{ik} = 0$이 되는데 이때가 다양성이 최대이다. 독립이 되기 위해서는 두 분류기 모두 또는 둘 중의 하나가 임의 짐작을 해야 한다. 하지만 현실적으로 앙상블에 참여한 분류기는 모두 임의 짐작보다 나은 분류기라고 가정할 수 있으므로 $q_{ik} > 0$이라고 가정하는 것이 타당하다.

$$\text{Q-통계} \qquad q_{ik} = \frac{n^{11}n^{00} - n^{01}n^{10}}{n^{11}n^{00} + n^{01}n^{10}} \tag{12.13}$$

(12.14)의 **상관 계수**는 앞에서 설명한 Q-통계와 같은 특성을 갖는다. 또한 Q-통계의 절대값이 상관 계수의 절대값보다 항상 크다. 즉 어떤 경우라도 $|q_{ik}| > |r_{ik}|$이다.

$$\text{상관 계수} \qquad r_{ik} = \frac{n^{11}n^{00} - n^{01}n^{10}}{\sqrt{(n^{11} + n^{10})(n^{01} + n^{00})(n^{11} + n^{01})(n^{10} + n^{00})}} \tag{12.14}$$

(12.15)의 **불일치**는 두 분류기의 의견이 같은 경우는 무시하고 다른 경우만 사용한다. 불일치 척도는 [0, 1] 사이의 값을 가진다. 두 분류기가 모든 샘플에 대해 의견이 일치하면 0을 갖고 완전 불일치하면 1을 갖는다. $d_{ik} = 1$일 때 다양성이 최대가 된다.

$$\text{불일치} \quad d_{ik} = \frac{n^{01} + n^{10}}{N} \tag{12.15}$$

(12.16)의 **이중 과실**은 두 분류기가 모두 과실을 범하는 경우만을 사용한다. 이 척도는 [0, 1] 사이의 값을 가진다. 값이 클수록 다양성은 낮고 $f_{ik} = 1$일 때 다양성이 최소가 된다.

$$\text{이중 과실} \quad f_{ik} = \frac{n^{00}}{N} \tag{12.16}$$

두 분류기 c_i와 c_k 간의 네 가지 다양성 척도를 각각 q_{ik}, r_{ik}, d_{ik}, f_{ik}로 표기하였다. 이제 이들을 이용하여 T개 분류기를 갖는 앙상블의 다양성을 정의할 수 있다. (12.17)~(12.20)은 분류기 앙상블의 Q-통계, 상관 계수, 불일치, 그리고 이중 과실이다. 이것은 T개의 분류기로 만들 수 있는 모든 쌍 $T(T-1)/2$개에 대해 단순히 평균을 구하는 식이다.

$$Q = \frac{1}{T(T-1)/2} \sum_{i=1}^{T-1} \sum_{k=i+1}^{T} q_{ik} \tag{12.17}$$

$$R = \frac{1}{T(T-1)/2} \sum_{i=1}^{T-1} \sum_{k=i+1}^{T} r_{ik} \tag{12.18}$$

$$D = \frac{1}{T(T-1)/2} \sum_{i=1}^{T-1} \sum_{k=i+1}^{T} d_{ik} \tag{12.19}$$

$$F = \frac{1}{T(T-1)/2} \sum_{i=1}^{T-1} \sum_{k=i+1}^{T} f_{ik} \tag{12.20}$$

예제 12.4 Q-통계, 상관 계수, 불일치, 그리고 이중 과실

세 개의 분류기가 10개의 샘플에 대해 아래와 같은 인식 결과를 보였다고 하자. 예를 들어 분류기 c_1의 인식 결과는 $\mathbf{y}_1$인데 그걸 보면 c_1이 세 번째와 일곱 번째 샘플을 틀렸고 나머지는 모두 맞힌 것을 알 수 있다. 또한 일곱 번째 샘플은 세 개 분류기 모두 맞히지 못하였다.

$$\mathbf{y}_1 = (1, 1, 0, 1, 1, 1, 0, 1, 1, 1)^{\mathrm{T}}$$

$$\mathbf{y}_2 = (1, 0, 1, 1, 1, 1, 0, 1, 0, 1)^{\mathrm{T}}$$

$$\mathbf{y}_3 = (0, 0, 1, 1, 1, 1, 0, 1, 1, 0)^{\mathrm{T}}$$

c_1과 c_2의 다양성 척도를 계산해 보자. 즉 $i = 1$과 $k = 2$인 경우이다. 이 두 분류기는

$n^{11} = 6$, $n^{00} = 1$, $n^{10} = 2$, 그리고 $n^{01} = 1$이다. 이에 따라 Q-통계, 상관 계수, 불일치, 그리고 이중 과실을 계산하면 아래와 같이 된다.

$$q_{12} = \frac{6 * 1 - 1 * 2}{6 * 1 + 1 * 2} = 0.5$$

$$r_{12} = \frac{6 * 1 - 1 * 2}{\sqrt{(6 + 2)(1+1)(6 +1)(2 +1)}} = 0.21822$$

$$d_{12} = \frac{1 + 2}{10} = 0.3$$

$$f_{12} = \frac{1}{10} = 0.1$$

세 개의 분류기로 구성된 앙상블의 Q-통계를 계산하면 아래와 같이 된다. 이 앙상블의 상관 계수, 불일치, 그리고 이중 과실의 계산은 연습 문제로 남겨 둔다.

$$Q = \frac{1}{3(3-1)/2} \sum_{i=1}^{3-1} \sum_{k=i+1}^{3} q_{ik} = \frac{q_{12} + q_{13} + q_{23}}{3} = \frac{0.5 + 0.25 + 0.66667}{3} = 0.47222$$

앞에서 살펴본 네 가지 척도는 약간씩 다른 특성을 갖는다. 우선 값의 크기와 다양성 간의 관계를 살펴보자. Q-통계와 상관 계수는 이론적으로 [−1, 1] 사이의 값을 가질 수 있는데 현실적으로는 [0, 1] 사이의 값을 갖는다. 따라서 네 가지 척도가 모두 [0, 1] 사이의 값을 갖는다고 볼 수 있는데 불일치 척도를 빼고는 값이 클수록 다양성이 떨어진다. 불일치는 반대로 값이 클수록 다양성이 커진다.

Q-통계는 n^{11}과 n^{00} 중의 하나가 0이면 무조건 −1이 되고 n^{10}과 n^{01} 중의 하나가 0이면 무조건 1이 된다. 이중 과실은 n^{00}만 고려한다. 따라서 n^{00}을 제외한 n^{11}, n^{10}, n^{01}이 어떻게 분포되든 같은 값을 가지게 된다. 불일치는 n^{10}, n^{01}만 고려하므로 그 외의 n^{11}과 n^{00}이 어떻게 분포되든 같은 값을 가지게 된다. 이러한 특성을 잘 파악하여 특정 문제가 주어지면 그에 적절한 척도를 선택하여 사용하는 것이 중요하다.

엔트로피, 코하비-울퍼트Kohavi-Wolpert 분산, 그리고 평가자 동의

이 세 가지 척도는 분류기 쌍 간에 값을 정의하고 그것의 평균을 구하는 것이 아니라 곧바로 T개 분류기의 다양성을 정의한다. (12.21)은 **엔트로피**entropy를 정의한다. 어떤 샘플을 맞히는 분류기의 수와 틀리는 분류기의 수가 반반씩이면 다양성이 가장 클 것이다. 반대로 모든 분류기가 맞힌다거나 또는 모두 틀리는 경우는 다양성이 가장 작을 것이다. 엔트로피는 이러한 아이디어에서 나온 척도이다. 식에서 l_j는 j번째 샘플을 맞히는 분류기의 개수이다. 엔트로피 E는 [0, 1] 사이의 값을 갖는데 0이면 분류기들이 모두 같고 1이면 다양성이 가장 큰 경우이다.

$$\left.\begin{aligned} &\text{엔트로피} \quad E = \frac{1}{N(T - \lceil T/2 \rceil)} \sum_{j=1}^{N} \min(l_j,\ T - l_j) \\ &\text{이때} \quad l_j = \sum_{i=1}^{T} y_{ji} \end{aligned}\right\} \tag{12.21}$$

(12.22)는 **코하비-울퍼트 분산**이다. V는 [0, 1/4] 사이의 값을 갖는데 0이면 분류기들이 모두 같고 1/4이면 다양성이 가장 큰 경우이다.

$$\text{코하비-울퍼트 분산} \quad V = \frac{1}{NT^2} \sum_{j=1}^{N} l_j (T - l_j) \tag{12.22}$$

(12.23)은 **평가자 동의**interrater agreement 척도이다. p는 분류기들의 평균 정인식률로 보면 된다. A는 값이 클수록 다양성이 떨어진다.

$$\left.\begin{aligned} &\text{평가자 동의} \quad A = 1 - \frac{(1/T)\sum_{j=1}^{N} l_j (T - l_j)}{N(T-1)p(1-p)} \\ &\text{이때} \quad p = \frac{1}{NT} \sum_{j=1}^{N} \sum_{i=1}^{T} y_{ji} \end{aligned}\right\} \tag{12.23}$$

예제 12.5 엔트로피, 코하비-울퍼트 분산, 그리고 평가자 동의

예제 12.4의 데이터 $\mathbf{y}_1 = (1, 1, 0, 1, 1, 1, 0, 1, 1, 1)^T$, $\mathbf{y}_2 = (1, 0, 1, 1, 1, 1, 0, 1, 0, 1)^T$, $\mathbf{y}_3 = (0, 0, 1, 1, 1, 1, 0, 1, 1, 0)^T$을 재활용하자. 식이 사용하는 l_j, $1 \le j \le 10$을 먼저 구해보면 아래와 같다.

$$l_1 = 2,\quad l_2 = 1,\quad l_3 = 2,\quad l_4 = 3,\quad l_5 = 3,\quad l_6 = 3,\quad l_7 = 0,\quad l_8 = 3,\quad l_9 = 2,\quad l_{10} = 2$$

엔트로피 E와 코하비-울퍼트 분산 V는 아래와 같이 구할 수 있다.

$$E = \frac{1}{10(3 - \lceil 3/2 \rceil)} \sum_{j=1}^{10} \min(l_j,\ 3 - l_j)$$

$$= \frac{1}{10}(1+1+1+0+0+0+0+0+1+1)$$

$$= 0.5$$

$$V = \frac{1}{10 * 3^2}\sum_{j=1}^{10} l_j(3-l_j)$$

$$= \frac{1}{90}(2*1+1*2+2*1+3*0+3*0+3*0+0*3+3*0+2*1+2*1)$$

$$= 0.11111$$

마지막으로 평가자 동의 A를 구해 보자. 먼저 p는 $\mathbf{y}_1$, $\mathbf{y}_2$, $\mathbf{y}_3$의 1의 개수를 세고 그것을 NT로 나누어 주면 된다. 따라서 p=21/30=0.7이다. A는 아래와 같다.

$$A = 1 - \frac{1/3(2*1+1*2+2*1+3*0+3*0+3*0+0*3+3*0+2*1+2*1)}{10(3-1)(0.7)(0.3)}$$

$$= 0.20635$$

12.6.2 선택 알고리즘

앙상블 선택은 특징 선택에 비유할 수 있는데 문제를 해결하는 틀도 비슷하다. [그림 12.9]는 앙상블 선택 알고리즘의 골격을 보여 준다. 9장의 [그림 9.6]과 비교해 보기 바란다. 앙상블 선택 알고리즘은 부분 집합 생성기와 다양성 측정기로 구성된다. 다양성 측정기는 12.6.1절에서 공부한 여러 가지 척도 중의 하나를 사용하면 된다. 또는 부분 집합 S의 분류기들을 실제로 결합하여 성능을 측정하고 그것을 사용하여도 된다. 특히 현장에 투입할 시스템을 구축할 때는 그 시스템이 사용하는 결합 알고리즘으로 직접 성능을 측정하는 것이 보다 현실적이다.

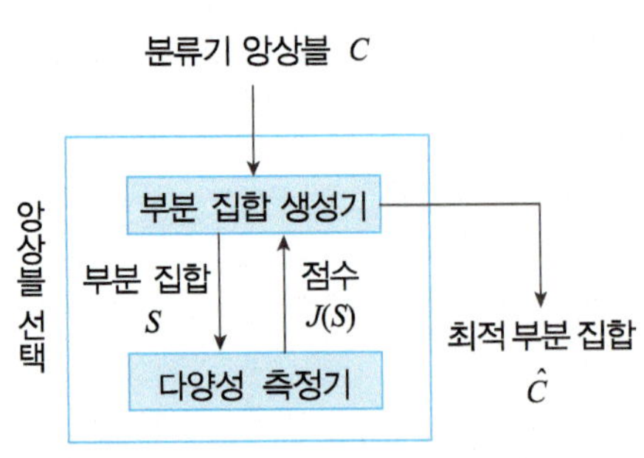

그림 12.9 앙상블 선택 알고리즘의 골격

앙상블 선택 문제를 해결하기 위해서는 9장에서 공부한 특징 선택 알고리즘을 도입하여 사용하면 된다.[101] 단지 부분 집합 S의 점수를 계산하는 모듈만 다양성 측정기로 바꿔치기하면 된다. 특징 선택 문제를 위한 임의 탐색 알고리즘(알고리즘 9.1), 개별 특징 평가 알고리즘(알고리즘 9.2), 낱낱 탐색 알고리즘(알고리즘 9.3), 한정 분기 알고리즘(알고리즘 9.4), 순차 탐색 알고리즘(알고리즘 9.5~9.8)이 모두 앙상블 선택 문제에 적용 가능하다. 또한 11.4절에서 제시한 유전 알고리즘도 적용 가능하다.

여기에서는 9장과 11장이 설명하지 않은 혼성 유전 알고리즘을 소개하고 마치기로 한다. 혼성 유전 알고리즘은 12.3절에서 설명한 혼성 모델의 일종이다. 이것은 [그림 12.3(b)]의 연산 공유에 해당한다. 유전 알고리즘에 순차 탐색 알고리즘이 사용하는 연산을 혼합하여 성능 향상을 꾀하는 것이 혼성 유전 알고리즘의 의도이다.

혼성 유전 알고리즘

유전 알고리즘은 교차나 변이 연산을 통해 지역 최적 점에 빠지는 것을 방지할 수 있고 선택 압력을 적절하게 조절하여 문제 공간의 넓은 범위를 탐색할 수 있다. 그러나 유전 알고리즘은 지역 최적 점 근처에서 미세 조정력이 약하기 때문에 긴 실행 시간을 필요로 한다. 이러한 이유로 특징 선택, TSP, 그래프 분할, 영상 압축 등의 많은 응용에서 단순 유전 알고리즘의 미세 조정력을 향상시키기 위해 혼성 유전 알고리즘hybrid genetic algorithm(HGA)을 적용하고 있다. 교배와 변이 연산을 통해 자식 염색체는 부모 염색체로부터 좋은 특성들을 상속받는다. 이렇게 생성된 자식 염색체는 부모보다 우수하거나 열등할 수 있다. 혼성 유전 알고리즘은 자식 염색체를 해 집단에 넣기 전에 지역 탐색 연산을 통해서 품질을 향상시킨다. 알고리즘 12.5는 이런 혼성 유전 알고리즘을 위한 가상 코드이다. 11장에서 제시하였던 알고리즘 11.6의 틀에 단지 라인 7을 추가한 버전이다.

지역 탐색 연산으로는 (9.7)의 *add*와 (9.8)의 *rem* 연산을 사용하면 된다. [오일석 04]에서는 *add*와 *rem*을 물결처럼 반복하는 연산 *rippleRem*과 *rippleAdd*를 사용하였다. 이들은 매개변수 r을 갖는데 이 값이 클수록 보다 많은 시간을 투자하여 보다 많은 개선을 시도한다. 따라서 r을 크게 하면 선택 압력이 높아지는 효과가 있다. 예를 들어 *rippleRem*(2)는 *rem*; *rem*; *add*와 같다. 가장 나쁜 분류기를 연달아 두 개 제거한 후에 가장 좋은 것 하나를 추가하는 연산이다.

101 패턴인식에는 이 밖에도 부분 집합 선택 문제subset selection problem가 몇 가지 더 있다. 대표적으로 k-NN을 위한 프로토타입 선택과 신경망 아키텍처에서 가중치 또는 노드 선택 문제가 있다.

알고리즘 12.5 혼성 유전 알고리즘

1. 초기 해 집단 *P*를 설정한다. // *P*는 여러 개의 해를 가짐
2. *P*의 해들을 평가하여 적합도를 부여한다.
3. **repeat** {
4.   *P*에서 두 개의 해 $offspring_1$과 $offspring_2$를 선택한다.
5. $offspring_1$과 $offspring_2$를 교차시켜 *offspring*을 얻는다.
6.   *offspring*에 변이 연산을 가한다.
7.   **improve_by_local_search(*offspring*);**
                // 지역 탐색 연산으로 offspring을 개선함
8.   *offspring*을 *P*에 대치한다.
9. } **until** (멈춤 조건);

$$rippleRem(r) = rem\text{을 } r\text{번 수행한 후 } add\text{를 } r-1\text{번 수행함}$$

$$rippleAdd(r) = add\text{를 } r\text{번 수행한 후 } rem\text{을 } r-1\text{번 수행함}$$

이렇게 정의한 지역 탐색 연산을 이용하여 라인 7을 구현해 보자. 부분 집합 선택 문제는 부분 집합의 크기를 지정해 주어야 하는데 여기서는 9장의 특징 선택과 마찬가지로 *T*개의 분류기에서 $[t_1, t_2]$ 사이의 *t*개의 분류기를 선택하는 문제로 가정한다. 아래에 있는 함수 improve_by_local_search()에서 앙상블 부분 집합의 크기가 원하는 크기 범위 $[t_1, t_2]$ 내에 있으면 (라인 2) *rippleRem*과 *rippleAdd* 연산을 연달아 수행하여 해를 개선한다. 전체적으로 부분 집합의 크기는 바뀌지 않는다. 현재 해 *offspring*의 크기가 원하는 크기에 미치지 못하면 (라인 3) *rippleAdd* 연산을 통해 크기가 t_1이 되도록 한다. 해의 수선과 품질 개선이 동시에 일어나는 셈이다. 라인 4는 해의 크기가 원하는 범위를 넘는 경우를 처리한다.

improve_by_local_search(*offspring*) {
1. n = *offspring*의 1인 유전자의 수;
2. **if** $(t_1 \le n \le t_2)$ $rippleRem(r)$; $rippleAdd(r)$;
3. **else if** $(n < t_1)$ **for** $(i = 1$ **to** $t_1 - n)$ $rippleAdd(r)$;
4. **else for** $(i = 1$ **to** $n - t_2)$ $rippleRem(r)$;

}

알고리즘 12.5에서 라인 7의 추가는 선택 압력을 높여 준다. 또한 한 세대를 마치는 데 걸리는 시간이 길어진다. 대신 수렴에 걸리는 세대 수는 작아진다. [Kim08]에서는 혼성 유전 알고리즘이 단순 유전 알고리즘에 비해 우수한 앙상블을 선택함을 실험적으로 보였다. 혼성 모델은 도움이 된다!

12.7 알고리즘을 바라보는 관점

2~7장에서는 각종 분류기와 그들의 학습 알고리즘을 공부하였다. 8~9장은 특징 추출과 선택에 대해 설명하였다. 10장에서는 군집화 알고리즘에 대해 공부하였다. 11장은 패턴인식이 사용하는 각종 최적화 알고리즘을 제시하였다. 그리고 12장은 여러 서로 다른 알고리즘을 결합하는 혼성 모델에 대해 공부하였다. 이들 알고리즘은 근본적으로 다른가? 현장 시스템을 구축하는 과제가 주어졌는데 이 많은 알고리즘 중에 어떤 것을 선택해야 하는가?

개성과 통일

사람과 마찬가지로 알고리즘도 개성이 있다. SVM의 철학과 MLP의 철학은 다르다. 베이지안 분류기는 사후 확률을 출력하지만 *k*-NN은 부류 표지를 출력한다. 베이시언 분류기는 정규 분포와 같은 특정 확률 분포를 가정해야만 현실성을 갖는 반면 신경망은 그런 가정이 필요 없다. 같은 신경망이라도 퍼셉트론과 MLP의 아키텍처와 학습 알고리즘은 다르다. HMM은 순차 데이터에 적합한 반면 SVM은 그렇지 않다. 순차 탐색 알고리즘은 지역 최적점에 빠질 가능성이 높은 반면 유전 알고리즘은 그럴 가능성이 낮다. 혼성 유전 알고리즘은 단순 유전 알고리즘에 비해 미세 조정력이 강하다. 엘리티즘을 사용하는 유전 알고리즘은 그렇지 않은 것에 비해 선택 압력이 높다. 이런 식으로 알고리즘의 개성은 끝없이 나열할 수 있다. 패턴인식 시스템 설계자는 알고리즘이 갖는 이러한 개성을 충분히 이해하고 적절히 활용해야 한다. 인간 세상에서 발생하는 문제를 원만이 해결하기 위해서는 조직을 구성하는 멤버의 개성을 이해하고 적재적소에 활용하는 능력이 매우 중요하다는 사실에 비유할 수 있다.

사람들은 아주 독특한 개성을 지니는 동시에 손가락이 열 개이고 염색체 수가 46개인 것과 같은 통일성도 지닌다. 패턴인식이 사용하는 알고리즘도 비슷하다. 위에 나열한 개성에도 불구하고 그들을 지탱하는 이론적 뿌리를 살펴보면 통일성을 발견할 수 있다. 패턴인식 연구자들은 이러한 노력도 게을리하지 않았다. 대표적으로 통계적 방법론과 신경망을 통일된 관점으로 바라보는 연구가 많이 수행되었다 [Jain00, Ripley96, Schurmann96]. 이 두 가지 방법론을 겉에서 보면 크게 다르지만 땅 속에

눈길을 주고 뿌리를 살피면 통일성이 있다는 것이다. [그림 12.10]은 이러한 사실을 나무에 비유하여 보여 준다. 이러한 안목은 방법론에 대한 깊은 이해와 높은 통찰력을 통해서만 가능하다. 이러한 통찰은 기술 돌파breakthrough를 창발시키는 데 꼭 필요한 요소이다.

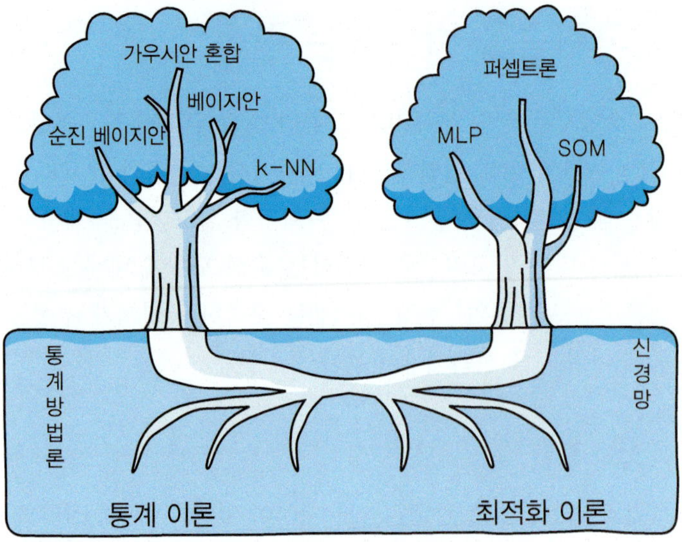

그림 12.10 패턴인식 알고리즘의 개성과 통일성

해 봐라.

특정 문제가 주어졌을 때 어떤 특징 추출 알고리즘, 어떤 특징 선택 알고리즘, 어떤 분류 알고리즘, 그리고 어떤 앙상블 알고리즘을 채택할 것인가? 매우 어려운 질문이다.

알고리즘 선택에 마술은 없다. 직접해 보는 것이 최선이다. 이 책에 제시된 알고리즘은 모두 훌륭한 선수로 볼 수 있다. 어떤 선수를 어떤 상황에 투입할지는 감독의 경험과 통찰력에 의존해야 한다. 패턴인식 시스템 설계자는 훌륭한 감독 역할을 해야만 한다. 알고리즘의 특성을 제대로 이해하고 적재적소에 활용해야 한다.

경기에서는 선수 수에 제한이 있지만 다행히 인식 시스템 설계에는 선수 수에 제한이 없다. 혼성 모델은 거의 모든 문제에서 성능 향상을 가져온다는 것은 널리 받아들여지는 견해이다. 혼성 모델의 구현은 그리 어렵지도 않다. 따라서 혼성 모델을 도입하는 것은 현명한 선택이다.

독자는 크게 새로운 알고리즘을 탐구하는 연구자, 기존 알고리즘을 구현하여 현장 시스템을 만드는 개발자, 그리고 상용 소프트웨어를 구입하여 활용하는 패키지 사용자로 나눌 수 있을 것이다. 어느 계층에 속하던지 직접 프로그래밍 또는 실험을 해 보기 바란다. 어떤 알고리즘에 대한 통찰을 갖기 위해서는 직접 해보는 것이 최선이다. 이 책에 나와 있는 알고리즘을 C, C++, 파이썬과 같은 일반 프로그래밍 언어로 코딩해 보는 방법도 있고 이런 프로그래밍에 익숙하지 않으면 매트랩이 제공하는 스크립트 언어로 프로그래밍해 보는 방법도 있다. 직접 프로그래밍하는 것의 대안으로 공개 소스 소프트웨어open source software(OSS)를 활용하는 것도 좋다. 훌륭한 많은 소프트웨어 소스가 웹에 공개되어 있다.

산타페 연구소Santa Fe Institute

(1984~) 미국

지난 수 세기 동안 과학 기술의 경향은 한마디로 '세분화'라고 말할 수 있다. 연구자들의 전공에도 그러한 경향이 나타나 '컴퓨터 과학 → 패턴인식 → HMM을 이용한 동적 패턴의 인식' 전공을 가졌다고 말하는 것이 결코 이상해 보이지 않는다. 학문 분야 간의 벽도 점점 견고해져 왔다. 하지만 20세기 후반에 이러한 방식의 한계를 깨닫고 그걸 극복하려는 새로운 조류가 나타난다. 이런 조류는 보통 학제간interdisciplinary, 융합fusion, 컨버전스convergence라는 키워드로 표현된다. 산타페 연구소Santa Fe Institute는 이러한 학문 분위기를 감지하고 선도적인 연구 그룹으로 1984년 탄생하였다. 그들은 '혼성 마인드hybrid mind'를 강조한다. 그들의 연구 주제는 **복잡계**complex systems이다. 시스템을 구성하는 요소와 그들 간의 상호 작용, 그리고 그들이 어떤 메커니즘을 통해 예측하지 못한 현상을 창발emergence 시키는지 규명하려는 학문 영역이다. 기존의 뉴턴적 사고는 모든 시스템을 질서라는 눈으로 바라본다. 반면 복잡계 연구에서는 시스템을 무작위와 질서의 긴 스펙트럼 위에 두고 적절한 시점에서 그걸 바라본다. 인터넷이 대표적인 복잡계이다. 네트워크에 연결된 수많은 개인이 일정한 질서 속에서 무작위적으로 보이는 자유로운 행위를 한다. 그들의 행위는 상호 작용을 통해 정치, 경제, 예술, 학문 등에 큰 영향을 미치고 결국 우리 삶을 어떤 방향으로 이끌어 간다. 언뜻 학제간이라는 단어의 표피적인 의미만 보고 산타페 연구소는 여러 분야에서 온 거대한 연구자 집단으로 생각할 수 있다. 하지만 약 35명의 상근 연구원과 60여 명의 외부 교수로 구성된 아주 '아담하지만 강한' 연구 집단이다. 학생들을 위해 다양한 주제의 인턴쉽과 여름 학교를 개설한다.

패턴인식과 복잡계는 어떤 관련이 있을까? 복잡계 연구가 패턴인식 시스템 성능에 기술 돌파breakthrough를 가져다 줄 수 있을까?

01 정확한 길이를 알고 있는 막대기를 다수의 친구들 앞에 놓고 그들에게 길이를 적어내게 하는 놀이를 하라. 그들의 평균을 내어 실제 길이에 어느 정도 근접한지 확인해 보아라. 최소, 최대, 분산 등을 조사하고 그것을 바탕으로 혼성 모델의 효과를 설명하라.

02 k-겹 교차 검증은 그것을 사용하지 않는 성능 평가 방법에 비해 대략 몇 배의 계산 시간이 소요되는가? 필요하다면 적절한 가정을 하여도 좋다.

03 부트스트랩에서 어떤 샘플이 한 번도 안 뽑힐 확률을 계산하라. 훈련 집합의 크기는 N이라고 하자. T는 반복 횟수이다.

❶ N과 T에 대한 일반 식을 써라.

❷ $N = 100$이라 하자. $T = 1, 10, 100, 1000$일 때의 확률을 계산하고 T가 커짐에 따라 어떤 경향을 갖는지 설명하라.

❸ $T \rightarrow \infty$일 때의 확률은 어떻게 되는가?

04 예제 12.4에서 상관 계수 R, 불일치 D, 그리고 이중 과실 F를 계산하라.

05 에이다부스트에서 $\varepsilon_t = \sum_{j=1, c_t(\mathbf{x}_j) \neq t_j}^{N} w_t(j)$를 최소화하는 학습 알고리즘을 설계하라.

06 아래와 같은 인식 벡터가 있을 때 $Y_1 = \{\mathbf{y}_1, \mathbf{y}_2, \mathbf{y}_3\}$과 $Y_2 = \{\mathbf{y}_1, \mathbf{y}_3, \mathbf{y}_4\}$ 중에 어느 것이 더 다양한가?

$$\mathbf{y}_1 = (1, 1, 1, 0, 1, 0, 1, 1, 1, 0, 1, 1)^T$$
$$\mathbf{y}_2 = (0, 1, 0, 1, 1, 1, 0, 1, 1, 0, 1, 1)^T$$
$$\mathbf{y}_3 = (1, 1, 1, 1, 1, 1, 1, 0, 1, 0, 1, 0)^T$$
$$\mathbf{y}_4 = (1, 0, 0, 1, 0, 1, 1, 0, 1, 1, 1, 0)^T$$

❶ Q-통계를 사용하여 계산하라.

❷ 엔트로피를 사용하여 계산하라.

07 에이다부스트는 여러 변종을 갖는다. 어떤 변종이 있는지를 조사하고 이들이 서로 어떻게 다른지에 대해 정리하라.

08 Q-통계의 절대값은 상관 계수의 절대값보다 항상 크다. 즉 어떤 경우라도 $|q_{ik}| > |r_{ik}|$이다. 이를 증명하라.

09 통계적 방법론과 신경망이 어떤 통일성을 갖는지 설명하라.

APPENDIX A

PATTERN RECOGNITION

정보 이론

아래 두 가지 상황을 생각해 보자. 어느 경우가 더 '많은' 정보를 얻었을까?

1. 오늘 하루 종일 맑다. 뉴스에서 "내일은 맑다"라는 일기 예보를 듣는다.
2. 오늘 하루 종일 맑다. 뉴스에서 "내일은 큰 비가 온다"라는 일기 예보를 듣는다.

첫 번째는 지금 맑기 때문에 내일도 맑을 확률이 높다. 직관적으로 생각해 보면 얻은 정보량이 적다. 반면 두 번째는 상대적으로 확률이 작다. 따라서 얻은 정보량은 많다. 이 간단한 예를 통해 어떤 사건의 확률과 사건이 전달하는 정보량은 반비례 관계임을 알 수 있다. 정보량을 다른 말로 표현한다면 '놀라운 정도'라고 할 수 있다. 오늘 3차 세계 대전이 터졌다와 같이 아주 낮은 확률의 사건일수록 더욱 놀랍고 정보량이 많다.

이러한 현상은 위의 예에 국한한 것이 아니다. 일반적으로 확률이 낮은 사건일수록 더욱 놀랍고 정보량은 크다. 이 관계는 **정보 이론**information theory이 토대로 삼는 가장 중요한 원리이다. 정보 이론이 제공하는 중요한 기능은 정보량을 수치화하고 연산을 가능하게 하는 것이다. 그렇다면 앞의 예제와 같은 상황을 어떻게 수치화할 것인가? 우리가 측정할 수 있는 것은 무엇인가? 물론 측정 가능한 것은 확률이다. 앞의 예제의 경우 P(내일 = 큰 비|오늘 = 맑음)이나 P(내일 = 맑음|오늘 = 맑음)은 장기간 기후를 관측하여 추정이 가능하다.

이제 문제는 어떤 사건의 확률을 알고 있을 때 정보량을 어떻게 측정할 것인가로 정의할 수 있게 되었다. (A.1)은 이 문제에 대한 답을 보여 준다. x는 랜덤 변수이다. 위의 예에서 x는 날씨를 나타내는 랜덤 변수로서 맑음이나 큰 비와 같은 값을 갖는다. 이제 x가 어떤 특정한 값을 가졌다고 가정하자. $P(x)$는 x의 확률이고 $h(x)$는 x의 정보량으로서 **자기 정보**self-information라 부른다.

$$h(x) = -\log_2 P(x) \tag{A.1}$$

예를 들어 x가 어떤 사건 e를 가질 때 그것의 확률이 $P(e) = 1/1024$라면(즉 1024번에 한 번 정도 발생하는 사건) e의 정보량은 10bits가 된다. 극단적인 경우는 $P(e) = 1$일 때이다. e라는 사건은 항상 발생하는 것이다. 따라서 e라는 사건이 발생했다는 사실을 알게 되어도 얻은 정보량은 전혀 없다. 실제 (A.1)에 $P(e) = 1$를 대입하면 정보량이 0이 된다. (A.1)과 같이 밑이 2인 로그 함수를 사용하면 $h(x)$의 단위는 bit이고 밑이 e인 자연 로그 ln으로 바꾸면 단위가 nat가 된다.

이제 **엔트로피**entropy에 대해 알아 보자. 엔트로피는 랜덤 변수 x가 가질 수 있는 모든 값(사건)에 대해 정보량(자기 정보)을 평균한 것이다. (A.2)는 x의 엔트로피 $H(x)$를 정의한다. (A.3)은 x가 연속인 경우의 엔트로피이다. 엔트로피의 단위는 정보량과 마찬가지로 bit 또는 nat이다.

$$H(x) = -\sum_{x} P(x)\log_2 P(x) \tag{A.2}$$

$$H(x) = -\int_{-\infty}^{\infty} p(x)\log_2 P(x)dx \tag{A.3}$$

예제 A.1 엔트로피

주사위를 하나 던져 나온 눈을 x라 하자. x가 가질 수 있는 값은 1, 2, 3, 4, 5, 6이고 이들은 모두 1/6의 확률을 갖는다. 따라서 엔트로피는 2.585bits가 된다.

$$H(x) = -\frac{1}{6}\log_2\frac{1}{6} - \frac{1}{6}\log_2\frac{1}{6} - \frac{1}{6}\log_2\frac{1}{6} - \frac{1}{6}\log_2\frac{1}{6} - \frac{1}{6}\log_2\frac{1}{6} - \frac{1}{6}\log_2\frac{1}{6} = 2.585 \text{ bits}$$

엔트로피의 성질에 대해 생각해 보자. [예제 A.1]과 같이 모든 사건이 같은 확률을 가질 때 엔트로피는 최대가 된다. 다른 말로 표현하면 이때 무질서 정도가 최대가 된다. 불확실성uncertainty이 최대라고 표현할 수도 있다. 여섯 개의 사건이 모두 같은 가능성을 가지므로 어떤 눈이 나올지 가늠하기가 매우 어려운 상황이다. 엔트로피가 가장 낮을 때는 한 사건이 1이라는 확률을 가지고 나머지는 모두 0을 가질 때이다. 이 경우는 0이라는 엔트로피를 갖는다. 불확실성이 전혀 없는 것이다. 최대로 질서가 잡힌 상태이다.

연습문제 A.1 엔트로피

특수한 주사위를 상상해 보자. $P(x=1) = 1/2$이고 나머지 다섯 개 사건들은 1/10의 확률을 가진다고 하자. 무질서도 또는 불확실성이 커질까 아니면 작아질까? 우선 직관적인 생각으로 답을 말해 보자. 그런 후 (A.2)로 엔트로피를 계산해 보라. 그리고 직관적인 답과 계산에 의한 과학적인 답을 비교해 보기 바란다.

이제 랜덤 벡터 $\mathbf{x}$에 대해 두 개의 확률 분포 $p_1(\mathbf{x})$와 $p_2(\mathbf{x})$가 있다고 하자. [그림 A.1]은 두 가지 상황을 보여 준다. [그림 A.1(a)]는 두 확률 분포가 크게 겹친다. 즉 크게 다르지 않다. 반면에 [그림 A.1(b)]에서는 두 확률 분포가 크게 다르다. 그렇다면 두 개의 확률 분포 간의 거리(다른 정도)를 어떻게 측정할 수 있을까?

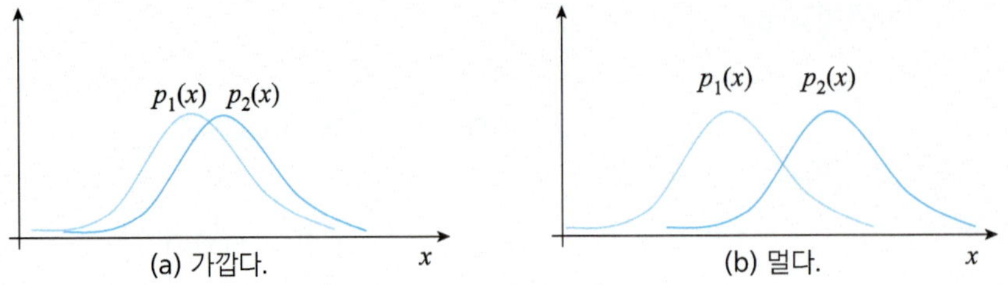

그림 A.1 두 확률 분포 간의 거리

두 확률 분포 간의 거리는 (A.4)의 **쿨백-라이블러 다이버전스**Kullback-Leibler divergence(줄여서 KL 다이버전스라고도 함)로 측정할 수 있다. (A.5)는 연속인 $\mathbf{x}$에 대한 식이다. $KL(p_1(\mathbf{x}), p_2(\mathbf{x})) \geq 0$이고 $p_1(\mathbf{x}) = p_2(\mathbf{x})$일 때 0이 됨을 쉽게 알 수 있다. KL 다이버전스는 $KL(p_1(\mathbf{x}), p_2(\mathbf{x})) = KL(p_2(\mathbf{x}), p_1(\mathbf{x}))$를 보장하지 못하므로 대칭이 아니고 그러므로 엄밀히 말해 거리라고 볼 수 없다. 따라서 KL 거리라 부르지 않고 KL 다이버전스라 한다. KL 다이버전스는 **상대 엔트로피**relative entropy라고도 부른다.

$$KL(P_1(\mathbf{x}), P_2(\mathbf{x})) = \sum_{\mathbf{x}} P_1(\mathbf{x}) \log_2 \frac{P_1(\mathbf{x})}{P_2(\mathbf{x})} \tag{A.4}$$

$$KL(p_1(\mathbf{x}), p_2(\mathbf{x})) = \int_{R_d} p_1(\mathbf{x}) \log_2 \frac{P_1(\mathbf{x})}{P_2(\mathbf{x})} d\mathbf{x} \tag{A.5}$$

예제 A.2 KL 다이버전스

랜덤 변수 x가 [그림 A.2]와 같이 서로 다른 세 확률 분포를 갖는다고 하자. 확률 분포 $P_1(x)$와 $P_2(x)$는 비교적 서로 비슷하고 $P_1(x)$와 $P_3(x)$는 크게 다름을 알 수 있다. 이들 간의 KL 다이버전스를 계산해 보자.

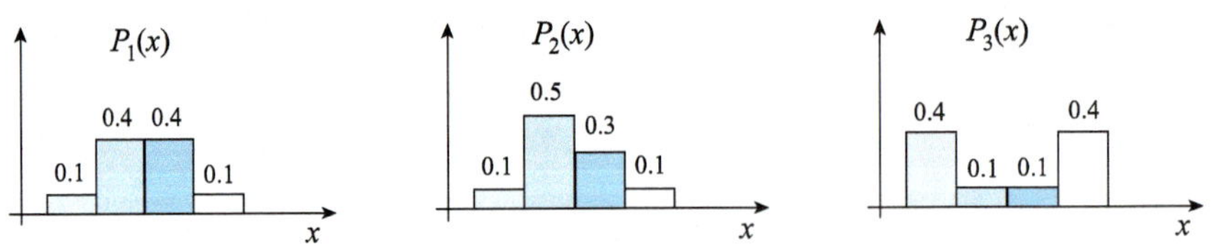

그림 A.2 서로 다른 세 확률 분포

$$KL(P_1(\mathbf{x}), P_2(\mathbf{x})) = 0.1\log_2\frac{0.1}{0.1} + 0.4\log_2\frac{0.4}{0.5} + 0.4\log_2\frac{0.4}{0.3} + 0.1\log_2\frac{0.1}{0.1} = 0.037$$

$$KL(P_1(\mathbf{x}), P_3(\mathbf{x})) = 0.1\log_2\frac{0.1}{0.4} + 0.4\log_2\frac{0.4}{0.1} + 0.4\log_2\frac{0.4}{0.1} + 0.1\log_2\frac{0.1}{0.4} = 1.200$$

실제 KL 다이버전스를 계산해 본 결과 $P_1(x)$과 $P_2(x)$의 거리는 0.037로 매우 가깝고 $P_1(x)$와 $P_3(x)$는 1.20이라는 먼 거리를 가짐을 확인할 수 있다. $KL(P_2(x), P_1(x))$를 계산하여 $KL(P_1(x), P_2(x))$와 같은지 확인해 보자.

마지막으로 **상호 정보**mutual information에 대해 알아 보자. 상호 정보는 서로 다른 두 랜덤 벡터 **x**와 **y**에 대해 의존도를 측정한다. 앞에서 설명한 KL 다이버전스는 같은 랜덤 벡터의 서로 다른 두 확률 분포 간의 거리를 측정하였다. 엄연히 개념과 목적이 다르다. 두 랜덤 벡터 **x**와 **y**가 확률 분포 $p(\mathbf{x})$와 $p(\mathbf{y})$를 갖는다 하자. 만일 $p(\mathbf{x}, \mathbf{y}) = p(\mathbf{x})p(\mathbf{y})$라면 **x**와 **y**는 독립이다. 서로 간에 의존성이 전혀 없는 것이다. 반면 결합 확률 $p(\mathbf{x}, \mathbf{y})$와 두 주변 확률의 곱 $p(\mathbf{x})p(\mathbf{y})$의 차이가 클수록 의존성이 강해진다. 따라서 $p(\mathbf{x}, \mathbf{y})$와 $p(\mathbf{x})p(\mathbf{y})$의 KL 다이버전스는 **x**와 **y** 간의 의존성을 측정해 줄 수 있다. (A.6)은 랜덤 벡터 **x**와 **y**의 상호 정보이다. (A.7)은 두 랜덤 벡터가 연속인 경우의 상호 정보이다.

$$\left.\begin{aligned} I(\mathbf{x}, \mathbf{y}) &= KL(P(\mathbf{x}, \mathbf{y}), P(\mathbf{x})P(\mathbf{y})) \\ &= \sum_{\mathbf{x}}\sum_{\mathbf{y}} P(\mathbf{x}, \mathbf{y})\log_2 \frac{P(\mathbf{x}, \mathbf{y})}{P(\mathbf{x})P(\mathbf{y})} \end{aligned}\right\} \tag{A.6}$$

$$\left.\begin{aligned} I(\mathbf{x}, \mathbf{y}) &= KL(p(\mathbf{x}, \mathbf{y}), p(\mathbf{x})p(\mathbf{y})) \\ &= \int_{-\infty}^{\infty}\int_{-\infty}^{\infty} p(\mathbf{x}, \mathbf{y})\log_2 \frac{p(\mathbf{x}, \mathbf{y})}{p(\mathbf{x})p(\mathbf{y})} d\mathbf{x}d\mathbf{y} \end{aligned}\right\} \tag{A.7}$$

지금까지는 정보 이론의 기초에 대해 설명하였다. 이들 이론을 패턴인식에는 어떻게 활용할 수 있을까? 당연한 질문이다. 어떤 특징 벡터 **x**가 주어지면 3장의 방법으로 두 부류의 확률 분포 $p(\mathbf{x}|\omega_1)$과 $p(\mathbf{x}|\omega_2)$를 추정할 수 있다. 이 두 확률 분포의 KL 다이버전스 $KL(p(\mathbf{x}|\omega_1), p(\mathbf{x}|\omega_2))$를 **x**의 분별력으로 사용할 수 있다. KL 다이버전스가 클수록 두 부류가 특징 공간에서 멀리 분포하므로 분별하기에 유리한 것이다. 다시 말해 KL 다이버전스는 특징 선택에 사용할 수 있다. 이에 대해서는 9.1.2절을 참조하라. 상호 정보로는 기존 특징 벡터 **x**에 새로운 특징 벡터 **y**를 추가할 때 얻는 이득을 측정할 수 있다. **x**와 **y**의 상호 정보가 크다면 서로 의존성이 강하여 얻는 이득이 적다.

참고문헌

- [김무중03] 김무종, 김효숙, 김선주, 김병기, 하진영, 권철홍, "한국인을 위한 영어 발음 교정 시스템의 개발, " 말소리, 제46호, pp.87-102, 2003.
- [문병로08] 문병로, *쉽게 배우는 유전 알고리즘: 진화적 접근법*, 한빛미디어, 2008.
- [문병로18] 문병로, *쉽게 배우는 알고리즘*, 한빛미디어, 2018(개정판).
- [문병로22] 문병로, *쉽게 배우는 자료구조 with 파이썬*, 한빛아카데미, 2022.
- [오일석09] 오일석, "패턴인식을 위한 유전 알고리즘의 개관, " 한국콘텐츠학회 논문지, 제7권, 제1호, pp.58-64, 2007년 1월.
- [오일석23] 오일석, *컴퓨터 비전과 딥러닝*, 한빛아카데미, 2023.
- [Abe05] Shigeo Abe, *Support Vector Machines for Pattern Classification*, Springer, 2005.
- [Aizerman64] M. Aizerman, E. Braverman, and L. Rozonoer, "Theoretical foundations of the potential function method in pattern recognition learning, " *Automation and Remote Control*, Vol.25, pp.821-837, 1964.
- [Aldrich97] John Aldrich, "R.A. Fisher and the maximum likelihood 1912-1922," *Statistical Science*, Vol.12, No.3, pp.162-176, 1997.
- [Anguita03] D. Anguita, S. Ridella, F. Rivieccio, and R. Zunino, "Hyperparameter design criteria for support vector classifiers, " *Neurocomputing*, Vol.55, pp.109-134, 2003.
- [Arica02] Nafiz Arica and Fatos T. Yarman-Vural, "Optical character recognition for cursive handwriting," *IEEE Transactions on Pattern Analysis and Machine Intelligence*, Vol.24, No.6, pp.801-813, June 2002.
- [Avidan07] Shai Avidan, "Ensemble tracking," *IEEE Transactions on Pattern Analysis and Machine Intelligence*, Vol.29, No.2, pp.261-271, February 2007.
- [Baker75] James K. Baker, "The DRAGON system - an overview," *IEEE Transactions on Acoustics, Speech, and Signal processing*, Vol.23, No.1, pp.24-29, February 1975.
- [Bandyopadhyay02] S. Bandyopadhyay and U. Maulik, "Genetic clustering for automatic evolution of clusters and application to image classification," *Pattern Recognition*, Vol.35, pp.1197-1208, 2002.
- [Baum66] L.E. Baum and T. Petrie, "Statistical inference for probabilistic functions of finite state Markov chains," *Annals of Mathematical Statistics*, Vol.37, pp.1554-1563, 1966.
- [Bezdek98] James C. Bezdek and Nikhil R. Pal, "Some new indexes of cluster validity," *IEEE Transactions on Systems, Man, and Cybernetics* (Part B: Cybernetics), Vol.28, No.3, pp.301-315, June 1988.
- [Bilmes98] Jeff Bilmes, "A gentle tutorial of the EM algorithm and its application to parameter estimation for Gaussian mixture and hidden Markov models," Technical Report, University of Berkeley, ICSI-TR-97-021, 1997.
- [Bilmes02] Jeff Bilmes, "What HMMs can do," Technical Report UWEETR- 2002-0003, University of Washington, January 2002.

- [Bishop95] Christopher M. Bishop, *Neural Networks for Pattern Recognition*, Oxford University Press, 1995.
- [Bishop06] Christopher M. Bishop, *Pattern Recognition and Machine Intelligence*, Springer, 2006.
- [Blum03] Christian Blum and Andrea Roli, "Metaheuristics in combinatorial optimization: overview and conceptual comparison," *ACM Computing Surveys*, Vol.35, No.3, pp.268-308, September 2003.
- [Bogert63] B.P. Bogert, M.J.R. Healy, and J.W. Tukey, "The quefrency analysis of time series for echos: cepstrum, pseudo-autocovariance, cross-cepstrum, and saphe cracking," *Proceedings of Symposium on Time Series Analysis*, pp.209-243, 1963.
- [Breiman93] Leo Breiman, Jerome H. Friedman, Richard A. Olshen, and Charles J. Stone, *Classification and Regression Trees*, Chapman and Hall, 1993.
- [Breiman96a] Leo Breiman, "Some properties of splitting criteria," *Machine Learning*, Vol.24, No.1, pp.41-47, 1996.
- [Breiman96b] Leo Breiman, "Bagging predictors," Technical Report, No.421, University of California, Berkeley, 1994.
- [Bunke02] H. Bunke and A. Kandel (editors), *Hybrid Methods in Pattern Recognition*, World Scientific, 2002.
- [Buntine92] Wray Buntine and Tim Niblett, "A further comparison of splitting rules for decision-tree induction," *Machine Learning*, Vol.8, pp.75-85, 1992.
- [Burges98] C.J.C. Burges, "A tutorial on support vector machines for pattern recognition," *Data Mining and Knowledge Discovery*, Vol.2, pp.121-167, 1998.
- [Carpenter88] Gail A. Carpenter and Stephen Grossberg, "The ART of adaptive pattern recognition by a self-organizing neural network," *IEEE Computer*, Vol.21, No.3, pp.77-88, March 1988.
- [Chapelle02] O. Chapelle, V. Vapnik, O. Bousquet, and S. Mukherjee, "Choosing multiple parameters for support vector machines," *Machine Learning*, Vol.46, pp.131-159, 2002.
- [Chellappa95] R. Chellappa, C.L. Wilson, and S. Sirohey, "Human and machine recognition of faces: a survey," *Proceedings of the IEEE*, Vol.83, No.5, pp.705-741, May 1995.
- [Childers77] Donald G. Childers, David P. Skinner, and Robert C. Kemerait, "The cepstrum: a guide to processing," *Proceedings of the IEEE*, Vol.65, No.10, pp.1428-1443, October 1977.
- [Cho97] Kyujin Cho, Peter Meer, and Javier Cabrera, "Performance assessment through bootstrap," *IEEE Transactions on Pattern Analysis and Machine Intelligence*, Vol.19, No.11, pp.1185-1198, November 1997.
- [Cristianini00] Nello Cristianini and John Shawe-Taylor, *An Introduction to Support Vector Machines and Other Kernel-based Learning Methods*, Cambridge University Press, 2000.
- [Damerau64] Fred J. Damerau, "A technique for computer detection and correction of spelling errors," *Communications of the ACM*, Vol.7, No.3, pp.171-176, March 1964.

- [Dasarathy79] Belur V. Dasarathy and Belur V. Sheela, "A composite classifier system design: concepts and methodology," *Proceedings of the IEEE*, Vol.67, No.5, pp.708-713, May 1979.
- [Dasgupta06] Dipankar Dasgupta, "Advances in artificial immune systems," *IEEE Computational Intelligence Magazine*, Vol.1, No.4, pp.40-49, November 2006.
- [Davis02] Richard I.A. Davis, Brian C. Lovell, and Terry Caelli, "Improved estimation of hidden Markov model parameters from multiple observation sequences," *International Conference on Pattern Recognition*, pp.168-171, 2002.
- [Dempster77] Arthur P. Dempster, Nan M. Laird, and Donald B. Rubin, "Maximum likelihood from incomplete data via the EM algorithm," *Journal of the Royal Statistical Society* (Series B), Vol.39, No.1, pp.1-38, 1977.
- [Dietterich95] Thomas G. Dietterich, Hermann Hild, and Ghulum Bakiri, "A comparison of ID3 and backpropagation for English text-to-speech mapping," *Machine Learning*, Vol.18, pp.51-80, 1995.
- [Dorigo06] Marco Dorigo, Mauro Birattari, and Thomas Stutzle, "Ant colony optimization," *IEEE Computational Intelligence Magazine*, Vol.1, No.4, pp.28-39, November 2006.
- [Duan03] K. Duan, S.S. Keerthi, and A.N. Poo, "Evaluation of simple performance measures for tuning SVM hyperparameters," *Neurocomputing*, Vol.51, pp.41-59, 2003.
- [Dubes87] Richard C. Dubes, "How many clusters are best? - an experiment," *Pattern Recognition*, Vol.20, No.6, pp.645-663, 1987.
- [Duda01] Richard O. Duda, Peter E. Hart, and David G. Stork, *Pattern Classification*, 2nd Ed., Wiley-Interscience, 2001.
- [Eiben99] A.E. Eiben, R. Hinterding, and Z. Michalewicz, "Parameter control in evolutionary algorithms," *IEEE Transactions on Evolutionary Computation*, Vol.3, No.2, pp.124-141, 1999.
- [Fan05] R.-E. Fan, P.-H. Chen, and C.-J. Lin, "Working set selection using second order information for training SVM," *Journal of Machine Learning Research*, Vol.6, pp.1889-1918, 2005.
- [Fausett94] L. Fausett, *Fundamentals of Neural Networks*, Prentice-Hall, 1994.
- [Ferri94] F.J. Ferri, P. Pudil, M. Hatef, and J. Kittler, "Comparative study of techniques for large-scale feature selection," *Pattern Recognition in Practice IV* (Edited by E.S. Gelsema and L.N. Kanal), pp.403-413, 1994.
- [Fisher22] Ronald A. Fisher, "On the mathematical foundations of theoretical statistics," *Philosophical Transactions of the Royal Society of London* (Series A), Vol.222, pp.309-368, 1922.
- [Forsyth12] David A. Forsyth and Jean Ponce, *Computer Vision: A Modern Approach*, 2nd Edition, Prentice-Hall, 2012.
- [Fred05] Ana L.N. Fred and Anil K. Jain, "Combining multiple clusterings using evidence accumulation," *IEEE Transactions on Pattern Analysis and Machine Intelligence*, Vol.27, No.6, pp.835-850, June 2005.
- [Freund99] Yoav Freund and Robert E. Schapire, "A short introduction to boosting,"

Journal of Japanese Society for Artificial Intelligence, Vol.14, No.5, pp.771-780, September 1999 (English version).

- [Fumera05] Giorgio Fumera and Fabio Roli, "A theoretical and experimental analysis of linear combiners for multiple classifier systems," *IEEE Transactions on Pattern Analysis and Machine Intelligence*, Vol.27, No.6, pp.942-956, June 2005.
- [Gallant90] S.I. Gallant, "Perceptron based learning algorithm," *IEEE Transactions on Neural Networks*, Vol.1, No.2, pp.179-191, 1990.
- [Goldberg89] David E. Goldberg, *Genetic Algorithms in Search, Optimization, and Machine Learning*, Addison-Wesley, 1989.
- [Gonzalez18] Rafael C. Gonzalez and Richard E. Woods, *Digital Image Processing*, 4th Ed., Prentice Hall, 2018.
- [Guyon03a] Isabelle Guyon and Andre Elisseeff, "An introduction of variable and feature selection," *Journal of Machine Learning Research*, pp.1157-1182, 2003.
- [Guyon03b] Isabelle Guyon, Steve Gunn, Masoud Nikravesh, and Lofti Zadeh, *Feature Extraction; Foundations and Applications*, Springer, 2003.
- [Haykin99] Simon Haykin, *Neural Networks: A Comprehensive Foundation*, 2nd Ed., Prentice-Hall, 1999.
- [Ho98] Tin Kam Ho, "The random subspace method for constructing decision forests," *IEEE Transactions on Pattern Analysis and Machine Intelligence*, Vol.20, No.8, pp.832-844, August 1998.
- [Ho02] Tin Kam Ho, "Multiple classifier combination: lessons and next steps," in *Hybrid Methods in Pattern Recognition* (Edited by H. Bunke and A. Kandel), World Scientific, 2002.
- [Huang95] Y.S. Huang and Ching Y. Suen, "A method of combining multiple experts for the recognition of unconstrained handwritten numerals," *IEEE Transactions on Pattern Analysis and Machine Intelligence*, Vol.17, No.1, pp.90-94, January 1995.
- [Ivanciuc07] Ovidiu Ivanciuc, "Applications of support vector machines in chemistry," *Reviews in Computational Chemistry*, Vol.23, pp.291-400, 2007.
- [Jain96] Anil K. Jain and Jianchang Mao, "Artificial neural networks: a tutorial," *IEEE Computer*, pp.31-44, March 1996.
- [Jain97] Anil K. Jain and D. Zongker, "Feature selection: evaluation, application, and small sample performance," *IEEE Transactions. on Pattern Analysis and Machine Intelligence*, Vol.19, No.2, pp.153-158, February 1997.
- [Jain99] Anil K. Jain, M.N. Murty, P.J. Flynn, "Data clustering: a review," *ACM Computing Surveys*, Vol.31, No.3, pp.264-323, September 1999.
- [Jain00] Anil K. Jain, Robert P.W. Duin, and Jianchang Mao, "Statistical pattern recognition: a review," *IEEE Transactions on Pattern Analysis and Machine Intelligence*, Vol.22, No.1, pp.4-37, January 2000.
- [Jelinek97] F. Jelinek, *Statistical Methods for Speech Recognition*, MIT Press, 1997.
- [Joachims99] Thorsten Joachims, "Making large-scale SVM learning practical," in *Ad-*

vances in Kernel Methods-Support Vector Learning (Ed. by B. Scholkopf, C.J.C. Burges, and A.J. Smola), MIT Press, pp.41-56, 1999.

- [Joachims06] Thorsten Joachims, "Training linear SVMs in linear time," *ACM SIGKDD International Conference on Knowledge Discovery and Data Mining*, pp.217-226, August 2006.
- [Kearns94] Michael Kearns, Ming Li, and Leslie G. Valiant, "Learning Boolean formulas," *Journal of the ACM*, Vol.41, No.6, pp.1298-1328, November 1994.
- [Kim08] Young-Won Kim and Il-Seok Oh, "Classifier ensemble selection using hybrid genetic algorithms," *Pattern Recognition Letters*, Vol.29, pp.796-802, 2008.
- [Kirkpatrick83] S. Kirkpatrick, C.D. Gelatt, and M.P. Vecchi, "Optimization by simulated annealing," *Science*, Vol.220, No.4598, pp.671-680, 1983.
- [Kittler86] Josef Kittler, "Feature selection and extraction," *Handbook of Pattern Recognition and Image Processing* (edited by T.Y. Young and K.S. Fu), pp.59-83, 1986.
- [Kittler98] Josef Kittler, Mohamad Hatef, Robert P.W. Duin, and Jiri Matas, "On combining classifiers," *IEEE Transactions on Pattern Analysis and Machine Intelligence*, Vol.20, No.3, pp.226-239, March 1998.
- [Kohonen90] Teuvo Kohonen, "The self-organizing map," *Proceedings of the IEEE*, Vol.78, No.9, pp.1464-1480, September 1990.
- [Krogh94] Anders Krogh, Michael Brown, I. Saira Mian, Kimmen Sjolander, and David Haussler, "Hidden Markov models in computational biology: applications to protein modeling," *Journal of Molecular Biology*, Vol.235, pp.1501-1531, 1994.
- [Kudo00] M. Kudo and J. Sklansky, "Comparison of algorithms that selects features for pattern recognition," *Pattern Recognition*, Vol.33, No.1, pp.25-41, 2000.
- [Kuncheva03] Ludmila I. Kuncheva and Christopher J. Whitaker, "Measures of diversity in classifier ensembles and their relationship with the ensemble accuracy," *Machine Learning*, Vol.51, pp.181-207, 2003.
- [Kuncheva05] Ludmila. I. Kuncheva, *Combining Pattern Classifiers, Methods and Algorithms*, Wiley Interscience, 2005.
- [Kurita91] Takio Kurita, "An efficient agglomerative clustering algorithm using a heap," *Pattern Recognition*, Vol.24, No.3, pp.205-209, 1991.
- [Levenshtein66] Vladmir Levenshtein, "Binary codes capable of correcting deletions, insertions, and reversals," *Soviet Physics Doklady*, Vol.10, No.8, pp.707-710, 1966.
- [Liew05] Alan Wee-Chung Liew, Hong Yan, and Mengsu Yang, "Pattern recognition techniques for the emerging field of bioinformatics: a review," *Pattern Recognition*, Vol.38, pp.2055-2073, 2005.
- [Liu03] Cheng-Lin Lie, Kazuki Nakashima, Hiroshi Sako, and Hiromichi Fujisawa, "Handwritten digit recognition: benchmarking of state-of-the-art techniques," *Pattern Recognition*, Vol.36, pp.2271-2285, 2003.
- [Looney97] Carl G. Looney, *Pattern Recognition Using Neural Networks: Theory and Algorithms for Engineers and Scientists*, Oxford University Press, 1997.

- [Malerba96] Donato Malerba, Floriana Esposito, and Giovanni Semeraro, "A further comparison of simplification methods for decision-tree induction," in *Learning from Data: AI and Statistics* (Edited by Doug Fisher and Hans-J. Lenz), Springer-verlag, 1996.
- [McNames01] J. McNames, "A fast nearest-neighbor algorithm based on a principal axis search tree," *IEEE Transactions on Pattern Analysis and Machine Intelligence*, Vol.23, No.9, pp.964-976, 2001.
- [Meyer03] D. Meyer, F. Leisch, and K. Hornik, "The support vector machine under test," *Neurocomputing*, Vol.55, pp.169-186, 2003.
- [Michalewicz96] Zbigniew Michalewicz, *Genetic Algorithms + Data Structures=Evolution Program*, Springer, 1996.
- [Michie94] D. Michie, D.J. Spiegelhalter, and C.C. Taylor, *Machine Learning, Neural and Statistical Classification*, **1994, (free download from http://www.maths.leeds.ac.uk/~charles/statlog/).**
- [Minsky69] M.L. Minsky and S.A. Papert, *Perceptrons*, MIT Press, 1969. [Mitchell97] Tom M. Mitchell, *Machine Learning*, McGraw-Hill, 1997.
- [Moon96] Todd K. Moon, "The expectation-maximization algorithm," *IEEE Signal Processing Magazine*, Vol.13, No.6, pp.47-60, November 1996.
- [Muller01] R.M. Muller, S. Mika, G. Ratsch, K. Tsuda, and B. Scholkopf, "An introduction to kernel-based learning algorithms," *IEEE Transactions on Neural Networks*, Vol.12, No.2, pp.181-201, 2001.
- [Myers91] Eugene W. Myers, "An overview of sequence comparison algorithms in molecular biology," Technical Report, TR-91-29, Department of Computer Science, University of Arizona, 1991.
- [Nam96] Yanghee Nam and KwangYun Wohn, "Recognition of space-time hand-gestures using hidden Markov model," *ACM Symposium on Virtual Reality Software and Technology*, Hong Kong, pp.51-58, 1996.
- [Navarro01] Gonzalo Navarro, "A guided tour to approximate string matching," *ACM Computing Surveys*, Vol.33, No.1, pp.31-88, March 2001.
- [Nguyen90] D. Nguyen and B. Widrow, "Improving the learning speed of two-layer neural networks by choosing initial values of the adaptive weights," *International Joint Conference on Neural Networks*, Vol.III, pp.21-26, 1990.
- [Oh98] Il-Seok Oh and Ching Y. Suen, "Distance features for neural network-based recognition of handwritten characters," *International Journal on Document Analysis and Recognition*, Vol.1, No.2, pp.73-88, 1998.
- [Oh04] Il-Seok Oh, Jin-Seon Lee, and Byung-Ro Moon, "Hybrid genetic algorithms for feature selection," *IEEE Transactions. on Pattern Analysis and Machine Intelligence*, Vol.26, No.11, pp.1424-1437, November 2004.
- [Ostendorf96] Mari Ostendorf, Vassilios V. Digalakis, and Owen A. Kimball, "From HMM to segment models: a unified view of stochastic modeling for speech recognition," *IEEE Transactions on Speech and Audio Processing*, Vol.4, No.5, pp.360-378, September 1996.

- [Pardo05] Bryan Pardo and William Birmingham, "Modeling form for on-line following of musical performances," *National Conference on Artificial Intelligence*, Pittsburgh, July 2005.
- [Parzen62] Emanuel Parzen, "On estimation of a probability density function and mode," *Annals of Mathematical Statistics*, Vol.33, pp.1065-1076, 1962.
- [Pikrakis06] Aggelos Pikrakis, Sergios Theodoridis, and Dimitris Kamarotos, "Classification of musical patterns using variable duration hidden Markov models," *IEEE Transactions on Audio, Speech, and Language Processing*, Vol.14, No.5, pp.1795-1807, September 2006.
- [Platt99] J.C. Platt, "Fast training of support vector machines using sequential minimal optimization," in *Advances in Kernel Methods-Support Vector Learning* (Ed. by B. Scholkopf, C.J.C. Burges, and A.J. Smola), MIT Press, pp.185-208, 1999.
- [Polikar06] Robi Polikar, "Ensemble based systems in decision making," *IEEE Circuits and Systems*, Vol.6, No.3, pp.21-45, Third Quarter 2006.
- [Pratt07] William K. Pratt, *Digital Image Processing: PIKS Scientific Inside*, 4th Ed., Wiley-Interscience, 2007.
- [Pudil94] P. Pudil, J. Novovicova, and J. Kittler, "Floating search methods in feature selection," *Pattern Recognition Letters*, Vol.15, pp.1119-1125, 1994.
- [Quinlan93] J. Ross Quinlan, *C4.5: Programs for Machine Learning*, Morgan Kaufmann, 1993.
- [Rabiner89] Lawrence R. Rabiner, "A tutorial on hidden Markov models and selected applications in speech recognition," *Proceedings of the IEEE*, Vol.77, No.2, pp.257-286, February 1989.
- [Rabiner93] Lawrence R. Rabiner and B.H. Juang, *Fundamentals of Speech Recognition*, Prentice Hall, 1993.
- [Ripley96] B.D. Ripley, *Pattern Recognition and Neural Network*, Cambridge University Press, 1996.
- [Rosenblatt58] Frank Rosenblatt, "The Perceptron: a probabilistic model for information storage and organization in the brain," *Psychological Review*, Vol.65, No.6, pp. 386-408, 1958.
- [Rumelhart86] D.E. Rumelhart and J.L. McClelland, *Paralell Distributed Processing: Explorations in the Microstructure of Cognition*, MIT Press, 1986.
- [Schapire01] Robert E. Schapire, "The boosting approach to machine learning: an overview," *MSRI Workshop on Nonlinear Estimation and Classification*, Berkeley, CA, March 2001.
- [Schurmann96] J. Schurmann, *Pattern Classification: A Unified View of Statistical and Neural Approaches*, John Wiley and Sons, 1996.
- [Seni96] Giovanni Seni, V. Kripasundar, and Rohini K. Srihari, "Generalizing edit distance to incorporate domain information: handwritten text recognition as a case study," *Pattern Recognition*, Vol.29, No.3, pp.405-414, 1996.
- [Shawe04] J. Shawe-Taylor and N. Cristianini, *Kernel Methods for Pattern Analysis*,

Cambridge University Press, 2004.

- [Shlens05] Jonathon Shlens, "A tutorial on principal component analsysis," (available on web, http://www.dgp.toronto.edu/~aranjan/tuts/pca.pdf).
- [Sin99] Bong-Kee Sin, Jin-Yong Ha, Se-Chang Oh, and Jin H. Kim, "Network-based approach to online cursive script recognition," *IEEE Transactions on Systems, Man, and Cybernetics* (Part B Cybernetics), Vol.29, No.2, pp.321-328, April 1999.
- [Smith02] Lindsay I. Smith, "A tutorial on principal component analysis," (available on web, http://www.cs.otago.ac.nz/cosc453/student_tutorials/principal_ components.pdf).
- [Theodoridis06] Sergios Theodoridis and Konstantinos Koutroumbas, *Pattern Recognition*, 3rd Ed., Academic Press, 2006.
- [Trier96] Oivind Due Trier, Anil K. Jain, and Torfinn Taxt, "Feature extraction methods for character recognition – a survey," *Pattern Recognition*, Vol.29, No.4, pp.641-662, 1996.
- [Turk91] Matthew Turk and Alex Pentland, "Face recognition using eigenfaces," *IEEE Conference on Computer Vision and Pattern Recognition*, pp.586-591, 1991.
- [Valiant84] Leslie G. Valiant, "A theory of the learnable," *Communications of the ACM*, Vol.27, No.11, pp.1134-1142, November 1984.
- [Vapnik98] Vladimir N. Vapnik, *Statistical Learning Theory*, Wiley-Interscience, 1998.
- [Vapnik99] Vladimir N. Vapnik, "An overview of statistical learning theory," *IEEE Transactions on Neural Networks*, Vol.10, No.5, pp.988-999, 1999.
- [Viterbi67] Andrew J. Viterbi. "Error bounds for convolutional codes and an asymptotically optimum decoding algorithm," *IEEE Transactions on Information Theory*, Vol.13, No2, pp.260-269, April 1967.
- [Wang07] Xiying Wang and Guozhong Dai, "A novel method to recognize complex dynamic gesture by combining HMM and FNN models," *IEEE Symposium on Computational Intelligence in Image and Signal Processing*, pp.13-18, 2007.
- [Wei04] Jie Wei, "Markov edit distance," *IEEE Transactions on Pattern Analysis and Machine Intelligence*, Vol.26, No.3, pp.311-321, March 2004.
- [Widrow90] Bernard Widrow and Michael A. Lehr, "30 years of adaptive neural networks: perceptron, madaline, and backpropagation," *Proceedings of the IEEE*, Vol.78, No.9, pp.1415-1442, September 1990.
- [Wolpert95] David H. Wolpert and William G. Macready, "No free lunch theorems for search," Technical Report SFI-TR-95-02-010, 1995.
- [Wolpert97] David H. Wolpert and William G. Macready, "No free lunch theorems for optimization," *IEEE Transactions on Evolutionary Computation*, Vol.1, No.1, pp.67-82, April 1997.
- [Wu99] Ying Wu and Thomas S. Huang, "Vision-based gesture recognition: a review," *Gesture Workshop*, pp.105-115, 1999.
- [Xu05] Rui Xu and Donald Wunsch II, "Survey of clustering algorithms," *IEEE Transactions on Neural Networks*, Vol.16, No.3, pp.645-678, May 2005.

- [Zhang97] Jun Zhang, Yong Yan, and M. Lades, "Face recognition: eigenface, elastic matching, and neural nets," *Proceedings of the IEEE*, Vol.85, No.9, pp.1423-1435, September 1997.
- [Zhang00] Guoqiang Peter Zhang, "Neural networks for classification: a survey," *IEEE Transactions on Systems, Man, and Cybernetics* (Part C: Applications and Reviews), Vol.30, No.4, pp.451-462, November 2000.
- [Zhang04] Dong Zhang, S.Z. Li, and Daniel Gatica-Perez, "Real-time face detection using boosting in hierarchical feature spaces," *International Conference on Pattern Recognition*, pp.411-414, 2004.
- [Zhao03] W. Zhao, R. Chellappa, P.J. Phillips, and A. Rosenfeld, "Face recognition: a literature survey," *ACM Computing Surveys*, Vol.35, No.4, pp.399-458, December 2003.
- [Zhong03] Shi Zhong and Joydeep Ghosh, "A unified framework for model-based clustering," *Journal of Machine Learning Research*, Vol.4, pp.1001-1037, 2003.

찾아보기

ㅇ

ㅈ

ㅊ

ㅋ

ㅌ

ㅍ

D

E

F

G

T

U

V

W

X

기타

PATTERN RECOGNITION

PATTERN RECOGNITION